중국 특허 실무

김도현

세창출판사

이 도서의 국립중앙도서관 출판예정도서목록(CIP)은 서지정보유통지원시스템 홈페이지
(http://seoji.nl.go.kr)와 국가자료공동목록시스템(http://www.nl.go.kr/kolisnet)에서
이용하실 수 있습니다.(CIP제어번호: CIP2018008262)

‖ 머리말 ‖

변리사로서의 첫 직장에서 간접적으로나마 체험해 보기 시작한 중국의 특허 심사 실무 및 규정들은 한국이나 미국 등의 그것과는 다른 부분이 많았습니다. 중국의 특허 심사 실무에 대한 궁금증과 호기심은 쌓여 가는데 이를 시원하게 해결할 방법을 찾는 것은 쉽지 않은 일이었습니다. 이에 중국의 지적재산권 실무를 공부하고 직접 경험해 봐야겠다는 어리석은 치기로, 다니던 회사를 관두고 타이베이에서의 어학 연수를 거쳐 베이징으로 향했습니다. 이 과정에서 도와주신 김국현 대표님, 그리고 제가 실제로 중국의 실무를 수년간 경험할 기회를 주신 한명성 소장님께 감사드립니다.

이 책은 한국의 특허 업계에 종사하는 실무자에게 필요한 정보를 제공하고자 한 철저한 실무서입니다. 다만, 객관적인 자료가 아닌 몸소 겪은 경험을 내용으로 한다면 자칫 심사 기준에 대한 잘못된 내용이 전달될 수 있기에, 중국의 특허 실무에 관련된 자료들에 담긴 내용을 최대한 객관적으로 전달하고자 하였습니다. 이를 위해 중국 특허 심사에 대한 가장 기본적인 규범인 2010 〈专利审查指南〉과 중국 전리국에서 제공하는 다양한 자료들을 기본으로 하면서 중국 현지의 특허 관련 서적들, 판례집 등을 참고하였습니다.

기업에 소속된 특허팀 종사자이든 혹은 그 기업을 대리하는 대리인이든, 특허 실무자가 특정 국가의 특허 심사 규정이 어떠한지, 실제 심사 실무는 어떻게 이루어지는지에 대한 정보를 많이 보유할수록, 해당 국가에서 좋은 특허권을 얻어 낼 가능성은 높아질 것입니다. 또한 업무 과정에서 해당 국가의 대리인에 대한 의존도를 조금이나마 낮추고, 한국의 출원인 및 대리인이 보다 주체적으로 판단하고 대응할 수 있도록 하기 위해서는, 심사 정보에 대한 비대칭 상황을 해소할 필요가 있을 것입니다. 이 책은 이와 같은 정보의 비대칭성을 미약하게나마 해소해 보고자 하는 목적으로 작성되었습니다.

중국에 진출하려는, 또는 중국에 이미 진출한 한국 기업이 중국에서 좋은 특허권을 획득하는 데 이 책이 조금이나마 기여할 수 있기를 바랍니다.

2018년 3월
김도현

4

‖ 차 례 ‖

제1부 심사절차

제2부 등록 요건

6

제3부 화학발명에 대한 심사

제4부 중국 국내단계에 진입한 PCT 출원에 대한 특례

제7부 복심 및 무효심판청구

제1부

| 심사절차 |

‖ 제1장 형식심사 절차[1) ‖

1. 형식심사 일반

전리법 제34조 제1항은, "전리국은 특허출원을 수리한 후 형식심사를 거쳐 적법하다고 판단하는 경우 출원일로부터 18개월이 되는 때에 출원을 공개한다"고 규정한다. 즉, 형식심사는 출원을 수리한 후 그 출원을 공개하기 전에 행하는 필수 절차이다.

1) 형식심사의 방식

(1) 출원서류의 형식심사

출원인이 제출한 출원서류가 전리법 및 그 실시세칙의 규정에 부합하는지 심사하여, 치유 가능한 흠결이 존재하는 경우에는 보정의 방식으로 흠결을 해소하도록 출원인에게 통지한다. 치유할 수 없는 흠결이 존재하는 경우에는 의견제출통지서를 발부하여 흠결의 내용을 지적하고 거절의 방식으로 심사절차를 종료한다.

(2) 기타 서류의 형식심사

출원인이 출원 시 또는 출원 이후에 제출한 출원관련 기타서류가 전리법 및 그 실시세칙의 규정에 부합하는지 심사하여, 흠결이 존재하는 경우 흠결의 성격에 따라 보정의 방식으로 흠결을 해소하도록 통지하거나, 서류미제출 간주결정을 한다.

(3) 기타 서류의 제출 기한에 대한 형식심사

출원인이 제출한 출원관련 기타 서류가 전리법 및 그 실시세칙에 규정된 기간 내 또는 전리국이 지정한 기간 내에 제출되었는지 심사하여, 기간 내에 제출되지 않은 경우, 상황에 따라 출원 취하간주 또는 서류미제출 간주결정을 한다.

(4) 관납료 납부 금액 및 납부 기간에 대한 형식심사

출원인이 납부한 비용의 금액과 기간이 전리법 및 그 실시세칙의 규정에 부합하는지 심사하여, 비용을 납부하지 않았거나, 부족 납부했거나, 기간을 도과하여 납부한 경우, 상황에 따라 출원취하간주 또는 출원미제출 간주결정을 한다.

---

1) 형식심사는 중국에서 초보심사(初步審査)라는 표현으로 사용된다. 이 책에서는 이를 '형식심사'라는 표현으로 사용하기로 한다.

2) 형식심사의 범위

(1) 출원서류에 대한 형식심사

출원이 전리법 제26조에 규정된 출원서, 명세서, 요약, 권리요구서를 구비하였는지, 이들 서류의 격식이 전리법실시세칙 제16~19조 및 제23조 규정에 명백하게 반하는지, 그리고 전리법실시세칙 제2조, 제3조, 제26조 제2항, 제119조 및 제121조 규정에 부합하는지 심사한다.

(2) 출원서류의 명백한 실질적 흠결에 대한 심사

출원이 전리법 제5조, 제25조 규정에 명백히 해당하는지, 전리법 제18조, 제19조 제1항, 제20조 제1항 규정에 부합하지 않는지, 전리법 제2조 제2항, 제26조 제5항, 제31조 제1항, 제33조 규정 또는 전리법실시세칙 제17조, 제19조 규정에 명백하게 반하는지 심사한다.

(3) 기타 서류의 형식심사

출원관련 기타 서류와 절차가 전리법 제10조, 제24조, 제29조, 제30조 규정 또는 전리법실시세칙 제2조, 제3조, 제6조, 제7조, 제15조 제3항과 제4항, 제24조, 제30조, 제31조 제1~3항, 제32조, 제33조, 제36조, 제40조, 제42조, 제43조, 제45조, 제46조, 제86조, 제87조, 제100조 규정에 부합하는지 심사한다.

(4) 관납료 납부에 대한 심사

관납료 납부가 전리법실시세칙 제93조, 제95조, 제96조, 제99조 규정에 부합하는지 심사한다.

3) 형식심사의 원칙

형식심사의 심사관은 다음 원칙을 준수해야 한다.

(1) 비밀유지의 원칙

심사관은 비밀유지 규정에 따라 공개하지 않은 출원서류, 출원관련 기타 내용 및 공개가 부적절한 정보에 대해 비밀유지의 책임이 있다.

(2) 서면심사의 원칙

심사관은 출원인이 제출한 서면을 기초로 심사해야 하고, 심사의견(보정통지 포함)과 심사결과를 서면으로 출원인에게 통지해야 한다. 형식심사 절차에서는 심사관 인터뷰가 진행되지 않는 것이 원칙이다.

(3) 의견 청취의 원칙

심사관은 거절결정을 하기 전에 거절결정의 근거가 되는 사실, 이유 및 증거를 출원인에게 통지하여, 적어도 1회의 답변 또는 보정 기회를 부여해야 한다. 심사관이 거절결정을 내리는 경우, 거절결정의 근거가 되는 사실, 이유 및 증거는 이미 출원인에게 통지했던 것이어야 하고 새로운 사실, 이유 및 증거를 포함해서는 안 된다.

(4) 절차 촉진의 원칙

규정에 부합하는 범위 내에서 심사관은 심사의 효율을 고려해야 한다. 심사관은 가능하면 한 번의 보정 통지서에 전체적인 흠결을 지적해야 한다. 글자나 부호의 명백한 오류에 대해 심사관이 직권으로 보정할 수 있고, 이 경우 보정한 내용에 대해 출원인에게 통지해야 한다. 보정으로 극복할 수 없는 실질적 흠결이 존재하는 경우 심사관은 형식적 흠결에 대한 지적 없이 실질적 흠결만을 지적할 수 있다.

그 외, 심사관은 미제출간주, 취하간주, 거절 등의 결정을 할 때 출원인이 취할 수 있는 후속 절차를 고지해야 한다.

4) 형식심사의 절차

(1) 형식심사의 합격

형식심사 결과 출원 서류가 규정에 부합하고, 명백한 실질적 흠결이 없는 경우, 심사관은 형식심사 합격통지서를 발부하고, 출원 서류에 대한 공개 절차에 들어간다.

(2) 출원 서류의 보정

보정으로 치유 가능한 흠결에 대해, 심사관은 보정 통지서를 통해 흠결의 내용과 근거를 제시하고, 보정 통지서에 대한 답변 기간을 지정해야 한다. 보정 이후에도 여전히 흠결이 존재하는 경우, 심사관은 보정 통지서를 재차 발부해야 한다.

(3) 명백한 실질적 흠결에 대한 처리

보정으로 치유할 수 없는 실질적 흠결에 대해, 심사관은 의견제출 통지서를 통해 흠결의 내용과 근거를 제시하고, 의견제출 통지서에 대한 답변 기간을 지정해야 한다. 한편, 심사관은 실질적 흠결이 명백하고 출원 공개에 영향을 미치는 경우에만 지적한다.

(4) 통지서에 대한 답변

a) 출원인은 보정 통지서 또는 의견제출 통지서를 받은 후 지정 기간 내에 보정 또는 의견진술을 해야 한다. 출원을 보정하는 경우에는 보정서 및 보정서의 대체 페이지를 제출해야 한다. 보정은 지적된 흠결에 대한 것이어야 하고, 최초 출원 명세서의 범위를 벗어날 수 없다.

b) 출원인이 지정 기간 내에 의견제출을 하지 않는 경우, 심사관은 상황에 따라 취하간주 통지서 또는 기타 통지서를 발부한다. 출원인이 정당한 사유로 지정 기간 내에 의견서를 제출하기 어려운 경우, 출원인은 2010년 〈전리심사지침〉 제5부 제7장 4절에 따라[2] 기간연장 신청을 할 수 있다.

c) 불가항력적 사유 또는 기타 정당한 이유로 기일을 지체하여 출원이 취하간주된

경우, 출원인은 2010년 〈전리심사지침〉 제5부 제7장 6절에 따라[3] 규정된 기간 내에 권리회복을 신청할 수 있다.

(5) 출원의 거절

명백한 실질적 흠결에 대해 심사관이 의견제출통지서를 발부한 후, 출원인의 의견 진술 또는 보정에 의해서도 흠결이 해소되지 않은 경우; 또는 형식적 흠결에 대해 심사관이 2회의 보정 통지서를 발부한 후, 출원인의 의견진술 또는 보정에 의해서도 흠결이 해소되지 않은 경우, 심사관은 거절결정을 내릴 수 있다.

(6) 전치심사 및 복심

출원인은 거절결정에 불복하여 규정된 기간 내에 전리복심위원회에 복심을 청구할 수 있다.

2. 출원서에 대한 형식심사

1) 발명의 명칭

(1) 출원서에 기재한 발명의 명칭과 명세서상의 발명의 명칭은 일치해야 한다. 발명의 명칭에는 인명, 기업명칭, 상표, 코드, 모델 번호 등의 비기술적 용어, "및 기타", "및 그 유사물"과 같은 불명확한 용어를 사용해서는 안 되며, "방법", "장치", "조성물", "화합물"과 같이 포괄적인 용어만을 발명의 명칭으로 사용해서도 안 된다.

(2) 발명의 명칭은 25자를 넘을 수 없는 것이 원칙이나, 일부 화학발명의 경우 최대 40자까지 허용된다.

2) 발명자

(1) 발명자란 발명의 실질적 특징에 대해 창조적 기여를 한 사람을 의미한다(전리법 실시세칙 제13조). 그러나 출원서에 기재된 발명자가 이 규정을 만족하는 발명자인지 여부는 심사대상이 아니다.

(2) 발명자는 개인이어야 하고, "XX연구팀"과 같은 조직이나 집단으로 기재할 수 없다. 발명자는 본인의 성명을 사용해야 하고 필명이나 그 외 비공식적 성명을 사용할 수 없다. 외국인의 중국어 번역명은 외국어 약어를 사용할 수 있고, 성과 이름 사이에 점

---

2) 이 책 '제1부 심사 절차/제1장 형식심사 절차/15. 기간 및 권리의 회복/3) 기간의 연장' 부분의 내용 참조.

3) 이 책 '제1부 심사 절차/제1장 형식심사 절차/15. 기간 및 권리의 회복/4) 권리의 회복' 부분의 내용 참조.

을 찍어 표현한다(예:M · 존스).

(3) 발명자는 전리국에 본인의 성명을 공개하지 않을 것을 청구할 수 있다. 이 경우 출원서의 발명자 기재란에 기재한 해당 발명자의 성명 뒤에 "성명을 공개하지 않음"이라고 명시해야 한다. 규정에 부합하는 경우 전리국은 전리공보, 전리출원 단행본, 전리 단행본 및 전리 증서에 발명자의 성명을 공개하지 않는다. 발명자는 자신의 성명을 공개할 것을 재차 청구할 수 없다.

(4) 출원서를 제출한 이후에 발명자 미공개 청구를 하는 경우, 발명자의 서명 또는 날인이 있는 서면을 제출해야 한다. 그러나 출원을 공개하기 위한 준비를 시작한 상황에서 발명자 미공개 청구를 하는 경우에는, 청구가 없는 것으로 간주되어 미제출 간주 통지서가 발부된다.

(5) 출원인이 출원서에 기재한 발명자의 성명을 변경할 경우, 보정서, 당사자의 선언서 및 증명서류를 제출해야 한다.

3) 출원인

(1) 출원인이 내국인인 경우

a) 출원 발명이 직무발명에 속하는 경우 전리를 출원할 권리는 단위에 속하고, 그렇지 않은 경우 발명자에 속한다. 다만, 심사관은 출원서에 기재된 출원인이 실제 그 전리를 출원할 자격이 있는지에 대해 심사하지 않는 것이 원칙이다. 즉, 개인 출원인인 경우 그 발명을 비직무발명으로 보고 그 개인에게 전리를 출원할 자격이 있는 것으로 추정하고, 출원의 내용에 따라 출원인 자격에 명백한 의심이 드는 경우에만 출원인의 소속 단위가 발부한 비직무발명 증명서를 제출할 것을 요구한다.

b) 출원인이 단위인 경우 그 발명을 직무발명으로 보고 그 단위에게 전리를 출원할 자격이 있는 것으로 추정한다. 다만, 출원인의 자격에 명백한 의심이 드는 경우(예: 출원서에 단위의 명칭이 "XX대학 과학 연구처", "XX연구소 XX연구팀"으로 기재된 경우), 보정통지서를 발부하여, 출원인 자격이 있음을 입증할 증명서류를 제출할 것을 요구한다.

c) 출원인이 출원인 자격이 있음을 주장하며 증명서류를 제출한 경우, 심사관은 출원인 자격이 있는 것으로 간주할 수 있다. 상급주관기관이 발부한 증명서, 해당 단위의 관인을 날인한 법인증서 또는 유효한 영업허가증명서의 사본은 모두 유효한 증명서류로 인정된다.

d) 기재된 출원인이 출원인 자격을 갖추지 않아 출원인을 변경해야 하는 경우, 변경 후의 출원인이 보정절차를 진행해야 하고, 보정서 및 변경 전 출원인과 변경 후 출원인이 서명 또는 날인한 출원인 변경선언서를 제출해야 한다.

e) 출원인이 중국의 단위나 개인인 경우, 그 명칭이나 성명, 주소, 우편번호, 조직기

구 코드 또는 주민등록번호를 기재해야 한다. 출원인이 개인인 경우 자신의 진실한 성명을 사용해야 하고, 출원인이 단위인 경우에는 약칭이 아닌 전체 명칭을 기재하되, 관인상의 단위 명칭과 일치해야 한다. 규정에 부합하지 않은 경우 심사관은 보정 통지서를 발부한다. 출원인이 출원서에 기재된 성명 또는 명칭을 보정하려는 경우 보정서, 당사자의 선언서 및 증명서류를 제출해야 한다.

(2) 출원인이 외국인, 외국 기업 또는 외국의 기타 조직인 경우

a) 출원인이 외국인, 외국 기업 또는 외국의 기타 조직인 경우, 그 성명 또는 명칭, 국적 또는 등록된 국가 또는 지역을 기재해야 한다. 심사관은 출원서에 기재된 출원인의 국적, 등록지에 의심이 드는 경우, 전리법실시세칙 제33조 제1항 또는 제2항에 따라 국적증명, 등록된 국가 또는 지역의 증명서류를 제출할 것을 출원인에게 요구할 수 있다.

b) 출원인이 출원서에 중국에 영업소가 있음을 명시한 경우, 심사관은 출원인에게 현지의 공상행정관리부문이 발급한 증명서류를 제출할 것을 요구한다. 출원인이 출원서에 중국에 주소가 있음을 명시한 경우, 심사관은 출원인에게 중국에서 1년 이상 거주 가능함을 입증하는, 공안부에서 발급하는 증명서류를 제출할 것을 요구한다.

c) 출원인이 중국에 주소 또는 영업소가 없는 외국인, 외국기업 또는 외국의 기타 조직인 경우, 심사관은 출원인의 소속국이 파리협약의 동맹국이나 세계무역기구의 회원국인지 심사한다. 만약 아닌 경우, 출원인의 소속국 법률에 상호주의 원칙에 따라 외국인의 특허를 보호하는 조항이 있는지 심사한다. 만약 이 경우에도 해당하지 않는 경우, 심사관은 출원인의 소속국이 중국의 국민이나 단위가 해당 국가의 국민과 동등한 조건으로 특허권 등의 권리를 향유함을 승인하는 증명서류를 제출할 것을 출원인에게 요구하고, 출원인이 이를 제출하지 않는 경우 전리법실시세칙 제44조 규정에 따라 전리법 제18조에 부합하지 않음을 이유로 출원을 거절한다.

d) 출원인이 개인인 경우 중국어 번역명에는 외국어 약어를 사용할 수 있고, 성과 이름 사이에 점을 찍어 표현한다(예: M·존스). 성명에는 박사, 교수와 같이 학위, 직무 등의 칭호를 함께 기재할 수 없다.

e) 출원인이 기업 또는 기타 조직인 경우, 중국어 공식 번역문의 전체 명칭을 사용해야 한다. 출원인이 소속국 법률에 독립적인 법인 지위를 갖는다고 규정된 일부 칭호를 사용하는 것은 인정된다.

(3) 내국인과 외국인의 공동 출원인 경우

내국인과 외국인이 공동 출원하는 경우, 내국인에 대한 심사는 위 (1)을, 외국인에 대한 심사는 위 (2)를 각각 적용하여 심사한다.

4) 연락 담당자, 대표자 및 대리사무소와 대리인

(1) 출원인이 단위이고 대리사무소에 위임하지 않은 경우, 반드시 연락 담당자를 기재해야 한다. 연락 담당자는 출원인을 대신하여 전리국이 발부한 문서를 수신하는 수신인으로서 해당 단위의 직원이어야 한다. 출원인이 개인이고 타인이 전리국에서 발송한 편지를 수신하는 경우에도 연락 담당자를 기재해야 한다.

(2) 출원인이 2인 이상이고 대리사무소에 위임하지 않은 경우, 출원인 중 1인을 대표자로 선택해야 하는 것이 원칙이다. 대표자는 전체 출원인을 대표하여 전리국의 업무를 처리할 수 있다. 다만, 출원서의 제출, 대리인의 위임, 출원권, 우선권 또는 전리권의 양도, 출원의 취하, 우선권주장의 취하, 전리권의 포기 등 공유권과 직접 관련된 업무에 대해서는 모든 출원인이 서명 또는 날인해야 한다.

(3) 출원서에 대리사무소의 명칭 및 대리사무소의 코드를 기재해야 한다. 또한 출원서에 전리대리인의 성명, 업무증 번호 및 전화번호를 기재해야 하며, 한 건의 출원에 2인을 초과하는 전리대리인을 기재할 수 없다.

5) 주 소

(1) 출원서에 주소(출원인, 전리대리사무소, 연락 담당자의 주소 포함)를 기재해야 한다. 중국 내 주소는 우편번호, 성(자치구), 시(자치주), 구, 거리번호 및 전화번호; 또는 성(자치구), 현(자치현), 진(향), 거리번호 및 전화번호; 또는 직할시, 구, 거리번호 및 전화전호를 포함해야 한다.

(2) 외국 주소는 국가, 시(현, 주)를 명확하게 기재하고 상세한 외국어 주소를 기재해야 한다.

3. 명세서, 도면, 권리요구서 및 요약에 대한 형식심사

1) 명세서

(1) 명세서에는 발명의 명칭, 기술분야, 배경기술, 발명의 내용, 도면의 설명, 구체적인 실시례를 기재한다. 도면이 없는 경우 명세서에 도면의 설명을 기재하지 않고, 도면이 있는 경우 명세서에 도면의 설명을 기재해야 한다.

(2) 명세서에 도면의 설명을 기재했지만 대응되는 도면이 없는 경우, 심사관은 출원인에게 명세서에서의 도면의 설명을 취소하거나, 또는 지정 기간 내에 도면을 추가 제출할 것을 통지한다. 출원인이 도면을 추가 제출한 경우, 도면이 추가 제출된 날 또는

추가 제출 도면이 우편 수송된 날이 출원일로 인정되어 출원일 재확정 통지서가 발부된다. 출원인이 도면의 설명을 취소한 경우에는 원출원일이 유지된다.

(3) 뉴클레오티드 또는 아미노산 서열에 관한 출원은 그 서열목록을 명세서의 단독 부분으로 하고 페이지 번호를 단독으로 기재해야 한다. 출원인은 출원 시 그 서열목록과 동일하고 컴퓨터 판독이 가능한 형식의 부본(예: 서열목록이 기록된 디스켓)을 제출해야 한다. 컴퓨터 판독이 가능한 형식의 부본에 기록된 서열목록이 명세서에 기재된 서열목록과 다른 경우, 명세서의 서열목록을 기준으로 한다. 컴퓨터 판독이 가능한 형식의 부본을 제출하지 않은 경우, 또는 제출된 부본의 내용이 명세서의 서열목록과 명백히 다른 경우, 심사관은 보정 통지서를 통해 출원인에게 지정 기간 내에 정확한 부본을 제출할 것을 요구한다. 기간 내에 제출되지 않으면 심사관은 취하간주 통지서를 발부한다.

2) 도 면

(1) 다수의 도면을 1 페이지의 도면용지에 작성할 수 있다. 하나의 전체도를 여러 도면용지에 작성할 수 있으나, 각 장의 도면은 독립적이어야 하고, 전체 도면용지를 조합하여 하나의 완전한 전체도를 구성할 때 서로 그 선명도에 영향을 미쳐서는 안 된다.

(2) 도면은 가능하면 수직방향으로 작성해야 하나, 부품의 가로방향 크기가 세로방향 크기보다 매우 커서 반드시 수평방향으로 배치해야 하는 경우에는 도면의 윗부분이 도면용지의 좌측에 오도록 해야 한다. 한 장의 도면에 2 이상의 도면이 있고, 그중 하나가 수평방향으로 배치된 경우, 해당 페이지의 다른 도면도 수평으로 배치해야 한다.

(3) 도면이 2개 이상인 경우 아라비아숫자를 이용하여 순서대로 번호를 부여하되, 도면 앞에 도1, 도2와 같이 "도"자를 부가하여 도면 아래에 표시한다. 도면부호는 아라비아숫자를 이용하여 번호를 부여하되, 명세서에 기재되지 않은 도면부호는 도면에 표현해서는 안 되고, 도면에 표현하지 않은 도면부호는 명세서에 기재하지 않아야 한다. 동일한 구성요소의 도면부호는 일치해야 한다.

(4) 동일한 도면은 동일한 비례로 작성해야 하고, 도면상의 특정 부분을 명확하게 표시하기 위해 부분 확대도를 추가할 수 있다. 도면에는 필요한 용어 외에 다른 주석을 포함할 수 없다. 도면상의 용어는 중국어를 사용해야 하며, 필요한 경우 괄호 안에 원문 표현을 기재할 수 있다.

(5) 도면으로 사진을 사용할 수 없는 것이 원칙이다. 다만, 특별한 경우(예: 금속위상구조, 조직세포 또는 전기 영동패턴 등)에는 예외적으로 사진을 사용할 수 있다.

3) 권리요구서

다수의 청구항이 있는 경우 아라비아숫자 순서로 번호를 부여하되, 번호 앞에 '청구항'과 같은 용어를 부가할 수 없다. 청구항에 화학식이나 수학식이 있을 수 있고, 필요한 경우 도표를 사용할 수 있으나, 도면을 삽입할 수는 없다.

4) 요약서

(1) 요 약

a) 발명의 명칭, 기술분야, 발명이 해결하고자 하는 기술적 과제, 기술적 과제를 해결하기 위한 기술방안의 요지 및 주요 용도를 명확히 기재해야 한다. 발명의 명칭과 기술방안의 요지를 명확히 기재하지 않은 경우, 심사관은 출원인에게 보정할 것을 통지한다. 상업적 광고를 위한 표현이 사용된 경우 출원인에게 삭제를 요구하거나, 심사관이 삭제한 후 출원인에게 통지한다.

b) 문자(문장기호 포함)는 300자를 넘을 수 없으며, 300자를 넘은 경우 심사관은 출원인에게 축약을 요구하거나, 심사관이 축약한 후 출원인에게 통지한다.

(2) 대표도면

a) 출원인은 발명의 주요 기술특징을 설명할 수 있는 도면을 대표 도면으로 제출해야 한다. 출원인이 대표도면을 제출하지 않은 경우, 심사관은 출원인에게 보정을 요구하거나, 직권으로 도면 중 하나를 대표도면으로 지정하고 출원인에게 통지한다. 지정하기에 적절한 대표도면이 없다고 판단되는 경우, 심사관은 출원인에게 보정을 요구하지 않을 수 있다.

b) 대표도면이 발명의 기술특징을 설명할 수 없음이 명백하거나, 제출된 도면 중의 하나가 아닌 경우, 심사관은 출원인에게 보정을 요구하거나, 직권으로 하나의 도면을 지정하고 출원인에게 통지할 수 있다.

c) 요약서에 발명을 가장 잘 설명할 수 있는 화학식이 포함될 수 있고, 그 화학식은 대표 도면으로 간주될 수 있다.

4. 대리사무소의 위임 및 변경

1) 위 임

위임의 당사자는 출원인과 대리사무소이다. 출원인이 2인 이상인 경우 위임의 당사자는 출원인 전원과 위임된 대리사무소이다. 위임된 대리사무소는 하나여야 하는 것이 원칙이다. 대리사무소는 위임을 받은 후 그 소속 전리대리인을 지정하여 사무를 처리하되, 지정된 전리대리인은 2인을 초과할 수 없다.

(1) 출원인이 중국에 주소 또는 영업소가 없는 외국인, 외국기업 또는 외국의 기타 조직인 경우

a) 전리법 제19조 제1항 규정에 따라, 중국 내륙(홍콩, 마카오 및 대만 불포함)에 주소 또는 영업소가 없는 외국인, 외국기업 또는 외국의 기타 조직이 중국에 출원 및 기타 업무를 처리하는 경우, 또는 제1 출원인 서명자로서 중국 출원인과 함께 출원하거나 기타 업무를 처리하는 경우에는 대리사무소에 위임하여 처리해야 한다.

b) 대리사무소에 위임하지 않은 사실이 심사 과정에서 발견된 경우, 심사관은 의견제출통지서를 발부하여 지정 기간 내에 출원인이 답변하게 하고, 출원인이 답변하지 않은 경우 출원은 취하 간주된다. 출원인이 답변 또는 보정하였으나, 여전히 전리법 제19조 제1항 규정에 부합하지 않는 경우, 출원은 거절된다.

(2) 출원인이 중국 내륙의 단위 또는 개인인 경우

중국 내륙의 단위 또는 개인은 대리사무소에 위임하여 중국 내에서 출원 및 기타 업무를 처리할 수 있다. 위임이 규정에 부합하지 않은 경우, 심사관은 보정통지서를 통해 대리사무소에 지정 기간 내에 보정할 것을 요구한다. 기간 내에 답변하지 않았거나 보정 후에도 규정에 반하는 경우, 출원인 및 대리사무소에 미위임간주통지서를 발송한다.

2) 위임장

(1) 위임장 기재 내용 및 날인

출원인이 대리사무소에 위임하여 출원하는 경우 위임장을 제출해야 한다. 위임장은 중국 전리국이 제공하는 표준 서식을 이용하여, 위임범위, 발명의 명칭, 대리사무소 명칭, 전리대리인 명칭을 출원서에 기재한 내용과 일치되도록 작성해야 한다. 출원 번호가 확정된 후 위임장을 제출하는 경우에는 출원 번호도 기재해야 한다.

출원인이 개인인 경우 위임장은 출원인이 서명 또는 날인해야 한다. 출원인이 단위인 경우에는 단위의 직인을 날인해야 하고, 법정대표자의 서명 또는 날인을 추가할 수도 있다. 출원인이 2인 이상인 경우 모든 출원인이 서명 또는 날인해야 한다. 위임장에는 대리사무소의 직인을 날인해야 한다.

(2) 포괄위임장

출원인은 대리사무소 위임 시 중국 전리국에 포괄위임장을 제출할 수 있다. 전리국은 포괄위임장이 규정에 부합하면, 포괄위임 번호를 부여하고 대리사무소에 통지한다. 포괄위임장을 이미 전리국에 제출한 바 있는 경우, 출원 시 위임장을 재차 제출할 필요 없이 포괄위임장 사본을 제출하면서, 발명의 명칭, 대리사무소의 명칭, 전리대리인 성명 및 포괄위임 번호를 기재하고 대리사무소의 직인을 날인한다.

(3) 위임장이 규정에 부합하지 않는 경우의 처리

위임장이 규정에 부합하지 않는 경우, 심사관은 보정통지서를 통해 지정 기간 안에 보정할 것을 대리사무소에 통지한다.

a) 제1 출원인 서명자가 외국인, 외국기업 또는 외국의 기타 조직인 경우, 기간 내에 답변하지 않으면 심사관은 출원취하간주통지서를 발부하고, 보정에도 여전히 규정에 반하면 출원을 거절한다.

b) 제1 출원인 서명자가 중국 내륙(홍콩, 마카오 및 대만 불포함)의 단위 또는 개인인 경우, 기간 내에 답변하지 않았거나 보정에도 여전히 규정에 반하면, 심사관은 미위임 간주통지서를 양 당사자에게 발부한다.

3) 위임의 변경(해지, 사임 및 교체)

출원인(또는 전리권자)는 대리사무소의 위임을 해지할 수 있고, 대리사무소는 위임 후 위임을 사임할 수 있다. 한편, 중국 내륙에 주소 또는 영업소가 없는 외국 출원인인 경우, 위임의 해지 또는 사임과 동시에 새로운 대리사무소를 위임해야 한다. 그렇지 않을 경우 심사관은 위임의 해지 또는 사임 절차를 진행하지 않으며, 미제출 간주통지서를 발부한다.

(1) 위임의 해지

위임을 해지하는 경우 출원인(또는 전리권자)은 서지사항 변경신고서를 제출하면서, 모든 출원인(또는 전리권자)이 서명 또는 날인한 해임서를 첨부하거나; 또는 모든 출원인(또는 전리권자)이 서명 또는 날인한 서지사항 변경신고서를 제출해야 한다.

(2) 위임의 사임

사임하는 경우 대리사무소는 서지사항 변경신고서를 제출해야 하며, 출원인(또는 전리권자) 또는 그 대표자가 서명 또는 날인한 사임동의선언서를 첨부하거나; 또는 대리사무소가 날인한 출원인(또는 전리권자)에게 이미 통지했음을 명시한 선언서를 제출해야 한다.

(3) 위임의 교체

a) 출원인(또는 전리권자)이 대리사무소를 교체하려는 경우, 원(原)대리사무소에 대한 위임 해지 선언서와 신규 대리사무소에 대한 위임장에 모든 출원인(또는 전리권자)이 서명 또는 날인하여 제출해야 한다.

b) 출원권(또는 전리권)이 이전되고, 변경된 출원인(또는 전리권자)이 신규 대리사무소에 위임하려는 경우, 변경 후의 모든 출원인(또는 전리권자)이 서명 또는 날인한 위임장

을 제출해야 한다.

c) 변경된 출원인(또는 전리권자)이 원대리사무소에 위임하려는 경우, 변경으로 추가된 출원인(또는 전리권자)이 서명 또는 날인한 위임장만 제출하면 된다.

(4) 변경의 효과

a) 변경절차의 효력 발생(즉, 절차합격통지서의 발부) 이전에 원위임관계는 유효하고, 원대리사무소가 처리한 각종 업무는 변경절차 효력 발생 이후에도 유효하다.

b) 변경절차가 규정에 부합하지 않는 경우, 심사관은 변경절차를 처리한 당사자에게 미제출 간주통지서를 발부한다. 변경절차가 규정에 부합하는 경우 심사관은 당사자에게 절차합격통지서를 발부한다.

5. 서지사항의 변경

서지사항에는 출원번호, 출원일, 발명의 명칭, 분류번호, 우선권사항(선출원의 출원번호, 출원일 및 수리관청의 명칭 포함), 출원인 또는 전리권자의 인적 사항(출원인 또는 전리권자의 성명 또는 명칭, 국적, 등록된 국가 또는 지역, 주소, 우편번호, 조직기구코드 또는 주민등록번호 포함), 발명자의 성명, 대리 관련사항(대리사무소의 명칭, 코드, 주소, 우편번호, 전리대리인 성명, 업무번호, 전화번호 포함), 연락 담당자의 인적 사항(성명, 주소, 우편번호, 전화번호 포함) 및 대표자 등을 포함한다.

이 중에서, 인적 사항(출원인 또는 전리권자의 인적 사항, 발명자의 성명, 대리 관련사항, 연락 담당자의 인적 사항, 대표자)에 변화가 생긴 경우, 당사자는 서지사항 변경신고절차를 밟아야 한다. 출원권(또는 전리권)이 양도되거나 기타 사유로 이전된 경우, 출원인(또는 전리권자)은 서지사항 변경의 형식으로 전리국에 등록해야 한다. 그 외 서지사항의 변경은 전리국이 경우에 따라 직권으로 변경할 수 있다.

1) 서지사항 변경의 절차

(1) 서지사항 변경 신고서

서지사항 변경 절차를 밟기 위해서는 서지사항 변경 신고서를 제출해야 한다.

a) 1건의 출원에 대한 변경 사항이 여러 개인 경우, 1부의 신고서만 제출하면 된다.

b) 1건의 출원에서 동일한 서지사항이 연이어 변경된 경우에는 신고서를 각각 제출해야 한다.

c) 여러 건의 출원에 대해 동일한 서지사항이 변경된 경우 변경 내용이 동일하더라도 신고서를 각각 제출해야 한다.

(2) 서지사항 변경 관납료

a) 전리국이 공표한 관납료 납부기준에 따른 서지사항 변경절차 수수료란 1건의 출원에 대해 1회의 서지사항 변경에서 한 가지 항목의 서지사항을 변경하는 비용을 의미한다. 1건의 출원(또는 전리)에 대해 1회의 변경 절차에서 동일한 서지사항에 대해 연속적인 변경을 하는 경우는 1회의 변경으로 본다.

b) 발명자 또는 출원인(또는 전리권자)을 변경하는 경우는 관납료가 200위안이고, 대리사무소 또는 전리대리인을 변경하는 경우는 관납료가 50위안이다.[4]

c) 관납료는 별도의 규정이 없는 한 청구일로부터 1개월 내에 납부해야 한다. 기간 내에 납부하지 않았거나 부족 납부한 경우, 서지사항 변경신고를 하지 않은 것으로 간주된다.

(3) 서지사항 변경 신고의 주체

대리사무소에 위임하지 않은 경우의 변경 절차는 출원인(또는 전리권자)이나 그 대표자가 처리하고, 대리사무소에 위임한 경우에는 대리사무소가 처리해야 한다. 권리 이전으로 인한 변경은 새로운 권리자 또는 그가 위임한 대리사무소가 처리할 수 있다.

2) 서지사항 변경 증명서류

(1) 출원인(또는 전리권자)의 성명 또는 명칭 변경

a) 개인의 성명 변경의 경우 호적관리부문이 발부한 증명서류; 기업법인의 명칭 변경의 경우 공상행정관리부문이 발부한 증명서류; 사업단위법인, 사회단체 법인의 명칭 변경의 경우 등기관리부문이 발부한 증명서류; 기관법인의 명칭 변경의 경우 상급주관부문이 발부한 증명서류; 기타 조직의 명칭 변경의 경우 등기관리부문이 발부한 증명서류; 개인이 기재를 잘못 하여 변경청구를 하는 경우에는 본인이 서명 또는 날인한 본인의 신분증명서류를 제출해야 한다.

b) 외국인, 외국기업 또는 외국의 기타 조직이 명칭 변경으로 변경 신청을 하는 경우에는 위 a) 규정을 참고하여 상응하는 증명서류를 제출해야 하고; 외국인, 외국기업 또는 외국의 기타 조직이 중국어 번역 명칭을 변경하는 경우에는 출원인 또는 전리권자의 선언서를 제출해야 한다.

---

4) 예를 들어, 1건의 출원에 대해 출원인을 갑에서 을로, 을에서 다시 병으로 변경하는 경우 1회의 변경으로 보아, 200위안을 관납료로 납부한다. 만약 동시에 발명자의 성명을 변경하면 출원인은 한 가지 항목의 변경 관납료 200위안만 납부하면 된다. 다른 예로, 1회의 변경 절차에서 1건의 출원에 대해 출원인을 갑에서 을로 변경하면서, 대리사무소와 전리대리인을 변경하는 경우, 변경절차 관납료 200위안과 대리사무소 및 전리대리인 변경 관납료 50위안을 납부해야 한다.

(2) 출원권 또는 전리권의 이전

a) 출원인(또는 전리권자)의 권리귀속분쟁으로 권리가 이전된 경우

(a) 분쟁이 협상으로 해결된 경우 모든 당사자가 서명 또는 날인한 권리이전협의서; 분쟁이 지방지식재산권 관리부문이 조정으로 해결된 경우 그 부문이 제공한 조정서; 분쟁이 중재기구의 조정 또는 조정결정으로 확정된 경우 중재서 또는 중재조정결정서를 제출해야 한다.

(b) 분쟁이 법원의 조정 또는 판결로 확정된 경우 조정서 또는 판결서를 제출해야 한다. 심사관은 1심 법원의 판결서를 받은 후 당사자에게 통지하여 상소제기 여부를 확인한다. 지정 기간 내에 당사자가 답변하지 않거나 상소를 제기하지 않았음이 분명한 경우, 그 판결서에 따라 변경절차를 진행한다. 상소를 제기한 경우 당사자는 상급법원이 발부한 증명서류를 제출해야 하며, 이때 하급법원의 판결은 효력이 없다.

b) 출원인(또는 전리권자)의 양도 또는 증여로 권리가 이전된 경우

양도 또는 증여로 권리가 이전된 경우, 양도 또는 증여 계약서를 제출해야 한다. 계약서를 단위가 체결한 경우에는 단위의 관인 또는 계약전용인장을 날인해야 하고, 개인이 체결한 경우에는 본인이 서명 또는 날인해야 한다. 출원인(또는 전리권자)이 다수인 경우, 모든 권리자가 양도 또는 증여에 동의하는 증명자료를 제출해야 한다.

c) 출원권(또는 전리권)의 양도 또는 증여에 외국인, 외국기업 또는 외국의 기타 조직이 관련된 경우

(a) 양도인과 양수인이 서명 또는 날인한 양도계약서만 제출하면 되는 경우
- 양도인과 양수인 모두 외국인, 외국기업 또는 외국의 기타 조직인 경우
- 양도인이 외국인, 외국기업 또는 외국의 기타 조직이고, 양수인이 중국 내륙의 개인 또는 단위인 경우
- 양도인이 외국인, 외국기업 또는 외국의 기타 조직이고, 중국 내륙의 개인 또는 단위와 외국인, 외국기업 또는 외국의 기타 조직이 공동 양수인인 경우
- 양도인이 외국인, 외국기업 또는 외국의 기타 조직이고, 중국 내륙의 개인 또는 단위와 홍콩, 마카오 또는 대만의 개인, 기업 또는 기타 조직이 공동 양수인인 경우

(b) 양도인과 양수인이 서명 또는 날인한 양도계약서 이외에도, 국무원상무주관부문이 발부한 기술수출허가증 또는 자유수출기술계약등기증서, 또는 지방상무주관부문이 발부한 자유수출기술계약등기증서를 추가로 제출해야 하는 경우
- 특허(출원) 또는 실용신안(출원)에 대해, 양도인이 중국 내륙의 개인 또는 단위이고, 양수인이 외국인, 외국기업 또는 외국의 기타 조직인 경우
- 중국 내륙의 개인 또는 단위와 외국인, 외국기업 또는 외국의 기타 조직이 공동 양도인이고, 양수인이 외국인, 외국기업 또는 외국의 기타 조직인 경우

- 중국 내륙의 개인 또는 단위와 홍콩, 마카오 또는 대만의 개인, 기업 또는 기타 조직이 공동 양도인이고, 양수인이 외국인, 외국기업 또는 외국의 기타 조직인 경우

d) 출원인(또는 전리권자)이 단위로서 합병, 분리, 등록말소 또는 조직변화로 인해 변경청구를 하는 경우, 등리관리부문이 발부한 증명서류를 제출해야 한다.

e) 출원인(또는 전리권자)의 상속으로 인해 변경청구를 하는 경우, 해당 당사자가 유일한 합법적 상속인이라는 사실 또는 당사자에 이미 모든 합법적 상속인이 포함되었다는 사실에 대한 입증서류를 공증을 받아 제출해야 한다. 다른 규정에 없는 한, 공동 상속인은 출원권(또는 전리권)을 공동으로 상속한다.

f) 출원권(또는 전리권)이 경매로 이전된 경우, 법적 효력이 있는 증명서류를 제출해야 한다.

g) 질권이 설정된 전리권의 이전의 경우, 변경에 필요한 증명서류 이외에, 질권 설정의 양 당사자가 변경에 동의했음을 증명하는 서류도 제출해야 한다.

(3) 발명자의 변경

a) 발명자의 성명 변경으로 변경청구를 하는 경우, 호적관리부문이 발부한 증명서류를 제출해야 한다.

b) 발명자의 성명을 누락했거나 잘못 기재하여 변경청구를 하는 경우, 모든 출원인(또는 전리권자)과 변경 전의 모든 발명자가 서명 또는 날인한 증명서류를 제출해야 한다.

c) 발명자의 자격에 대한 분쟁으로 변경청구를 하는 경우, 전술한 '출원인(또는 전리권자)의 권리귀속분쟁으로 권리가 이전된 경우'의 내용을 참조한다.

d) 중국어 번역 명칭의 변경으로 인해 변경 청구를 하는 경우, 발명자의 선언서를 제출해야 한다.

(4) 출원인 또는 전리권자의 국적 변경

출원인 또는 전리권자가 국적을 변경한 경우, 신분증명서류를 제출해야 한다.

(5) 증명서류의 형식에 대한 요구사항

a) 제출하는 증명서류에 출원번호(또는 등록번호), 발명의 명칭 및 출원인(또는 전리권자)의 성명 또는 명칭을 기재해야 한다.

b) 1부의 증명서류는 1회의 변경청구에만 대응되고, 동일한 서지사항이 연이어 변경된 경우에는 각각 증명서류를 제출해야 한다.

c) 증명서류는 원본이어야 한다. 사본인 경우, 공증을 받거나 증명서류 발부 기관의 관인을 받아야 한다(원본을 전리국에 제출하여 확인받은 경우는 예외). 외국의 증명서류가 사본인 경우 공증을 받아야 한다.

3) 서지사항 변경에 대한 심사관의 처리

심사관은 변경 신고 절차가 규정에 부합하지 않으면 변경청구 미제출간주통지서를 발부하고, 규정에 부합하면 절차합격통지서를 발부하여 서지사항 변경 전후의 상황을 통지한다.

서지사항 변경이 권리 이전인 경우, 양 당사자에게 절차합격통지서를 발부한다. 한 번에 출원인(또는 전리권자)이 여러 차례 변경된 경우, 절차합격통지서는 변경 전 출원인(또는 전리권자)과 변경된 최종 출원인(또는 전리권자)에게 발부하고, 통지서에 기재된 출원인(또는 전리권자)은 변경 후의 출원인(또는 전리권자)이다. 대리사무소가 변경되는 경우, 절차합격통지서는 변경 전, 후의 대리사무소에 발부된다.

4) 서지사항 변경의 효력

(1) 서지사항 변경절차는 전리국이 절차합격통지서를 발부한 날로부터 효력이 발생된다. 출원권(또는 전리권)의 이전은 등기일로부터 효력이 발생되는데, 여기에서의 등기일이란 절차합격통지서의 발부일이다.

(2) 서지사항 변경절차의 효력 발생 전에 전리국이 발부한 통지서, 공개 또는 공고 준비업무 관련 사항은 변경 전 정보를 기준으로 한다.

6. 명백한 실질적 흠결에 대한 심사

1) 전리법 제2조 제2항

"발명이란, 물품 방법 또는 이를 개량한 새로운 기술방안을 의미한다". 형식심사를 담당하는 심사관은 발명의 기술방안이 완전한지, 발명을 실시할 수 있는지 판단하지 않아도 된다. 다만, 명세서에 발명의 목적, 효과만을 기재하고 기술적 과제를 해결하기 위한 방안 및 기술적 내용이 기재되지 않은 경우 의견제출통지서를 발부하여 출원인에게 지정 기간 내에 답변 또는 보정하게 한다. 출원인이 기간 내에 답변하지 않은 경우, 심사관은 취하간주통지서를 발부한다. 출원인이 답변 또는 보정했으나 여전히 규정에 반하는 경우, 심사관은 거절결정을 할 수 있다.

2) 전리법 제5조

"법률, 사회공중도덕에 반하거나 공공의 이익을 해하는 발명은 전리권을 받을 수 없다. 법률, 행정법규를 위반하고 유전자원을 획득하거나 이용하고, 그 유전자원으로 완성한 발명은 전리권을 받을 수 없다." 형식심사를 담당하는 심사관은 출원 발명이 전리법 제5조에 해당하는지 심사한다.[5]

출원 발명의 전체 또는 일부에 제5조 규정에 반하는 내용이 존재하는 경우, 심사관은 의견제출통지서를 통해 출원인에게 지정 기간 내에 답변하거나 상응하는 부분을 삭제할 것을 요구한다. 출원인의 답변을 통해서도 그 출원이 전리법 제5조 규정에 반하지 않음이 충분히 설명되지 않거나, 충분한 이유 없이 상응하는 부분을 삭제하지 않은 경우, 심사관은 거절결정을 내린다. 출원인이 심사관의 의견에 따라 상응하는 부분을 삭제하고 문장의 문맥상 연관성을 고려하여 문자를 증가하는 것은 허용된다.

3) 전리법 제20조 제1항

"중국에서 발명한 발명을 외국에 출원하는 경우 전리국에 비밀유지 심사를 신청해야 한다". 한편 전리법실시세칙 제8조 제1항에서는 "중국에서 완성한 발명이란 기술방안의 실질적 내용이 중국 경내에서 완성된 발명을 의미한다'라고 규정한다.

출원인이 위 조항에 반하여 외국에 출원했다고 판단할 이유가 있는 경우, 심사관은 그와 동일한 발명의 중국 출원에 대해 의견제출통지서를 발부한다. 출원인의 답변에도 불구하고 여전히 본 조항에 반한다고 판단되면 심사관은 전리법 제20조 제1항에 반한다는 이유로 전리법 제20조 제4항[6] 및 전리법실시세칙 제44조[7] 규정으로 거절결정할 수 있다.

4) 전리법 제25조

"과학발견, 지적 활동의 규칙 및 방법, 질병의 진단 및 치료방법, 동물 및 식물의 품종, 원자핵 변환방법으로 얻은 물질에 대해서는 전리권을 받을 수 없다". 형식심사를 담당하는 심사관은 출원 발명이 본 조 규정에 명확하게 해당하는지 심사하여,[8] 발명의 내용 전체가 이에 해당한다고 판단하면 의견제출통지서를 발부하여 지정 기간 내에 출

---

5) 이 책 '제2부 등록요건/제1장 전리권을 수여하지 않는 출원/2. 전리법 제5조' 부분의 내용 참조.

6) 전리법 제20조 제4항: 본 조 제1항의 규정을 위반하여 외국에 출원한 발명 또는 고안에 대해 중국에 출원한 경우 전리권을 수여하지 않는다.

7) 전리법실시세칙 제44조 제1항: 형식심사란 전리출원이 전리법 제26조 또는 제27조에 규정된 서류 및 기타 필요한 서류를 구비했는지, 이들 서류가 규정된 격식에 부합하는지에 대한 심사 및 아래 각호에 대한 심사를 의미한다.

 (1) 특허출원이 전리법 제5조, 제25조에 명확히 해당하는지, 전리법 제18조, 제19조 제1항, 제20조 제1항 또는 본 세칙 제16조, 제26조 제2항의 규정에 명확히 반하는지, 전리법 제2조 제2항, 제26조 제5항, 제31조 제1항, 제33조 또는 본 세칙 제17조 내지 제21조에 명확히 부합하는지

8) 이 책 '제2부 등록요건/제1장 전리권을 수여하지 않는 출원/3. 전리법 제25조' 부분의 내용 참조.

원인이 답변하게 한다. 답변하였으나 출원 발명이 본 조에 해당하지 않음을 충분히 설명하지 못하는 경우, 심사관은 거절결정을 할 수 있다.

발명의 내용 일부가 본 조에 해당한다고 판단되나 그 부분을 분할하기 어려운 경우, 형식심사를 담당하는 심사관은 이를 형식심사단계에서 처리하지 않고, 실질심사 단계에서 처리하게 할 수 있다.

5) 전리법 제31조 제1항

"하나의 출원은 하나의 발명에 한해 이루어져야 하며, 하나의 총괄적 발명 사상에 속하는 2 이상의 발명은 하나의 출원으로 할 수 있다". 형식심사에서 1건의 출원에서 전혀 관련이 없는 2 이상의 발명을 포함하는 경우, 심사관은 의견제출통지서를 발부하여 출원인에게 단일성 규정에 부합하도록 출원을 보정할 것을 요구한다. 출원인이 정당한 이유 없이 보정하지 않은 경우, 심사관은 거절결정을 할 수 있다.

6) 전리법 제33조

"출원인은 출원 서류를 보정할 수 있다. 다만, 최초 출원 명세서 및 권리요구서에 기재된 범위를 초과할 수 없다". 형식심사에서는 심사관이 의견제출통지서를 통해 출원인에게 보정하라고 요구한 경우에 한하여, 출원인이 행한 보정이 최초 출원 명세서 및 권리요구서의 기재범위를 분명하게 초과했는지 심사한다. 예를 들어, 데이터를 보정하거나 데이터 범위를 확장하는 경우, 최초 명세서에 기재되지 않은 내용을 청구항으로 추가하는 경우, 최초 명세서 또는 권리요구서에 기재되지 않은 실질적 내용을 추가하는 경우, 심사관은 의견제출통지서를 발부하여 보정이 전리법 제33조에 반함을 출원인에게 통지한다. 출원인의 답변 또는 보정 이후에도 여전히 규정에 반하면, 심사관은 거절결정을 할 수 있다.

형식심사 과정에서 출원인이 자진보정한 경우, 심사관은 보정서에 대한 형식심사 이외에, 자진보정 시기가 전리법실시세칙 제51조[9] 규정에 부합하는지만 확인한다. 이 규정에 부합하면 합격이라는 처리 의견을 심사 포대에 철하고, 부합하지 않으면 실질심사에 참고하라는 의도로 의견을 작성하여 포대에 철한다. 자진보정의 내용에 대해서는 심사하지 않고, 실질심사 단계에서 처리한다.

---

9) 전리법실시세칙 제51조 제1항: 출원인은 실질심사 청구 시; 또는 실질심사 진입통지서를 받은 날로부터 3월 내에 자진보정을 할 수 있다.

7) 전리법실시세칙 제17조

명세서에 기술과 무관한 내용, 상업적 광고 표현, 타인 또는 타인의 제품을 폄하하거나 비방하는 내용을 기재해서는 안 된다. 다만, 배경기술에 존재하는 기술적 과제를 객관적으로 언급하는 것은 폄하하는 행위로 간주되지 않는다.

명세서에는 발명의 기술 내용을 기재해야 하고, 이 규정에 명백히 반하는 경우 심사관은 의견제출통지서를 통해 이유를 설명하고 지정 기간 내에 답변하거나 보정하도록 출원인에게 통지한다. 출원인이 답변하지 않은 경우 심사관은 취하간주통지서를 발부하고, 출원인이 답변하거나 보정했지만 여전히 규정에 반하는 경우 심사관은 거절결정을 할 수 있다.

명세서에 발명의 일부 기술특징을 기재했고, 형식적으로 2010년 〈전리심사지침〉 제1부 제1장 4.2절 규정[10]에 부합하기만 하면, 그 외 실질적인 문제에 대해서는 형식심사단계에서 심사하지 않는다.

8) 전리법실시세칙 제19조

권리요구서에 기술과 무관한 내용, 상업적 광고 표현, 타인 또는 타인의 제품을 폄하하는 내용을 기재해서는 안 된다. 이에 명백히 반하는 경우 심사관은 의견제출통지서를 통해 이유를 설명하고 지정 기간 내에 답변하거나 보정하도록 출원인에게 통지한다. 출원인이 답변하지 않은 경우 심사관은 취하간주통지서를 발부하고, 출원인이 답변하거나 보정했지만 여전히 규정에 반하는 경우 심사관은 거절결정을 할 수 있다.

9) 직권 보정

전리법실시세칙 제51조 제4항 규정에 따라 심사관은 출원 서류에 존재하는 문자나 부호의 명백한 오류에 대해 형식심사 합격 전에 직권으로 보정하고 이를 출원인에게 통지할 수 있다. 직권에 의한 보정 사항은 다음과 같다.

(1) 출원서
출원인의 주소 또는 연락 담당자의 주소에 누락, 오기 또는 중복 기재된 성(자치구, 직할시), 시, 우편번호 등의 정보

(2) 권리요구서와 설명서
문자와 문장부호에 존재하는 명백한 오류의 수정, 명백한 문장 작성 오류에 대한 수

---

10) 이 책 '제1부 심사 절차/제1장 형식심사 절차/3. 명세서, 도면, 권리요구서 및 요약에 대한 형식심사/1) 명세서' 부분의 내용 참조.

정, 명백히 불필요한 정보의 삭제. 다만, 최초 출원명세서에 기재된 범위에 변경을 초래할 우려가 있는 보정은 직권에 의한 보정에 속하지 않는다.

(3) 요약서

명백히 누락된 내용의 추가, 문자와 문장부호에 존재하는 명백한 오류의 수정, 명백히 불필요한 정보의 삭제 및 대표도면의 지정.

7. 생물재료 관련 출원

1) 생물재료 관련 출원에 대한 심사

생물재료 관련 출원에 대해 출원인은 아래와 같은 절차를 밟아야 한다.

① 출원일 이전 또는 늦어도 출원일(우선권 주장 출원의 경우 우선일)에 생물시료를 국가지식산권국이 정한 생물시료 국제수탁기관에 기탁해야 한다.

② 출원서와 명세서에 생물시료를 수탁한 기관의 명칭, 주소, 수탁일과 수탁번호 및 생물재료의 분류명칭(라틴어 명칭)을 기재해야 한다.

③ 출원서류에서 생물재료의 특징에 관한 자료를 제공해야 한다.

④ 출원일로부터 4개월 안에 수탁기관이 발급한 수탁증명서 및 생존증명서를 제출해야 한다.

형식심사를 담당하는 심사관은 수탁증명서를 제출한 출원에 대해 아래 사항들을 확인한다.

(1) 수탁기관

수탁기관은 국가지식산권국이 인정한 생물시료 국제수탁기관이어야 하고, 규정에 반하는 경우 심사관은 생물시료 미기탁 간주통지서를 발부한다.

(2) 수탁일

a) 수탁일은 출원일 이전 또는 출원일(우선권 주장 출원은 우선일) 당일이어야 한다. 규정에 반하는 경우 심사관은 생물시료 미기탁 간주통지서를 발부한다.

b) 수탁증명서에 기재된 수탁일이 출원일보다는 앞서지만 우선일보다 늦은 경우, 심사관은 절차보정통지서를 통해 출원인이 지정 기간 내에 우선권주장을 취하하거나 또는 그 생물재료의 내용에 대해 우선권을 주장하지 않는다는 선언을 하게 한다. 출원인이 기간 내에 보정하지 않았거나 보정 후에도 여전히 규정에 반하는 경우, 심사관은 생물시료 미기탁 간주통지서를 발부한다.

(3) 수탁, 생존증명 및 출원서의 일치성

a) 수탁증명서와 생존증명서는 출원서의 기재와 일치해야 한다. 일치하지 않은 경우 심사관은 보정통지서를 통해 규정된 기간 내에 보정할 것을 출원인에게 통지한다. 기간 내에 보정하지 않은 경우 심사관은 생물시료 미기탁 간주통지서를 발부한다.

b) 규정된 기간 내에 기탁증명서를 제출하지 않은 경우, 생물시료를 기탁하지 않은 것으로 간주하여 심사관은 생물시료 미기탁 간주통지를 한다. 출원인이 출원일로부터 4개월 내에 생물재료 생존증명서를 제출하지 않았고, 그 미제출에 대한 정당한 이유를 설명하지 않은 경우, 생물시료를 기탁하지 않은 것으로 간주하여 심사관은 생물시료 미기탁 간주통지를 한다.

c) 생물시료를 기탁하는 과정에서 시료가 죽은 경우, 생물시료를 기탁하지 않은 것으로 간주하여 심사관은 생물시료 미기탁 간주통지를 한다. 다만, 출원인이 생물시료가 죽은 원인이 출원인의 책임이 아님을 입증하는 증거를 제출한 경우는 예외이다. 출원인이 증거를 제출한 경우 4개월 내에 원시료와 동일한 새로운 시료를 다시 기탁할 수 있고, 이때 기탁일은 원기탁일로 한다.

d) 출원인은 출원서 및 명세서에 생물재료의 분류 명칭, 기탁기관의 명칭, 주소, 수탁일 및 수탁번호를 기재해야 하며, 기재된 내용은 서로 일치해야 한다. 출원 시에 상기 사항들을 출원서와 명세서에 모두 기재하지 않은 경우, 출원인은 4개월 내에 보정해야 하고, 보정하지 않은 경우 기탁하지 않은 것으로 간주된다. 출원서와 명세서의 기재가 일치하지 않은 경우, 출원인은 전리국의 통지를 받은 후 지정 기간 내에 보정할 수 있다. 지정 기간 내에 보정하지 않은 경우 기탁하지 않은 것으로 간주한다.

2) 기탁의 회복

심사관이 생물시료 미기탁 간주통지를 한 후, 출원인은 정당한 이유가 있는 경우 전리법실시세칙 제6조 제2항[11])에 따라 회복 절차를 밟을 수 있다. 정당한 이유 이외에 생물시료를 기탁하지 않았거나 생존하지 못한 사실과 관련된 정당한 이유는 다음과 같다.

① 수탁기관이 출원일로부터 4월 내에 보관증명서 또는 생존증명서를 발부하지 못했고, 이에 대해 수탁기관이 증명서를 발부한 경우

② 생물시료의 기탁 과정에서 시료가 죽은 경우, 출원인이 생물시료가 죽은 원인이 출원인의 책임이 아님을 입증하는 증거를 제출한 경우

---

11) 전리법실시세칙 제6조 제2항: 당사자가 기타 정당한 이유로 전리법 또는 본 세칙이 규정한 기간 또는 전리국이 지정한 기간을 도과하여 권리를 상실한 경우, 전리국의 통지를 받은 날로부터 2월 내에 전리국에 권리회복을 청구할 수 있다.

8. 유전자원 관련 출원

1) 유전자원에 의해 완성한 발명을 출원하는 경우, 출원인은 출원서에 유전자원의 출처를 기재해야 하고, 유전자원출처 공표등기표에 유전자원의 직접적 출처와 최초 출처를 기재해야 한다. 최초 출처를 기재할 수 없는 경우, 그 이유를 설명해야 한다.

2) 규정에 반하는 경우 심사관은 보정통지서를 통해 출원인이 보정하도록 한다. 기간 내에 보정하지 않은 경우 심사관은 취하간주통지를 한다. 보정에도 여전히 규정에 반하는 경우 심사관은 출원을 거절한다.

9. 출원의 취하

1) 출원인은 전리권 등록 전 언제든지 출원을 취하할 수 있다. 출원의 취하에는 어떠한 조건을 붙일 수 없다.

2) 출원 취하 시 제출 서류

(1) 출원인이 취하하는 경우

출원취하 선언서 및 모든 출원인이 출원 취하에 동의하는 취지를 담아 서명 또는 날인한 증명서를 제출한다. 또는 모든 출원인이 서명 또는 날인한 출원취하 선언서만 제출할 수도 있다.

(2) 대리사무소에 위임한 경우

취하 절차는 대리사무소가 처리해야 하며, 모든 출원인이 출원 취하에 동의하는 취지를 담아 서명 또는 날인한 증명서를 제출한다. 또는 대리사무소와 모든 출원인이 서명 또는 날인한 출원취하 선언서만 제출할 수도 있다.

3) 출원 취하에 대한 심사 및 효과

(1) 출원 취하가 규정에 부합하지 않은 경우 심사관은 미제출간주통지를 하고, 규정에 부합하는 경우 절차합격통지서를 발부한다. 취하의 효력 발생일은 절차합격통지서의 발부일이다. 이미 공개된 출원은 등록공보에 공고한다.

(2) 출원인은 정당한 이유 없이 취하를 철회할 수 없다. 다만, 출원권을 갖지 않는 자가 악의로 출원을 취하한 경우, 출원권을 갖는자는 출원의 취하를 철회할 수 있다. 이 경우 이를 입증할 유효한 법적 자료를 제출해야 한다.

(3) 출원의 취하가 출원공개 준비절차에 진입한 이후에 이루어진 경우, 출원은 계획

대로 공개 또는 공고되나, 심사절차는 종료된다.

10. 조기공개신청

1) 조기공개는 특허 출원에만 적용된다. 조기공개를 신청할 때 어떠한 조건도 붙일 수 없다.

2) 조기공개신청이 규정에 반하는 경우 심사관은 조기공개신청 미제출 간주통지를 하고, 규정에 부합하는 경우에는 형식심사 통과 후 바로 공개 준비절차에 들어간다.

3) 공개 준비절차에 진입한 이후에 출원인이 조기공개신청을 철회하는 경우, 그 철회는 받아들여지지 않으며 출원 명세서는 원래 계획대로 공개된다.

‖ 제2장 실질심사 절차 ‖

1. 실질심사의 진행

1) 실질심사 진행의 두 가지 형식

(1) 심사청구

전리법 제35조 제1항 전단에서는 "중국 전리국은 특허 출원에 대해 출원일로부터 3년 내에 출원인의 청구에 따라 실질심사를 진행할 수 있다."라고 규정한다. 이 규정에 따라 통상적인 경우 출원인이 출원일로부터 일정 기간 내에 실질심사를 청구하여야만 실질심사가 진행된다.

(2) 직권에 의한 실질심사

전리법 제35조 제2항에서는 "중국 전리국은 필요하다고 판단되는 경우, 직권으로 특허출원에 대해 실질심사를 진행할 수 있다"라고 규정한다. 어떠한 발명이 국가나 사회에 중대한 이익을 가져올 수 있는 것임에도, 출원인이 의식하지 못했거나 어떠한 다른 이유로 실질심사 청구를 하지 않은 경우 국가 또는 사회의 이익을 위해 중국 전리국이 자발적으로 실질심사를 진행할 수 있는 가능성을 열어 둔 것이다. 그러나 본 조항에 따라 실질심사가 개시된 경우는 중국 〈전리법〉이 시행되어 온 30여 년 동안 한 번도 발생하지 않았다는 점을 고려하면,[12] 적어도 현재까지는 형식적 규정에 불과한 것으로 보인다.

2) 심사청구 요건

(1) 주체적 요건

실질심사 청구는 출원인이 청구해야 한다. 누구든지 청구할 수 있는 한국 특허법과는 차이가 있다.

(2) 시기적 요건

전리법 제35조 제1항 규정에 따라, 출원일로부터 3년 내에 청구해야 한다. 이 역시 국내 출원일을 기점으로 5년을 기산하는 한국 특허법과 다르다. 한편, 우선권 주장이 수반된 출원의 경우, 우선일로부터 3년 내에 청구해야 한다.[13] 또한 복수의 우선권을 수반한 출원은 '최선일'로부터 3년 내에 청구해야 한다.

분할출원의 경우, 각종 법정기간은 원출원일로부터 기산한다. 따라서 분할출원의 심사청구도 원출원일로부터 3년 내에 청구해야 한다.[14]

(3) 형식적 요건

심사청구는 실질심사청구서를 제출하며 청구해야 한다. 또한 전리법실시세칙 제93조 및 96조 규정에 따라 심사청구료를 납부해야 한다.

3) 실질심사 청구에 대한 심사관의 심사 및 처리[15]

(1) 실질심사 청구기간이 만료되기 3개월 전까지 출원인이 아직 실질심사를 청구하지 않은 경우, 심사관은 기간만료 통지서를 발부한다.

(2) 출원인이 규정된 기간 내에 실질심사 청구서를 제출하고, 심사청구료를 납부했으나, 실질심사 청구서의 형식이 규정에 부합하지 않은 경우, 심사관은 미제출 간주통지를 할 수 있다. 기간만료 통지서가 이미 발송된 경우, 심사관은 절차보정 통지서를 발부하여 출원인에게 규정한 기간 내에 보정할 것을 통지한다. 기간 내에 보정하지 않았거나, 보정 후에도 여전히 규정에 부합하지 않은 경우, 심사관은 실질심사청구 미제출 간주통지를 한다.

(3) 출원인이 규정된 기간 내에 실질심사 청구서를 제출하지 않았거나, 규정된 기간 내에 심사청구료를 납부하지 않았거나 부족 납부한 경우, 심사관은 그 출원에 대한 취하간주 통지를 한다.

---

12) 吴观乐, 专利代理实务, 第三版, 知识产权出版社, 2015, 458쪽.
13) 2010년 〈전리심사지침〉 제1부 제1장 6.4.1절.
14) 2010년 〈전리심사지침〉 제1부 제1장 5.1.2절.
15) 2010년 〈전리심사지침〉 제1부 제1장 6.4.2절.

(4) 실질심사 청구가 규정에 부합하는 경우, 심사관은 실질심사 절차 진입 시에 실질심사절차 진입통지서를 발부한다.

4) 심사청구의 효과

(1) 기간 내에 실질심사를 적법하게 청구한 경우

a) 심사 순서[16]

실질심사 청구를 접수한 순서에 따라 심사를 진행하는 것이 원칙이다. 다만, ① 국가이익 또는 공공이익에 중대한 의의가 있는 출원에 대해, 출원인 또는 그 주관부서가 청구하여 전리국 국장의 허가를 받은 후 우선심사를 진행할 수 있으며, 이후 심사과정에서도 우선적으로 처리된다. ② 전리법 제35조 제2항에 따라 전리국이 직권으로 실질심사를 개시한 출원에 대해 우선적으로 처리할 수 있다. ③ 원출원일을 유지하는 분할출원은 원출원과 함께 심사할 수 있다.

b) 자진보정

전리법 제51조 제1항 규정에 따라 실질심사 청구가 규정에 부합하여 심사관이 실질심사절차 진입통지서를 발부한 경우, 출원인은 실질심사절차 진입통지서를 받은 날로부터 3월 내에 자진보정을 할 수 있다.[17]

(2) 기간 내에 실질심사를 청구하지 않은 경우

전리법 제35조 제1항 후단 규정에 따라, 출원인이 정당한 이유 없이 기간 내에 심사청구를 하지 않은 경우, 그 출원은 취하된 것으로 간주한다.

2. 분할출원

하나의 출원에 2 이상의 발명을 포함하고 있는 경우 출원인은 자진하여 또는 심사관의 심사 의견에 따라 분할출원을 할 수 있다(전리법실시세칙 제42조 제1항).[18] 분할출원은 원출원(최초 출원)을 기초로 하며, 분할출원의 유형은 원출원의 유형과 일치해야 한다. 즉, 원출원이 특허출원이면 분할출원도 특허출원이어야 하고, 원출원이 실용신안

---

16) 2010년 〈전리심사지침〉 제2부 제8장 3.4.2절.

17) 한편, 동조 동항 규정에 따라 출원인은 실질심사를 청구하면서 동시에 자진보정을 할 수도 있다. 한편, 실질심사를 하지 않는 실용신안 및 디자인 출원의 자진 보정기간은 출원일로부터 2개월 내이다(동조 제2항).

18) 실무적으로는 단일성 흠결을 치유하기 위해 분할출원하는 경우 이외에도, 권리범위를 재설계하기 위해, 또는 거절결정을 받은 경우 동일한 발명에 대해 계속 등록 여부를 모색하기 위해 분할출원제도를 활용할 수 있을 것이다.

출원이면 분할출원도 실용신안출원이어야 한다.[19]

1) 분할출원에 대한 형식심사

형식심사를 담당하는 심사관은 분할출원에 대한 출원서류 및 기타 서류 이외에도, 아래 사항들을 확인한다.

(1) 원출원의 출원일

분할출원의 출원서에 원출원의 출원일을 정확히 기재해야 한다. 출원일의 기재에 오류가 있는 경우 심사관은 보정통지서를 통해 출원인에게 보정할 것을 요구한다. 기간 내에 보정하지 않은 경우 심사관은 취하간주통지서를 발부하고, 보정이 규정에 부합하는 경우 출원일 재확정 통지서를 발부한다.

(2) 원출원의 출원번호

분할출원의 출원서에 원출원의 출원번호를 정확히 기재해야 한다. 원출원이 국제출원인 경우 출원인은 기재한 원출원 출원번호 뒤에 국제 출원번호를 괄호 안에 표기해야 한다. 원출원에 대한 분할출원(자출원) 이후 그 자출원에 대해 재차 분할출원(손출원)을 하는 경우, 원출원의 출원번호 뒤에 괄호로 그 자출원의 출원번호도 기재해야 한다. 규정에 부합하지 않은 경우 심사관은 보정통지서를 통해 출원인에게 보정할 것을 요구한다. 기간 내에 보정하지 않은 경우 심사관은 취하간주통지서를 발부한다.

(3) 분할출원 가능 시기

a) 출원인은 전리국으로부터 원출원에 대한 전리권 등록통지서를 받은 날로부터 2개월(등록업무 처리기간) 내에 분할출원을 해야 한다. 이 기간이 만료된 후 또는 원출원이 거절, 취하되었거나, 취하 간주되고 권리를 회복받지 못한 경우에는 분할출원을 할 수 없다.

b) 심사관이 거절결정서를 발부한 경우, 거절결정서 수령일로부터 3개월 내에 출원인이 복심을 청구했는지 여부와 상관 없이 분할출원을 할 수 있다. 복심을 청구한 이후 및 복심 결정에 불복하여 법원에 행정소송을 제출할 수 있는 기간(복심결정서 수령일로부터 3개월 내)에도 분할출원을 할 수 있다.

c) 원출원에 대한 분할출원(자출원) 이후 그 자출원에 대해 재차 분할출원(손출원)을 하는 경우, 손출원의 제출 시점도 원출원을 기준으로 심사하며, 손출원 시점이 규정에 반하는 경우 분할출원 할 수 없다. 다만, 자출원에 단일성 흠결이 있어 심사관의 의견에 따라 손출원하는 경우는 예외이다. 이 경우 출원인은 손출원 심사관이 단일성 흠결을 지적한 의견제출통지서 또는 분할통지서의 사본을 제출해야 하고, 제출하지 않은

---

19) 중국 현행 전리법상 변경출원은 불가능하다.

경우에는 예외적인 경우로 취급되지 않는다. 규정에 부합하지 않은 경우 심사관은 보정통지서를 통해 출원인이 보정하도록 하고, 지정기간 내에 출원인이 보정하지 않은 경우 심사관은 취하간주통지서를 발부한다. 출원인이 보정했으나 여전히 규정에 반하는 경우 심사관은 분할출원 미재출간주통지서를 발부하고 사건을 종료 처리한다.

(4) 분할출원의 출원인과 발명자

분할출원의 출원인은 원출원의 출원인과 일치해야 하고, 일치하지 않은 경우 출원인은 출원인 변경에 관한 증명서류를 제출해야 한다. 분할출원의 발명자는 원출원의 발명자 또는 그중 일부여야 한다.

분할출원 시에 원출원의 출원인 변경의 효력이 이미 발생한 경우(수속합격통지서가 이미 발송된 경우 또는 심사관이 이미 변경처리를 내린 경우 포함), 분할출원의 출원인은 원출원의 변경된 출원인과 동일해야 한다. 원출원의 출원인 변경절차가 아직 효력을 발생하지 않은 경우(절차합격통지서를 아직 발송하지 않은 경우 또는 심사관이 아직 변경처리를 하지 않은 경우 포함), 분할출원의 출원인은 원출원의 변경전 출원인과 동일해야 한다.

분할출원 시에 원출원의 발명자 변경의 효력이 이미 발생한 경우(절차합격통지서가 이미 발송된 경우 또는 심사관이 이미 변경처리를 내린 경우 포함), 분할출원의 발명자는 원출원의 변경된 발명자 또는 그중 일부여야 한다. 원출원의 발명자 변경절차가 아직 효력을 발생하지 않은 경우(절차합격통지서를 아직 발송하지 않은 경우 또는 심사관이 아직 변경처리를 하지 않은 경우 포함), 분할출원의 발명자는 원출원의 변경전 발명자 또는 그중 일부여야 한다.

규정에 반하는 경우 심사관은 보정통지서를 통해 출원인에게 보정할 것을 통지하고, 출원인이 기간 내에 보정하지 않은 경우 심사관은 취하간주통지서를 발부한다.

(5) 분할출원 제출 서류

분할출원의 출원서 이외에도, 원출원 출원서류 부본 및 원출원에서 분할출원과 연관된 기타 서류의 부본(예: 우선권 서류 부본)도 제출해야 한다. 원출원 시 이미 제출한 바 있는 각종 증명서류는 사본으로 제출할 수 있다. 원출원이 외국어로 국제공개된 경우, 원출원의 중국어 부본 및 원출원의 국제공개서류 부본을 제출해야 한다. 규정에 반하는 경우 심사관은 보정통지서를 통해 출원인에게 보정할 것을 통지하고, 출원인이 기간 내에 보정하지 않은 경우 심사관은 취하간주통지서를 발부한다.

2) 분할출원의 내용

(1) 전리법실시세칙 제43조 규정에 따라, 분할출원은 원출원이 공개한 범위를 초과할 수 없다. 즉 원출원의 명세서 및 권리요구서에 기재된 내용을 초과할 수 없다. 이 규정에 반하는 경우 심사관은 의견제출통지서를 통해 출원인에게 보정을 요구하고, 만약

출원인이 보정하지 않거나 보정하더라도 여전히 원출원 기재 범위를 초과하는 경우, 심사관은 분할출원에 대해 거절결정을 내린다.

(2) 특허 및 실용신안에 대한 분할출원의 경우 명세서의 시작 부분, 즉 기술분야 기재부분의 앞에, 해당 분할출원이 분할출원임을 기재하고, 원출원의 출원일, 출원번호 및 발명의 명칭을 기재해야 한다.

3) 실질심사 심사관에 대한 분할출원 사건 배분

실질심사를 담당하는 심사관이 분배받은 건이 분할출원인 경우, 심사관은 상황에 따라 원출원 심사관과 협의하여 서로 사건을 이전할 수 있다. 사건의 이전은 원출원 심사관이 원출원 건을 분할출원 심사관에게 넘길 수도 있고, 분할출원 심사관이 분할출원 건을 원출원 심사관에게 넘길 수도 있다.[20] 심사관이 스스로 심사하기로 결정한 경우에는 평가 기준을 서로 통일시키기 위해 원출원 심사 내용을 참고하여 심사해야 한다.[21]

---

20) 이처럼, 현행 중국 심사 시스템상, 분할출원이 우선적으로 원출원 심사관에게 배분되지 않고, 일단 임의로 배분된 후 심사관 간에 협의하여 이전하게 되어 있다. 심사관 간에 건을 이전하는 빈도에 관하여 필자가 자체적으로 조사해 본 결과는 다음과 같다: 2010~2013년에 분할출원이 이루어져 원출원과 분할출원에 모두 실질심사가 이루어진 특허출원 111건 중에서, 원출원/분할출원의 심사관이 동일했던 경우는 1건에 불과했고, 110건은 모두 심사관이 달랐다. 즉, 실제로 심사관 간에 건을 교환하는 경우는 많지 않은 것으로 보인다. 이를 고려하면, 중국 특허 출원에서 분할출원제도를 활용할 경우 심사관이 교체되는 효과를 기대해 볼 수 있다. 한편, 1건의 원출원 (A)에 대해 복수개의 분할출원(예: B1~B5)이 이루어진 경우, 복수개의 분할출원들 간에는 심사관이 동일한 경우가 많았다[예: (B1, B2, B3)는 심사관 ①이, (B4, B5)는 심사관 ②가 담당. 다만, 이 경우의 심사관 ①및 ②도 원출원 심사관과는 달랐다]. 형식심사만 이루어지는 실용신안출원의 경우 6건 중 3건의 원출원/분할출원의 심사관이 동일했다.

21) 전언에 따르면, 실무적으로 경력이 많은 심사관이 분할출원 사건을 맡은 경우, 원출원의 심사 내용과 상관없이 자신이 독자적으로 판단하기도 한다. 이에 따라 원출원과 분할출원 간의 청구항 작성에 큰 변화가 없음에도 불구하고 원출원 심사 시 제시되었던 인용문헌과 다른 인용문헌과 거절 근거가 제시되기도 하고, 원출원과 분할출원 중 어느 하나는 등록되고 다른 하나는 거절이유통지서가 발부되는 상황도 생긴다. 그러나 원출원의 심사 내용을 참고하는 것이 원칙으로 되어 있고, 실제로 청구항을 원출원과 동일하게 하여 분할출원한 경우, 원출원 심사 시 제시되었던 동일한 인용문헌과 동일한 거절근거가 사용된 거절이유통지서가 나오기도 한다. 따라서 분할출원제도를 활용할 경우 청구항을 새롭게 작성하는 방안도 고려해 볼 필요가 있으며, 이때 원출원의 최초 명세서 및 권리요구서의 범위를 초과하지 않도록 주의해야 할 것이다.

4) 분할출원의 효과

(1) 출원일의 소급

규정에 부합한 분할출원은 원출원일을 유지할 수 있고, 우선권을 향유하는 경우에는 우선일을 유지할 수 있다(전리법실시세칙 제43조 제1항).

(2) 법정기간의 기산 및 관납료

분할출원의 각종 법정기간, 예를 들어 실질심사 청구기간은 원출원일로부터 기산한다. 이미 기간이 만료되었거나 또는 분할출원일로부터 기간 만료일이 2개월 미만인 기간에 대해서는, 분할출원일로부터 2개월 내 또는 수리통지서를 수령한 날로부터 15일 내에 각종 업무를 처리하고 관납료를 납부해야 한다. 기간 내에 처리하지 않았거나 관납료를 납부하지 않은 경우 심사관은 분할출원에 대해 취하간주통지서를 발부한다. 분할출원은 하나의 새로운 출원으로 보고 각종 관납료를 지불해야 한다.

3. 우선권 주장

중국에서도 조약우선권 및 국내우선권 제도가 존재한다. 조약우선권은 '외국우선권(外國優先權)'이라는 명칭으로 규정되어 있다. 또한 우선권 주장의 유형에 따라 부분우선권 및 복합우선권이 가능하다. 본 절에서는 형식심사절차에 대해서는 외국우선권과 국내우선권을, 실질심사절차에 대해서는 주로 외국우선권에 대해 검토한다.

1) 우선권 주장에 대한 형식심사

(1) 외국우선권

출원인이 동일한 주제의 발명 또는 고안에 대해 외국에 최초로 출원한 날로부터 12개월 내에, 중국에 출원하는 경우, 그 국가와 중국이 체결한 협정, 공동 가입한 국제조약 또는 상호 우선권을 승인하는 원칙에 따라 우선권을 향유할 수 있다. 이를 외국우선권이라 한다.

a) 선출원 및 우선권을 수반하는 후출원

(a) 심사관은 선출원이 파리조약의 동맹국 내 또는 그 회원국의 유효 지역에 출원한 것인지 또는 국제출원인지 심사한다. 우선권 주장 출원의 출원인이 파리조약의 비동맹국 소속인 경우, 그 국가가 중국에 우선권을 인정하는지 심사한다.

(b) 심사관은 우선권을 수반하는 후출원이 규정된 기간 안에 출원한 것인지 심사하고, 규정에 반하는 경우 우선권 미주장 간주통지를 한다. 선출원이 2 이상인 경우 최선

의 출원일을 기준으로 계산하며, 기간을 초과한 경우에는 기간을 초과한 우선권주장에 대해 우선권 미주장 간주통지를 한다.

(c) 형식심사에서는 선출원이 파리조약이 정의한 최선 출원인지 여부 및 선출원과 후출원 간의 실질적 내용의 동일성에 대해서는 심사하지 않는다. 다만, 최선 출원이 파리조약 규정에 명확히 반하거나 선출원과 후출원이 서로 명확하게 관련되지 않은 경우는 예외이다.

b) 우선권 주장 선언

(a) 우선권을 주장하고자 하는 경우 출원과 동시에 출원서에 이를 선언해야 한다. 출원서에 선언하지 않은 경우 우선권을 주장하지 않은 것으로 본다.

(b) 출원인은 우선권 주장 선언에 우선권의 기초가 되는 선출원의 출원일, 출원 번호 및 원수리관청의 명칭을 기재해야 한다. 이들 중 어느 하나라도 기재하지 않았거나 잘못 기재했으나, 출원인이 규정 기간 내에 선출원 서류의 부본을 제출한 경우에 심사관은 절차보정통지서를 발부한다. 기간 내에 답변하지 않았거나, 보정 후에도 여전히 규정에 반하는 경우 심사관은 우선권 미주장 간주통지서를 발부한다.

(c) 복수의 우선권 주장 선언에 일부 선출원의 출원일, 출원 번호 및 원수리관청의 명칭 중 어느 하나라도 기재하지 않았거나 잘못 기재했으나, 출원인이 규정 기간 내에 선출원 서류의 부본을 제출한 경우에 심사관은 절차보정통지서를 발부한다. 기간 내에 답변하지 않았거나, 보정 후에도 여전히 규정에 반하는 경우 심사관은 우선권 미주장 간주통지서를 발부한다.

c) 선출원 서류의 부본

(a) 우선권 주장의 기초가 되는 선출원 서류의 부본은 그 선출원의 수리관청이 발급한 것으로서, 부본 서식은 국제 관례에 부합해야 하고, 원수리관청, 출원인, 출원일, 출원번호를 명시해야 한다. 규정에 반하는 경우 심사관은 절차보정통지서를 발부하고, 기간 내에 답변하지 않았거나, 보정에도 여전히 규정에 반하는 경우 심사관은 우선권 미주장 간주통지를 한다.

(b) 복수의 우선권을 주장하는 경우에는 모든 선출원 서류의 부본을 제출해야 한다. 그중 일부가 규정에 반하는 경우 심사관은 절차보정통지서를 발부하고, 기간 내에 답변하지 않았거나, 보정에도 여전히 규정에 반하는 경우 심사관은 그 선출원의 부본을 제출하지 않은 것으로 간주하고, 그 선출원에 대응되는 우선권 주장에 대해 우선권 미주장 간주통지를 한다.

(c) 선출원 서류의 부본은 후출원일로부터 3개월 내에 제출해야 한다. 기간 내에 제출하지 않은 경우 심사관은 우선권 미주장 간주통지를 한다. 중국 전리국과 선출원의 수리관청이 체결한 협정에 따라 중국 전리국이 전자 교환 등의 방식으로 선출원의 수

리관청으로부터 선출원 서류의 부본을 얻는 경우, 출원인이 그 수리관청이 증명한 선출원 서류의 부본을 제출한 것으로 간주한다.

(d) 전리국에 제출한 적이 있는 선출원 서류의 부본을 다시 제출해야 하는 경우, 그 부본의 중국어 목록 번역문만 제출하면 되나, 선출원 서류 부본의 원본이 보관된 포대의 출원번호를 정확히 기재해야 한다.

d) 우선권 주장 출원의 출원인

(a) 우선권 주장 출원인 후출원의 출원인은 선출원 출원인과 동일하거나 그중 일부여야 한다.

(b) 출원인이 완전히 일치하지 않고 선출원의 출원인이 후출원의 출원인에게 우선권을 양도한 경우, 후출원일로부터 3개월 내에 선출원의 모든 출원인이 서명 또는 날인한 우선권양도 증명서류를 제출해야 한다. 선출원에 다수의 출원인이 있고, 후출원에 선출원의 출원인과 다른 다수의 출원인이 있는 경우, 선출원의 모든 출원인이 후출원의 모든 출원인에게 양도하는 우선권양도 증명서류에 공동으로 서명 또는 날인하여 제출하거나, 또는 선출원의 모든 출원인이 각각 후출원의 출원인에게 양도하는 우선권양도 증명서류에 서명 또는 날인하여 제출할 수 있다.

(c) 출원인이 기간 내에 우선권양도 증명서류를 제출하지 않거나, 제출한 우선권양도 증명서류가 규정에 반하는 경우, 심사관은 우선권 미주장 간주통지를 한다.

(2) 국내우선권

출원인이 동일한 주제의 발명 또는 고안에 대해 중국에 최초로 출원한 날로부터 12개월 내에, 그 특허출원을 기초로 전리국에 다시 특허 또는 실용신안을 출원하는 경우, 또는 실용신안출원을 기초로 전리국에 다시 특허 또는 실용신안을 출원하는 경우에는 우선권을 향유할 수 있다. 이를 국내우선권이라 한다.

a) 선출원 및 우선권을 수반하는 후출원

선출원 및 우선권을 수반하는 후출원은 아래 조건에 부합해야 하고, 아래 조건 중 어느 하나라도 부합하지 않은 경우, 심사관은 그 우선권 주장선언에 대해 우선권 미주장 간주통지를 한다.

(ⅰ) 선출원은 특허 또는 실용신안 출원이어야 하고, 디자인출원 또는 분할출원이어서는 안 된다.

(ⅱ) 선출원의 발명에 대해 외국우선권 또는 국내우선권을 주장한 적이 없거나, 외국우선권 또는 국내우선권을 주장했지만 우선권을 향유하지 못한 것이어야 한다.[22]

---

22) 이 조건으로 인해, 외국 출원인의 경우 중국의 국내우선권 제도 활용 가능성이 상당히 줄어들 수밖에 없을 것이다.

(iii) 우선권을 주장하는 후출원의 출원일을 기준으로, 선출원이 아직 등록되지 않은 것이어야 한다. (전리국이 이미 선출원에 대해 전리권 수여 통지서와 등록절차 수행통지서를 발부하여 출원인이 이미 등록 절차를 처리한 경우에는, 우선권주장 불가능)

(iv) 우선권을 주장하는 후출원은 최선의 출원일로부터 12개월 내에 출원한 것이어야 한다.

한편, 형식심사의 심사관은 양자 간 실질적 내용이 일치하는지 여부를 심사하지는 않고, 후출원과 선출원의 발명이 서로 명확하게 다른 경우에만 우선권 미주장 간주통지를 한다.

b) 우선권 주장 선언

(a) 우선권을 주장하고자 하는 경우 출원과 동시에 출원서에 이를 선언해야 한다. 출원서에 선언하지 않은 경우 우선권을 주장하지 않은 것으로 본다.

(b) 출원인은 우선권 주장 선언에 우선권의 기초가 되는 선출원의 출원일, 출원 번호 및 원수리관청의 명칭(즉, 중국)을 기재해야 한다. 이들 중 어느 하나라도 기재하지 않았거나 잘못 기재했으나, 출원인이 규정 기간 내에 선출원 서류의 부본을 제출한 경우에 심사관은 절차보정통지서를 발부한다. 기간 내에 답변하지 않았거나, 보정 후에도 여전히 규정에 반하는 경우 심사관은 우선권 미주장 간주통지서를 발부한다.

(c) 복수의 우선권 주장 선언에 일부 선출원의 출원일, 출원 번호 및 원수리관청의 명칭 중 어느 한 항 또는 두 항을 기재하지 않았거나 또는 잘못 기재한 경우, 심사관은 절차보정통지서를 발부한다. 기간 내에 답변하지 않았거나, 보정 후에도 여전히 규정에 반하는 경우 심사관은 우선권 미주장 간주통지서를 발부한다.

c) 선출원 서류의 부본

출원인이 국내우선권을 주장하면서 출원서에 선출원의 출원일과 출원번호를 기재한 경우, 선출원 서류의 부본이 제출된 것으로 간주한다.

d) 우선권 주장 출원의 출원인

우선권 주장 출원인 후출원의 출원인은 선출원 출원인과 일치해야 한다. 일치하지 않는 경우, 후출원일로부터 3개월 내에 선출원의 모든 출원인이 서명 또는 날인한 우선권양도 증명서류를 제출해야 한다. 후출원의 출원인이 기간 내에 우선권양도 증명서류를 제출하지 않았거나, 제출한 우선권양도 증명서류가 규정에 반하는 경우, 심사관은 우선권 미주장 간주통지를 한다.

e) 선출원의 취하 간주

후출원이 국내우선권을 주장한 경우, 선출원은 후출원을 한 날로부터 취하된 것으로 간주한다. 출원인이 국내우선권을 주장하고, 형식심사를 거쳐 요건에 부합하면 심사관은 선출원 취하간주통지서를 발부한다. 취하 간주된 선출원에 대해 회복을 청구할 수 없다.

(3) 우선권 주장의 취하

a) 출원인은 우선권을 주장한 후 우선권을 취하할 수 있다. 복수의 우선권을 주장한 경우에는 모든 우선권 주장을 취하하거나, 일부 우선권 주장을 취하할 수 있다. 우선권 주장을 취하하려면 모든 출원인이 서명 또는 날인한 우선권 취하선언서를 제출해야 한다. 규정에 부합하면 심사관은 절차합격통지서를 발부하고, 규정에 반하면 우선권 취하선언 미제출간주통지서를 발부한다.

b) 우선권 주장이 취하된 후 최선일이 변경된 경우, 그 변경된 최선일로부터 계산한 각종 기간이 아직 만료되지 않았으면 그 기간은 변경 후의 최선일 또는 출원일로부터 계산한다. 우선권 취하 청구서가 원래의 최선일로부터 15개월 이후에 전리국에 송달된 경우, 우선권 주장 출원의 공개 시점은 여전히 원래의 최선일로부터 계산한다.

c) 국내 우선권의 경우, 우선권 취하 후 전리법실시세칙 제32조 제3항 규정[23]에 따라 이미 취하 간주된 선출원은 우선권주장을 취하하더라도 그 회복을 청구할 수 없다.

(4) 우선권 주장 관납료

우선권을 주장하는 경우, 출원 관납료 외에 우선권 주장 관납료도 납부해야 한다. 기간 내에 납부하지 않은 경우 심사관은 우선권 미주장 간주통지서를 발부한다. 우선권을 주장하지 않은 것으로 보거나 우선권 주장을 취하한 것으로 보는 경우, 납부된 우선권 주장 관납료는 반환되지 않는다.

(5) 우선권 주장의 회복

우선권을 주장하지 않은 것으로 간주된 경우로서, 아래 각 호에 속하는 경우에만, 출원인은 전리법실시세칙 제6조 규정에 따라 우선권 주장에 대한 권리회복을 청구할 수 있다.

① 지정 기간 내에 절차보정통지서에 대해 답변하지 않아 우선권을 주장하지 않은 것으로 간주된 경우

② 우선권 주장 선언서에서 적어도 한 가지 사항을 정확하게 기재했으나, 규정된 기간 내에 선출원 서류의 부본 또는 우선권 양도증명서를 제출하지 않은 경우

③ 우선권 주장 선언서에서 적어도 한 가지 사항을 정확하게 기재했으나, 규정된 기간 내에 우선권 주장 관납료를 납부하지 않았거나 부족 납부한 경우

④ 분할출원의 원출원에 대한 우선권을 주장한 경우

위 경우를 제외하고 다른 원인으로 우선권을 주장하지 않은 것으로 간주된 경우에

---

23) 출원인이 국내우선권을 주장한 경우, 선출원은 후출원일에 취하된 것으로 간주한다.

는 우선권 주장에 대한 권리회복청구가 인정되지 않는다. 예를 들어, 출원 당시 출원서에 우선권 주장을 선언하지 않아 우선권을 주장하지 않은 것으로 간주된 경우에는 우선권 주장에 대한 권리회복청구가 인정되지 않는다.

2) 우선권 주장에 대한 실질심사

(1) 우선권 주장의 성립 여부에 대한 확인

심사관은 우선권 주장의 성립 여부를 확인하기 위해 ① 우선권 주장의 기초가 되는 선출원과 우선권을 수반하는 후출원이 동일한 발명인지, ② 선출원이 최선의 출원인지, ③ 후출원이 선출원일로부터 12개월 내에 이루어졌는지 심사한다.

이하에서는 심사관이 우선권 주장의 성립 여부를 심사하는 과정에서 적용하는 구체적인 기준에 대해 검토한다.

a) 우선권 확인 시의 비교 대상

(a) 비교 원칙

선출원과 후출원이 동일한 발명인지 여부를 확인함에 있어서, 후출원의 각 청구항에 기재된 기술방안이 선출원의 명세서 및 권리요구서(요약서는 불포함)에 명확하게 기재되었는지 판단한다. 여기에서 '명확한 기재'란, 서술방식이 완전히 일치할 것을 요하는 것은 아니고, 청구항에 기재된 기술방안이 설명되어 있기만 하면 된다. 다만, 선출원에서는 후출원 청구항의 기술방안 중 적어도 어느 하나의 기술특징에 대해 포괄적이거나 불명료한 설명 또는 암시만 했을 뿐인데, 후출원에서는 그 기술특징에 대해 상세한 설명을 추가한 경우, 당업자가 선출원으로부터 그 기술방안을 직접적이고도 아무런 의심 없이 얻어낼 수 있는 경우가 아니면, 후출원은 선출원을 기초로 우선권을 주장할 수 없다.

(b) 하나의 청구항이 다수개의 병렬적인 기술방안을 포함하는 경우

후출원의 어느 하나의 청구항에 다수개의 병렬적인 기술방안이 포함된 경우에도, 각 기술방안을 기준으로 우선권 성립 여부를 판단하며, 선출원에 기재되지 않은 기술방안은 우선권을 향유할 수 없다. 만약 다수개의 병렬적 기술방안들이 각각 서로 다른 선출원에 기재된 경우, 각 기술방안들은 각각의 기초가 되는 선출원에 대한 우선권을 향유한다.

하나의 기술방안이 선출원에서 온전하게 기재된 것이 아니라, 그 기술방안을 구성하는 각 기술특징들이 각각 서로 다른 선출원에 기재되었을 뿐인 경우, 상기 기술방안은 우선권을 향유할 수 없다.

b) 우선권 기한의 계산

우선권 기간인 12개월은 선출원의 출원일 다음날부터 기산한다. 따라서 선출원 일자의 다음 년도의 동일 일자에 후출원이 이루어진 경우에도 12개월을 도과한 것이 아니다.

c) 동일 발명에 대한 판단

선출원 발명과 후출원 발명의 동일성 정도는 신규성에서의 동일성 정도와 같다. 후출원과 선출원 기술방안 간의 표현상 차이가 단지 간단한 문자적 변환에 불과하다거나, 또는 후출원의 기술방안이 선출원으로부터 직접적이고도 아무런 의심 없이 확정될 수 있는 기술내용인 경우, 양자는 동일한 발명에 해당한다.

아래는 동일한 발명 여부의 판단 예시이다.

(a) 상위개념과 하위개념

후출원과 선출원의 어떠한 대응되는 특징이 서로 상, 하위개념에 속하는 경우, 후출원은 선출원의 우선권을 향유할 수 없다.

┃사 례┃

선출원에 Fe 원소를 포함하는 자성재료를 기재했고, 후출원 청구항에는 전이금속 원소를 포함하는 자성재료를 청구했다.

분석: 후출원의 전이금속 원소를 포함하는 기술방안은 선출원에 기재된 바 없다. 비록 선출원에 Fe 원소를 포함하는 기술방안이 기재되었고, Fe 원소는 전이금속 원소의 하위 개념이지만, 선출원으로부터 직접적이고도 아무런 의심 없이 전이금속 원소를 포함하는 기술방안을 확정할 수 없을 것이므로, 후출원은 선출원을 기초로 우선권을 주장할 수 없다.

만약 선출원에 전이금속 원소를 포함하는 자성재료를 기재하면서, Fe 원소를 포함하는 자성재료는 기재하지 않았고, 후출원 청구항에서 Fe 원소를 포함하는 자성재료를 청구한 경우에도 마찬가지로, 후출원은 선출원을 기초로 우선권을 주장할 수 없다.

(b) 관용수단의 직접적 치환

후출원이 선출원을 기초로 우선권을 주장했으나, 후출원에서의 어떠한 기술특징이 선출원에서의 어떠한 기술특징의 관용수단의 직접적 치환인 경우, 후출원은 선출원의 우선권을 향유할 수 없다.

┃사 례┃

선출원에 못을 이용하여 고정한 장치가 기재되었다. 후출원이 선출원을 기초로 우선권을 주장했으나, 청구항에서는 볼트를 이용하여 고정한 장치를 청구했다.

분석: 비록 볼트로 고정하는 것과 못으로 고정하는 것은 관용수단의 직접적 치환에 불과하나, 선출원의 기술방안으로부터 후출원의 기술방안을 직접적이고도 아무런 의심 없이 확

정할 수가 없다. 따라서 후출원은 선출원의 우선권을 향유할 수 없다.

(c) 수치범위의 일부 중복

후출원 청구항에 기재된 기술방안에 수치범위가 포함되어 있고, 이 수치범위가 선출원에 기재된 수치범위와 완전히 일치하지 않고, 부분적으로만 일치하는 경우, 후출원은 선출원의 우선권을 향유할 수 없다.

▌사 례 ▌

아래 표의 제1열은 선출원에서의 산소 함량 수치범위이고, 제2열은 후출원에서의 산소 함량 수치범위이며, 제3열은 후출원이 선출원의 우선권을 향유할 수 있는지 여부에 대한 분석이다.

선출원: 산소 함량이 아래와 같은 가연성 기체	후출원: 산소 함량이 아래와 같은 가연성 기체	분 석
20%~50%	30%~60%	후출원의 산소 함량범위는 30%~60%이고, 선출원의 산소 함량범위는 20%~50%로서, 일부만 중복될 뿐인데, 선출원에서는 산소 함량범위 50%~60%에 대해서는 기재한 바 없고, 산소 함량 30%에 대해서도 명확히 기재하지 않았다. 따라서 선출원으로부터 직접적이고도 아무런 의심 없이 30%~60%의 산소 함량범위를 갖는 기술방안을 확정할 수 없으므로, 후출원은 선출원을 기초로 하는 우선권을 향유할 수 없다.
20%~50%, 30%	30%~50%	선출원에서는 비록 30%~50%의 산소 함량범위를 명확히 기재하지는 않았지만, 선출원에 산소 함량범위로 20%~50%를 기재했고, 산소 함량이 30%가 될 수 있다는 것도 기재했다. 선출원으로부터 직접적이고도 아무런 의심 없이 30%~50%의 산소 함량범위를 확정할 수 있으므로, 후출원은 선출원의 우선권을 향유할 수 있다.
20%~50%	30%~50%	선출원에서 30%라는 수치를 기재하지 않았으므로, 선출원으로부터 직접적이고도 아무런 의심 없이 30%~50%의 산소 함량범위를 확정할 수 없다. 후출원은 선출원의 우선권을 향유할 수 없다.
20%~50%, 30%, 35%	30%, 35%, 50%	선출원에 30%, 35%의 두 수치값 및 50%라는 끝점을 기재하였으므로, 후출원은 선출원을 기초로 한 우선권을 향유할 수 있다.
20%~50%, 30%	30%, 35%, 50%	선출원에 산소 함량이 30%와 50%인 기술방안이 기재되었으므로, 후출원에서 산소 함량을 30% 및 50%로 하는 기술방안은 선

		출원을 토대로 우선권을 주장할 수 있다. 그러나 선출원에 산소 함량이 35%인 기술방안이 기재되지 않았고, 이 기술방안은 선출원으로부터 직접적이고도 아무런 의심 없이 확정될 수 없으므로, 후출원에서 산소 함량이 35%인 기술방안은 선출원을 기초로 한 우선권을 향유할 수 없다.
20%, 50%	20%~50%	선출원에 산소 함량을 20%~50% 사이의 범위로 하는 기술방안이 기재되지 않았고, 선출원으로부터 직접적이고도 아무런 의심 없이 확정될 수도 없으므로, 후출원은 선출원의 우선권을 향유할 수 없다.

(d) 후출원의 기술방안에 기술특징이 더 추가된 경우

▌사 례▌

선출원은 휴대폰에 대한 것으로서, 상기 휴대폰이 안테나라는 기술특징을 포함한다고 기재되지는 않았다. 후출원에서 청구한 휴대폰은 다른 부분은 모두 동일했으나 안테나를 더 포함하고 있었다. 그러나 상기 안테나와 휴대폰의 다른 부분과의 관계에 대해서는 언급되지 않았다.

분석: 선출원에서 휴대폰이 안테나를 포함하는 것이 기재되어 있지 않지만, 당업자라면 휴대폰이 필연적으로 안테나를 포함할 것임을 직접적이고도 아무런 의심 없이 확정할 수 있고, 후출원에서 안테나와 휴대폰의 다른 부분과의 관계에 대해서도 언급하지 않았으므로, 후출원은 선출원을 기초로 한 우선권을 향유할 수 있다.

d) 출원인의 동일성에 대한 판단

선출원과 후출원의 출원인 동일성에 대해서는 형식심사 단계에서 이루어지고, 실질심사 단계에서는 형식심사 단계에서의 심사 결과를 토대로 출원인의 동일성을 인정하는 것이 일반적이다. 다만, 출원인이 불일치하고, 심사 포대에 우선권 양도 증명서류도 없으며, 형식심사 심사관이 발부한 우선권 미주장 간주통지서도 없는 경우, 실질심사 심사관은 후출원과 선출원의 출원인이 동일성이 없는 것으로 간주한다.

(2) 우선권 확인 이후의 처리

a) 심사 의견 작성

확인 결과 우선권이 성립되지 않는 경우, 심사관은 의견제출통지서에 우선권이 성립되지 않는 이유를 설명하고 새롭게 확정한 우선일(다른 우선일이 없는 경우에는 출원일)을 기준으로 하여 심사를 계속한다.

b) 우선권 서지사항 변경

해당 출원이 등록될 때 심사관은 서지사항 변경통지서에 그 우선권 사항을 변경한다.

4. 심사대상 문서

심사관이 어떠한 통지서를 발부하거나 결정을 내리기 전에 반드시 심사대상 문서를 확정해야 한다. 실질심사 단계에서 심사관은 청구원칙에 따라 심사대상 문서를 확정하고, 심사대상 문서에서의 각 문서 단위는 모두 출원인이 가장 마지막에 제출한 보정서를 기준으로 한다. 여기에서 '문서 단위'란, 청구항에서의 '항', 명세서에서의 '단락', 도면에서의 '폭(幅)', 요약 또는 대표도면을 의미한다.

출원인은 어떠한 문서 단위를 대체하는 방식으로 보정하는 것이 일반적이지만, 의견진술만으로도 보정이 이루어질 수도 있다[이하 '2) 계속 심사대상 문서 (2) 출원인이 답변 시 보정서를 제출하지 않은 경우' 참조]. 만약 출원인이 최후에 제출한 문서가 전체 출원문서를 대체한 경우, 심사대상 문서는 최후에 제출한 문서가 되고; 만약 출원인이 최후에 제출한 문서가 앞서 제출한 일부 문서 단위를 대체하는 경우, 심사대상 문서는 각 문서 단위에 대해 최후로 제출한 문서의 조합으로 이루어진다.

1) 최초 심사대상 문서

최초 심사란, 출원 발명이 실질심사 단계에 진입한 후, 심사관이 최초로 진행하는 심사를 의미하며, 통지서 발부 유형과는 무관하다. 최초 심사의 대상이 되는 문서는 아래 문서 중 하나 이상을 포함한다.

① 출원인이 전리법 및 전리법실시세칙의 규정에 따라 제출한 최초 출원문서(분할출원의 경우, 분할출원일에 제출한 출원문서를 가리킴);

② 출원인이 형식심사 단계에서 전리국의 요구에 따라 제출한 보정서

③ 출원인이 자발적으로 제출한 보정서

만약 위 ②와 ③의 문서가 없는 경우, 최초 심사대상 문서는 최초 출원문서가 된다. 만약 위 ②와 ③의 문서가 있는 경우, 최초 심사대상 문서에 대해서는 이하에서 구체적으로 설명한다.[24]

---

24) 한편, 중국 국내단계에 진입한 PCT 출원에 대해서는, 이 책 제4부 중국 국내단계에 진입한 PCT

(1) 출원인이 형식심사 단계에서 제출한 보정서

형식심사 단계에서 제출한 보정서의 경우, 일반적으로 보정 합격된 출원문서를 심사대상 문서로 한다(아래 사례 1~3). 만약 어떠한 문서 단위에 대한 보정서가 모두 불합격이지만, 형식심사 심사관이 그중 불합격된 어느 하나의 보정서를 공개하기로 지정한 경우, 그 공개될 문서를 심사대상 문서로 한다(아래 사례 4). 형식심사 단계에서 심사관에 의해 명확하게 불합격으로 인정되어 공개 문서로 채택되지 않은 문서는 심사대상 문서가 되지 않는다.

┃ 사례 1 ┃

형식심사 단계에서, 심사관이 출원인에게 명세서 및 도면에 대해 보정할 것을 통지했다. 출원인은 보정서 및 명세서 제1단락과 도 1의 대체 페이지를 제출했다. 심사관은 심사를 거쳐 명세서 제1단락의 보정에 대해서는 합격을, 도면의 보정에 대해서는 불합격 판단을 내리면서, 출원인에게 도면에 대해 보정할 것을 다시 통지했다. 출원인은 다시 도 1의 대체 페이지를 제출했고 보정 합격으로 인정되었다. 이 경우 실질심사 단계에서 최초 심사대상 문서에서의 명세서 제1단락은 제1차 보정에서 제출된 것이 기준이 되고, 도 1은 제2차 보정에서 제출된 것이 기준이 된다.

┃ 사례 2 ┃

형식심사 단계에서, 출원인은 도 1에 대해 두 차례 보정했는데, 제1차 보정은 불합격, 제2차 보정은 합격으로 인정되었다. 그러나 형식심사 합격 통지서의 리스트에서의 도 1은 제1차 보정 시 제출된 것이었다(또는, 공개된 문서에서의 도 1이 제1차 보정 시 제출된 것이었다). 이 경우, 실질심사 단계에서 최초 심사대상 문서에서의 도 1은 제2차 보정 시 제출된 것을 기준으로 한다. 실제 합격으로 인정된 보정은 제2차 보정에서 제출된 것이기 때문이다.

┃ 사례 3 ┃

형식심사 단계에서, 심사관은 출원인에게 명세서를 보정할 것을 통지했고, 출원인은 보정서 및 명세서 제1단락의 대체 페이지를 제출했다. 출원인은 심사관이 요구한 대로 명세서를 보정했으나, 보정서에서 출원인의 성명을 발명자 성명으로 잘못 기재했고, 심사관은 이를 이유로 보정에 대해 불합격 통지를 내리면서 출원인에게 상기 보정서를 다시 보정할 것

출원에 대한 특례/제1장 국내단계에 진입한 PCT 출원에 대한 형식심사 및 사무처리/3. 국내단계 진입 시 제출한 출원 서류의 심사/1) 국내단계 진입의 서면선언서/(6) 심사대상 문서의 선언관련 부분을 참고.

을 요구했다. 이후 출원인은 보정서에서의 출원인 설명에 대해 적법하게 보정했다. 이 경우, 실질심사 단계에서 최초 심사대상 문서에서의 명세서 제1단락은 제1차 보정 시 제출된 것을 기준으로 한다.

▌사례 4▐

형식심사 단계에서, 출원인은 불명료한 도 1에 대해 세 차례 보정했으나, 제출된 도 1은 모두 흠결을 극복하지 못하여, 심사관이 불합격 판단을 내렸다. 심사관은 여러 차례 제출된 보정서 중에서 비교적 명료하게 표시된 제2차 보정 시 제출된 도 1을 공개될 문서로 선택했다. 이 경우, 실질심사 단계에서 최초 심사대상 문서에서의 도 1은 제2차 보정 시 제출된 것을 기준으로 한다.

(2) 출원인이 제출한 자진보정서

a) 자진보정이 전리법실시세칙 제51조 제1항 규정[25)]에 부합하는 경우

전리법실시세칙 제51조 제1항에서는 자진보정을 할 수 있는 시기로서, "실질심사 청구 시" 또는 "특허출원이 실질심사단계에 진입했다는 전리국의 통지를 받은 날로부터 3개월 내"라고 규정한다.

출원인이 이 기간에 자진보정을 한 경우, 그 보정이 최초 출원 명세서의 범위를 초과했는지 여부와 상관없이, 출원인이 자진보정하여 제출한 출원 문서는 모두 심사대상 문서가 된다.

출원인이 상술한 기간에 여러 차례 자진보정을 한 경우, 만약 여러 차례의 보정이 동일한 문서 단위에 대해 이루어진 것이면, 최후에 제출한 보정서를 심사대상 문서로 삼고; 여러 차례의 보정이 상이한 문서 단위에 대해 이루어진 것이면, 최후에 제출된 각 문서 단위들의 총합을 심사대상 문서로 삼는다.

▌사 례▐

중국 국내출원에서, 보정 이력이 아래 표와 같다고 가정한다.

	출원일	실질심사 청구일	실질심사진입통지서 수령일로부터 3월 내	
	2005.1.1	2007.7.1	2007.10.2	2007.10.5
원출원	명세서	명세서 제5단락 대체	명세서 제6단락	명세서 제6단락

---

25) 전리법실시세칙 제51조 제1항: 특허 출원인은 실질심사 청구 시 및 특허출원이 실질심사단계에 진입했다는 전리국의 통지를 받은 날로부터 3개월 내에 자진보정할 수 있다.

명세서	제1~6단락		대체	대체
	청구항 제1~2항	청구항 제1~2항 대체	청구항 제2항 대체	
	도면			
	요약 및 대표도면			

본 사안에서 심사대상 문서는 출원일에 제출된 명세서 제1~4단락, 도면, 요약 및 대표도면; 2007년 7월 1일에 제출된 명세서 제5단락과 청구항 제1항; 2007년 10월 2일 제출된 청구항 제2항; 2007년 10월 5일 제출된 명세서 제6단락이다.

만약 실질심사 진입 통지서를 출원인이 수령한 날로부터 3개월이 경과되기 전에 심사관이 최초 심사통지서[26]를 발부한 이후, 전리법실시세칙 제51조 제1항 규정에 부합하는 자진보정서를 출원인이 제출한 경우, 심사관은 이 자진보정서를 받아들여 다음과 같이 처리한다.

(1) 만약 자진보정서로 인해 최초 심사통지서에서의 심사 의견이 바뀌지 않는 경우, 심사관은 재차 통지서를 발부할 필요가 없다. 이때 자진보정서를 형식심사 처리부서로 보내 형식심사 처리부서에 원통지서에 대한 답변기한 확인을 요청한다.

(2) 만약 자진보정서로 인해 최초 심사통지서가 근거로 삼은 기초사실에 변화가 생겨, 이미 발송한 최초 심사통지서에서의 심사 의견도 바뀌어야 하는 경우에는, 다음과 같이 처리한다.

① 철회가 가능한 경우라면 우선 최초 심사통지서의 발부를 철회하고, 최초 심사통지서를 다시 발송한다

② 만약 최초 심사통지서가 이미 공문발송부서에 의해 정식으로 발송되어 철회가 불가능한 경우라면, 심사관은 신속하게 다시 최초 심사통지서를 발부하면서, 출원인의 자진보정에 의해 심사관이 발송한 통지서 및 그에 대한 출원인의 답변을 무효로 함을 고지하면서, 새롭게 발부된 통지서에 대해 답변하게 한다.

b) 자진보정이 전리법실시세칙 제51조 제1항 규정에 부합하지 않는 경우

본 절에서의 자진보정서는 다음을 포함한다:

(1) 출원인이 최초 출원서류를 제출한 후, 출원일 당일에 자진 보정하여 제출한 보정서

---

26) 최초 심사통지서에는 제1차 심사의견통지서, 분할출원통지서, 특허권등록통지서, 특허권중복등록회피통지서, 자료제출통지서, 번역문오류정정통지서(PCT) 또는 단일성회복료납부통지서(PCT) 등이 포함된다.

(2) 출원인이 형식심사 단계에서 자진 보정하여 제출했고, 형식심사 심사관이 실질심사 참고용으로 제공할 수 있는 것으로 판단한 보정서

(3) 출원인이 형식심사 단계에서 보정 통지서에 대응하여 보정의 형식으로 제출했으나, 그 전부 또는 일부 보정이 보정 통지서에서 지적한 것이 아닌 것으로서, 형식심사 심사관이 실질심사 참고용으로 제공할 수 있는 것으로 판단되는 보정서

일부 보정이 보정 통지서에서 지적한 사항에 따른 것이 아닌 경우, 형식심사 심사관은 보정을 요구한 사항에 대한 보정만을 받아들이면서 다른 부분은 "실질심사 참고용"으로 하겠다는 의견을 낼 수도 있고, 모든 보정을 받아들여 공개 대상으로 삼을 수도 있다. 따라서 보정 통지서에서 지적하지 않은 사항에 따른 보정으로 인해 공개될 문서 단위가 되지 않을 수도 있다. 구체적인 상황 예시는 아래와 같다.

┃사 례┃

형식심사 단계에서, 심사관이 보정 통지서를 통해 출원인에게 발명의 명칭을 보정하라고 지적했고, 출원인은 발명의 명칭을 보정하면서, 명세서 제1~3단락에 대한 대체 페이지를 제출했다. 여기에서 제1단락은 발명의 명칭을 보정한 것이고, 제2~3단락은 청구항의 기술방안을 토대로 발명의 내용을 그에 따라 보정한 것이다. 형식심사 심사관은 보정 통지서에서 지적한 부분인 명세서 제1단락만을 받아들여 이를 기초로 공개가 이루어졌다. 공개된 문서에는 보정된 명세서 제1단락과 출원일에 제출된 청구항 및 명세서 제2~9단락이 포함되었다. 이 경우, 보정으로 제출된 명세서 제2~3단락은 "보정 통지서에서 지적하지 않은 사항에 따른 보정으로 인해 공개될 문서 단위가 되지 않는" 부분이 되면서, 실질심사 참고용으로 제공될 수 있다.

---

(4) 형식심사 합격 이후 실질심사 단계에 진입하기 전(실질심사 청구일은 제외) 및 출원인이 실질심사 진입통지서를 수령한 날로부터 3개월 이후 최초 심사 진행 전에, 출원인이 자진 보정하여 제출한 보정서

상술한 몇 가지 유형의 보정서 또는 여러 번 제출된 보정서가 존재하는 경우, 심사관은 동일한 문서 단위에 대한 최후의 보정서만 고려한다.

상술한 몇 가지 유형의 보정서들은 전리법실시세칙 제51조 제1항 규정에 부합하지 않으므로 받아들여지지 않아 심사대상 문서가 될 수 없는 것이 원칙이다. 따라서 심사관은 그 이전에 채택 가능했던 문서들을 심사대상 문서로 삼아 심사하고, 심사의견통지서를 통해 출원인에게 그 보정서가 받아들여지지 않은 이유, 즉 해당 보정이 전리법실시세칙 제51조 제1항 규정에 반하여 채택되지 않았음을 고지한다. 여기에서 "그 이전에 채택 가능했던 문서"란, 청구 원칙에 따라 확정된 문서로서, 출원인이 전리법 및

전리법실시세칙이 규정한 기간에 부합하게 제출한 심사대상 문서를 의미한다(아래 두 가지 사례 참조). 다만, 심사관은 상술한 최후의 자진보정서가 전리법 제33조 규정에 부합하고, 출원 명세서에 존재하는 흠결을 해소할 수 있으며, 절차의 촉진에 기여할 수 있을 것이라고 판단한 경우, 선택적으로 채택하여 심사대상 문서로 삼을 수 있다.

▌사례 1▐

출원인이 형식심사 단계에서 청구항 제1~5항에 대해 자진보정했다. 이후 형식심사 심사관의 지적에 따라 명세서 제1단락을 1회 보정하였다. 형식심사 합격 후 공개된 문헌은 최초 청구항 및 명세서 제2~5단락과 보정된 명세서 제1단락의 조합으로 구성되었다. 실질심사 단계 진입 이후, 심사관은 형식심사 단계에서 자진보정된 청구항 제1~5항이 절차의 촉진에 불리하다고 판단하여 받아들이지 않았다. 본 사례에서 "그 이전에 채택 가능했던 문서"는 형식심사에 합격한 문서이다.

▌사례 2▐

출원인은 실질심사 진입통지서를 수령한 날로부터 3개월이 경과된 이후 1년 내에 두 차례 보정했는데, 모두 동일한 문서 단위(권리요구서)에 대한 보정이었다. 제1차 보정서는 전리법실시세칙 제51조 제1항에 부합하지 않았을 뿐만 아니라 최후 제출된 보정서가 아니므로, 고려 대상이 아니다. 제2차 보정서에 대해 심사관은 절차의 촉진에 불리하다고 판단하여 받아들이지 않았다. 본 사례에서 "그 이전에 채택 가능했던 문서"는 두 차례 보정 이전의 문서이다. 제1차 보정서가 전리법실시세칙 제51조 제1항 규정에 부합하고, 출원 명세서에 존재하는 흠결을 해소할 수 있으며, 절차의 촉진에 유리하다고 가정하더라도, 이는 "그 이전에 채택 가능했던 문서"가 될 수 없다.

2) 계속 심사대상 문서

심사관은 출원인이 의견제출통지서에 대응하여 제출한 답변을 토대로 계속 심사대상 문서를 확정한다. 복심을 거친 후 실질심사 단계로 환송된 출원의 경우, 계속 심사대상 문서는 복심 결정으로 확정된 문서이다. 본 절에서의 '답변'이란, 출원인이 통지서에서 지정한 기간 내 또는 철회간주 회복 이후에 제출한 '의견진술서', 또는 '의견진술서와 보정서'를 의미한다.

주의할 점으로, 출원인이 통지서에서 지정한 기간 내에 적어도 한 차례 답변을 했고, 심사관이 이에 대한 심사를 아직 시작하지 않은 상황에서, 통지서에서 지정한 기간 경과 후 출원인이 의견진술서 또는 보정서를 재차 제출하는 경우가 발생할 수 있다. 이때의 의견진술서 또는 보정서에 대해 심사관은 고려하지 않는 것이 원칙이고, 그 이전에 채택 가능했던 문서가 계속 심사대상 문서가 된다. 그러나 만약 그 보정이 전리법 제33조 규정에 부합하고, 명세서에 존재하는 흠결을 해소하여 등록이 가능해지는 경우라면, 심사관은 그 보정서를 받아들일 수도 있으며, 이를 토대로 심사를 계속하여 심사 결론을 낼 수 있다.

(1) 출원인이 답변 시 보정서를 제출한 경우

출원인이 심사의견통지서에 답변하면서 제출한 보정서는 출원 명세서 전체를 대체한 것일 수도 있고, 일부를 대체한 것일 수도 있다. 출원인이 제출한 보정서의 비교 페이지는 참고용으로만 사용될 뿐 심사대상 문서의 확정에 영향을 미치지 않는다.

의견진술서의 내용과 보정서가 서로 불일치하는 경우, 심사관은 보정서를 기준으로 심사를 계속하면서도, 바로 거절결정 또는 등록결정을 내릴 수는 없다. 이 때 심사관은 통지서에서 이러한 불일치 사실을 고지하고 서면으로 답변하여 명확히 하거나 어느 하나를 선택할 것을 요구한다.

전리법실시세칙 제51조 제3항에서는 출원인의 보정 방식을 규정한다. 즉, 출원인은 전리국이 발송한 심사의견통지서를 수령하여 출원 명세서를 보정하는 경우, 통지서의 요구에 따라 보정해야 한다. 출원인이 수행한 보정이 통지서에서 지적한 흠결에 대한 것인지 여부를 확정하기 어려운 경우, 심사관은 출원인에게 유리한 방향으로 보정서의 내용을 받아들여야 한다.

a) 보정이 전리법실시세칙 제51조 제3항 규정에 부합한 경우

심사관은 출원인이 규정된 답변 기간 내에 제출한, 전리법실시세칙 제51조 제3항에 부합하는 보정서를 수리하여 이를 심사대상 문서로 확정한다.

만약 심사관이 전리법실시세칙 제51조 제3항에 부합하는 보정서를 수리한 후, 이에 대해 아직 심사에 들어가지 않았거나 결론을 내리기 전에, 출원인이 재차 전리법실시세칙 제51조 제3항에 부합하는 보정서를 제출하여 심사관이 이를 수령한 경우에는, 나중에 제출한 보정서를 계속 심사대상 문서로 확정한다. 만약 심사관이 심사 의견이나 결론을 이미 발송한 이후에 답변을 받은 경우라면, 심사관은 이를 고려하지 않는다. 여기에서, "심사 의견이나 결론을 이미 발송"했다는 것은, 통지서 또는 결정서를 이미 공문발송부서에 전달하여 철회할 수 없는 상황을 의미한다.

b) 보정이 전리법실시세칙 제51조 제3항 규정에 부합하지 않는 경우

2010년 〈전리심사지침〉 제2부 제8장 5.2.1.3에서 전리법실시세칙 제51조 제3항 규정에 부합하지 않는 다섯 가지 보정의 유형[27])을 규정하고 있다. 한편, 이 중 네 번째 유

---

27) (1) 독립항에서의 기술특징을 자진 삭제하여 보호범위가 확장되는 경우

형에는 원권리요구서에 전리권을 받을 수 없는 발명에 속하는 청구항을 전리권을 받을 수 있는 청구항으로 보정하는 등의 유형은 포함되지 않는다.

(a) 심사 결과, 모든 보정 내용이 통지서에서 지적한 흠결에 대한 것이 아니라, 전술한 심사지침에서 규정한, 받아들여지지 않는 보정에 해당하는 경우, 심사관은 보정서에 대해 심사의견통지서를 발부할 수도 있고, 보정 전의 내용에 대해 심사를 계속할 수도 있다. 심사관이 해당 건 심사를 바로 종결할 수는 없다. 만약 보정서를 심사대상 문서로 선택한 경우, 2010년 〈전리심사지침〉 제2부 제8장 5.2.1.3절의 내용을 토대로 보정이 부적법하다는 심사의견통지서를 작성하여 발부할 수 있다. 만약 보정 전의 내용에 대해 심사하기로 선택한 경우, 심사가 계속되어 발부될 심사의견통지서에는 적어도 이하 3가지 내용이 포함된다.

① 모든 보정 내용이 전리법실시세칙 제51조 제3항에 부합하지 않고, 심사지침 제2부 제8장 5.2.1.3절에 열거된 5가지 경우에 속하여 보정을 받아들일 수 없다는 사실 및 본 통지서는 보정 전 문서를 토대로 심사한 것임을 출원인에게 고지한다.

② 보정 전 문서에 존재하는 흠결에 대해 재차 지적한다. 지적된 흠결은 이전 통지서에서 이미 지적했던 것일 수도 있고, 본 차수의 심사에서 새롭게 발견한 것일 수도 있다.

③ 지정된 답변기간 내에 전리법실시세칙 제51조 제3항 규정에 부합하는 보정서를 제출하라고 출원인에게 고지한다. 출원인이 기간 내 답변하지 않은 경우 해당 출원은 철회 간주된다. 기간 내에 답변했으나 보정서를 제출하지 않은 경우, 또는 재차 제출된 보정서도 여전히 전리법실시세칙 제51조 제3항 규정에 반하는 경우, 보정 전 문서에 대해 심사를 계속하여, 등록 또는 거절결정을 내린다.

(b) 심사 결과, 일부 보정 내용이 통지서에서 지적한 흠결에 대한 것이 아닌 경우, 심사관은 일단 보정된 내용으로 심사하되, 심사의견통지서를 통해 적어도 이하 3가지 내용을 지적한다.

① 제출된 보정서에서 받아들여질 수 없는 보정 부분 및 받아들여질 수 있는 보정 부분을 출원인에게 명확히 고지한다.

② 받아들여질 수 있는 부분에 존재하는 흠결을 지적한다.

③ 지정된 답변 기간 내에 이전 통지서에서 지적한 사항에 부합하지 않는 보정 내용

---

(2) 독립항에서의 기술특징을 자진 변경하여 보호범위가 확장되는 경우
(3) 명세서에만 기재되어 있으며 기존의 청구항들과 단일성이 없는 기술내용을 보정된 청구항의 객체로 자진보정하는 경우
(4) 원권리요구서에 포함되지 않은 기술방안을 새로운 독립항으로 자진 추가하는 경우
(5) 원권리요구서에 포함되지 않은 기술방안을 새로운 종속항으로 자진 추가하는 경우.

을 삭제할 것을 출원인에게 고지한다. 출원인이 기간 내 답변하지 않은 경우 해당 출원은 철회 간주된다. 기간 내에 답변했으나 보정서를 제출하지 않은 경우, 또는 재차 제출된 보정서도 여전히 전리법실시세칙 제51조 제3항 규정에 반하는 경우, 보정 전 문서에 대해 심사를 계속하여, 등록 또는 거절결정을 내린다.

(c) 출원인이 통지서에서 지정한 기간 내에, 심사관이 후속 심사의견이나 결론을 내리기 전에, 동일한 문서 단위에 대해 여러 차례 보정서를 제출했고, 그 제출된 보정서들 중 적어도 하나가 전리법실시세칙 제51조 제3항 규정에 반하는 경우, 심사관은 아래 상황에 따라 계속 심사대상 문서를 확정한다.

① 만약 심사관이 전리법실시세칙 제51조 제3항에 부합하는 보정서를 받은 후, 심사의견이나 결론을 내리기 전에, 출원인이 재차 보정서를 제출했는데, 이 보정서가 전리법실시세칙 제51조 제3항에 부합하지 않는 경우, 심사관은 이를 수리하지 않고, 앞서 제출된 보정서를 계속 심사대상 문서로 확정한다. 그러나 재차 제출된 보정서가 전리법 제33조 규정에 부합하고, 출원 명세서에 존재하는 흠결을 해소하여 바로 등록이 가능케 하는 경우라면, 심사관은 이 재차 제출된 보정서를 수리하여 계속 심사대상 문서로 확정할 수 있다.

② 만약 심사관이 전리법실시세칙 제51조 제3항에 부합하지 않는 보정서를 받은 후, 심사의견이나 결론을 내리기 전에, 출원인이 재차 보정서를 제출했는데, 이 보정서가 전리법실시세칙 제51조 제3항에 부합하는 경우, 앞서 제출한 보정서는 고려하지 않고, 재차 제출된 보정서를 계속 심사대상 문서로 확정한다.

③ 만약 심사관이 심사의견이나 결론을 내리기 전에 여러 건의 보정서를 받았으나, 이들 보정서가 모두 전리법실시세칙 제51조 제3항에 부합하지 않는 경우, 심사관은 최후에 제출된 보정서를 토대로 심사를 계속한다. 이때 최후에 제출된 보정서를 토대로 한 심사는 상술한 전부 또는 일부 보정이 전리법실시세칙 제51조 제3항에 부합하지 않는 경우의 처리 내용을 참고한다.

(2) 출원인이 답변 시 보정서를 제출하지 않은 경우

출원인이 의견진술서만 제출하고 보정서를 제출하지 않은 경우, 심사대상 문서는 종전에 심사대상으로 삼은 문서가 되는 것이 원칙이다. 다만, 아래 세 가지 경우는 예외이다.

a) 출원인이 보정서를 정식으로 제출하지 않았지만, 의견진술서에서 앞서 제출한 어떠한 문서 단위를 삭제할 것을 명백히 표시한 경우(아래 사례 1 참조)

b) 출원인이 의견진술서에서 이전에 정식으로 제출했던 문서 단위로 어떠한 문서 단위를 대체할 것을 요청한 경우(아래 사례 2 참조)

c) 출원인이 의견진술서에서 최후에 제출한 보정서를 포기하겠다고 밝힌 경우

위와 같은 상황에서, 만약 심사관이 출원인이 이전에 제출했던 문서 단위를 이용하여 아무런 의심 없이, 유일하고도 온전한 하나의 출원 명세서를 구성할 수 있다면, 출원인이 의견진술서를 통해 행한 보정이 유효한 것으로 판단할 수 있다.

▎ 사례 1 ▎

원권리요구서에 단일성이 결여된 두 그룹의 청구항이 포함되어 있어, 심사관은 분할 통지서에서 단일성 결여를 지적했다. 출원인은 의견진술서에서 심사관의 견해를 수용하겠다는 의사를 표시하면서, 단일성 결여를 극복하기 위해 두 번째 청구항 그룹의 삭제를 요청했다. 다만, 청구항을 보정한 대체 페이지는 제출하지 않았다. 이 경우, 심사관은 출원인의 요청에 따라 첫 번째 청구항 그룹을 계속 심사대상 문서로 확정할 수 있다.

▎ 사례 2 ▎

출원인이 심사청구를 하면서 청구항을 자진보정했다. 심사관은 1차 의견제출통지서에서 이 보정이 최초 출원 명세서 및 권리요구서의 범위를 초과했음을 지적했고, 출원인은 의견진술서에서 심사관의 견해를 수용하겠다는 의사를 표시하면서, 원권리요구서를 토대로 심사를 계속해 줄 것을 심사관에게 명확하게 요청했다. 다만, 청구항을 보정한 대체 페이지는 제출하지 않았다. 이 경우, 심사관은 원권리요구서를 계속 심사대상 문서로 확정할 수 있다.

---

5. 전면심사

절차의 촉진을 위해 심사관은 1차 의견제출통지서를 발부하기 전, 출원에 대해 전면심사를 진행하는 것이 원칙이다. 즉, 전리법 및 전리법실시세칙에서 규정하는 모든 실질적, 형식적 요건을 만족하는지 판단해야 한다. 다만, 출원 명세서에 전리법 및 전리법실시세칙의 규정에 반하는 심각한 흠결이 존재하는 경우에는 전면심사를 하지 않을 수 있다.

전면심사를 해야 하는지 결정함에 있어 중요한 판단 기준은 그 출원이 등록될 가능성이 있는지 여부이다. 등록 가능성의 판단은 해당 출원이 전리법실시세칙 제53조[28]

---

28) 전리법 실시세칙 제53조: 전리법 제38조의 규정에 따라 특허출원에 대해 실질심사를 거쳐 거절해야 하는 경우는 다음과 같다.
　(1) 출원이 전리법 제5조, 제25조가 규정한 경우에 해당하거나, 전리법 제9조의 규정에 따라 전리권을 수여받을 수 없는 경우

에서 열거하는 실질적 흠결의 존재 여부 및 그 흠결의 극복 가능성을 토대로 한다.

만약 출원 발명에 전리법실시세칙 제53조가 열거하는 실질적 흠결이 존재하지만 이를 극복할 수 있는 경우, 즉 권리요구서 또는 명세서에 등록 가능한 기술방안이 존재하는 경우에는, 등록 가능성이 있는 것으로 보아 전면심사를 진행한다.

1) 전면심사를 하지 않는 경우

출원 명세서에 전리법 및 전리법실시세칙의 규정에 반하는 심각한 흠결이 존재하는 경우, 즉 전리법실시세칙 제53조가 열거하는 실질적 흠결이 존재하고, 이를 극복할 가능성이 없어 등록 가능성이 없는 경우에 심사관은 해당 출원에 대해 전면심사를 하지 않을 수 있다. 이때 심사관은 의견제출통지서에 부차적인 흠결 또는 형식적 흠결까지 지적할 필요 없이, 심사의 결론에 결정적인 영향을 미친 실질적인 흠결만을 지적한다.

2) 전면심사 진행순서의 일반원칙

2010년 〈전리심사지침〉 제2부 제8장 4.7절에서는 전면심사의 순서에 대한 일반적 규정을 하고 있으나, 실제 심사과정에서는, 심사 순서가 논리에 부합하고 명백하게 모순되지만 않으면 족한 것으로 되어 있다.

일반적으로는 아래와 같은 순서로 심사가 이루어질 수 있다:

(1) 우선, 자진보정의 시기적 범위를 규정하는 전리법실시세칙 제51조 제1항; 보정의 내용적 범위를 규정하는 전리법 제33조 및 분할출원의 내용적 범위를 규정하는 전리법실시세칙 제43조 제1항; 발명의 주제가 전리법 제5조 또는 제25조에 해당하는지 및 청구 객체가 전리법 제2조 제2항이 규정하는 발명의 정의에 부합하는지; 전리법 제31조 제1항이 규정하는 단일성(명백한 단일성 위배에 해당하는 경우); 전리법 제22조 제4항이 규정하는 실용성 및 전리법 제26조 제3항의 명세서 충분공개요건을 심사한다.

(2) 다음으로, 신규성 및 진보성 규정인 전리법 제22조 제2항과 제3항; 청구항 기재가 전리법 제26조 제4항 및 전리법실시세칙 제20조 제2항 규정에 부합하는지; 전리법 제31조 제1항의 단일성(검색을 거쳐야만 단일성 여부를 판단할 수 있는 경우); 유전자원으로 완성된 발명이 전리법 제26조 제5항 규정을 만족하는지; 발명이 중국에서 완성된 경우 외국 출원 전에 전리국에 비밀유지 심사를 신청했는지 규정하는 전리법 제20조 제1항을 심사한다.

---

(2) 출원이 전리법 제2조 제2항, 제20조 제1항, 제22조, 제26조 제3항, 제4항, 제5항, 제31조 제1항 또는 본 세칙 제20조 제2항의 규정에 부합하지 않는 경우

(3) 출원에 대한 보정이 전리법 제33조 규정에 부합하지 않거나, 분할출원이 본 세칙 제43조 제1항의 규정에 부합하지 않는 경우.

(3) 마지막으로, 중복등록이 될 만한 인용문헌을 검색해 낸 경우 전리법 제9조의 선출원주의 규정에 부합하는지 심사한다.

다만, 이와 같이 제시된 심사 순서도 필수적인 것이 아니며, 심사관은 구체적 상황에 따라 융통성 있게 심사를 진행할 수 있다.

3) 심사 예시

(1) 전리법 제22조 제3항(진보성) 및 제26조 제4항 전단(청구항이 명세서에 의해 뒷받침될 것)

청구 발명이 진보성을 갖추었는지 및 명세서에 의해 뒷받침되는지에 대한 심사는 상황에 따라 심사 순서를 달리할 수 있다. 그러나 만약 청구된 발명이 진보성도 없으면서 동시에 명세서에 의해 뒷받침되지도 않는 것으로 심사관이 판단한 경우, 심사관은 이 두 가지 거절이유를 동시에 지적하지 않는다. 이 두 거절이유를 함께 지적하면 심사의견 작성에 있어 전후 모순이 발생할 우려가 있기 때문이다.

┃ 사 례 ┃

청구항 제1항 발명은 기술특징 중 하나로 a를 포함하고 있었으나, 심사관은 이 특징이 개괄하는 범위가 지나치게 넓어, 청구항이 명세서에 의해 뒷받침되지 않는 것으로 판단했다. 이에 심사관은 제1차 의견제출통지서에서, 기술특징 a의 범위가 과도하게 넓어, 당업자가 청구항 제1항 발명의 기술특징 a를 채용한 기술방안을 종래기술 및 명세서의 기재내용만으로는 개괄해 낼 수 없으므로, 청구항 제1항이 명세서에 의해 뒷받침되지 않아 전리법 제26조 제4항 규정에 반한다고 지적했다. 이와 함께, 청구항 제1항 발명과 종래기술 간의 유일한 차이점은 기술특징 a인데, 당업자의 입장에서 이 특징을 채용하여 기술적 과제를 해결하는 것은 해당 기술영역의 공지상식으로서 자명하므로 청구항 제1항은 진보성이 없다고도 지적했다.

분석: 청구항 제1항이 전리법 제26조 제4항 전단 규정에 반한다고 지적되었다. 심사관은 기술특징 a에 대한 개괄이 부적절하다고 지적했는데, 이는 사실상 어떠한 기술적 과제를 해결할 수 없고 이에 따라 상응하는 기술적 효과를 낼 수 없는 실시방식을 청구항 제1항 발명이 포함하고 있음을 피력한 것이다. 한편 진보성이 없다는 결론을 내는 과정에서, 심사관은 기술특징 a를 채용하여 해결하고자 하는 기술적 과제를 해결하는 것은 해당 기술영역의 공지상식이라고 주장했는데, 이는 결국 두 가지 거절이유를 지적하는 과정에서 이중 잣대를 적용한 것이다. 따라서 본 사례와 같은 심사관의 거절 논리 전개는 서로 모순되어 부적절하다.

출원 발명이 전리법 제22조 제3항(진보성) 및 제26조 제4항 전단(청구항이 명세서에

의해 뒷받침될 것)의 두 가지 거절이유에 모두 반하는 것으로 판단한 경우, 심사관은 아래 두 가지 방식으로 처리한다.

a) 전리법 제22조 제3항 규정 위배를 먼저 지적

심사 의견에서 발명의 진보성을 먼저 지적한 후, 출원인의 의견진술에 따라 이후 심사 의견을 어떻게 내릴지 결정한다. 만약 기술특징 a가 출원 발명에 기술적으로 확실히 기여하는 특징인 경우, 즉 발명이 진보성을 구비한 것으로 인정되는 경우에는, 기술특징 a가 한정하는 범위가 명세서에 의해 뒷받침되는지 여부를 계속 심사한다.

b) 전리법 제26조 제4항 전단(청구항이 명세서에 의해 뒷받침될 것) 규정 위배를 먼저 지적

심사 의견에서 청구항이 명세서에 의해 뒷받침되지 않음을 먼저 지적한다. 만약 출원인이 의견 진술을 통해 당업자의 입장에서 명세서의 기재 및 종래기술을 토대로 기술특징 a의 한정 범위를 충분히 개괄해 낼 수 있음을 항변한 경우, 진보성 거절이유를 계속 심사한다.

진보성 문제와 청구항의 명세서에 의한 뒷받침 문제가 각기 상이한 기술방안(예: 독립항과 종속항, 또는 동일한 청구항에서 병렬 선택적으로 표현된 여러 기술방안)에 존재하는 경우, 심사관은 이 두 가지 거절이유를 동시에 지적할 수 있다.

(2) 전리법 제26조 제4항 후단(청구항 기재가 명료할 것) 및 전리법 제22조 제2항, 제3항

청구항이 불명확하여 해당 청구항에 대한 신규성 및 진보성 심사를 할 수 없는 경우라면, 청구항 불명확성에 대한 거절이유가 먼저 지적된다. 다만, 이때 심사관은 명세서에 기재된 기술방안에 대해 신규성 또는 진보성 심사의견을 제시하여 출원인이 참고하게 할 수 있다.

┃ 사 례 ┃

심사관은 제1차 의견제출통지서에서 독립항 제1항에 신규성 거절이유를 지적하면서, 동시에 "당업자가 청구항 제1항의 표현이 불명확하여 청구하고자 하는 기술방안을 명확히 이해할 수 없다"고도 지적했다.

분석: 그러나 이 두 가지 심사 의견은 서로 모순된다. 2010년 〈전리심사지침〉 제2부 제8장 4.7.1절에 따르면, 청구항의 신규성 및 진보성을 심사할 수 없는 경우, 심사관은 우선 청구항의 불명확성 문제를 지적하고, 출원인이 불명확성 문제를 해소한 후에 신규성 및 진보성 문제를 심사해야 한다고 규정한다.

6. 의견제출통지서

1) 심사관이 심사의견을 작성하는 방식

출원 명세서에 존재하는 동일한 종류의 흠결에 대해, 심사관은 청구항별로 묶어 간략하게 의견을 작성한다.

(1) 동일하거나 실질적으로 동일한 사실로 인해, 독립항 및 그 종속항에 신규성, 진보성, 청구항의 명세서에 의한 뒷받침, 보정범위 초과 등의 실질적 흠결 및 기타 형식적 흠결이 생긴 경우, 보통 분류하여 의견을 작성한다.

(2) 진보성을 심사할 때, 심사관은 독립항에 대해서는 단독으로 의견을 작성해야 하나, 종속항에 대해서는 그룹을 지어 간략하게 평가할 수 있다.

(3) 진보성을 심사할 때, 심사관은 물건 독립항에 대해 단독으로 의견을 작성해야 하나, 상기 물건의 제조방법 청구항에 대해서는 간략하게 평가할 수 있다.

(4) 방법 독립항과 상기 방법으로 생산된 물건 독립항에 대해 각각 의견을 작성해야 한다. 방법 발명이 신규성 및 진보성을 구비했다 하더라도, 그 방법에 의해 생산된 물건이 반드시 신규성 및 진보성을 갖는 것은 아니다.

(5) 아래 유형의 청구항에 신규성이 없는 것으로 추정되는 경우, 신규성에 대한 의견을 작성하면서, 진보성 흠결도 함께 지적할 수 있다. 절차 촉진 및 심사 효율성을 위함이다.

① 물리 화학적 파라미터로 한정된 청구항
② 방법 특징으로 한정된 물건 청구항
③ 효과 또는 용도로 한정된 기술특징을 갖는 청구항

다만, 만약 종래기술을 토대로 발명에 존재하는 흠결이 신규성인지 진보성인지 여부를 명확히 구별할 수 있는 경우에는, 일반 원칙에 따라 의견을 작성하며, 신규성 또는 진보성에 대해 단독으로 평가한다.

2) 심사관의 보정 제안

심사관은 필요하다고 판단되면, 출원인에게 보정을 간단히 제안하기도 한다. 이 제안은 단지 참고용이고 강제성이 없는 것으로서, 출원인은 심사관이 제안한 보정 방식에 반드시 따라야 하는 것은 아니다.

3) 기술방안을 가정한 심사의견

절차의 촉진을 위해, 심사관은 출원인이 아직 청구하지 않은 기술방안을 가정하여 (즉, 출원인의 보정 방향을 미리 예상하여) 심사의견을 내기도 한다. 심사의견통지서의 발행 횟수를 줄이고, 출원인에게 보다 많은 정보를 제공하고자 하기 위함이다. 그러나 출원의 보정 방향이 명확하지 않은 경우에는 기술방안을 가정하여 심사 의견을 내지 않는다. 이하는 보정범위 초과 및 청구항 기재가 불명확한 상황에서 기술방안을 가정하여 심사의견을 작성하는 처리 방식이다.

(1) 보정범위를 초과하는 상황

내용적 범위를 초과하는 보정으로 인해 청구항의 신규성, 진보성 등의 실질적 흠결에 대한 심사가 의미 없게 된 경우, 심사관은 보정범위 초과의 거절이유를 지적하면서, 동시에 보정 전 명세서에 대해 의견을 작성할 수도 있고, 심사관이 판단하기에 원출원 명세서에 유일하게 기재되어 출원인이 선택할 여지가 있는 기술방안에 대해 의견을 작성할 수도 있다.

(2) 청구항의 기재가 불명확한 상황

청구항의 기재가 불명확하다는 흠결이 존재하는 경우, 심사관은 상황에 따라 아래와 같이 처리할 수 있다.

a) 청구항의 불명확성이 신규성 또는 진보성 심사에 영향을 주지 않는 경우, 또는 심사관이 명세서를 통해 출원인이 실제 청구하려는 내용이 무엇인지 합리적으로 판단할 수 있는 경우에는, 해당 청구항의 신규성 또는 진보성 심사시 기술방안을 가정하여 의견을 작성하지 않는다.

b) 청구항의 불명확성이 신규성 또는 진보성 심사에 영향을 미치는 경우, 만약 심사관이 청구항의 다른 기술방안 및 명세서의 기재 내용을 토대로 출원인의 보정 방향을 예상할 수 있다면, 이 보정 가능한 기술방안에 대해 신규성 또는 진보성 의견을 작성할 수 있다.

(3) 심사관이 기술방안을 가정하여 거절이유를 지적한 경우, 출원인 주의사항

심사관이 기술방안을 가정하여 심사의견을 명확하고 구체적으로 작성하여 의견제출통지서를 발부했고, 출원인이 이에 대응하여 보정한 청구항이 심사관이 가정한 청구항 또는 기술방안과 실질적으로 동일한 경우, 심사관은 이 보정서에 대해 바로 거절결정을 내릴 수 있음에 주의할 필요가 있다. 의견 청취의 원칙에 반하지 않기 때문이다.

7. 입 증

1) 심사관이 입증할 필요가 있는 경우

(1) 출원인이 공지상식[29]에 대해 이의를 제기하는 경우

출원인이 심사관이 근거로 제시한 공지상식에 대해 이의를 제기하는 경우, 심사관

은 이유를 설명하거나 상응하는 증거를 제공하여 입증해야 한다.[30]

(2) 심사관이 신규성 및 진보성 심사에 인용한 인용문헌

청구항이 신규성 또는 진보성이 없다는 심사의견에 대해, 공지상식 이외에, 심사관은 구체적인 인용문헌을 증거로 제시할 필요가 있으며, 인용문헌에 공개된 내용이 해당 문헌에서 구체적으로 어디에 기재되었는지 밝혀야 한다.

2) 심사관이 입증할 필요가 없는 경우

심사관이 '해당 기술영역의 공지상식'임을 들어 심사의견을 제시했을 때, 만약 출원인이 이에 대해 이의를 제기하지 않으면 입증할 필요가 없다.

널리 알려진 사실, 자연법칙 및 정리, 법률규정이나 공지된 사실 및 일상생활 경험법칙을 토대로 추정해 낼 수 있는 사실은 입증할 필요가 없다.

전리법 제2조 제2항, 제22조 제4항, 제25조, 제26조 제3항, 제26조 제4항 및 전리법 실시세칙 제20조 제2항에 관련된 문제에 대해서는, 출원 명세서 자체가 증거이기 때문에 심사관은 사실과 이유만을 설명하면 족하고, 출원 명세서 이외의 증거를 재차 제시할 필요가 없다.

3) 출원인이 제공한 증거에 대한 심사

출원인이 신규성, 진보성 관련 심사의견에 대해 답변할 때 제출한 새로운 증거, 실시례, 실험 데이터 등은, 명세서 또는 청구항에 보충 기재될 수는 없고, 단지 심사관의 심사에 참고용으로 제공될 뿐이다.

만약 출원인이 제공한 보충 실험 데이터가 진보성에 대한 것으로서, 원 출원명세서에 기재된 발명의 해결과제에 대한 것이거나, 심사의견에서 확정된 발명의 해결과제에 대한 것이면, 심사관은 이를 고려해야 한다.[31]

출원인이 전리법 제22조 제4항(실용성), 제26조 제3항(명세서 기재요건) 및 제4항(청구

---

29) 공지상식에 대한 정의는 이 책 '제2부 등록요건/제3장 진보성/2. 발명의 진보성에 대한 심사/2) 심사기준/(1) 특출한 실질적 특징의 판단/b) 기술적 암시가 존재하는 것으로 판단되는 경우' 부분을 참고.

30) 실무적 경험에 의하면, 심사관이 공지상식을 근거로 진보성을 부정했고 이에 대해 출원인이 공지상식에 대해 의견서로 이의를 제기한 상황에서, 심사관에 따라 출원인의 이의가 받아들여져 등록되는 경우도 있고, 반대로 출원인의 이의를 무시하고 다음 차수의 거절이유통지서에서 이에 대해 아무런 응답을 하지 않는 경우도 있다. 다만, 심사 매뉴얼에서 이렇게 규정하고 있다는 점을 고려하면, 중국 심사관이 진보성 거절 근거로 '공지상식'을 이용한 경우, 출원인의 입장에서는 사안에 따라 이에 대해 집요하게 이의를 제기하는 대응방안도 고려해 볼 필요도 있을 것이다.

31) 화학분야의 출원에 대해서는, 이 책 '제3부 화학발명에 대한 심사/제1장 화합물 발명에 대한 심사/5. 화합물의 진보성/5) 출원인이 제출한 증거에 대한 심사관의 판단 기준' 부분을 참고.

항 기재요건)에 반한다는 심사의견에 대응하면서 제출한 증거가 만약 출원일 이후에 공개된 것이면, 인정되지 않는 것이 일반적이다.

8. 정보제공에 대한 처리

1) 심사관이 전리권 등록 결정서를 발부하기 전에 일반 공중이 정보제공한 종래기술 또는 관련 심사자료를 받은 경우, 이를 고려할 필요가 있고, 필요한 경우 심사관은 정보제공자에게 자료의 구체적인 관련 부분을 지적해 달라고 요청할 수 있다.

2) 등록 결정의 통지서를 발행한 이후에 정보제공을 접수한 경우, 심사관은 이를 고려하지 않아도 무방하다.

3) 정보제공에 대한 전리국의 처리 결과는 정보제공자에게 통지할 필요가 없다.

9. 면담 및 전화 인터뷰[32]

면담 또는 전화 인터뷰는 심사관이 출원인에게 요청할 수도 있고, 출원인도 요청할 수 있다. 출원인이 요청하는 경우, 만약 심사관이 사안의 사실이 명확하다고 확신하여 면담 및 전화 인터뷰를 진행할 필요가 없다고 판단하는 경우에는 출원인이 요청한 면담 또는 전화 인터뷰를 거절할 수 있다.

한편, 출원인이 전화 인터뷰 또는 면담에서 제시한 구두 성명은 법률적 효력이 없으므로, 심사관은 출원인에게 의견진술서 또는 보정서를 제출할 것을 요구한다.

1) 전화 인터뷰

(1) 전화 인터뷰는 제1차 의견제출통지 이후에 진행된다. 전화 인터뷰를 할 때 심사관은 효율성 제고를 위해 가능하면 1회의 인터뷰에서 모든 거절이유를 언급한다. 또한 전화 인터뷰 이후에 출원인이 처리해야 할 일을 명확히 고지한다.

(2) 심사관은 출원인이 먼저 요청한 전화 인터뷰를 받아들여 실질적인 거절이유에 대해 논의할 수 있다. 사안이 복잡한 경우 심사관은 사안을 숙지하기 위해 별도의 전화 인터뷰 시간을 정할 수 있다.

---

32) 심사는 베이징 이외에도 중국의 타 지역에 위치한 몇 군데 심사센터에서 이루어진다. 따라서 베이징 이외의 지역에 있는 심사관과 면담을 하는 과정이 경제적, 시간적으로 매우 비효율적이어서 사실상 면담이 활용되는 경우는 극히 드물다. 대신 전화인터뷰가 자주 활용되는 편이다.

(3) 출원인이 요청한 전화 인터뷰의 경우, 심사관은 인터뷰 기록을 남기지 않을 수도 있고 전리국 의견 처리란에 간략히 전화 인터뷰의 결론만을 기재할 수도 있다. 반면에 심사관이 요청한 전화 인터뷰의 경우, 심사관은 반드시 전화 인터뷰 내용을 간단히 기록한다.

(4) 심사관은 출원인(대리인이 없는 경우) 또는 대리인(대리인이 있는 경우)의 서명 또는 날인이 없는 전화 인터뷰 내용 및 기록을 거절결정의 근거로 삼을 수 없다.

(5) 전화 인터뷰의 방식으로는 통화자의 신분을 확인할 방법이 없기 때문에, 심사관이 심사의 결론을 언급하는 데 매우 신중한 자세를 취한다. 통화자가 출원인을 대표할 권한이 없는 것으로 심사관이 확인한 경우, 심사관은 통화자의 진술을 청취하기만 할 뿐, 사안에 대한 어떠한 긍정 또는 부정적 견해를 밝히지 않는다.

2) 면 담

(1) 면담은 ① 1차 의견제출통지 이후에 ② 출원인이 의견제출통지에 답변하면서 또는 답변 이후에 면담을 요청했거나, 심사관이 필요에 따라 출원인에게 면담 요청을 한 경우에 이루어질 수 있다.

(2) 외국 출원인이 대리인을 통해 면담 요청을 하면서 출원인도 면담에 참여하겠다고 하는 경우, 심사관은 처장급 또는 부장급 간부에 보고하여 결재를 받아야 한다.

(3) 심사관은 출원인(대리인이 없는 경우) 또는 대리인(대리인이 있는 경우)의 서명 또는 날인이 없는 면담 내용 및 기록을 거절결정의 근거로 삼을 수 없다.

10. 보 정

전리법 제33조의 규정에 따라 출원인은 출원 명세서를 보정할 수 있다. 특허 출원에서의 보정은 전리법실시세칙 제51조 제1항에서 규정하는 자진보정과, 동조 제3항에서 규정하는 심사의견통지에 대응하는 과정에서 이루어지는 보정이 있다.

1) 자진보정 가능 시기

(1) 특허 출원인은 실질심사 청구 시

(2) 전리국으로부터 출원이 실질심사에 진입했다는 통지를 받은 날로부터 3개월 내[33] 1차 의견제출통지서 발송 이후부터는 자진보정을 할 수 없다.

---

33) 실용신안 또는 디자인 출원의 경우에는 출원일로부터 2개월 내에 자진보정을 할 수 있다.

2) 보정의 내용적 범위

전리법 제33조 규정에 따라 자진보정이든 심사의견통지에 대응하는 과정에서 이루어지는 보정이든 모두 '최초 출원 명세서 및 권리요구서에 기재된 범위 내'에서 이루어져야 한다. '최초 출원 명세서 및 권리요구서에 기재된 범위 내'란, 최초 명세서 및 권리요구서의 문언적 기재 및 최초 명세서 및 권리요구서와 도면으로부터 '직접적이고도 아무런 의심 없이 확정 가능한 내용'(이하 4)의 내용 참조)을 의미한다. 최초 명세서 및 권리요구서는 전리법 제33조에 부합하는지의 판단 기준이고, 출원인이 제출한 출원 명세서의 외국어 명세서 및 우선권 서류의 내용은 본 조 부합 여부의 판단 기준이 아니다. 다만, 중국 국내단계에 진입한 국제출원의 최초 외국어 명세서는 예외이다.

3) 의견제출통지에 대한 답변 시의 보정

심사의견통지에 대응하는 과정에서 이루어지는 보정은 전리법실시세칙 제51조 제3항에 따라 통지서에서 지적된 사항에 따라 보정해야 하는 것이 원칙이다. 다만, 심사관이 지적한 사항이 아니라고 하더라도, ⅰ) 그 보정이 최초 출원 명세서 및 권리요구서에 기재된 범위 내에서 이루어진 것으로서, ⅱ) 명세서에 존재하는 흠결을 해소하고, ⅲ) 이러한 보정에 의해 등록이 이루어질 수 있는 경우에는, 절차 촉진에 유리하므로 예외적으로 인정된다.

구체적으로, 아래 다섯 가지 경우는 최초 출원 명세서 및 권리요구서에 기재된 범위 내에서 이루어진 보정이라 하더라도, 통지서에서 지적된 사항에 따른 보정이 아닌 것으로 간주되어 인정되지 않는다.

(1) 독립항의 기술방안에서 기술특징을 삭제하여 청구범위를 확장하는 경우[34]

(2) 독립항의 기술방안에서 기술특징을 변경하여 청구범위를 확장하는 경우[35]

(3) 명세서에만 기재되어 있지만 청구항의 원래 주제와 단일성이 없는 기술 내용을 청구항의 주제로 보정한 경우[36]

---

34) 예를 들어, 독립항에서 특정 기술특징의 삭제, 관련 기술용어의 삭제 또는 구체적인 응용범위를 한정하는 기술특징을 삭제한 경우, 최초 명세서 및 권리요구서의 기재 범위 내의 보정이라 하더라도, 그 보정이 청구범위의 확장을 초래하기만 하면 이러한 보정은 인정되지 않는다. 한편, 실무적 경험으로 확인한 바에 따르면, 여기에서의 '청구범위 확장'을 판단하는 기준은 출원 당시의 청구항이지, 이전 차수의 의견제출통지에 대응하면서 보정한 청구항이 아니다.

35) 예를 들어, 최초 출원 청구항에서의 기술특징 '나선형 스프링'을 '탄성 부재'로 보정한 경우, 최초 출원 명세서에 '탄성 부재'가 기재되어 있더라도, 청구범위의 확장을 초래하는 보정이므로 인정되지 않는다.

36) 예를 들어, 자전거 핸들에 관한 출원에서, 명세서에는 핸들뿐만 아니라 자전거 안장에 대해서도

(4) 최초 권리요구서에 기재되지 않은 기술방안을 새로운 독립항으로 추가하는 경우

(5) 최초 권리요구서에 기재되지 않은 기술방안을 새로운 종속항으로 추가하는 경우

의견제출통지에 대응하여 출원인이 행한 보정이 통지서에서 지적한 사항에 대한 것이 아니고 상술한 다섯 가지 경우 중 어느 하나에 해당하는 경우, 심사관은 의견제출통지서를 통해 보정을 인정하지 않는 이유를 설명하고, 지정 기간 안에 전리법실시세칙 제51조 제3항 규정에 부합하는 보정서를 제출할 것을 요구한다. 이에 대해 재차 행한 보정이 여전히 전리법실시세칙 제51조 제3항 규정에 반하는 경우, 심사관은 보정 전 청구항을 토대로 심사하여 등록 또는 거절 결정을 내린다.

한편, 보정이 위에서 언급한 다섯 가지 경우에 해당하는 경우; 또는 심사관이 지적하지 않은 사항에 대한 보정을 했으나 그 보정이 절차 촉진에 유리하지 않는 경우, 심사관은 전리법실시세칙 제51조 제3항 규정만을 근거로 심사의견을 낼 수 있고, 전리법 제33조 규정의 부합 여부는 심사하지 않을 수 있다. 보정이 전리법실시세칙 제51조 제3항 규정에 부합하는 경우, 심사관은 전리법 제33조 규정의 부합 여부를 심사한다.

4) '직접적이고도 아무런 의심 없이 확정되는 내용'의 의미

'직접적이고도 아무런 의심 없이 확정되는 내용'이란, 출원 명세서에는 문자적으로 명확하게 기재되어 있지는 않으나, 당업자가 최초 출원 명세서, 권리요구서 및 도면에 기재된 내용을 토대로 '유일하게' 확정할 수 있는 내용을 의미한다. 아래 두 가지 상황을 주의할 필요가 있다.

(1) 최초 출원 명세서 및 권리요구서에 기재된 내용을 토대로 하여 추가가 가능할 것으로 추단되는 내용이, 공지상식 중에서 여러 가지 병렬 선택적 사항 중 일부에 속한다고 하더라도, 그 선택 가능한 사항은 여러 가지가 존재하므로, 그 추가되는 내용은 '직접적이고도 아무런 의심 없이 확정되는 내용'에 해당하지 않는다.

예를 들어, 최초 출원 명세서 및 권리요구서에 "부품 A와 B는 통상적인 방식으로 연결될 수 있다"라고 기재되었다. 해당 기술분야의 공지상식에 따르면, 그 통상적인 방식에는 용접, 리베팅, 상감, 못박음 및 볼트 연결이 포함된다. 출원인은 최초 출원 명세서에서의 상술한 기재를 다음과 같이 보정했다:

① 부품 A와 B는 예를 들어 용접, 리베팅, 볼트 연결과 같은 통상적인 방식으로 연결된다.

② 부품 A와 B는 용접 방식으로 연결된다.

기재되어 있었다. 실질심사 과정에서 자전거 핸들의 진보성이 부정되자 출원인이 청구항을 자전거 안장으로 한정한 경우, 보정 전후의 발명이 서로 단일성이 없으므로 이러한 보정은 인정되지 않는다.

③ 부품 A와 B에 적용되는 연결 방식은 용접, 리베팅, 상감, 못박음 및 볼트 연결 중 하나일 수 있다.

위와 같은 보정들은 모두 최초 출원 명세서에서의 "통상적인 방식"을 구체화했는데, 이 "통상적인 방식"이 어떠한 연결 방식으로 구체화된 것이든 상관없이, 최초 출원 명세서에 새로운 기술 내용이 추가된 것이다. 예를 들어, "용접 연결" 방식에는 그 연결 기능 이외에도, 용접 미세조직과 같은 그 자체의 성질이나 특징도 구비한 것이고, "볼트 연결" 방식의 경우 그 연결 기능 이외에도, 분해가 가능하다는 특징도 갖춘 것인데, 이러한 내용들은 최초 출원 명세서에 기재되어 있지도 않고, 그로부터 직접적이고도 아무런 의심 없이 확정할 수도 없다. 따라서 상술한 보정의 예시들은 모두 허용되지 않는다.

(2) 물질의 어떠한 고유한 특징이 출원일 이전에 공개된 적이 없는 경우에는, 당업자가 출원일 전에 이를 인정할 방법이 없으므로, '직접적이고도 아무런 의심 없이 확정되는 내용'에 해당하지 않는다.

예를 들어, 출원 발명이 새로운 화합물인데, 최초 명세서에 그 녹는점을 언급하지 않은 경우, 녹는점은 상기 물질의 고유한 특성이지만 출원 명세서에 이를 보충할 수 없다.

5) 판단 방법

심사관은 보정 범위 초과 여부를 판단하는 기본 원칙을 토대로 판단한다. 즉, ① 최초 출원 명세서 및 권리요구서에 문자적으로 기재되어 있는지, ② 최초 출원 명세서, 권리요구서의 문자적 기재 및 도면을 토대로 직접적이고도 아무런 의심 없이 확정 가능한지 판단한다.

아래 제시되는 판단 방법은 심사관이 최초 출원 명세서 및 권리요구서의 범위를 초과한 보정인지 판단할 때 적용할 수 있는 방법으로서, 그 적용 조건에 주의할 필요가 있다. 아래 제시되는 방법 중 어느 한 가지만으로도 보정 범위 초과의 결론을 낼 수 있다면, 그 보정은 허용되지 않는 것으로 인정된다. 다만, 아래 제시된 방법이 모든 보정 사안에 적용될 수 있는 것은 아니고, 사안이 매우 복잡한 경우에는 적용될 수 없다.

(1) 직접 신규성 판단법

이 방법은 주로 특징이나 정보를 추가하는 보정에 적용된다. 특징 또는 정보의 추가에는, 명세서에 특징 또는 정보의 추가, 도면의 추가, 도면의 특정 부분의 추가, 청구항의 추가 또는 청구항에 일부 기술특징의 추가가 포함된다.

구체적 적용 방법은, 최초 출원 명세서 및 권리요구서를 "인용문헌"으로 하고, 이를 보정된 출원 명세서와 비교하여 추가된 내용을 찾아낸 후, 신규성 심사 기준[37]을 참고하여 그 추가된 내용이 신규성을 갖는지 판단한다. 판단할 때에는, 최초 출원 명세서

및 권리요구서에 명확하게 기재된 내용뿐만 아니라, 당업자의 입장에서 내포적이면서
도 직접적이고 아무런 의심 없이 확정할 수 있는 기술 내용도 고려해야 하나, "관용수
단의 직접 치환"[38]은 고려하지 않는다.

만약 추가된 내용이 최초 출원 명세서 및 권리요구서에 대해 신규성이 있다면, 그 보
정은 최초 출원 명세서 및 권리요구서에 기재된 범위를 벗어났음을 의미하여 허용되지
않는다. 반대로 신규성이 없다면 허용되는 보정이다.

직접 신규성 판단법은 기술특징을 삭제하는 보정 및 하위개념을 상위개념으로 교체
하는 보정의 적법성 판단 시에는 적용되지 않는다. 이러한 보정 방식은 간접 신규성 판
단방법으로 판단할 수 있다.

(2) 간접 신규성 판단법

이 방법은 주로 하위개념을 상위개념으로 교체하는 보정 및 기술특징을 삭제하는
보정이 최초 출원 명세서 및 권리요구서의 기재 범위를 초과하였는지 판단하는데 이용
된다.

a) 하위개념을 상위개념으로 교체하는 보정

이 경우 구체적인 판단 방법은, 상위개념이 포괄하는 범위에서 하위개념의 내용을
배제한 다음, 배제되고 남은 내용이 최초 출원 명세서 및 권리요구서에 대해 신규성이
있는지를 전술한 직접 신규성 판단법을 이용하여 판단한다. 만약 신규성이 있으면, 이
는 보정이 최초 출원 명세서 및 권리요구서의 범위를 벗어났음을 의미하여 허용되지
않는다. 반대로 신규성이 없다면 그 보정은 허용된다.

예를 들어, 최초 출원 명세서에 기재된 "레이저 광원을 포함하는 장치"를 "광원을 포
함하는 장치"로 보정하는 것은, 하위개념인 "레이저 광원"을 상위개념인 "광원"으로 교
체한 것으로서, "광원"에는 레이저가 아닌 광원도 포함된다. "레이저가 아닌 광원을 포
함하는 장치"는 최초 출원 명세서와 비교하여 신규성이 있으므로, 이 보정은 최초 출원
명세서 및 권리요구서의 기재범위를 벗어난 것으로서, 허용되지 않는다.

다른 예로, 최초 출원 명세서에 기재된 "코일 스프링 지지물"을 "스프링 지지물"로
보정하는 것은, 하위개념인 "코일 스프링 지지물"을 상위개념인 "스프링 지지물"로 교
체한 것이다. 코일 스프링 지지물 이외의 스프링 지지물은 최초 출원 명세서와 비교하
여 신규성이 있으므로, 이 보정은 최초 출원 명세서 및 권리요구서의 기재범위를 벗어
난 것으로서, 허용되지 않는다.

b) 기술특징의 삭제

기술특징들 간의 관계에 협동 관계, 중첩 관계 및 선택 관계의 세 가지 종류가 있는

---

37) 2010년 〈전리심사지침〉 제2부 제3장 3.2절의 신규성 심사 기준.
38) 〈전리심사지침〉 제2부 제3장 3.2.3절 참조.

것으로 분류하고, 이러한 세 가지 다른 관계에 따라 기술특징을 삭제하는 보정이 새로운 기술 내용을 추가한 것인지 판단한다.

(a) 협동 관계

만약 삭제된 특징과 다른 특징 간에 협동작용, 상호연계 또는 상호지지 관계가 있는 경우, 그 특징을 삭제하면 최초 출원 명세서 및 권리요구서에 기재되지 않은 각 기술특징 간의 새로운 조합이 생성되므로, 그러한 보정은 최초 출원 명세서 및 권리요구서의 범위를 벗어나, 허용되지 않는다.

(b) 중첩 관계

삭제된 기술특징과 다른 특징 간에 연계 또는 지지 관계가 아니라, 단지 간단한 중첩 관계만 있다면, 아래 두 가지 상황에 따라 해당 기술특징을 삭제하는 보정이 최초 출원 명세서 및 권리요구서의 범위를 벗어난 것인지 판단한다.

① 만약 삭제된 특징과 다른 특징 간에 상호관계가 없이 서로 독립적이지만, 최초 출원 명세서의 기재에 따르면 그 삭제된 특징이 필수기술특징인 경우에는, 그 특징을 삭제하는 보정은 최초 출원 명세서 및 권리요구서의 범위를 벗어난 것으로서, 허용되지 않는다.

② 만약 삭제된 특징과 다른 특징 간에 상호관계가 없이 서로 독립적이고, 그 삭제된 특징이 발명의 필수기술특징[39]이 아님을 최초 출원 명세서에서 명확히 하였고, 심사관도 이를 확인할 수 있는 경우에는, 그 특징을 삭제하는 보정은 최초 출원 명세서 및 권리요구서의 범위를 벗어나지 않는 것으로서, 허용된다.

(c) 선택 관계

삭제된 특징과 다른 특징 간에 "선택 관계"가 있다 함은, 삭제된 특징이 선택적으로 치환 가능한 여러 가지 특징 중 하나임을 의미한다. 예를 들어, 어떠한 금속재료가 동, 철, 알루미늄 및 티타늄에서 선택된다고 할 때, 여기에서의 동, 철, 알루미늄 및 티타늄 간의 관계가 바로 선택 관계이다.

선택 관계에 있는 기술특징 중 하나 이상을 삭제하는 보정은, 최초 출원 명세서 및 권리요구서의 범위를 벗어나지 않아, 허용되는 것이 원칙이다. 다만, 마쿠쉬 화합물에서 만약 일부 병렬 치환기를 삭제하는 방식으로 여러 개의 구체 화합물로 보정했고, 그러한 화합물 중에 최초 출원 명세서 및 권리요구서에 명확하게 기재되지 않는 것이 있다면, 그러한 보정은 최초 출원 명세서 및 권리요구서의 범위를 초과한 것으로서, 허용되지 않는다.[40]

---

39) 필수기술특징의 개념에 대해서는 이 책 '제2부 등록요건/제7장 기재불비/5. 청구항이 필수기술특징을 갖출 것' 부분을 참고.

40) 이 책 '제3부 화학발명에 대한 심사/제1장 화합물 발명에 대한 심사/7. 마쿠쉬 청구항의 보정' 부

(3) 필수기술특징 판단법

최초 출원 명세서에서 줄곧 발명의 필수기술특징으로 설명된 기술특징을 독립항으로부터 삭제하는 보정은 최초 출원 명세서 및 권리요구서의 범위를 벗어난 것으로서, 허용되지 않는다.[41]

한편, 어떠한 기술특징이 필수기술특징이 아닌 것으로 간주되기 위해서는 아래 세 가지 요건을 모두 만족해야 한다.

① 최초 출원 명세서에 해당 기술특징이 필수기술특징이라고 명시하지 않을 것.

② 발명이 해결하고자 하는 기술적 과제를 토대로 볼 때, 그 특징이 발명의 효과를 달성하는 데 필수불가결한 것이 아닐 것.

③ 그 특징을 삭제하고 다른 특징을 보충하지 않더라도, 그 특징이 삭제되지 않았을 때의 기술적 효과를 달성할 수 있을 것.

반대로, 상술한 세 가지 요건 중 어느 하나라도 만족하지 않는 기술특징은 발명의 필수기술특징으로 인정된다.

6) 전형적인 보정 유형에 대한 심사례

(1) 특징의 추가

앞서 설명한 직접 신규성 판단법을 이용하여 판단한다.

┃사례 1┃

명세서 및 권리요구서에는 장치가 탄성 부재를 구비한다고만 기재되었고, 탄성 부재의 구체적 유형에 대해서는 공개하지 않았다. 도면으로부터도 상기 탄성 부재가 코일 스프링임을 도출해 낼 수 없었다. 출원인은 "탄성 부재"를 "코일 스프링"으로 보정했다.

분석: 추가된 특징은 "코일 스프링"인데, 최초 출원 명세서 및 권리요구서에 문자적으로 기재된 내용은 "탄성 부재"이다. 최초 출원 명세서와 권리요구서의 문자적 기재 및 도면으로부터 직접적이고도 아무런 의심 없이 확정할 수 있는 내용 역시 탄성 부재로서, 코일 스프링은 탄성부재에 대해 신규성이 있다. 따라서 상기 보정은 최초 출원 명세서 및 권리요구서의 범위를 초과한 것으로서, 허용되지 않는다.

┃사례 2┃

출원 발명의 기술방안에서는 유체 재료를 사용한다고 기재되었다. 한편, 실시례에서 들고 있는 구체적인 유체 재료의 몇 가지 예들은 모두 비전도성이었지만, 최초 출원 명세서 및

분 참조.

41) 2010년 〈전리심사지침〉 제2부 제8장 5.2.3.3절의 (1).

권리요구서에서는 상기 유체 재료가 비전도성 유체 재료라고 명확하게 언급하지는 않았다. 출원인은 "유체 재료"를 "비전도성 유체 재료"로 보정했다.

분석: 비전도성 유체 재료는 유체 재료에 "비전도성"이라는 기술특징을 추가하였다. 그리고 비전도성 유체 재료는 최초 출원 명세서의 실시례에서 구체적으로 예로 든 유체 재료들에 비해서는 상위 개념이다. 만약 "비전도성 유체 재료"를 "유체 재료"와 비교한다면, 전술한 "직접 신규성 판단법"을 적용하게 될 것이다. 또한 만약 "비전도성 유체 재료"를 실시례에서 예를 든 구체적인 재료들과 비교한다면, "간접 신규성 판단법"에서의 "하위개념을 상위개념으로 교체하는 보정" 부분을 적용할 것이다. 이 두 가지 방법 중 어느 방법을 적용하더라도 모두 상기 보정이 최초 출원 명세서 및 권리요구서의 범위를 초과한다는 결론이 도출된다. 따라서 상기 보정은 허용되지 않는다. 일반적으로, 심사관은 어느 한 가지 판단법만을 적용하여 결론을 도출한다.

▎사례 3 ▎

최초 출원 명세서 및 권리요구서에는 자전거 페달 본체가 알루미늄 합금으로 일체성형되었다고만 기재되었고, 그 성형 방법에 대한 설명은 없었다. 출원인은 보정 시 청구항에 "상기 성형은 가압 주조법"이라는 기술특징을 추가했다.

분석: 보정된 자전거의 페달은 알루미늄 합금이 가압 주조법으로 일체성형되어 주조 조직을 갖는다. 이는 최초 출원 명세서 및 권리요구서에 기재된 알루미늄 합금 일체성형 페달에 대해 신규성이 있다. 알루미늄 합금 일체성형이 비록 해당 기술분야의 공지상식이지만, 알루미늄 합금 일체성형에는 가압 주조법 이외에도, 예를 들어 압출 성형법도 존재한다. 따라서 상기 보정은 최초 출원 명세서 및 권리요구서의 범위를 벗어나 허용되지 않는다.

(2) 특징의 삭제

2010년 〈전리심사지침〉 제2부 제8장 5.2.3.3절[42]의 (1) 규정에 따라, 최초 출원 명

---

42) 2010년 〈전리심사지침〉 제2부 제8장 5.2.3.3절: 다음과 같은 삭제 보정은 허용되지 않는다.

(1) 발명의 필수기술특징으로 분명하게 인정한 기술특징을 독립항으로부터 삭제하는 경우, 즉 최초 출원 명세서에서 줄곧 발명의 필수기술특징으로 기술된 기술특징을 삭제; 또는 명세서에 기재된 기술방안과 관련된 기술용어를 청구항에서 삭제; 또는 명세서에서 분명하게 인정한 구체적인 응용 범위에 관한 기술특징을 청구항에서 삭제.

(2) 어떠한 내용을 명세서에서 삭제한 결과, 보정후의 명세서가 최초 출원 명세서 및 권리요구서의 기재 범위를 벗어나는 경우.

(3) 만약 최초 출원 명세서 및 권리요구서에 어떠한 특징의 원래 수치범위의 다른 중간 수치가 기재되지 않았고, 인용문헌에 공개된 내용에 의해 출원 발명의 신규성 또는 진보성이 영향을 받거나 또는 그 특징이 원래 수치범위의 특정 부분을 취할 때 발명이 실시 불가능할 것을 고려하여, 출원인이 구체적 '포기'의 방식으로 상기 원래의 수치범위에서 해당 부분을 배제시켜, 청구 발명의 수치 범위가 전체적으로 보아 그 부분을 명확하게 포함하지 않게 하는 경우, 이러한 보정은 최

세서에서 줄곧 발명의 필수기술특징으로 설명된 기술특징을 독립항으로부터 삭제하는 보정은 최초 출원 명세서 및 권리요구서의 범위를 벗어난 것으로서, 허용되지 않는다. 이에 대해서는 전술한 "필수기술특징 판단법" 부분을 참조한다.

┃사 례┃

출원 청구항은 X 화합물을 제조하는 방법에 대한 것으로서, 명세서에서는 반응 시 적용한 온도 조건이 X 화합물을 제조하는 데 필수적이라고 기재되어 있다. 출원인은 청구항에서 반응 온도에 대한 한정 부분을 삭제하는 보정을 했다.

분석: 명세서에 기재된 바에 따르면, 반응 온도는 필수기술특징이다. 따라서 상기 보정은 최초 출원 명세서 및 권리요구서의 범위를 초과하여 허용되지 않는다.

---

(3) 상위개념

하위개념을 상위개념으로 교체하는 보정에 대해서는, 전술한 "간접 신규성 판단법"의 "하위개념을 상위개념으로 교체하는 보정" 부분을 참고할 수 있다. 한편, 주의할 점으로 청구항이 명세서의 뒷받침을 받는지에 대한 판단과는 구별되어야 한다.

┃사 례┃

최초 출원 시에는 "천연 섬유소"라고만 기재되어 있는 기술특징에 대해, 출원인이 "섬유소"로 보정했다.

분석: 섬유소는 상위개념으로서, "천연 섬유소"와 "비(非)천연 섬유소"를 포함한다. 우선, 섬유소로부터 천연 섬유소를 배제하고 남은 부분은 "비천연 섬유소"이고, 여기에 직접 신규성 판단법을 적용하여 판단하면, "비천연 섬유소"는 최초 출원 명세서 및 권리요구서에 대해 신규성이 있다. 최초 출원 시에는 "천연 섬유소"에 대한 특징만이 기재되어 있었으므로, "비천연 섬유소"는 최초 출원 명세서 및 권리요구서에 대해 신규성이 있고, 따라서 상기 보정은 최초 출원 명세서 및 권리요구서를 벗어나, 허용되지 않는다.

---

(4) 수치범위

a) 조성물을 각 성분이 차지하는 백분율 함량으로 한정했고, 몇 가지 성분의 함량 범위가 2010년 〈전리심사지침〉 제2부 제10장 4.2.2절의 (4)[43]에 부합하지 않는 경우, 만

초 출원 명세서 및 권리요구서의 범위를 벗어난 보정이므로, 최초 출원에서 기재된 내용을 토대로 하여, 그 특징이 '포기'된 수치를 취하는 경우에 출원 발명이 실시 불가능하거나, 또는 그 특징이 '포기'된 수치 이외의 수치를 취하는 경우에 출원 발명이 신규성 및 진보성을 갖게 되는 경우가 아닌 한, 이러한 보정은 허용되지 않는다.

약 청구항 및 명세서에 "각 성분 함량의 합은 100%"라는 특징을 보충하고, 청구항의 각 성분 함량 중 상기 조건에 부합하는 수치범위가 존재하는 경우에는, 보정범위 초과로 간주되지 않는다.

　b) 실시례에서의 특정 수치를 보정 후의 끝점으로 하는 새로운 보정범위에 대해, 만약 당업자가 발명의 전체적 효과를 고려하여 판단할 때, 구체적 실시례에서의 특정 수치와 그 실시례에서의 그 외 구체적 기술특징(청구항에서 이에 대응하는 것은 이 구체적 특징의 상위개념임) 간의 대응관계가 긴밀하게 연계되었거나 일대일 대응관계가 아니라면, 그 보정은 허용된다.

▎ 사례 1 ▎

청구항 제1항은 "무기 분말가루의 평균 입경이 1~4μm이고, 표현 비중(재료 중량과 재료 내부의 공극을 포함하는 체적의 비)이 0.2~0.5g/㎤라는 특징을 포함하고 있다. 실시례 1 내지 실시례 3에서는 이산화규소 분말을 사용하였고, 그 평균 입경은 2.7μm이고, 표현 비중은 0.33g/㎤이다. 출원인은 청구항 제1항에서의 무기 분말의 평균 입경을 1~2.7μm로 보정했다.

분석: 실시례에서 "이산화규소 분말"은 구체적인 "무기 분말가루"의 일종이고, 평균 입경이 2.7μm인 이산화규소 분말과 그 표현 비중 0.33g/㎤의 관계는 고정적인 것이다. 다시 말해서, 실시례에서 공개된 평균 입경 2.7μm인 이산화규소 분말의 표현 비중은 0.33g/㎤이고, 이산화규소 분말 이외의 평균 입경 2.7μm인 다른 무기 분말가루의 표현 비중은 0.33g/㎤이 아니다. 상기 보정으로 인해 당업자가 보게 되는 정보와 최초 출원에 기재된 내용이 다르고, 또한 최초 출원에 기재된 정보로부터 직접적이고도 아무런 의심 없이 확정할 수도 없다. 따라서 상기 보정은 최초 출원 명세서 및 권리요구서의 범위를 벗어난 보정이다.

▎ 사례 2 ▎

청구항 제1항은 식 (I) 화합물의 제조방법에 대한 것으로서, 에탄올을 용제로 하고, 반응 온도가 50~70℃이며, 반응 압력이 2~4 대기압으로 한정되었다. 명세서의 실시례에서는 구체적인 화합물의 제조 방법이 기재되었는데, 에탄올을 용제로 사용했고, 반응 온도는 60℃이며, 반응 압력은 2.5대기압이다. 출원인은 청구항 제1항의 대응되는 부분을 아래와 같은 몇 가지 방식 중 하나로 보정했다.

"… 에탄올을 용제로 사용하고, 반응 온도는 60~70℃이며, 반응 압력이 2.5~4 대기압인…"

---

43) 2010년 〈전리심사지침〉 제2부 제10장 4.2.2절의 (4): 조성물 내 각 성분 함량의 백분율의 합은 100%이어야 하며, 각 성분의 함량 범위는 다음 조건에 부합해야 한다.
　어떠한 성분의 상한치 + 그 외 성분의 하한치 ≤ 100
　어떠한 성분의 하한치 + 그 외 성분의 상한치 ≥ 100.

"… 에탄올을 용제로 사용하고, 반응 온도는 50~60℃이며, 반응 압력이 2~2.5 대기압인 …"
"… 에탄올을 용제로 사용하고, 반응 온도는 60~70℃이며, 반응 압력이 2~2.5 대기압인 …"
"… 에탄올을 용제로 사용하고, 반응 온도는 50~60℃이며, 반응 압력이 2.5~4 대기압인 …"
분석: 화합물의 제조에 있어서, 에탄올의 용제로서의 사용, 반응 온도 및 반응 압력이라는 세 가지 특징 간의, 및 이들과 제조되는 화합물 간의 관계는 긴밀하게 연계되었다거나 일대일 대응 관계가 아니다. 또한 상기 수치범위 및 범위의 종점값은 최초 출원 명세서 및 권리요구서에 기재된 것으로서, 보정된 수치범위도 원 수치범위 내이다. 따라서 본 사안에서의 상술한 네 가지 보정 방식이 모두 허용된다.

다만, 만약 심사관이 발명을 전체적으로 판단하여, 용지, 온도 및 압력 상호 간 또는 이들과 제조된 화합물 간의 관계가 밀접한 경우라면, 이러한 보정은 허용되지 않는다.

(5) 기술적 효과 및 기술적 과제에 대한 보정

기술방안이 최초 출원 명세서에 명확히 기재되어 있으나, 그 기술적 효과 또는 발명이 해결하고자 하는 기술적 과제가 명확하게 기재되지 않은 경우, 만약 당업자가 기술방안으로부터 직접적이고도 아무런 의심 없이 기술적 효과를 확정할 수 있다면, 예를 들어 출원 명세서에 기재된 발명의 원리, 작용 또는 기능을 토대로 하여 그러한 효과를 어려움 없이 직접적으로 예상할 수 있다면, 그러한 명확성을 위한 보정은 허용되고; 만약 당업자가 명세서에 기재된 기술적 효과 또는 기술방안으로부터 직접적이고도 아무런 의심 없이 그 해결하고자 하는 기술적 과제를 확정할 수 있다면, 그러한 명확성을 위한 보정이 허용된다.

최초 출원 명세서로부터 직접적이고도 아무런 의심 없이 확정할 수 없는 기술적 효과 또는 기술적 과제는 추가 보정할 수 없다. 예를 들어, 최초 출원 명세서는 양털 의류를 세탁하는 방법을 언급하였고, 어떠한 합성세제로 세탁하는 과정을 포함하고 있었다. 만약 보정을 통해 상기 방법으로 인해 의류에 좀이 쏠지 않게 되는 장점이 있음을 추가했는데, 이 장점이 최초 출원 명세서로부터 직접적이고도 아무런 의심 없이 확정할 수 없는 것이라면, 이러한 보정은 허용되지 않는다.

(6) 도면을 토대로 한 보정

최초 출원 명세서의 도면으로부터 직접적이고도 아무런 의심 없이 확정할 수 있고, 또한 최초 기재된 기술방안과 서로 부합되는 내용(구조 및 기능 포함)이라면, 명세서 및 권리요구서에 이를 보충할 수 있다.

예를 들어, 만약 도면에서 어떠한 부품에 대한 도시가 해당 기술영역에서 통상적인 의미를 가지고 있고, 그 기능이 최초 출원 명세서 및 권리요구서에 기재된 기술방안과 서로 부합되며, 명세서에서 상기 통상적인 의미와 다른 설명을 하지 않은 경우라면, 상기 통상적인 의미는 직접적이고도 아무런 의심 없이 확정할 수 있는 기술 내용이다.

(7) 출원 명세서에 존재하는 명백한 오류의 제거

출원 명세서 등에 존재하는 명백한 오류란, 당업자의 입장에서 그 오류를 즉시 발견할 수 있고, 어떻게 수정해야 할지 즉시 알 수 있는 오류를 의미한다. 예를 들어, 어법상의 오류, 문자적 오류, 인쇄 오류 및 상호 모순의 존재 등이다.

"오류를 즉시 발견할 수 있는지"에 대해, 당업자가 최초 출원 명세서 및 공지상식을 토대로 객관적으로 판단할 필요가 있다.

"어떻게 수정할지 즉시 알 수 있는지"에 대해, 해당 보정이 당업자의 입장에서 최초 출원 명세서로부터 직접적이고도 아무런 의심 없이 확정되는 내용일 것을 요한다.

┃ 사 례 ┃

출원 명세서에 컨텍트 렌즈의 직경이 모두 10cm라고 기재되어 있었다.

분석: 직경이 10cm인 컨텍트 렌즈는 사용할 수 없을 것이므로, 당업자는 이러한 기술적 내용을 보고서 그 직경의 단위에 오류가 있음을 바로 발견할 것이다. 당업자는 최초 출원 명세서를 토대로 직접적이고 아무런 의심 없이 그 직경이 10mm임을 확정할 수도 있을 것이다. 따라서 심사관은 "컨텍트 렌즈의 직경이 10cm"라는 기재가 명백한 오류임을 인정할 수 있고, 출원인은 이를 "컨텍트 렌즈의 직경이 10mm"라고 보정하는 것이 허용된다.

---

(8) 종래기술에 관한 보정 및 인증문헌에 근거한 보정

명세서의 배경기술 기재부분에 종래기술(공지상식 포함)에 대한 설명을 추가하는 보정은 허용된다.[44] 그러나 만약 추가된 내용이 비록 종래기술이지만, 발명 자체에 대한 것이면, 즉 발명의 기술적 과제, 기술 방안 또는 기술적 효과에 영향을 미치는 경우라면, 그러한 보정은 허용되지 않는다.

만약 출원에서 인증문헌의 내용이 발명의 실현에 필수 불가결한 경우에는, 출원인이 인증문헌에서의 내용에 대해 매우 명확하게 기재하고(예를 들어, 구체적인 인증문헌 및 구체적 단락 등의 정보를 분명하게 작성), 또한 기입된 인증문헌 내용과 출원 발명의 관련 내용이 유일하게 확정되는 관계인 경우여야만, 출원인이 인증문헌의 구체적 내용을 기입하는 것이 허용된다.

┃ 사 례 ┃

출원 명세서의 배경기술 부분에 "본 발명인 골프공은 표층부, 중간층부 및 중심부로 나뉘

---

44) 2010년 〈전리심사지침〉 제2부 제8장 5.2.2.2절의 (3) 참조.

고, 상기 표층부는 고무 및 진공재료, 또는 종래기술의 문헌 A에 공개된 물질로 이루어지며…"라고 기재되었다. 출원인은 이 부분을 "본 발명인 골프공은 표층부, 중간층부 및 중심부로 나뉘고, 상기 표층부는 고무 및 진공재료로 이루어지거나, 또는 종래기술의 문헌 A에 공개된 폴리부타디엔, 폴리이소프렌 또는 폴리부타디엔·스티렌 호모폴리머로 이루어지며…"라고 보정했다.

분석: 최초 출원 명세서의 기재에 따르면, 출원 발명의 골프공 "표층부"는 문헌 A에 공개된 물질로 이루어질 수 있고, 문헌 A에 공개된 물질은 단지 "폴리부타디엔, 폴리이소프렌 또는 폴리부타디엔·스티렌 호모폴리머"만이 아니다. 즉, 출원 발명 골프공의 "표층부"와 "폴리부타디엔, 폴리이소프렌 또는 폴리부타디엔·스티렌 호모폴리머" 간의 관계가 유일하게 확정되지 않으므로, 이러한 보정은 허용되지 않는다.

(9) 구체적 "포기"

구체적 "포기"는 특수한 유형의 보정 방식으로서, 주로 화학분야 및 수치범위에 대한 보정에서 활용되며, 이에 대해 2010년 〈전리심사지침〉 제2부 제8장 5.2.3.3절의 (3)[45]의 내용을 참조할 수 있다.

구체적 "포기"의 보정 방식으로 최초 출원 명세서 등에 공개되지 않는 기술특징을 배제하여 청구 범위를 한정할 때, 통상적으로 부정적 표현이나 배제의 방식으로 청구항의 일부 보호범위를 포기한다. 그러나 만약 긍정적 표현으로 한정할 수 있는 경우라면, 구체적 "포기" 방식으로 청구항을 보정하는 것이 허용되지 않는다.

a) 청구항에서 전리권을 받을 수 없는 주제를 배제하는 보정은 허용된다(예를 들어,

---

45) 2010년 〈전리심사지침〉 제2부 제8장 5.2.3.3절의 (3): 만약 최초 출원 명세서 및 권리요구서에 어떠한 특정의 원래 수치범위의 다른 중간 수치가 기재되지 않았고, 인용문헌에 공개된 내용에 의해 출원 발명의 신규성 또는 진보성이 영향을 받거나 또는 그 특징이 원래 수치범위의 특정 부분을 취할 때 발명이 실시 불가능할 것을 고려하여, 출원인이 구체적 '포기'의 방식으로 상기 원래의 수치범위에서 해당 부분을 배제시켜, 청구 발명의 수치 범위가 전체적으로 보아 그 부분을 명확하게 포함하지 않게 하는 경우, 이러한 보정은 최초 출원 명세서 및 권리요구서의 범위를 벗어난 보정이므로, 최초 출원에서 기재된 내용을 토대로 하여, 그 특징이 '포기'된 수치를 취하는 경우에 출원 발명이 실시 불가능하다거나, 또는 그 특징이 '포기'된 수치 이외의 수치를 취하는 경우에 출원 발명이 신규성 및 진보성을 갖게 됨을 입증할 수 있는 경우가 아닌 한, 이러한 보정은 허용되지 않는다. 예를 들면, 청구 발명에서의 어떠한 수치 범위가 X1=600~10000이고, 인용문헌에 공개된 수치범위가 X2=240~1500이며, 그 외 다른 기술특징들은 모두 동일하다고 가정하면, X1와 X2의 일부분이 겹치므로 청구 발명은 신규성이 없다. 이에 출원인은 중첩되는 부분인 600~1500을 배제하여 X1의 범위를 1500~10000으로 보정했다. 만약 출원인이 최초 기재 내용과 종래기술을 토대로 하여 출원 발명이 1500~10000의 범위에서 인용참증에 대해 진보성이 있음을 입증할 수도 없고, X1이 600~1500일 때 출원 발명이 실시 불가능함을 입증할 수도 없다면, 이러한 보정은 허용되지 않는다.

청구항에 "비치료 목적"이라는 한정 표현의 부가).

b) 저촉 출원의 관련 내용을 배제하여 청구항이 신규성을 갖게 하는 보정은 허용된다.

c) 다음 상황에서의 종래기술을 배제하여 청구항이 신규성을 갖게 하는 보정은 허용된다: 여기에서의 종래기술이란 그 해당 기술분야와 출원 발명의 기술분야의 차이가 크고, 완전히 상이한 기술적 과제를 해결하며, 발명의 사상이 완전히 다르고, 상기 종래기술에 출원 발명의 완성에 대한 어떠한 교시나 암시가 없는 경우.

다만, 만약 청구항에서 배제된 종래기술이 출원 발명의 창조성을 평가할 수 있는 경우에는, 상기 종래기술을 토대로 이루어진 구체적 "포기"의 보정이 전리법 제33조 규정에 반하는 것으로 바로 인정할 수 있다.

구체적 "포기"의 보정 방식으로 최초 출원 명세서에 충분히 공개되지 않은 흠결을 극복하는 것은 허용되지 않는다. 예를 들어, 명세서에서의 어떠한 기술방안의 어떠한 기술특징에 대한 공개가 불충분하여 해당 기술방안을 실시할 수 없는 경우, 출원인이 상기 기술특징을 삭제(구체적 "포기")하는 방식으로 해당 기술방안이 실시 불가능하다는 흠결을 극복하려는 것은 허용되지 않는다.

11. 거절결정

2010년 〈전리심사지침〉 제2부 제8장 6.1.1절[46]에서, "심사관은 거절결정을 내리기

---

46) 2010년 〈전리심사지침〉 제2부 제8장 6.1.1절: 출원의 거절 조건.

  심사관은 거절결정을 내리기 전에 실질심사를 통해 출원이 전리법실시세칙 제53조가 규정하는 거절 사유에 해당한다고 판단하는 사실, 이유 및 증거를 출원인에게 통지해야 하며, 출원인에게 의견진술 또는 출원 서류에 대한 보정 기회를 적어도 1회 제공해야 한다.

  거절결정은 제2차 의견제출통지서를 발부한 이후에만 내릴 수 있는 것이 원칙이다. 다만, 출원인이 제1차 의견제출통지서에서 지적한 흠결에 대해 지정 기간 내에 설득력 있는 의견진술 또는 증거를 제출하지 못하고 그 흠결에 대해 보정하지도 않은 경우; 또는 단순히 오타를 수정하거나 표현 방식을 바꾸었을 뿐 기술 방안에는 실질적인 변화가 없는 보정을 한 경우, 심사관은 바로 거절결정을 내릴 수 있다.

  출원인이 출원 서류를 보정한 경우, 비록 보정된 출원 서류에 출원인에게 이미 통지한 적 있는 이유와 증거로 거절 가능한 흠결이 여전히 존재하기는 하나, 거절 이유로 된 사실이 바뀌었다면 출원인에게 의견진술 또는 보정 기회를 재차 부여해야 한다. 그러나 그 이후에 다시 행한 보정이 동일한 유형의 흠결에 대한 것이고, 출원인에 통지한 적 있는 이유와 증거로 충분히 거절할 수 있는 흠결이 보정된 출원 서류에 여전히 존재하는 경우, 심사관은 바로 거절결정을 내릴 수 있고,

전에 실질심사를 통해 출원이 전리법실시세칙 제53조가 규정하는 거절 사유에 해당한다고 판단하는 사실, 이유 및 증거를 출원인에게 통지해야 하며, 출원인에게 의견진술 또는 출원 서류에 대한 보정 기회를 적어도 1회 제공해야 한다"라고 하며, 거절결정의 조건 일부를 규정하고 있다.

1) 거절결정에 관한 몇 가지 개념

(1) 사 실

특허 심사 절차에서의 사실이란, 심사관이 출원 서류(명세서, 권리요구서 등) 또는 인용문헌 등의 증거로부터 걸러낸, 결론(즉, 전리법 및 전리법실시세칙의 관련 규정에 반한다는 결론)과 관련된 사실을 의미하고, 출원 서류 또는 인용문헌에 기재된 모든 정보를 가리키는 것이 아니다. 사실은 반드시 출원 서류, 인용문헌 등의 증거 또는 당업자의 공지상식을 토대로 제시된, 이유와 관련된 사실이어야 하고, 단지 심사관이 인정한 출원 서류에서의 흠결만을 의미하는 것이 아니다.

예를 들어, 통지서에서 "인용문헌 1의 명세서 제8쪽 제3단락에서 XX기술방안을 공개했다"; "본 출원 청구항 제1항의 기술방안의 인용문헌 1의 방안과의 차이점은 기술 특징 A를 더 포함한다는 점이다"; X년 X월 X일에 보정된 명세서에서 최초 출원 명세서에서의 특징 C를 특징 D로 보정했다"는 내용들은 모두 사실에 해당한다.

심사관이 거절결정을 내리기 전에 출원인에게 고지해야 하는 사실에는, 심사의 대상인 출원 서류에 기재된 내용이 전리법 및 그 실시세칙의 관련 규정에 부합하는지 여부(즉, 출원 서류에 존재하는 흠결); 심사관이 제공한 인용문헌에서의 관련 내용; 청구항의 기술방안과 인용문헌에 공개된 기술내용 간의 관계가 포함된다.

(2) 증 거

증거는 사실을 입증하는 데 이용되는 객관적 자료이다. 특허 심사 절차에서 가장 자주 사용되는 증거는 서증으로서, 이에는 최초 출원 서류, 의견진술서, 보정서, 인용문헌, 우선권 증명서류 등이 포함된다. 심사관은 자신이 주장하는 사실을 뒷받침하기 위해 서증을 제출할 수 있고, 여기에서의 "서증"이란 "인용문헌 1의 제X쪽 제X단락"과 같이 특정 문서의 구체적인 부분을 의미한다.

(3) 이 유

전리 심사 절차에서의 이유란 사실을 인정한 이후 결론의 근거를 얻어내기 위한 구체적인 심사 기준의 집합을 의미한다. 구체적으로, 심사관이 사실을 인정한 상태에서,

---

의견제출통지서를 재차 발부할 필요가 없다. 이로써 의견 청취의 원칙 및 절차 촉진의 원칙을 함께 고려한다.

해당 출원이 등록될 수 있을지 판단하는지에 대한 결론을 내기 위해 제시되는 전리법, 전리법실시세칙, 심사지침에서의 심사기준 규정 및 기타 구체적 기준을 의미한다. 이유에는 심사관이 해당 출원에 대해 적용한 전리법, 전리법실시세칙, 심사지침에서의 관련 심사기준규정 및 이러한 규정의 이해와 해석에 대한 심사관의 구체적 판단기준이 포함된다. 결론을 내기 위해 이루어진 상술한 심사 기준 이외의 논리 전개 과정 자체 및 논리 전개 방식은 이유에 포함되지 않는다.

(4) 사실, 증거 및 이유의 관계

증거를 토대로 사실을 인정하고, 인정된 사실을 기초로 적용할 이유를 설명하며, 사실과 증거는 이유의 기초가 된다. 출원인에게 증거가 제시[47]되는 방식은 비교적 간단한데, 심사관은 통지서 서식에서 인용문헌 작성부분을 기재고, 통지서에서 인용문헌의 명칭과 인용부분을 제시해 주기만 하면 된다. 사실과 이유에 대한 제시는 주로 심사의견통지서를 통해 출원인에게 고지된다. 따라서 심사관은 심사의견통지서에서 구체적 사실을 분명하게 제시해야 하고, 그 사실을 토대로 적용할 이유(즉, 법규 및 심사기준 등의 구체적 심사 표준 등)를 고지한다.

한편, 출원인이 제출한 최초 출원 서류, 의견진술서 또는 보정서를 거절결정의 증거로 삼는 경우에는, 이러한 '증거' 자체를 출원인에게 제시하여 의견제출 기회를 부여할 필요가 없다. 이러한 증거들이 입증하는 '사실'에 대한 제시는 2010년 〈전리심사지침〉 제2부 제8장 6.1.1절 규정에 부합되어야 한다.

(5) 사실, 이유, 증거에 대한 예시

▌사례 1 ▌

심사 의견: 청구항 제1항은 디스플레이 장치의 백라이트 모듈에 대한 것이다. 인용문헌 1(JP1184351A, 명세서 제0005 내지 0025단락, 도 1~4)에서는 액정 디스플레이 장치의 백라이트 모듈을 공개하며, 상기 모듈은 A를 포함한다(청구항 제1항의 …에 대응함). 따라서 인용문헌 1에 공개된 기술방안과 청구항 제1항의 기술방안은 실질적으로 동일하고, 양자는 모두 디스플레이 장치의 백라이트 모듈 분야에 속하고, 해결하고자 하는 기술적 과제는 반사판의 열기로 인한 불균등 팽창을 방지하는 것이며, 백라이트 모듈의 발광 품질을 높이는 기술적 효과도 동일하다. 인용문헌 1에 공개된 기술방안과 청구항 제1항의 기술방안은 실질적으로 동일할 뿐만 아니라, 양자 모두 동일한 기술분야에 속하고, 해결하고자 하는 기술적 과제도 동일하며, 동일한 기술적 효과를 달성한다. 따라서 청구항 제1항은 전리법

---

47) 증거, 사실 및 이유에 대한 제시는 심사 과정에서의 기본 원칙인 '의견 청취의 원칙'에 부합하도록 하기 위함이다. 이 책 '제1부 심사절차/제1장 형식심사 절차/1. 형식심사 일반/3) 형식심사의 원칙/(3) 의견청취의 원칙' 부분 참조

제22조 제3항에서 규정하는 신규성이 없다.

분석: 위 심사 의견에서, "청구항 제1항은 … 인용문헌 1(JP1184351A, 명세서 제0005 내지 0025단락, 도 1~4)에서는 … 을 공개한다"; "양자는 모두 디스플레이 장치의 백라이트 모듈 분야에 속한다"; "해결하고자 하는 기술적 과제는 반사판의 열기로 인한 불균등 팽창을 방지하는 것이다"; 및 백라이트 모듈의 발광 품질을 높이는 기술적 효과도 동일하다"는 부분은 사실이다.

상기 사실을 뒷받침하는 증거는 출원 서류 및 심사관이 지적한 인용문헌 1의 구체적 단락 및 도면이다. 출원 서류는 출원인이 제출한 것이므로, 출원인에게 제공되어야 할 증거는 인용문헌이다.

"인용문헌 1에 공개된 기술방안과 청구항 제1항의 기술방안은 실질적으로 동일할 뿐만 아니라, 양자 모두 동일한 기술분야에 속하고, 해결하고자 하는 기술적 과제도 동일하며, 동일한 기술적 효과를 달성한다. 따라서 청구항 제1항은 전리법 제22조 제3항에서 규정하는 신규성이 없다."는 부분은 이유이다.

▮ 사례 2 ▮

심사 의견: 독립항 제1항에서 한정하는 기술특징들 중에서, "커플링제"는 명세서에 기재되어 있지 않았고, 커플링제의 구체적인 종류에 대해 어떠한 기재도 없으므로, 명세서에 공개된 내용으로부터 획득 또는 개괄해 낼 수 없다. 따라서 청구항 제1항은 명세서에 의해 뒷받침되지 않으므로, 전리법 제26조 제4항 규정에 반한다.

분석: 위 심사 의견에서, "독립항 제1항에서 한정하는 기술특징들 중에서, '커플링제'는 명세서에 기재되어 있지 않았고, 커플링제의 구체적인 종류에 대해 어떠한 기재도 없다"는 부분은 사실이다. 증거는 출원 서류 자체이며, "명세서에 공개된 내용으로부터 획득 또는 개괄해 낼 수 없으므로, 청구항 제1항은 명세서에 의해 뒷받침되지 않으므로, 전리법 제26조 제4항 규정에 반한다"는 부분은 이유이다.

---

2) 거절결정의 시점

(1) 거절결정의 시점 파악의 원칙

2010년 〈전리심사지침〉 제2부 제8장 6.1.1절에서는 출원에 대한 거절결정의 조건으로, "거절결정은 제2차 의견제출통지서를 발부한 이후에만 내릴 수 있는 것이 원칙이다"라고 규정한다. 이 규정은 거절 결정을 내리기 전 심사의견통지서의 차수에 대해 엄격하게 제한하기 위함이 아니라, 심사관이 거절 결정을 내릴 때 거절의 사실, 증거 및 이유를 토대로 출원인에게 적어도 1회의 의견진술 또는 보정 기회를 제공해야 한다는 의미로 이해해야 한다. 증거 및 이유에는 변경사항이 없고 사실에 변경사항이 있지만 동일한 유형의 흠결에 속하는 경우, 심사관은 출원인에게 다시 한 번 의견진술 또는 보정의 기회를 줘야 한다.

(2) 제1차 의견제출통지서 이후 거절결정을 내릴 수 있는 상황

아래 열거된 경우에는 심사관이 1차 의견제출통지 후 바로 거절결정을 내릴 수 있다.

a) 출원인이 제1차 의견제출통지서에서 지적한 흠결에 대해 지정 기간 내에 설득력 있는 의견진술 또는 증거를 제출하지 못했고, 출원 서류에 대해서 실질적 보정도 하지 않은 경우. 다시 말해, 심사관이 제1차 의견제출통지서에서 이미 거절결정에 관련된 모든 사실, 증거 및 이유를 출원인에게 고지했고, 출원인이 이에 대해 답변하면서 보정을 하지 않았거나 또는 보정 이후의 내용이 실질적으로 제1차 의견제출통지서에서 이미 지적된 바 있는 경우에는, 제1차 의견제출통지 이후 거절결정을 내릴 수 있다. 이에 대한 구체적인 상황은 다음과 같을 수 있다:

(a) 출원인이 의견으로만 다투고, 보정을 하지 않았거나, 또는 단순히 오타를 수정하거나 표현 방식을 바꾸었을 뿐 기술 방안에는 실질적인 변화가 없는 보정을 하여, 지적된 흠결이 여전히 해소되지 못한 경우

(b) 심사관이 거절이유를 지적했던 종속항을 독립항에 추가하는 보정을 했는데, 그 보정된 독립항이 여전히 등록 가능성이 없고, 동일한 이유와 증거가 이미 출원인에게 고지된 바 있는 경우

(c) 병렬된 종속항을 독립항으로 병합하는 보정에 대해, 만약 심사관이 제1차 의견제출통지서에서 이 병합된 독립항에 대해 사실상 평가를 내린 바 있고, 병합된 독립항이 여전히 등록 가능성이 없으며, 동일한 이유와 증거가 이미 출원인에게 고지된 바 있는 경우.

b) 분할출원에서 원출원에 존재하는 실질적 흠결과 동일한 흠결이 존재하는 경우(이 흠결은 분할출원의 최초 출원 서류에 존재하는 흠결일 수도 있고, 출원인의 보정으로 의해 생긴 흠결일 수도 있다). 심사관이 이 분할출원에 대해 제1차 의견제출통지를 하면서, 원출원 심사의견통지서에서와 동일한 사실, 이유 및 증거를 사용하여 분할출원에 존재하는 흠결을 지적했으나, 출원인이 실질적 보정을 행하지 않은 경우, 심사관은 이 분할출원에 대해 거절결정을 내릴 수 있다.

예를 들어, 원출원 심사관이 원출원 청구항 제1항이 인용문헌 1 및 2의 결합에 의해 진보성이 없다는 거절이유를 지적했고, 이때 출원인은 청구항 제1항을 보정했다. 한편, 출원인이 분할출원을 하면서 분할출원의 권리요구서에 원출원 청구항 제1항과 동일한 청구항을 그대로 기재한 경우, 분할출원의 심사관은 제1차 의견제출통지를 하면서 해당 청구항이 인용문헌 1 및 2에 의해 진보성이 없음을 지적했다. 이때 만약 출원인이 해당 청구항에 대해 실질적 보정을 하지 않으면, 심사관은 이 분할출원에 대해 제

1차 의견제출통지 이후 바로 거절결정을 내릴 수 있다.

다른 예로, 원출원 심사관이 원출원 청구항 제1항이 인용문헌 1 및 2의 결합에 의해 진보성이 없다는 거절이유를 지적했고, 이때 출원인은 청구항 제1항에 대한 보정 없이 의견만으로 다투었으나, 심사관은 출원인의 주장을 받아들이지 않았다. 출원인이 분할출원을 하면서 분할출원의 권리요구서에 원출원 청구항 제1항과 동일한 청구항을 그대로 기재한 경우, 분할출원의 심사관은 제1차 의견제출통지를 하면서 해당 청구항이 인용문헌 1 및 2에 의해 진보성이 없음을 지적했고, 이때 만약 출원인이 해당 청구항에 대해 실질적 보정을 하지 않으면, 심사관은 이 분할출원에 대해 제1차 의견제출통지 이후 바로 거절결정을 내릴 수 있다.

c) 제1차 의견제출통지에서 심사관이 모든 청구항에 대해 실질적 흠결을 지적하면서, 그와 함께 청구항에 기재되지 않은 기술방안에 대해서도 기술방안을 가정한 심사의견을 낸 경우(예를 들어, 명세서에 기재된 어떤 기술방안이 진보성이 없다는 등), 출원인이 제1차 의견제출통지서에서 심사관이 이미 심사의견을 낸 가정된 기술방안을 청구항에 기재하는 보정을 했다. 이때 만약 심사관이 제1차 의견제출통지에서 이 가정된 기술방안이 전리법 또는 전리법실시세칙의 규정에 반한다는 구체적인 사실, 이유 및 증거를 출원인에게 이미 명확하게 고지한 바 있으나, 출원인이 이에 대응하여 제출한 의견진술 또는 증거가 설득력이 없는 경우, 심사관은 제1차 의견제출통지 이후 바로 거절결정을 내릴 수 있다.[48]

d) 제1차 의견제출통지에서 심사관이 청구항에 진보성 거절이유를 지적하면서, 어떠한 기술특징이 공지상식에 해당한다는 근거를 제시했고, 이에 대해 출원인이 청구항 보정 없이 해당 기술특징이 공지상식에 해당한다는 주장에 대해 의견진술만으로 이의를 제기했다. 발명이 등록 가능성이 없는 상황에서, 만약 증거 제시 없이도 해당 기술특징이 공지상식에 해당함을 바로 입증할 수 있는 경우라면, 심사관은 바로 거절결정을 내릴 수 있다.

(3) 제1차 의견제출통지서 이후 거절결정을 내릴 수 없는 상황

아래 상황의 경우 심사관은 제1차 의견제출통지 이후 바로 거절결정을 내릴 수 없다.

a) 제1차 의견제출통지에서 일부 청구항에 대해 거절이유가 지적되었고, 출원인이 이에 대응하여 지적받지 않은 종속항을 독립항에 추가보정한 경우

b) 제1차 의견제출통지에서 모든 청구항에 대해 거절이유가 지적되었으나, 출원인

---

48) 이 책 '제1부 심사절차/제2장 실질심사 절차/6. 의견제출통지서/3) 기술방안을 가정한 심사의견/
(3) 심사관이 기술방안을 가정하여 거절이유를 지적한 경우, 출원인 주의사항' 부분 참조.

이 명세서에만 기재된 내용을 청구항에 부가한 경우

c) 출원인이 심사관이 근거로 주장하는 공지상식에 대해 이의를 제기했고, 심사관이 증거를 제시해야만 해당 기술특징이 공지상식에 해당함을 입증할 수 있는 경우, 비록 발명이 등록 가능성이 없는 상황이라고 하더라도, 심사관은 바로 거절결정을 내릴 수 없고, 재차 의견제출통지를 발부해야 한다.

(4) 이미 지적된 바 있는 실질적 흠결이 여전히 존재하는 경우

출원인이 심사의견통지서에 대응하여 보정한 출원 서류에 새로운 실질적 흠결이 생겼고, 이미 지적된 바 있는 실질적 흠결도 여전히 존재하는 상황에서, 만약 이미 지적된 바 있는 실질적 흠결과 새로운 실질적 흠결이 서로 관련이 없는 경우, 심사관은 바로 거절결정을 내릴 수 있다.

예를 들어, 보정된 출원 명세서 또는 권리요구서에 보정범위 초과의 거절이유가 생긴 상황이,

a) 만약 보정 내용으로 인해 심사의견통지서에서 지적된 흠결을 해소했지만, 보정범위 초과의 흠결이 생긴 경우, 즉 보정범위 초과의 흠결과 심사의견통지서에서 지적되었던 흠결이 서로 관련이 있는 경우, 심사관은 재차 의견제출통지서를 발부하여 출원인에게 보정범위 초과의 흠결을 지적해야 한다.

b) 만약 보정범위 초과의 흠결과 거절이유에 관련된 흠결이 서로 무관한 경우라면, 심사관은 심사의견통지서에서 이미 지적한 바 있는 사실, 이유 및 증거를 토대로 거절이유를 지적할 수 있다. 이때 심사관은 거절결정서의 "기타 설명"[49] 부분에서, 이미 지적된 바 있는 실질적 흠결과 관련이 없는 새로운 실질적 결함에 대해 설명함으로써, 이어지는 절차에서 참고할 수 있게 한다.

(5) 거절결정의 시점에 대한 구체적 예시

┃ 사례 1 ┃

심사관이 통지서에서 명세서가 전리법 제26조 제3항에 반한다고 지적했고, 출원인은 이에 대해 청구항만 보정했다. 그러나 이 보정은 전리법 제33조에 반하는 보정이었다. 이 경우 보정된 청구항에 대해서도 원래 존재했던 명세서 불충분 공개의 흠결이 여전히 존재했고, 심사관은 명세서 불충분 공개를 이유로 바로 거절결정을 내렸다.

분석: 만약 출원인이 청구항만을 보정하고 명세서는 보정하지 않은 경우라면, 비록 청구항에 보정범위 초과의 흠결이 존재하지만, 그 보정범위 초과의 흠결은 통지서에서 지적된 명세서 불충분 공개의 흠결과 서로 무관하고, 명세서 불충분 공개라는 사실은 청구항의 보정

---

49) 거절결정서는 '사안의 개요', '거절결정의 이유', '결정'의 세 가지 목차로 구성되는데, 이 경우에는 마지막에 '기타 설명'이라는 목차가 추가된다.

으로 인해 변경되지 않는다. 이때 심사관은 명세서 불충분 공개를 이유로 거절결정을 내릴 수 있다. 즉, 거절 결정의 근거가 되는 사실, 증거 및 이유에 변화가 생기지 않으며, 의견 청취의 원칙에 부합한다.

만약 출원인이 명세서를 보정하여 명세서 불충분 공개의 흠결을 해소했으나, 명세서에 대한 보정이 그 보정범위를 초과한 경우, 심사관은 재차 심사의견통지서를 발부하여, 명세서 보정범위 초과의 심사의견을 지적해야 한다.

┃ 사례 2 ┃

심사관은 제1차 의견제출통지에서 다음 두 가지 사실을 토대로 불충분 공개를 지적했다: (1) 명세서에서는 청구 발명의 화합물의 화학구조식만을 제시할 뿐, 제조 방법은 전혀 제시되지 않았다; (2) 상기 화합물에 대한 실험 데이터를 제시하지 않아, 이 화합물에 약리 활성이 있음이 증명되지 않는다. 한편, 바로 이어진 거절결정에서 심사관은 다음 세 가지 사실을 토대로 불충분 공개를 지적했다: (1) 상기 화합물을 제조하는 방법이 전혀 제시되지 않았다; (2) 구체적인 화합물의 구조확인 데이터가 전혀 제시되지 않았다; (3) 상기 화합물에 약리 활성이 있음을 입증하는 실험 데이터가 제시되지 않았다. 즉, 거절결정서에서의 구체적인 화합물의 구조확인 데이터가 전혀 제시되지 않았다는 사실에 대해서는 제1차 의견제출통지서에서 지적된 바가 없었다.

분석: 심사관은 거절결정을 내리기 전에, 반드시 거절의 근거가 되는 사실, 이유 및 증거를 출원인에게 고지해야 한다. 심사관은 제1차 의견제출통지에서 두 가지 사실을 토대로 명세서 불충분 공개를 지적했고, 거절결정에서는 "구체적인 화합물의 구조확인 데이터가 전혀 제시되지 않았다"는 새로운 사실이 추가되었다. 그런데 심사관이 상기 세 가지 사실을 토대로 명세서 불충분 공개를 지적했다는 것은, 명세서 불충분 공개의 사실에 변화가 생겼음을 명백히 인정한 것이고, 거절결정 이전에 출원인은 이러한 변화된 사실에 대해 알지 못하였고, 이로 인해 해당 사실에 대한 의견진술 기회를 부여받지 못했다. 따라서 심사관이 이 상황에서 내린 거절결정은 의견 청취의 원칙에 반하며, 심사관은 출원인에게 재차 의견진술 또는 보정의 기회를 제공했어야 했다.

┃ 사례 3 ┃

출원 청구항은 독립항 제1항과 병렬된 종속항 제2, 3항으로 이루어져 있었다. 제1차 의견제출통지에서 청구항 제1~3항은 인용문헌 1에 대해 진보성이 없다고 지적되었고, 출원인은 청구항을 보정하면서, 청구항 제1항을 삭제하고, 병렬된 청구항 제2항과 제3항을 새로운 청구항 제1항으로 병합했다

분석: 만약 보정된 새로운 청구항이 심사의견통지서에서 이미 지적된 바 있는 청구항의 기술방안과 간접접으로 중첩되어, 새로운 인용문헌을 인용할 필요가 없는 경우, 즉 보정된 청구항 제1항이 인용문헌 1에 대해 여전히 진보성이 없는 경우에는 재차 출원인의 의견을

청취할 필요가 없다. 따라서 심사관은 출원 발명이 인용문헌 1에 대해 진보성이 없음을 이유로 바로 거절결정을 내릴 수 있다.

▌사례 4 ▌

심사관은 제1차 의견제출통지에서 청구항 제1항이 불명확하다는 거절이유를 지적했고, 출원인은 이 흠결을 해소하기 위해 청구항 제1항에서 특정 성분의 함량을 보정했다. 심사관은 제2차 의견제출통지에서 이 함량에 대한 보정이 보정범위를 초과했다고 지적했고, 출원인은 보정범위 초과의 흠결을 극복하기 위해 그 성분의 함량을 원래의 함량으로 다시 보정하면서, 최초 출원 명세서에는 기재되어 있지 않은 방법으로 한정된 기술특징을 청구항 제1항에 추가했다. 심사관은 보정된 내용에 여전히 보정범위 초과의 흠결이 존재함을 이유로 거절결정을 내렸다.

분석: 출원인은 성분의 함량을 보정하여 제1차 의견제출통지에서 지적된 청구항 제1항의 불명확성 결함을 극복하고자 했으나, 심사관은 제2차 의견제출통지에서 함량의 변경이 보정범위 초과임을 지적했고, 이는 보정범위 초과의 흠결에 대한 첫 번째 지적이다. 이후 출원인은 제2차 의견제출통지에 대한 답변에서 함량에 관한 보정범위 초과의 흠결을 극복했지만, 최초 출원 서류에 기재되지 않은 방법으로 한정된 기술특징을 추가했다. 만약 이 시점에서 거절결정을 내린다면, 거절의 이유(즉, 전리법 제33조 및 이 조항에 관해 규정하는 심사기준)에는 변화가 없으나 거절에 관련된 사실에는 변화가 생긴 상황으로서, 이는 심사지침에서의 "동일 유형의 흠결"의 상황에 정확히 일치하는 상황이다. 2010년 〈전리심사지침〉제2부 제8장 6.1.1절의 "출원의 거절 조건"의 내용에 따라 "동일 유형의 흠결"에 대해 재차 답변 기회를 부여해야 하므로, 이 경우 출원인에게 다시 한 번 의견진술 또는 보정 기회를 제공해야 한다.

출원인은 제2차 의견제출통지에서 성분의 함량을 원래의 함량으로 다시 보정했는데, 만약 이 기술특징에 불명확성의 흠결이 확실히 존재하는 경우라면, 비록 제2차 의견제출통지에 대한 답변 시 방법으로 한정된 특징을 추가했지만, 청구항 제1항의 불명확성 흠결은 여전히 해소되지 못했다. 이때 심사관은 청구항 제1항의 불명확성을 이유로 거절결정을 내릴 수 있다. 이때 심사관은 거절결정서에서 "기타 설명"의 목차를 추가하고, 여기에 상기 방법으로 한정된 특징의 추가는 최초 출원 명세서 및 권리요구서의 범위를 초과한다는 설명을 기재하여, 이후 절차에서 출원인이 참고할 수 있게 한다.

▌사례 5 ▌

심사관은 심사의견통지서에서 청구항 제1항에 보정범위를 벗어나는 내용이 세 부분이 있다고 지적했다. 출원인은 이에 답변하면서 지적된 세 부분 중 두 부분의 흠결은 해소했지만, 나머지 한 부분의 보정범위 초과의 흠결은 해소하지 못했다. 이에 대해 심사관은 거절결정을 내렸다.

분석: 본 사례에서의 거절결정은 의견 청취의 원칙에 부합한다. 그러나 만약 본 출원에 등록 가능성이 있는 경우라면, 심사관은 재차 출원인에게 보정 또는 의견진술의 기회를 제공할 수 있다.

12. 전리권의 수여, 소멸 및 포기

1) 전리권의 수여

(1) 전리권 등록 결정

특허 출원은 실질심사 결과 거절이유를 발견하지 못한 경우, 전리법 제39조[50)]에 따라 전리권 등록 결정을 내린다.[51)]

심사관은 보통 제1차 의견제출통지에서 출원 서류에 존재하는 전리법실시세칙 제53조에 열거된 실질적 흠결을 전면적으로 지적하면서, 가능하면 형식적 흠결도 함께 지적해야 한다. 계속 심사 시, 만약 출원 서류에 전리법실시세칙 제53조에 열거된 실질적 흠결이 존재하지 않고, 전리법실시세칙 제17조, 제21조 제3항, 제22조("비택일적 인용" 상황은 불포함)[52)] 또는 제23조 등에 반하는 형식적 흠결만 존재하는 경우, 심사관은 전리법 제39조에 따라 전리권 수여 통지서를 발부할 수 있다.

최초 심사 시, 만약 출원 서류에 전리법실시세칙 제53조에 열거된 실질적 흠결이 존재하지 않고, 전리법실시세칙 제17조, 제21조 제3항, 제22조("비택일적 인용" 상황은 불포함) 또는 제23조 등에 반하는 형식적 흠결만 존재하는 경우, 심사관은 전리법 제39조에 따라 전리권 수여 통지서를 발부할 수 있다.[53)]

전리권 수여 통지서를 발부하기 전에 심사관은 명세서, 권리요구서 및 요약서에 존재하는 명확한 오류, 오기 등을 직권으로 보정할 수 있다.

(2) 전리권 수여의 절차

전리국은 전리권 등록 결정을 내리고 전리증서를 발급하며, 전리등기부와 전리공보에 등기 및 공고한다. 전리권은 공고일로부터 효력이 발생된다.

---

50) 전리법 제39조: 전리국은 특허출원에 대해 실질심사를 거쳐 거절이유를 발견하지 못한 경우, 전리권 수여 결정을 하고 전리 증서를 발급함과 동시에 등록 및 공고해야 한다.

51) 2010년 〈전리심사지침〉 제2부 제8장 6.2.1절.

52) 이 책 "제2부 등록요건/제7장 기재불비/3. 청구항이 명확할 것/3) 청구범위의 전체적 명확성/ (2) 종속항이 다른 청구항을 인용, 사례 2 참조" 부분 참고.

53) 다만, 실무적으로 의견제출통지가 한 번도 이루어지지 않고 바로 등록이 이루어지는 경우는 극히 드물다.

a) 전리권 수여의 통지 및 등기 절차

전리국은 전리권 수여 통지서를 발송하고, 출원인은 그 통지서 수신일로부터 2개월 내에 등기 절차를 수행해야 한다. 출원인은 기간 내에 등록 수수료, 전리권 수여 해당 연도의 연차료, 공고인쇄비, 전리증서 인지세를 납부해야 한다.

b) 전리증서의 발급, 공고 및 포기간주

출원인이 등기 절차를 적법하게 처리한 경우, 전리국은 전리 증서의 발급 및 전리공보의 등기 및 공고 절차를 진행한다. 전리권은 공고일로부터 효력이 발생된다.

출원인이 전리국으로부터 전리권 수여 통지서를 받은 날로부터 2개월 내에 등기절차를 밟지 않은 경우, 전리국은 등기절차 처리기간의 만료일로부터 1개월 후에 전리권 취득포기간주통지서를 발송하여 권리회복을 위한 절차를 고지한다. 이 통지서 발송일로부터 4개월 내에 회복절차를 밟지 않았거나 전리국이 권리회복을 허가하지 않는 결정을 한 경우, 전리출원에 대해 실효 처리를 한다.

2) 전리권의 소멸

(1) 존속기간 만료에 의한 소멸

특허권의 존속기간은 20년, 실용신안권의 존속기간은 10년이며, 모두 출원일로부터 기산한다. 만료일이 공휴일인 경우에도 만료일이 자동 연장되지 않는다.

(2) 연차료 불납에 의한 소멸

a) 연차료

당해 연도의 연차료는 등기절차를 밟을 때 납부하는 경우를 제외하고, 전년도 만료 전에 납부해야 한다. 납부기간 만료일은 해당 연도의 출원일에 대응되는 날이다. 즉, 우선일, 등록일과 무관하다. 예를 들어, 출원일이 1997년 6월 3일이고, 등록일이 2001년 8월 1일이며, 등록 절차를 밟으면서 제5년도의 연차료도 납부한 경우, 전리권자는 늦어도 2002년 6월 3일까지 제6년도 연차료를 납부해야 한다.

b) 연차료 추가납부기간 및 비용

전리권자가 연차료(등록 연도의 연차료 제외)를 규정기간 내에 불납 또는 부족납부한 경우, 연차료 납부기간 만료일로부터 6개월 내에 추가 납부할 수 있다. 추가 납부시점이 규정기간은 경과했으나 경과 기간이 1개월 미만인 경우 체납금을 납부하지 않는다. 추가 납부시점이 규정기간을 1개월 이상 도과한 경우 아래와 같이 계산된 비용을 납부해야 한다.

(a) 규정기간 도과 기간이 1개월(만 1개월 미포함)부터 2개월 미만(만 2개월 포함)인 경우 납부 금액은 연차료 전액의 5%

(b) 규정기간 도과 기간이 2개월부터 3개월 미만(만 3개월 포함)인 경우 납부 금액은

연차료 전액의 10%

(c) 규정기간 도과 기간이 3개월부터 4개월 미만(만 4개월 포함)인 경우 납부 금액은 연차료 전액의 15%

(d) 규정기간 도과 기간이 4개월부터 5개월 미만(만 5개월 포함)인 경우 납부 금액은 연차료 전액의 20%

(e) 규정기간 도과 기간이 5개월부터 6개월 미만(만 6개월 포함)인 경우 납부 금액은 연차료 전액의 25%

c) 소 멸

연차료 납부기간이 만료할 때까지 연차료 또는 추가납부료를 불납했거나 부족 납부한 경우, 체납기간 만료일로부터 2개월 경과 후 심사관은 전리권소멸통지서를 발송한다. 전리권자가 회복절차를 밟지 않았거나 권리회복청구가 허락되지 않은 경우, 전리국은 전리권소멸통지서 발송일로부터 4개월 후 실효처리하고 전리공보에 공고한다.

전리권은 연차료납부기간 만료일로부터 종료된다.

3) 전리권의 포기

전리권자는 전리권 취득 이후 언제든지 전리권을 포기할 수 있다. 전리권을 포기하는 경우 어떠한 조건도 부가할 수 없고, 1건의 전리를 모두 포기해야 하며 전리권의 일부를 포기하는 선언서는 제출되지 않은 것으로 간주된다.

전리권자가 전리권의 포기 선언을 한 경우, 정당한 이유 없이 포기를 취소할 수 없다. 만약 진정한 권리자가 아닌 자가 악의로 전리권을 포기한 경우, 진정한 권리자는 포기선언을 취소할 수 있다. 이때 효력이 있는 법률 문서를 제출하여 진정한 권리자임을 입증해야 한다.

이중출원에 따라 실용신안권이 먼저 등록된 후, 특허출원의 등록 시 실용신안권을 포기하는 선언을 한 경우, 이를 등기 및 공고한다. 실용신안권 포기 선언의 효력 발생일은 특허권의 등록공고일로서, 실용신안권은 이날로부터 소멸된다.

13. 홍콩으로의 특허 및 디자인 출원

과거 홍콩이 중국에 반환되기 이전에는, 영국 특허권 또는 영국을 지정한 유럽 특허권을 받은 후 5년 안에 홍콩에 등록을 신청하게 되면 마치 영국 특허권이 홍콩까지 지역적으로 확장되는 효과가 있었다. 한편, 디자인권에 대해서는 영국에서 디자인권을 받게 되면 홍콩에서도 바로 보호를 받을 수 있었다.

그러나 홍콩이 중국에 반환된 이후, 1997년 6월 27일 홍콩의 입법기관이 통과시킨 〈특허조례〉와 〈특허일반규칙〉 그리고 〈디자인등록조례〉와 〈디자인등록규칙〉이라는 법규들을 토대로 홍콩에서 특허권 등이 독자적으로 존속할 수 있게 되었다. 이에 따라 기술적 사상에 대해 홍콩에서는 절차 및 보호기간에 따라 표준 특허(20년)와 단기 특허(최장 8년)라는 두 가지 형식으로, 디자인에 대해서는 25년이라는 장기간의 보호를 받을 수 있게 되었다.

1) 일반 특허

홍콩에서 20년의 보호기간을 갖는 일반특허를 등록받기 위해서는 두 가지 절차를 거쳐야 한다. 우선, 중국, 영국 또는 영국을 지정한 유럽의 특허출원(이하 '지정특허'라 함)이 공개된 날로부터 6월 안에 홍콩의 지식산권소에 기록청구를 한다. 즉, 홍콩에 20년의 보호기간을 갖는 특허권을 얻어내기 위해서는 중국, 영국 또는 영국을 지정한 유럽의 특허출원을 기초로 하여야만 가능하다.

기록청구 시 제출해야 하는 서류에는 기록청구서, 지정국에서 공개된 특허문헌의 복사본, 요약에 대한 번역문, 출원인 명칭과 주소 등이 있다. 한편, 출원인이 변경되어 출원인에 대한 기재가 공개된 특허문헌과 일치하지 않게 된 경우에는 지정국 특허청이 발급한 명의이전에 대한 증명자료를 제출해야 한다. 홍콩지식산권소는 기록 청구에 대해 형식심사를 거쳐 문제가 없으면 수리한다.

이후, 지정특허가 지정국에 등록되어 공고된 날로부터 6월 또는 지정특허의 기록청구가 홍콩에 공개된 날부터 6월 중 늦게 만료하는 날까지 홍콩 지식산권소에 등록 및 비준청구(이하, '등록청구'라 함)를 하여야만 홍콩에서 일반특허를 받을 수 있다.

등록청구 시에는 등록청구서와 지정특허의 등록공보문헌을 제출해야 하는데, 여기에서 지정특허의 등록공보문헌은 반드시 지정특허청이 발급한 것이어야 한다. 홍콩지식산권소는 등록 청구에 대해 형식심사를 거쳐 문제가 없으면 수리하고 이를 홍콩에 공시하며 출원인에게는 일반특허등록증을 발급한다.

한편, 일반특허의 존속기간(20년)의 만료일은 지정특허의 출원일로부터 기산한다. 등록료는 최초 3년분, 이후 연차료를 1년 단위로 지불하되 연차료 지불 기산일은 기록청구서 제출일을 기준으로 기산하여 제출일 전 3개월 안에 납부하는 것으로 되어 있다. 예를 들어, 2009년 4월 15일이 중국 출원일이고, 홍콩에 2010년 11월 7일 기록청구서를 제출하였고, 2013년 5월 28일 등록된 경우, 최초로 제출하는 연차료는 2016년 11월 7일을 기준으로 3개월 전부터 납부하며, 이후 연차료도 매년 11월 7일 이전 3개월 안에 납부한다.

2) 단기 특허

단기 특허는 지정특허의 유무와 상관 없이 홍콩에 직접 출원하여 등록을 받아낼 수 있다. 따라서 특정 국가에 출원을 우선적으로 진행할 필요 없이 바로 홍콩에 출원할 수 있다. 따라서 기간에 대한 제한이 없다. 물론 우선권도 주장할 수 있다. 이 경우에는 우선권의 이익을 향유하기 위해서는 최선 출원일로부터 1년 안에 우선권 주장과 함께 단기특허를 출원해야 한다.

단기 특허 출원 시 필요한 서류에는 단기특허 출원서, 청구범위, 상세한 설명, 도면, 요약, 요약에 대한 번역문 및 국제검색 보고서가 있다. 한편, 출원인과 발명자가 일치하지 않는 경우에는 출원인이 홍콩에서 단기특허를 취득하는 데 합법적인 근거가 있음을 표명하는 진술서도 제출해야 한다. 홍콩 지식산권소는 이 진술서를 발명자에게 송부하는데, 이를 위해 위 진술서 양식에는 발명자의 명칭 및 주소도 기재하도록 되어 있다. 또한 국제검색 보고서는 오스트리아, 호주, 중국, 일본, 러시아, 스페인, 미국, 유럽특허청 또는 영국특허청에서 제공하는 국제검색보고서를 제출해야 한다.

단기특허가 등록된 경우 그 존속기간의 만료일은 홍콩에 단기특허를 출원한 날로부터 기산하여 최초 4년이고, 이후 4년의 기간이 만료하기 3개월 전에 4년을 연장하는 신청을 할 수 있다.

3) 디자인에 대한 등록 및 보호

홍콩에 디자인 출원을 할 때 필요한 서류로는 디자인등록출원서, 디자인에 대한 도면(7개) 및 신규성에 대한 진술서가 있으며, 만약 중국어로 출원할 경우 번체자를 사용해야 한다. 한편, 평면디자인이나 직물디자인의 경우 도면 이외에도 샘플을 함께 제출할 수 있으나, 반드시 한 개의 봉투나 포장에 담아야 하고, 길이는 30cm, 무게는 4kg을 초과할 수 없다. 한편, 홍콩으로의 디자인 출원 시, 로카르노 협정에 따른 분류표에 근거하여 동일한 유(類)에 속하여 함께 판매되고 사용되는 물품의 경우에는 한 건의 출원에 여러 개의 디자인을 포함한 출원을 할 수도 있다.

우선권을 수반한 출원인 경우에는 홍콩 디자인출원일로부터 3개월 안에 우선권 증명서류를 제출하되, 영문 혹은 중문 이외의 다른 언어로 된 경우 반드시 중문 혹은 영문 번역문을 첨부해야 한다.

홍콩에 디자인출원을 한 경우 그 보호기간은 5년이며, 매 5년의 기간이 만료되기 전에 연장 신청을 통해 5년을 연장할 수 있으며, 이렇게 4차례 연장하여 최대 25년의 보호기간을 향유할 수 있다.

4) PCT 출원을 활용한 표준/단기 특허 출원 절차

PCT출원을 통해서도 홍콩에 일반특허 및 단기특허를 출원할 수 있는데, 이 경우에는 반드시 중국 또는 영국을 지정국으로 포함해야 한다. 위 1의 경우와 비교하면, PCT 출원을 통하여 홍콩에 일반특허를 출원할 때 기록청구/등록청구 절차를 거쳐야 하는 점은 동일하나, 기록청구신청 기간과 제출 서류에 있어서 약간 차이가 있으며 그 차이점에 대해서만 서술하면 다음과 같다.

(1) PCT 출원을 통한 일반특허 출원 절차

만약 국제출원이 중국어로 국제공개된 경우라면, 중국 국내단계로 진입 후 중국 출원번호통지서 발생일로부터 6월 안에 또는 중국 특허청이 본 출원을 공개한 날로부터 6월 안에 기록청구를 한다. 만약 중국어 이외의 언어로 국제공개된 경우라면 중국 국내단계로 진입 후 중국 특허청이 본 출원을 공개한 날로부터 6월 안에 홍콩에 기록청구를 한다.

만약 PCT 출원이 영국을 지정국으로 하고 영문으로 공개된 경우, 영국(또는 유럽) 국내단계에 진입 후 영국(또는 유럽)특허청이 본 출원을 공개한 날로부터 6월 안에 홍콩에 기록청구를 한다.

기록청구 시 제출해야 하는 서류에는 기록청구서, 국제공개된 국제출원서 부본 및 중국 특허청(또는 영국이나 유럽 특허청)이 공개한 본 국제출원에 대한 모든 번역본의 부본 또는 공개통지서, 또는 중국특허청이 발급한 출원번호통지서 부본이 있다.

(2) PCT 출원을 통한 단기특허 출원 절차

중국을 지정한 PCT 출원 중, 중국에 실용신안으로 진입한 건에 대해서는 모두 단기특허로 출원해야 하며, 국제출원인은 PCT 국제출원이 중국 국내단계 진입 후 출원번호통지서 발행일로부터 6개월 안에 단기특허를 출원할 수 있다. 이때 제출해야 하는 서류에는 단기특허 출원서, 중국특허청이 발급한 출원통지서 부본, 국제공개된 국제출원서 부본, 국제검색보고서 부본, 중국특허청이 공개한 본 국제출원서의 중문 번역본(만약 중문 번역본이 있으면 제출하도록 하고, 없어도 제출하지 않을 수 있음)이 있다.

5) 출원 시 주의사항－언어 및 보정

홍콩의 공식 언어는 중국어와 영어로 되어 있다. 이에 따라 각종 서류들도 중문과 영문으로 나뉘어 있다. 주의해야 할 점으로, 한 번 선택한 언어로 사용하기 시작했다면 동일한 건에 대해서는 계속 같은 언어를 사용해야 한다. 예를 들어, 출원 시 중국어 양식에 중국어로 내용을 작성하였는데, 이후 영어 양식 또는 영어로 내용을 바꾸어 작성할 수 없다. 한편, 출원인이 선택한 언어에 대해 홍콩 지식산권소에서도 같은 언어로 문서를 발부한다.

한편, 홍콩의 〈특허조례〉 등에서는 보정에 대해 매우 엄격하게 규정하고 있다. 명세서의 표현에 흠결이 존재하여 이에 대한 보정을 하려면 한 번의 보정에 500$의 홍콩달러와 함께 보정을 청구하되, 보정된 이후에 그 의미가 변경되거나 추가되지 않을 경우에만 허용이 된다. 결국 홍콩으로의 특허 출원이 비교적 용이하더라도 보정에 대한 심사가 매우 엄격하므로 명세서 등에 오기나 오번역 등이 있는지를 꼼꼼히 살펴 출원을 진행해야 할 필요가 있다.

14. 비밀유지출원 및 외국에 출원하는 경우의 비밀유지심사

1) 비밀유지출원

(1) 비밀유지의 범위

전리법 제4조에 따라 국가의 안전 또는 중대한 이익과 관련되어 비밀유지를 요하는 경우, 별도의 규정에 따라 처리한다. 그리고 전리법실시세칙 제7조에서는 출원이 국방의 이익에 관련되어 비밀유지를 요하는 경우, 국방 전리기구에 의해 심사되고(제1항), 특허 또는 실용신안 출원이 국방의 이익 이외의 국가 안전 또는 중대한 이익에 관련되어 비밀유지를 요하는 경우, 비밀유지출원으로 취급된다(제2항). 비밀유지 대상에 해당하는지의 판단기준은 국가 관련부문의 규정에 따른다.

(2) 출원인에 의한 비밀유지의 청구 및 확정

출원인이 자신의 발명 또는 고안이 국가 안전 또는 중대한 이익에 관련되어 비밀유지가 필요하다고 판단하는 경우, 출원과 동시에 서면으로 비밀유지를 청구할 수 있다. 또한 출원인은 특허출원의 공개 또는 실용신안출원의 등록공고의 준비 시작 전에 비밀유지를 청구할 수 있다.

출원이 국방의 이익에 관련된 경우, 국방전리국이 비밀유지 여부를 결정한다. 비밀유지를 요하는 경우로 판단한 경우 국방전리국에서 심사를 진행하고, 그렇지 않은 경우 일반적인 출원으로 심사를 진행한다.

발명 또는 고안이 국방의 이익 이외의 국가 안전 또는 중대한 이익에 관련된 경우, 전리국이 비밀유지 여부를 결정한다. 비밀유지를 요하는 경우로 판단한 경우 비밀유지출원으로 처리하고, 그렇지 않은 경우 일반적인 출원으로 처리한다.

(3) 전리국이 자체적으로 행하는 비밀유지확정

분류담당 심사관은 발명의 내용이 국가 안전 또는 중대한 이익에 관련되나 출원인이 비밀유지 청구를 하지 않은 출원을 선별하여 비밀유지를 확정한다.

(4) 비밀유지출원에 대한 심사

국방의 이익에 관련되어 비밀유지가 필요한 출원은 국방전리국이 심사하고, 국방전리국의 심사 의견을 토대로 전리국이 등록 여부를 결정한다.

국방의 이익 이외의 국가안전 또는 중대한 이익에 관련되어 비밀유지가 필요한 특허 또는 실용신안출원은 전리국이 지정한 심사관에 의해 형식심사, 실질심사가 이루어진다. 형식심사, 실질심사는 일반적인 출원과 동일한 기준으로 이루어진다. 특허출원의 경우 형식심사를 통과한 비밀유지전리출원은 공개되지 않는다. 비밀유지출원으로 취급되는 특허 또는 실용신안출원이 등록된 경우, 등록번호, 출원일, 등록공고일만 공개된다.

(5) 비밀유지의 해제

비밀유지출원의 출원인 또는 등록 전리권자는 서면으로 비밀유지의 해제를 청구할 수 있고, 전리국은 해당 출원 또는 전리에 대해 비밀유지 해제결정을 하고 출원인에게 통지한다. 또한 전리국은 자체적으로 2년에 한 번씩 심사를 통해 비밀유지를 계속 유지할 필요가 없는 경우 출원인에게 비밀유지 해제를 통지한다. 비밀유지가 해제된 출원은 일반의 특허출원으로 심사, 관리된다.

2) 외국에 출원하는 경우의 비밀유지심사

어떠한 단위 또는 개인이 중국에서 완성한 발명 또는 고안에 대해 외국에 출원하려는 경우, 먼저 전리국에 비밀유지심사를 청구해야 한다(전리법실시세칙 제20조 제1항). 이를 어기고 외국에 출원한 발명 또는 고안을 중국에 출원하는 경우 전리권을 받을 수 없다(전리법실시세칙 제20조 제4항). 한편, 전리국에 국제출원을 하는 경우에는 동시에 비밀유지를 청구한 것으로 간주된다.

(1) 중국 출원 없이 바로 외국에 출원하는 경우의 비밀유지심사

외국에 바로 출원하거나 외국의 관련기관에 국제출원을 하려는 경우, 그 전에 전리국에 비밀유지심사를 청구해야 한다.

a) 비밀유지심사의 청구

비밀유지심사청구서와 기술방안 명세서를 중국어로 제출해야 한다. 기술방안 명세서는 외국 출원내용과 일치해야 하며, 전리법실시세칙 제17조 규정에 따라 작성해야 한다.

b) 비밀유지심사의 진행

비밀유지심사 청구에 대한 방식심사를 진행하여 규정에 부합하지 않는 경우 청구하지 않은 것으로 간주하고 이를 통지한다. 청구가 규정에 부합한 경우 또는 재차 규정에 부합하는 청구를 했으나, 기술방안이 비밀유지를 요하지 않는 것으로 판단된 경우 심사관은 지체 없이 청구인에게 외국으로의 출원을 할 수 있다고 통지한다.

비밀유지를 할 필요가 있을 여지가 있다고 판단된 경우 심사관은 청구인에게 외국으로의 전리출원을 유예할 필요가 있다는 심사의견을 통지하고 비밀유지심사를 더 진행해야 한다. 청구인이 청구일로부터 4개월 내에 비밀유지심사의견통지서를 받지 못한 경우, 그 기술방안에 대해 외국에 출원할 수 있다.

심사관은 비밀유지심사의 결론에 근거하여 청구인에게 비밀유지심사결정서를 발부하여 심사 결과를 통지해야 한다. 청구인이 청구일로부터 6개월 내에 비밀유지심사결정서를 받지 못한 경우, 그 기술방안에 대해 외국에 출원할 수 있다.[54]

(2) 중국 출원 후 외국에 출원하는 경우의 비밀유지심사

전리국에 출원한 후 외국에 출원하거나 외국의 관련기관에 국제출원을 하려는 경우, 그 전에 전리국에 비밀유지심사청구서를 제출해야 한다. 규정에 따라 청구하지 않은 경우 청구하지 않은 것으로 간주된다. 규정에 부합하면 심사관은 전술한 내용에 따라 비밀유지심사를 진행한다.

3) 국제출원의 비밀유지심사

출원인이 전리국에 국제출원을 한 경우 외국으로의 출원을 위한 비밀유지심사청구를 한 것으로 간주된다. 심사관이 비밀유지를 요하지 않는 것으로 판단한 경우, 정상적인 국제단계에 따라 처리된다. 비밀유지를 요하는 경우로 판단한 경우, 출원일로부터 3개월 내에 국가 안전을 이유로 등기부 및 조사보고서를 전송하지 않는다는 통지서를 발송하여, 출원인과 국제사무국에 그 출원을 더 이상 국제출원으로 처리하지 않고 국제단계 절차를 종료함을 통지한다. 출원인이 이 통지를 받은 경우, 그 출원 내용에 대해 외국에 출원할 수 없다.

15. 기간 및 권리의 회복

1) 기간의 종류

(1) 법정기간

법정기간은 전리법 및 전리법실시세칙에 규정된 각종 기간을 의미한다. 예를 들어, 특허출원의 실질심사청구기간(전리법 제35조 제1항), 전리권 등록절차를 밟는 기간(전리

---

54) 출원인이 청구일로부터 4개월 또는 6개월 내에 통지서 또는 결정서를 받지 못했다는 것은, 전리국이 발송한 통지서 또는 결정서 발송일로부터 만 15일이 규정기간 내에 있지 않음을 의미한다.

법실시세칙 제54조) 등이 법정기간에 해당한다.

(2) 지정기간

지정기간은 심사관이 전리법 및 전리법실시세칙에 따라 작성한 각종 통지서에 출원인(또는 전리권자) 및 그 외 당사자에게 답변서를 제출하거나 어떤 행위를 하도록 규정한 기간을 의미한다. 예를 들어, 전리법 제37조 규정에 따라 실질심사를 진행한 후 전리법의 규정에 부합하지 않는다고 판단하여 출원인에게 의견을 진술하거나 보정하도록 통지한 기간, 전리법실시세칙 제3조 제2항 규정에 따라 당사자가 제출한 서류가 외국어인 경우 전리국이 필요하다고 판단하여 출원인에게 중국어 번역문을 제출하라고 지정한 기간 등이다.

지정기간은 통상적으로 2개월이나, 특허출원에 대한 실질심사에서 제1차 의견제출통지서에 대한 답변기간은 4개월이다. 단순한 행위에 대해서는 1개월 또는 더 짧은 기간을 지정할 수 있다. 지정기간은 당사자가 통지서를 받은 것으로 추정되는 날로부터 기산한다.

2) 기간의 계산

(1) 기간의 기산일

a) 출원일, 우선일, 등록공고일 등 고정일자로부터의 계산

대부분의 법정기간은 출원일, 우선일, 등록공고일 등의 고정일자로부터 계산한다. 예를 들어, 전리법 제42조 규정의 전리권 존속기간은 출원일로부터 기산하고, 전리법 제29조 제1항의 우선권 주장기간의 기산일은 외국에서 최초로 출원한 날(우선일)이다.

b) 통지 및 결정의 추정 송달일로부터의 계산

모든 지정기간과 일부 법정기간은 통지 및 결정의 추정 송달일로부터 계산한다. 예를 들어, 전리법 제37조 규정에 따라 출원인에게 의견을 진술하거나 보정하도록 통지한 기간(지정기간), 또는 전리법실시세칙 제54조 규정에 따라 출원인이 등록 절차를 밟는 기간(법정기간)은 출원인이 의견제출통지서를 받은 것으로 추정되는 날로부터 계산한다.

추정 송달일은 전리국이 서류를 발송한 날(통지서, 결정서에 기재됨)로부터 15일이 되는 날이다. 예를 들어 전리국이 2017년 7월 4일 출원인에게 발송한 통지서의 추정 송달일은 2017년 7월 19일이다.

(2) 기간의 계산

기간의 기산일은 기간에 산입하지 않는다. 기간을 연 또는 월로 계산하는 경우, 그 마지막 달의 해당일이 기간만료일이다. 그달에 해당일이 없는 경우, 그달의 말일이 기간만료일이다. 예를 들어, 특허 출원일이 2014년 6월 1일인 경우, 그 출원의 실질심사

청구기간의 만료일은 2017년 6월 1일이다. 다른 예로, 전리국이 2017년 6월 6일에 발송한 통지서의 지정 기간이 2개월인 경우, 추정 송달일은 2017년 6월 21일이고(이 날이 공휴일이더라도 자동 연장되지 않음), 기간 만료일은 2017년 8월 21일이다. 또 다른 예로, 2016년 12월 16일에 발송한 통지서의 지정 기간이 2개월인 경우, 발송한 통지서의 추정 송달일은 2016년 12월 31일이고, 기간 만료일은 2017년 2월 28일이다.

기간 만료일이 법정 공휴일인 경우, 법정 공휴일 이후 첫 근무일이 기간만료일이다. 첫 근무일이 주말 휴일인 경우, 기간 만료일은 다음 주의 월요일로 자동 연장된다.[55]

3) 기간의 연장

(1) 기간연장의 신청

당사자가 정당한 이유로 기간 내에 어떠한 행위나 절차를 완료할 수 없는 경우, 기간연장을 신청할 수 있다. 연장을 신청할 수 있는 기간은 지정기간에 한한다. 다만, 무효심판에서 전리복심위원회가 지정한 기간은 연장할 수 없다.

기간연장을 신청할 경우, 기간만료 전에 기간연장신청서를 제출하고 이유를 설명해야 하며 기간연장신청 관납료를 납부해야 한다. 기간연장신청 관납료는 월 단위로 계산한다.

(2) 기간연장의 허가

기간연장은 통지 또는 결정을 내린 부서가 심사한다. 연장 기간이 1개월 미만인 경우에는 1개월로 계산한다. 연장기간은 2개월을 초과할 수 없다. 동일한 통지 또는 결정에서 지정한 기간은 일반적으로 1회의 연장만 허가된다. 기간연장의 신청이 규정에 반하는 경우 심사관은 기간연장심사통지서를 발부하여 기간연장을 허락하지 않는 이유를 설명한다.

4) 권리의 회복

(1) 적용범위

전리법실시세칙 제6조 제1항 및 제2항[56]의 규정에 따라 당사자는 기간 초과로 인하

---

55) 법정 공휴일은 국무원이 공포하는 〈전국 연간 명절 및 기념일 휴무방법〉 제2조에 규정된 휴일과 〈근로자 근무시간에 관한 국무원 규정〉 제7조 제1항의 주 휴무일을 포함한다.

56) 전리법실시세칙 제6조: 당사자가 불가항력의 이유로 전리법 또는 전리법실시세칙이 규정한 기간 또는 국무원전리행정부문이 지정한 기간을 도과하여 권리를 상실한 경우, 장애가 해소된 날로부터 2개월 내, 늦어도 기간만료일로부터 2년 내에 국무원전리행정부문에 이유를 설명하고 증명서를 첨부하여 권리회복을 청구할 수 있다(제1항). 전항에서 규정한 경우 이외에, 당사자가 기타 정당한 사유로 전리법 또는 전리법실시세칙이 규정한 기간 또는 국무원전리행정부문이 지정한 기간을 도과하여 권리를 상실한 경우, 국무원전리행정부문의 통지를 받은 날로부터 2개월 내

여 권리를 상실한 후에 권리회복을 청구할 수 있다. 다만, 동조 제5항에 따라 신규성 의제기간, 우선기간, 전리권의 존속기간 및 침해소송 시효기간을 도과하여 권리가 상실된 경우에는 권리회복을 청구할 수 없다.

(2) 절 차

전리법실시세칙 제6조 제2항 규정에 따라 당사자가 권리를 청구하는 경우, 전리국 또는 전리복심위원회의 통지를 받은 날로부터 2개월 내에 권리회복청구서를 제출하고 이유를 설명하며 관납료를 납부해야 한다. 전리법실시세칙 제6조 제1항 규정에 따라 권리회복을 청구하는 경우, 장애가 제거된 날로부터 2개월 내, 늦어도 기간만료일로부터 2년 내에 권리회복청구서를 제출하고 이유를 설명해야 하며, 필요한 경우 관련 증명서를 제출해야 한다.

당사자는 권리회복을 청구하는 동시에 권리를 상실하기 전에 처리해야 하는 절차를 밟아 권리상실을 초래한 원인을 제거해야 한다. 예를 들어, 출원인이 출원 관납료를 납부하지 않아 출원이 취하 간주된 경우, 출원의 회복을 청구하는 동시에 출원 관납료를 납부해야 한다.

(3) 심 사

심사관은 전술한 (1) 및 (2)의 내용에 따라 권리회복청구를 심사한다. 청구가 규정에 부합하는 경우 권리회복이 허가되며, 권리회복청구심사통지서를 발송한다. 출원인이 서한으로 권리회복 청구의 의사를 밝힌 경우, 출원번호(또는 등록번호)를 기재하고 서명 또는 날인이 적합하면 권리회복청구서로 인정될 수 있다.

규정된 기간 내에 청구서를 제출하고 관납료를 납부했으나 여전히 규정에 반하는 경우, 심사관은 보정통지서를 발송하여 당사자가 지정 기간 내에 절차를 보정하거나 추가할 것을 요구한다. 보정 또는 추가를 거쳐 규정에 부합하게 된 경우, 심사관은 권리회복을 허가하고 권리회복청구심사통지서를 발송한다. 기간 내에 보정하지 않았거나 보정에도 여전히 규정에 반하는 경우, 회복을 허가하지 않으며 권리회복청구심사통지서를 발송하여 허가하지 않는 이유를 설명한다.

전리국이 권리회복에 동의한 경우 심사 절차를 계속한다.

에 국무원전리행정부문에 권리회복을 청구할 수 있다(제2항).

제2부

| 등록 요건 |

‖ 제1장 전리권을 수여하지 않는 출원 ‖

1. 전리법 제2조 제2항—발명전리의 보호 객체

전리법 제2조 제2항에서는 "발명이란, 물건, 방법 또는 그 개량에 대한 새로운 기술방안을 의미한다"고 규정한다. 이 조항은 발명에 대한 일반적인 정의를 규정할 뿐 신규성, 진보성을 판단하는 구체적인 심사기준은 아니다.

기술방안이란, 기술적 과제를 해결하기 위해 채택한 자연법칙을 이용한 기술수단의 집합이다. 기술수단을 이용하지 않고 기술적 과제를 해결하여 기술효과를 얻는 기술방안은 전리법이 보호하는 발명에 해당하지 않는다. 즉, 하나의 기술방안은 기술적 수단, 기술적 과제, 기술적 효과라는 세 가지 요소를 갖춘다. 심사관은 기술방안에 대해 판단할 때 다음과 같은 네 가지 지침에 따라 판단한다:

a) 기술방안이 기술적 수단을 채용했는지 여부를 위주로 판단한다.

b) 하나의 청구항에 기재된 방안을 하나의 '전체 기술방안'으로 보아, 그 전체 기술방안이 기술적 수단을 채용하여 기술적 과제를 해결하고 기술적 효과를 내는지 여부를 판단한다. 즉, 청구항 내의 어떠한 '개별적 특징'에 의해 기술적 과제가 해결되어 기술적 효과가 달성되는지를 통해 해당 청구항이 기술방안에 해당하는지 여부를 판단하지 않는다.

c) 기술방안에 대한 판단시 종래기술을 이용하지 않는 것이 원칙이다. 다만, 만약 심사관이 명세서를 읽고서도 판단을 내리기 어려운 경우에는 종래기술과 비교하여 기술방안 여부를 판단할 수 있다.

d) 전리심사지침에서 기술방안에 대한 정의를 내리면서 언급된 "자연법칙의 이용"이란 인위 법칙 및 경제적 규칙 등으로 완성된 발명을 걸러내기 위한 것이므로, 명세서에 구체적으로 어떠한 자연법칙을 적용했는지 기재할 것까지 요하지 않는다.

이하는 기술방안 판단에 대한 구체적 예시이다.

‖ 사례 1 ‖

청구항은 "담뱃갑을 매개체로 하여 광고를 하되, 상기 담뱃갑의 표면 일부에는 담배판매상 자체의 상표, 도형 및 문자가 실리고, 표면의 다른 일부에는 다른 광고 내용이 실리는, 담뱃갑을 광고에 이용하는 방법"이었고, 명세서에는 해결하고자 하는 문제로서 간단하고 경제적이며 전파 범위가 높은 담배 광고방법을 제공하는 것이라고 기재되어 있었다.

사안 분석: 상기 방법은 담뱃갑의 경제적이고 전파 범위가 넓은 특징을 이용하여 특정 광고 내용을 담뱃갑에 싣는 것으로서, 담뱃갑의 구조에 대한 것이 아니다. 상기 방법에서 담뱃갑은 단지 광고 내용을 싣는 매개체에 불과할 뿐 기술특징이 될 수 없으며, 해결하고자 하는 과제도 기술적 과제가 아니고, 기술적 수단을 구성하는 것도 아니어서 상기 청구항은 기술방안에 해당하지 않는다.

┃ 사례 2 ┃

청구항은 "우산포를 지지하는 우산대와 우산살 및 상기 우산대의 손지지단과 고정연결되는 우산머리를 포함하되, 상기 우산머리는 기밀 내강을 구비한 투명한 우산머리이고, 상기 우산머리의 내강에는 액체가 밀봉되었으며, 상기 액체에 유동하는 소형 장식물이 담긴, 장식 우산머리를 구비한 우산 겸 양산"이고, 명세서에는 해결하고자 하는 과제 및 효과는 모두 우산의 미관을 아름답게 하는 것이었다.

분석: 해당 영역의 공지상식을 토대로 하면, 구별되는 특징은 "우산머리는 기밀 내강을 구비한 투명한 우산머리이고, 우산머리의 내강에는 액체가 밀봉되어, 유동하는 소형 장식물이 상기 액체에 담긴" 것인데, 이는 구체적인 구조적 특징으로서 기술적 특징이며, 이러한 특징을 구성하는 수단은 우산머리에 입체적이고 유동하는 장식물을 넣는 것이므로, 본 출원은 기술적 수단을 채용한 것이다. 비록 명세서에서는 해결하고자 하는 과제로서 우산의 미관을 아름답게 하는 것이라고 기재되어 있으나, 우산머리를 투명한 기밀 내강으로 하여 액체와 소형 장식물을 주입하는 기술적 수단을 채용하여 우산의 구조를 개선하였으며, 우산머리 내에서 소형 장식물이 가시적으로 표류하게 하는 기술적 문제 및 기술적 효과를 해결 및 달성한 것이다. 우산의 미관 개선은 기술방안에 의해 파생되는 시각적 효과일 뿐이고, 이로 인해 기술방안을 이루는 본질에 영향을 미칠 수 없으므로, 본 청구항의 내용은 기술방안에 해당한다.

┃ 사례 3 ┃

청구항은 "예측상자 및 상기 예측상자 안에 화려하게 장식된 복수의 캡슐을 포함하는 교우 정보 교환기로서, 상기 예측상자에 동전 투입구가 구비되고, 상기 동전 투입구 아래에는 손잡이가 있으며, 손잡이는 순차적으로 예측상자 안의 동전식별 캠과 손잡이 기어에 연결되고, 동전식별 캠은 멈춤쇠에 연결되어, 기어를 제어하여 손잡이 기어와 맞물리게 하고, 기어의 상측이 예측상자의 상부 수납실이 되도록 제어하며, 상부 수납실의 하부에는 상기 캡슐이 낙하하는 낙하 홀이 있으며, 예측상자 하부에는 캡슐의 출구가 구비되고, 예측상자의 상부에는 정보가 적힌 캡슐을 넣는 입구가 구비되고, 상기 캡슐 안에는 정보를 전달하는 매개체나 소형 물건이 들어 있는, 교우 정보 교환기"라고 되어 있었다. 명세서에서는 해결하고자 하는 기술적 과제로서 사람들 간에 교제할 기회를 많이 제공하여 교제의 어려움을 해결하게 하는 것이라고 기재되었다. 효과 역시 친구를 보다 편리하게 사귀게 하고, 교제의 경로를 풍부하게 하는 것이라고 기재되어 있었다.

분석: 출원의 특징부에는 교우 정보 교환기의 구체적인 구조로서, 예측상자의 구체적인 부품과 각 부품 간의 연결관계, 위치관계가 기재되어 있어, 기술 영역의 공지상식에 따르면 이러한 특징은 기술적 특징이다. 명세서에서는 비록 해결하고자 하는 과제 및 효과로서 교제 기회를 풍부하게 제공한다는 비기술적인 과제와 효과가 기재되어 있고, 교제 기회의 증가도 상기 매개체나 소형 물건에 적힌 정보에 의해 이루어지는 것이기는 하지만, 상기 교환기는 정보가 적힌 매개체나 소형 물건이 교환기 내에게 이동하여 예측상자를 자동으로 이탈하게 하여, 동전을 투입한 사용자가 최종적으로 이를 받을 수 있게 하는 구조를 제공하고 있어, 상기 청구항에 기재된 내용은 기술 방안에 해당한다.

■ 전리법상 물건 발명에 해당하지 않는 경우

냄새, 소리, 빛, 전기, 자기, 파동 등과 같은 신호 또는 에너지 자체; 도형, 평면, 곡면, 곡선 자체;를 주제명칭으로 하는 청구항은 전리법상의 물건 발명이 될 수 없다.

상술한 주제명칭으로 청구하는 경우, 청구항의 특징부가 어떠한 방식으로 작성되든 상관 없이, 즉 청구항의 다른 내용에 무관하게, 심사관은 청구항의 주제명칭에 대해 바로 전리법 제2조 제2항 규정에 부합하지 않는다는 거절이유를 지적한다.

한편, 냄새, 소리, 빛, 전기, 자기, 파동 등과 같은 신호 또는 에너지 자체는 전리법이 보호하는 발명의 객체가 아니지만, 그 특성을 이용하여 기술적 과제를 해결하는 경우는 예외이다. 도형, 평면, 곡면, 곡선 자체도 전리권의 보호 대상이 아니지만 도형, 평면, 곡면, 곡선을 구비한 물건은 전리권의 보호 객체에 해당한다.

▌사례 1▐

청구항: 레이저 튜브와 주파수 안정기를 포함하는 주파수 레이저 장치에 의해 발사되는 주파수 레이저.

분석: 청구하는 주제가 레이저로서, 비록 특징부에 레이저를 만드는 레이저 장치의 구체적인 구성 부분에 대한 한정이 되어 있으나, 청구하는 대상이 레이저 자체이고 레이저는 전리법상의 물건 발명에 해당할 수 없으므로, 전리법 제2조 제2항 규정에 부합하지 않는다.

▌사례 2▐

청구항 제1항: 선 긋기에 사용되는 컴퍼스로서, 상기 컴퍼스는 양팔과 카디널 축을 포함하고, 상기 양팔에는 상기 카디널 축과 등거리 지점에 각각 눈금이 있으며, 상기 눈금에는 숫자가 표기되고, 상기 숫자는 대응하는 등분원에 내접하는 다각형의 변의 개수와 동일하고, 상기 숫자에 대응하는 눈금으로부터 카디널 축의 중심까지의 거리와 카디널 축의 중심으로부터 상기 양팔까지의 거리의 비는, 대응되는 등분원에 내접하는 다각형의 변 길이와 상기 등분원의 직경의 비와 같은, 컴퍼스
청구항 제2항: 청구항 제1항의 컴퍼스에 의해 형성되는 등분원
분석: 청구항 제2항의 주제명칭은 등분원으로서, 청구항 제2항이 청구하는 등분원은 청구항 제1항의 컴퍼스를 인용하여 한정하고 있지만, 실질적으로 청구하는 것은 도형이다. 도형 자체는 전리법 제2조 제2항이 규정하는 발명에 해당하지 않으므로 전리권 보호 객체가 아니다.

2. 전리법 제5조

전리법 제5조 제1항에서는 "법률, 사회공중도덕에 위반되거나 공공의 이익을 해하는 발명창조는 전리권을 수여하지 않는다"라고 규정한다. 또한 전리법 제5조 제2항에서는 "법률, 행정법규의 규정을 위반하여 유전자원을 획득하거나 이용하고, 그 유전자원에 의존하여 완성된 발명창조에 대해 전리권을 수여하지 않는다"라고 규정한다. 법률, 행정법규, 사회공중도덕, 공공의 이익의 의미는 광범위하며, 시기와 지역에 따라 다르다. 또한 법률 등의 신설, 개정 및 폐지로 인해 변화하는 개념이다.

전리법 제5조 제1항에 따른 심사 대상은 청구항 이외에도 도면, 요약서를 포함한 명세서 전체이다. 전리법 제5조 제2항에 따른 심사 대상에는 이에 더하여 유전자원출처공개등기표도 포함된다.

1) 전리법 제5조 제1항

a) 법률에 위반하는 발명창조

법률이란 전국인민대표회의나 전국인민대표회의의 상무위원회가 입법절차에 따라 제정, 반포한 법률을 의미하며, 행정법규와 규칙은 이에 해당하지 않는다.

발명창조가 법률에 위반되면 전리권을 받을 수 없다. 예를 들어, 도박에 사용되는 설비, 아편 흡입기구, 국가 화폐, 어음, 공문, 증거서류, 인장, 문화재 위조 장치 등은 전리권을 받을 수 없다. 발명창조가 법률을 위반하지는 않았으나, 남용으로 인해 법률을 위반하게 되는 경우는 이에 해당되지 않는다. 예를 들어, 의료용 독약, 마취제, 진정제, 흥분제, 오락용 바둑 및 카드 등이다.

전리법실시세칙 제10조에서는 "전리법 제5조의 '국가법률을 위반하는 발명창조'에는 그 실시가 법률에 의해 금지되는 경우에 불과한 경우는 포함하지 않는다"라고 규정한다. 즉, 발명창조 물품의 생산, 판매 또는 사용만이 법률에 의해 제한되는 경우에는

그 물품 자체나 그 제조 방법은 법률을 위반하는 발명에 해당하지 않는다는 것이다. 예를 들어, 국방에 이용되는 무기의 생산, 판매 및 사용은 법률의 제한을 받지만, 그러한 무기 자체 및 그 생산방법은 전리법이 보호하는 객체에 해당한다.

b) 사회공중도덕에 위반하는 발명창조

사회공중도덕이란, 일반 대중이 정당하다고 인식하는 윤리도덕관념 및 행위준칙을 의미한다. 문화적 배경을 기초로 하고, 시간의 흐름과 사회의 발전에 따라 변화하며, 지역에 따라 달라지는 개념이다. 중국 전리법상의 사회공중도덕은 중국 국경 이내로 한정된다. 여기에서 중국 국경이란 홍콩, 마카오, 대만을 제외한 지역을 의미한다.

사회공중도덕에 위반하는 발명창조의 예로서, 폭력적이거나 음란한 도면이나 사진의 디자인, 비의료목적의 인조 성기관 또는 그 대체물, 인간과 동물의 교배방법, 인간 생식계통의 유전 동일성을 변화시키는 방법 또는 생식계통의 유전 동일성이 변화된 인간, 복제 인간 또는 인간의 복제 방법, 공업 또는 상업적 목적의 인간 태아의 이용, 동물에 고통을 가할 수 있으나 인간이나 동물의 의료에 실질적 이익이 없는 동물의 유전 동일성을 변화시키는 방법 등이 있다.

c) 공공의 이익을 해하는 발명창조

공공의 이익을 해한다 함은, 발명창조의 실시 또는 이용이 공중이나 사회에 위해를 가하거나 국가 및 사회의 정상적 질서에 영향을 끼치는 것을 의미한다. 발명창조의 수단이 사람을 다치게 하거나 재물을 손상하게 하는 경우, 예를 들어 도둑의 두 눈을 실명하게 하는 방범장치 및 방법은 전리권을 받을 수 없다.

발명창조의 실시나 이용이 심각한 환경오염, 에너지나 자원의 심각한 낭비, 생태계 평형 파괴, 공중의 건강에 위해를 가하는 경우 전리권을 받을 수 없다. 전리 출원된 문자나 모양이 국가의 중대한 정치적 사건 또는 종교신앙에 관련되거나 국민의 정서 또는 민족의 정서를 상하게 하거나 미신을 선전하는 경우 전리권을 받을 수 없다.

그러나 발명창조를 남용함으로써 공공 이익을 해할 염려가 있는 경우, 또는 발명창조가 긍정적인 효과와 단점을 동시에 지닌 경우, 예를 들어 인체에 부작용이 있는 약품의 경우에는 '공공의 이익을 해한다'는 이유로 거절할 수 없다.

d) 전리법 제5조 제1항을 부분적으로 위반하는 출원

전리법 제5조 제1항을 부분적으로 위반하는 출원이란, 하나의 전리 출원에 법률이나 사회공중도덕을 위반하거나 공공 이익을 해하는 내용이 포함되어 있으나 그 외 다른 부분은 적법한 경우를 의미한다. 이 경우 심사관은 출원인에게 전리법 제5조 제1항을 위반하는 부분을 삭제하는 보정을 명한다. 출원인이 이에 응하지 않으면 전리권을 받을 수 없다. 예를 들어, 일정한 점수에 이르면 일정한 양의 동전을 쏟아내는 '동전 투입식 놀이기구'가 출원된 경우, 심사관은 출원인에게 통지하여 동전을 쏟아내는 부분에 대해 삭제 또는 보정하게 하여, 단순 동전 투입식 놀이기구가 되게 한다.

2) 전리법 제5조 제2항

법률, 행정법규(국무원이 반포한 행정법규를 의미함)의 규정을 위반하여 유전자원을 획득하거나 이용하고, 그 유전자원에 의존하여 완성된 발명창조에 대해 전리권을 수여하지 않는다. 전리법상의 유전자원이란 인체, 동물, 식물 또는 미생물 등으로부터 채취되고 유전기능단위를 포함하며, 실제적이거나 잠재적인 가치를 갖는 재료를 의미한다. 전리법상 유전자원에 의존하여 완성한 발명창조란 유전자원의 유전기능을 이용하여 완성한 발명창조를 의미한다(전리법실시세칙 제26조).

유전기능이란, 생물체가 번식을 통하여 성상 또는 특징을 대대로 전하거나 또는 전체 생물체가 복제되도록 하는 능력을 의미한다.

유전기능단위란, 생물체의 유전자 또는 유전기능을 갖는 DNA 또는 RNA 단편을 의미한다.

인체, 동물, 식물 또는 또는 미생물 등으로부터 채취되고 유전기능단위를 포함하는 재료란, 유전기능단위의 백터를 의미하며, 전체 생물체뿐만 아니라 생물체의 일부도 포함된다. 예를 들어 기관, 조직, 혈액, 체액, 세포, 게놈, 유전자, DNA 또는 RNA 단편 등이다.

발명창조가 유전자원의 유전기능을 이용했다는 것은 유전기능단위의 분리, 분석, 처리 등을 통해 발명창조를 완성하여 유전자원의 가치를 실현한 경우를 의미한다.

법률, 행정법규의 규정을 위반하여 유전자원을 획득하였거나 이용했다는 것은 유전자원을 획득하거나 이용함에 있어서 중국의 관련 법률, 행정법규의 규정에 따라 사전에 관련 행정관리부문의 비준 또는 관련 권리자의 허가를 받지 않은 경우를 의미한다. 예를 들어, 〈중화인민공화국축목법〉과 〈중화인민공화국 가축가금유전자원의 수출입 및 대외협력연구이용심사방법〉의 규정에 따라 중국가축가금유전자원보호목록에 수록된 가축가금의 유전자원을 외국으로 수출하는 경우 관련 심사절차를 밟아야 하며, 어떤 발명창조가 외국으로 수출되고 중국가축가금유전자원보호목록에 수록된 어떤 가축가금의 유전자원에 의존하여 완성되었으나 심사절차를 밟지 않은 경우, 그 발명창조는 전리권을 수여받지 못한다.

3. 전리법 제25조

전리법 제25조에서는 (1) 과학발견 (2) 지적 활동의 규칙 및 방법 (3) 질병의 진단 및 치료방법 (4) 동물 및 식물의 품종 (5) 원자핵 변환방법으로 얻은 물질 등에 대해 전리권을 수여하지 않는다고 규정한다.

전리법 제25조 규정에 따른 심사 대상은 청구항에 한정된다. 다시 말해, 출원 명세서와 요약서에 전리법 제25조 관련 내용이 존재하더라도 청구항에만 존재하지 않으면, 전리법 제25조 규정에 따른 거절이유가 지적되지 않는다.

1) 과학 발견

과학발견은 자연계에 객관적으로 존재하는 물질, 현상, 변화과정 및 그 특성과 법칙을 드러내는 것을 의미한다. 이러한 물질, 현상, 변화과정 및 그 특성과 법칙은 기술방안과는 다르며 전리법상의 발명창조가 아니다. 예를 들어, 할로겐화은의 감광특성에 대한 발견은 전리권을 받을 수 없다. 다만 이러한 발견을 토대로 제조한 감광필름 및 그 제조방법은 전리권을 받을 수 있다.

다른 예로, 자연계에서 이전에 알려지지 않은 천연형태로 존재하는 물질을 찾아내는 것도 발견에 불과하여 전리권을 받을 수 없다. 다만, 최근 의약, 생물 분야에서는 이 문제에 대해 완화된 측면이 있는데, 전통적인 관점에 의하면 이미 알려진 물질이 과거에 발견된 바 없는 특성이 있음을 발견한 경우 이는 발견에 해당하여 전리권을 받을 수 없다. 그러나 의약 영역에서, 이미 알려진 물질에 특정 질병을 치료하는 효과가 있음을 발견한 경우(1차 의약품 용도인지 2차 의약품의 용도인지에 상관없이), 이를 "이미 알려진 물질의 제약에의 응용"이라거나 "특정 질병을 치료하는 의약품을 제조하는데의 응용"의 취지로 청구항에 작성한다면, 물질의 의약품으로의 용도 발명으로서 전리권 보호 객체에서 배제되지 않는다. 반면에 청구항 작성 시 이미 알려진 물질을 "질병의 치료에 사용"한다거나 "의약물로의 응용"과 같이 청구하면 전리법 제25조 제1항 제(3)호 규정의 "질병의 진단 및 치료 방법에 해당하여 전리권을 받을 수 없음을 주의해야 한다.

생물 분야에서도, 자연계에서 천연 형태로 존재하는 유전인자나 DNA 단편을 찾아낸 것은 발견에 불과하여 전리권을 받을 수 없으나, 만약 최초로 자연계로부터 분리하였거나 추출해 낸 유전인자 또는 DNA 단편으로서, 그 염기서열이 종래기술에 공개된 바 없으며, 그 특징이 확실히 표현 가능하며 산업상 가치가 있는 경우라면, 그 유전인자나 DNA 단편 자체 및 그 획득 방법은 전리권 보호 대상에 해당한다.[1]

2) 지적 활동의 규칙 및 방법

지적 활동의 규칙 및 방법이란 인간의 사고, 표현, 판단 및 기억을 이끄는 규칙과 방

---

1) 吳观乐, 专利代理实务, 第3版, 知识产权出版社, 2015, 121쪽.

법을 의미한다. 이는 기술적 수단을 적용하거나 자연법칙을 이용하지 않으며 기술적 과제를 해결하거나 기술적 효과를 발생시키지 않으므로, 전리법 제2조 제2항 및 전리법 제25조 제1항 제2호가 모두 적용된다. 지적 활동의 규칙 및 방법에 관련된 출원이 전리권을 받을 수 있는 객체에 해당하는지 판단하는 원칙은 다음과 같다.

a) 하나의 청구항 전체가 지적활동의 규칙 및 방법에만 관련되는 경우에는 전리권을 받을 수 없다. 하나의 청구항이 그 주제명칭을 제외하고 청구항을 한정하는 내용 전체가 지적 활동의 규칙 및 방법인 경우 그 청구항은 전리권을 받을 수 없다.

지적 활동의 규칙 및 방법에만 관련되는 예로서, 전리출원을 심사하는 방법; 조직, 생산, 상업실시 및 경제 등의 관리방법 및 제도; 교통차량운행규칙, 시간배차표, 경기규칙; 연역, 추리 및 운용 방법; 도서분류규칙, 자전편집 배열방법, 정보검색방법, 특허분류법, 달력 배열규칙 및 방법; 기기 및 설비의 조작설명; 각종 언어의 문법, 한자코딩방법; 컴퓨터언어 및 연산규칙; 속산법, 암기법; 수학이론 및 환산방법; 심리측정방법; 교습, 강의, 훈련 및 동물훈련 방법; 각종 게임, 오락의 규칙 및 방법; 통계, 회계 및 장부 기재방법; 악보, 식단, 기보; 신체단련방법; 질병조사방법, 인구통계방법; 정보표현방법; 컴퓨터프로그램 자체 등이 있다.

b) 컴퓨터프로그램 자체는 전리권의 보호 대상이 아니지만, 컴퓨터프로그램 관련 발명이 만약 기술적 과제를 해결하기 위해 기술적 수단을 이용하여 기술적 효과를 낼 수 있다면 전리권 수여의 객체가 될 수 있는데, 이 경우 컴퓨터프로그램에 관한 장치나 방법으로 기술방안이 표현되어야 한다. 컴퓨터프로그램을 저장하는 컴퓨터 가독 저장매체의 경우, 종래기술과 구별되는 특징이 컴퓨터프로그램 그 자체일 뿐이면 전리권의 보호 객체가 아니다.

c) BM 발명은 국제적으로 컴퓨터 기술, 인터넷 및 전자상거래가 발달해 가면서 적지 않은 국가에서 특허권의 보호 대상으로 하고 있다. 2010년 전리심사지침에서는 BM 발명을 전리권의 보호 대상으로 인정하는 명문 규정을 두고 있지는 않았다. 그러나 2017년 4월 1일부터 시행되는 〈전리심사지침 개정에 대한 국가지식산권국의 결정〉[2]에서는 "BM 발명에 대한 청구항에 만약 비즈니스 규칙 및 방법에 대한 내용 뿐만 아니라, 기술적 특징이 포함되었다면 전리법 제25조에 따른 전리권 등록 가능성을 배제해서는 안 된다"라는 규정을 추가하였다. 이에 따라 중국에서도 일정 조건이 만족되는 전제에서 BM발명이 등록될 수 있음을 명문 규정으로 인정하게 되었다.

d) 하나의 청구항을 한정하는 내용에 지적 활동의 규칙 및 방법의 내용 이외에, 기술

---

2) 《国家知识产权局关于修改专利审查指南的决定》의 一, 2017년 2월 28일 발표, 2017년 4월 1일 시행.

특징도 포함한다면 전체적으로 볼 때 지적 활동의 규칙 및 방법이 아니어서 전리권을 받을 수 있다.

실무적으로 청구항 전체가 지적 활동의 규칙 및 방법으로 한정되는 경우와, 지적 활동의 규칙 및 방법과 기술 특징이 함께 언급되는 경우가 있을 수 있다. 청구항 전체가 지적 활동의 규칙 및 방법으로 한정되는 경우에만 본 규정이 적용되며, 지적 활동의 규칙 및 방법과 기술 특징이 청구항에 함께 언급되어 있는 경우 심사관은 본 규정 적용 없이 신규성이나 진보성 판단을 진행한다. 한편, 청구항 전체가 지적 활동의 규칙 및 방법으로 한정되는 경우란, 청구하는 주제 명칭 이외에도 특징부 전체가 지적 활동의 규칙 및 방법인 경우를 의미한다.

3) 질병의 진단 및 치료방법

인도주의 및 사회윤리적 관점에서 의사는 진단과 치료 과정에서 각종 방법과 조건을 선택할 자유가 있어야 한다. 또한 이러한 방법은 생명이 있는 인체 또는 동물체[3]를 직접 실시대상으로 하므로 산업상 이용가능성이 없어 전리법상의 발명창조에 해당하지 않는다.

질병의 진단 및 치료 방법은 전리권의 보호 대상이 아니지만, 질병의 진단 및 치료방법을 실시하기 위한 기기나 장치는 전리권의 보호 대상이다. 또한 의약품을 이용하여 질병을 치료하는 방법은 전리권을 받을 수 없으나, 의약품 자체, 이미 알려진 물질의 제약에의 응용 및 특정 질병을 치료하는 의약품을 제조하는 데의 응용은 전리권 보호 대상에 해당한다.

a) 진단방법

질병의 진단과 관련되는 방법이 ⅰ) 생명이 있는 인체 또는 동물을 대상으로 하면서 ⅱ) 질병진단결과 또는 건강상태를 획득하는 것을 직접적인 목적으로 하는 경우에는 진단방법에 해당하여 전리권을 받을 수 없다. 이러한 진단방법의 예로서, 혈압측정법, 진맥법, 엑스레이 진단법, 초음파 진단법, 위장촬영 진단법, 병환위험도 평가법, 질병 치료효과 예측법, 유전자 선별진단법 등이 있다.

한편, 기재형식을 볼 때 신체에서 분리된 샘플을 대상으로 하지만, 그 발명이 동일 주체의 질병진단결과 또는 건강상태를 획득하는 것을 직접적인 목적으로 하는 경우에

---

3) 실시 대상을 동물에만 한정할 경우 산업상 이용가능성이 극복되는 한국과는 달리 중국에서는 동물을 상대로 하는 진단, 치료 방법도 현행법상 인정하지 않고 있다. 2016년 개정 전리법이 만들어지는 과정에서 수차례 발표된 개정 전리법 초안(의견 수렴안) 중에서는 동물에 대한 진단, 치료에 대해 등록 가능성을 열어 둔 안이 한때 발표된 적도 있었으나, 이후 발표된 초안에서 다시 삭제되었다.

도 전리권을 받을 수 없다. 방법 청구항에서 진단절차를 포함하거나 또는 진단절차를 포함하지는 않지만 검사절차를 포함함으로써, 종래기술의 의학지식과 그 출원이 공개한 내용을 토대로 진단 또는 검사정보를 알기만 하면 질병의 진단결과나 건강상태를 직접 획득할 수 있다면 위 조건 ⅱ)가 만족된다.

만약 두 조건 중 어느 하나라도 만족하지 않으면 본 규정의 진단방법에 해당하지 않는다. 예를 들어, ㄱ) 이미 사망한 인체나 동물을 대상으로 하는 병리해부방법인 경우; ㄴ) 직접적인 목적이 진단결과나 건강상태를 얻기 위한 것이 아니라, 살아 있는 인체나 동물로부터 중간결과가 되는 정보를 획득하는 방법, 또는 그 정보(형체 파라미터, 생리 파라미터 또는 기타 파라미터)를 처리하는 방법인 경우; ㄷ) 직접적인 목적이 진단결과나 건강상태를 얻기 위한 것이 아니라, 중간결과가 되는 정보를 얻기 위해 인체나 동물로부터 분리된 조직, 체액 또는 배설물에 대해 처리하거나 검사하는 방법, 또는 그 정보를 처리하는 방법은 진단방법에 해당하지 않는다. 한편, 위 ㄴ)과 ㄷ)에 대해, 종래기술의 의학지식과 해당 출원에서 공개한 내용에 의해 획득한 정보 자체로부터 질병진단결과 또는 건강상태를 직접적으로 얻을 수 없는 경우에 한해, 그 획득한 정보가 중간결과로 인정된다.

실무적으로 심사관이 출원 발명이 '진단 방법'에 해당하는지 여부를 판단할 때 주목하는 두 가지는 1) 대상과 2) 직접적인 목적이다. 다시 말해, 방법이 적용되는 대상이 생명이 있는 인체 또는 동물체인지(신체에서 분리된 샘플도 포함됨) 여부와, 해당 방법이 질병의 진단 결과나 건강 상태를 획득하는 것을 직접적인 목적으로 하는지 여부이다.

(1) 우선, '대상' 중에서 '신체에서 분리된 샘플'의 검사 방법의 경우, 그 직접적인 목적이 동일 주체의 질병 진단 결과 또는 건강 상태를 획득하는 것이라면 진단 방법에 해당하는 것으로 판단한다. 이는 전술한 바와 같다.

(2) '직접적인 목적'에 관하여, 심사관이 적용하는 구체적인 판단 기준은 다음과 같다.

ㄱ) 만약 방법에 진단의 모든 과정이 포함된 경우, 즉 검측 결과를 분석, 비교하여 진단 결과를 도출하는 과정이 포함되어 있다면, 해당 방법의 직접적인 목적이 질병의 진단 결과나 건강 상태를 획득하는 것이라고 판단한다.

ㄴ) 방법에 구체적인 진단 결과를 포함하지는 않으나, 정상치와 비교, 대조하는 단계를 포함하고 있다면, 해당 방법의 직접적인 목적이 질병의 진단 결과나 건강 상태를 획득하는 것이라고 판단한다.

ㄷ) 검측 방법에 분석, 비교 등을 하는 단계를 언급하지는 않았으나, 만약 그 검측값을 토대로 질병의 진단결과나 건강 상태를 직접적으로 얻어낼 수 있다면, 해당 방법의 직접적인 목적이 질병의 진단 결과나 건강 상태를 획득하는 것이라고 판단한다. 만약

검측값을 토대로 질병의 진단결과나 건강 상태를 직접적으로 얻어낼 수 없다면, 그 검측치 또는 측량치는 중간 결과에 해당하므로, 해당 방법은 질병의 진단방법에 속하지 않는다.

┃ 사례 1 ┃

출원 발명은 대장암 진단에 이용되는 종양 표기물 COX-2의 검측방법으로서, RNA 분해효소 저해제가 있는 상태에서, 채집 후, 액체질소를 이용하여 바로 동결시킨 생물학적 샘플을 균질화하고, 현탁물을 조제하며, 상기 현탁물에서 RNA를 추출하고 추출된 RNA를 역전사하여 cDNA를 획득하고, 상기 cDNA를 증폭하여 증폭된 cDNA를 검측하는 것을 특징으로 한다.

분석: 상기 방법에서 측정하는 것은 종양 표기물 COX-2이고, 이 종양 표기물 COX-2는 대장암 진단에 대해 특이성을 갖는데, 이 측정치에 따라 대장암 환자에 대한 선별 조사가 가능하므로, 상기 방법은 질병의 진단 방법에 해당한다.

┃ 사례 2 ┃

출원 발명은 피검측자 신체의 혈액 체적신호를 검측하는 방법에 대한 것으로서, 피검사자가 두 가지 다른 자세를 취한 상태에서 동맥 혈액 체적신호를 측량하여 두 가지 신호의 비 값에 의해 결정되는 정량을 계산하여 제시한다.

분석: 측정한 혈액 체적신호의 비 값으로는 질병의 진단결과나 건강 상태를 직접적으로 얻어 낼 수 없으므로, 이 혈액 체적신호의 비 값은 중간 결과정보에 해당하여, 출원 발명은 질병의 진단 방법이 아니다.

┃ 사례 3 ┃

출원 발명은 B형 간염 바이러스의 화학발광 정성정량 검측 방법에 대한 것으로서, B형 간염 바이러스 표면항원 화학발광 정성정량 검측 키트를 이용하여 B형 간염 바이러스 표면항원을 검측하고, B형 간염 바이러스 표면항체 화학발광 정성정량 검측 키트를 이용하여 B형 간염 바이러스 표면항체를 검측한 다음, 상기 표면 항원과 표면 항체의 검측 결과를 토대로 혈액의 B형 간염 바이러스 존재 여부를 확정한다.

분석: 출원 발명은 항원 항체 측정을 통해 혈액 내의 B형 간염 바이러스의 존재여부를 검측하는 것이나, 그 검측 결과를 토대로 질병의 진단 결과 또는 건강 상태를 직접적으로 획득할 수 없다. 상기 검측 방법을 통해 피검사자의 혈액에 B형 간염 바이러스의 존재만을 확인할 수 있을 뿐, 피검사자가 B형 간염 감염자인지 여부는 확정할 수 없다. 혈액에 B형 간염이 존재한다는 사실이 해당 혈액의 주체가 B형간염 바이러스 보유자임을 반영하기는 하나, B형 간염 바이러스 보유자는 간기능이 정상인 B형 간염 바이러스 보유자일 수도 있고,

간기능이 훼손된 B형 간염 바이러스 보유자일 수도 있기 때문이다. 간기능이 정상인 B형 간염 바이러스 보유자 중, 일부는 바이러스 검측 결과가 자연적으로 음성으로 바뀌기도 하고, 일부는 평생동안 보유자가 될 수도 있으며, 일부는 간염으로 발전하기도 한다. 혈액의 B형 간염 바이러스의 존재를 토대로 그 주체가 B형 간염의 질환이다거나 또는 B형 간염을 앓을 위험도를 판단할 수가 없기 때문에, 그 직접적인 목적은 진단이 아니며, 출원 발명은 질병의 진단 방법에 해당하지 않는다.

(3) 건강 상태

실무적으로 '건강 상태'는 질환 위험도, 건강 상태, 아건강 상태,[4] 치료 효과 등으로 이해되므로, 질환 위험도 평가방법, 건강 상태(아건강 상태 포함)의 평가방법은 질병의 진단방법에 해당한다.

▌사례 1▐

출원 발명의 주제 명칭은 환자의 암 위험도 측정 방법으로서, 환자의 유전자 조직 샘플을 분리하는 단계; SEQ ID NO:1 서열이 포함하는 유전인자가 존재하거나 표현되는지 여부를 검측하여, 상기 유전인자의 존재 또는 표현을 통해 환자의 암 위험도를 알아내는 단계를 포함한다.
분석: 상기 방법의 직접적인 목적은 해당 샘플의 주체가 암을 앓을 위험도가 있는지 알아보는 것으로서, 동일 주체의 건강 상태를 획득해 내는 것을 직접적인 목적으로 하므로, 상기 방법은 질병의 진단방법에 해당한다.

▌사례 2▐

출원 발명: 선정 측량을 근거로 한 생리지표와 대응되는 건강상황 참고지표를 비교하여 사람의 건강상태를 확정하는 방법
분석: 상기 방법은 인체의 건강상태를 확정하는 방법에 대한 것으로서, 이러한 방법은 동일 주체의 건강상태를 획득하는 것을 직접적인 목적으로 하므로, 질병의 진단방법에 해당한다.

▌사례 3▐

출원 발명: 인체의 전혈 또는 혈청 총 PSA값, 총 PSA 회색영역값 측정 방법에 대한 것으로서, 검측 시험지에 두 줄의 다른 검측수치 검측선을 포함하되, 한 줄은 큰 수치 검측선이

---

4) 원표현은 '亞健康狀況'으로서 건강한 상태와 질병이 있는 상태의 중간 상태를 의미하는 중국어 표현이다. 현대 사회의 스트레스성 질환의 일종이다.

고, 다른 한 줄은 작은 수치 검측선이며, 큰 수치 검측선과 작은 수치 검측선 간의 수치범위로 인체 전혈 또는 혈청 총 PSA의 회색영역값 범위를 측정할 수 있으며, 피검측 샘플의 총 PSA의 농도가 작은 수치 검측선의 검측 문턱값보다 작을 때, 두 줄의 검측선은 모두 색을 띠지 않는데, 이는 피검사자가 전립선암에 걸리지 않았음을 의미하고; 피검측 샘플의 총 PSA의 농도가 작은 수치 검측선의 검측 문턱값보다는 같거나 크고, 큰 수치 검측선의 검측 문턱값보다는 작을 때, 작은 수치 검측선은 색을 띠고 큰 수치 검측선은 색을 띠지 않는데, 이는 샘플의 총 PSA 함량이 회색영역의 범위에 있어 피검사자의 상황을 확정할 수 없으므로, 유리 PSA 및 총 PSA의 비 값을 추가로 측정할 필요가 있음을 의미하며; 피검측 샘플의 총 PSA의 농도가 큰 수치 검측선의 검측 문턱값보다 클 때, 작은 수치 검측선과 큰 수치 검측선이 모두 색을 띠는데, 이는 피검사자가 전립선암에 걸려 검사를 요함을 의미한다.

분석: 상기 방법은 비록 혈액의 PSA 함량값의 검측 방법이지만, 이 방법은 PSA의 함량과 전립선암의 관계를 토대로 하여, 두 줄의 다른 검측선을 통해 전립선암의 유무 가능성 및 전립선암의 다른 상태를 확정하는 것으로서, 검측 방법을 포함하고 있기도 하지만, 검측 정보와 진단 기준(두 줄 검측선의 설정)을 비교하는 단계도 포함하고 있고, 이로써 명확한 질병 진단 결과를 얻을 수 있기 때문에, 상기 방법은 질병의 진단 방법에 해당한다.

(4) 이상(異常)

만약 의학적 검측 방법이 획득한 것이 '이상' 결과인 경우, 이 '이상'이 질병과 관련이 있는지 여부를 판단할 필요가 있다. 이 '이상'이 질병과 직접적 관련이 있는 경우, 상기 방법은 질병의 진단방법에 해당한다. 아래 두 가지 사례는 모두 질병의 진단방법에 해당하는 청구항이다.

┃ 사례 1 ┃

A) 컴퓨터로 유행병 조사표를 작성하는 단계; B) 상기 유행병 조사표에서 자체 검사 정보가 작성 완료되었는지 판단하여, 작성 완료된 경우 단계 C로, 완료되지 않은 경우 단계 E로 이동하는 단계; C) 상기 유행병 조사표에서 자체 검사 정보의 내용이 음성인지 판단하여, 음성인 경우 단계 D로, 그렇지 않은 경우 단계 F로 이동하는 단계; D) 피검사자의 촉진 정보를 입력하고 단계 F로 이동하는 단계; E) 피검사자의 자체 검사 정보와 촉진 정보를 입력하고 단계 F로 이동하는 단계; F) 피검사자 유선의 적외선 이미지 정보를 수집하여 분석하는 단계; G) 피검사자의 유선 검사 보고서를 출력하는 단계;를 포함하는 유선 이상 계산기 보조 검사 방법

┃ 사례 2 ┃

영상의 적어도 하나의 스펙트럼 특성을 분석하는 단계; 및 상기 분석을 토대로 심장 이상

판정을 내리는 단계;를 포함하는 생체 내 심장 이상 확정 방법

(5) 치료 효과 및 약효

질병 치료 효과의 예측 및 평가 방법, 및 동물 실험 후 약물을 이용한 치료의 약효 예측 및 평가 방법은 모두 질병의 진단방법에 해당한다.

▌사례 1▌

종양 조직이 광역학 치료 이전의 광성층 현관 분석 영상을 획득하는 단계; 종양 특성 및 치료 방법을 토대로 종양 조직의 광역학적 치료 이후의 광성층 혈관 분석 영상을 시뮬레이션하는 단계; 종양 조직의 광역학적 치료 이전과 이후의 광성층 혈관 분석 영상을 비교하여 상기 광역학적 치료 방법의 종량 치료 효과를 예측하는 단계;를 포함하는 혈관 영상을 이용하여 종양의 광역학적 치료효과를 예측하는 방법

▌사례 2▌

A) Coriaria nepalensis lactone을 이용하여 약물내성 간질 동물모형을 만드는 단계; 및
B) 상기 약물내성 간질 동물모형을 이용하여 잠재된 항 간질 약물을 평가하는 단계를 포함하는 항 간질 약물 선별 방법
분석: 단계 B)에서 간질 동물에게 후보 약물을 사용하고, 상기 약물의 사용 이후 간질 증상이 개선되었는지 평가하는 단계를 포함하므로, 상기 방법은 질병의 진단방법이자 질병의 치료방법이기도 하다.

(6) 의학 파라미터의 처리 방법

의학 파라미터를 얻기 위한 처리 방법은 질병의 진단방법에 해당하지 않는다. 예를 들어, 혈압 측정값에 대한 처리 방법은 진단 방법의 일종인 혈압 측정법과는 달리 질병의 진단방법에 속하지 않는다.

▌사 례▌

출원 청구항은 혈압치의 교정 방법에 대한 것으로서, 혈압치를 측정한 후, 교정 장치를 이용하여 검측한 압력치와 검측한 혈압치를 비교하고, 상기 혈압치가 오차 허용범위 내인지 판단하여, 만약 오차 허용범위 내가 아닌 경우, 상기 교정장치는 적어도 둘 이상의 학습 압력점 신호를 전자 혈압계에 전송하여 감측 및 저장하고, 이로써 전자 혈압계의 압력 검측 정확성을 높인다.
사안 분석: 상기 방법은 혈압치 교정방법에 대한 것으로서, 상기 방법은 혈압 측정치를 교

정하여 전자 혈압계의 압력 검측의 정확도를 높이는데, 그 직접적인 목적은 진단 결과를 얻기 위한 것이 아니므로 질병의 진단방법에 해당하지 않는다.

(7) 영상 진단방법과 영상 처리방법의 구별

영상 진단방법과 영상 처리방법을 구별하는 기준은, 그 방법의 직접적인 목적이 영상의 조건이 개선된 영상을 얻어 내거나 영상에 처리를 하는 것인지, 아니면 영상을 토대로 진단 분석을 하여 진단 결과를 얻어 내는 것인지를 판단하는 데 있다. 만약 해당 방법이 영상 조건을 개선하거나 영상의 품질을 높이는(노이즈 제거, 이미지의 콘트라스트, 해상도 등의 개선) 것을 직접적인 목적으로 한다면 영상 처리방법에 해당하지만; 만약 해당 방법이 영상을 분석하여 진단 결과를 획득하는 단계도 포함하고 있다면 이는 영상 진단방법에 속한다.

▎사례 1 ▎

출원 발명은 엑스선 CT장치를 이용한 CT영상 처리 방법에 대한 것으로서, 메인 처리장치는 상기 장치의 복수 개의 엑스선 센서가 만들어 내는 여러 개의 영상 데이터 그룹은, 똑같은 엑스선으로부터의 전송 채널로부터 획득한 데이터 그룹으로 나누고, 상기 메인 처리장치는 나뉘어진 그룹의 데이터를 복수 개의 종속 처리장치로 각각 전송하며, 종속 처리장치는 영상 데이터를 만드는 엑스선 센서에 대응되는 수정 데이터를 이용하여 상기 제공된 데이터에 대해 제1 예비처리를 진행한 다음, 종속 처리장치는 제2예비처리 FBP 절차 및 후속 절차를 수행하고, 메인 처리장치는 종속 처리장치가 수행한 상기 절차로부터 획득한 데이터를 이용하여 상기 데이터를 합성하여, 하나의 CT 영상을 만든다.

분석: 상기 영상 처리방법의 목적은 데이터 처리 시간과 CT 영상의 디스플레이 시간을 단축하여, 단시간 내에 CT 영상을 얻을 수 있게 하는 것으로서, 상기 방법의 목적은 영상을 분석하여 진단 결과를 얻어내는 데 있지 않으므로, 질병의 진단방법에 속하지 않는다.

▎사례 2 ▎

출원 발명은 생명체 내의 골 조직 상황을 초음파로 정량 평가하는 방법으로서, 골절 위험을 판단하는 데 적용되는 것이다.

분석: 상기 방법은 생명체를 대상으로 하여, 초음파 영상을 이용하는 방식으로, 획득한 초음파 영상을 분석하여 골절 위험을 평가하는 것이므로, 그 직접적인 목적이 질병의 진단 결과를 얻는데 있으므로, 상기 방법은 질병의 진단방법에 해당한다.

▌사례 3 ▌

환자의 심장 손상 가능성을 검측하는 방법으로서, 상기 방법은 상기 환자에 조영제를 주사하기 전에 제1 심장 영상을 획득하는 단계; 상기 환자에 조영제를 주사한 후에 제2 영상을 획득하는 단계; 상기 제1 심장 영상의 강도와 상기 제2 심장 영상의 강도를 비교하여 심장 손상의 잠재적인 가능성을 확정하는 단계를 포함한다.

분석: 상기 방법은 생명체를 대상으로 하고, 심장 손상 상황을 검측하는 것을 직접적인 목적으로 한다. 이러한 검측은 제1 및 제2 자기공명 영상을 통해 분석하여 얻어지는 것으로서, 영상을 분석하여 심장 손상의 잠재 가능성을 구하는 것이므로, 상기 방법은 질병의 진단방법에 해당한다.

b) 치료방법

치료방법이란, 생명이 있는 인체 또는 동물이 건강을 회복하거나 고통을 감소하도록 병인 또는 병소를 저지, 완화 또는 제거하는 과정을 의미한다. 치료방법에는 치료를 목적으로 하거나 치료 성격을 띠는 각종 방법을 포함하며, 질병의 예방 또는 면역방법은 치료방법으로 간주된다. 치료목적일 수도 있고 비치료목적일 수도 있는 방법에 대해서는, 그 방법이 비치료목적에 이용됨을 명확히 하지 않으면 전리권을 받을 수 없다. 2010년 〈전리심사지침〉에서는 치료방법에 해당되거나 해당되지 않은 예가 이하와 같이 나열되어 있다.

(a) 치료방법에 해당하는 예

외과수술 치료방법, 약물 치료방법, 심리요법; 치료목적의 침술, 마취, 지압, 안마, 국부마찰, 기공, 최면, 약욕, 공기욕, 태양욕, 삼림욕, 간호방법; 치료목적으로 전기, 자기, 소리, 광, 열 등을 이용하여 인체나 동물에 복사 자극하거나 투사하는 방법; 치료목적의 코팅, 냉동, 투열 등의 방식에 의한 치료방법; 질병예방을 위하여 실시하는 각종 면역방법; 외과수술 치료방법 또는 약물 치료방법을 실시하기 위해 적용한 보조 방법(예: 동일 주체로 회귀하는 세포, 조직 또는 기관의 처리 방법, 혈액투석방법, 마취심도 감시방법, 약물 복용방법, 약물 주사방법,[5] 약물 부착방법 등); 치료 목적의 수태, 피임, 정자수 증가, 체외수정, 배태전이 등의 방법; 치료 목적의 성형, 지체연신, 체중감량, 신장 증가 방법; 인체나 동물체의 상처 처리 방법(예: 상처 소독방법), 상처에 붕대를 감는 방법; 치료목적의 기타 방법(예: 인공호흡방법, 산소공급방법)

한편, 약물에 의한 질병치료방법은 전리권을 받을 수 없으나, 약물 자체는 전리권을

---

5) 여기에서의 약물 주사 방법은 외과 수술 치료 또는 약물치료를 위해 적용하는 주사 방법 이외에도, 검측을 위한 약물 주사 방법도 포함한다(예: 환자의 체내에 조영제를 주사하여 얻어내고자 하는 영역의 영상 콘트라스트를 높이는 단계를 포함하는, 자기공명 영상처리 방법).

받을 수 있다.

(b) 치료방법에 해당하지 않는 예

ㄱ) 의지(artificial limb) 또는 의체의 제조방법 및 의지나 의체를 생산하기 위해 실시하는 측정방법은 치료방법에 해당하지 않는다. 예를 들어, 환자의 구강 내에서 의치의 모형을 제작하는 단계와 체외에서 의치를 제작하는 단계를 포함하는 의치 제조 방법은, 그 최종 목적은 치료이지만 그 방법 자체의 목적은 적합한 의치를 제조하는 것이기 때문에, 전리법 제25조 제1항 제(3)호를 근거로 거절하지 않는다.

ㄴ) 비외과수술방식으로 동물체에 처리함으로써 동물의 성장특성을 변화시키는 목축업 생산방법(예: 양에게 소정의 전자기 자극을 가하여 성장을 촉진하고 양고기의 품질을 향상시키거나 양털 생산량을 높이는 방법)은 전리법 제25조 제1항 제(3)호의 치료방법에 해당하지 않는다.

ㄷ) 동물 도축방법

ㄹ) 이미 사망한 인체나 동물에 대한 처리방법(예: 해부, 유체정리, 시체방부처리, 표본제작방법)

ㅁ) 질병 상태가 아닌 사람이나 동물을 편안, 유쾌하게 하는 방법 또는 잠수, 방독 등 특별한 상황에서 산소, 음양이온, 수분을 공급하는 방법

ㅂ) 인체 또는 동물체 외부(피부나 모발, 다만 상처와 감염 부위는 불포함)의 세균, 바이러스, 이, 벼룩을 소멸하는 방법.

(c) 외과수술방법

외과수술방법은 기기를 이용하여 살아 있는 인체나 동물에 실시하는 절개, 절단, 봉합, 문신 등의 외상성 또는 개입성 치료나 처리 방법을 의미하며, 이러한 외과수술방법은 전리권을 받을 수 없다. 개입성 치료란 신체에 외상을 만들지 않는 방법으로서, 예를 들어 인체의 식도로부터 위내시경을 삽입하는 단계, 후경을 인후에 삽입하는 단계, 외부 고정 교정장치를 이용하여 치아 배열을 가지런히 교정하는 단계 등이 개입성 외과수술방법에 해당한다.

사망한 인체나 동물체에 실시하는 절개, 절단, 봉합, 문신 등의 처리 방법은 전리법 제5조 제1항에 위배되지 않으면 전리권을 받을 수 있다.

외과수술방법은 치료목적과 비치료목적으로 나뉘는데, 치료목적의 외과수술방법은 치료방법에 해당하여 전리법 제25조 제1항 제(3)호 규정에 의해 전리권을 받을 수 없고, 비치료목적의 외과수술방법은 실용성(산업상 이용가능성) 결여로 등록받을 수 없다.

┃ 사 례 ┃

출원 발명은 발열 화학반응을 이용한 종양 열치료 방법으로서, 열반응을 하는 화학반응물질을 극미 외과 주사방식으로 종양의 표적영역에 주입하고, 상기 주입된 화학반응물질은 종양의 표적영역 내에서 화학반응을 일으켜, 열량을 방출시켜, 방출된 열량이 종양의 표적영역의 종양 세포를 가열하여 제거하는 단계 … 등을 포함하였다.

분석: 첫째, 상기 방법은 생명체에 화학반응물질을 주사하는 과정을 포함하는데, 이는 개입성 치료로서 외과 수술 방법에 속한다. 둘째, 상기 방법의 목적은 화학반응물질을 이용하여 종양 표적영역 내에서 화학반응을 일으켜 종양 세포를 제거하는 것인데, 이는 치료를 목적으로 하는 것이다. 따라서 상기 방법은 치료 목적의 외과수술방법으로서 질병의 치료방법에 해당한다.

(d) 미용 방법

단순한 미용방법, 즉 인체와 무관하거나 상처를 내지 않는 미용방법으로서 피부, 모발, 손톱, 치아 외부 등과 같이 사람이 볼 수 있는 부위의 일부에 실시하는 비치료목적의 체취 제거, 보호, 장식 또는 손질 방법은 치료방법 속하지 않는다.

다만 주의할 점으로, 미용 방법이라고 하더라도 치료 목적이거나 치료 효과를 내고, 이러한 치료 목적 또는 치료 효과가 미용 효과와 구분되지 않는 경우에는 치료 방법에 속한다. 또한 미용 방법에 치료 효과는 없으나 외과 수술 처리 단계를 포함하는 경우라면 비치료 목적의 외과수술방법에 해당하여 전리법 제22조 제4항 규정의 실용성이 결여된 발명으로 처리된다.

┃ 사례 1 ┃

출원 발명: 치아의 플러그를 제거하는 방법

분석: 상기 방법은 치아의 외관을 개선하는 미용효과가 있으나, 치아 플러그균을 제거함으로써 충치와 치주질환을 예방하는 치료 효과도 불가피하게 존재한다. 상기 방법의 치료효과와 미용효과는 구분하기 어려우며, 따라서 치료 방법에 속한다.

┃ 사례 2 ┃

출원 발명은 흉터를 남지기 않는 눈썹문신 제거 방법으로서, 눈썹 부위의 일부를 마취하고, 레이저 메스를 눈썹 문신 부위에 조준하여, 피부결 방향으로 눈썹 문신을 제거하는 것을 특징으로 한다.

분석: 상기 방법은 인체 눈썹 부위의 피부 일부를 마취하고 레이저 메스로 눈썹 문신 부위의 피부에 대해 처리하는 단계를 포함하므로, 비치료 목적의 외과수술 방법에 속하나, 전

리법 제22조 제4항 규정의 실용성이 부정된다.

▌사례 3▐

출원 발명은 햇볕에 의한 그을림을 방지하는 미용 방법에 대한 것으로서, 상기 방법은 물리적 자외선 차단제를 이용하여 광선을 차단하거나 발산시킨다.

분석: 상기 방법은 피부색을 아름답게 하기 위한 목적으로서 치료 목적이 아니고, 외상성 또는 개입성 치료나 처리 방법을 포함하지 않으므로, 단순한 미용 방법이고 치료 방법에 해당하지 않는다.

---

4) 동물 및 식물의 품종

동물 및 식물의 품종은 전리권을 받을 수 없고, 전리법 이외의 다른 법률로 보호받는다. 예를 들어 새로운 식물품종은 〈식물신품종보호조례〉로 보호될 수 있다. 전리법 제25조 제2항에 따르면 동물 및 식물의 품종에 대한 생산방법은 전리권을 받을 수 있다고 규정하고 있으나, 여기에서의 생산방법은 '비생물학적 방법'을 의미하며, 동물이나 식물의 생산이 '생물학적 방법'으로 이루어지는 경우는 해당되지 않는다. '생물학적 방법'의 해당 여부는 인간 기술의 개입 정도에 달려 있다. 기술 개입으로 인해 방법 발명이 달성하고자 하는 목적이나 효과에 주요한 작용 또는 결정적 작용을 하는 경우라면, '생물학적 방법'에 해당하지 않는다. 예를 들어, 복조 사육법을 적용하여 우유 생산량이 높은 젖소를 생산하는 방법, 사육 방법을 개량하여 살코기형 돼지를 생산하는 방법 등은 전리권을 받을 수 있는 객체이다.

생물 재료 자체가 전리권 수여 대상인지 여부에 관해 네 가지 상황을 고려할 필요가 있다. 첫째, 미생물(세균, 진균, 바이러스 등)은 동물 및 식물 모두에 속하지 않아, 전리권 수여 대상에서 제외되지 않는다. 다만, 어떠한 기술적 처리를 거치지 않은 자연계에 존재하는 미생물 자체는 전리권을 받을 수 없다. 하지만 미생물을 분리하여 순수 배양물을 만들어 특정 공업 용도를 구비하게 되었고, 규정에 따라 생물 재료를 보존한 경우에는 전리권의 보호 객체가 될 수 있다. 둘째, 유전인자(사람의 유전자 포함) 및 DNA 단편의 경우, 최초로 자연계로부터 분리하였거나 추출해 낸 유전인자 또는 DNA 단편으로서, 그 염기서열이 종래기술에 공개된 바 없으며, 그 특징이 확실히 표현 가능하며 산업상 가치가 있는 경우라면, 그 유전인자나 DNA 단편 자체 및 그 획득 방법은 전리권 보호 객체가 될 수 있다. 셋째, 유전자 변형 동물 또는 식물은 즉 유전자 공정을 거친 DNA 재조합 기술 등 생물학적 방법으로 얻어 낸 동물이나 식물을 의미한다. 이들 자체는 여전히 동물 또는 식물 품종에 해당하므로 전리권 수여 대상이 아니다. 넷째, 생명 공학 관련 발명의 상업적 개발이 사회 공중도덕에 반하거나 공공의 이익을 해하는 경우(예를 들어, 인간 생식계통의 유전 동일성을 변화시키는 방법 또는 생식계통의 유전 동일성이 변화된 인간, 복제 인간 또는 인간의 복제 방법, 공업 또는 상업적 목적의 인간 태아의 이용 등), 전리법 제5조 규정에 의해 전리권을 받을 수 없다.[6]

5) 원자핵 변환방법 및 그 방법을 이용하여 획득한 물질

a) 원자핵 변환방법

원자핵 변환방법은 하나 이상의 원자핵이 분열하거나 융합하여 하나 이상의 새로운 원자핵을 형성하는 과정을 의미한다. 예를 들어, 핵융합반응을 완성하는 마그네틱미러트랩법, 크로우즈트랩법 및 핵분열을 실현하는 방법 등은 전리권을 받을 수 없다. 그러나 원자핵 변환을 위해 입자의 에너지를 증가시키는 입자가속방법(예를 들어, 전자진행파 가속법, 전자정상파 가속법, 전자 충돌법, 전자순환 가속법 등)은 원자핵 변환방법이 아니므로 전리권을 받을 수 있는 객체에 해당한다. 또한 핵변환방법을 실현하기 위한 각종 설비, 장치 및 그 부속품은 전리권을 받을 수 있다.

b) 원자핵 변환방법으로 획득한 물질

원자핵 변환방법으로 획득한 물질은, 가속기, 반응로 및 기타 핵반응 장치를 이용하여 생산한 각종 방사성 동위원소를 의미하며, 이러한 동위원소는 전리권을 받을 수 없다. 그러나 이러한 동위원소의 용도 및 사용되는 기기, 장치는 전리권을 받을 수 있다.

‖ 제2장 신규성 ‖

1. 서 언

1) 전리법 규정

전리법 제22조 제2항에서는 "신규성이란 발명이나 고안이 종래기술에 속하지 않으면서, 또한 발명이나 고안이 어떠한 단위나 개인에 의해 출원일 이전에 국무원전리행정부문에 출원하고 출원일 이후에 공개된 출원서류 또는 출원일 이후에 공개된 전리서류에 기재되지 않은 것을 의미한다"라고 규정하고 있다. 동조 제2항 후단에 한국 특허

---

6) 吴观乐, 专利代理实务, 第3版, 知识产权出版社, 2015, 123쪽.

법의 확대된 선원 규정에 대응되는 규정을 신규성 개념에 전체적으로 포함시켜 규정하고 있다는 점이 독특하다. 물론 신규성과 확대된 선원 모두 동일성 판단 방식으로 심사가 이루어진다는 공통점은 있으나, 세부적인 적용 요건은 다소 차이가 있다는 점에 유의할 필요가 있다.

2) 종래기술

전리법 제22조 제5항에서는 "이 법에서의 종래기술이란 출원일 이전에 국내외에서 공중에게 알려진 기술을 의미한다"라고 규정한다. 2008년 개정 전 전리법에서는 출판물 공지에 대해서만 국내외주의를 채택하고, 공지 및 공연실시에 대해서는 국내주의를 적용하였다가, 개정 전리법에서 모든 공개 방식에 대해 국내외주의로 변경하였다.

종래기술은 반드시 공개된 기술이어야 하는데, 여기에서 '공개'란 해당 기술이 일반 공중이 획득할 수 있는 상태를 의미하며, 일반 공중이 이로부터 실질적인 기술 내용을 지득할 수 있는 상태를 포함한다. 기밀 상태의 기술 내용은 종래기술에 해당하지 않는데, 기밀 상태란 비밀 유지 규정이나 계약의 구속을 받는 경우뿐만 아니라, 사회 관념이나 상업 관행상 마땅히 비밀유지 의무가 있는 경우(즉, 묵시적 합의)도 포함된다. 그러나 만약 비밀 유지 의무 있는 자가 규정이나 계약, 묵시적 합의를 어기고 기술을 공개하여 일반 공중이 지득할 수 있게 되었다면 이는 종래기술을 구성한다.

'일반 공중이 지득할 수 있는 상태'란 공중이 알고자 하면 바로 알 수 있는 상태로서, 일반 공중이 실제로 지득한 상태여야 하는 것은 아니다. 공중에 공개된 상태가 객관적으로 존재하기만 하면 해당 기술이 공개된 것으로 인정되는 것이고, 얼마나 많은 사람이 실제 해당 기술을 이해하였는지 여부는 중요하지 않으며, 아직 아무도 해당 기술을 이해하지 못하였더라도 마찬가지이다.

종래기술의 공개 방식에 대해 2010년 전리심사지침에서는 출원일 (우선권을 수반하는 경우에는 우선일) 이전에, ⅰ) 출판물에 의한 공개, ⅱ) 공연 실시에 의한 공개 및 ⅲ) 기타 방식에 의한 공개라는 3가지 방식을 언급하고 있다.

(1) 전리법상의 출판물은 기술이나 설계 내용이 기재된 독립적인 전달 매체를 의미하며, 그 발표 또는 출판된 시점을 명시하거나 다른 증거로 그 공개 시점을 입증해야 한다. 출판물에는 전리 문헌, 과학기술 잡지, 과학기술 서적, 학술 논문, 전문 서적, 교과서, 매뉴얼, 공개된 회의기록이나 기술 보고서, 신문, 물품 견본, 카탈로그, 공고 선전 자료 등 각종 인쇄물이거나, 마이크로필름, 영화, 사진 원판, 비디오 테이프, 마그네틱 테이프, 레코드판, CD-ROM 등의 전기, 광 마그네틱, 사진 등으로 만들어진 시청자료가 있고, 그 외 인터넷이나 기타 온라인 데이터베이스 중의 자료와 같은 기타 다른 형식으로 존재하는 자료들도 포함된다.

출판물은 지리적 위치, 언어 또는 획득 방식의 제한을 받지 않으며, 출판물의 발행량, 열람 여부, 출원인의 인지 여부와도 무관하다.

'내부 자료', '내부 발행'과 같은 문구가 찍힌 출판물은 특정 범위 내에서만 발행되고 비밀유지가 요구되는 것이 확실한 경우 공개된 출판물에 해당하지 않는다.

출판물의 인쇄일은 공개일로 인정되나, 다른 증거로써 그 공개일을 입증할 수 있는 경우는 예외이다. 인쇄일이 연, 월 또는 연도만으로 기재된 경우 그 기재된 월의 마지막 날짜 또는 기재된 연도의 12월 31일을 공개일로 간주한다.

심사관이 출판물의 공개일자가 명확하지 않다고 판단한 경우, 그 출판물의 제출인에게 증명 서류를 제출할 것을 요구할 수 있다.

(2) 공연 실시에 의한 공개

사용으로 인해 기술방안이 공개되었거나 공중이 알 수 있는 상태가 된 경우를 의미한다. 공연 실시에 의한 공개 방식은 제조, 사용, 판매, 수입, 교환, 증여, 시범, 전시 등의 방식을 포함한다. 이러한 방식들을 통해 일반 공중이 알 수 있는 상태에 있게 되면 족하고, 실제 공중이 그 기술 내용을 알게 되었는지는 불문한다. 다만, 해당 기술 내용에 대해 어떠한 설명도 없어, 당업자가 그 구성, 기능 또는 재료 성분을 알 수 없는 전시는 공연 실시에 의한 공개에 해당하지 않는다.

만약 공연 실시의 대상이 물건인 경우, 그 물건이 파괴되어야만 그 구성과 기능을 알 수 있게 된다고 하더라도 공개에 해당된다. 그 외, 전시대나 진열장에 전시되어 공중이 열람 가능한 포스터, 그림, 사진, 카탈로그, 견본품 등과 같은 정보자료와 시청각 자료도 공연 실시에 의한 공개에 포함된다.

공연 실시에 의한 공개는 일반 공중이 그 물건이나 방법을 획득할 수 있는 날을 공개일로 간주한다.

(3) 기타 방식에 의한 공개

그 외 공중이 알 수 있는 기타 방식에는 구술 공개가 있다. 예를 들어, 대화, 보고, 토론회에서의 발언, 방송, 텔레비전, 영화 등을 통해 공중이 기술 내용을 알 수 있는 방식을 의미한다. 대화, 보고, 토론회에서의 발언은 그 발생일을 공개일로 간주하고, 공중이 수신 가능한 방송, 텔레비전 또는 영화는 방송일을 공개일로 간주한다.

2. 종래 기술 선정 등에 관한 심사 실무 규정

1) 실질심사 과정에서 인용문헌으로 사용되는 종래기술의 범위

종래 기술에 대해 전술한 바와 같이 세 가지 종류로 구분하지만, 실질심사를 거치는 과정에서 심사관은 출판물로 공개된 종래기술만 고려하고, 공연실시나 기타 방식에 의해 공개된 종래기술은 검색할 필요가 없는 것으로 되어 있다. 나아가, 출판물에 대해서도 정규 출판물만을 토대로 심사를 진행하고, 비정규 출판물은 고려하지 않는다.

정규 출판물에는 전리 문헌; 국제표준서적번호(ISBN)나 국제표준간행물번호(ISSN) 또는 중국 내에서 통일된 간행물번호를 가진 서적이나 간행물류의 출판물; 국가, 업계 또는 지방의 주관부문에서 발표한 표준; 및 공중이 열람 가능한 온라인 데이터베이스 방식으로 정기적으로 출판되어 공개되는 온라인 전자간행물 등이 포함된다. 비정규 출판물에는 비정규 방식으로 인쇄되어 출판, 발행경로로 배포되는 도면집, 제품 카탈로그, 제품 샘플, 회의논문 등이 포함된다. 출원이 공개된 이후 누구든지 의견을 제출할 수 있는데(전리법 제48조), 만약 일반 공중으로부터 비정규 출판물을 첨부한 증거로 의견이 제출되었다면 심사관은 이를 채택하지 않고 보류해 둔다. 한편, 온라인 데이터베이스를 검색하여 획득한 전리형식의 전리 문헌, 도서류의 간행물 및 표준은 온라인 전자간행물로 분류되지 않는다.

2) 종래기술 공개 시점 인정

(1) 서적이나 간행물류의 출판물

서적이나 간행물류의 출판물은 인쇄일을 공개일로 간주하나, 인쇄일이 없이 출판일만 명시된 경우에는 출판일을 공개일로 간주한다. 하나의 판이 여러 차례 인쇄되었거나 여러 판이 여러 차례 인쇄된 경우에는 일반적으로 실제 인쇄 회차의 인쇄일을 공개일로 보지만, 증거를 통해 실제 공개일을 입증하면 실제 공개일을 기준으로 한다.

예를 들어, 서적 A의 판권 페이지에 '1996년 10월 제1판, 1998년 6월 제2차 인쇄'라고 기재되어 있다면, 이 서적의 공개일은 1998년 6월 30일로 인정되는 것이 원칙이다. 그러나 만약 1996년 10월 제1차 발행된 이후 수정된 내용이 없었다거나 또는 심사관이 인용한 부분의 내용에 수정이 없었음을 증거로서 입증하였다면 1996년 10월 31일이 공개일로 인정된다.

다른 예로, 서적 B의 판권 페이지에 '1998년 10월 제3판, 1999년 6월 제2차 인쇄'라고 기재되었다면, 이 서적의 공개일은 1999년 6월 30일로 인정되는 것이 원칙이다. 그러나 만약 1996년 4월에 제1판 제1차 인쇄가 이루어지고 이후 수정된 내용이 없었다거나 또는 심사관이 인용한 부분의 내용에 수정이 없었음을 증거로서 입증하였다면 1996년 4월 30일이 공개일로 인정된다.

(2) 온라인 전자 간행물

정기 간행물이 인쇄판과 전자판이 모두 있는 경우, 가장 앞선 공개일이 공개일이 된다. 일반적으로, 온라인 전자 간행물의 업데이트 날짜 또는 출판일이 공개일로 간주되며, 현지 시간을 기준으로 하고 시차는 고려하지 않는다.

학위논문의 경우, 그 제출일을 공개일로 하는 것이 아니라, 중국 우수석사논문 전자정기간행 사이트(www.cmfd.cnki.net) 또는 중국 박사학위논문 전자정기간행 사이트(www.cdfd.cnki.net)의 "年期"에서 표시하는 출판일을 공개일로 한다. 만약 날짜가 일정한 기간으로 표시된 경우, 최후 날짜가 실제 공개일이 된다. 예를 들어, 중국 우수석사논문 전자정기간행 사이트에서 논문 A를 검색하였는데, 그 "年期"에서 출판일을 2017년 6월 16일~7월 15일로 표시한 경우, 해당 석사논문의 공개일은 2017년 7월 15일로 정해진다.

(3) PCT 국제검색보고서에 기재된 비전리문헌

PCT 국제검색보고서에 기재된 비전리문헌의 경우, 만약 문헌 자체적으로 그 공개일을 확정할 수 없다면 국제검색보고서에 기재된 공개일자를 공개일로 한다. 다만 증거로서 실제 공개일이 입증되면 실제 공개일을 기준으로 한다.

3) 종래기술의 공개 내용의 인정

(1) 도면이 공개하는 내용

종래 기술에 도면이 존재하고 그 도면이 표현하는 내용에 대응되는 문자적 설명이 없다고 하여 이를 고려 대상에서 제외하지는 않는다. 이 경우 도면으로부터 직접적이고 아무런 의심 없이 확정할 수 있는 기술 내용은 인용문헌이 공개하는 내용이 될 수 있다.

도면에서의 특정 부분에 대해 만약 인용문헌에 특별한 설명이 되어 있지 않았다면 해당 기술 영역에서의 통상적인 의미로 이해한다. 해당 기술 영역에서의 통상적인 의미는, 일반적으로 기술 사전, 기술 매뉴얼, 교과서, 국가 표준, 업계 표준 등의 문헌에 기재된 의미를 통해 이해될 수 있다.

동일한 비율로 도면이 제작되지 않았다고 의심할 만한 이유가 없는 한, 같은 도면에는 동일한 비율로 도면이 작성된 것으로 인정된다. 이러한 도면에 대해 만약 당업자가 도면이 도시하는 부분 간의 상대적 위치, 상대적 크기 등 정성적 관계를 확정할 수 있는 경우라면, 이러한 정성적 관계는 도면으로부터 직접적이고도 아무런 의심 없이 확정할 수 있는 기술 특징에 해당한다. 도면을 측정하여 얻어지는 구체적 치수 등의 정량적 관계는 도면으로부터 직접적이고도 아무런 의심 없이 확정할 수 있는 기술 특징이 아니다.

예시 아래 도 3-1과 도 3-2에서, 11b는 렌즈 지지부이고, 11c는 주입부이다.

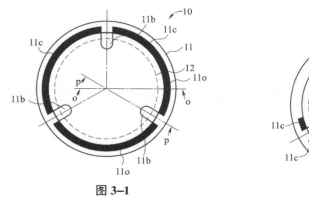

图 3-1

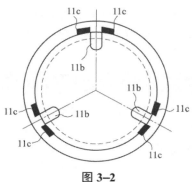

图 3-2

위 도 3-1로부터 "원주방향상에서, 주입부(11c)의 치수는 지지부(11b)보다 크다"는
점을 직접적이고도 아무런 의심 없이 확정할 수 있다. 따라서 "주입부가 원주방향상에
서 연장되는 거리는 렌즈 지지부의 원주방향상에서의 폭보다 크다"는 기술특징을 도
3-1로부터 도출해 낼 수 있다. 반면에, 도 3-2에서의 주입부(11c)와 지지부(11b)는 원주
방향상의 수치는 매우 비슷하여, 도 3-2로부터는 "원주방향상에서, 주입부(11c)의 치수
는 지지부(11b)보다 크다"는 점을 직접적이고도 아무런 의심 없이 확정할 수가 없다.
따라서 "주입부가 원주방향상에서 연장되는 거리는 렌즈 지지부의 원주방향상에서의
폭보다 크다"는 기술특징은 도 3-2가 공개하는 내용이 될 수 없다.

(2) 암시적으로 표현되었으나 직접적이고도 아무런 의심 없이 확정 가능한 기술 내용

인용문헌으로 발명의 신규성을 판단할 때, 인용문헌이 공개하는 기술 내용을 기준
으로 한다. 이 기술 내용은 명확하게 기재되어 있는 경우와, 암시적으로 표현되었지만
당업자가 직접적이고 아무런 의심 없이 확정할 수 있는 경우가 있다.

예를 들어, 인용문헌에서 샤프트 가공 방법을 공개하면서 샤프트에 탄소혼합 및 담
금질 처리를 거치는 내용을 포함하고 있었다면, 비록 인용문헌에 "샤프트의 표면 경도
가 코어부보다 크다"는 특징이 명확하게 기재되어 있지 않았더라도, 샤프트에 탄소혼
합 및 담금질 처리를 거친 샤프트의 표면 경도가 코어부보다 클 것임은 당업자의 입장
에서 직접적으로 유추할 수 있으므로, 상기 특징은 암시적이지만 직접적이고도 아무런
의심 없이 확정 가능한 기술 내용에 해당한다.

a) 고유한 특징

인용문헌에 명확하게 기재되지는 않은 기술특징이지만, 만약 당업자의 입장에서 해
당 기술특징이 출원일 이전에 이미 알려진 고유한 부품이거나 속성 또는 고유한 단계
라면 해당 부품, 속성 또는 단계는 고유한 특징으로서, 종래기술에 암시적으로 표현되

었으나 직접적이고도 아무런 의심 없이 확정 가능한 기술 내용에 해당한다. 다만, 출원일 이전에 당업자에게 숙지되지 않은 고유한 특징은 암시적이지만 직접적이고도 아무런 의심 없이 확정 가능한 기술 내용에 속하지 않는다.

▌사례 1 ▌

인용문헌에 자동차가 기재되어 있었으나, 앤진과 에어백은 명확히 기재되지 않은 사안에서, 앤진은 자동차가 반드시 구비해야 하는 부품으로서 자동차의 고유한 특징에 해당하므로, 암시적이지만 직접적이고도 아무런 의심 없이 확정 가능한 기술 내용에 속한다. 그러나 에어백은 자동차가 반드시 구비해야 하는 부품이 아니므로 자동차의 고유한 특징에 속하지 않으므로, 암시적이지만 직접적이고도 아무런 의심 없이 확정 가능한 기술 내용이 아니다. 자동차에 애어백을 설치할 수 있다는 사실은 자동차 분야의 공지상식일 뿐이다.

▌사례 2 ▌

인용문헌에서 온실과 대기압 환경에서 에탄올을 주입하는 내용이 기재된 사안에서, 온실 및 대기압 환경에서 에탄올이 액체 상태임은 당업자에게 공지된 에탄올의 고유한 속성이므로, "주입되는 에탄올은 액체상태이다"라는 특징은 암시적이지만 직접적이고도 아무런 의심 없이 확정 가능한 기술 내용에 해당한다.

---

b) 인용문헌이 또 다른 인용문헌을 인용하는 경우

인용문헌에 명확히 기재된 어떤 기술 내용이 다른 인용문헌을 인용하였고, 그 인용된 다른 인용문헌이 인용문헌의 공개일보다 앞선다면, 그 다른 인용문헌에서의 대응되는 내용은 암시적이지만 직접적이고도 아무런 의심 없이 확정 가능한 기술 내용에 해당한다.

▌사 례 ▌

인용문헌 1에 화합물 C와 D를 반응시켜 화합물 E를 만드는 방법이 기재되었고, 또한 화합물 C는 인용문헌 2에 기재된 방법에 따라 제조된다는 사실이 명확히 기재되어 있었다. 인용문헌 2에 A와 B를 반응시켜 화합물 C를 제조하는 내용이 기재되어 있다면, A와 B를 반응시켜 화합물 C를 제조하는 것은 인용문헌 1에 암시적으로 표현되었지만 직접적이고도 아무런 의심 없이 확정 가능한 기술 내용에 해당한다.

---

c) 종래기술에서 사용된 기술용어의 이해

인용문헌에서 어떠한 특정 기술용어에 대해 특별한 설명이 없는 경우, 해당 기술영역에서의 통상적인 의미로 이해되고, 이 해당 기술영역에서의 통상적인 의미는 인용문헌에서 암시적이지만 직접적이고도 아무런 의심 없이 확정 가능한 기술 내용에 해당한다. 일반적으로, 기술 사전, 기술 매뉴얼, 교과서, 국가 표준, 업계 표준 등의 문헌에 기재된 관련 내용을 통해 해당 기술영역에서의 통상적인 의미를 이해한다.

예를 들어, 인용문헌은 온라인 스펙트럼 검측 방법에 대한 것이었고, 색분산 시스템에 아미치 직시 프리즘을 사용한다고 기재되어 있었다. 화학공업출판사가 출판한 〈화학화공대사전〉에는 "아미치 직시 프리즘"에 대해 설명이 되어 있었다. 이러한 경우, 만약 인용문헌에서 아미치 직시 프리즘에 대해 특별한 설명이 되어 있지 않고, 〈화학화공대사전〉이 출원일 이전에 출판한 것이라면, 이 사전에 기재된 아미치 직시 프리즘에 대한 설명은 인용문헌에서 암시적이지만 직접적이고도 아무런 의심 없이 확정 가능한 기술 내용에 해당한다.

(3) 종래기술에서 병렬 선택되는 기술방안

인용문헌에서 기술방안을 구성하는 하나 이상의 기술특징에 대해 복수의 선택사항을 제시하는 경우, 각 선택에 의한 조합이 인용문헌이 공개하는 기술방안으로 인정될 수 있는지는, 상황에 따라 달리 판단된다.

a) 하나의 기술특징에 여러 선택사항이 존재하는 경우

인용문헌에 기재된 기술방안 중에 하나의 기술특징만이 복수의 선택사항이 존재하는 경우라면, 이 인용문헌은 각종 선택사항과 그 외 기술특징이 함께 구성되어 이루어지는 복수의 구체적 기술방안을 공개하는 것으로 인정된다.

예를 들어, 인용문헌에 A, B 및 C로 구성된 조합물 ABC에서, C는 c1, c2 또는 c3 중 하나라고 기재하였다면, ABc1, ABc2 및 ABc3가 각각 이 인용문헌이 공개하는 구체적 기술방안을 구성한다.

b) 여러 기술특징에 복수의 선택사항이 존재하는 경우

인용문헌에 기재된 기술방안 중에서 여러 개의 기술특징에 여러 개의 선택사항이 존재하는 경우, 해당 기술영역에 따라 분석이 이루어진다.

먼저 기계, 전기학과 같이 기술적 효과에 대한 예견 가능성이 비교적 높은 기술영역인 경우, 이 인용문헌은 각 기술특징의 각 선택사항과 다른 기술특징이 함께 구성되어 이루어지는 복수의 구체적 기술방안을 공개하는 것으로 인정된다. 예를 들어, 인용문헌이 탁상과 상기 탁상을 지지하는 탁상다리를 포함하는 탁자를 공개하면서, 탁상은 원형, 방형 또는 3각형일 수 있고, 탁상다리는 3개, 4개 또는 6개일 수 있다고 기재되었다. 이 경우, 이 인용문헌은 탁상다리가 3개인 원형, 방형 또는 3각형 탁자, 탁상다리가 4개인 원형, 방형 또는 3각형 탁자 및 탁상다리가 6개인 원형, 방형 또는 3각형 탁자를 공개하는 것으로 인정된다.

그러나 화학, 생물 등의 분야와 같이 기술적 효과에 대한 예견 가능성이 비교적 낮은 기술영역인 경우, 각 기술특징의 각 선택사항과 다른 기술특징이 함께 구성되어 이루어지는 복수의 구체적 기술방안을 공개하는 것으로 인정될 수 없는 것이 원칙이다. 예를 들어, 인용문헌에서 아래 화학식(I)과 같은 화합물을 공개하였다.

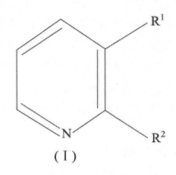

（ I ）

여기에서, R'=COOH, NH$_2$, …, 페닐기이고, R^2=Cl, SO$_3$H, CH$_3$, …CH$_2$CH$_2$CH$_3$일 때, 명세서에 명확히 기재하는 R'과 R^{2}의 구체적 조합으로 이루어지는 화합물 이외에, R'과 R^{2}의 다른 조합으로 이루어지는 화합물은 인용문헌이 공개하는 구체적인 기술방안으로 인정될 수 없다.

(4) 기타 상황

a) 출원 명세서의 배경기술란에 기재된 내용이 종래기술로 활용될 수 있는지 여부

출원 명세서의 배경기술란에 기재된 내용이 반드시 종래기술로 인정되는 것은 아니다. 실질 심사 과정에서 심사관은 출원 명세서의 배경기술란에 기재된 내용을 직접 인용하여 해당 출원의 진리성을 평가할 수 없다. 다만, 해당 기술 내용에 구체적인 인증문헌이나 출처가 있는 경우는 예외이다.

b) 종래기술에 모순되는 내용이 있는 경우

종래기술에 기재된 정보에 서로 모순이 있는 경우로서, 문자와 문자 간의 모순, 문자와 도면 간의 모순, 도면과 도면 간의 모순, 요약과 본문 간의 모순이 있을 수 있다. 이러한 모순되는 내용에 대해 당업자의 입장에서 전체적으로 분석하여 판단하게 된다. 명백한 오기가 존재하는 경우에는 정정된 표현을 기준으로, 유일하고도 합리적으로 해석할 수 있는 경우에는 합리적인 해석으로 확정된 내용을 기준으로 한다.

요약을 포함하는 인용문헌에서, 요약은 개괄, 제시하는 작용을 하는 데 불과하므로 요약과 본문에 모순이 있는 경우 본문을 기준으로 하는 것이 원칙이다. 다만, 예외는 있다(Derwent 데이터베이스에서의 전리문헌 요약).

3. 확대된 선원(저촉출원)

전리법 제22조 제2항 후단에서는 "발명이나 고안이 어떠한 단위나 개인에 의해 출원일 이전(출원일 불포함)에 국무원전리행정부문에 출원되고 출원일 이후(출원일 포함)에 공개된 출원서류 또는 출원일 이후에 공개된 전리서류에 기재되지 않을 것"을 요건으로 규정하는데, 이는 한국 특허법의 확대된 선원 규정에 대응되며, 중국 실무에서는 확대된 선원의 지위를 갖는 출원을 '저촉 출원'이라고 한다.

저촉출원의 구성 요건으로서 다음 세 가지를 갖추어야 한다.

1) 중국 국가지식산권국, 즉 중국 전리국에 출원될 것(홍콩, 마카오, 대만 출원은 저촉출원에서 제외됨).
2) 당해 출원일(우선권을 수반한 경우 우선일) 이전에 출원되고(당해 출원과 동일한 날짜에 출원된 것은 저촉출원 대상에서 제외), 당해 출원일 또는 당해 출원일 이후에 공개될 것.
3) 저촉 출원에 당해 출원과 동일한 발명이나 고안의 내용을 기재하고 있을 것.

위 세가지 요건을 모두 만족하여야 저촉출원으로 인정되며, 어느 하나라도 부합하지 않으면 저촉출원이 될 수 없어 당해 출원의 신규성(즉, 확대된 선원)을 부정할 수 없다.

신규성 심사와 마찬가지로 저촉출원 명세서 전체(도면 포함)와 당해 출원 청구항 간의 동일성 판단 방식에 따라 심사한다. 또한 중국 국내단계에 진입한 PCT 출원도 저촉출원에 포함된다. 즉, 당해 출원일 이전에 출원되고, 당해 출원일 이전에 국제 공개된 적이 없으며, 당해 출원일 또는 당해 출원일 이후에 국내 단계에서 중국 전리국에 의해 중국어로 공개되거나 공고된 동일한 발명이나 고안의 국제출원도 포함된다.

한국 특허법에서의 확대된 선원 규정과 비교하여 주의할 점은, 중국 전리법에서는 저촉 출원인과 당해 출원인이 동일한 경우에도 저촉 출원의 대상이 될 수 있다는 것이다.[7] 중국의 2008년 개정 전리법 시행 이전에는 "발명이나 고안이 타인에 의해 출원일 이전에 국무원전리행정부문에 출원되고…"라고 규정하여, 당해 출원과 저촉출원의 출원인이 동일한 경우에는 저촉 출원의 대상이 될 수 없다고 규정하고 있었다. 그러나 "'타인'에 의한 출원"이 2008년 개정 전리법에서 "'어떠한 단위나 개인'에 의한 출원"으로 수정되면서, 출원인이 동일한 경우라도 저촉출원의 대상이 되는 것으로 바뀌었

---

7) 한국 특허법 제29조 제4항 단서에서는 "그 특허출원의 발명자와 실용신안등록출원의 고안자가 같거나 그 특허출원을 출원한 때의 출원인과 실용신안등록출원의 출원인이 같은 경우에는" 확대된 선원 규정의 적용 대상에서 제외하는 것으로 규정하여, 발명자 동일 또는 출원인 동일인 경우에는 확대된 선원 규정의 적용 대상이 아니다.

다.[8] 중국 전리법상 규정은 없으나, 발명자가 동일한 경우에도 역시 저촉출원의 대상에서 배제되지 않는다.

4. 신규성의 심사

1) 심사 원칙

a) 단독 대비

신규성을 판단할 때 특허출원 또는 실용신안출원의 각 청구항을 각 종래기술 또는 저촉출원의 발명 또는 고안의 기술내용과 단독으로 비교해야 하며, 여러 개의 종래기술 또는 저촉출원의 내용을 조합하거나 여러 개의 기술방안을 조합하여 비교해서는 안 된다. 즉, 신규성 판단 시에는 단독대비의 원칙을 적용해야 하며, 이는 진보성 판단과 다른 것이다.

b) 동일한 발명 또는 고안

출원 발명 또는 출원 고안이 종래기술 또는 저촉출원의 내용과 비교하여, 기술 분야, 해결하고자 하는 기술적 과제, 기술 방안 및 예측되는 효과가 실질적으로 동일하면, 양자를 동일한 발명 또는 고안으로 판단한다.

2) 심사 기준

a) 동일 내용의 발명 또는 고안

발명 또는 고안의 내용이 동일하다는 것은 전리법상의 동일을 의미한다. 하나의 종래기술 또는 인용문헌에 개시된 하나의 기술 내용이 출원 발명 또는 출원 고안의 하나의 청구항의 모든 기술특징을 포함하고 있다면, 종래기술이나 인용문헌에 개시된 하나의 기술방안에 출원 전리의 청구항에 기재되지 않은 기술특징을 더 포함하고 있는지 여부에 상관 없이 양자는 동일한 발명이나 고안에 해당한다. 단, 폐쇄형 청구항으로 기재된 경우는 예외이다.

또한 여기에서의 동일이란 실질적 동일을 의미한다. 예를 들어, 양자의 차이가 문자적 표현상의 간단한 변화에 불과한 경우라면 양자의 기술 내용이 실질적 동일하다고 볼 수 있다. 또한 인용문헌으로부터 직접적이고 아무런 의심 없이 확정될 수 있는 기술

---

8) 이렇게 되면, 중국에서 청구항에 발명 A를, 상세한 설명에 발명 A, B를 기재하여 출원한 후, 상기 출원이 공개되기 전 동일 출원인이 발명 B를 청구항에 기재하여 신규 출원할 수 있는 길이 막히게 된다. 중국에서는 이 경우 신규 출원이 아닌 분할 출원의 방식으로 발명 B를 권리화할 수밖에 없다.

내용을 포함하는 경우에도 실질적 동일성이 인정된다.

b) 하위 개념과 상위 개념

출원 발명 또는 고안에서 상위 개념을 사용하고, 인용문헌에서 하위 개념을 사용하여 동일한 성질의 기술특징을 한정한 것에만 차이가 있는 경우, 출원 발명 또는 고안은 신규성이 없다. 반대로 상위 개념의 공지는 하위 개념으로 한정한 발명 또는 고안의 신규성을 부정할 수 없다.

c) 관용수단의 직접 치환

출원 발명 또는 고안이 인용문헌과 비교하여 해당 기술분야에 있어 관용수단의 직접 치환에 불과하다면 그 발명 또는 고안은 신규성이 없다. 예를 들어, 인용참증에는 스크류를 사용하여 고정하는 장치를 공개하였는데, 출원 발명 또는 고안은 스크류 고정방식을 볼트 고정방식으로 변경했을 뿐이라면 그 발명 또는 고안은 신규성이 없다.[9]

d) 수치 및 수치범위

청구항의 기술방안과 인용문헌 간의 차이가 연속적으로 변화하는 수치범위의 한정에만 있고, 인용문헌에서 청구항의 수치범위 중 일부 구체적인 수치를 공개하였거나, 청구항의 수치범위보다 좁은 수치범위이거나, 공통된 경계점이나 부분적으로 중복된 수치범위를 공개하고 있다면, 출원 발명이나 고안은 신규성이 없다.

반대로 출원 발명이나 고안에서 한정한 수치범위가 인용문헌이 공개하는 수치범위보다 좁고, 인용문헌이 공개한 수치범위와 공통되는 경계점이 없는 경우 출원 발명이나 고안의 신규성을 부정할 수 없다. 또한 출원 발명이나 고안의 수치는 이산 수치이고 인용문헌이 공개한 수치는 연속된 수치범위인 경우에, 만약 인용문헌이 공개한 수치범위의 양단 수치가 출원 발명이나 고안에서의 이산 수치와 일치하면 그 일치된 수치에 대해서는 신규성이 부정되나, 그 양단 수치 사이의 임의의 이산 수치에 대해서는 신규성이 부정되지 않는다.[10]

---

9) 2010년 전리심사지침 제2부 제3장 3.2.3절. 한편, 관용수단의 직접 치환에 관하여 審査操作規程・实质審查分册, 第三章 3.1절에서는 "출원 발명과 저촉출원 간의 차이가 관용수단의 직접 치환에 불과한 경우 신규성 기준으로 판단하고, 출원 발명과 종래기술 간의 차이가 관용수단의 직접 치환에 불과한 경우에는 진보성 기준으로 판단한다."고 기재되어 있다.

10) 2010년 전리심사지침에 제시된 예에 따르면, 출원 청구항은 이산화티탄 광촉매의 제조 방법에 있어서 그 건조 온도가 40℃, 58℃, 75℃ 또는 100℃이고, 인용문헌에서 건조 온도가 40℃~100℃라고 개시한 경우, 건조 온도 40℃와 100℃에 대해서는 신규성이 부정되나, 58℃와 75℃에 대해서는 신규성이 부정되지 않는다.

e) 기능, 파라미터, 용도 또는 제조방법 등의 특징을 포함하는 물건 청구항[11]

ㄱ) 기능, 파라미터 특징을 포함하는 물건 청구항

청구항에 기재된 기능이나 파라미터 특징에 의해 청구하는 물건의 어떤 특정 구조 또는 조성이 드러나는지 고려해야 한다. 만약 청구하는 물건이 그 기능이나 파라미터에 의해 인용문헌의 물건과 다른 구조 또는 조성을 갖추게 되었다면 해당 청구항은 신규성이 있다. 반대로, 그 기능이나 파라미터를 통해서도 당업자가 청구항의 물건과 인용문헌의 물건을 구별할 수 없다면 양자는 서로 동일하다고 추정되어, 해당 청구항의 신규성이 부정될 수 있다. 그러나 출원인이 명세서나 종래 기술을 통해 기능이나 파라미터 특징을 포함하는 청구항의 물건이 인용문헌의 물건과 구조 또는 조성이 동일하지 않음을 입증할 수 있으면 신규성이 인정된다. 예를 들어, 출원 청구항은 X회절 데이터 등 여러 파라미터로 표현되는 결정형태의 화합물 A인데 인용문헌에서도 결정형태의 화합물 A를 개시하는 경우, 만약 인용문헌의 내용에 의해 양자의 결정형태를 구분해 낼 수 없다면, 양자는 동일한 것으로 추정될 수 있어 출원 청구항은 신규성이 없다. 다만, 출원인이 명세서나 종래기술로 청구항의 물건과 인용문헌의 물건이 결정형에 있어서 확실히 다름을 입증할 수 있으면 신규성이 인정된다.

ㄴ) 용도특징을 포함하는 물건 청구항

청구항에서의 용도 특징에 의해 청구하는 물건의 어떤 특정 구조 또는 조성을 드러내는지 고려해야 한다. 만약 물건 자체의 고유한 특징에 의해 용도가 결정되고, 용도 특징이 물건의 구조 또는 조성 면에서 변화를 일으킴을 보여 주지 않으면 해당 청구항은 신규성이 없다. 예를 들어, 항바이러스용 화합물 X는 인용문헌의 촉매용 화합물 X와 비교하여, X의 용도는 변화되었으나 그 본질적 특성을 결정하는 화학구조식은 어떠한 변화도 발생하지 않았으므로 항바이러스용 화합물 X는 신규성이 없다.

반대로 그 용도에 의해 물건이 특정된 구조 또는 조성을 갖추고 있음을 보여 준다면, 다시 말해 용도가 물건의 구조 또는 조성이 변화됨을 보여준다면, 그 용도는 물건의 구조 또는 조성을 한정하는 특징으로 고려된다. 예를 들어, 기중기용 갈고리는 기중기에만 적용되는 크기와 강도 등의 구성을 가진 갈고리인데, 이는 동일한 형상을 갖는 일반 낚시용 갈고리와 비교하여 구조가 서로 달라 양자는 서로 다른 물건이다.

ㄷ) 제조방법의 특징을 포함하는 물건 청구항

그 제조방법에 의해 물건이 어떠한 특정 구조 또는 조성을 갖게 되는지 고려해야 한다. 당업자의 입장에서 그 제조방법에 의해 물건이 인용문헌의 물건과 다른 구조 또는 조성을 갖게 되는 것으로 결론 내릴 수 있다면 해당 청구항은 신규성이 있다. 예를 들

---

11) 2010년 전리심사지침 제2부 제3장 3.2.5절.

어, 출원 발명은 방법 X로 제조된 유리잔인데 인용문헌에 방법 Y로 제조된 유리잔이 개시된 경우, 만약 두 제조방법으로 제조된 유리잔의 구조, 형상 및 구성재료가 동일하면 해당 청구항은 신규성이 없다.

반대로 제조방법은 다르지만 물건의 구조 및 조성이 인용참증의 물건과 동일하면 신규성이 없다. 다만, 출원인이 명세서와 종래기술을 통해 그 제조방법에 의해 물건의 구조 또는 조성이 인용참증의 물건과 다르게 된다거나, 그 제조방법이 물건에 인용참증의 물건과는 다른 성능을 부여하여 그 구조 또는 조성에 변화가 발생했음을 입증할 수 있다면 신규성이 인정된다. 예를 들어, 상기 제조방법 X가 인용문헌에 기재되지 않은 특정 온도에서 열처리하는 공정을 포함하여 유리잔의 내열성에 현저한 개선이 이루어졌다면, 다른 제조방법으로 인해 미시적 구조에 변화가 생겨 인용문헌의 물건과 다른 내부구조를 갖게 되므로 해당 청구항은 신규성이 있다.

기능, 파라미터, 용도 또는 제조방법 등의 특징을 포함하는 물건 청구항에 대한 신규성 판단 방식은 결국 기능, 파라미터, 용도 또는 제조방법에 의해 청구항의 물건이 인용문헌의 물건과 비교하여 구조 또는 조성에 차이가 발생하는지 여부에 달려 있다. 기능, 파라미터, 용도 또는 제조방법 등의 특징에 의해 인용문헌의 물건과 다른 구조 또는 조성을 갖게 되면 신규성이 인정되고, 그렇지 않으면 신규성이 부정된다. 이에 대한 구체적인 사례를 더 검토해 본다.

(1) 신규성이 인정되는 사례

성능, 파라미터, 용도 또는 제조 방법 등의 특징으로 인해 청구항의 물건이 인용문헌의 물건에 비해 구조 또는 조성에 있어서 확실히 차이가 나게 된다면, 청구항은 신규성이 있다.

| 사례 1 |

청구항: 공간군은 P-1, 단위격자 파라미터는 a=6.020(2)Å, b=11.155(4)Å, c=20.833(8)Å, α=93.798(6)°, β=97.458(6)°, γ=102.897(6)°이고, 단위격자 체적은 1345.5Å³인, 9-[2-[[[디(트리메틸아세톡실)메틸]포스포로소]메톡시-에틸]아데닌 결정체

인용문헌: 공간군은 Cc, 단위격자 파라미터는 a=13.087(5)Å, b=24.698(8)Å, c=8.319(2)Å, α=90.00(2)°, β=100.68(3)°, γ=90.00(3)°이고, Z=4, 단위격자 체적은 2637.6Å³인, 9-[2-[[[디(트리메틸아세톡실)메틸]포스포로소]메톡시-에틸]아데닌 결정체

분석: 청구항과 인용문헌 모두 9-[2-[[[디(트리메틸아세톡실)메틸]포스포로소]메톡시-에틸]아데닌 결정체에 관한 것이다. 비록 양자의 조성 원소가 동일하나 공간군, 단위격자 파라미터 및 단위격자 체적과 같은 결정체 파라미터는 양자가 다른 공간적 구조를 띠고 있음을 보여준다. 조성 원소가 동일하고 공간 구조가 다른 물질은 다른 물질이므로, 청구항은 인

용문헌에 대해 신규성이 있다.

▌사례 2 ▌

청구항: 클럭 펄스 신호가 0일 때 트리거 상태를 유지하고, 클럭 펄스 신호가 1일 때 트리거 상태를 변화시키는, 트리거

인용문헌: 클럭 펄스 신호가 0에서 1로 변하는 시점에 트리거 상태를 변화시키는, 트리거

분석: 양자 모두 트리거에 관한 것이지만, 청구항의 트리거는 클럭 신호가 1일 때 변화가 생기고, 클럭 신호가 1을 유지한 채 변화가 없는 경우에도 트리거는 변화하는 반면에, 인용문헌의 트리거는 0에서 1로 변하는 순간에만 변화하여, 클럭 신호에 특정 변화가 생겨야만 트리거 상태가 변한다. 트리거 상태의 변화 방식에 있어서, 청구항의 트리거는 R-S 트리거이고, 인용문헌은 에지 트리거일 수 있으므로, 양자는 서로 다른 구조를 갖고, 청구항은 신규성이 있다.

(2) 신규성이 부정되는 사례

성능, 파라미터, 용도 또는 제조 방법 등의 특징으로 인해 청구항의 물건이 인용문헌의 물건과 구조 또는 조성에 있어서 차이가 나지 않는다면, 청구항은 신규성이 없다.

▌사례 1 ▌

청구항 제1항: 큰 치수의 기본 재료를 준비하는 단계; 기본 재료의 상면에 장식층을 부착하여 장식판 반가공 재료를 획득하는 단계; 상기 장식판 반가공 재료를 절단하여 필요한 수치로 만드는 단계;를 포함하는 장식판 제조 방법

청구항 제2항: 제1항의 방법으로 제조된 장식판

인용문헌: 필요한 수치의 기본 재료에 장식층을 부착하여 제조되는 장식판

분석: 청구항 제2항의 장식판은 제1항의 제조 방법으로 한정된 장식판으로서, 그 구조로서 기본 재료 및 이 기본 재료에 부착되는 장식층을 포함한다. 그 방법적 특징"에 있어서 "큰 치수의 기본 재료를 준비하는 단계"와 "장식판 반가공 재료를 절단하여 필요한 수치로 만드는 단계"는 생산 효율을 높이기 위해 채택한 수단에 불과하여, 인용문헌과 비교하면 최종적인 장식판의 구조에는 차이가 없다. 따라서 청구항 제2항의 장식판은 인용문헌에 의해 공개된 것으로서, 신규성이 없다.

▌사례 2 ▌

청구항: 팩틴으로부터 생산된 분자량이 5000인 다당

인용문헌의 내용: 펙틴으로부터 제조된 다당은 공개하였으나, 분자량에 대한 기재는 없음.

다만 그 제조 방법과 출원 명세서에 기재된 다당의 제조 방법이 동일함.

분석: 청구항은 펙틴으로부터 생산된 분자량이 5000인 다당에 대한 것이고, 명세서의 기재에 따르면 그 다당은 방법 A로 생산된다. 인용문헌에도 펙틴으로부터 제조된 다당이 공개되었고 생산 방법 A를 공개하였다. 이를 볼 때, 두 제조 방법의 원료, 단계 및 공정 조건이 완전 동일함을 알 수 있다. 비록 인용문헌에서는 다당의 분자량을 기재하지는 않았으나, 동일한 원료와 동일한 방법으로 제조한 물건은 필연적으로 같을 수밖에 없다. 따라서 인용문헌에서 공개하는 다당의 분자량이 5000임을 확정할 수 있으므로, 청구항의 다당은 인용문헌에 의해 공개된 것으로서 신규성이 없다.

(3) 신규성이 없는 것으로 추정되는 사례

기능, 파라미터, 용도 또는 제조방법으로 인해 인용문헌의 물건과 다른 구조 또는 조성을 갖게 되는지 여부를 판단하기 어려운 경우에, 심사관은 신규성이 없는 것으로 '추정'한다.[12]

▍사례 1 ▍

청구항: 두께가 6.0~10.0μm이고, 90℃에서 1시간 열처리된 열수축률이 0.8%보다 크지 않은 것을 특징으로 하는 폴리에스테르 필름

인용문헌: 두께가 8μm이고, 150℃에서 1시간 열처리된 열수축율이 1.4%보다 크지 않은 것을 특징으로 하는 폴리에스테르 필름

분석: 인용문헌도 폴리에스테르 필름에 관한 것이고, 그 두께도 청구항에서 한정한 범위 내에 속한다. 열수축률을 측정하는 온도가 다르지만 이를 비교할 수 없다. 통상적으로 폴리에스테르 필름의 측정 온도가 낮을수록 열수축률이 낮아진다. 따라서 이 경우 심사관은 90℃에서 측정된 인용문헌의 필름의 열수축률이 청구항에서 한정하는 범위 내에 들어가는 것으로 추정해 버린다. 결국 청구항에서의 폴리에스테르 필름과 인용문헌의 필름이 서로 동일한 것으로 '추정'되어 신규성이 부정된다.

▍사례 2 ▍

청구항: 자기헤드를 전송하는 디스크용 자기헤드 전송 트레이로서, 상기 자기헤드는 팔모양 부재와 리드를 구비하고, 상기 팔모양 부재 전단의 자기헤드 작업공간에 설치되며, 상기 리드는 상기 자기헤드 작업공간과 연결되고, 상기 트레이는 전도성 열가소성 수지 조합물로 제조되고, 상기 트레이를 500ml 수용액에 담궈 40kHz 초음파로 60초 진동시켰을 때 상기 트레이로부터 떨어져 나온 입자의 직경이 1μm 이상인 미세 입자수가 5000pcs/cm² 이하인, 디스크용 자기헤드 전송 트레이

12) 审查操作规程・实质审查分册, 第三章 3.2.3절.

> 인용문헌: 자기헤드를 전송하는 디스크용 자기헤드 전송 트레이로서, 상기 자기헤드는 팔
> 모양 부재와 리드를 구비하고, 상기 팔모양 부재 전단의 자기헤드 작업공간에 설치되며,
> 상기 리드는 상기 자기헤드 작업공간과 연결되고, 상기 트레이는 전도성 열가소성 수지 조
> 합물로 제조되는, 디스크용 자기헤드 전송 트레이
>
> 분석: 출원 발명 및 인용문헌 모두 디스크용 자기헤드 전송 트레이에 관한 것으로서, 청구
> 항과 인용문헌의 트레이 모두 동일한 구조와 조성 및 재료가 동일하다. 청구항에서는 트레
> 이를 일정 조건에서 진동시켰을 때 미립자가 떨어져 나오는 수량을 더 한정하였으나, 본
> 출원 및 인용문헌의 기재내용을 토대로 볼 때 청구항과 인용문헌의 트레이가 다른 구조나
> 조성을 가진다고 인정할 수 없어, 양자가 서로 동일한 구조와 조성을 갖는 것으로 '추정'되
> 어 청구항의 신규성이 부정된다.

(4) 신규성이 없는 것으로 '추정'된 경우의 처리 방법

이렇게 신규성이 없는 것으로 '추정'되어 거절이유통지서가 발급된 상황에서, 출원
인이 이에 대응하여 제출한 의견서 또는 출원 발명의 물건이 인용문헌의 물건과 구조
또는 조성에 차이가 있음을 입증하는 증거를 제출하면, 심사관은 다음 경우에 한해 출
원인의 의견을 받아들인다.

1) 본 출원 명세서에, 청구항에서의 물건과 인용문헌에서의 물건이 구조, 조성 또는
물리 화학적 성질이 서로 다름을 입증하는 명확한 기재가 있는 경우

2) 인용문헌에, 청구항에서의 물건과 인용문헌에서의 물건이 구조, 조성 또는 물리
화학적 성질이 서로 다름을 입증하는 명확한 기재가 있는 경우

3) 인용문헌 이외의 증거로, 청구항에서의 물건과 인용문헌에서의 물건이 구조, 조
성 또는 물리 화학적 성질이 서로 다르다는 사실이 입증되는 경우. 단, 이 증거는 증명
대상이 되는 물건과 직접적인 연관성이 있어야 함.

예를 들어, 위 예에서, 출원인이 출원된 측정방법, 인용문헌에서의 측정방법 또는 그
외 다른 측정 방법을 이용하여 대비 실험을 수행하여, 동일한 특정 방법에 따라 획득한
실험 데이터를 제공하여 두 물건이 서로 다르다는 것을 입증한 경우, 만약 측정된 파라
미터가 열수축률이면 심사관은 양자가 서로 다르다는 출원인의 의견을 받아들이고; 만
약 측정된 것이 그 외 다른 파라미터이면 출원인의 의견을 받아들이지 않는다.

5. 신규성을 상실하지 않은 공개

전리법 제24조에서는 "출원된 발명창조가 출원일 이전 6개월 내에 (1) 중국정부가
주관하거나 승인한 국제전시회에서 최초로 전시한 경우 (2) 규정된 학술회의나 기술회

의에서 최초로 발표한 경우 (3) 타인이 출원인의 동의 없이 그 내용을 누설한 경우에 해당하는 경우 신규성을 상실하지 않는다."고 규정한다.[13] 즉, 위 세 가지 경우는 해당 출원의 종래기술의 범위에서 배제되며, 6개월의 기간을 신규성을 상실하지 않은 공개 기간 또는 특혜기간이라고 칭한다.

전리법 제24조에서 규정한 세 가지 사유가 발생한 이후에 출원인이 재차 발명창조를 공개한 경우, 그 공개가 세 가지 사유에 해당하지 않으면 해당 출원은 재공개로 인해 신규성을 상실한다. 재공개가 세 가지 사유 중 어느 하나에 해당되면 신규성을 상실하지는 않으나, 특혜기간 6개월은 최초 공개일부터 기산한다.

이하 각 사유들에 대해 구체적으로 검토한다.[14]

(1) 중국정부가 주관하거나 승인한 국제전시회에서 최초로 전시한 경우

'중국정부가 주관하는 국제전시회'에는 국무원, 각부 위원회가 주관하거나 국무원이 비준한 다른 기관이나 지방정부가 주관하는 국제전시회가 포함된다.[15] 국제전시회란, 전시회에 출품된 전시품에 주관국이 생산한 물건뿐만 아니라 외국에서 생산한 물건도 존재하는 것을 의미한다. 그러나 중국에 등록된 외자기업이 생산한 물건은 외국에서 생산한 물건으로 인정되지 않는다.

본 사유를 주장하고자 하는 경우 출원 시에 출원서에서 이를 선언하고, 출원일로부터 2개월 내에 증명자료를 제출해야 한다. 여기에서의 증명자료는 박람회의 주최 단위가 발행해야 한다. 증명자료에는 박람회가 개최된 일자, 장소, 박람회 명칭 및 해당 발명이 전시된 일자, 형식 및 내용을 정확하게 기재한 후 관인을 날인해야 한다.

논의해 볼 만한 사항으로, 외국 정부가 주관한 국제전시회 중에서 어떠한 것이 '중국

---

13) 제(1)호와 제(2)호는 자의에 의한 공개, 제(3)호는 타의에 의한 공개가 이루어진 경우이다. 그러나 한국 특허법 제30조와 비교하면 자의에 의한 공개가 이루어진 경우 본 규정에 의해 보호받을 가능성이 매우 적다. 따라서 중국으로의 출원을 염두에 두고 있다면, 출원 전 학술회의 등에서 논문을 발표하거나 박람회 등에 출품하기 전에 중국 출원을 먼저 진행할 필요가 있다.

14) 본 사유를 적용받기 위한 일반적인 절차에 대해서는 전리법 실시세칙 제30조에서 규정한다:

전리법실시세칙 제30조 제3항: 전리 출원한 발명창조가 전리법 제24조 제1호 또는 제2호 사유에 해당하는 경우, 출원인은 전리 출원시에 이를 선언해야 한다. 또한 출원일로부터 2개월 내에 관련 국제전시회 또는 학술회의, 기술회의의 주관 단위가 발급한, 관련 발명창조가 전시되거나 발표되었다는 사실 및 전시되거나 발표된 일자를 입증하는 증명서류를 제출해야 한다.

전리법실시세칙 제30조 제4항: 전리 출원한 발명창조가 전리법 제24조 제3호 사유에 해당하는 경우, 국무원전리행정부문은 필요하다고 판단되면 출원인에게 지정한 기간 내에 증명 서류의 제출을 요구할 수 있다.

전리법실시세칙 제30조 제5항: 출원인이 전리법실시세칙 제30조 제3항 규정에 따른 선언 및 증명서류를 제출하지 않거나, 동조 제4항의 규정에 따라 지정한 기간 내에 증명서류를 제출하지 않은 경우, 해당 출원에 대해 전리법 제24조 규정을 적용하지 않는다.

15) 吴观乐, 专利代理实务, 第3版, 知识产权出版社, 2015, 175쪽.

정부가 승인한 국제전시회'로 인정될 수 있는지가 문제된다. 2008년 전리법 시행 이전에는 공연실시에 대해 국내주의를 채택하고 있었기 때문에, 외국에서 사용, 판매, 전시 등을 하는 행위로 공지된 발명창조는 당해 출원의 종래기술이 될 수 없었다. 따라서 이 문제가 그리 중요하게 다루어질 필요가 없었으나, 2008년 개정 전리법에서 공연실시 및 기타 방식에 의한 공지에 대해 국제주의로 수정하면서 이 문제는 피할 수 없는 사항이 되었다. 이 문제를 해결하기 위해 2010년 개정된 전리법실시세칙에서 제30조 제1항을 신설하여, '중국정부가 승인한 국제전시회'란, 〈국제전시회 공약〉이 규정한, 국제전시국에 등록 또는 국제전시국이 인정한 국제 전시회를 의미함을 분명히 하였다. 그러나 국제전시국에 등록되거나 국제전시국이 인정한 국제 전시회는 매우 적기 때문에, 본 조의 '중국 정부가 승인한 국제전시회'의 범위는 상당히 제한될 수밖에 없다.[16]

논의할 만한 또 다른 사항으로, 본 규정의 적용 범위를 전시품의 실물, 사진, 그림 등을 '전시'하는 행위에만 한정할 것인지, 아니면 전시회에서 전시품을 소개하는 서면 자료를 배포하거나 전시품을 판매하는 행위도 포함할 것인지 문제된다. 이에 대해, 전시회에서는 전시 행위뿐만 아니라 자료 배포, 사업 상담, 계약 체결, 전시품 판매 등의 행위가 수반되는 것이 일반적이라는 점, 본 규정의 적용을 전시행위 자체에만 한정하면 본 규정의 취지가 상당부분 몰각된다는 점을 고려하여, 본 규정을 '중국 정부가 주관하거나 승인한 국제전시회에서 전시품에 관한 모든 공개행위에 대해 본 규정을 적용해야 한다는 견해가 있다.[17] 물론 이 견해에 따르더라도 배포 자료나 사업 논의가 전시된 제품과 무관하다면 역시 신규성이 상실된다.

(2) 규정된 학술회의나 기술회의에서 최초로 발표한 경우

전리법실시세칙 제30조 제2항에서는 전리법 제24조 제2호의 학술회의 또는 기술회의란, 국무원 관련 주관부서 또는 전국 규모의 학술단체조직이 개최한 학술회의 또는 기술회의를 의미한다고 규정하였다. 이 규정에 따르면 본 규정의 적용을 받는 학술회의나 기술회의는 중국이 주관한 학술회의 및 기술회의로 한정되고, 외국에서 개최한 회의는 적용되지 않는다. 이 점이 전리법 제24조 제1호와 다르다. 즉 본 호는 '중국정부가 승인한' 학술회의 또는 기술회의라고 규정하지 않았기 때문에, 외국에서 개최한 회의에 대해서는 본 규정이 적용될 여지가 없다.

또한 중국에서 주관한 모든 학술회의나 기술회의에서 공개한 발명창조가 본 규정에 적용되는 것이 아니라, 국무원 관련 주관부서 또는 전국 규모의 학술단체가 주관하는 회의에서 한 발표에 한정되어 적용된다. 성급 이하 또는 국무원 각부 위원회나 전국 규모의 학술단체의 위탁을 받거나 또는 그 명의로 조직하여 개최한 학술회의 또는 기술

---

16) 尹新天, 中国专利法详解, 知识产权出版社, 2011, 318~319쪽.
17) 尹新天, 中国专利法详解, 知识产权出版社, 2011, 322쪽.

회의는 이에 포함되지 않는다. 예를 들어, 모 대학에서 개최한 학술회의는 본 규정이 적용되는 회의의 범위에 속하지 않는다. 다만, 이러한 회의 자체에 보안 유지 약정이 있는 경우라거나, 내부 기술 토론회와 같은 보안이 유지되어야 하는 학술회의나 기술 회의라면, 출원인이 회의에서 최초로 발표한 행위에 의해 신규성이 부정되지 않을 수 있다.

학술회의나 기술회의에서 이루어진 '발표'는, 구두 방식으로 발명창조를 소개하는 것만 포함하는지, 아니면 발명창조를 소개하는 서면 자료를 제공하는 행위도 포함하는 지 문제된다. 이에 대해 본 규정은 학술회의나 기술회의에서 이루어진 최초의 발표 행위에 한정되어 적용되며, 만약 출판물이나 인터넷에 연구 내용을 발표하였다면 본 규정의 적용을 받을 수 없다는 견해와,[18] 학술회의나 기술회의는 보통 학술 교류의 효율을 위해 구두 보고나 강연과 함께 서면자료가 수반되는 것이 일반적임을 고려하여 본 규정의 '발표'에 구두 보고와 서면 자료를 모두 포함해야 한다는 견해[19]가 있다.

본 사유를 주장하고자 하는 경우 출원시에 출원서에서 이를 선언하고, 출원일로부터 2개월 내에 증명자료를 제출해야 한다. 여기에서의 증명자료는 회의 소집일자, 장소, 회의의명칭 및 해당 발명이 발표된 날짜, 형식 및 내용을 정확하게 기재하여 관인을 날인해야 한다.

(3) 타인이 출원인의 동의 없이 그 내용을 누설한 경우

타인이 출원인의 동의 없이 그 내용을 누설한 경우란, 타인이 명시 또는 묵시적 비밀 유지 약속을 준수하지 않고 발명의 내용을 공개한 경우 및 타인이 위협, 기망, 스파이 활동 등으로 발명자나 출원일로부터 발명의 내용을 획득하여 공개한 경우를 포함한다.

본 규정의 '출원인'이란 전리를 출원할 권리가 있는 단위나 개인이고, '타인'이란 출원인이 아닌 다른 단위나 개인을 의미한다. 다만, 출원인이 단위인 경우, 해당 발명창조를 한 발명자나 설계자와 같이 그 단위의 직원도 '타인'이 될 수 있다. '그 내용'이란 발명창조의 내용을 의미하고, 발명창조는 발명, 고안 및 디자인을 모두 포함하는 개념이다. '누설'이란 해당 발명창조를 공중이 알 수 있는 상태에 두는 것을 의미하고, 만약 타인이 그 지득한 발명창조의 내용을 다른 사람에게 전달함에 그치는 것이라면, 이는 공중이 알 수 있는 상태에 두는 것으로 볼 수 없어 신규성에 영향이 없으므로 본 규정 적용 여부를 고려할 필요가 없다.

본 규정이 적용되기 위해서 첫째, 타인이 공개한 발명창조는 출원인 측으로부터 직간접적으로 지득한 것이어야 한다. 만약 타인이 공개한 발명창조가 스스로 개발한 것이라면 이는 출원인과 무관한 것이고, 만약 그 외 제3자가 개발한 것을 지득한 것이라

---

18) 吴观乐, 专利代理实务, 第3版, 知识产权出版社, 2015, 176쪽.
19) 尹新天, 中国专利法详解, 知识产权出版社, 2011, 323쪽.

면 그 제3자가 문제를 제기해야 할 일이지 역시 출원인과는 무관하다. 타인이 직간접적으로 출원인으로부터 발명창조의 내용을 지득한 경로는 합법적일 수도 있고 불법적일 수도 있다. 출원인이 발명창조를 완성한 후 이를 실시하고자 타인의 도움을 받고자하는 과정에서 타인이 발명창조의 내용을 합법적으로 지득하게 되는 경우가 있을 수있다. 불법적인 경우에는 발명자나 디자인설계자가 회사의 비밀유지 규정을 어기고공개하는 경우와 같이 타인이 명시적, 묵시적 합의를 어기고 발명창조의 내용을 공개하는 경우 및 위협, 기망 또는 스파이 활동을 통해 발명자나 출원인 측으로부터 발명창조의 내용을 지득하여 공개하는 경우 등이 포함될 것이다.

둘째, 타인의 공개 행위는 출원인의 의사에 반하여 이루어진 것이어야 한다. 이를 입증하기 위해 출원인은 사전에 누설을 방지할 만한 필요한 조치를 취할 필요가 있다. 예를 들어, 타인이 합법적으로 발명창조의 내용을 지득하게 된 경우 출원인은 서면이나구두 형식으로 비밀유지 요청을 명시한다거나, 타인이 지득한 시점에 묵시적으로 타인에게 비밀유지 의무가 있음을 인식시키도록 할 필요가 있다. 한편, 타인이 불법적으로지득한 경우에는 발명창조의 공개 자체가 출원인의 의사에 반한 행위임은 자명하다.

출원인이 출원일 전에 본 사유가 발생한 사실을 알고 있었다면 출원 시에 출원서에이를 선언하고 출원일로부터 2개월 내에 증명자료를 제출해야 하고, 출원일 후에 알게된 경우에는 이를 알게 된 날로부터 2개월 내에 본 사유 적용을 요구하는 선언서와 함께 증명자료를 제출해야 한다. 심사관은 필요에 따라 출원인에게 지정한 기간 내에 증명자료를 제출하라고 요구할 수 있다. 증명자료에는 누설 일자, 누설 방식, 누설 내용이 기재되어, 증인의 서명이나 날인이 있어야 한다. 출원인이 본 사유의 적용을 주장했으나 전술한 규정에 부합하지 않은 경우, 심사관은 출원인이 본 사유의 적용 주장을 하지 않은 것으로 간주하고 이를 출원인에게 통지한다.

‖ 제3장 진보성 ‖

1. 발명의 진보성에 대한 개념

전리법 제22조 제3항에 따르면, 진보성이란, 종래 기술에 비하여 발명이 특출한 실질적 특징과 현저한 진보가 있거나, 고안이 실질적 특징과 진보가 있음을 의미한다.

‘종래기술’은 전리법 제22조 제5항이 정의한 종래기술을 의미하며 그 구체적인 내용에 대해서는 신규성 부분을 참고하기 바란다.

'특출한 실질적 특징'이란 발명이 종래기술에 비해 당업자의 입장에서 자명하지 않은 특징을 의미한다. 만약 당업자가 종래기술을 토대로 논리적인 분석, 추리 또는 한정된 시험을 거쳐 획득 가능한 것에 불과하면, 그 발명은 자명한 것으로서 특출한 실질적 특징을 갖추지 못한 것이다.

'현저한 진보'란, 발명이 종래기술에 비해 유익한 기술적 효과를 낼 수 있음을 의미한다. 예를 들어, 종래기술에 존재하는 문제점을 극복했거나, 일정한 기술적 과제를 해결하기 위해 다른 발상의 기술방안을 제시하였거나, 일정한 새로운 기술발전의 추이를 대표하는 경우이다.

진보성 구비 여부는 해당 기술분야의 기술자(당업자)의 지식과 능력을 기준으로 판단한다. '해당 기술분야의 기술자'는, 가상의 '사람'으로서, 출원일 또는 우선일의 시점에서, 해당 기술분야의 모든 일반기술지식을 알고 있으며, 그 분야의 모든 종래기술을 구할 수 있으며, 일반 실험수단을 이용하는 능력을 갖추고 있으나, 창의력이 없는 것으로 가정한다.

2. 발명의 진보성에 대한 심사

1) 심사원칙

진보성 심사 시에는 '특출한 실질적 특징'과 '현저한 진보'를 출원 발명이 모두 갖추었는지 심사한다. 또한 발명의 기술방안 자체 이외에도 해당 기술분야, 해결하고자 하는 기술적 과제 및 기술적 효과도 고려한다. 진보성 심사 시에는 신규성의 '단독대비'의 심사원칙과 달리 하나 이상의 종래기술에서 서로 다른 기술을 조합하여 평가한다.

2) 심사기준

(1) 특출한 실질적 특징의 판단
발명이 종래기술에 비해 당업자의 입장에서 '자명한지' 판단하여, 자명한 경우 특출한 실질적 특징이 없는 것이고, 자명하지 않으면 특출한 실질적 특징이 인정된다.

a) 판단방법[20] — '3보법'

(a) 가장 근접한 종래기술의 확정

가장 근접한 종래기술은 종래기술 중에서 출원 발명과 가장 밀접한 관계를 갖는 기

---

20) 심사관은 진보성 판단 시, 이와 같이 (a) 가장 근접한 종래기술의 확정; (b) 발명이 종래기술과 구별되는 특징과 발명이 해결하고자 하는 기술적 과제 확정; (c) 발명이 당업자의 입장에서 자명

술방안으로서, 출원 발명이 특출한 실질적 특징을 갖추었는지 판단하는 기초가 된다. 심사관이 가장 근접한 종래기술을 확정할 때, 출원 발명이 속하는 기술영역, 해결하고자 하는 기술적 과제, 기술적 효과나 용도 및 개시하는 기술특징의 네 가지 측면에서 고려한다. 구체적으로는 다음과 같은 기준에 따른다.

ㄱ) 먼저 기술영역이 동일하거나 근접한 종래기술을 고려한다. 기술영역이 동일하거나 근접한 경우, 다음으로 해결하고자 하는 기술적 과제, 기술적 효과나 용도가 종래기술과 가장 근접한지를 고려하고, 마지막으로 출원 발명의 기술특징을 가장 많이 개시하는 종래기술인지를 고려한다.

ㄴ) 기술영역이 동일하거나 근접한 종래기술이 없는 경우, 기술영역은 다르지만 출원 발명의 기능을 실현할 수 있고 또한 출원 발명의 기술특징을 가장 많이 개시하는 종래기술을 선택한다.

(b) 발명이 종래기술과 구별되는 특징과 발명이 해결하고자 하는 기술적 과제 확정

가장 근접한 종래기술을 확정한 다음, 출원 발명이 가장 근접한 종래기술과 다른 구별특징들이 있는지를 찾은 후, 그 구별특징이 실현하는 기술적 효과를 토대로 발명이 실제로 해결하고자 하는 기술적 과제를 확정한다. 구체적으로 심사관은 다음 단계를 거친다.

단계 1: 가장 근접한 종래기술을 토대로 출원 발명의 구별특징을 확정한다.

단계 2: 명세서에 구별특징에 대응되는 기술적 과제가 기재되어 있는 경우, 그 기술적 과제를 바로 출원 발명이 실제로 해결하고자 하는 기술적 과제로 한다.

단계 3: 명세서에 구별특징에 대응되는 기술적 과제가 기재되어 있지 않은 경우, 구별특징이 발명에 일으키는 작용 및 발명이 달성하는 기술적 효과를 확정하여, 이를 토대로 발명이 실제로 해결하고자 하는 기술적 과제를 확정한다. 이때 다음과 같은 기준에 따른다:

ㄱ) 만약 구별특징에 의해 발명이 달성하는 기술적 효과가 명세서에 기재되어 있고, 또한 그러한 기술적 효과가 얻어질 것으로 여겨지면, 그 기술적 효과를 토대로 발명이

한지 여부를 판단하는 3단계를 거쳐 진행한다. 이를 '3보법(三步法)'이라고도 한다. 중국 전리국은 심사관이 3보법을 정확히 적용하면 의견의 논리성과 결론의 정확성을 갖추는 데 기여하기에 이를 활용하는 것을 장려하면서도, 3보법이 심사 의견 작성의 유일한 방법은 아니라고 한다. 실무적으로는 중국의 의견제출통지서에서 심사관이 진보성 거절이유를 기재하는 거의 모든 경우에 3보법을 따른다. 즉, 가장 근접한 종래기술로서 인용문헌 1을 제시하고, 이를 본 발명과 구성요소별로 비교하여 다른 요소들을 구별해 내어 별도로 언급한다. 마지막으로, 구별되는 특징에 대해 필요한 경우 다른 인용문헌 2를 제시하여 보충하거나, 인용문헌으로도 해결되지 않은 부분은 대부분 '공지상식', '해당 기술영역의 관용수단', '한정된 횟수의 실험에 의해 도출해 낼 수 있는 정도에 불과' 등과 같은 표현을 사용하여 결국 "당업자에게 자명하다"는 결론으로 유도하려 한다.

실제로 해결하고자 하는 기술적 과제를 확정한다.

ㄴ) 만약 구별특징에 의해 발명이 달성하는 기술적 효과가 명세서에 기재되어 있지 않은 경우, 당업자의 입장에서 예상할 수 있는 기술적 효과를 토대로 발명이 실제로 해결하고자 하는 기술적 과제를 확정한다.

ㄷ) 만약 가장 근접한 종래기술과 출원 발명의 기술적 효과가 동일한 상황이라면, 종래기술과 비교하여 동일하거나 유사한 기술적 효과를 갖는 다른 대체 방안을 제공하는 것을 발명이 실제로 해결하고자 하는 기술적 과제로 본다.

▌사례 1 ▌

출원 발명은 컵에 대한 것으로서, 컵을 잡을 때 미끄러지지 않도록 상기 컵의 손잡이에 고무를 붙인 것을 특징으로 한다.

가장 근접한 종래기술인 인용문헌 1은 손잡이를 구비한 컵으로서, 손잡이와 컵 본체는 모두 동일한 금속재료로 되어 있다.

분석: 출원 발명을 가장 근접한 종래기술과 비교하면, 그 구별특징은 컵 손잡이에 고무재료를 사용하여, 사용 시 미끄러짐을 방지하는 효과를 갖는다. 이를 토대로 발명이 실제로 해결하고자 하는 기술적 과제는 종래의 컵 손잡이가 미끄러지는 성질을 개선하는 것으로 확정할 수 있다.

▌사례 2 ▌

출원 발명은 치아 청결 조성물에 대한 것으로서, 1~50%(중량)의 활석, 1~3000ppm의 불소화합물이온의 불소화합물염, 5~50%(중량)의 연마광택재료 및 30~90%(중량)의 수분 함유체를 함유하고, pH값은 8~10이다.

발명이 해결하고자 하는 기술적 과제로서 명세서에 기재된 것은 "불소입자 함량이 낮아져 충치 예방 효과에 영향을 미치는 것을 방지"하는 것이었다. 또한 명세서에는, pH값을 8~10 사이로 제어하여 불소화합물과 활석이 함께 불소 입자 함량을 떨어뜨리는 것을 방지한다는 내용; 및 연마광택재료를 이용함으로써 충치를 예방하는 치아 청결 조성물의 치아 광택 효과가 보다 우수해진다는 내용;도 기재되어 있었다.

가장 근접한 종래기술인 인용문헌 1에서는 충치를 예방하는 치아 청결 조성물에 대한 것으로, 상기 조성물은 20~50%(중량)의 활석, 1~2300ppm의 불소화합물이온의 불소화합물염 및 50~80%(중량)의 수분 함유체를 함유하고, 조합물의 pH값은 7~9이다.

분석: 출원 발명을 인용문헌 1과 비교하면, 출원 발명은 5~50%(중량)의 연마광택재료를 더 포함한다는 점이 다를 뿐이다. 인용문헌 1에서는 발명이 해결하고자 하는 기술적 과제로서 "불소입자 함량이 낮아져 충치 예방 효과에 영향을 미치는 것을 방지"한다는 언급을 하지는 않았으나, 조성물의 pH값이 7~9임을 개시하였다. 다시 말해, 인용문헌 1은 이미 pH

값을 조절함으로써 발명의 기술적 과제를 실제로 해결하였다. 따라서 구별특징을 토대로 발명이 실제 해결하는 기술적 과제를 "연마광택재료가 충치예방 치아청결 조성물의 치아 광택 효과를 개선"하는 것으로 새롭게 확정할 필요가 있다. 따라서 이러한 기술적 효과를 토대로 하여 발명이 실제로 해결하고자 하는 기술적 과제를 "어떻게 충치예방 치아청결 조성물의 치아 광택 효과를 어떻게 개선할 것인가"로 재확정된다.

본 사례에서 만약 명세서에 연마광택재료가 일으키는 효과가 기재되어 있지 않은 경우, 당업자라면 그가 지닌 해당 기술영역의 지식을 토대로 연마광택재료는 객관적으로 광택 효과가 있음을 알 수 있을 것이며, 이로써 발명이 실제로 해결하고자 하는 기술적 과제를 확정한다.

■ 주의사항

ㄱ) 발명이 실제로 해결하고자 하는 기술적 과제를 확정할 때, 발명의 기술방안을 재확정된 발명이 실제 해결하는 기술적 과제로 해서는 안 된다. 또한 실제로 해결되는 기술적 과제에 그 과제를 해결하는 기술적 수단을 포함해서도 안 된다. 예를 들어 위 사례 2에서, 발명이 실제로 해결하는 기술적 과제는 "어떻게 충치예방 치아청결 조성물의 치아 광택 효과를 어떻게 개선할 것인가"이지, "연마광택재료를 포함하는 치아 청결 조성물을 제공"하는 것이라거나, "연마광택재료를 이용하여 충치예방 치아 청결 조성물의 치아광택효과를 개선"하는 것이 아니다.

ㄴ) 발명이 실제로 해결하는 기술적 과제는 구별특징이 전체 발명에서 다른 기술특징과의 상호작용에 의거하여 확정해야 하고, 구별특징 자체의 고유한 기능이나 효과에 한정하여 확정할 수 없다.

ㄷ) 명세서에 기술적 효과에 대한 기재가 없고, 당업자가 예상할 수 있는 기술적 효과도 없는 경우에는, 이들이 발명이 실제 해결하는 기술적 과제를 확정할 근거가 될 수 없다.

ㄹ) 출원일이나 우선일 이후에 지득한 지식을 이용하여 발명이 실제 해결하는 기술적 과제를 확정할 수 없다.

(c) 발명이 당업자의 입장에서 자명한지 판단

발명의 "자명성" 판단에 있어서의 관건은 출원일 시점의 기술 수준과 당업자 입장에서의 합리적 예견에 있으며, 이를 토대로 종래기술에 가장 근접한 종래기술을 개선할 암시를 제공하는지, 즉 구별특징을 가장 근접한 종래기술에 적용하여 종래기술에 존재하는 기술적 과제(즉, 출원 발명이 실제로 해결하고자 하는 기술적 과제)를 해결할 수 있겠다는 암시를 제공하는지 확정한다.

b) 기술적 암시가 존재하는 것으로 판단되는 경우

ㄱ) 구별특징이 공지상식인 경우. 예를 들어, 해당 분야에서 그 기술적 과제를 해결하는 관용수단이거나, 또는 교과서, 참고도서 등에 그 기술적 과제를 해결하는 기술수단으로 기재된 경우, 또는 교과서, 참고도서에서 그 기술적 과제를 해결하기 위해 인용한 다른 문헌에 기재된 내용인 경우

ㄴ) 구별특징이 가장 근접한 종래기술과 관련된 기술수단인 경우. 예를 들어, 구별특징이 가장 근접한 종래기술인 인용문헌의 다른 부분에 공개된 기술수단으로서, 발명 또는 종래기술에서의 교시에 따르면, 그 기술수단이 일으키는 작용과 구별특징이 출원 발명에서 해결하고자 하는 기술적 과제를 해결하기 위해 일으키는 작용이 동일한 경우

ㄷ) 구별특징이 다른 인용문헌에 기재된 기술수단이고, 그 인용문헌에서 그 기술수단의 작용과 출원 발명에서 실제로 기술적 과제를 해결하기 위해 일으키는 작용이 동일한 경우

ㄹ) 다른 인용문헌에서 발명의 구별특징과는 다른 기술수단을 공개하였는데, 그 다른 기술수단의 작용이 출원 발명의 구별특징이 갖는 작용과 동일하거나 유사하고, 당업자가 공지된 원리를 이용하여 상기 기술수단을 변형하여 이를 가장 근접한 종래기술에 적용함으로써 발명해 낼 수 있으며, 그 효과가 예견 가능한 경우

ㅁ) 종래기술에서 비록 교시하고 있지는 않으나, 해당 기술영역에서의 공공연한 기술적 과제를 해결하기 위해 또는 해당 기술영역에서 보편적으로 존재하는 요구를 만족시킬 목적에서 기인된 경우여서(예를 들어, 보다 편리하거나, 보다 청결하거나, 보다 신속하거나, 보다 가볍고 정교하거나, 보다 내구성 있거나 또는 보다 효과적이게 하려는 목적), 당업자가 공지된 기술수단을 가장 근접한 종래기술에 적용하여 개선하게 할 동기를 갖게 하여 발명해 낼 수 있으며, 그 효과가 예견 가능한 경우.

┃ 사례 1 ┃

출원 발명은 컴퓨터 USB 포트를 구비한 휴대폰 충전기에 대한 것으로서, 통상적인 도시 가정용 전기 전원에서 충전하는 방식을 대체하여, 컴퓨터의 USB 포트와 호환되는 직류 플러그를 채용하여, USB 포트가 구비한 5V 전원으로 휴대폰을 충전한다.

인용문헌 1은 MP3플레이어의 충전기에 대한 것으로서, 컴퓨터 USB 포트와 연결되는 플러그를 구비하여, 상기 플러그를 통해 컴퓨터 USB 포트로부터 전원을 얻어, MP3 플레이어의 배터리를 충전한다.

분석: 휴대폰이나 MP3플레이어 등의 전자기기 간에 동일한 문제를 해결하는 기술방안을 서로 전용하는 것은 해당 기술영역의 관용수단에 해당한다. 휴대폰과 MP3플레이어 모두 한정된 배터리 용량을 가진 휴대용 전자기기로서 배터리를 다 써버리는 상황이 생기겠지

만, 가정용 전기 전원에서 충전하기는 불편하다는 문제가 있고, 또한 양자 모두 충전 전압이 매우 낮기 때문에, 컴퓨터 USB 포트의 전원만으로 충전이 가능하다. 따라서 배터리를 다 소모하였지만 가정용 전기 전원으로부터 충전할 수 없는 상황에 봉착했을 때, 당업자라면 종래 기술인 컴퓨터 USB 포트를 이용하여 MP3플레이어를 충전하는 방식을 휴대폰에도 적용하려는 동기가 생길 것이고, 이에 따라 출원 발명과 같은 기술방안을 통해 기술적 과제를 해결하고자 할 것이다. 본 사례는 위 ㄱ) 유형의 기술적 암시가 존재하는 경우이다.

▌사례 2 ▌

출원 발명: 대나무 도마에 관한 것으로서, 상기 도마는 길다란 대나무 살을 접착 프레싱하여 대나무 판을 형성하고, 횡방향으로 배열된 대나무 판과 종방향으로 배열된 대나무 판을 서로 교차 중첩한 후, 접착 프레싱을 거쳐 다층 구조의 대나무 판을 형성한다.

인용문헌 1의 내용: 대나무 도마에 관한 것으로서, 대나무 살을 혼합 배열하여 제작하되, 대나무의 탄성이 좋아서 판체가 쉽게 휘어지는 문제를 해결하기 위해, 외부를 철강 벨트로 동여매는 방식으로 대나무 도마가 휘어져 변형되는 결함을 해결하였다.

인용문헌 2의 내용: 대나무 다층 판재에 대한 것으로서, 상, 중, 하의 3층으로 대나무 살을 맞붙여 약면약 처리와 가열 압축으로 형성되며, 상층과 하층의 대나무 살의 방향은 일치하고, 중층의 대나무 배열 방향을 상하층과 직교를 이룬다. 이 횡방향의 중층으로 인해 대나무 판재가 휘어져 변형되는 문제를 해결할 수 있다.

분석: 인용문헌 1에서는 외부를 철강 벨트로 동여매는 방식으로 대나무 도마가 휘어져 변형되는 문제를 해결하는 내용을 개시한다. 출원 발명의 기술방안과 인용문헌 1의 구별특징은 대나무 도마의 구조에 있다. 즉, 출원 발명은 다층 대나무 판을 접착 프레싱하여 형성하되, 횡방향으로 배열된 대나무 판과 종방향으로 배열된 대나무 판이 서로 교차 중첩된다.

출원 발명이 실제로 해결하고자 하는 기술적 과제는 "대나무 도마가 휘어져 변형되는 문제를 해결할 또 다른 수단을 어떻게 제공할 것인가" 하는 것이다.

그러나 인용문헌 2에서 상술한 구별특징과 동일한 기술적 수단을 공개하였고, 그 작용도 다층 구조로 제작된 대나무 판재의 변형을 해결하는 것이다. 본 사례는 위 ㄷ) 유형의 기술적 암시가 존재하는 경우에 해당한다.

▌사례 3 ▌

출원 발명은 액세스 속도가 빠르고 용량이 큰 저장장치를 이용하여, 액세스 속도가 느리고 용량이 작은 저장장치를 대체하는 것에 대한 것이다.

분석: 저장 기술 영역에서, 액세스 속도를 높이고, 저장 공간을 늘리는 것은 보편적인 요구 사항이다. 본 사례는 위 ㅁ) 유형의 기술적 암시가 존재하는 경우이다.

c) 기술적 암시가 존재하지 않는 것으로 판단되는 경우

ㄱ) 구별특징이 가장 근접한 종래기술인 인용문헌의 다른 부분에 공개되었지만, 발명 또는 종래기술에서의 교시에 따르면, 그 기술수단이 일으키는 작용과 구별특징이 출원 발명에서 해결하고자 하는 기술적 과제를 해결하기 위해 일으키는 작용이 다른 경우

ㄴ) 구별특징이 다른 인용문헌에 의해 공개되었지만, 그 특징이 종래기술에서 일으키는 작용과 출원 발명에서의 작용이 다른 경우

ㄷ) 구별특징이 다른 인용문헌에 의해 공개되었고, 그 특징이 종래기술에서 일으키는 작용과 출원 발명에서의 작용이 동일하나, 그 특징을 가장 근접한 종래기술에 적용할 때 기술적 장애가 존재하는 경우

ㄹ) 가장 근접한 종래기술인 인용문헌의 다른 부분 또는 다른 인용문헌에서 출원 발명과 상반되는 교시가 있는 경우.

┃ 사례 1 ┃

출원 발명은 노즐에 관한 것으로서, 상기 노즐은 가연성기체 스프레이, 흡입구, 혼합관, 압력 확장관 및 와류기를 포함하되, 상기 가연성기체스프레이는 고압기체와 연결되는 중심관을 구비하고, 상기 중심관은 상기 노즐의 중심관으로부터 소량의 압축공기를 인입하는 것을 특징으로 한다.

명세의 기재에 따르면, 중심관으로부터 압축기체를 인입하면 가스의 분사를 도와, 연소 효율을 높이고 스토브 내 가스 제어에 기여한다고 되어 있다.

인용문헌 1은 분사식 버너에 대한 것으로서, 가연성기체 스프레이, 흡입구, 혼합관, 압력 확장관 및 와류기로 구성된다.

인용문헌 2는 버너에 대한 것으로서, 상기 버너는 가연성기체 스프레이의 중심에 고압기체와 연결되는 중심관을 구비하는데, 상기 중심관은 불꽃의 길이를 조절하는 작용을 한다. 중심관의 고압기체 유량이 증가하면서도 저압 기체의 유량을 감소시켜, 공기와 가스연료의 중량비가 변화되지 않게 한다.

분석: 인용문헌 1을 가장 근접한 종래기술로 선택한 경우, 출원 발명이 인용문헌 1과 구별되는 특징은 가연성기체 스프레이가 고압기체와 연결되는 중심관을 구비하는 것이고, 이것이 실제 해결하고자 하는 기술적 과제는 가스가 충분히 연소되게 하고 스토브 내 가스를 보다 잘 제어하려는 것이다.

인용문헌 2에서는 이와 동일한 구조와 작용을 갖는 기술 특징을 공개하였다. 만약 중심관만 본다면 출원 발명과 인용문헌 2가 동일한 구조와 작용을 가진 것으로 생각할 수 있다. 그러나 출원 발명과 인용문헌 2에서 이 구별특징이 갖는 작용을 종합적으로 고려하면, 출원 발명의 중심관은 노즐 내 분사 공기량의 부족함을 보충함으로써 공기량을 증가시켜 연소 효율을 높이는 것이지만, 인용문헌 2에서의 중심관 및 저압 공기를 인입하는 부재가 함

께 작용하여 공기와 가스연료의 비율이 변하지 않으면서 불꽃의 길이를 조절하는 것이어서, 그 작용이 출원 발명의 중심관과 완전히 다르다. 따라서 인용문헌 2가 출원 발명이 실제로 해결하고자 하는 기술적 과제를 해결하는 기술적 계시를 제공한다고 볼 수 없다.

▌사례 2▐

출원 발명은 고분자 폴리올레핀 연장물의 제조 방법에 대한 것으로서, 고분자 폴리올레핀의 분말(A)과 상온에서 고체상태이나 녹는점이 고분자 폴리올레핀보다 20~70℃ 낮은 유동성 개량제(B)를, 유동성 개량제(B)의 녹는점 이상, 고분자 폴리올레핀의 녹는점 이하에서 혼합하되, 혼합시에 열안정제로서 공간입체성 페놀을 가하여, 분산체를 제조한다.
인용문헌 1은 연신 제품의 고분자 폴리올레핀 조성물 및 그 제조방법에 대한 것으로서, 상기 조성물은 고분자 폴리올레핀(A)과 유동성 개량제(B)를 포함하되, 유동성 개량제(B)의 녹는점은 고분자 폴리올레핀(A)의 녹는점보다 40℃ 낮다. 상기 제조 방법은 유동성 개량제(B)의 녹는점 이상, 고분자 폴리올레핀(A)의 녹는점 이하에서 고분자 폴리올레핀(A)과 유동성 개량제(B)를 혼합하는 단계를 포함한다.
인용문헌 2는, 공간입체성 페놀을 난연제로 사용하는 도료를 공개했다.
분석: 인용문헌 1을 가장 근접한 종래기술로 선택한 경우, 출원 발명과 인용문헌 1의 차이점은 유동성 개량제에 공간입체성 페놀을 열안정제로 사용한다는 점에 있다. 이용문헌 2에서도 공간입체성 페놀을 사용하지만, 출원 발명에서는 공간입체성 페놀이 안정제로서 작용함에 반해, 인용문헌 2에서는 난연제로서 작용하여, 양자의 작용이 분명하게 다르다. 따라서 인용문헌 2가 출원 발명이 실제로 해결하고자 하는 기술적 과제를 해결하는 기술적 계시를 제공한다고 볼 수 없다.

d) 주의사항

ㄱ) 출원 발명을 전체적으로 고려해야 한다. 즉, 출원 발명과 종래기술의 구별특징을 확정한 후, 구별특징 자체가 자명한지 여부가 아니라, 기술방안이 전체적으로 자명한지를 고려해야 한다. 예를 들어 조합발명의 경우 각 특징들은 공지된 것이거나 자명한 경우가 일반적이나, 이를 이유로 발명 전체가 자명하다고 바로 판단할 수는 없다.

ㄴ) 인용문헌도 전체적으로 고려해야 한다. 즉, 인용문헌이 공개하는 기술방안뿐만 아니라, 기술영역, 해결하고자 하는 기술적 과제, 기술적 효과, 및 기술방안의 기능, 원리, 기술특징의 선택/개량/변형 등에 대한 종래기술의 기재에도 주의하여, 종래기술이 제시하는 교시를 전체적으로 이해해야 한다.

ㄷ) 종래기술이 전체적으로 기술적 계시를 제공하는지 고려할 때, 해결하고자 하는 기술적 과제에 대해 종래기술이 언급하는 긍정적 부정적 교시를 전체적으로 고려해야 한다.

(2) 현저한 진보

발명에 현저한 진보가 있다고 함은 종래기술에 비해 유익한 기술적 효과를 낼 수 있음을 의미한다. 아래는 일반적으로 발명이 유익한 기술적 효과를 갖추어 현저한 진보 요건을 만족하는 것으로 판단할 수 있는 예이다.

a) 발명이 종래 기술보다 더 좋은 기술적 효과를 발휘하는 경우, 예를 들어, 품질의 개선, 생산량 증가, 에너지 절약, 환경오염 방지 등

b) 발명에서 기술적 발상이 다른 새로운 기술방안을 제공하였고, 그 기술적 효과는 종래기술의 수준에 거의 도달한 경우

c) 발명이 새로운 기술의 발전 추이를 대표하는 경우

d) 발명에 부정적 효과도 있지만, 긍정적 효과도 분명히 가지는 경우.

3. 진보성 판단 시 참고할 수 있는 예

이 부분은 2010년 전리심사지침에서 발명을 몇 가지 유형으로 분류하여 진보성 판단 시 참고적으로 적용할 수 있다는 취지로 언급된 내용이다. 따라서 아래 내용이 일률적으로 적용되는 것은 아니고, 발명의 구체적 내용과 상황에 따라 객관적으로 판단해야 함을 주의해야 한다.

1) 개척 발명

증기기관, 백열등, 라디오, 컴퓨터 등 기술 역사에 있어서 전례가 없는 완전히 새로운 기술방안인 개척 발명은 진보성이 있다.

2) 조합발명

특정 기술방안을 조합하여 새로운 기술방안을 구성한 조합발명은, 조합의 곤란도, 조합된 각 기술특징이 기능적으로 서로 지원하는지, 종래기술에 조합발명의 기술적 효과가 존재하는지 등을 고려한다.

(1) 자명한 조합

공지된 물건이나 방법을 조합하였으나, 각자가 통상적인 방식으로 작동하고 전체적인 기술 효과는 각 조합 부분의 효과의 총합에 불과하고, 조합된 기술특징 간에 기능적 상호작용이 없으며, 간단한 부가에 불과할 뿐인 경우 진보성이 없다(예: 전자시계가 부착된 볼펜).

조합이 공지된 구성의 변형에 불과한 경우 또는 조합이 통상적인 기술 발전의 범위

내에서 이루어지고 예상치 못한 기술적 효과를 내지 못하는 경우 진보성이 없다.

(2) 자명하지 않은 조합

조합된 기술특징이 기능적으로 서로 지원하고, 새로운 기술적 효과가 있거나 조합 후의 기술적 효과가 각각의 기술 특징의 효과의 총합보다 크다면 진보성이 있다. 한편, 조합발명이 각각의 독립적인 기술특징의 전부 또는 일부가 공지되었는지는 발명의 진보성 판단에 영향이 없다.

3) 선택발명

선택발명의 진보성은 주로 그러한 선택으로 인해 예상치 못한 기술적 효과가 발생하는지 여부에 있다.

(1) 공지된 가능성 중에서의 선택 또는 동일한 가능성이 있는 일부 기술방안 중에서의 선택에 불과하며, 선택된 방안이 예상치 못한 기술적 효과를 내지 못하는 경우 진보성이 없다(예: 공지된 가열 화학반응 중에서 공지의 전기가열법을 선택한 경우 예상치 못한 기술적 효과가 없음).

(2) 발명이 실현가능하고 한정된 범위에서 구체적인 크기, 온도 범위 또는 기타 파라미터를 선택하였으나, 그러한 선택이 당업자가 통상의 수단을 통해 얻을 수 있고 예상치 못한 기술적 효과를 내지 못하면 진보성이 없다.

(3) 발명이 종래기술로부터 직접 유도해 낼 수 있는 선택인 경우 진보성이 없다.

(4) 선택으로 인해 발명에 예상치 못한 기술적 효과가 발생한 경우 진보성이 있다.

4) 전용발명

특정 분야의 종래기술을 다른 기술분야로 전용(專用)한 발명의 경우, 기술분야의 근접성, 기술적 암시 존재 여부, 전용의 곤란성, 기술상 곤란을 극복해야 하는지 여부, 전용에 따른 기술적 효과 등을 고려하여 판단한다.

(1) 전용이 근접한 기술분야 간에 이루어졌고, 예상치 못한 기술적 효과가 없으면 진보성이 없다(예: 장롱의 지지구조를 테이블 지지에 적용).

(2) 전용으로 인해 예상치 못한 기술적 효과가 발생할 수 있거나, 원기술분야에서는 직면하지 못한 어려움을 해소한 경우 진보성이 있다(예: 항공기의 주익을 잠수함에 적용. 공중 기술을 수중 기술로 전용하는 과정에서 발생하는 기술적 어려움을 극복하였고, 기술적 효과로서 잠수함의 승강능력이 개선됨).

5) 공지 물건의 새로운 용도발명

공지된 물건을 새로운 목적에 사용하는 발명의 경우, 일반적으로 새로운 용도와 종래 용도 기술분야의 근접성, 새로운 용도에 의한 기술적 효과를 고려하여 판단한다.

(1) 새로운 용도가 단지 공지된 물건의 공지된 성질을 이용한 경우 진보성이 없다(예: 윤활류로 사용되는 공지된 조성물을 동일 분야에서 절삭유로 사용).

(2) 새로운 용도가 공지된 물건의 새로운 성질을 이용하였고, 예상치 못한 기술적 효과가 있는 경우 진보성이 있다(예: 목재 살균제인 펜타클로로페놀제제를 제초제로 사용하여 예상치 못한 효과가 발생한 경우).

6) 요소변경의 발명

(1) 요소관계 변경의 발명

요소관계 변경의 발명이란 종래기술과 비교하여, 형상, 크기, 비율, 위치 및 작용관계 등이 변화된 발명을 의미한다.

요소관계의 변경이 발명의 효과, 기능 및 용도의 변화를 가져오지 못하거나, 또는 발명의 효과, 기능 및 용도의 변화가 예상 가능한 경우 진보성이 없다(예: 종래기술이 '눈금판 고정, 바늘 이동'의 측정 장치이고, 출원 발명이 '바늘 고정, 눈금판 이동'의 측정장치인 경우).

만약 요소관계의 변경이 발명에 예상치 못한 기술적 효과를 일으킨 경우 진보성이 있다(예: 칼날의 경사각을 종래와 달리함으로써, 종래기술에서는 기대할 수 없는 칼날의 자동 연마 효과가 있는 제초기기).

(2) 요소교체의 발명

요소교체의 발명이란 공지 물건이나 방법의 특정 요소를 다른 공지된 요소로 교체한 발명을 의미한다.

동일한 기능을 가진 공지수단의 균등 교체이거나, 동일한 기술적 과제를 해결하기 위해 동일한 기능을 가진 최신 공지 재료로 공지물건의 재료를 교체하거나, 어떤 공지된 재료로 공지물건의 특정 재료를 교체하였는데 그 공재된 재료의 유사 응용은 이미 공지된 것이고 예상치 못한 기술적 효과가 없다면 진보성이 없다(예: 동력원으로서 종래의 전기모터를 유압모터로 교체한 펌프)

만약 요소교체로 인해 예상치 못한 기술적 효과가 생긴 경우 진보성이 있다.

(3) 요소생략의 발명

요소생략의 발명이란 공지 물건이나 방법에서 1 이상의 요소를 생략(예: 물건 발명에서 1 이상의 부품을 생략하거나 방법발명에서 1 이상의 단계를 생략)한 발명을 의미한다.

1 이상의 요소를 생략했을 때 그 요소의 기능이 사라진 경우 그 발명은 진보성이 없다(예: 종래기술에는 포함된 방동제를 포함하지 않아 방동 효과가 없는 도료 조성물)

1 이상의 요소를 생략했으나 원래의 전체 기능을 유지하거나 예상치 못한 기술적 효

과를 내는 경우 진보성이 있다.

4. 진보성 판단 시 고려하는 기타 요소

진보성 판단 시 삼보법에 따라 판단하는 것이 원칙이다. 다만, 2010년 전리심사기준에 따르면, 다음 몇 가지의 경우 심사관은 반드시 이를 고려해야 하고, 진보성을 쉽게 부정할 수 없다.

1) 인간이 오랫동안 해결을 갈망해 왔으나 성공하지 못한 기술적 난제를 해결한 발명

2) 기술적 편견을 극복한 발명

3) 예측하지 못한 기술효과를 얻은 발명

4) 상업적 성공을 거둔 발명.

다만, 4)의 경우 상업적 성공이 발명의 기술적 특징에서 기인한 것이 아니라, 판매기술 또는 광고 선전에 의한 것이라면 진보성 판단의 근거가 되지 않는다.

5. 진보성 판단 시 유의사항

1) 예상치 못한 기술적 효과에 대한 판단

2010년 전리심사지침의 내용에 따르면 출원 발명이 종래기술과 비교하여 예상치 못한 기술적 효과를 갖는 경우 그 기술방안이 특출한 실질적 특징을 구비했는지는 더 이상 의심할 필요가 없다. 그러나 삼보법에 따라 출원 발명의 기술방안이 당업자에게 자명하지 않고 유익한 기술적 효과가 있다고 판단된다면, 예상치 못한 기술적 효과의 존재 여부는 중요하지 않다.

한편, 어떠한 발명에 진보성이 있다는 근거로서의 예상치 못한 기술적 효과가 인정되려면 다음 요건에 부합되어야 한다.

(1) 예상치 못한 기술적 효과의 인정 요건

a) 예상치 못한 기술적 효과는 청구항에 기재된 기술방안에 의해 발생한 것이어야 한다. 즉, 명세서에 어떠한 예상치 못한 기술적 효과가 기재되어 있으나, 그러한 효과를 일으키는 기술특징이 청구항에 기재되지 않았다면, 예상치 못한 기술적 효과가 인정될 수 없다.

b) 예상치 못한 기술적 효과는 발명의 구별특징 및 그 구별특징과 결합된 다른 공지

된 특징에서 기인한 것이어야 한다.

c) 예상치 못한 기술적 효과는 발명이 청구하는 모든 범위에서 달성 가능한 것이어야 한다. 만약 일부 범위에서만 그러한 효과가 발생하고 다른 일부 범위에서는 달성될 수 없으면서, 동시에 그러한 효과가 진보성의 유일한 근거인 상황이라면, 해당 발명은 진보성이 없는 것으로 인정된다.

(2) 예상치 못한 기술적 효과 판단 시 주의할 사항

a) 예상치 못한 기술적 효과는 진보성 판단의 충분조건이다. 따라서 예상치 못한 기술적 효과가 있으면 진보성이 있다. 그러나 예상치 못한 기술적 효과가 없음을 이유로 진보성을 부정할 수는 없다.

b) 예상치 못한 기술적 효과는 예상을 뛰어넘게 종래 기술보다 우수한 경우일 수도 있고, 발명(예를 들어, 물건)에 예상치 못한 성질이 있는 경우일 수도 있다.

c) 예상치 못한 기술적 효과에 대한 기재는 명확하고 근거가 있어야 한다. 예를 들어, "상기 새로운 접착제는 예상치 못한 접착성능을 갖는다"라는 표현만으로는 예상치 못한 기술적 효과의 입증에 의미가 없다.

d) 청구항들 중에서 예상치 못한 기술적 효과를 갖는 청구항에 한하여 인정된다. '기술적 효과가 예상되는' 청구항은 진보성이 없는 것으로 인정된다.

┃사 례┃

예를 들어, 공지기술로 알려져 있듯, 탄소 원자 배열에 따른 공지 화합물 동족체 중, 탄소 원자수가 증가할수록 살충 효과가 안정적으로 증가한다. 즉, 동족체 내의 순서에 따른 살충 효과는 예상이 가능하다. 만약 동족체 중 어떠한 화합물에 예상 가능한 정도로 증가된 살충 효과뿐만 아니라 예상치 못한 선택적 살충 효과도 있는 경우, 그 화합물 자체는 진보성이 없으나, 그 화합물을 상기 예상치 못한 기술적 효과를 내는 살충 효과로 사용하는 용도는 진보성이 있다.

---

2) '사후 제갈량'[21]의 회피

한편, 진보성은 출원 시 이전의 종래기술을 토대로 판단되어야 하나, 심사관은 발명의 내용을 파악한 후에 진보성을 심사함으로 인해 '사후 제갈량'의 실수를 범할 우려가 있다. '삼보법'을 적용하여 자명성 여부를 판단토록 하는 목적은 심사관이 객관적인 시각에서 진보성을 판단하게 하기 위함이다. 그러나 이렇게 삼보법을 적용하더라도, 발

---

21) 원표현은 '事後諸葛亮'으로서, '사후에 제 딴에는 선견지명이 있는 것처럼 이러쿵저러쿵 하는 사람'을 의미한다.

명이 실제로 해결하고자 하는 과제를 재확정하는 과정에서 심사관이 기술적 수단을 기술적 과제의 일부로 보는 잘못을 범하면 사후제갈량의 오류가 발생할 수 있다.

발명자는 여러 방식으로 종래기술을 토대로 발명을 완성하므로, 발명의 형성 과정을 이해하는 것은 발명의 진보성 판단에 도움이 된다. 새로운 발상이나 인식하지 못한 기술적 과제, 공지된 기술적 과제를 해결하기 위해 착안된 새로운 수단 및 공지된 현상에 내재된 원인의 인식은 모두 발명의 동기가 될 수 있다.

(1) 새로운 발상이나 인식하지 못한 기술적 과제

새로운 발상이나 인식하지 못한 기술적 과제에 대한 인식은 당업자의 능력 수준을 넘어섰으나 이를 해결하는 수단이 자명한 상황에서, 발명과 종래기술을 비교하여 자명하지 않으면 진보성이 있다.

┃ 사 례 ┃

청구항 제1항: 부품 A가 형태가 변형되지 않는 재료 B를 적용한 것을 특징으로 하는 인쇄장치

출원 명세서의 배경기술란에는 종래의 인쇄장치는 인쇄 시 종이가 엇나가는 문제가 있는데, 발명자는 종이가 엇나가는 원인이 인쇄기를 일정 기간 사용 후 부품 A에 변형이 생기는 데 있음을 발견했다는 기재가 있었다.

인용문헌 1에는 부품 A를 포함하는 유사한 인쇄장치가 공개되었다. 청구항 제1항이 인용문헌 1과 다른 구별특징은 부품 A가 재료 B를 사용하여 제조된다는 점에 있다.

재료 B를 이용하여 재조된 부품이 개선된 강성을 갖는다는 사실은 공지상식에 해당되나, 인쇄기가 일정 기간 사용 후 부품 A가 변형됨으로써 종이가 엇나가는 현상이 발생한다는 사실에 대해서는 인용문헌에 어떠한 개시나 암시가 없었다.

분석: 출원 발명이 해결하고자 하는 기술적 과제는 '인쇄 시 종이가 어긋나는' 문제를 해결하는 것이고, '인쇄 시 종이가 어긋나는' 근본적인 원인은 '부품 A가 변형'되는 데 있다. 비록 '부품 A의 변형' 문제를 해결하는 기술적 수단은 매우 간단하지만, 근본 원인인 '부품 A의 변형'을 인지하는 것은 용이하지 않다. 따라서 '부품 A의 변형'을 해결하는 기술적 수단은 당업자에게 자명하지 않으므로, 청구항 제1항은 진보성이 있다.

주의할 점으로, 이 사안에서 만약 다음과 같이 간단히 '삼보법'을 적용한다면 완전히 다른 결론이 나올 수 있다는 점이다.[22]

삼보법 적용 시: "인용문헌 1은 인쇄장치를 공개한다. 청구항 제1항과 인용문헌 1과의 구별특징은 부품 A가 재료 B를 사용하여 제조된다는 점에 있으며, 이로써 발명이 실제로 해결하고자 하는 기술적 과제는 부품 A의 변형에 있는 것으로 확정된다. 그러나 부품의 변형을

---

22) 이러한 점은 중국 심사관의 거절 논리에 대응해야 하는 실무자의 입장에서 주목할 필요가 있다. 중국 심사관은 진보성 거절 시 사실상 거의 모든 건에 대해 삼보법을 적용하기 때문이다.

방지하기 위해 일정한 횡단면을 기준으로 변형이 어려운 재료 B를 사용하여 제조하는 것은 당업자에게 관용적인 기술수단이다. 따라서 청구항 제1항 발명은 자명하여, 진보성이 없다."

(2) 공지된 기술적 과제를 해결하기 위해 착안된 새로운 수단

공지된 기술적 과제를 위해 착안된 새로운 수단은 발명의 진보성에 기여한다. 예를 들어, 가축의 피부가죽에 영구적인 표기를 남기면서도 가축에 고통이나 상해를 가하지 않는 것은, 일찍이 축산업계에서 해결하고자 했던 기술적 과제이다. 발명자는 냉동처리로 가축의 피부가죽을 영구적으로 탈색시킬 수 있음을 발견했다. 이를 토대로 발명자는 냉동 표기 방식을 이용하여 가축의 피부에 영구적 표기를 남기는 발명을 완성하였다. 이 사례의 기술적 과제는 이미 공지된 것이지만, 그 해결 수단이 자명하지 않으므로 진보성이 있다.

(3) 공지된 현상에 내재된 원인

공지된 현상에 내재된 원인을 발견함으로써 완성되는 발명에 진보성이 인정되는 경우도 적지 않다. 예를 들어, 버터의 성분을 연구하던 중 버터의 향이 소량의 화합물 A에서 기인함을 발견하고, 인조 버터를 발명으로 완성했다. 버터향의 원인이 화합물 A임을 발견하는 것은 자명하지 않다. 따라서 '화합물 A를 함유하는 인조 버터'도 자명하지 않아 진보성이 있다.

6. 고안의 진보성

1) 서 언

전리법 제22조 제3항에 따르면, 고안의 진보성이 인정받기 위해서는 '실질적 특징'과 '진보'가 있어야 한다. 발명의 진보성에 '특출한 실질적 특징'과 '현저한 진보'를 요구하는 점과 비교하면, 적어도 법문상 표현으로는 발명보다는 낮은 수준의 진보성을 요구한다.

중국은 실용신안 출원에 대해 무심사 제도를 채택하고 있기 때문에, 심사 과정에서 고안에 대한 진보성 심사가 이루어지지 않는다. 결국 실용신안의 진보성은 무효심판 단계에서 이루어진다.

2) 실용신안의 진보성 심사 원칙

실용신안의 진보성 심사에서는 그 기술방안의 재료특징 및 방법특징을 포함한 전체

기술특징을 고려해야 한다. 실용신안의 진보성 심사에 대해 2010년 전리심사지침에서
는 발명의 진보성 심사 규정을 참고하여 적용하나, 전리법 제22조 제3항의 규정에 따
라 실용신안의 진보성 판단 기준은 진보성 판단기준보다 낮아야 한다고 규정한다. 그
리고 그 판단 기준의 차이는 종래기술의 분야 및 종래기술의 수량에서 다른 기준이 적
용됨으로써 구현된다.

3) 종래기술의 분야

특허의 진보성 판단에는 발명이 속하는 기술분야뿐만 아니라 그와 유사하거나 관련
된 기술분야도 고려하여야 하며, 당업자가 발명이 해결하고자 하는 기술문제를 해결하
기 위한 기술적 수단을 구하기 위해 찾는 다른 기술분야도 고려된다.

그러나 실용신안의 진보성 판단은 그 기술분야에 한하여 이루어지는 것이 원칙이
다. 예외적으로, 종래기술에 명확한 암시가 있는 경우, 예를 들어 종래기술에 당업자가
유사하거나 관련된 기술분야에서 그 기술적 수단을 찾을 수 있게 하는 내용이 명확하
게 기재된 경우에는, 유사하거나 관련된 기술분야를 고려할 수 있다.[23]

---

23) 最高人民法院(2011)知行字第19호行政判决书; 판결 요지: 특허와 실용신안의 진보성 판단 기준은
다르며, 기술을 비교할 때 고려해야 할 종래기술의 영역도 다른데, 이는 특허와 실용신안의 진보
성 기준 차이에 있어서 중요한 부분이다. 발명 또는 고안의 기술분야는 보호를 청구하는 발명 또
는 고안의 기술방안이 속하거나 직접 적용되는 구체적인 기술분야로서, 상위 또는 인접한 기술
분야가 아니며, 발명 또는 고안 자체도 아니다. 기술영역의 확정은 청구항이 한정하는 내용을 기
준으로 하되, 보통 전리의 주제명칭에 기술방안이 달성하는 기술적 기능, 용도를 결합하여 확정
한다. 국제특허분류표에서 가장 최하위 단계의 분류를 기술영역의 확정에 참고할 수 있다. 유사
기술영역이란 일반적으로 실용신안 물건의 기능 및 구체적 작용이 유사한 영역을 의미하고, 관
련 기술영역이란 일반적으로 실용신안이 가장 근접한 종래기술과의 차별적 기술특징이 응용되
는 기능 영역을 의미한다. 기술영역의 구분 및 진보성 판단 시 요구되는 진보의 정도는 밀접한
관계가 있고, 실용신안의 진보성 판단 기준은 비교적 낮으므로, 실용신안의 진보성을 평가할 때
고려할 종래기술 영역의 범위도 비교적 좁으며, 실용신안이 속하는 기술영역의 종래기술로 비교
해야 하는 것이 원칙이다. 그러나 종래기술에서 이미 명확한 기술적 암시를 제공하여 당업자가
유사 또는 관련 기술영역에서 관련 기술적 수단을 찾을 수 있는 경우라면 유사 또는 관련 기술영
역에서의 종래기술도 고려할 수 있다. 여기에서 명확한 기술적 암시란 종래기술에 명확하게 기
재된 기술적 암시 또는 당업자가 종래기술로부터 직접적이고 아무런 의심 없이 확정할 수 있는
기술적 암시를 의미한다. 본 사안에서 등록 실용신안은 힘 측정 장치에 속하고, 구체적인 용도는
사람의 악력을 측정하는 것이다. 등록 청구항 제1항의 기술방안과 가장 근접한 종래기술인 증거
7(체력 측정기)이 공개하는 내용을 비교해 보면, 힘 측정 센서가 다른데, 힘 측정 센서는 본 전리
의 관련 기술영역에 속한다. 힘 측정 센서의 진보성을 평가하기 위해 전리복심위원회는 증거 2
(휴대용 디지털표시 전자체중계)를 고려하였고, 그 힘 측정 센서와 본 사안 전리의 센서를 비교
하였다. 악력계와 전자체중계는 모두 힘 측정장치에 속하지만 이 둘은 각각 다른 용도를 갖는다.
또한 중력과 손의 악력을 비교하면 힘을 가하는 대상이 다르고, 힘을 가하는 방향도 다르다. 즉

4) 종래기술의 개수

특허에 대해서는 하나 이상의 종래기술을 인용하여 진보성을 평가할 수 있으나, 실용신안은 하나 또는 두 개의 종래기술을 인용하여 진보성을 평가하는 것이 일반적이다. 다만, 종래기술의 '단순한 조합'으로 이루어진 고안에 대해서는 경우에 따라 다수의 종래기술을 인용하여 진보성을 평가할 수 있다.

‖ 제4장 선출원 주의 ‖

1. 서 설

전리법 제9조 제1항 전문에서는 "동일한 발명창조는 하나의 전리권만 수여한다"라고 규정한다. 또한 전리법 제2항에서는 "2 이상의 출원인이 동일한 발명창조에 대하여 각각 전리를 출원한 경우 최선 출원인에게 전리권을 수여한다"라고 규정한다. 동일한 발명창조에 대해 복수의 전리권 수여를 금지하여 권리 간 충돌을 방지하기 위함으로, 한국 특허법의 선출원 주의에 대응된다.

'동일한 발명창조'란 2이상의 출원(또는 등록 전리)의 보호범위가 동일한 청구항을 의미한다. 한편, 선출원이 저촉출원이거나 이미 공개된 종래기술인 경우에는 전리법 제9조가 아닌 전리법 제22조 제2항, 제3항 규정이 적용된다.

한편, 전리법 제9조 제1항 단서에서는 "다만, 동일 출원인이 동일 일자에 동일한 발명창조에 대해 실용신안 및 특허를 출원하고 먼저 취득한 실용신안권이 아직 소멸되지 않았고 출원인이 그 실용신안을 포기한다는 선언을 할 경우에는 특허권을 수여할 수 있다"라고 규정한다. 종전 한국 특허법의 이중출원에 대응된다.

중력은 단순히 아래 방향이지만, 사람 손의 악력은 단순한 아래 방향이 아닌 사방에서 중심을 향하는 방향이다. 따라서 이 둘은 동일한 기술영역에 속하지 않는다. 다만, 본 사안 전리와 휴대용 디지털표시 전자체중계의 기능이 같고 용도는 유사하며, 힘 측정 센서의 측정 원리는 기본적으로 같으므로, 휴대용 디지털표시 전자체중계와 본 사안 전리는 유사 기술영역에 속한다고 볼 것이다. 그러나 종래기술에서는 명확한 기술적 암시를 주고 있지 않으므로, 전리복심위원회가 본 사안 전리의 진보성을 평가하면서 휴대용 디지털표시 전자체중계를 고려한 것은 법률 적용의 착오가 있다.

2. 판단 원칙

동일한 발명 창조 여부를 판단할 때 2개의 특허출원 또는 실용신안출원 또는 등록 전리의 청구항 내용을 서로 비교해야 하며, 청구항과 명세서 전체의 내용을 비교하지 않는다. 1건의 전리출원 또는 등록 전리 중 어느 하나의 청구항이 다른 전리출원 또는 등록 전리 중 어느 하나의 청구항의 보호범위와 동일하면 이를 동일한 발명창조로 판단한다.

2건의 명세서 내용이 동일하나 청구항의 보호범위가 동일하지 않으면 양자는 동일한 발명창조가 아니다. 또한 청구항의 보호범위가 부분적으로만 겹치는 경우에도 동일한 발명창조가 아니다.

한 건의 청구항 권리범위가 다른 건의 청구항 권리범위보다 작은 경우, 즉 다른 건의 청구항 권리범위 내에 속하는 경우에도, 양 출원은 서로 다른 보호범위를 청구하는 발명창조로서, 전리법 제9조 제1항의 적용 대상이 아니다. 예를 들어, 어느 한 건의 청구항과 다른 한 건의 청구항의 주제 명칭 및 거의 대부분의 기술특징이 모두 동일한데, 어느 한 기술특징이 어느 한 건의 청구항에는 상위개념으로, 다른 한 건의 청구항에는 하위 개념으로 기재되었다거나, 혹은 어느 한 건의 청구항의 연속 수치범위가 넓고, 다른 한 건의 수치범위는 그보다 작으면서 상기 건의 수치범위 내에 포함되는 경우, 양 출원은 서로 다른 보호범위를 청구하고 있는 것으로서 동일한 발명 창조가 아니다.

만약 어느 청구항이 여러 개의 병렬된 기술방안을 청구하는 경우, 각 기술방안을 기준으로 각각 동일한 발명창조에 해당하는지 판단한다. 그러나 만약 마쿠쉬 청구항과 같은 병렬 선택적으로 개괄하는 청구항에서 여러 개의 병렬된 기술방안을 명확하게 분간하기 어려운 경우에는, 이를 하나의 전체로 보아 동일한 발명창조인지 여부를 판단한다. 청구항이 연속된 수치범위에 대한 것이면 이 연속된 수치범위를 하나의 전체로서 고려한다.

1) 동일한 발명창조로 인정되는 경우

(1) 두 청구항을 비교하여 어느 한 청구항에 기술특징이 더 부가되었지만, 그 기술특징이 다른 청구항에 기재된 방안이 내는 필연적 결과에 불과한 경우

▌사례 1▐

출원 A의 청구항: 유체 주머니와 가요성 부재를 포함하는 혈압계용 소매띠로서, 상기 유체 주머니는 상기 유체 주머니의 너비방향의 측단부로부터 연장된 차단부를 포함하되, 상기

차단부는 상기 측단부로부터 상기 가요성 부재측으로 휨과 동시에, 상기 가요성 부재측에서 이동할 수 없게 고정되는, 혈압계용 소매띠.

출원 B의 청구항: 유체 주머니와 가요성 부재를 포함하는 혈압계용 소매띠로서, 상기 유체 주머니는 상기 유체 주머니의 너비방향의 측단부로부터 연장된 차단부를 포함하되, 상기 차단부는 상기 측단부로부터 상기 가요성 부재측으로 휨과 동시에, 상기 가요성 부재측에서 이동할 수 없게 고정되어, 상기 유체 주머니가 상기 가요성 부재에 고정되는, 혈압계용 소매띠.

분석: 출원 A의 청구항의 구성으로 인해 필연적으로 유체 주머니가 가요성 부재에 고정되는 효과가 발생한다. "상기 유체 주머니가 상기 가요성 부재에 고정"된다는 특징이 개재되어 있는지 여부와 무관하게 이러한 결과는 객관적으로 존재하는 것이므로, 출원 B의 청구항에 추가된 기술특징은 청구항의 보호범위에 어떠한 영향도 미치지 않는다. 따라서 양자는 실질적으로 동일한 기술방안으로서, 동일한 발명창조에 속한다.

▌사례 2▐

출원 A의 청구항: A, B, C 및 D를 포함하는 장치

출원 B의 청구항: A, B, C 및 D를 포함하되, 상기 장치는 데이터 수집 정확도를 높이는 장치

분석: 출원 B의 청구항에서 비록 효과 특징을 더 부가하였지만, "데이터 수집 정확도를 높인다"는 효과는 출원 A의 청구항에 기재된 동일한 구조에 의존하여 달성되는 것으로서, 이러한 효과 특징이 청구항의 기술방안에 대해 어떠한 한정작용을 하는 것이 아니므로, 두 청구항은 동일한 발명창조에 해당한다.

(2) 두 청구항을 비교했을 때 그 차이점이 다른 용도를 이용하여 주제를 한정한 것에 불과한 상황에서, 그 용도가 물건 자체에 대해 영향을 끼치지 않는 경우

▌사 례▐

출원 A의 청구항: … 를 특징으로 하는, 물을 마시는 데 사용되는 유리잔

출원 B의 청구항: … 를 특징으로 하는, 우유를 마시는 데 사용되는 유리잔

분석: 두 청구항의 차이점은 단지 물건의 용도가 다르다는 점에 있는데, 용도가 다르거나 담는 물건이 다르다는 사실이 유리잔의 구조나 재질에 어떠한 변화를 일으키는 것이 아니다. 상기 용도 한정은 청구하는 물건의 구조 또는 조성상의 변화를 일으키지 않으므로 양자는 실질적으로 동일한 기술방안을 청구하는 것으로서, 동일한 발명창조에 해당한다.

(3) 두 청구항의 기술특징이 비록 그 서술 방식에 차이가 있으나, 명세서의 내용을 토대로 볼 때 그 서술 방식에 차이가 있는 기술특징이 실질적으로는 동일한 것이라고

확정할 수 있는 경우

> **┃사 례┃**
>
> 출원 A의 청구항: … 를 포함하는 수도꼭지로서, 두 개의 물주입구가 각각 두 개의 물주입관
> 으로 상기 양방향 밸브 코어강으로 통하여 상기 세라믹 코어의 냉, 온 물주입구와 서로 연
> 결되는 수도꼭지.
> 출원 B의 청구항: … 를 포함하는 수도꼭지로서, 두 개의 물주입구가 각각 두 개의 물주입관
> 으로 상기 세라믹 밸브 코어강으로 통하여 상기 세라믹 코어의 냉, 온 물주입구와 서로 연
> 결되는 수도꼭지.
> 분석: 출원 A의 청구항에 대해 명세서에 기재된 내용을 토대로 당업자는 직접적이고도 아
> 무런 의심 없이 두 개의 물주입구는 세라믹 밸브 코어강으로만 통하게 됨을 확인할 수 있
> 다. 즉, 출원 A의 청구항에서 "두 개의 물주입구가 각각 두 개의 물주입관으로 상기 양방향
> 밸브 코어강으로 통하여 상기 세라믹 코어의 냉, 온 물주입구와 서로 연결"된다는 특징에
> 서, "상기 양방향 밸브 코어강"은 실질적으로 "세라믹 밸브 코어강"일 수밖에 없으므로, 두
> 청구항의 기술방안은 실질적으로 동일하여 동일한 발명창조에 해당한다.

(4) 청구항에 복수 개의 병렬된 기술방안이 포함되어 있는데, 그중 일부 기술방안과
다른 청구항의 기술방안이 동일한 경우

> **┃사례 1┃**
>
> 출원 A의 청구항 제1항: 패널과 지지기둥으로 이루어지는 트레이로서, 상기 패널은 샌드위
> 치 패널이고, 그 표면은 널판지이거나 유리판이고, 중간층은 벌집모양의 코어로 이루어지
> 는, 트레이
> 출원 B의 청구항 제1항: 패널과 지지기둥으로 이루어지는 트레이로서, 상기 패널은 샌드위
> 치 패널이고, 그 표면은 유리판이고, 중간층은 벌집모양의 코어로 이루어지는, 트레이
> 분석: 출원 A의 청구항은 두 개의 병렬된 기술방안을 기재하고 있고, 출원 B의 청구항은 그
> 중 하나의 기술방안을 기재하고 있으므로, 두 청구항은 동일한 발명창조에 속한다.

> **┃사례 2┃**
>
> 아래 청구항들은 위 사례 1)의 두 청구항의 종속항들이다.
> 출원 A의 청구항 제2항: 제1항에 있어서, 상기 패널의 두께는 10~15.5mm이거나 25~30mm
> 이거나 42~47mm이고, 그 표면은 유리판인, 트레이
> 출원 B의 청구항 제2항: 제1항에 있어서, 상기 패널의 두께는 25~30mm인, 트레이

분석: 출원 A의 청구항 제2항은 3개의 병렬되는 기술방안으로서, 패널의 두께가 10~15.5mm인 트레이, 패널의 두께가 25~30mm인 트레이 및 패널의 두께가 42~47mm인 트레이를 기재하고 있다. 출원 B의 청구항 제2항은 그중 하나의 기술방안인 패널의 두께가 25~30mm인 트레이를 기재하고 있어, 두 청구항은 동일한 발명창조에 속한다.

2) 동일한 발명창조로 인정되지 않는 경우

(1) 두 물건 청구항 중 어느 한 물건 청구항에 방법 특징이 부가되었는데, 이 방법 특징이 상기 물건에 한정작용을 하는 경우

┃사 례┃

출원 A의 청구항: 3종의 목판으로 제작되는 3층 구조의 바닥
출원 B의 청구항: 3종의 목판이 이음 연결되어 제작되는 3층 구조의 바닥
분석: 출원 B의 청구항은 '바닥'이 '연결'되었다는 방법적 한정이 추가되었다. 이음 연결 방식으로 생산된 바닥과 다른 방법으로 제작된 바닥은 다른 구조를 갖게 되는 것이므로, '이음 연결'이라는 특징은 청구항의 보호범위에 한정작용을 한다. 따라서 양자는 다른 기술방안이며 동일한 발명창조가 아니다.

(2) 두 방법 청구항 중 어느 한 방법 청구항에 물건 특징이 부가되었는데, 이 물건 특징이 상기 방법에 한정작용을 하는 경우

┃사 례┃

출원 A의 청구항: 연료가스 파이프라인의 누설 지점에 회전연마 처리를 진행하는 단계; 연마 처리로 형성된 연마홈에 대해 사출 용접을 진행하는 단계; 용접된 지점의 연료가스 파이프라인을 잘라내는 단계; 연료가스 파이프라인의 단부에 연료가스 파이프라인의 T자관 또는 스터브를 설치하여 연결하는 단계를 포함하는, 연료가스용 플라스틱 복합관 수리 방법
출원 B의 청구항: 연료가스 파이프라인의 누설 지점에 회전연마 처리를 진행하는 단계; 연마 처리로 형성된 연마홈에 대해 사출 용접을 진행하는 단계; 용접된 지점의 연료가스 파이프라인을 잘라내는 단계; 연료가스 파이프라인의 단부에 연료가스 파이프라인의 T자관 또는 스터브를 설치하여 연결하는 단계를 포함하되, 상기 방법은 전용 설비로 실현되고, 상기 전용설비는 환형 궤도, 도르래, 축방향 조정 슬라이더, 기어를 포함하는, 연료가스용 플라스틱 복합관 수리 방법
분석: 출원 B의 청구항에는 설비 특징이 부가되었는데, 이 방법은 이 전용 설비로 달성되는

것으로서, 상기 방법 청구항의 청구범위에 한정작용을 한다. 따라서 양자는 다른 기술방안
이며 동일한 발명창조가 아니다.

(3) 어느 한 청구항이 복수의 병렬된 기술방안으로 구성되는 마쿠쉬 청구항인데, 다
른 청구항이 상기 마쿠쉬 청구항의 기술방안 중에서 선별된 기술방안을 청구하는 경우

▌사 례 ▌

출원 A의 청구항: R'=COOH, NH₂, ……, 페닐기이고, R²=Cl, SO₃H, CH₃, ……CH₂CH₂CH
인 화학식(I)의 화합물.

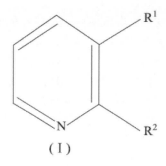

(Ⅰ)

출원 B의 청구항: R'=COOH 이고, R²=Cl 인 화학식(I)의 화합물.
분석: 출원 A의 청구항은 마쿠쉬 청구항으로서, 복수의 병렬된 기술방안을 명확하게 분간
하기 어려워, 이를 전체로서 고려해야 하는데, 출원 B의 청구항의 청구항과 비교하여 다른
기술방안을 청구하고 있어 동일한 발명창조가 아니다.

---

(4) 두 청구항의 연속된 수치한정의 일부가 중복되는 경우; 또는 어느 한 청구항이
연속된 수치한정 특징을 언급하고 있고 다른 청구항은 그중 한 경계값을 언급하는 경
우

▌사례 1 ▌

출원 A의 청구항: 두께가 25~30mm인 패널
출원 B의 청구항: 두께가 27~32mm인 패널
분석: 두 청구항에서의 연속된 수치범위 한정은 전체로서 고려해야 한다. 두 청구항은 보
호범위가 다른 기술방안으로서 동일한 발명창조가 아니다.

▮ 사례 2 ▮
출원 A의 청구항: 두께가 25~30mm인 패널
출원 B의 청구항: 두께가 30mm인 패널
분석: 출원 A의 청구항은 연속된 수치범위로서 전체로서 고려해야 한다. 출원 B의 청구항과 비교하여 다른 기술방안을 청구하고 있어 양자는 동일한 발명창조가 아니다.

3. 처리 방식

1) 두 건의 전리출원 또는 등록 전리에 대한 처리

(1) 동일한 날에 동일 출원인[24]이 동일한 내용에 대해 두 건의 전리를 출원한 경우

동일 출원인이 동일한 날(출원일. 우선권 주장 출원의 경우 우선일)에 동일한 발명창조에 대해 2건의 전리를 출원하였고, 이 2건의 출원이 다른 등록 요건들을 모두 만족하는 경우, 출원인에게 선택 또는 보정할 것을 통지한다. 다른 등록 요건이 모두 만족되는 경우에 제9조 제1항 거절이유를 지적하는 것이 일반적이지만, 심사의 효율을 위해 다른 거절이유와 함께 지적하기도 한다.

출원인이 기간 내에 답변하지 않은 경우 출원을 취하한 것으로 간주한다. 출원인이 의견진술 또는 보정을 한 후에도 여전히 전리법 제9조 제1항 규정에 부합하지 않으면 2건의 출원을 모두 거절한다.

만약 두 건의 출원이 착오로 등록되었는데 등록 공고일이 서로 다른 경우, 무효심판 청구인이 선등록된 전리에 대해 제9조를 이유로 무효심판을 청구하면 전리복심위원회는 다른 무효사유가 없는 경우 해당 전리권을 유효로 유지한다. 만약 후 등록된 전리에 대해 제9조를 이유로 무효심판을 청구하면 전리복심위원회는 해당 전리권에 무효 심결을 내린다.[25]

만약 두 건의 출원이 착오로 등록되었는데 등록 공고일이 서로 동일한 경우, 무효심판 청구인이 그중 어느 하나의 전리권에 무효심판을 청구하면 전리복심위원회는 해당 전리권에 무효 심결을 내린다. 만약 무효심판 청구인이 두 건의 전리권에 모두 무효심판을 청구하면 전리복심위원회는 보통 이를 병합 심리하고, 전리권자에게 둘 중 하나의 전리만을 선택하도록 고지한다. 전리권자가 어느 한 전리를 선택하고 선택된 전리에 다른 무효사유가 없으면 이를 유효로 유지하고, 다른 전리는 무효로 선고한다. 만약

---

24) 출원인의 일부만 동일한 경우는 동일 출원인으로 보지 않는다.

25) 2010 《专利审查指南》 第四部 第七章 2.1절; 吳观乐, 专利代理实务, 第3版, 知识产权出版社, 2015, 179쪽.

전리권자가 선택하지 않은 경우 두 건의 전리에 모두 무효 심결을 내린다.

(2) 동일한 날에 다른 출원인이 동일한 내용에 대해 두 건의 전리를 출원한 경우

다른 출원인이 동일한 날(출원일. 우선권 주장 출원의 경우 우선일)에 동일한 발명창조에 대해 각각 전리를 출원하였고, 이 두 건의 출원이 다른 등록 요건들을 모두 만족하는 경우, 전리법실시세칙 제41조 제1항 규정에 따라 출원인에게 협의하여 출원일을 확정하도록 통지한다. 출원인이 기간 내에 답변하지 않은 경우 그 출원을 취하한 것으로 간주한다. 협의가 이루어지지 않은 경우 또는 출원인이 의견진술 또는 보정을 한 후에도 여전히 전리법 제9조 제1항 규정에 부합하지 않으면 두 건의 출원을 모두 거절한다.

만약 두 건의 출원이 착오로 등록되었는데, 무효심판 청구인이 두 건 모두에 대해 제9조를 이유로 무효심판을 청구하면, 전리복심위원회는 보통 이를 병합 심리한다. 2인의 전리권자는 협상으로 하나의 전리만 남겨 둘 수 있으며, 이 경우 보통 서지사항을 변경하는 절차를 통해 공동 전리권자가 되는 것이 일반적이다. 그러나 만약 협상이 이루어지지 않은 경우 전리복심위원회는 두 건의 전리에 대해 모두 무효 심결을 내린다.

만약 두 건의 출원이 착오로 등록되었는데, 무효심판 청구인이 그중 한 건에만 제9조를 이유로 무효심판을 청구하면, 전리복심위원회는 무효심판이 청구된 전리에 대해서만 심리를 진행한다. 전리복심위원회 스스로 무효 절차를 개시할 수 없기 때문에 다른 한 건의 전리에 대해 심리를 진행할 수 없기 때문이다. 이 경우 피청구인은 적극적으로 다른 전리권자와 협상을 통해 포기할 전리권을 확정해야 할 것이다. 만약 협상이 이루어지지 않으면 전리복심위원회는 청구된 전리에 대해서만 무효 심결을 내린다. 따라서 무효심판을 제기당하지 않은 다른 전리권자는 협상에 소극적일 가능성이 높다. 이 경우 무효심판의 피청구인은 다른 전리권자를 상대로 무효심판을 제기함으로써 다른 전리권자가 협상에 임하도록 해야 할 것이다.

(3) 다른 날짜에 동일한 내용에 대해 두 건의 전리가 출원된 경우

이 경우는 두 건의 출원에 대한 출원인의 동일 여부에 상관 없이 전리법 제9조가 아닌, 전리법 제22조 제2항 규정에 따라 신규성 또는 저촉출원 요건에 따라 처리된다.

2) 1건의 출원과 1건의 등록전리에 대한 처리

(1) 출원의 출원인과 등록전리의 전리권자가 동일한 경우

전리 출원을 심사하는 중에 동일 출원인이 동일한 날(출원일. 우선권 주장 출원의 경우 우선일)에 동일한 발명창조에 대해 출원한 다른 전리출원이 이미 등록되었고, 아직 등록되지 않은 출원이 다른 등록 요건들을 모두 만족하는 경우, 출원인에게 보정하도록 통지한다. 출원인이 기간 내에 답변하지 않은 경우 그 출원을 취하한 것으로 간주한다. 출원인이 의견진술 또는 보정을 한 후에도 여전히 전리법 제9조 제1항 규정에 부합하지 않으면 전리 출원을 거절한다.

(2) 출원의 출원인과 등록전리의 전리권자가 다른 경우

a) 출원의 출원일이 등록전리의 출원일보다 앞선 경우 이 출원에 대해 등록을 허여한다. 이것이 전리법 제9조 제2항 규정에 부합한다. 다만, 이러한 등록에 의해 발생한 중복 권리에 대해서는 무효심판 절차에 따라 해결하도록 한다.

b) 출원의 출원일과 등록전리의 출원일이 동일 일자인 경우 이 출원에 대해 등록을 허여한다. 이러한 처리가 전리법 제21조의 공정 처리 규정에 부합한다고 한다. 다만, 이러한 등록에 의해 발생한 중복 권리에 대해서는 무효심판 절차에 따라 해결하도록 한다.

c) 출원의 출원일과 등록전리의 출원일이 동일 일자이나, 만약 출원인과 전리권자가 다르게 된 이유가 명의 변경에 기인한 것임이 증거로서 밝혀진 경우, 해당 출원에 전리법 제9조 제1항 규정이 적용되어 심사의견통지서가 발급된다. 이 경우 출원인과 전리권자 간의 협상을 요구하며, 협상이 이루어지지 않으면 출원을 거절한다.

3) 이중출원

동일 출원인이 동일한 날(출원일만을 의미)에 동일한 발명창조에 대해 실용신안과 특허를 동시에 출원하는 경우, 출원 시에 동일한 발명창조에 대해 이미 다른 전리를 출원하였다는 사실을 두 건의 출원일 당일에 이를 각각 설명해야 한다. 설명하지 않은 경우 전리법 제9조 제1항의 "동일한 발명창조는 하나의 전리권만을 부여한다"라는 규정에 따라 처리한다. 이를 도과하여 출원일 이후에 설명하더라도 받아들여지지 않는다.

국무원전리행정부문은 실용신안권을 수여한다는 공고를 할 때 출원인이 동시에 특허출원을 했다는 사실을 공고한다.

먼저 취득한 실용신안권이 아직 소멸되지 않았고 출원인이 출원 시 각각 설명한 경우에는 특허출원의 청구항을 보정하여 등록 실용신안의 청구항과 다르게 하거나, 아니면 실용신안권을 포기함으로써 중복 등록을 피할 수 있다. 따라서 특허출원을 심사하는 과정에서 만약 당해 특허출원이 다른 등록 요건들을 모두 만족하는 경우, 출원인이 선택하거나 보정하도록 통지한다. 출원인이 등록된 실용신안권의 포기를 선택하는 경우, 의견서를 제출하면서 실용신안권을 포기한다는 서면 선언을 첨부해야 한다. 이때 등록 요건에 부합하나 아직 등록받지 못한 특허출원에 등록 통지서를 발송하고, 실용신안권을 포기하는 서면 선언은 관련 심사부분에 전달하여 전리국이 등기 및 공고한다. 실용신안권은 특허권이 부여된 날(특허권 등록이 공고된 날)로부터 소멸된다.[26]

---

26) 전리법실시세칙 제41조 제2항 내지 제5항. 다만, 현재 중국 전리법상 특허출원은 실질심사를 거

출원인이 실용신안권 포기에 동의하지 않는 경우 당해 특허출원은 거절되고, 출원인이 기간 내에 답변하지 않은 경우에는 당해 특허출원이 취하된 것으로 간주한다.

‖ 제5장 실용성 ‖

1. 실용성의 개념

전리법 제22조 제4항에서는 "실용성이란, 발명 또는 고안을 생산 또는 사용할 수 있으며, 긍정적인 효과를 낼 수 있는 것을 의미한다"라고 규정한다. 즉, 특허출원 또는 실용신안출원의 주제가 산업상 생산 가능하거나 이용 가능해야 하며 긍정적인 효과를 낼 수 있어야 한다. 한국 특허법의 산업상 이용가능성에 대응되는 개념이다.

발명 또는 고안이 등록받기 위해서는 기술적 과제를 해결할 수 있고 응용 가능한 발명 또는 고안이어야 한다. 물건 발명 또는 고안인 경우 이 물건은 반드시 산업상 제조가 가능하고 기술적 과제를 해결할 수 있어야 한다. 방법 발명인 경우 산업상 이용이 가능하고 기술적 과제를 해결할 수 있어야 한다.

산업이란 공업, 농업, 임업, 수산업, 목축업, 교통운수업 및 문화 체육, 생활용품 및 의료기기 등의 업종을 포함한다. 산업상 생산 또는 이용 가능한 기술방안이란, 자연법칙에 부합하고 기술적 특징을 갖추며 실시 가능한 기술방안을 의미한다. 기술방안은 기계설비를 사용하거나 물건을 생산하는 것뿐만 아니라, 예를 들어 안개를 제거하는 방법 또는 에너지를 변환하는 방법 등도 포함된다.

긍정적인 효과를 낸다는 것은, 특허 또는 경제, 기술 및 사회적 효과를 당업자가 실용신안을 출원한 날을 기준으로 예측할 수 있음을 의미하며, 이러한 효과는 긍정적이고 유익한 것이어야 한다.

처야 하지만 실용신안출원은 초보심사(형식심사)만 이루어진다. 만약 동일한 명세서 및 청구항에 대해 이중출원을 한 경우, 실용신안출원은 보정이 거의 이루어지지 않고 등록될 가능성이 높으나, 특허 출원은 보정 없이 등록될 가능성이 매우 미미하다. 따라서 실질심사를 거쳐 등록이 인정된 특허출원의 청구항은 등록 실용신안의 청구항 보호범위보다 좁고 그 범위에 속할 가능성이 많다. 결국 중국에서 이중출원을 하고 실용신안이 등록된 이후 특허가 등록되어야 하는 시점에서 실용신안권을 포기해야 하는 상황은 매우 드물게 발생할 수 있으며 이에 따라 전리법실시세칙 제41조 제2항 내지 제5항이 적용되는 경우도 적을 것이다.

2. 실용성의 심사

1) 심사원칙

신규성, 진보성보다 먼저 판단하며, 다음 두 가지 원칙에 따라 심사한다.

(1) 청구항에만 한하여 심사하는 것이 아니라, 출원일에 제출한 명세서(도면 포함) 및 청구항에 기재된 모든 기술내용을 토대로 심사한다.

(2) 출원 발명 또는 고안이 어떻게 만들어졌는지 또는 이미 실시 중인지는 실용성과 무관하다.

위 (1)에 대해 좀 더 구체적으로 살펴보면, 실용성의 심사 대상은 원칙적으로는 청구항이지만, 청구항에 기재된 내용만으로는 실용성 구비 여부를 판단하기 어려운 경우 심사관은 명세서의 내용을 함께 검토한다. 병렬 선택적인 방식으로 개괄하는 청구항(마쿠쉬 청구항)에서 일부는 실용성이 있으나 일부가 실용성이 없는 경우 청구항 전체가 실용성이 없는 것으로 거절이유가 지적되며, 심사관은 보통 출원인에게 실용성이 없는 부분을 삭제하라고 요구한다. 한편, 독립항이 실용성이 있다 하더라도 종속항이 실용성이 없는 경우가 존재할 수 있다.

청구항 이외의 부분은 보통 실용성에 대한 심사 대상이 아니지만, 예외적으로 명세서에 자연법칙에 반하는 기술방안이 기재된 경우(예를 들어 영구기관)에는 명세서도 실용성 심사 대상에 포함된다. 이 경우 청구항에서 해당 기술방안을 기재하지 않았다고 하더라도 실용성 거절이유가 지적된다.

▌사례 1▐

청구항: 동일한 축에 고정된 두 개의 대형 기어 및 이들과 각각 맞물리는 두 개의 소형 기어를 포함하되, 상기 소형 기어 중 하나는 엔진에 연결되어 엔진을 구동시키고, 다른 하나는 상기 엔진에 전기를 공급하는 발전기를 구동시켜, 상기 발전기가 내는 전기 에너지로 상기 엔진이 영구적으로 회전하는, 전기에너지를 소비하지 않는 자전장치.

분석: 상기 방안은 청구항에 기재된 내용만을 보더라도 기술방안이 에너지 보존법칙에 반한다는 것이 명백하다. 이 경우 심사관은 청구항에 기재된 내용만을 가지고 실용성 거절이유를 지적한다.

▌사례 2▐

청구항: 인력으로 떠오르는 비행기구로서, 상기 비행기구의 축 하부의 3각형 제어 프레임 안에 손잡이와 발판이 설치되고, 원추형 스프링이 발판 하부에 설치되는, 인력으로 떠오르는 비행기구

> 명세서 기재 내용: 사람이 3각형 제어 프레임 안의 손잡이를 잡고, 지속적으로 발판을 밟아 압력을 가하여 발판 하부의 스프링을 압축시켜, 트럼블린 원리를 이용하여 사람과 비행기구를 점진적으로 상승시킨다.
>
> 분석: 청구항에 따르면 청구하는 대상이 구조적으로 명확히 한정되었는데, 청구항에 기재된 내용만으로는 실용성 구비 여부를 판단할 수 없다. 이에 명세서에 기재된 내용을 살펴보면, 상기 기술방안은 트램펄린과 유사한 원리를 이용하여 사람의 힘으로 스프링을 계속 압축하여 탄성으로 사람과 비행기구를 점진적으로 상승시키는 것이었다. 스프링이 사람과 비행기구에 전체적으로 가하는 힘은 내력일 뿐, 사람과 비행기구는 어떠한 외력도 받지 않는 상황이나, 상기 발명이 바라는 기술적 효과는 사람과 비행기가 점점 상승하는 것이었다. 이는 시스템의 총 에너지가 증가한다는 것으로서 운동량 보존법칙에 반하여 실용성이 없다.

2) 심사 기준

다음은 2010년 전리심사지침에서 언급된 실용성이 결여된 경우이다.

(1) 재현성이 없는 경우

재현성이 없는 특허 또는 실용신안은 실용성이 없다. 재현성이란, 당업자가 공개된 기술내용에 따라 기술적 과제를 해결하기 위해 출원 발명이나 고안이 채용한 기술방안을 반복적으로 실시할 수 있음을 의미한다. 반복적 실시는 임의적 요인에 의존해서는 안 되며, 그 실시 결과는 동일해야 한다. 다만, 실시 결과에 어느 정도 차이가 있다고 하여 재현성이 바로 부정되는 것은 아니다. 예를 들어, "먹물을 담은 용기를 이용하여 화선지에 직접 뿌려 작품을 그리는 용기 대필 화법"의 경우, 매번 뿌려진 회화 작품 자체가 동일한지 여부와는 무관하게, 이러한 방법을 이용하여 매번 회화 작품을 그려 낼 수 있으므로 동일한 실시 결과를 갖는 것으로 인정된다.

물건의 수율이 낮다는 것과 재현성이 없는 것은 구별된다. 전자는 반복 실시가 가능하나 실시과정에서 특정 기술조건(예를 들어, 환경 청결도, 온도 등)을 갖추지 못하여 수율이 낮은 것이고, 후자는 모든 기술 조건을 갖추고 있지만 당업자가 그 기술방안이 이루고자 하는 결과를 반복적으로 실현할 수 없는 것을 의미한다.

▌사례 1 ▌

청구항 제1항: 황색 엽편 조각 성상을 띠는 고추 품종을 모체로 하고, 다른 임의의 고추 품종을 부체로 하여, 양자를 교배하여 고추의 잡종을 생산하는, 고추의 황색 엽편 성상을 갖는 고추 잡종 생산 방법.

청구항 제2항: 제1항에 있어서, 고추 품종인 피망(14)의 종자에 복사 돌연변이 유도를 진행하여, 상기 황색 엽편 성상을 갖는 고추 품종을 생산하는, 고추의 황색 엽편 성상을 띠는 고추 잡종 생산 방법.

출원 명세서에서는 종래기술 중에 황색 엽편 성상을 띠는 고추 품종이 존재한다고 언급하면서, 이 고추 품종을 획득할 몇 가지 출처를 열거하였는데, 그중에는 종래의 방법에 따라 상기 표기 성상을 전환하여 획득하는 방식, 또는 코발트-60을 피망(14)의 종자에 복사하여 돌연변이를 유도하여 생산하는 방식을 포함한다고 설명하였다.

분석: 명세서에서는 황색 엽편 성상을 띠는 고추 품종을 획득할 방법으로 종래의 방법에 따라 상기 표기 성상을 전환하여 획득하는 방식을 언급하였으므로, 청구항 제1항은 산업상 생산 또는 이용 가능하고 유리한 효과도 있어 실용성이 있다. 그러나 청구항 제2항에서 코발트-60을 피망의 종자에 복사시켜 돌연변이를 유도하여 생산하는 방식은 돌연변이 유도 조건에서 생산되는 임의적 돌연변이에 의존하는 것이므로, 돌연변이 유도 조건이 명확히 기재되었다고 하더라도 예상하는 고추 품종을 얻어내기가 어렵다. 따라서 청구항 제2항은 재현성이 없어 산업상 이용이 불가능하며, 결국 실용성이 없다.

▌사례 2▐

'닭에게 요오드 성분을 함유한 사료를 먹여 생산되는 요오드 함유 식용 달걀'이나 '꿀벌 사료에 셀레늄을 첨가하여 생산되는 셀레늄이 풍부한 벌꿀' 등과 같은 발명은, 사람이 생물체 자체의 신진대사 메커니즘을 토대로 인위적인 기술적 개입을 통해 사육 방법이나 특정 사료를 제어하여 얻어지는 것이 일반적이다.

분석: 이러한 발명은 사육장이나 양식장에서 실시될 것인데, 비록 생물체마다 개체의 차이가 존재하여 실시 효과에 있어서 일정 정도 차이가 있을 수는 있으나, 그 결과가 완전한 임의성을 띠지 않고 그 결과도 반복적으로 재현할 수 있으므로, 실용성이 부정되지 않는다.

(2) 자연법칙에 반하는 경우

자연법칙에 반하는 특허 또는 실용신안 출원은 실시가 불가능하므로 실용성이 없다. 에너지 법칙에 반하는 경우, 예를 들어 영구기관은 실용성이 없다.

한편, 물리 화학적 메커니즘이 명확하지 않은 경우와 자연법칙에 반하는 경우는 구별된다. 어떠한 발명 또는 고안이 아직 그 물리 화학적 메커니즘을 모른 채 개발된 경우라고 하여 자연법칙에 위배된 것으로 판단할 수 없다. 어떠한 발명이나 고안이 자연법칙에 반하는 것인지 의심이 되는 상황인 경우, 실험을 통한 확인이 가능하다면, 자연법칙에 반하지 않는 것으로 인정될 수 있다.

▌사 례▐

청구항: 철 이온을 함유한 수용액에 구리 조각을 담가서, 상기 구리 조각에 철 층을 형성하

는, 구리에 철을 도금하는 방법

명세서 기재 내용: 명세서에서는 황산철 수용액과 같은 철 이온 수용액에 구리 조각을 담가 구리 표면에 철을 도금하는 방법만을 제시할 뿐이고, 상기 방법을 실시하기 위해 채용한 설비는 종래 방법에서 채용한 설비에 비해 더 간단한 것이었다.

분석: 철의 산화력은 구리보다 커서 철이 보다 쉽게 이온을 형성하기 때문에, 도금 재료로서 구리를 선택할 경우 철 이온은 구리에 의해 철로 환원되어 구리 표면에 도금이 되지 않는다. 따라서 황산철 수용액과 같은 철 이온 수용액에 구리 조각을 담근다고 하더라도 구리 표면에 철이 도금되지 않는다. 따라서 청구항의 기술방안은 자연법칙에 반하여 실용성이 없다.

(3) 유일한 자연조건을 이용한 물건

발명 또는 고안은 유일한 자연조건을 이용한 물건이어서는 안 된다. 여기에서 '유일한 자연조건을 이용한 물건'이란, 유일한 자연조건을 이용하고, 또한 그렇게 얻어진 물건도 유일한 경우를 의미한다. 또한 상기 물건을 생산하는 방법도 산업상 사용이 불가능하여 실용성이 없다.

특정 자연조건의 원재료를 이용하여 얻어낸 물건은 원칙적으로 유일한 자연조건을 이용한 물건이 아니다. 예를 들어, 모 지역의 물과 광석 등을 이용하여 획득한 물건 또는 그 물건을 생산하는 방법, 히말라야산 위의 오염되지 않은 얼음물을 이용하여 생산한 음료 등이다. 비록 생산에 이용된 원재료가 유한하거나 특정된 것이기는 하나, 생산되는 물건이 유일하지 않은 경우로서, 산업상 생산 가능하고, 그 방법도 생산에 이용될 수 있기 때문이다.

또한 일반적으로, 유일한 자연조건을 이용하지 않은 고정 건축물은 산업상 생산 가능하다. 예를 들어 길이가 1000미터가 넘는 교량은, 비록 특정 자연조건에 맞추어 설계되었을 수 있지만, 다른 특정 조건이 더 존재하고, 상기 교량도 유일한 것은 아니기 때문이다.

한편, 유일한 자연조건을 이용한 물건이 실용성이 없다고 하여, 그 물건의 부품도 실용성이 없는 것은 아니다. 그 부품이 다른 물건에도 사용될 수 있기 때문이다. 다만, 그 부품이 상기 물건에만 사용되고 그 외 다른 물건에 사용될 만한 정황이 없다면 예외이다.

┃사 례┃

출원 발명은 황하 본류의 물 에너지자원 개발에 적합한 방법에 대한 것으로서, 상기 방법은 황하 상류 입구에 둑을 설치하여 물을 끌어낸 후, 터널을 뚫어, 물을 하류로 보내 이용하는 것을 특징으로 한다. 명세서에서는 황하의 상류에 형성된 좁은 길목의 존재로 인한 안정적인 물의 흐름을 이용하므로, 산서성과 섬서성의 양안에 각각 둑을 설치한 후, 터널을 뚫어, 물을 하류로 보내 관개, 선박 운송, 수력발전, 수산 양식, 양수 펌프장으로의 물 공급 등에 사용하는 내용이 기재되어 있었다.

분석: 상기 발명은 유일한 자연 조건을 이용하는 것으로서, 산업상 이용 가능성이 없으므로, 실용성 규정에 부합하지 않는다.

(4) 인체 또는 동물체에 대한 비치료 목적의 외과수술방법

외과수술방법은 치료 목적의 수술방법과 비치료 목적의 수술방법으로 나뉘고, 이 중 치료 목적의 외과수술방법은 제25조 제1항 제(3)호에서 규정하는 질병의 치료방법에 해당하여 전리권의 객체에서 제외되고, 비치료 목적의 외과수술방법은 생명이 있는 인간 또는 동물을 대상으로 하는 것으로서, 산업상 이용이 불가능하여 실용성이 없다. 예를 들어, 미용을 위한 외과수술방법, 외과수술을 통해 소의 신체에서 우황을 채취하는 방법, 보조 진단을 위한 외과수술방법(예를 들어, 관상동맥 사진촬영 전에 이용하는 외과수술방법 등) 등의 경우이다.

그러나 비치료 목적이면서 비외과수술의 비용 방법은 미용실 등에서 실시되는 것이기에 산업상 이용 가능하다. 또한 가축, 가금 등의 도살 방법도 비치료목적의 외과수술방법에 해당하지 않는다.

▮ 사 례 ▮

청구항: 건강한 유년기의 원숭이를 골라 마취시킨 후 피부를 절개하고, 두개골 표면에 위치를 지정한 다음 상기 표면에 치과용 시멘트를 바르는 단계; 14일 후 지정 위치의 치과용 시멘트와 두개골에 작은 구멍을 내어 침투압 펌프를 이용하여 미량의 약을 주입하는 단계; 원숭이의 신체에 활동량 기록표를 달아, 투약 이전, 투약 기간 및 투약 이후 24시간의 활동량을 기록하는 단계;를 포함하는 원숭이 과잉 활동 중 동물모형 구축 방법

분석: 상기 방법은 생명이 있는 동물체를 대상으로 하는 마취, 피부 절개, 두개골 표면 정리, 치과용 시멘트의 피복 및 약물 투여를 위한 두개골상의 구멍 형성 등의 비치료 목적의 외과수술방법이므로, 산업상 이용할 수 없어 실용성이 없다.

(5) 극한 상황에서 인체 또는 동물체의 생리 파라미터를 측정하는 방법

극한 상황에서 인체 또는 동물체의 생리 파라미터를 측정하려면, 피측정 대상을 극한 환경에 처하게 해야 하고, 이는 인간 또는 동물의 생명에 위협을 준다. 또한 인간 또는 동물 개체마다 인내할 수 있는 극한조건은 다른 것으로, 경험이 있는 측정자가 피측정자의 상황에 따라 인내할 수 있는 극한조건을 결정해야 한다. 따라서 이러한 방법은 산업상 이용이 불가능하므로 실용성이 없다.

다음 측정 방법은 실용성을 결여된 예이다.

a) 인체 또는 동물의 체온을 서서히 떨어뜨려 인체 또는 동물의 저온 환경 인내정도를 측정하는 방법

b) 흡입 공기 중의 산소 분압을 서서히 낮추어 관상동맥의 부하를 점진적으로 증가시키는 방법을 통해, 동맥혈압의 동태 변화에 의한 대상반응을 관찰하고 관상동맥의 대사기능을 측정하는 비침입성 검사방법

┃ 사 례 ┃

청구항: 공지된 형상의 접촉체를 이용하여 힘(F)으로 안구에 압력을 가하는 단계; 안구의 변역 면적(A)를 측정하고, 관계식 P=F/A을 통해 안구 내 압력(P)를 계산하는 단계; 점진적으로 힘(F)를 증가시켜, 안구가 감당할 수 있는 최대 압력(Pmax)를 구하는 단계;를 포함하는 안구 내 압력(P)를 측정하는 방법

분석: 상기 방법은 측정 과정에서 안구 내 압력의 극한값을 측정해야 하므로, 사람의 눈을 극한 상황에 처하게 하여 안구를 손상시킬 수 있다. 뿐만 아니라, 개개인마다 감당할 수 있는 극한치가 달라 경력이 있는 측정자가 상황에 따라 극한 조건을 결정할 필요가 있는데, 이는 극한 상황에서 인체의 생리 파라미터를 측정하는 것이므로 산업상 이용할 수 없고, 따라서 실용성이 없다.

---

(6) 유리한 효과가 없는 경우

발명이나 고안의 기술 방안은 예측 가능한 유리한 효과가 있어야 하고, 명백하게 무익하거나 사회적 요구에서 벗어난 발명 또는 고안은 실용성이 없다. 과거 중국에서 독성물질을 함유한 미백 화장품에 대해 실용성 결여를 이유로 거절한 사례가 있었다. 출원 발명을 장기간 사용할 경우 사용자에게 만성 중독을 일으켜 인체를 손상시키므로, 상기 화장품은 사용 가치가 없고 사회적 요구에서 벗어나며 유리한 효과가 없어, 실용성이 없다는 것이 그 구체적인 거절의 근거였다.

하지만 일반적인 경우 출원 청구항이 명백하게 무익하거나 사회적 요구에서 벗어나지만 않는다면 제22조 제4항 규정의 "긍정적인 효과를 얻을 수 있는" 조건을 만족시킨다. 또한 기술방안이 일정 부분 결함이 있는 경우, 예를 들어 의약품에 부작용이 있지만 유리한 효과도 있는 경우, 예견 가능한 유리한 효과가 있는 것으로 인정된다. 그러나 어떠한 기술방안이 백해무익하다면, 예견 가능한 유리한 효과가 없는 것으로 인정된다.

> **┃사 례┃**
>
> **청구항**: 농도가 1~36%인 1~99%(중량)의 염산 및 1~99%(중량)의 과산화수소수를 함유하는, 치아 플러그 정화제.
>
> **분석**: 강한 농도의 염산과 과산화수소수는 모두 인체의 피부 및 점막 조직에 상당한 손상을 가하는 물질로서, 상기 정화제는 인체에 백해무익하며 예상 가능한 유리한 효과를 낼 수 없어, 실용성이 없다.

3) 실용성 요건과 충분 공개 요건

실용성 요건에서의 '생산 또는 이용 가능'이란 발명 또는 고안이 산업상에서 생산 또는 이용될 수 있음을 의미한다. 제조 또는 이용이 불가능하여 실용성이 없는 경우는 기술방안 자체의 흠결로 인한 것으로서, 명세서에 공개된 정도와는 무관하다. 다시 말해 명세서에서 충분히 상세하게 설명하였더라도 실용성이 인정받지 못할 수도 있다(예: 자연법칙에 반하거나 재현성이 없는 기술방안).

충분 공개 요건에서의 '당업자의 실현 가능성'은 명세서 공개 정도에 의해 결정된다. 즉, 명세서에 발명에 대한 명확하고 완전한 설명이 없으면 당업자가 해당 발명을 실현할 수 없다.

심사관은 청구항의 주제명칭이 명백하게 자연법칙에 반하는 경우, 해당 발명이 실용성이 없다는 이유로 거절이유를 내린다. 만약 명세서에 기재한 원리가 명확하지 않아서 그 원리가 자연법칙에 반하는 것인지 의심이 드는 경우, 심사관은 그 출원 발명이 실용성이 없다는 이유로 거절이유를 지적할 수도 있고, 명세서가 충분히 공개되지 않았음을 이유로 거절이유를 내릴 수도 있다. 이때는 어떠한 거절이유가 적용되든, 심사관이 의견통지서에서 언급하고자 하는 최종적 결론은 논리상 일치한다.

‖ 제6장 단일성 ‖

1. 단일성

1) 단일성의 개념

전리법 제31조 제1항에 따르면, 하나의 특허출원 또는 실용신안출원은 하나의 발명 또는 고안에 한하여야 한다. 하나의 총괄적 발명사상에 속하는 2 이상의 발명 또는 고안은 하나의 출원으로 할 수 있다.[27] 즉, 한 건의 출원에 다수의 발명 또는 고안을 포함하는 경우 이들을 연결하는 하나의 총괄적 발명사상이 있어야 하며 이를 단일성이라 한다.

하나의 총괄적 발명사상에 관해 전리법 실시세칙 제34조에 따르면, 전리법 제31조 제1항의 규정에 따라 하나의 출원으로 할 수 있는 하나의 총괄적인 발명사상에 속하는 2 이상의 발명 또는 고안은 기술적으로 서로 연관된 것이어야 한다. 또한 하나 또는 복수의 동일 또는 상응하는 특정 기술특징을 포함해야 한다. 여기에서 "특정 기술특징"이란 각각의 발명 또는 고안이 전체로서 종래기술에 대해 기여한 기술특징을 의미한다.

여기에서 '각 발명 또는 고안이 전체로서'라 함은, 단일성을 판단하기 위해 어떠한 하나의 기술방안의 특정 기술특징을 확정할 때, 기술방안 자체를 고려할 뿐만 아니라 기술 영역, 해결하고자 하는 기술적 과제 및 기술적 효과도 고려한다. 한편, 기술방안에 대하여, 그 기술방안을 구성하는 각각의 기술특징은 물론이고, 그 기술특징들 간의 관계도 기술방안 전체의 구성부분으로 포함하여 다룬다.

'종래기술에 대해 기여'했다는 것은 진보성의 관점에서의 기여를 의미한다. 서로 대응되는 특정 기술특징이 다른 발명에 존재하는 상황에서, 이들이 또는 서로 다른 발명을 서로 조화될 수 있게 하여, 서로 관련되는 기술적 과제를 해결하거나; 또는 성질상 유사하여 서로 대체 가능하고, 동일한 기술적 과제를 해결한다면, 종래기술에 대해 기여한 것이다.

┃ 사례 1 ┃

청구항 제1항: 3개의 돌출부를 구비한 플러그;
청구항 제2항: 3개의 구멍을 구비한 콘센트;
종래 기술에는 3개의 돌출부를 구비한 플러그 및 3개의 구멍을 구비한 콘센트 구조를 개시하거나 암시한 바가 없고, 상기 플러그와 콘센트의 구조는 종래기술에 비해 자명하지 않는 것으로 가정함.
분석: 청구항 제1항과 제2항의 종래기술에 대해 기여한 바는 플러그 돌출부와 콘센트 구멍의 개수, 즉 "플러그가 3개의 돌출부를 구비"한 특징과 "콘센트가 3개의 구멍을 구비"한 특징이 특정 기술특징이다. 또한 이 두 특징은 플러그와 콘센트가 서로 조화되게 하므로 서로 관련된다. 따라서 즉 "플러그가 3개의 돌출부를 구비"한 특징과 "콘센트가 3개의 구멍을 구비"한 특징은 서로 대응되는 특정 기술특징이다.

---

27) 본 규정은 특허출원 및 실용신안 출원에만 적용되고, 디자인 출원의 단일성에 대해서는 전리법 제31조 제2항에서 별도로 규정한다.

| 사례 2 |

청구항 제1항: 천연고무패드 또는 스프링을 포함하는 장치

종래기술에서는 천용고무패드 및 스프링이 진동의 감쇄에 적용되는 것을 개시하거나 암시한 바가 없다고 가정함.

분석: 청구항 제1항에서 병렬적으로 한정하는 기술방안인 천연고무패드 또는 스프링은 특정 기술특징이고, 이들은 모두 탄성이 있어 본 발명이 구조적으로 진동 감쇄 효과를 갖게 한다. 천연고무패드와 스프링이 탄성이 있어 진동 감쇄 측면에서 종래기술에 대하여 기여하는 바가 동일하고, 서로 대체 가능하여, 서로 대응되는 특정 기술특징을 구성한다.

2) 단일성의 심사 원칙

(1) 심사관은 2 이상의 청구항에 기재된 기술방안의 실질적 내용이 하나의 총괄적 발명사상에 해당하는지 판단한다. 이 판단은 청구항을 기준으로 판단하고 필요 시에는 명세서와 도면을 참고한다. 2010년 전리심사지침에는 독립항의 조합방식으로 6가지 예를 들고 있으나,[28] 작성 방식이 6가지에 한정되는 것은 아니며, 하나의 총괄적 발명사상이 존재함을 전제로 하여 다른 방식으로 작성할 수도 있다.

(2) 2 이상의 발명이 하나의 총괄적 발명사상을 갖는지 판단할 때, 이들 발명이 각자의 독립항으로 작성되든, 아니면 하나의 청구항에서 병렬선택적으로 기재되든(예: 마쿠쉬 청구항) 모두 동일한 기준으로 단일성을 판단한다.

(3) 독립항과 그 종속항 간에는 단일성 결여의 문제가 존재하지 않으므로, 통상적으로 독립항 간의 단일성에 대해 판단한다. 그러나 형식적으로는 다른 독립항을 인용하는 형식으로 기재되었지만 실질적으로 독립항인 경우에는 단일성 부합 여부를 심사한다.[29]

---

28) 1) 하나의 청구항에 포함될 수 없는 2 이상의 물건 또는 방법의 동일 유형의 독립항; 2) 물건 및 그 물건의 제조에 전용되는 방법 독립항; 3) 물건 및 그 물건의 용도 독립항; 4) 물건, 그 물건의 제조에만 사용하는 방법 및 그 물건의 용도 독립항; 5) 물건, 그 물건의 제조에만 사용하는 방법 및 그 방법을 실시하기 위해 전문 설계된 장치 독립항; 6) 방법 및 그 방법을 실시하기 위해 전문 설계된 장치 독립항.

한편, 2)에서 "전용"이란 그 물건이 다른 방법으로 제조할 수 없음을 의미하는 것은 아니며, 5)와 6)에서 "전문 설계"도 그 장치가 다른 방법을 실시하기 위해서는 사용할 수 없다든지 또는 그 방법이 다른 장치를 이용하여 실시할 수 없음을 의미하는 것은 아니다.

29) 예를 들어 청구항 제1항은 특징 A, B, C를 포함하는 컨택터이고, 청구항 제2항은 제1항의 컨택터에 있어서 특징 C를 D로 대체한 것을 특징으로 한다면, 청구항 제2항은 제1항의 모든 특징을 포함하고 있지 않으므로, 종속항이 아닌 독립항이다. 따라서 이들 청구항들 간의 단일성을 판단한다.

(4) 만약 어떠한 독립항이 신규성, 진보성 결여로 전리권을 받을 수 없는 경우, 그 종속항들 사이에 단일성을 만족하는지 검토할 필요가 있다.[30]

3) 단일성 심사 방법

발명의 단일성 요건이 결여된 상황은 "단일성 결여가 명백한 경우"와 "단일성 결여가 명백하지 않는 경우"로 분류되고, 심사관은 각각의 경우에 대해 다른 심사 방식을 취한다.

(1) 단일성 결여가 명백한 경우 및 심사 방식

a) 단일성 결여가 명백한 경우

발명 간에 단일성 결여가 명백한 경우로서, 둘 이상의 발명이 (a) 동일하거나 대응되는 기술특징을 포함하지 않는 경우와 (b) 동일하거나 대응되는 기술특징을 포함하나, 그 기술특징이 해당 기술영역의 관용적 기술수단이어서 종래기술에 대해 기여하는 바가 없는 경우의 두 가지가 있다.

b) 단일성 결여가 명백한 경우의 심사 방식

심사관은 출원인에게 먼저 분할통지서를 보내 지정 기간 내에 출원을 보정하도록 하여, 출원인이 단일성 문제를 해소한 이후에, 인용문헌 검색 및 심사를 진행하는 경우도 있고; 또는 단일성이 결여된 그룹들 중 최초 독립항을 포함하는 그룹에 대해서만 검색 및 심사 의견을 내면서, 단일성 결여 지적을 함께 하는 경우도 있다. 후자의 경우 심사관은 출원인에게 검색 및 심사 대상이 되지 않은 다른 그룹의 발명을 삭제하라고 요구한다.

(2) 단일성 결여가 명백하지 않는 경우 및 심사 방식

a) 단일성 결여가 명백하지 않는 경우

둘 이상의 발명 중 동일하거나 대응되는 기술특징이 존재하지만, 이 특징이 해당 기술영역의 관용적 기술수단이 아니어서, 종래기술에 대한 기여한 특정 기술특징이 해당하는지 확인하기 위해 검색된 인용문헌이 있어야만 단일성 여부가 판단되는 경우이다.

---

30) 예를 들어, 청구항 제1항은 A, B를 포함하는 디스플레이; 청구항 제2항은, 청구항 제1항을 인용하면서 특징 C를 추가로 포함하는 디스플레이; 청구항 제3항은 청구항 제1항을 인용하면서 특징 D를 추가로 포함하는 디스플레이일 때, 만약 청구항 제1항이 신규성 및 진보성이 없으면, 이들 청구항들은 단일성이 있으나, 청구항 제1항은 신규성 또는 진보성이 결여되었으나 청구항 제2항과 제3항은 특허성이 인정된 경우, 청구항 제2항과 제3항은 실질적으로 독립항이므로 이들 간의 단일성 여부를 판단한다.

┃ 사례 1 ┃

청구항 제1항: 노반 포장 단계; 상기 노반 위에 기층을 포장하는 단계; 상기 기층 위에 아스팔트 마모층을 포장하는 단계를 포함하되, 상기 기능은 하나의 층으로 구성되고, 흙, 모래, 고화제가 1: 0.2: 0.1의 중량비로 혼합되어 롤러 압밀화가 이루어지는, 도로 포장 방법.

청구항 제2항: 청구항 제1항의 도로 포장 방법에만 사용되는 고화제로서, 상기 고화제는 액체 고화제와 고체 고화제로 이루어지고, 상기 액체 고화제의 화학 성분은 A로 이루어지고, 상기 고체 고화제의 화학 성분은 B로 이루어지는, 고화제.

분석: 청구항 제1항과 제2항에서 동일한 기술특징은 "고화제"로서, 종래기술을 검색하기 전에는 이 고화제가 해당 기술영역의 관용적 기술수단인지 여부를 판단할 수가 없으므로, 이 출원은 명확하게 단일성이 결여된 경우에 해당하지 않는다.

한편, "~에만 사용하는", "~에 전용되도록 설계된"과 같은 표현이 사용되었다고 하여, 그 출원이 하나의 총괄적 발명의 개념이 있음을 의미하지는 않는다. 하나의 총괄적 발명의 개념인지 여부는 각 청구항의 실제 내용을 토대로 판단하며, 청구항 작성 방식에 의해 영향받지는 않는다.

┃ 사례 2 ┃

청구항 제1항: 중량계로 팽화 점착성 분말 50분, 및 활석 분말 500분을 포함하는 도료 분말.

청구항 제2항: 팽화 점착성 분말과 활석 분말을 균일하게 혼합하여, 체로 거르는, 도료 분말 제조 방법.

출원 발명의 도료 분말은 팽화 점착성 분말과 활석 분말을 이용하여, 독성이 없고, 견고도가 좋으며, 표면에 윤기가 있고, 내마모성과 내습성이 있다.

분석: 청구항 제2항에서 제조된 물질과 청구항 제1항의 물질이 완전히 대응되게 일치하지는 않는다. 청구항 제1항과 제2항은 도료 분말 제조에 있어서 "팽화 점착성 분말과 활석 분말의 조합"이라는 동일한 기술특징을 포함하는데, 상기 동일한 기술특징은 도료 분말을 제조하는 관용적 기술수단에 속하지 않으므로, 이 두 청구항은 명확하게 단일성이 결여된 경우에 해당하지 않는다.

b) 단일성 결여가 명백하지 않는 경우의 심사 방식

단일성 결여가 명백하지 않는 경우, 단일성의 심사는 보통 발명의 신규성과 진보성에 대한 심사와 함께 이루어진다.[31]

일반적인 경우, 심사관은 먼저 독립항 제1항에 대해 검색 및 심사를 해야 하고, 경우에 따라 아래와 같이 다르게 처리한다.

---

[31] 이때, 발명의 단일성에 대한 심사 방식은 2010년 〈전리심사지침〉 제2부 제6장 2.2.2절을, 처리 방식은 〈전리심사지침〉 제2부 제8장 4.4절을 참고할 수 있다.

(a) 독립항 제1항이 등록 가능성이 있는데, 다른 독립항과 단일성은 없는 경우, 심사관은 다른 독립항에 대한 검색 및 심사를 잠시 미루고 제1차 의견제출통지서에 독립항 제1항 또는 그 종속항에 대해서만 심사의견을 작성하고, 출원인에게 단일성이 결여된 다른 청구항들은 삭제 또는 보정하게 하여 단일성 결여를 극복하라고 요구할 수 있다.

(b) 독립항 제1항이 등록 가능성이 없고, 다른 독립항과의 단일성도 결여된 경우, 심사관은 다른 독립항에 대해서는 검색을 진행하지 않을 수 있다. 이때 심사관은 1차 의견제출통지서에서 독립항 제1항 및 그 종속항이 전리권 등록 가능성이 없음을 지적하면서, 그 출원의 단일성 결여의 흠결도 함께 지적할 수 있다.

다만, 1건의 출원에 대해 서로 병렬된 2 이상의 독립항이 발명의 사상이 매우 근접하여 다른 기술분야의 검색을 요하지 않는 경우, 심사관은 그 출원의 전체 주제에 대해 검색할 수 있으며, 이때 심사관은 1차 의견제출통지서에서 단일성 흠결과 기타 흠결을 동시에 지적할 수 있다.

(c) 하나의 출원에 독립항이 두 개 뿐인 경우, 예를 들어 물건 발명과 그 물건을 제조하는 데에만 사용하는 방법 발명, 물건 발명과 그 물건의 용도 발명, 물건 발명과 그 방법의 실시를 위해 전용 설계된 장치 발명에서, 물건 독립항에 신규성 또는 진보성이 없는 경우, 일반적으로 심사관은 이 두 독립항 간의 단일성 흠결을 지적할 필요가 없다.

(d) 하나의 독립항에 신규성 또는 진보성이 없는 상황에서, 그 독립항을 인용하는 종속항들 간에, 또는 그 종속항과 다른 독립항 간에 단일성이 없는 경우, 심사관은 상기 독립항에 신규성 또는 진보성이 없다는 지적만 할 수 있다. 즉, 그 독립항을 인용하는 종속항들 간에, 또는 그 종속항과 다른 독립항 간에 단일성이 없다는 지적은 잠시 미루는데, 이는 신규성 또는 진보성 흠결을 치유하기 위한 출원인이 행할 청구항의 보정 방향이 명확하지 않은 상황에서 단일성 지적을 하면 심사가 복잡해질 수 있기 때문이다. 그러나 만약 등록 가능성이 있는 어떠한 종속항과 다른 청구항 간에 단일성이 없는 것으로 판단된 경우, 심사관은 절차의 간략화를 위해 출원인에게 단일성 흠결도 함께 지적할 수 있다.

❚ 사례 1 ❚

청구항 제1항: 차량용 에어백으로서, 상기 에어백을 접는 데 이용되는 보호용 덮개 및 상기 보호용 덮개를 고정할 수 있는 유지 부재를 포함하되, 상기 고정 상태에서, 상기 보호용 덮개와 상기 유지 부재는 수용 영역을 한정하는, 에어백.

청구항 제2항: 제1항에 있어서, 상기 수용 영역은 상기 보호용 덮개에 형성되는 구멍에 의해 형성되는, 에어백.

청구항 제3항: 차량용 에어백으로서, 상기 에어백을 접는 데 이용되는 보호용 덮개 및 상기 보호용 덮개를 고정할 수 있는 유지 부재를 포함하되, 상기 유지 부재는 장방형 밑판을 구비하는, 애어백.

청구항 제4항: 제3항에 있어서, 상기 유지 부재는 상기 보호용 덮개의 일측을 향해 탄성 변형이 가능한 완충단을 구비하는, 애어백.

분석: 심사관은 아래와 같은 과정으로 단일성을 판단한다.

ㄱ) 독립항인 제1항과 제3항의 차량용 애어백에서 동일한 기술특징은 "보호용 덮개"와 "유지 부재"이다.

ㄴ) 심사관은 애어백 분야에 대한 자신의 지식을 토대로 하여, 독립항 제1항과 제3항이 단일성 결여가 명백하지 않는 경우에 속한다고 판단할 수 있고, 이때 검색 및 심사를 진행해야 한다.

한편 본 사안에서, 청구항 제1항 내지 제4항이 한정하는 보호 객체가 동일하고, 기술 방안이 비교적 간단하며, 기술 영역 및 검색 범위가 기본적으로 동일하므로, 청구항 제1항 내지 제4항 모두에 대해 검색 및 심사를 하여도 업무량이 과다하게 늘어나지 않으므로, 이들 청구항 모두에 대한 검색을 진행할 수 있다.

ㄷ) 인용문헌을 검색한 결과 독립항 제1항과 제3항은 진보성이 없으나, 종속항 제2항과 제4항은 진보성이 있는 것으로 판단된 경우, 즉 동일한 기술특징인 "보호용 덮개"와 "유지 부재"가 종래기술에 비해 개선된 특징이 아닌 경우, 종속항 제2항과 제4항에서 종래기술에 기여하는 각 기술특징은 서로 동일하지 않다.

ㄹ) 심사관은 의견제출통지서를 작성하면서, 청구항 제1항과 제3항에 진보성 흠결 지적을 하면서, 출원인이 청구항 제2항과 제4항을 각각 독립항에 부가할 가능성을 감안하여, 절차 진행의 효율을 위해 의견제출통지서에 청구항 제2항과 제4항 간에는 단일성이 없다는 사실도 함께 지적한다.

▌사례 2 ▐

청구항 제1항: 적어도 4개의 타원형 횡단면의 플러그 바를 구비한 플러그로서, 상기 플러그 바의 일단은 개구홈을 구비하고, 개구되지 않은 다른 일단은 상기 플러그의 절연체에 고정 설치되는, 플러그.

청구항 제2항: 적어도 4개의 타원형 횡단면의 콘센트 구멍을 구비한 콘센트로서, 상기 콘센트는 단전 보호장치를 포함하는, 콘센트.

인용문헌 1은 두 개의 타원형 횡단면의 플러그바를 갖는 플러그 및 그와 대응하는 콘센트를 공개했고, 인용문헌 2는 4개의 플러그 바를 갖춘 플러그 및 4개의 콘센트 구멍을 갖춘 콘센트를 공개했다.

분석: 심사관은 아래와 같은 과정으로 단일성을 판단한다.

ㄱ) 청구항 제1항 발명을 인용문헌 1 및 인용문헌 2와 비교하여 종래기술에 기여하는 특정 기술특징을 확정한다.

청구항 제1항이 인용문헌 1과 다른 점은 적어도 4개의 플러그 바, 및 플러그 바의 일단은 개구홈을 구비하고, 개구되지 않은 다른 일단은 상기 플러그의 절연체에 고정 설치되는 특징이다. 이 중에서 "4개의 플러그 바"는 인용문헌 2에 의해 공개되었고, 그 작용도 동일하다. 그러나 "플러그 바가 개구단을 갖는 특징"과 "개구되지 않은 다른 일단이 상기 플러그의 절연체에 고정 설치되는 특징"으로 인해 청구항 제1항의 플러그가 종래기술에 비해 보다 쉽게 꽂아지고, 콘센트와의 연결도 보다 견고해져, 청구항 제1항은 인용문헌 1 및 2에 대해 진보성을 갖는다. 따라서 청구항 제1항에서 "플러그 바가 개구단을 갖는 특징"과 "개구되지 않은 다른 일단이 상기 플러그의 절연체에 고정 설치되는 특징"이 종래기술에 기여하는 특정 기술특징으로 확정된다.

ㄴ) 청구항 제2항에 제1항 발명과 동일하거나 상응하는 하나 이상의 기술특징이 존재하는지를 판단하여, 두 항의 기술적 관련성을 판단한다.

제2항에는 "플러그 바가 개구단을 갖는 특징"과 "개구되지 않은 다른 일단이 상기 플러그의 절연체에 고정 설치되는 특징"이 존재하지 않는다.

ㄷ) 결론: 청구항 제1항과 제2항은 동일하거나 상응하는 기술적 특징이 없으므로, 단일성이 없다.

한편, 단일성 판단 시에는 진보성 판단 시와 마찬가지로, 여러 개의 인용문헌을 이용하여 '종래기술에 기여하는 특정 기술특징'을 판단할 수 있다. 위 사례 2)에서도, 청구항 제1항의 상기 특정 기술특징을 확정할 때, 두 개의 인용문헌을 사용하여, "플러그 바가 개구단을 갖는 특징"과 "개구되지 않은 다른 일단이 상기 플러그의 절연체에 고정 설치되는 특징"을 종래기술에 기여하는 특정 기술특징으로 확정했다.

4) 출원인의 의견서 또는 청구항 보정서에 대한 심사

(1) 일반적 처리 방식

단일성이 없다는 심사관의 지적에 대해, 출원인이 의견진술 또는 청구항 보정을 한 경우, 심사관은 상황에 따라 아래와 같이 처리한다.

a) 만약 의견진술 또는 청구항 보정을 거친 이후에도 여전히 전리법 제31조 제1항 규정(단일성)에 반하고, 거절결정의 요건에 부합하면, 심사관은 바로 거절결정을 내릴 수 있다.

b) 만약 보정된 청구항이 모두 등록 가능하고, 청구항들 간의 단일성 결함도 없는 경우, 등록 결정을 내린다.

c) 만약 출원 명세서에 대한 보정이 전리법 실시세칙 제51조 제3항 규정에 반하는 경우, 다음 절의 '(2) 전리법 실시세칙 제51조 제3항 규정에 부합하지 않은 경우의 처리 방식'에 따른다.

(2) 전리법 실시세칙 제51조 제3항 규정에 부합하지 않은 경우의 처리 방식

전리법 실시세칙 제51조 제3항에서는 "출원인이 국무원전리행정부문이 발송한 심사의견통지서를 받고 전리 출원서류를 보정하는 경우, 통지서의 요구에 따라 보정해야 한다"라고 규정한다.

단일성 흠결을 극복하기 위해, 출원인은 청구항을 삭제하거나, 보정 또는 치환하는 등, 여러 가지 방식으로 출원 서류를 보정할 수 있다.

이하 열거된 방식의 보정은 일반적으로 전리법 실시세칙 제51조 제3항이 규정하는 통지서에서 지적한 흠결에 대한 보정으로 인정되지 않아, 받아들여지지 않는다.

a) 그 흠결이 "명백한" 단일성 결여를 해소하기 위해, 심사관이 심사 대상으로 삼은 청구항들을 삭제하고, 상기 청구항과 단일성이 없는 아직 검색 및 심사가 이루어지지 않은 다른 청구항들을 남기는 보정

b) 명세서에만 기재된 기술특징으로서 원래 출원된 발명과 단일성이 없는 기술방안을 보정된 청구항에 반영하는 보정

c) 단일성 결함을 해소하기 위해 이전에 청구항에서 삭제했던 발명을 다시 보정된 청구항에 반영하는 보정

출원인이 위와 같이 보정한 경우, 심사관은 의견통지서를 통해 보정이 전리법 실시세칙 제51조 제3항 규정에 부합하지 않아 받아들일 수 없다는 심사의견을 낸다. 그러면서, 지정된 기간 만료일 안에 출원인이 제출한 보정이 여전히 전리법 실시세칙 제51조 제3항 규정에 반할 경우, 보정 전의 청구항을 토대로 심사할 것임을 지적한다.

심사관이 보정 전 청구항으로 심사를 진행할 경우, 다음과 같은 결과가 발생할 수 있다.

a) 출원에 전리법 실시세칙 제53조에서 나열하는 거절결정 사유가 존재하지 않는 경우, 등록 결정이 될 수 있다.

b) 출원에 전리법 실시세칙 제53조에서 나열하는 거절결정 사유가 존재하고, 거절결정의 조건에 부합하는 경우, 거절결정된다.

c) 출원에 전리법 실시세칙 제53조에서 나열하는 거절결정 사유가 존재하나, 거절결정의 조건에 부합하지 않는 경우, 심사가 계속된다.

주의할 점으로, 그 흠결이 "명백하지 않은" 단일성 결여에 대해, 심사관이 일 그룹의 청구항들에 검색 및 심사를 진행한 결과, 이들 일 그룹의 청구항들이 등록받을 수 없는 경우(즉, 신규성, 진보성 등의 거절이유가 지적된 경우), 출원인이 청구항을 보정하면서 심사관이 심사 대상으로 삼은 청구항들을 삭제하고, 상기 청구항과 단일성이 없는 아직 검색 및 심사가 이루어지지 않은 다른 청구항들을 남기는 보정은 전리법실시세칙 제51조 제3항 규정에 부합하지 않는 경우에 해당하지 않는다. 즉, 이러한 보정은 받아들여진다.

5) 심사관의 단일성 거절이유 지적 시 그 외 특이사항

(1) 단일성 결여와 다른 실질 등록 요건의 결여가 동시에 존재하는 상황에서, 만약 다른 실질적 요건의 결함을 극복할 때 동시에 단일성 문제도 해소되는 경우라면, 심사관은 실질적 요건에 대해서만 지적할 수 있다.

(2) 간혹, 단일성이 없는 청구항 그룹에 대해 검색 및 심사를 진행하더라도 업무량의 증가가 과하지 않는 경우, 심사관은 단일성이 없는 청구항 그룹에 대해서도 검색 및 심사를 진행할 수 있다.

(3) 단일성 흠결의 거절이유를 지적할 때, 심사관은 단순히 단일성이 없다는 결론만을 언급해서는 안 되고, 각 발명이 하나의 총괄적인 발명의 사상에 해당하지 않는 이유에 대해 설명해야 한다.

(4) 단일성 흠결 여부에 대해 의심이 가는 정도에 불과한 경우, 심사관은 출원인에 유리한 방향으로 처리한다.

2. 분할출원

1) 서지사항 확인

분할출원 시 보통 실질심사를 담당하는 심사관은 분할출원의 서지사항에 대해서는 검토하지 않는다. 다만, 심사 결과에 영향을 미칠 수 있는 경우라고 판단되면 실질심사를 담당하는 심사관이 서지사항을 확인하는 경우도 있다. 예를 들어, 원출원의 출원 번호가 정확한지, 분할출원의 종류가 원출원과 일치하는지 여부 등이다. 이에 대해서는 심사지침 제1부 제1장 5. 1)을 참조한다.

만약 실질심사를 담당하는 심사관이 상술한 심사지침의 관련 규정에 부합하지 않는 출원을 발견한 경우, 심사관은 해당 출원을 초보심사(형식심사)부서로 반송한다.

2) 분할출원 심사 시 주의사항

분할출원의 심사관은 반드시 원출원의 심사 상황을 확인해야 한다(예를 들어 원출원의 심사 의견, 심사 과정 및 심사 결과).[32]

---

32) 심사업무규정, 실질심사메뉴얼에서는 이처럼, "분할출원의 심사관은 반드시 원출원의 심사 상황을 확인해야 한다."고 규정하고 있으나, 실무적으로 일부 심사관들은 이를 확인하더라도, 원출원에 사용된 인용문헌 및 그 심사 내용에 구애받지 않고, 자신이 독자적으로 새로운 인용문헌과 새로운 근거로 분할출원에 대해 거절이유를 지적하기도 한다.

3) 분할출원이 내용적 범위를 초과한 경우의 법률 적용

분할출원된 내용이 원출원 기재범위를 초과하는 경우 심사관은 전리법 제33조 규정만을 근거로 거절이유통지서를 낼 수 있다.[33]

마찬가지로 분할출원의 내용이 원출원의 기재 범위를 초과하는 경우, 만약 거절결정의 조건에 부합하면, 전리법 제33조 규정만을 근거로 거절결정을 내릴 수도 있다.

‖ 제7장 기재불비 ‖

1건의 특허출원은 명세서[34](필요 시 도면 포함), 요약, 청구범위를 포함한다. 1건의 실용신안출원은 명세서(도면 포함), 요약, 청구범위를 포함한다.

또한 중국 전리법 제26조 제4항에서 "청구범위는 명세서에 의해 뒷받침되어야 하고, 청구하는 범위를 명확하고 간결하게 한정해야 한다"라고 규정한다.

1. 명세서 충분공개 요건(전리법 제26조 제3항)

중국 전리법 제26조 제3항에서 "명세서는 발명 또는 고안에 대해 명확하고 완전한 설명을 해야 하고, 이는 당업자가 실현할 수 있는지를 기준으로 한다. 필요한 경우 도면을 첨부해야 한다. 요약서는 발명 또는 고안의 기술 요점을 간략하게 설명해야 한다"라고 규정한다. 심사관은 명세서에서 청구된 발명에 대해 당업자가 실현 가능할 정도로 충분히 공개하지 않았다고 판단하면 제26조 제3항 거절이유를 지적한다. 그러나

---

33) 2010년 〈전리심사지침〉 제2부 제6장 3.2절의 (2).

34) 원표현은 '说明书'로서 우리말로 설명서이다. 중국의 설명서는 도면을 포함한 개념이며, 1건의 출원 문서는 출원서, 설명서, 요약서, 권리요구서(청구범위에 대응)로 이루어진다. 한편, 중국에서는 명세서라는 표현을 사용하지 않는다. 반면 한국의 명세서는 청구범위와 발명의 설명을 포함한 개념이며, 1건의 출원 문서는 출원서, 명세서, 요약서, 도면으로 이루어진다. 이처럼 양국에서 사용하는 용어의 개념에 다소 차이가 있다. '说明书'라는 표현을 설명서로 번역하여 사용한다면, 명세서라는 표현은 사용될 일이 없을 것이고, 또한 '설명서'라는 표현이 독자에게 생소하게 받아들여질 수도 있으므로, 본서에서는 '说明书'라는 표현을 우리에게 익숙한 표현인 '명세서'로 번역하여 사용하기로 한다.

명세서 충분 요건에 만족하지 않는 내용이 청구범위에 기재되지 않았다면 명세서 불충분 공개의 거절이유를 지적하지 않는다. 이하에서는 '당업자 실현 가능'의 의미와 '충분 공개'에 대한 심사에 대해 더 검토해 본다.

1) '실현 가능'의 의미

'실현 가능'이란 당업자가 명세서의 내용을 토대로 그 발명이나 고안의 기술방안을 실현하여 기술적 과제를 해결하고, 의도하는 기술적 효과를 발휘할 수 있음을 의미한다.

(1) 기술적 과제

심사관은 청구 대상이 되는 기술방안이 충분히 공개되었는지를 판단할 때 해결하고자 하는 기술적 과제를 고려하는데, 이 기술적 과제는 다음 중 하나일 수 있다

a) 명세서에 기재된 기술적 과제

b) 명세서를 읽고서 직접적으로 확정할 수 있는 기술적 과제. 예를 들어, 비록 명세서에서 "본 발명이 해결하고자 하는 과제는 … 이다"라고 기재되지는 않았지만, 배경기술란에서 종래기술에 어떠한 결함이 존재한다고 문제를 제기하고 있는 경우, 그 결함의 극복을 발명이 해결하고자 하는 기술적 과제로 판단할 수 있다.

c) 명세서에 기재된 기술적 효과나 기술방안을 토대로 확정 가능한 기술적 과제. 이때 주의할 점은 기술방안에서의 어느 한 기술특징만으로 전체 기술방안이 해결하고자 하는 기술적 과제를 추단할 수 없다.

한편, 명세서에 어떠한 기술방안이 복수의 기술적 과제를 해결한다고 기재된 경우, 이 기술방안이 그중 적어도 어느 하나의 기술적 과제만 해결할 수 있으면 "기술적 과제 해결" 요건이 만족되는 것으로 인정된다.

(2) 기술적 효과

기술적 효과란 기술방안에서의 기술특징 및 기술특징 간 관계의 총화가 만들어 내는 것으로서, 보통 의도하는 기술적 효과가 생긴다는 것은 곧 발명이 기술적 과제를 해결함을 의미한다. 한편, 기술 영역이 다르면 기술적 효과에 대한 예견 가능 정도도 다르므로, 기술적 효과의 기재 정도에 대한 요구 수준도 다를 수 있다. 예를 들어, 기계분야는 예견 정도가 높은데, 어떠한 기기를 장착하는 데 볼트를 사용했다면 그 효과는 필연적으로 고정연결임을 예견할 수 있으므로, 비록 명세서에 그 기술적 효과를 기재하지 않았더라도 당업자가 그 효과를 예상할 수 있을 것이다. 그러나 화학분야의 예견 정도가 낮으므로, 기술방안은 반드시 실험 결과를 토대로 입증해야 하고, 명세서에는 그 실험 데이터를 명확히 기재해야 한다.

2) '충분 공개'에 대한 심사

청구범위에 기재된 발명에 대해서는 그 발명을 실현할 적어도 하나의 방식을 자세히 공개해야 하고, 발명을 이해하고 실현하는 데 필수불가결한 기술 내용을 완전하게 공개하여, 당업자가 그 발명을 실현할 수 있도록 해야 한다. 심사관은 상황에 따라 다음과 같은 기준에 따라 거절이유를 내린다.

ㄱ) 청구항에서 하나의 기술방안을 청구하고, 이 기술방안 중 어떠한 실시방식이 충분히 공개되지 않아서 실현할 수 없는 경우에는, 청구범위의 개괄이 불합리한 경우에 해당하여 전리법 제26조 제4항의 거절이유가 지적된다.

ㄴ) 청구항에서 여러 개의 기술방안이 병렬적으로 청구되고, 그중 일부 기술방안이 명세서에 충분히 공개되지 않은 경우에는, 전리법 제26조 제3항의 거절이유가 지적될 뿐만 아니라, 청구항이 전리법 제26조 제4항에 부합하지 않는다는 거절이유가 함께 지적된다.

(1) 불충분 공개로 인정되는 경우

심사관이 명세서의 기재 내용을 검토한 후 명세서에서 청구항의 기술방안을 충분히 공개하지 않았다는 합리적 이유가 있다고 판단하면, 반드시 거절이유를 지적하여 출원인에에 이를 분명히 할 것을 요구해야 하는 것으로 되어 있다. 이하는 명세서 불충분 공개로 인정되는 상황이다.

ㄱ) 명세서에 목표 또는 착상만을 제시했거나, 희망 또는 결과만을 표시했을 뿐, 당업자가 실시할 수 있는 기술수단을 기재하지 않은 경우

┃사 례┃

청구 발명은 교류전류를 이용한 담뱃불 점화기로서, 교류전류를 직류전류로 바꿀 필요가 없이, 교류전류로 직접 담뱃불 점화기를 작동시키는 것이었다. 명세서에는 이 담뱃불 점화기가 교류전류를 사용할 수 있다고만 기재하고 있을 뿐, 담뱃불 점화기의 구체적인 구조가 기재되어 있지 않았다.

분석: 종래기술에서의 담뱃불 점화기는 모두 직류전원을 이용하여 작동하므로, 당업자는 명세서의 내용을 토대로 교류전류를 이용한 담뱃불 점화기의 구조를 알 수 없고, 이 담뱃불 점화기를 만들 수도 없다. 이 출원은 착상만을 제시할 뿐 그 착상을 실현할 기술적 수단을 제시하지 않았다.

ㄴ) 명세서에 기술수단을 기재했으나, 당업자의 입장에서 그 수단이 모호하고 분명하지 않아, 명세서에 기재된 내용으로는 구체적인 실시가 불가능한 경우

▌사 례 ▌

청구 발명은 고체 연료에 대한 것으로서, 파라핀, 톱밥, 조연제 1호 등의 성분으로 이루어진다. 명세서에서는 상기 조연제 1호의 구체적인 성분과 출처가 기재되지 않았다

분석: 명세서에서 "조연제 1호"에 대한 설명이 분명치 않을 뿐 아니라, "조연제 1호"가 해당 기술영역에서 공지된 재료도 아니므로, 당업자는 명세서에 기재된 내용만으로 발명을 실시할 수 없다.

ㄷ) 명세서에 기술수단을 기재하였으나, 당업자가 그 기술수단을 통해 발명이나 고안이 해결하고자 하는 기술적 과제를 해결할 수 없는 경우

▌사 례 ▌

청구 발명은 휴식용 접의자에 대한 것으로, 명세서에 이 휴식용 접의자의 의자 등받이와 의자 시트의 연결 방식이 다음과 같이 설명되어 있었다: "휨 부재를 통해 연결되되, 상기 휨 부재의 양단과 중앙부에는 각각 연결공이 있고, 일단의 연결공이 볼트로 의자 등받이에 연결되며, 다른 일단과 중앙부의 두 연결공은 볼트로 의자 시트에 연결되어 상기 휨 부재는 접힐 수 없다."

분석: 의자 등받이와 의자 시트 간의 상기 연결방식 이외의 다른 어떠한 연결방식도 명세서에서 제시하지 않았다. 따라서 명세서의 설명을 토대로 상기 접의자를 제작할 때, 명세서에서 설명되는 연결방식만을 이용할 수 있을 뿐이다. 그러나 이 연결방식에 따라 제작된 접의자는 결코 접히지 않는다. 다시 말해, 명세서에 기재한 기술적 수단에 따르면 발명의 기술적 과제를 해결할 수 없다.

ㄹ) 발명이 여러 기술수단으로 이루어진 기술방안이지만, 그중 어느 한 기술수단에 대해 명세서에 기재된 내용을 토대로 당업자가 실현이 불가능한 경우

▌사 례 ▌

청구 발명은 줄의 길이를 임의로 조절할 수 있는 다기능 개목줄로서, 개목줄이 의도하는 길이가 되는 때, 줄을 감는 릴을 고정하여 줄을 의도하는 길이로 고정시킨다. 채용한 수단은: ㉠ 릴 주변에 클립 수용부를 설치하고, 릴을 수용하는 케이스에 클립을 구비한 회전연결부재를 설치하여, 상기 클립이 릴에 의치한 클립 수용부와 맞물리거나 이탈될 수 있으며; ㉡ 상기 케이스에 밈쇠가 설치되고, 밈쇠와 케이스 벽 사이에는 스프링이 설치되며, 밈쇠는 슬릿 액슬 슬리브(axle sleeve) 방식으로 회전연결부재와 연결되어, 밈쇠를 조작하여 화전연결부재의 회전을 제어할 수 있으며, 이에 따라 릴의 잠금과 풀림을 실현한다.

분석: 밈쇠를 이용하여 회전연결부재의 회전을 제어하는 것은 발명의 필수적인 기술수단이다. 명세서에서는 밈쇠가 슬릿 액슬 슬리브 방식으로 회전연결부재와 연결된다고만 기재되어 있고, 도면에서도 "슬릿 액슬 슬리브"의 구체적인 구조를 분명하게 나타내지 않고 있었기 때문에, 당업자는 명세서와 도면에서 제공하는 정보만으로는 "슬릿 액슬 슬리브"의 구체적인 기술적 의미가 무엇인지 알 수 없고, 밈쇠와 회전연결부재가 어떻게 연결되는지 명확히 확정할 수도 없으므로, 본 발명에서는 회전연결부재의 회전을 제어하는 기술적 수단이 실현될 수가 없다.

ㅁ) 명세서에 구체적인 기술방안을 기재하였으나, 실험 데이터를 기재하지 않았고, 그 방안이 실험 결과에 의해 입증되어야만 성립되는 경우.

새로운 화합물이나 조합물에 근거한 물건발명, 물질의 새로운 성질을 발견하여 이루어진 용도발명 및 관례를 깨거나 기술적 편견을 극복하는 발명에 대해서, 심사관은 특히 주의하여 심사한다. 예를 들어, 만약 상술한 새로운 화합물이나 조합물에 근거한 물건발명에 대해 명세서에 단지 개괄적인 설명만 있고 어떠한 실험 데이터도 없어서, 당업자가 명세서에 기재된 내용 및 해당 기술영역의 공지상식을 토대로는 해당 발명이 성립됨을 확신할 수 없는 경우, 발명에 대한 공개 불충분으로 인정될 수 있다.

▮사 례▮

청구 발명은 살충제로서, 다음을 주요 성분으로 포함한다(중량계): 비타민 1~2분(份); 아미노산 6~18분; 유기산 1~15분; 올리고당 4~6분; 단백질 0.5~8분; 희토 1~2분.

분석: 본 사례의 명세서에서는 살충제의 조성 및 배합비를 제시하였고, 실시례 부분에서도 각종 구체적인 배합 방법, 상기 농약의 사용대상, 방지하고자 하는 병충해, 사용 방법 및 사용 시간을 설명하였으나, 어떠한 실험데이터도 제시하지 않아 상기 살충제에 살충 효과가 있는지 확실하지 않다. 상기 살충제에서의 각 조성물에 살충 효과가 없음은 해당 기술 분야의 공지상식이다. 따라서 살충 효과가 없는 조성물로 구성된 살충제에 살충 작용이 있을지 예견이 불가능하여, 반드시 실험 결과가 있어야만 입증될 수 있음에도, 명세서에서는 관련 실험 데이터를 기재하지 않고 있으므로, 청구 발명 자체가 성립될 수 없다. 즉, 발명에 대한 공개가 충분하지 못하다.

(2) 심사의 계속

"공개 불충분"의 결함은 출원 명세서에 실시례 부가 또는 기술특징의 보충으로 극복할 수 없다. 따라서 그러한 보정이 이루어진 경우 전리법 제33조 거절이유가 지적된다.

a) 심사관이 고려 대상으로 삼지 않는 자료

출원인이 명세서가 충분히 공개되었음을 입증하기 위해 제출한 자료들 중 아래 자료들에 대해서는 심사관이 고려하지 않는 것이 원칙이다.

(a) 실시례의 보충

(b) 비출판물 증거

(c) 출원일 또는 출원일 이후에 공개된 출판물

(d) 화학발명에서의 실험데이터(2017년 4월 1일 이전)

b) 심사관이 고려 대상으로 삼는 자료

심사관은 아래 자료들은 고려한다.

(a) 정규 출판물[35]을 증거로 하여 입증되는 종래기술

(b) 의견진술의 방식으로 입증되는 종래기술

(c) 화학발명에서의 실험데이터(2017년 4월 1일 이후)

2010년 전리심사지침 제2부 제10장 3.4절의 (2)에서는 "명세서가 발명을 충분히 공개하였는지에 대한 판단은 원명세서와 청구항에 기재된 내용을 기준으로 해야 하며, 출원일 이후에 보충 제출된 실시례와 실험데이터는 고려하지 않는다"라고 규정하고 있었다. 그러나 2017년 4월 1일부터 시행되는 〈전리심사지침 개정에 대한 국가지식산권국의 결정〉[36]에 따르면, 이 규정의 후단 부분이 "심사관은 출원일 이후에 보충 제출된 실험데이터를 심사해야 한다. 보충 제출된 실험데이터가 입증하는 기술적 효과는 당업자가 출원 공개된 내용으로부터 얻을 수 있는 것이어야 한다"라고 수정되었다. 즉, 실험데이터의 추가 제출이 일정 조건하에서 가능하고 심사관은 이를 반드시 심사해야 한다는 규정이 명문으로 추가되었다.

위와 같은 심사관이 고려 대상으로 삼는 자료가 제출된 경우, 심사관은 출원인의 의견진술 또는 출원인이 제출한 증거로 "충분 공개"의 문제가 해소되는지 재차 판단해야 한다.

ㄱ) 받아들여지는 경우

만약 출원인이 의견서에서, 어떠한 기술수단이 당업자에 의해 공지상식으로부터 매우 용이하게 확정할 수 있어서 발명을 실현할 수 있음을 구체적으로 설명하였고, 심사관도 출원인의 근거가 받아들여질 수 있다고 판단한 경우, 출원인의 주장이 받아들여진다.

---

35) 정규 출판물에는 전리 문헌; 국제표준서적번호(ISBN)나 국제표준간행물번호(ISSN) 또는 중국 내에서 통일된 간행물번호를 가진 서적이나 간행물류의 출판물; 국가, 업계 또는 지방의 주관부문에서 발표한 표준; 및 공중이 열람 가능한 온라인 데이터베이스 방식으로 정기적으로 출판되어 공개되는 온라인 전자간행물 등이 포함된다. 비정규 출판물에는 비정규 방식으로 인쇄되어 출판, 발행경로로 배포되는 도면집, 제품 카탈로그, 제품 샘플, 회의논문 등이 포함된다.

36) 《国家知识产权局关于修改专利审查指南的决定》의 五, 2017년 2월 28일 공표, 2017년 4월 1일 시행.

예를 들어, 정류방법에 대한 발명으로서 종래기술과 다른 점은 정류탑에 있었는데, 정류탑의 플레이트 개수가 명세서에 공개되지 않았음을 이유로 심사관이 명세서 불충분 공개의 거절이유를 지적했다. 출원인은 이에 대응하면서, 최초 출원 명세서에 역류비 R값이 기재되어 있고, R값이 정해지기만 하면, 원료액과 유출액에서의 휘발성분의 몰비율을 토대로 플레이트 개수를 확정할 수 있으며, 당업자는 플레이트 개수의 확정방법을 알고 있어 이는 화학분야의 공지상식이므로, 당업자는 명세서 기재 내용을 토대로 청구 발명인 정류방법을 실현할 수 있음을 의견서를 통해 설명하였다. 만약 심사관이 출원인의 이러한 설명이 합리적이라 판단하였다면, 상기 발명이 충분히 공개되었음을 인정해야 한다.

ㄴ) 받아들여지지 않는 경우

(ㄱ) 만약 하나 또는 그 이상의 증거에 기재된 내용이 서로 모순되어 발명의 내용을 확인할 수 없는 경우, 여전히 전리법 제26조 제3항 규정에 부합하지 않는다.

예를 들어, 청구 발명은 수성볼펜 잉크 조합물에 대한 것으로서, 착색제로 사용되는 물질 C, a%(중량)의 수용성 극성용제, b%(중량)의 비이온형 표면 활성제 및 여분의 물을 함유한다. 물질 C를 착색체로 사용하는 것은 본 발명의 기술적 과제를 해결하기 위해 채용된 기술수단이다. 심사관은 명세서에 착색제의 용량이 기재되어 있지 않다는 이유로 명세서 불충분 공개의 거절이유를 지적했다. 출원인은 출원일 이전에 공개된 기사를 제공하면서 착색제의 용량이 종래기술임을 입증하고자 했다. 상기 기사에는 "수성볼펜 잉크 조합물에서, 착색제의 합량은 n%(중량)보다 낮아서는 안 된다"고 기재되어 있었다. 그러나 심사관은 "착색제의 합량은 (n-1)%(중량)보다 높아서는 안 된다"고 기재된 관련 기술분야의 소책자를 발견해 냈다. 이 경우 두 증거의 내용이 서로 모순되므로, 명세서는 여전히 불충분 공개의 결함을 갖는다.

(ㄴ) 만약 하나 또는 그 이상의 증거에서 어떠한 기술특징이 여러 가지 의미를 갖는 것으로 설명하고 있고, 이러한 다른 의미들 중 적어도 하나의 의미에 대해 청구 발명이 실현 가능한지 확정할 수 없는 경우, 여전히 전리법 제26조 제3항 규정에 부합하지 않는다.

예를 들어, 청구 발명은 파리를 유인하는 파리미끼로서, 마제향, 식창초 및 회심초 등을 함유하였다. 심사관은 "마제향"이 확실한 의미를 가지고 있지 않아 명세서 불충분 공개의 결함이 있음을 지적하였다. 출원인은 〈중약 대사전〉을 제출하면서 "마제향"의 의미는 해당 기술영역의 공지상식임을 입증하고자 하였다. 그러나 이 사전에서 "마제향"이라는 용어는 7가지 다른 약용식물을 나타내는 것으로 기재되어 있었다. 이 경우 당업자는 명세서 및 종래기술을 토대로 하더라도 그중 어떤 "마제향"을 사용하여야 본 발명의 목적을 달성할 수 있는지 확정할 수 없으므로, 본 발명을 실현할 수 없어 명세서는 여전히 불충분 공개의 결함을 갖는다.

(ㄷ) 출원인이 증거를 제출하여 어떠한 기술수단이 종래기술에 해당함을 입증하였으나, 상기 기술수단이 출원 명세서에 기재된 내용과 직접적으로 결합할 수 없다면, 해당 출원은 여전히 전리법 제26조 제3항 규정에 부합하지 않는다.

예를 들어, 출원 발명은 수동 교정을 거치지 않아도 칼라 영상을 얻을 수 있는 영상 스캔 교정 방법에 대한 것이었다. 상기 방법은 "총합을 가하여 평균을 구하는" 단계를 포함하고 있었는데, 심사관은 명세서에 어떻게 "총합을 가하여 평균을 구하는지" 기재되어 있지 않아 명세서 불충분 공개로 거절이유를 지적했다. 출원인은 본 출원의 출원일 이전에 공개된 서적을 제출하면서 "총합을 가하여 평균을 구하는" 방법이 종래기술임을 입증하고자 했다. 그러나 이 서적에 기재된 내용은 백색 교정에 적용되는 "총합을 가하여 평균을 구하는"법이 기재되어 있었고, 백색 교정에 적용되는 "총합을 가하여 평균을 구하는" 법은 색채 교정에 직접 적용할 수 없었다. 즉, 종래기술에서의 "총합을 가하여 평균을 구하는" 법은 출원 명세서에 기재된 교정방법 중에서의 다른 단계와는 직접적으로 결합하여 사용할 수 없으므로, 명세서 불충분 공개의 결함은 여전히 존재한다.

3) 명세서 충분공개에 대한 기타 문제들

(1) 명세서에서 인용하여 사용하는 '인증 문헌'[37]

출원인이 명세서 작성 단계에서 다른 문헌(이하 '인증 문헌'이라 칭함)을 언급하면서 발명을 설명하는 경우가 있는데, 이 경우 심사관은 명세서 전체가 전리법 제26조 제3항에 부합하는지 심사한다. 또한 심사 단계에서 출원인은 인증 문헌을 사용하여 명세서의 내용을 보충하려는 경우가 있는데, 이 경우 심사관은 전리법 제33조 규정에 부합하는지 심사한다.

ㄱ) 인증으로 간주되지 않는 경우

(ㄱ) 만약 명세서에서 해당 인증 문헌을 얻을 수 없을 정도로 인증 문헌에 대해 명확하게 안내하지 않거나, 또는 비록 인증 문헌이 존재하나 그 문헌에 기재된 내용이 발명과는 무관하거나 인증하는 내용과 부합하지 않으면, 명세서가 해당 문헌을 인용하여 사용하지 않은 것으로 간주한다.

┃ 사례 1 ┃

청구 발명은 공지된 물질 I 의 제조방법으로서, 중간물질 II로부터 물질 I 로 변환하는 과

---

37) 원문 표현은 '引证文件'이다.

정을 포함하고 있었다. 명세서에는 "물질 II를 획득한 다음, '문헌 C'에서 제시하는 방법을 참고하여 변환을 수행함으로써 물질 I를 획득할 수 있다"고 기재하고 있었으나, "문헌 C"의 구체적인 명칭이나 그 출처는 제시하지 않았다.

분석: 명세서에서 인증 문헌인 "문헌 C"를 구할 수 있는 안내가 명확치 않아 해당 문헌을 구할 수 없으므로, 명세서에서 "문헌 C"를 인증하지 않은 것으로 간주된다.

▍사례 2 ▍

청구 발명은 어떠한 전문 설비를 사용하는 방법에 대한 것이었다. 명세서에 기재된 내용에 따르면 이 설비는 출원 번호가 XXXXXXX인 실용신안으로서, 본 발명은 반드시 이 설비에 의존하여 이루어지고, 그렇지 않으면 실현 불가능하다고 되어 있었다. 심사관은 이 인증 문헌의 내용과 출원 발명과는 완전히 무관함을 발견했다.

분석: 명세서에 인증 문헌에 대한 안내에 오류가 있어, 올바른 인증 문헌을 얻을 수 있는 방법이 없으므로, 명세서에서 상기 문헌을 인증하지 않은 것으로 간주된다.

(ㄴ) 만약 인증 문헌이 비전리문헌이거나 외국 전리문헌이고, 그 문헌의 공개일이 본 출원의 출원일(출원일 포함) 이후라면, 명세서에서 해당 문헌을 인증하지 않은 것으로 간주된다. 주의할 점으로, 비록 인증된 외국 전리문헌에 중국 페밀리 전리문헌이 있고, 그 중국 페밀리 전리문헌의 공개일이 본 출원의 공개일보다 늦지 않더라도, 명세서에서 이 외국 전리문헌을 인증하지 않은 것으로 간주된다. 이는 중국 페밀리 전리문헌의 출원 번호나 공개번호가 최초 명세서에 언급되지 않았기 때문이다. 한편, 출원인이 외국 전리문헌을 중국 페밀리 전리문헌으로 대체하여 인증 문헌으로 삼으려 하는 보정은 받아들여지지 않는다.

(ㄷ) 만약 인증 문헌이 중국 전리문헌이고, 이 문헌의 공개일이 본 출원의 공개일보다 늦거나 공개되지 않은 경우, 명세서에서 해당 문헌을 인증하지 않은 것으로 간주된다.

▍사 례 ▍

출원 발명은 특수 촉매제를 이용하는 정유 방법에 대한 것이었으나, 명세서에서는 구체적인 설명 없이 단지 상기 촉매제는 동일 출원인이 중국이 이미 출원한 출원 A의 명세서에 기재되어 있다고 설명하면서, 그 출원 번호가 기재되어 있었다. 출원인은 본 출원의 출원일 이후에 이 촉매제를 개선한 발명을 출원하면서 출원 A를 선출원으로 하는 국내우선권을 주장하였고, 이에 따라 출원 A는 공개 전에 취하 간주되었다.

분석: 명세서에서 인증된 문헌(선출원 A)은 공개 전에 취하 간주되어 공개되지 않았으므

로, 이를 획득할 방법이 없다. 따라서 명세서에서 이 문헌을 인증하지 않은 것으로 간주된다.

ㄴ) 인증 문헌이 존재하는 경우의 충분 공개에 대한 판단

만약 인증 내용이 발명을 실현하는 데 필수불가결한 부분이면, 반드시 명세서와 인증 내용을 결합하여 전체로 취급한다. 만약 인증 내용이 명세서에 기재된 내용과 결합하여 기술적 과제를 해결하고 의도하는 효과를 내기 어려운 경우라면, 해당 명세서는 불충분 공개의 결함이 있다.

▌사례 1 ▌

출원 발명은 멀티풀타입 정전 준액상필름 분리장치에 대한 것으로서, 그 공개일은 1992년 2월 5일이다. 명세서에 기재된 내용에 따르면, 출원 발명은 출원인이 중국 특허청에 출원한 출원번호 XXXXXXX인 실용신안의 정전식 준액상필름 조합식 블록판 – 전극모듈을 적용하였다. 이 실용신안의 공고일은 1991년 9월 25일이다.

분석: 본 출원은 다른 중국 전리문헌을 인증하였고, 명세서에서는 인증 문헌에 대한 안내가 매우 명확하여, 그 출원번호를 토대로 이 인증 문헌을 획득할 수 있을 뿐만 아니라, 이 인증 문헌의 공개 시점은 본 출원의 공개일보다 앞선다. 당사자라면 명세서에 기재된 내용 및 공지상식을 토대로 인증 문헌에서의 "정전식 준액상필름 조합 시 블록판 – 전극모듈"을 본 발명의 "멀티풀타입 정전 준액상필름 분리장치"에 용이하게 응용할 수 있을 것이므로, 본출원은 전리법 제26조 제3항 규정에 부합한다.

▌사례 2 ▌

출원 발명은 수동 교정을 거치지 않아도 칼라 영상을 얻을 수 있는 영상 스캔 교정 방법에 대한 것이었다. 상기 방법은 컬러 보드를 스캔하는 영상스캐너가 데이터를 읽는 단계, R, G, B 계산값을 변환하는 단계, 총합을 가하여 평균을 구하는 단계 등을 포함하고 있었는데, 이 중 총합을 가하여 평균을 구하는 A 전리에서 공개하는 방법을 적용한다.

분석: 확인을 통해 A 전리의 공개일은 본 출원의 출원일보다 앞서지만, 공개된 "총합을 가하여 평균을 구하는 방법"은 백색 교정에만 적용되는 것이고, 본 출원은 색채 교정을 수행하는 것이다. 색채 교정은 색차를 만든 후 교정 처리를 할 필요가 있는 상황에 대한 것으로서 백색 교정보다 복잡하기 때문에, A 전리에서 공개하는 백색 교정을 진행하는 데 적용되는 "총합을 가하여 평균을 구하는" 방법은 본 출원의 색체 교정 처리에 바로 적용할 수 없다. 즉, A 전리에서 공개된 "총합을 가하여 평균을 구하는" 방법은 본 출원에서의 다른 단계들과 결합하여 본 출원의 영상 스캔 교정 방법을 실현하기 어렵다. 따라서 본 출원 명세서는 전리법 제26조 제3항 규정에 부합하지 않는다.

(2) 명세서에서의 상표 또는 상품의 명칭

명세서에 상표나 상품 명칭만을 사용하여 발명에서 관련 물건이나 물질을 표현하는 경우, 상표나 상품 명칭은 반드시 출원일 이전에 확실한 기술적 의미를 갖는 공지된 것이어야 한다. 그렇지 않으면 당업자가 그 물건이나 물질을 확인할 수 없어 발명의 기술방안을 실현할 수 없을 것이다.

명세서에 물건이나 물질을 표현하는 데 상표나 상품 명칭 사용을 인정할지를 판단할 때, 심사관은 기술 영역과 구체적인 기술 내용을 결합하여 판단한다.

상표 또는 상품의 명칭 사용이 인정되는 경우는 다음과 같다

ㄱ) 구체적인 물건이나 물질을 대표하는 경우. 예를 들어 "Teflon"은 화학 명칭이 폴리사불화에틸렌인 물질을 대표한다.

ㄴ) 공인된 명확한 의미를 갖는 물건이나 물질을 대표하는 경우. 예를 들어 "云南白药"(운남백약)은 그 구체적인 조성이나 배합 방법을 중국 정부에서 공개하지 않고 있으나, 그 물질은 공인된 것이면서도 분명한 의미를 갖는다.

ㄷ) 일련의 공지된 물건이나 물질을 대표하면서, 출원 발명에서 동일한 작용을 하는 경우. 예를 들어 화공 분야에서 공지된 "Tween" 계열의 제품은 비입자형 표면활성제로 사용되는 물질로서 이미 여러 종류가 공지되었고, 이러한 제품이 발명의 기술방안에서도 모두 비입자형 표면활성제로 작용한다.

그러나 상표나 상품 명칭이 여러 개의 다른 계열의 물건이나 물질을 대표하고, 이러한 제품의 기능이 서로 다르며 심지어 그 차이가 큰 경우에는, 그 사용이 허용되지 않는 것이 원칙이다.

2. 청구항이 명세서에 의해 뒷받침될 것(전리법 제26조 제4항 전문)

청구항이 명세서에 의해 뒷받침된다는 것은 각 청구항에 의해 한정되는 기술방안은 당업자가 명세서에 충분히 공개된 내용으로부터 얻을 수 있거나 개괄해 낼 수 있는 기술방안이어야 하며, 명세서의 공개 범위를 넘을 수 없다.

1) 얻을 수 있거나 개괄해 낼 수 있을 것

만약 하나의 청구항의 기술방안이 명세서에서 충분히 공개하는 하나 또는 그 이상의 발명을 실현하는 방식인 경우, 해당 청구항은 명세서에 의해 뒷받침된다.

만약 하나의 청구항의 기술방안이 명세서에서 충분히 공개하는 하나 또는 그 이상의 발명을 실현하는 방식을 토대로 출원인이 개괄한 경우, 해당 청구항이 명세서에 의

해 뒷받침되는지 판단함에 있어서, 심사관은 그러한 개괄이 타당한지 판단해야 한다.

(1) 만약 하나의 청구항의 기술방안이 명세서에서 충분히 공개하는 실시 방식의 모든 균등한 대체방식 또는 확실한 변형방식을 포괄하고, 이러한 방식이 동일한 기술적 과제를 해결할 수 있으며, 동일하거나 비슷한 기술적 효과를 갖는다면, 청구항의 개괄은 타당하다.

(2) 만약 하나의 청구항의 기술방안이 다음 내용을 포괄하고 있다면, 청구항의 개괄은 타당하지 못한 것으로서, 그 범위가 명세서의 공개 범위를 초과한 것이다.

a) 당업자가 명세서에 충분히 공개된 실시방식을 토대로 명세서에 기재된 모든 내용을 결합하고, 통상적인 실험 또는 분석 방법을 통해서도 실시 불가능한 기술방안

b) 발명이 해결하고자 하는 기술적 과제를 해결할 수 없는 기술방안

c) 의도하는 기술적 효과가 발생하지 않거나 그 효과를 확정하기 어려운 기술방안

한편, "명세서가 공개하는 내용"이란 "명세서에 기재된 내용" 및 "기재된 내용을 토대로 개괄해 낼 수 있는 내용"을 의미한다. 또한 "명세서에 기재된 내용"이란 "명세서에 문자적으로 기재된 내용" 및 "문자적으로 기재된 내용과 도면을 토대로 직접적이고도 아무런 의심 없이 확정할 수 있는 내용"을 의미한다.

2) 명세서에 의한 뒷받침에 관한 청구항 작성 형식별 검토

(1) 상위개념 개괄 또는 병렬선택 개괄

┃ 사례 1 ┃

청구항: … 를 특징으로 하는, 동물 가죽 처리 방법.
명세서에서는 돼지가죽의 처리 방법만을 공개할 뿐, 이 방법이 다른 가죽의 처리에도 적용됨을 설명하지 않았다.
분석: 청구항에는 상위개념인 "동물 가죽"을 사용하였는데, 이에는 돼지가죽뿐만 아니라, 양가죽, 소가죽 등도 포함하며, 돼지가죽과 성질상 차이가 큰 곤충 껍질도 포함한다. 명세서에서는 돼지가죽의 처리 방법만을 공개하고 있으나, 청구 범위로는 모든 동물 가죽의 처리 방법을 청구하고 있다. 이는 출원인이 추측한 내용을 명백히 포함하는 것이고, 그 효과도 확정하기 어렵다. 따라서 청구항의 개괄 범위가 지나치게 넓어 명세서에 의해 뒷받침되지 않는다.

┃ 사례 2 ┃

청구항: 화합물 A를 식물 바이러스 억제제로 사용하는 응용방법

명세서에는 이 화합물이 식물 TMV 바이러스를 억제하는 효과 데이터만 제시되었다.

분석: 식물 바이러스는 TMV, PXV, CMV, PYV, TNV 등 수많은 종류가 있고, 그 병을 유발하는 메커니즘도 완전히 같다고 볼 수 없다. 당업자는 명세서의 기재를 토대로 화합물 A가 모든 식물 바이러스에 대해 억제 활성이 있는지 예측하기 어렵다. 즉, 청구항의 기술방안은 출원인이 추측한 내용을 포함하였고, 그 효과도 확정하기 어렵다. 따라서 이 청구항은 명세서에 의해 뒷받침되지 않는다.

▌사례 3▐

청구항: 연성 재료로 구성된 외층; … 을 포함하는 변형 고정판.

명세서에서는 변형 고정판의 연성 재료 외층이 고정판 내부 재료가 피부에 찰과상을 입히는 것을 방지하는 데 이용된다고 기재되었다. 한편, 명세서에서는 외층이 "스펀지"인 변형 고정판만을 설명하였다.

분석: 청구항에서는 "연성 재료"라는 상위개념으로 한정하였다. 비록 명세서에서는 외층이 "스펀지"인 변형 고정판만을 설명하였지만, 당업자라면 면직물, 펠트(felt), 부직포 등과 같은, 다른 여러 종류의 적용 가능한 공지된 연성 재료를 용이하게 생각해낼 수 있을 것이다. 따라서 명세서에서 언급한 스펀지에 한할 것이 아니라, 이러한 연성 재료들은 모두 기술적 효과를 달성할 수 있으므로, 청구항은 명세서에 의해 뒷받침된다.

▌사례 4▐

청구항: 키보드, 마우스 또는 터치 스크린을 사용하는 입력 장치; … 를 포함하는 이미지 처리 장치.

명세서에는 입력 장치로서 키보드를 사용하는 실시례만 기재되어 있다.

분석: 청구항은 병렬 개괄방식으로 이미지 처리 장치에서의 입력 장치가 키보드, 마우스 또는 터치 스크린 중 하나라고 한정하였다. 비록 명세서에서는 입력 장치로서 키보드를 사용하는 실시례만 기재하고 있으나, 당업자라면 마우스와 터치 스크린도 키보드와 동일한 효과를 갖는 데이터 입력 작용을 할 수 있음을 알 수 있다. 따라서 청구항에서 병렬 개괄방식의 한정은 명세서에 의해 뒷받침된다.

(2) 기능 또는 효과로 한정한 기술특징[38]

a) 기능으로 한정한 기술특징에 대해, 만약 당업자가 그 기능을 실현할 공지된 방식

---

38) 기능식으로 한정한 청구항에 대한 2010년 〈전리심사지침〉의 규정은 제2부 제2장 3.2.1절에 있다. 여기에서는 우선 기능식 청구항의 인정 여부에 대해 "일반적으로 물건청구항에 대해 기능 또는 효과 특징을 이용하여 발명을 한정하는 것을 가능한 피해야 한다. 다만, 어떠한 기술특징이 구조적 특징을 사용해서는 한정할 수 없거나, 구조적 특징을 이용하여 한정하는 것보다 기능이나

을 명확히 알고 있고, 이 기능으로 한정된 기술특징이 포괄하는, 명세서에 기재된 실시방식 이외의 다른 실시방식도 발명의 기술적 과제를 해결할 수 있으며, 동일한 기술적 효과를 달성할 수 있다면, 그러한 한정은 허용된다. 그러나 그렇지 않으면 허용되지 않는다.

▌사례 1 ▐

청구항 제1항: … 를 포함하는, 옥상 태양에너지 장치.
청구항 제2항: 제1항에 있어서, 상기 장치는 상기 장치를 옥상면에 고정하는 데 이용되는

효과를 이용하여 한정하는 것이 더 적절하며 명세서에서의 특정 실험, 조작, 또는 해당 기술분야의 관용수단을 이용하여 그 기능 또는 효과를 직접적이고도 확실하게 검증할 수 있는 경우에 한하여 기능 또는 효과를 이용하여 발명을 한정하는 것이 허용된다"라고 규정한다. 즉, 기능식 청구항의 사용에 대해 권장하지는 않으나, 그 사용을 배제하지는 않는다.

또한 기능식 청구항이 전리법 제26조 제4항(전문) 규정의 '명세서에 의해 뒷받침될 요건'에 대해 다음과 같이 규정한다: "청구항에 포함된 기능적 한정의 기술특징은 그 기능을 실현할 수 있는 모든 실시방식을 포괄하는 것으로 이해해야 한다. 기능적 한정의 특징을 포함한 청구항에 대하여 그 기능적 한정이 명세서의 뒷받침을 받는지를 심사하여야 한다. 만약 청구항이 한정하는 기능이 명세서 중 실시례에 기재된 특정 방식을 통해 완성되는 것이고, 당업자가 명세서에 언급되지 않은 다른 교체방식을 사용하여도 그 기능을 달성할 수 있음을 명확하게 이해할 수 없거나, 당업자가 그 기능적 한정에 포함된 하나 이상의 방식에 의해 발명 또는 고안이 해결하고자 하는 기술적 과제를 해결하고 동일한 기술적 효과를 달성하는지에 대해 의심할 수 있는 경우에는, 청구항에서 상기 다른 교체방식이나 발명 또는 고안의 기술적 과제를 해결할 수 없는 방식을 포괄하는 기능적 한정을 사용할 수 없다. 또한 명세서에서 다른 교체방식도 적용할 수 있다는 식으로 애매하게 서술하였으나, 당업자가 그러한 교체방식이 어떠한 것인지, 이러한 교체방식을 어떻게 이용하는지에 대해 이해할 수 없는 경우에도 기능식 한정은 인정되지 않는다. 또한 순 기능적인 청구항도 명세서의 뒷받침을 받지 못하므로 인정되지 않는다.

청구항이 명세서에 의해 뒷받침되는지 판단할 때에는 명세서의 전체 내용을 고려해야 하며, 구체적인 실시례로 기재된 내용에만 의존해서는 안 된다. 만약 명세서의 다른 부분에 구체적인 실시례 또는 실시례와 관련되는 내용을 기재하였으며, 명세서의 전체 내용으로 볼 때 청구항의 개괄이 적절하다고 설명할 수 있는 경우에는 청구항이 명세서에 의해 뒷받침되는 것으로 판단한다.

독립항과 종속항 또는 서로 다른 유형의 청구항을 포함하는 경우, 각각의 청구항이 명세서에 의해 뒷받침되는지 각각 판단해야 한다. 독립항이 명세서에 의해 뒷받침된다고 하여 종속항도 당연히 명세서에 의해 뒷받침되는 것은 아니고, 방법 청구항이 명세서에 의해 뒷받침된다고 하여 물건 청구항도 당연히 명세서에 의해 뒷받침되는 것이 아니다.

청구하는 기술방안의 일부 또는 전체가 원출원 청구항에는 기재되었으나, 명세서에는 기재되지 않은 경우, 출원인이 그 내용을 명세서에 추가하는 것이 허용된다. 그러나 명세서에 청구항의 기술방안과 일치하는 기재가 포함되었다고 하여 청구항이 명세서에 의해 당연히 뒷받침되는 것은 아니다. 당업자가 명세서에 충분히 공개된 내용으로부터 청구항의 기술방안을 획득하거나 개괄할 수 있는 경우에만 그 청구항이 명세서에 의해 뒷받침된다고 판단한다."

부재를 더 포함하는, 옥상 태양에너지 장치.

명세서에서는 상기 장치를 옥상에 고정하는 부재 X를 최선 실시례로 설명하고 있을 뿐이다.

분석: 청구항 제2항에서, "옥상면에 고정하는 데 이용되는 부재"는 기능식으로 한정한 기술특징에 해당한다. 만약 당업자의 입장에서 반드시 명세서에 기재된 부재 X여야만 실현 가능한 것은 아니라고 판단할 수 있고, 예를 들어 볼트, 죔쇠 등과 같은 당업자가 알고 있는 다른 방식으로도 실현 가능하다면, 이 청구항은 명세서에 의해 뒷받침될 수 있다.

▌사례 2 ▌

청구항: 동력 기구, 전동 기구 및 운동기구로 이루어지는 기계식 동물 장난감으로서, 상기 장난감이 쪼그리기, 앉기, 엎드리기, 서기, 걷기를 가능하게 하는 제어 기구를 포함하는 것을 특징으로 하는, 기계식 동물 장난감.

명세서에서는 제어 기구에 대한 한 가지 구체적 실시례만을 공개하고 있었다.

분석: 특징부에서의 제어 기구는 기능식으로 한정되었다. 명세서에서는 상기 제어 기구의 한 가지 구체적 실시방식만을 제시하고 있는데, 당업자는 명세서의 내용을 토대로 동일한 기능을 갖는 다른 제어 기구를 생각할 수 없다. 즉, 명세서에서 제시해 주지 않은 다른 대체 방식으로도 이 기능을 실현할 수 있을 것임을 명확히 알 수 없으므로, 이 청구항은 명세서에 의해 뒷받침되지 않는다.

▌사례 3 ▌

청구항: 영상 표시 장치; … 를 포함하는 텔레비전

명세서에 기재된 내용에 따르면, 본 발명은 종래의 CRT 디스플레이 장치를 액정 디스플레이 장치로 대체하여, 종래의 CRT 디스플레이 장치가 에너지 소모가 많은 문제를 해결하고자 하였다.

분석: 청구항에서, "영상 표시 장치"는 기능식으로 한정한 기술특징으로서, CRT 디스플레이 장치, 액정 디스플레이 장치, 플라즈마 디스플레이 장치 등, 영상을 표시할 수 있는 모든 디스플레이 장치를 포괄한다. 본 발명에서 해결하고자 하는 기술적 과제는 텔레비전의 전력 소모를 줄이는 것인데, 만약 CRT 디스플레이 장치를 사용하면 영상 표시의 기능은 실현할 수 있지만 전력 소모를 낮출 수는 없으므로, 상술한 기술적 과제를 해결할 수 없다. 다시 말해, 이 기능식으로 한정된 기술특징은 발명이 해결하고자 하는 기술적 과제를 해결할 수 없어 의도하는 기술적 효과를 달성하지 못하는 실시방식을 포괄하고 있으므로, 이 청구항은 명세서에 의해 뒷받침되지 않는다.

b) 만약 청구항에 발명이 달성하고자 하는 목적이나 효과만을 기재하고, 그러한 목

적이나 효과를 달성하기 위한 어떠한 기술적 수단도 기재하지 않았다면, 이 청구항은 명세서에 의해 뒷받침되지 않는다.

▌사례 1▐

청구항: 보온이 가능한 것을 특징으로 하는, 찻잔
분석: 청구항은 발명이 달성하고자 하는 목적만을 기술한, '순수한 기능식 한정' 청구항으로서(본 사례의 "보온 가능"은 기술적 효과로도 이해될 수 있다), 상술한 기능을 실현할 수 있는 모든 기술방안을 포괄한다. 당업자는 명세서에 기재된 구체적인 실시방안으로부터 상술한 기능을 실현할 수 있는 모든 기술방안을 생각해 내기 어려우므로, 이 청구항은 명세서에 의해 뒷받침되지 않는다.

▌사례 2▐

청구항: 150ng/ml에 달하는 혈청 피크값 및 24시간 유지 가능한 유효치료 혈약농도를 제공할 수 있는 것을 특징으로 하는, 캡슐 포장된 염산 벤라팍신의 지효성 제제
분석: 청구항에는 지효성 제제 사용으로 인해 달성하는 효과만을 기재하였는데, 이는 이 지효성 제제 물질의 기술특징이 아니고, 또한 그러한 효과를 달성할 수 있는 모든 기술방안을 포괄한다. 당업자가 명세서에 기재된 구체적인 실시방안으로부터 상기 효과를 달성할 수 있는 다른 대체 기술방안을 생각해 내기 어려우므로, 이 청구항은 명세서에 의해 뒷받침되지 않는다.

(3) 수치범위 개괄

▌사 례▐

청구항: 효소분해 반응액의 pH값이 5.0~8.0이고, …인 것을 특징으로 하는, 염기성 프로테아제 A의 잠용 단백질 효소분해 방법
명세서에는 효소분해 반응액의 pH값이 7인 실시례만을 공개하였다.
분석: 종래기술에서 공개된 염기성 프로테아제 A는 모두 염기성 조건에서 가수분해된다. 따라서 명세서에 기재된 효소분해 반응액의 pH값이 7.5인 실시례만을 가지고, 산성 pH값인 5.0부터 염기성 pH값인 8.0까지의 모든 범위 내에서 본 발명의 기술방안을 실시할 수 있을 것이라는 합리적 예견 가능성이 없다. 따라서 "효소분해 반응액의 pH값이 5.0~8.0"인 특징을 포함하는 이 청구항은 명세서에 의해 뒷받침되지 않는다.

(4) 명세서에 대응되는 기재가 없는 경우
2010년 〈전리심사지침〉 제2부 제2장 2.2.4절에서는 "명세서에 기재된 기술방안은

청구항에서 한정한 기술방안의 기재와 일치해야 한다"는 규정이 있는데, 이는 명세서와 청구항에 기재된 기술방안이 실질적으로는 일치하나, 문자적 기재가 일치하지 않는 경우에 적용되는 것으로, 이때에는 전리법실시세칙 제17조 제1항의 거절이유가 지적된다.[39]

청구항의 기술방안이 명세서에 기재되어 있지 않거나, 명세서에 기재된 내용의 의미와 일치하지 않는 경우에는 전리법 제26조 제4항의 거절이유가 지적된다.

┃ 사례 1 ┃

청구항: … 단계를 포함하고, 단계 A의 처리 온도는 300~400℃인 폐기물 처리 방법
명세서에는 두 가지 실시례가 기재되었는데, A단계의 처리 온도는 각각 350℃와 400℃이고, 발명의 구성란에 기재된 단계 A의 처리 온도는 350~400℃였다.
분석: 청구항에서 한정한 온도범위와 명세서에 기재된 범위가 일치하지 않으므로, 청구항은 명세서에 의해 뒷받침되지 않아, 전리법 제26조 제4항 규정에 위배된다.

┃ 사례 2 ┃

청구항: …에틸렌/프로필렌 공중합체 고무를 포함하는 조합물
명세서에는 에틸렌/프로필렌 공중합체 고무에 대응하는 물질이 에틸렌 프로필렌 고무라고 기재되어 있었다.
분석: 청구항에서의 "에틸렌/프로필렌 공중합체 고무"와 명세서에서의 "에틸렌 프로필렌 고무"는 문자적으로만 불일치할 뿐, 실제로는 동일한 물질이다. 이 경우 심사관은 명세서가 전리법실시세칙 제17조 제1항 규정에 위배된다는 심사의견을 낼 수 있다.

┃ 사례 3 ┃

청구항: …데이터 스트림 중 상기 패킷(分组)의 임의의 패킷(分组)을 추출하는, 패킷(分组) 추출장치.
명세서에서는 상기 장치를 "패킷(包) 추출장치"라고 표현하였다. 즉, 청구항에서 "分组(패킷)"이 명세서에서는 "包(패킷)"이라고 표기되었다.
분석: 통신기술 분야에서 "分组"와 "包"는 동일한 의미를 가지므로, 청구항에서의 "分组"와 명세서에서의 "包"는 문자적으로만 다르게 표현되었을 뿐, 그 실질적 의미는 같다. 이 경우 심사관은 명세서가 전리법실시세칙 제17조 제1항 규정에 위배된다는 심사의견을 낼 수 있다.

---

[39] 전리법실시세칙 제17조 제1항은 "특허 또는 실용신안의 출원 명세서에는 발명 또는 고안의 명칭을 기재해야 하며, 그 명칭은 출원서상의 명칭과 일치해야 한다"라고 규정한다. 실무적으로 이 거절이유가 지적되는 경우는 적은 편이다.

3. 청구항이 명확할 것(전리법 제26조 제4항 후문)

청구항이 명확해야 함은, 각 청구항이 유형의 명확성, 보호범위의 명확성 및 모든 청구항을 구성하는 전체 청구범위의 명확성을 갖추어야 함을 의미한다.

1) 유형의 명확성

(1) 주제명칭

청구항의 주제명칭은 해당 청구항의 유형을 명확하게 표현해야 한다. 다음과 같은 주제명칭들은 청구항의 유형을 명확하게 표현할 수 없다.

a) … 하는, 기술

b) … 하는, 물건 및 그 제조방법

c) 장치 B에 대한 개량

d) 자동 다이얼 장치, 다이얼 모니터링 장치 및 성능 제어장치를 포함하는 전화기에서, 개량된 부분은 …를 포함한다.

e) … 하는, 배합

f) … 하는, 설계

g) … 하는, 로직

(2) 주제명칭과 기술내용의 상호 적응

2010년 〈전리심사지침〉 제2부 제2장 3.3.2절의 규정에 따르면, "청구항의 주제명칭은 청구항의 기술내용과도 서로 부합해야 한다"라고 규정하는데, 여기에서 "서로 부합한다"는 의미는 다음과 같다:

a) "주제명칭"은 청구항의 기술방안에 관련된 기술영역을 반영해야 한다(예: "카메라" 및 "자동차"). 만약 출원인이 청구항을 단순히 "물건" 또는 "방법"이라고만 작성했다면, 이 주제명칭은 청구항의 기술방안이 관련된 기술영역을 반영하지 않은 것으로 인정된다. 즉, 청구항의 기술내용과 서로 부합하지 않으므로, 이 청구항은 명확하지 않다.

b) 청구항의 유형은 청구항이 한정하는 특징과 서로 부합되어야 한다. 물건 청구항은 보통 물건의 구조적 특징으로 한정되고, 방법 청구항은 보통 작업 과정, 작동 조건, 단계 또는 프로세스 등의 특징으로 한정된다.

만약 물건 청구항의 하나 또는 여러 기술특징이 구조적 특징을 이용하여 명확하게 한정할 수 없고, 물리 또는 화학 파라미터를 이용하여 한정해야 더 명확할지 아니면 방법적 표현을 이용하여 한정해야 더 명확할지 확정하기 어려운 경우, 이 둘 중 한 방식으로 작성할 수 있다.[40]

┃사례 1┃

청구항: 상평면부와 하평면부를 포함하고, 마찰계수 μ가 0.8 이상인 욕실 마루

분석: 청구항에서, 마찰계수 μ는 해당 기술영역의 통상적인 파라미터이고, 당업자는 어떠한 방법을 이용하여 마찰계수 μ 값을 측정하는지 알고 있으므로, 이 청구항은 명확하고, 전리법 제26조 제4항에 부합한다.

┃사례 2┃

청구항: 접착 수지와 자성체를 포함하되, 상기 자성체의 압축률은 35 이상인, …, 자성조색제

명세서에서는 압축률=[1-(표현밀도/압밀밀도)] * 100 이라고 기재되어 있었다.

분석: 당업자에게 압축률은 통상적인 파라미터이나, 이 파라미터를 측정하는 방법은 여러 가지가 존재하고, 다른 측정 방법으로 다른 결과를 얻게 될 것이다. 따라서 이 청구항은 불명확하고, 전리법 제26조 제4항 규정에 반한다.

명세서에 압축률을 계산하는 공식이 기재되었는데, 만약 표현밀도와 압밀밀도가 해당 기술영역에서 통상적인 것이고, 측정 방법이 확정된 경우라면, 심사관은 출원인에게 압축률 계산 공식 "압축률=[1 - (표현밀도/압밀밀도)] × 100"을 청구항에 부가하는 보정을 요구하여 청구항의 불명확성을 해소하게끔 해야 한다고 되어 있다.

┃사례 3┃

청구항: 주향지수 B가 12~20인 것을 특징으로 하는 위스키

분석: 위스키를 한정하는 파라미터인 "주향지수 B"는 출원인이 자체적으로 적의한 파라미터로서, 출원일 이전에 당업자는 그 구체적 의미를 알지 못하기 때문에, 이 청구항은 불명확하다.

명세서에 주향지수 B를 측정하는 방법이 상세하게 설명되어 있는 경우, 심사관은 그 측정 방법을 청구항에 부가할 것을 요구해야 한다고 되어 있다. 이 측정 방법을 표현하는 문장 길이가 매우 긴 경우, 청구항에서 명세서를 인용하는 방식으로 그 측정 방법을 한정하는 것도 허용된다.

┃사례 4┃

청구항: 천연 치즈, 블라보박테리움체, 캐롭콩나무 수액 및 보강충전제로 구성되는 혼합물을 65~120℃로 가열하고, 상기 혼합물을 가늘게 분리시킨 다음, 10℃ 이하로 냉각하고, 냉

---

40) 물리 또는 화학 파라미터 특징을 포함하는 청구항 및 방법적 특징을 포함하는 청구항에 대한 보다 상세한 내용은 '제3부 화학발명에 대한 심사' 부분을 참조한다.

각된 혼합물을 분쇄하여 입자형태를 형성하여 제작되는, 치즈 제품.

분석: 식품 분야와 같은 기술분야에서는, 보통 제품의 각종 성분을 확정하기가 어렵다. 제품의 성분 각각을 확정하더라도 성분의 개수가 매우 많아서, 이를 표현하기에 상당히 번잡하고 청구항을 명확하거나 간결하지 못하게 한다. 따라서 이러한 분야의 물건 발명에 대해서는 그 제조 방법으로 해당 제품을 한정하는 것이 허용된다. 본 사례의 청구항은 제조 방법이 명확하고, 그 한정된 제품도 명확하므로, 전리법 제26조 제4항 규정에 부합된다.

2) 보호범위의 명확성

각 청구항에 의해 확정되는 보호범위는 명확해야 한다. 만약 청구항에서 사용된 어휘 구두점 및 어구 구성의 표현이 청구항의 보호범위의 경계를 불명확하게 하거나 불확정적이게 한다면, 그 청구항은 불명확하다.

(1) 어휘 사용

청구항에서의 어휘는 그 의미가 명확하고 확정적이어야 한다. 여기에서 '의미'는 해당 기술영역에서의 통상적인 의미로 이해되어야 한다.

a) "두꺼운", "얇은", "넓은", "강한" 등

"두꺼운", "얇은", "넓은", "강한" 등과 같은 어휘는 어떠한 기준이나 비교대상에 대한 상대적인 표현으로서, 통상적으로는 확정적 의미가 없으며, 청구항에 이러한 용어를 단독으로 사용할 수 없는 것이 원칙이다.

이러한 어휘가 해당 기술영역에서 공인된 것이거나 통상적으로 받아들여지는 의미가 있는 경우, 예를 들어, 무선통신 분야에서 '단파장', '장파장', '초고주파' 등; 집적회로 분야에서의 '박막 기술'; 화학고분자 영역에서의 선형 저밀도 폴리에틸렌(LLDPE), 초저밀도 폴리에틸렌(VLDPE) 등은 청구항의 보호범위를 명확하게 한정하는 것으로 인정된다.

위와 같은 경우에 해당하지는 않지만 명세서에 이러한 어휘에 대해 명확하게 정의되어 있는 경우, 심사관은 출원인에게 그 정의를 청구항에 반영하라고 요구해야 한다고 되어 있다.

▌사례 1▐

청구항: 조명등과 연결 도선을 포함하되, 상기 도선의 저항이 작은, 장식용 조명장치

명세서에서는 상기 도선의 저항이 0.1 Ω보다 작다고 기재되어 있다.

분석: 청구항에서 "도선의 저항이 작다"는 특징은 해당 기술영역에서 공인된 의미가 없어, 청구항의 보호범위를 불명확하게 한다.

┃사례 2┃

청구항: 원료인 석탄은 고온의 코크스 제작과정을 거치는 … 것을 특징으로 하는, 코크스 생산 방법

분석: 청구항에서 "고온의 코크스 제작과정"이라는 표현은 명확한 의미를 갖는다. 코크스 생산 분야에서, 코크스 생산 최종 온도는 고온 제작(900~1100℃), 중온 제작(660~750℃) 및 저온 제작(500~580℃)으로 나뉜다. 따라서 이 청구항은 명확하다.

b) "등", "약", "…정도", "…에 근접한" 등

"등", "약", "…정도", "…에 근접한", "기본적으로" 등과 같은 어휘는 부정확한 상태를 표현한다. 이러한 용어가 청구항을 불명확하게 하는지 여부는 발명이 속하는 기술영역 및 그 기술영역의 종래기술 상황에 의해 결정된다. 일반적으로는 청구항에 이러한 용어를 사용하는 것이 허용되지 않으나, 만약 이러한 용어가 일정한 허용 편차 내에서 일정한 효과나 결과를 얻을 수 있음을 표현하고, 당업자가 이 허용편차를 어떻게 확정할지 아는 경우에는 허용된다.

┃사례 1┃

청구항: 체인 길이가 약 탄소 원자 3개인 알코올

분석: 비록 알코올에서의 탄소 원자 개수는 정수일 수밖에 없다. 그러나 당업자에게 있어서, 상기 알코올의 체인 길이가 도대체 몇 개의 탄소 원자가 될지 판단할 수 있는 방법은 여전히 없으므로, 이 청구항은 불명확하다.

┃사례 2┃

청구항: 탁상면이 기본적으로 평면인, 컴퓨터 책상

분석: 청구항에서 "기본적으로"라는 표현을 가구 분야에서 허용 가능한 편차 범위 내에서 사용하여 컴퓨터 책상이 평면임을 청구하는 경우, 그 의미가 분명하므로 이 청구항은 명확하다.

┃사례 3┃

청구항 제1항: 디젤유 15~20%, 부타디엔스티렌 고무 6~8%, … 여분은 피치의 중량 배합비로 제작되는 부타디엔스티렌 고무 피치액

청구항 제2항: (1) 부타디엔스티렌 고무와 총 용량이 3/5 정도의 디젤유를 밀폐용기에 넣어 용해시키는 단계; (2) 부타디엔스티렌 고무가 완전히 용해된 후 반응 용기에 넣어, 휘저으

면서 남은 디젤유를 반응 용기에 첨가한 후, 1시간을 더 휘젓는 단계; …를 포함하는 청구항 제1항의 부타디엔스티렌 고무 피치액의 생산 방법

분석: 청구항 제1항에서 각 성분의 용량백분율을 명확히 한정하였고, 청구항 제2항의 단계 (1)에서 부타디엔스티렌 고무를 용해하는 디젤유의 총용량이 3/5 "정도"라고 한정했다. 청구항 제2항의 단계 (2)에서 알 수 있듯, 단계 (1)에서 디젤유의 용량은 상온의 밀폐된 용기에서 부타디엔스티렌 고무를 완전히 용해해야 할 필요가 있고, 이를 위한 총용량은 3/5 정도면 된다. 당업자라면 어느 정도 편차로 어떻게 확정하여 이러한 기술적 효과를 낼 수 있을지 알 수 있으므로, "… 정도"라는 표현을 사용한다고 하여 청구항 제2항을 불명확하게 하지 않는다. 결국 청구항 제2항은 명확하다.

사례 4

청구항: … 실행 – 삭제 과정을 포함하고, … 상기 우물전압은 기저전압보다 상당히 큰, 비휘발성 저장장치의 조작방법

분석: 청구항에서의 "상당히 큰"의 의미가 불명확하며, 당업자는 두 비교대상 간에 차이가 어느 정도가 되어야 "상당히 큰" 정도에 해당하는지 확정할 수 없으므로, 청구항의 보호범위를 명확히 하기가 어려워 불명확하다.

만약 이 청구항에서, "상기 우물전압을 상기 기저전압보다 상당히 크게 하여, PMOSPET의 N우물부터 P형 실리콘기저 사이의 계면 순방향 편압의 발생을 방지하는"이라고 한정했다면, 당업자가 "PMOSPET의 N우물부터 P형 실리콘기저 사이의 계면 순방향 편압의 발생을 방지하는"이라는 기술적 효과를 토대로 "상당히 큰"이라는 표현이 나타내는 정도를 확정할 수 있을 것이다. 이 경우 "상당히 큰"의 의미는 분명하고, 청구항의 보호범위는 명확하다고 인정할 수 있다.

사례 5

청구항: A와 B를 포함하고, 상기 A는 a, b, c 등인, 조합물

분석: 청구항에서 "등"이라는 표현은 보호범위의 한계를 불명확하게 하므로, 이 청구항은 불명확하다.

사례 6

청구항: A, B, C, D 등 네 종류의 물질로 이루어지는 조합물

분석: 청구항에서 비록 "등"이라는 표현을 사용했지만, "네 종류"라고 명확히 기재됨으로써 청구항의 전체적인 표현을 토대로 "A, B, C, D 등 네 종류의 물질로 이루어지는"이라는 표현은 "A, B, C, D 네 종류의 물질로 이루어지는"의 의미임을 명확하게 알 수 있으므로, 이 청구항은 명확하다.

c) "예를 들어", "우선적으로", "바람직하게는", "…할 수 있는", "필요한 경우" 등

"예를 들어", "우선적으로", "바람직하게는", "가능한", "필요한 경우", "특히" 등의 표현은 그 이후의 기술특징이 청구항에서 둘 또는 둘 이상의 다른 보호범위를 한정할 경우, 일반적으로 청구항의 불명확성을 초래한다. 그렇지 않은 경우라면 청구항은 불명확하지 않다.

┃ 사례 1 ┃

청구항: 수산화알루미늄의 평균 입도가 30 미크론보다 작되, 우선적으로 5~20 미크론인, 수산화알루미늄을 함유한 치약

분석: "우선적으로"의 사용으로 인해 청구항이 "수산화알루미늄의 평균 입도가 30 미크론보다 작은 치약"과 "수산화알루미늄의 평균 입도가 5~20 미크론인 치약"이라는 두 가지 보호범위를 한정하게 되었다. 따라서 이 청구항은 불명확하다.

┃ 사례 2 ┃

청구항: 금속, 예를 들어 강철로 만들어진, 가스 홀더

분석: "예를 들어"의 사용으로 인해 청구항이 "금속으로 만들어진 가스 홀더"와 "강철로 만들어진 가스 홀더"라는 두 가지 보호범위를 한정하게 되었으므로, 이 청구항은 불명확하다.

┃ 사례 3 ┃

청구항 제1항: 바퀴 지지프레임 및 진동감쇄안장 사이에 또 다른 진동감쇄장치를 설치한, 자전거

청구항 제2항: 제1항에 있어서, 상기 또 다른 진동감쇄장치는 우선적으로 스프링―공기완충감진 장치인, 자전거

분석: 제2항에서 비록 "우선적으로"라는 표현이 사용되었지만, 이 청구항에서 "우선적으로…"의 의미는 "… 로 하는"의 의미와 같다. 또한 이로 인해 이 청구항이 둘 이상의 보호범위를 한정하게 되는 것이 아니므로, 이 청구항은 명확하다.

┃ 사례 4 ┃

청구항: … 원료 B와 C를 60~90℃로 가열할 수 있는 것을 특징으로 하는, 물건 A의 제조방법

분석: "원료 B와 C를 60~90℃로 가열할 수 있다"는 표현은 "원료 B와 C를 60~90℃로 가열할 수 있다"는 의미와 "원료 B와 C를 60~90℃로 가열할 수 없다"는 두 가지 상황을 포함한

다. 이 사례의 명세서에 기재된 기술적 내용 및 해당 기술영역의 종래기술을 토대로 보면, 청구항의 제조방법은 60℃보다 낮거나 90℃보다 높을 때 완전히 반응이 불가능한 것은 아님을 알 수 있는데, 그렇다면 "할 수 있는"이라는 표현으로 인해 청구항의 보호범위가 확정되지 않게 되므로, 이 청구항은 불명확하다.

단, 청구항에 사용되는 "… 할 수 있는", "… 가능한"이라는 표현이 모든 경우에 청구항의 불명확성을 초래하는 것은 아님을 유의할 필요가 있다.

┃ 사례 5 ┃

청구항: … A 부재와 B 부재가 분해 가능하게 연결되는 …, … 장치

분석: "분해 가능하게 연결"되는 것은 일종의 연결 방식으로서, "고정 연결"에 상대적인 표현으로서, A 부재와 B 부재의 연결이 분해될 수 있음을 나타낸 것이며, 그 의미가 명확하므로 청구항은 명확하다.

┃ 사례 6 ┃

청구항 제1항: … A는 연결 부재인, … 장치

청구항 제2항: 제1항에 있어서, 상기 A는 나사못일 수 있는, … 장치

분석: 청구항 제2항에서의 "일 수 있다"는 "이다"라고 해석될 수 있고, 청구항 제2항의 보호범위는 명확하다.

┃ 사례 7 ┃

청구항: … 멀티 게이트웨이(MGW)는 상기 착신의 연속성을 검사하고, 필요한 경우 서로 달리 코딩된 착신 간의 코딩 변환을 활성화하는, … 방법

분석: 당업자의 입장에서 어떠한 조건이 되어야만 "서로 달리 코딩된 착신 간의 코딩 변환"을 활성화할 "필요"가 있는지 알 수 없다. 따라서 청구항의 보호범위는 불명확하다.

┃ 사례 8 ┃

청구항: (1) 식 I 의 화합물을 제조하는 단계; 및 필요한 경우 (2) 식 I 의 화합물을 약학상 승낙적격의 염으로 변환하는 단계;를 포함하는, 식 I 의 화합물 또는 그 약학상 승낙적격의 염을 제조하는 방법으로서,

분석: 당업자의 입장에서 "식 I 의 화합물을 제조한 후, 약학상 승낙적격의 염을 더 제조하려고 하는" 경우가 "필요한 경우"의 조건임을 알 수 있으므로, 청구항의 보호범위는 명확하다.

d) "특정의", "적합한", "일정한" 등

청구항에 "특정의", "적합한", "일정한"과 같은 표현이 기재된 경우, 심사관은 기술적 관점에서 청구항을 이해한 후, 그 허용 여부를 구체적으로 판단해야 한다.

┃ 사례 1 ┃

청구항: 사전에 설정한 특정한 설정 조건이 만족된 경우 출력부가 고저항 상태로 바뀌는, D/A 컨버터

분석: 청구항에서 "특정한"이라는 표현을 사용하여 "설정 조건"을 한정하였으나, 당업자의 입장에서 이것이 도대체 어떠한 설정인지, 또는 어떠한 상황에서의 설정인지 분명하지 않다. 따라서 청구항의 보호범위는 불명확하다.

┃ 사례 2 ┃

청구항: 적합한 용제와 일정한 온도에서 반응이 이루어지고, 사용되는 촉매제는 … 인, 화합물 A를 제조하는 방법

명세서에 기재된 내용에 따르면, "종래기술에 공지된 화합물 A를 제조하는 여러 가지 방법이 존재하나, 그 생산 효율이 높지 않다. 본 발명은 새로운 촉매제를 이용함으로써 통상의 조건에서 반응시켜도 생산율이 30% 높아진다"고 되어 있다.

분석: 명세서의 기재에 따르면, 청구항의 기술방안에서 온도와 용제 조건은 모두 통상적인 반응 조건으로서, 해당 기술영역에서 공지된 것이다. 다시 말해, 당업자의 입장에서 명세서에 기재된 내용 및 종래기술을 토대로 "적합한 용제"와 "일정한 온도"에 대한 분명한 기술적 의미를 확정할 수 있다. 따라서 이 청구항은 명확하다.

e) 기술 전문용어

청구항에서 사용하는 기술 전문용어의 의미는 그 용어가 해당 기술영역에서 통상적으로 갖는 의미로 해석되는 것이 일반적이다.

만약 청구항에서 사용하는 기술 전문용어가 출원인이 자체적으로 만든 것이라거나, 또는 출원인이 통상적인 의미와는 다르게 명세서에서 스스로 정의 내린 경우, 심사관은 명세서에 해당 용어에 내린 정의를 청구항에 반영하라고 출원인에게 요구하는 것이 일반적이다. 이는 당업자가 청구항만 보고서 바로 청구범위를 명확히 할 수 있도록 하기 위함이다.

다만, 명세서에서 어떠한 용어에 대해 내린 정의가 매우 길거나 상당히 복잡한 경우에는, 청구항에 해당 정의를 반영하지 않는 것이 허용될 수도 있다.

┃ 사례 1 ┃

청구항: 희소 기체로 채워지는, …, 전구

명세서에서는 "희소 기체"를 "헬륨, 네온, 질소 또는 이산화탄소"라고 정의했다.

분석: "희소 기체"란 화학 분야에서 헬륨, 네온, 아르곤, 크립톤, 크세논, 라돈을 포함하는 것으로서 그 의미가 명확하다. 출원인이 명세서에서 "희소 기체"에 대해 내린 정의는 해당 기술영역에서의 통상적인 의미와 다르다. 따라서 청구항의 보호범위가 불명확하다. 이 경우 심사관은 출원인에게 청구항에서의 "희소 기체"라는 표현을 "헬륨, 네온, 질소 또는 이산화탄소"로 보정하라고 요구한다.

┃ 사례 2 ┃

청구항: (1) 죽향 가지를 규산나트륨 용액에 담그는 단계; (2) …, 를 포함하는, 갈고리 화로향 제조방법

명세서에서는 "죽향 가지"에 대해 "연한 대나무 가지를 향료에 담가 만든 혼제향"이라고 정의하였다.

분석: 청구항에 기재된 "죽향 가지"라는 용어는 출원인이 만든 단어로서, 해당 기술영역에서 통상적인 의미가 없어, 이 단어를 사용함으로써 청구항의 보호범위가 불명확해졌다. 이 경우 심사관은 출원인에게 보정으로 "죽향 가지"의 정의를 청구항에 부가하라고 요구한다.

f) 계량 단위

청구항에 기재된 계량값에 대해 만약 수치만 있고 단위가 없는 경우, 즉 이 수치가 무게인지, 부피인지 아니면 몰함량인지 표시되지 않은 경우, 해당 특징은 불명확한 것으로 인정된다. 그러나 당업자가 공지상식을 토대로 그 단위를 확정할 수 있는 경우는 예외이다. 예를 들어, 해당 기술분야의 관습상, 만약 조합물에서의 모든 성분이 고체라면 그 성분 함량은 보통 중량인 것으로 인정되고, 만약 모든 성분이 액체라면 그 성분 함량은 보통 체적으로 인정된다.

당업자가 출원 명세서로부터 아무런 의심 없이 그 계량 단위를 확정할 수 있는 경우, 그 단위를 청구항에 보충하는 보정이 허용된다.

g) 상표 또는 상품명칭

청구항에 상표나 상품 명칭을 사용하는 것은 허용되지 않는 것이 원칙이다. 다만, 상표나 상품 명칭이 출원일 이전에 확실한 기술적 의미를 갖는 공지된 것이라면 예외이다.

▌사 례 ▌

청구항: Persil을 포함하는 조합물

분석: "Persil"은 공지된 합성 세제 상표지만, 그 배합방법은 고정불변의 것이 아니므로, 명확한 의미를 갖지 못한다. 비록 명세서에서 명확하게 그 조성을 기재했더라도, 청구항에 이 상표를 사용하는 것이 허용되지 않는다.

(2) 문장 부호

a) 괄호

청구항에 괄호를 사용하는 것은 가급적 피해야 한다.

청구항에 도면 표기나 화학식, 수학식을 기재할 때는 보통 괄호를 사용할 수 있다.

청구항에 괄호를 수반하는 표기가 해당 기술영역에서 통상적인 의미를 갖는 경우라면, 그러한 방식의 표현에 의해 청구항이 불명확해지지 않는다. 예를 들어, "(메틸기)아크릴산에스테르"는 화학 분야에서 "아크릴산에스테르 또는 메틸기아크릴산에스테르"를 표시하는 것으로 받아들여지므로, 청구항에 괄호와 함께 상기 표현을 사용하는 것은 명확한 것으로 인정된다.

괄호의 사용이 상술한 상황에 해당하지 않는다면, 심사관은 괄호 사용으로 인해 청구항이 두 가지 이상의 다른 보호범위를 갖는지 판단한다.

▌사례 1 ▌

청구항: … 를 특징으로 하는, (콘크리트) 이형벽돌

분석: 만약 괄호 내의 "콘크리트"를 고려하지 않는다면, 청구항의 보호범위는 "… 를 특징으로 하는, 이형벽돌"이다. 만약 괄호 내의 "콘크리트"를 고려한다면, 청구항의 보호범위는 "… 를 특징으로 하는, 콘크리트 이형벽돌"이다. "이형벽돌"와 "콘크리트 이형벽돌"은 상하위개념에 해당하므로, 괄호의 사용으로 인해 청구항이 두 가지 다른 보호범위를 한정하게 된다. 따라서 이 청구항은 명확하지 않다.

▌사례 2 ▌

청구항: … 는 중앙처리장치(CPU)를 포함하고, …

분석: "CPU"는 컴퓨터 분야에서 "중앙처리장치"를 나타내는 것이므로 괄호 안의 내용과 괄호 앞의 내용의 의미가 일치한다. 따라서 청구항은 명확하다.

┃ 사례 3 ┃

청구항: … 상기 방향제어층은 삼산화크롬(CrO_3) 또는 삼산화크롬(CrO_3)을 포함하는 고용체로 이루어지고, …

분석: 괄호 안의 내용은 괄호 앞 물질의 명칭에 대응하는 화학식 표현이므로, 이 청구항은 명확하다.

┃ 사례 4 ┃

청구항: … 상기 두 가지 색상은 홍색(R), 녹색(G), 청색(B) 및 황색(Y) 중에서 선택된 두 가지 색상의 조합이고, …

분석: R로 홍색을, G로 녹색을, B로 청색을, 그리고 Y로 황색을 표시하는 것은 해당 기술영역에서 관용적인 표현 방식이다. 괄호 안의 내용과 괄호 앞의 내용의 의미가 동일하므로, 청구항은 명확하다.

┃ 사례 5 ┃

청구항: B 성분의 함량은 30%(중량)이고, …

분석: "30%(중량)"과 같은 방식으로 중량 백분함량을 표시하는 것은 해당 기술영역이 관용적인 표현방식이므로, 이 청구항은 명확하다.

┃ 사례 6 ┃

청구항: … 상기 알칼리(토)금속의 수산화물은 $NaOH$, KOH, $Ca(OH)_2$ 또는 $Mg(OH)_2$ 이고, …

분석: 화학 분야에서, "알칼리(토)금속"은 일반적으로 받아들여지는 축약 표현방식으로서, "알칼리금속 또는 알칼리토금속"을 표시한다. 이러한 표현 방식을 사용하는 것은 명확하고, 따라서 청구항도 명확하다.

b) 모점(、)[41]과 콤마(,)

청구항에서는 자주 모점 또는 콤마 표시를 사용함으로써, 병렬 선택적인 요소 간의 관계를 표시한다.

┃ 사례 1 ┃

청구항 제2항: 제1항에 있어서, 상기 조합물의 제형은 편제、캡슐、에어로졸、연고、젤、

---

41) 한국어에서는 모점을 사용하지 않지만, 중국어에서는 병렬적 대상들을 열거할 때 반드시 모점을 사용한다. 한편, 콤마는 한 문장 내에서 연속되는 어구들 사이를 구분하는 데 사용된다.

부착제、 필름인, 약물 조합물.

분석: 모점으로 병렬 선택적 요소 간의 관계를 표시하는데, 그 의미가 "및"인지 아니면 "또는"인지 명확하지 않다. 해당 기술영역의 기술적 의미로부터 판단하는데, 본 사례에서의 이러한 선택 가능한 제형 간에는 "또는"의 관계일 수밖에 없으며, "및"의 관계일 수 없다. 따라서 본 사례에서의 병렬 선택적 요소 간의 관계는 명확하므로, 청구항의 보호범위도 명확하다.

┃ 사례 2 ┃

청구항 제2항: 제1항에 있어서, 상기 산은 염산, 황산, 인산, 질산인, 제조 방법.

분석: 당업자의 입장에서, 명세서에 기재된 내용을 토대로 염산, 황산, 인산, 질산 중 임의의 하나 또는 둘 이상의 혼합산 모두 본 발명의 기술적 과제를 해결할 수 있음을 알 수 있으므로, 청구항의 보호범위는 명확한 것으로 인정된다.

┃ 사례 3 ┃

청구항: 상기 산은 염산, 황산, 인산, 질산을 포함하는, …의 제조방법

분석: "포함한다"는 개방형 표현방식으로서, "포함"하는 내용 이외의 다른 내용도 포함할 수 있음을 나타낸다. 청구항에서 산이라는 기술특징을 한정하면서, "포함하는"이라는 어휘를 사용하면서도 여러 개의 모점을 연속적으로 사용하였는에, 이에 따라 해당 기술특징이 두 가지 의미로 이해될 수 있다. 즉, (1) 상기 산은 염산, 황산, 인산 및 질산 중의 하나를 "포함"하면서도, 다른 물질을 더 포함할 수 있다는 의미; (2) 상기 산은 염산, 황산, 인산 및 질산을 동시에 포함하면서도, 다른 물질을 더 포함할 수 있다는 의미이다. 따라서 청구항은 불명확하다.

(3) 어구 표현
a) 어구 의미의 불명확
(a) 착오 또는 모순

┃ 사례 1 ┃

청구항: … Fe를 유기용제로 사용하는 …

분석: 해당 기술영역의 공지상식에 따르면, Fe는 유기용제로 사용될 수 없으므로, 이 어구가 표현하는 내용에는 명백한 오류가 존재한다.

┃ 사례 2 ┃

청구항: … 혼합물을 최고로 가열하되 80℃ 보다 낮지 않은 온도로 가열하는 것을 특징으로

하는, 물건 A를 제조하는 방법

분석: "최고로"와 "… 보다 낮지 않은"의 표현으로 인해, 의미가 서로 모순되어 청구항의 보호범위를 불명확하게 한다.

(b) 다른 해석의 야기

┃ 사 례 ┃

청구항 제2항: 제1항에 있어서, 상기 증발기는 적어도 일 측면에서 길이방향으로 평면을 형성하는 도관[42]인, 냉각기의 열교환 시스템

분석: "적어도 일 측면에서 … 방향으로"라는 표현으로 인해 청구항이 두 가지 다른 의미로 해석되는데, 즉 (1) 증발기의 적어도 일측이 길이방향을 향하여(즉, 대면하여) 평면을 형성한다는 의미와 (2) 증발기의 적어도 일측면이 길이방향 상에서 평면을 형성한다는 의미이다. 따라서 청구항의 보호범위가 불명확하다.

b) 상위개념과 하위개념이 병렬 선택적으로 열거되는 경우

청구항에서 병렬 선택적인 표현을 사용할 때, 상위개념과 하위개념이 함께 병렬되어서는 안 된다.

┃ 사 례 ┃

청구항: … 화합물 A와 B를 반응시키되, 상기 B는 무기염, 황산염, 유기염 또는 벤젠술폰산염인, 화합물 C를 제조하는 방법

분석: "황산염"은 "무기염"의 하위개념이고, "벤젠술폰산염"은 "유기염"의 하위개념이다. 상위개념과 그 하위개념이 병렬 선택적으로 열거될 수 없으므로, 청구항은 불명확하다.

c) 배제/인용 형식의 한정

(a) 배제 형식의 한정

다른 방식으로는 청구항의 보호범위를 명확하고 간결하게 표현할 수 있는 방법이 없는 경우에만, 배제식 한정표현을 사용할 수 있다.

┃ 사례 1 ┃

청구항: … R=H, X=Br 및 Z=Na인 경우의 물질을 배제한, 식(Ⅰ)의 물질

---

42) 원표현은: "蒸发器是至少一侧面向长度方向形成平面的导管."

> 분석: 다른 모든 표현방식이 배제식 한정표현 방식보다 명확, 간결하지 못하고, 청구범위 내에서 배제된 물질이 명확하므로, 청구항은 명확하다.

▌사례 2 ▌

> 청구항: … 특허 EPXXXXXXX에서 공개된 화합물을 배제한, 식(Ⅱ)의 화합물
> 분석: 문헌을 인용하는 방식으로 배제하는 화합물을 한정하는 것은 허용되지 않는다. 이러한 청구항은 불명확한 것으로 인정된다.

한편, 출원인이 신규성 등과 같은 어떠한 결함을 해소하기 위해, 청구항 보정 시 배제식 표현을 사용하는 경우, 심사관은 그 보정이 전리법 제33조 규정에 부합하는지 판단한다.

(b) 인용 형식의 한정

ㄱ) 만약 장치 청구항에서의 어떠한 특징이 다른 장치의 특징을 인용하여 한정하였고, 상기 다른 장치가 청구항의 기술방안의 일부가 아닌 경우, 청구항을 불명확하게 할 수 있다.

ㄴ) 청구항에서 명세서나 도면을 인용하여 한정하는 것은 허용되지 않는 것이 원칙이다. 다만, 아래는 예외이다.

청구 발명이 도면이 도시하는 특수한 형상에 관한 것으로서, 이 형상을 문자나 간단한 수학 공식으로 기재하기 어려운 경우

청구 발명이 화학물질에 관한 것으로서, 이 물질의 일정한 특징이 명세서에서의 도표나 도면에 의해서만 표시할 수 있는 경우

청구 발명이 파라미터 특징에 관한 것으로서, 이 파라미터의 측량 방법에 대한 문자적 설명이 매우 길거나 복잡하여 청구항에 기재하기에 부적합한 경우.

▌사 례 ▌

> 청구항: 표면에 오목형 블록이 형성되되, 상기 오목형 블록의 크기 및 형상은 신용카드와 동일한, 금속판.
> 분석: 공지된 신용카드는 어떠한 기준이 되는 크기나 형상이 없고, 다른 형상의 신용카드도 존재하므로, 신용카드를 인용하여 오목형 블록을 한정하는 것은 불명확하다. 따라서 청구항의 보호범위도 불명확하다.

3) 청구범위의 전체적 명확성

청구범위의 전체적 명확성이란, 각 청구항 간의 인용관계의 명확성을 의미한다. 각 청구항 간에 자주 볼 수 있는 인용관계는 다음과 같다.

(1) 독립항이 다른 청구항을 인용

▌ 사례 1 ▐

청구항 제1항: A, B 및 C를 포함하는 반도체소자

청구항 제2항: 제1항에 있어서, …하는, 반도체 소자를 제조하는 방법

분석: 이는 보통 출원인이 청구항 작성 실수로 발생하는 경우로서, 이 경우 심사관은 먼저 다음과 같이 청구항 제2항이 불명확하다는 지적을 할 수 있다: 청구항 제2항이 제1항을 인용하나, 제1항에서는 반도체 소자를 제조하는 방법을 언급하지 않고 있다. 따라서 청구항 제2항이 제1항에 대한 인용관계가 불명확하므로, 제2항의 보호범위가 불명확하다.

▌ 사례 2 ▐

청구항 제1항: 복수개의 LED 노출칩 및 실리콘 백보드를 포함하되, 상기 LED 노출칩은 백보드와 N형 외연층, P형 외연층을 포함하고, 상기 실리콘 백보드는 … 하는, LED 집적칩

청구항 제2항: … 를 특징으로 하는, 제1항의 LED 노출칩

분석: 청구항 제2항은 제1항을 인용하는 방식으로 작성되었고, 청구 대상은 "청구항 제1항의 LED 집적칩에 사용되는 LED 노출칩"으로서, 이 청구항의 보호범위는 명확하다.

▌ 사례 3 ▐

청구항 제1항: … 를 포함하되, 상기 제1도전층은 다결정질 실리콘인, 반도체 소자

청구항 제2항: 제1도전층의 재료인 다결정질 실리콘이 금속으로 치환된, 제1항에 따른 소자

분석: 제2항은 "… 를 치환하는"의 표현방식을 사용하는데, 이 표현으로 한정하는 특징은 인용되는 청구항에서의 특징과 모순되지 않아, 그 한정하는 기술방안이 명확하다. 청구항 제2항은 인용하는 형식으로 작성된 독립항이다.

(2) 종속항이 다른 청구항을 인용

▌ 사례 1 ▐

청구항 제1항: A, B 및 C를 포함하는 반도체소자

청구항 제2항: 제1항에 있어서, 상기 D는 …인 것을 특징으로 하는, 반도체 소자

분석: 청구항 제2항은 제1항을 인용하면서 "상기"라는 표현으로 D를 한정하지만, 청구항 제1항은 D를 포함하지 않는다. 청구항 제2항은 불명확하다.

┃ 사례 2 ┃

청구항 제6항: 청구항 제1항 내지 제5항에 있어서, …

분석: 청구항 제6항은 비택일적으로 청구항 제1~5항을 인용함으로써 청구항 제6항의 보호범위를 실질적으로 불명확하게 한다. 이러한 경우 심사관은 전리법 제26조 제4항에 따른 청구범위 불명확의 거절이유를 지적할 수도 있고, 전리법실시세칙 제22조 제2항에 따른 거절이유를 지적할 수도 있다.

4. 청구항이 간결할 것(전리법 제26조 제4항 후문)

청구항에 발명의 목적, 원리 등과 같이 기술방안을 실질적으로 한정하지는 않는 내용을 언급한 경우, 심사관은 이에 대해 "청구항이 간결하지 않다"는 거절이유를 지적할 필요는 없는 것으로 되어 있다. 그러나 청구항에 명백한 광고 어구가 기재된 경우에는 이에 대해 지적하여 삭제 보정을 요구한다.

보호범위가 동일한 둘 이상의 기술방안을 청구하는 청구항은 간결하지 않은 것으로서, 거절이유가 지적된다. 그러나 어떤 청구항에서 병렬 선택적으로 여러 개의 기술방안을 개괄하였고, 이 청구항을 인용하는 다른 청구항에서 그 중 하나 이상의 기술방안을 선택하는 경우, 심사관은 이에 대해 "청구항이 간결하지 않다"는 거절이유를 지적할 필요는 없다고 되어 있다.

┃ 사례 1 ┃

청구항: 캡슐 포장된 염산 벤라팍신의 지효성 제제로서, 상기 캡슐 내에는 유효 치료량의 입자가 들어 있고, 상기 입자는 염산 벤라팍신, 미정질 셀룰로오스 및 히드록시프로필메틸기 셀룰로오스로 이루어지며, 에틸 셀룰로오스와 히드록시프로필메틸기 셀룰로오스로 코팅되고, 상기 제제는 150ng/ml에 달하는 혈청 피크값 및 24시간 유지 가능한 유효치료 혈약농도를 제공할 수 있는, 캡슐 포장된 염산 벤라팍신의 지효성 제제

분석: 청구 발명인 지효성 제제를 청구하면서 조합물의 성분을 한정하였는데, 만약 효과를 설명하는 "상기 제제는 150ng/ml에 달하는 혈청 피크값 및 24시간 유지 가능한 유효치료 혈약농도를 제공할 수 있는"을 고려하지 않은 상황에서, 이 청구항이 다른 등록 조건을 모

두 만족시켰다면, 심사관은 위 표현에 대해 청구항이 간결하지 않다는 거절이유를 지적하지 않는다.

▌사례 2 ▌

청구항 제1항: … 고정 부재가 나사못 또는 볼트인, 기계장치
청구항 제2항: 제1항에 있어서, 상기 고정 부재는 나사못인, 기계장치
분석: 청구항 제1항에서는 두 개의 병렬된 기술방안을 청구하고, 제2항에서는 제1항에서 청구하는 기술방안 중 하나를 청구한다. 이 경우 심사관은 보통 청구항 제2항에 대해 청구항이 간결하지 않다는 거절이유를 지적하지 않는다.

5. 청구항이 필수기술특징을 갖출 것(전리법실시세칙 제20조 제2항)

1) 필수기술특징의 판단

2010년 〈전리심사지침〉 제2부 제8장 4.7.1절의 (3)에 따르면, 독립항에 발명이 해결하고자 하는 기술적 과제에 대한 완전한 기술방안을 기재하였는지 심사한다. 독립항의 기술방안이 완전한지를 판단함에 있어서 중요한 것은, 독립항에서 기술적 과제를 해결하는 모든 필수기술특징을 기재하였는지 검토하는 데 있다.

어떠한 기술특징이 필수기술특징에 해당하는지 판단할 때, 반드시 발명이 해결하고자 하는 기술적 과제로부터 출발하여, 명세서에 기재된 모든 내용을 고려하여 판단해야 한다.

▌사례 1 ▌

독립항에서 하나의 기술방안 X를 청구하는데, 이 기술방안 X는 A와 B의 두 가지 기술특징을 포함한다. 명세서에는 기술방안 X가 기술특징 C도 포함하는 것으로 기재되어 있었다.
분석: 독립항의 기술방안은 명세서에 기재된 기술방안을 비교하여 기술특징 C가 결여되었는데, 이 경우 독립항이 한정하는 기술방안 X가 발명이 해결하고자 하는 적어도 하나의 기술적 과제를 해결할 수 있는지 여부를 분석할 필요가 있다. 만약 기술특징 C가 결여된 기술방안 X가 발명이 해결하고자 하는 기술적 과제 중 어느 하나라도 해결할 수 없다면, 기술특징 C는 발명의 필수기술특징이다.

▌사례 2 ▌

독립항: 고주파 증폭 트랜지스터, 스위칭 트랜지스터 및 공진회로를 포함하되, 상기 공진회

로는 코일과 커페시터로 구성되고, 상기 공진회로는 다이오드를 더 포함하는 것을 특징으로 하는, 고주파 증폭기

명세서에 따르면, 본 발명이 해결하고자 하는 기술적 과제는 고주파 증폭기를 껐다가 다시 켰을 때 고주파 출력이 잠시 불안정하게 되어, 작업/비작업 모드를 선택적으로 변환할 수 없는 문제를 극복하는 데 있다.

분석: 독립항에는 고주파 증폭기가 포함하는 각 부품을 기재했을 뿐, 각 부품 간의 연결관계는 기재하지 않았다. 또한 종래기술에서도 이 기술적 과제를 해결할 수 있는 공지된 연결관계가 존재하지 않는다. 따라서 청구항은 필수적인 연결관계가 결여되어 발명이 제시하는 기술적 과제를 해결할 수 없다. 즉, 필수기술특징이 결여되어 전리법실시세칙 제20조 제2항 규정에 부합하지 않는다.

2) 주의사항

(1) 필수기술특징 결여 여부는 독립항에 대해 판단한다. 비록 종속항의 부가기술특징이 완전하지 못하여 발명이 해결하고자 하는 추가적인 기술적 과제를 해결할 수 없다 하더라도, 심사관은 종속항에 대해 전리법실시세칙 제20조 제2항을 적용할 수 없다.[43]

(2) 만약 필수기술특징이 결여된 독립항이 신규성 또는 진보성 결여의 거절이유도 존재하나, 필수기술특징을 독립항에 부가하면 신규성, 진보성 문제도 극복되는 상황이면, 심사관은 구체적인 사안과 정황에 따라 심사 전략을 선택할 수 있으나, 독립항의 신규성 또는 진보성 거절이유는 반드시 지적해야 하는 것으로 되어 있다.

(3) 독립항에서 필수기술특징이 아닌 특징을 포함하는 것에 대해 심사관은 거절이유를 지적하지 않는다.

---

43) 이와 관련하여, 최고인민법원의 판례(最高人民法院行政判決书(2014)行提字第13号)를 추가적으로 검토해 볼 필요가 있다. 이 사안에서 최고인민법원은 경우에 따라 전리법 실시세칙 제20조 제2항 규정이 독립항에만 적용되는 것은 아니라는 취지의 판시를 했다. 최고인민법원의 판시 내용 일부는 다음과 같다: "전리법 실시세칙 제20조 제2항에서는 '독립항은 전체적으로 발명 또는 실용신안의 기술방안을 반영해야 하고, 기술적 과제 해결을 위한 필수기술특징을 기재해야 한다.'고 규정하고 있으므로, 전리법실시세칙 제20조 제2항은 독립항에만 적용되고, 종속항에 직접적으로 적용될 수는 없다. 그러나 전리법 제47조 제1항에서는 "무효로 선고된 전리권은 처음부터 존재하지 않은 것으로 본다"고 규정하므로, 만약 독립항이 무효로 선고되면, 해당 독립항은 처음부터 존재하지 않은 것으로 간주되고, 해당 독립항을 인용하는 종속항이 새로운 독립항이 되므로, 이 종속항은 기술적 문제를 해결하는 데 필요한 필수구성요소를 기재하여 실시세칙 제21조 제2항 규정에 부합해야 한다. 본 사안에서, 청구항 제1항이 무효라고 결정된 경우 관련 종속항이 필수구성요소를 갖추었는지 여부를 판단하는 것은 법률 적용에 오류가 없다."

3) 전리법 제26조 제4항과 전리법실시세칙 제20조 제2항의 적용

전리법 제26조 제4항은 독립항과 종속항에 적용되고, 전리법실시세칙 제20조 제2항은 독립항에만 적용된다. 독립항은 청구항이 어떻게 작성되었는지에 따라 전리법 제26조 제4항 및 전리법실시세칙 제20조 제2항이 각각 적용될 수 있다.

(1) 필수기술특징이 결여된 경우, 전리법실시세칙 제20조 제2항이 적용된다.[44]

독립항에 발명이 기술적 과제를 해결하는 데 필수적인 기술특징이 결여되어, 독립항의 기술방안으로는 해결하고자 하는 기술적 과제를 해결할 수 없는 경우, 독립항은 필수구성요소가 결여된 것이다.

(2) 필수구성요소가 결여되지는 않았으나 기술특징에 대한 개괄이 부적절한 경우, 전리법 제26조 제4항이 적용된다.

청구항이 개괄하는 범위(실질적으로는 하나 또는 여러 기술특징으로부터 개괄되어 도출)가 부적절하여, 발명이 해결하고자 하는 기술적 과제를 해결할 수 없고 의도하는 기술적 효과를 달성할 수 없다고 의심할 이유가 있으면, 해당 청구항은 명세서에 의해 뒷받침되지 않는다.

---

44) 이와 관련하여, 위 동일 사안(最高人民法院行政判決书(2014)行提字第13号)의 판시 내용을 더 주목할 필요가 있다. 최고인민법원은 이 사안에서, 전리법실시세칙 제20조 제2항이 결여된 경우 전리법 제26조 제4항이 함께 적용될 수 있다고 판시했다. 구체적인 판시 내용은 다음과 같다: "전리법 제26조 제4항과 전리법실시세칙 제20조 제2항은 모두 청구항과 명세서의 대응관계에 대한 규정이다. 전리법실시세칙 제20조 제2항은 독립항의 필수구성요소 결여에 대해서만 판단하지만, 전리법 제26조 제4항의 적용 범위는 이보다 더 넓게 독립항뿐만 아니라 종속항에도 적용되며, 청구항에 기재된 기술특징의 범위가 매우 넓어서 기술 특징 자체가 명세서에 의해 뒷받침되지 않는 경우뿐만 아니라, 청구항의 필수구성요소가 결여되어 한정된 기술특징만으로는 해결하고자 하는 기술적 과제를 해결할 수 없어서 청구항이 전체적으로 명세서에 의해 뒷받침되지 않는 경우에도 적용된다. 따라서 독립항에 필수구성요소가 결여되었다면 이는 전리법실시세칙 제21조 제2항 규정에 부합하지 않을 뿐만 아니라, 명세서에 의해 지지되지 않는 것이기 때문에 전리법 제26조 제4항 규정에도 부합하지 않는다. 그럼에도 불구하고 전리복심위원회는 청구항 제1항에서 지지장치(58, 59)의 구조 및 이 장치를 통해 어떠한 방식으로 자동차를 지지하고, 중심을 정하고, 이동을 멈추고, 들어 올릴 것인지에 대해 구체적으로 기재하고 있지 않아서, 당업자가 이 장치가 바퀴의 수평운동을 통해 어떻게 중심을 정할지에 대해 알 수 없을 것이므로 청구항 제1항의 필수구성요소 결여를 인정하면서도, 청구항 제1항이 비록 기능적으로 기술특징을 한정하였지만 당업자라면 명세서와 도면 및 해당 기술영역의 공지상식을 통해 절절한 실시방식을 확정할 수 있을 것이라 하여 청구항 제4항이 전리법 제26조 제4항에는 부합하다고 판단했는데, 이는 이유와 결론에 있어서 서로 모순된 것으로서 법률적 근거가 부족하다."

‖ 제8장 컴퓨터 프로그램 관련 발명에 대한 심사 ‖

1. 컴퓨터 프로그램 관련 발명의 정의 및 심사 기준

1) 컴퓨터 프로그램 관련 발명의 정의

컴퓨터 프로그램 관련 발명이란, 발명이 해결하고자 하는 과제를 해결하기 위해 일부 또는 전부를 컴퓨터 프로그램의 처리 절차를 기초로 하여, 컴퓨터를 통해 상기 처리 절차에 따라 만든 컴퓨터 프로그램을 실행시켜 컴퓨터의 외부 대상 또는 내부 대상을 제어하거나 처리하는 해결방안이다.

외부 대상에 대한 제어 또는 처리에는 특정 외부 운영 절차 또는 외부 운영장치에 대한 제어, 외부 데이터에 대한 처리 또는 교환 등이 포함된다. 내부 대상에 대한 제어 또는 처리에는 컴퓨터 시스템의 내부 성능에 대한 개량, 컴퓨터 시스템의 내부 자원에 대한 관리, 데이터 전송에 대한 개량 등이 포함된다. 한편, 컴퓨터 프로그램에 관련되는 해결방안은 컴퓨터의 하드웨어에 대한 변경을 포함하지 않을 수 있다.

2) 컴퓨터 프로그램 관련 발명에 대한 심사기준 일반

(1) 전리법 제25조 제1항 제(2)호—지적 활동의 규칙 및 방법

a) 청구항의 주제 명칭 이외에 그에 대하여 한정한 전체 내용이 단지 알고리즘, 수학 연산규칙, 컴퓨터 프로그램 자체 또는 매체(예를 들어 마그네틱 테이프, 마그네틱 디스크, 광디스크, 마그네틱 광디스크, ROM, PROM, VCD, DVD 또는 그 외 컴퓨터가 판독 가능한 매체)에 기록된 컴퓨터 프로그램 자체, 또는 게임 규칙과 방법에만 관련된 경우, 지적 활동의 규칙과 방법에 해당하여 전리법 제25조 제1항 제(2)호 규정에 따라 전리의 대상이 될 수 없다.

b) 만약 청구항을 한정하는 내용에서 지적 활동의 규칙과 방법을 포함하고 있을 뿐만 아니라, 기술특징도 포함하고 있으면(예를 들어, 게임 장치에 대해 게임 규칙 이외에 기술특징도 포함하는 경우), 그 청구항은 전체적으로 지적 활동의 규칙 및 방법에 속하지 않으므로, 전리권 획득 가능성이 배제되지 않는다.

(2) 전리법 제2조 제2항—발명의 정의

a) 컴퓨터 프로그램 관련 발명의 해결방안에 있어서, 컴퓨터 프로그램을 실행하는 목적이 기술적 과제를 해결하는 것이고, 컴퓨터 프로그램을 실행하여 외부 또는 내부 대상을 제어하거나 처리할 때 자연법칙에 따른 기술수단을 반영하며, 그에 따라 자연

법칙에 부합하는 기술적 효과를 얻으면, 전리법 제2조 제2항에서 규정하는 기술방안에 해당한다.

(a) 만약 컴퓨터 프로그램을 실행하는 목적이 외부의 기술데이터를 처리하는 것이고, 컴퓨터를 통해 기술데이터 처리 프로그램을 실행하여 자연법칙에 따라 그 기술데이터에 대해 일련의 기술적 처리를 함으로써 자연법칙에 부합하는 기술데이터 처리 효과를 얻는 경우, 이러한 기술방안은 전리법 제2조 제2항에서 규정하는 기술방안에 해당한다.

(b) 만약 컴퓨터 프로그램을 실행하는 목적이 컴퓨터 시스템의 내부성능을 개선하는 것이고, 컴퓨터를 통해 시스템 내부성능 개선 프로그램을 실행하여 자연법칙에 따라 그 컴퓨터 시스템의 각 부분에 대해 실시하는 일련의 설치 또는 조정을 함으로써 자연법칙에 부합하는 컴퓨터 시스템 내부성능 개선 효과를 얻는 경우, 이러한 기술방안은 전리법 제2조 제2항에서 규정하는 기술방안에 해당한다.

b) 컴퓨터 프로그램 관련 발명의 해결방안에 있어서, 만약 컴퓨터 프로그램을 실행하는 목적이 기술적 과제를 해결하는 것이 아니거나, 컴퓨터 프로그램을 실행하여 외부 또는 내부 대상을 제어하거나 처리할 때 자연법칙을 이용한 기술수단이 아니거나, 자연법칙의 제한을 받지 않는 효과인 경우, 전리법 제2조 제2항에서 규정하는 기술방안에 속하지 않는다.

2. 컴퓨터 프로그램 자체[45])에 대한 청구항의 심사[46])

1) 주제명칭이 프로그램인 경우

주제명칭이 실질적으로 "프로그램"인 경우, 예를 들어, "프로그램", "프로그램 상품", "패치", "명령" 등인 청구항은, 그 한정하는 내용이 무엇이든 상관 없이 컴퓨터 프로그

---

45) 컴퓨터 프로그램 자체란, 특정 결과를 얻기 위해 컴퓨터 등 정보처리기능이 있는 장치가 수행하는 코드화된 명령의 서열이나, 코드화된 명령의 서열로 자동적으로 변환될 수 있는 부호화된 명령의 서열 또는 부호화된 문장의 서열이다. 컴퓨터 프로그램 자체는 소스 프로그램과 오브젝트 프로그램을 포함한다.

46) 2010년 〈전리심사지침〉 제2부 제9장 5.2절에서는 컴퓨터프로그램 관련 특허출원의 청구항 작성에 대해 방법청구항 또는 물건청구항의 형식으로 기재할 수 있다고 규정하였다. 이 중에서 특히 물건청구항 형식의 기재에 대해, 2017년 4월 1일부터 시행되는 〈전리심사지침 개정에 대한 국가지식산권국의 결정〉(《国家知识产权局关于修改专利审查指南的决定》)에서는, "그 장치의 각 구성부분과 각 구성부분 간의 관계를 구체적으로 기재하되, 상기 구성부분은 하드웨어뿐만 아니라 소프트웨어도 포함할 수 있다"라는 규정을 포함시켰다.

램 자체를 청구하는 것으로 인정되어 전리법 제25조 제1항 제(2)호에 따라 등록받을 수 없다. 이러한 청구항에 대해, 심사관은 청구항의 다른 내용을 보지도 않고 바로 거절이유를 지적한다.

2) 한정하는 내용이 프로그램 자체인 경우

(1) 한정하는 내용이 프로그램 자체뿐인 경우

청구항의 주제 명칭 이외에, 청구항에서 한정한 모든 내용이 프로그램 자체인 경우, 청구항은 실질적으로 지적 활동의 규칙 및 방법에 관한 것이어서, 등록받을 수 없다.

┃ 사례 1 ┃

청구항: 전자데이터 교환에 이용되는 컴퓨터 프로그램을 저장하되, 상기 컴퓨터 프로그램은 컴퓨터가,

… 하는 확정단계;

… 하는 선택단계;

… 하는 수행단계;를 수행하게 하는, 컴퓨터 가독저장매체.

분석: 이 청구항은 컴퓨터 가독저장매체를 청구하는데, 주제명칭 이외의 한정하는 모든 내용이 컴퓨터 프로그램 자체일 뿐이므로, 전리법 제25조 제1항 제(2)호의 규정에 따라 등록받을 수 없다.

┃ 사례 2 ┃

청구항: 처리장치에 의해 수행되는 컴퓨터 수행가능 명령을 포함하되, 상기 컴퓨터 수행가능 명령은, … 하는데 이용되는, 컴퓨터 가독매체

분석: 이 청구항은 처리장치에 의해 수행되는 컴퓨터 수행가능 명령을 포함하는 컴퓨터 가독매체를 청구한다. 주제 명칭 이외의 다른 한정 내용이 모두 컴퓨터 프로그램 자체이므로, 전리법 제25조 제1항 제(2)호의 규정에 따라 등록받을 수 없다.

┃ 사례 3 ┃

청구항: 제1 XML 모드와 관련된 제1 유형요소와 제2 XML 모드와 관련된 제2 유형요소를 포함하는 확장가능 표기언어 파일부재를 생성하고, 제1 유형요소 중에서 상기 제1 XML 모드에 위배하는 요소를 표시하는, 제1 부재;

노드를 저장하고, 상기 각 노드와 상기 제1부재 중에서의 대응 요소를 서로 연결하는, 제2 부재;

요소를 확인하고, 확인된 위배 정보에 응답하여 오류를 상기 제1 부재로 반환하는, 제3 부

재;를 포함하는, 컴퓨터 집행가능 부재를 포함하는 컴퓨터 가독매체

분석: 이 청구항은 일정 기능을 수행할 수 있는 몇 가지 부재를 포함하는 컴퓨터 가독매체를 청구하고 있다. 이런 부재들은 컴퓨터 가독매체에 저장되는 컴퓨터 프로그램에 의해 수행기능에 따라 나뉘어진 것으로서, 상기 컴퓨터 가독매체를 구성하는 실제 부품이 아니다. 본 사례와 같이, 출원인이 실제로 청구하고자 하는 것은 컴퓨터 프로그램 자체지만, 이를 감추려는 의도로 형식상으로 저장매체라는 물리적 구조로 바꾸어 청구하려는 시도를 할 수 있다. 그러나 위 청구항도 실질적으로는 여전히 프로그램으로 한정되는 컴퓨터 가독매체에 속하는 것이기 때문에, 전리법 제25조 제1항 제(2)호의 규정에 따라 등록받을 수 없다.

(2) 한정하는 내용 중 일부가 프로그램 자체인 경우

청구항의 한정 내용의 일부만이 컴퓨터 프로그램 자체에 관련된 것이면, 구체적인 상황에 따라 전리법 제26조 제4항(청구항의 명확성, 이하 사례 1과 사례 2 참조) 또는 전리법 제2조 제2항(이하 사례 3 참조) 규정에 의해 거절이유가 지적될 수 있다.

▌사례 1 ▌

청구항: 저장 매체를 포함하는 중간 서버로서,

상기 저장 매체는 컴퓨터 프로그램을 저장하고, 상기 프로그램은,

… 하는, 판독 단계;

… 하는, 분석 단계;

… 하는, 표시 단계;를 포함하는, 중간 서버

분석: 청구항은 중간 서버를 청구하고, 이 중간 서버는 컴퓨터 프로그램으로 한정된 저장 매체를 포함한다. 이렇게 컴퓨터 프로그램으로 한정된 내용은 구조적 특징도 아니고, 방법적 특징도 아니므로, 이러한 작성 방식은 중간 서버의 구조를 불명확하게 한다는 이유로, 전리법 제26조 제4항 규정에 따른 거절이유가 지적된다.

▌사례 2 ▌

청구항: 처리장치, 및 상기 처리장치와 연결된 저장장치를 포함하는 서버로서,

상기 처리장치는 저장장치에 저장된 명령을 수행하며, 상기 명령은, … 를 포함하는, 서버

분석: 청구항은 서버를 청구하고, 이 서버는 명령에 의해 한정되는 처리장치를 포함한다. 명령으로 한정되는 내용은 구조적 특징도 아니고, 방법적 특징도 아니기 때문에, 청구항의 보호범위가 불명확하다. 즉, 청구하고자 하는 서버가 어떠한 구조를 갖추고 있는지 불명확하게 표현하고 있다는 이유로, 전리법 제26조 제4항 규정에 따른 거절이유가 지적된다.

▌사례 3 ▌

청구항: 사용자 인터페이스를 생성하는 방법으로서,

상기 사용자 인터페이스는 영상재생장치의 재생 또는 기록 상태를 표시하고,

상기 영상재상장치는 표시장치와 저장장치를 포함하며,

상기 방법은 상기 영상재생장치의 저장장치에 저장된 프로그램을 수행함으로써, 영상 재생장치가,

사용자가 선택한 아날로그시계모드 또는 환형모드의 사용자 인터페이스 방안을 수신하는 단계;

아날로그시계모드 또는 환형모드의 사용자 인터페이스를 표시장치의 화면에 표시하는 단계;

"현재 재생영상의 재생 시간을 표시할지 여부"의 선택항목을 표시장치의 화면에 표시하는 단계;

사용자가 "예"를 선택하면, 현재 재생영상의 방송시간을 상기 사용자 인터페이스에 표시하는 단계;

"방송기록 상태의 표시 여부"의 선택항목을 표시장치의 화면에 표시하는 단계;

사용자가 "예"를 선택하면, 방송기록 상태를 상기 사용자 인터페이스에 표시하는 단계;를 수행하게 하는, 사용자 인터페이스를 생성하는 방법

분석: 청구항은 사용자 인터페이스를 생성하는 방법을 청구하고, 상기 방법은 컴퓨터 프로그램을 수행하여 영상재생표시 진행과정을 사용자 인터페이스에 제공한다. 그러나 영상재생장치는 공지된 것이고, 상기 방법이 수행될 때, 영상재생장치의 내부 성능이 개선되는 것도 아니고, 영상재생장치의 구성이나 기능에 어떠한 기술적 변화가 발생하는 것도 아니다. 해결하고자 하는 과제는 사용자의 주관적 희망에 따라 사용자 인터페이스의 표시 내용을 어떻게 확정할 것인가 하는 것에 불과하며, 이는 비기술적 과제이다. 그 채용 수단은 사용자의 필요에 따라 사용자가 필요로 하는 내용인 인위적 규정을 표시하는 사용자 인터페이스를 생성하는 것으로서, 이는 비기술적 수단이다. 효과는 영상재생의 진행과정 또는 기록 상태를 사용자가 이해하기 편하게 하는 것으로서, 이 역시 비기술적 효과이다. 따라서 이 청구항에서 청구하는 방법은 전리법 제2조 제2항에서 규정하는 기술방안에 해당하지 않는다.

3. 계산 방법 관련 발명에 대한 심사

단순한 계산 방법에 관한 발명은 전리법 제25조 제1항 제(2)항 규정의 지적 활동의 규칙 및 방법에 해당하여 등록받을 수 없다(이에 대한 심사례는 2010년 〈전리심사지침〉의 제2부 제9장 제2절과 제3절에 소개된 사례 1과 사례 2를 참고할 수 있다).

다만, 아래 두 가지 조건을 만족하는 계산 방법 발명은 전리법 제2조 제2항 규정의 기술방안으로 인정된다:

(1) 계산 방법이 어떠한 기술 영역에 적용되고, 이 계산 방법에 따른 해결방안을 형성할 것;

(2) 이 계산 방법에 따른 해결방안이 기술적 수단을 사용하여, 기술 영역에서의 기술적 과제를 해결하고, 상응하는 기술적 효과를 낼 것;

1) 기술방안으로 인정되는 사례

▌사례 1 ▌

청구항: 압연재의 길이와 온도를 특정하는 단계;
압연재의 절단에 대한 최적화 계산을 컴퓨터로 수행하고, 최선 절단방안을 산출하는 단계;
컴퓨터가 자동화 제어시스템을 통해, 최선 절단방안에 따라 커터 및 블록판의 이동을 제어하여 절단을 수행하는 단계;를 포함하되,
최적화 절단 계산 공식은: … (구체적 수학식 및 파라미터 설명)인, 중대형 형강 길이 최적화 절단 방법

분석: 청구항의 해결방안은 형강 절단 분야에서 어떻게 형강에 최적화 절단을 진행할 것인지의 기술적 과제를 해결하기 위한 것으로서, 최적화 절단 계산 방법과 자동화 제어시스템을 통해 최선 절단방안에 따라 커터 및 블록판의 이동을 제어하여 절단을 수행하는 기술적 수단을 채용하였고, 이로 인해 압연재 절단 이후의 여분량을 줄임으로써 효과적으로 절단 원재료를 절약하는 기술적 효과를 달성한다. 따라서 전리법 제2조 제2항 규정에 부합한다.

▌사례 2 ▌

청구항: TRIBON 환경에서 관련 3D 모형으로부터 객실을 찾고, 상기 객실을 둘러싸는 평면판을 토대로 계산 범위를 확정하는 단계;
계산 범위 확정 후, 객실을 둘러싸는 평면판 면적을 계산하는 단계; 및
객실 내부구조의 면적을 계산하되, 객실 내부 부속물의 공간적 위치를 판단하여 선별해 내고, 부속물이 객실 내에 위치하는지 판단하는 단계;를 포함하되,
상기 평면판 면적을 계산하는 단계는, 객실의 외형이 장방체인 경우, 장방체의 표면은 각각 XY평면, YZ평면, XZ평면과 평행이고, 객실을 둘러싸는 평판 면적은 각 표면의 장향형 면적으로부터 직접 구하는 단계; 및
객실이 선체 미부에 위치한 경우, 조감도로부터 그 외형이 장방체가 아닌 계단 유사형상임을 확인하고, 계단 유사 형상에 따라 객실 상하표면의 면적을 계산하며, … (구체적 수학식 및 파라미터 설명)…하는 단계;를 포함하는, 선박의 도색 면적 계산 방법.

분석: 청구항의 해결방안은 선박 분야에서 선박 도색 면적을 어떻게 정확하게 계산할 것인 지의 기술적 과제를 해결하기 위한 것으로서, 선박 도색 면적 계산 방법에 따라 3차원 모 형을 이용하는 기술적 수단을 채용하였고, 이로 인해 선박 분야의 계산 속도를 높이는 기 술적 효과를 달성한다. 따라서 전리법 제2조 제2항 규정에 부합한다.

▮ 사례 3 ▮

청구항: 단계 1) 호출업무 QoS로부터 업무소스속도 R 및 신호 대 잡음비 Eb/N0값을 추출 하는 단계;

단계 2) 아래 공식에 따라 제 i개 단일업무 액세스 시 대응하는 출력부하 상승곡선을 계산 하는 단계;

$$P_i = 10lg\left(10^{-10.3} + 1.55\,(i-1)\,10^{0.1pi}\right) - \left(PG - \frac{E_b}{N_0}\right)dBm$$

단계 3) 아래 N계 다항식으로부터 각 단일업무 곡선에 근접하는 단계

$$Y = P\,(1)\,X^N + P\,(2)\,X^{(N-1)} + \cdots + P\,(N)\,X^1 + P\,(N+1)\,X^0$$

단계 4) 기지국 측량데이터 그룹에서 셀 수신 총출력 측량값을 추출하는 단계;

단계 5) 셀 수신 총전력 측량값을 기점으로 하여, 대응하는 업무소스속도 R의 곡선을 한 단위의 부하증가량곡선에 연결하여 기점출력에 근접시키되, 기점출력값에 사용자(속도는 R)의 출력증가량을 더하여 예측된 셀 출력부하값 η을 구하는 단계;

단계 6) 예측된 출력부하값 η이 η≤-84dBm을 만족할 때, 호출을 수용하고, 무선 네트워크 제어기(RNC)로 수용 신호를 반환하는 단계;

단계 7) 코드자원 분배 과정을 시작하는 단계;를 포함하는, WCDMA 시스템 혼합업무의 제어수용방법

분석: 청구항은 "호출업무 QoS로부터 업무소스속도 및 신호 대 잡음비 값을 추출", "기지국 측량데이터 그룹에서 셀 수신 총출력 측량값을 추출", "호출을 수용하고, 무선 네트워크 제 어기로 수용 신호를 반환" 및 "코드자원 분배 과정을 시작"하는 기술적 특징을 포함하고 있 다. 따라서 전체적으로 보아 지적 활동의 규칙 및 방법이 아니므로, 전리법 제25조 제1항 제(2)호의 거절사유가 없다.

이 청구항의 해결방안이 전체적으로 해결하고자 하는 과제는 어떻게 WCDMA 시스템 업무 의 수용을 제어할 것인가 하는 것인데, 이는 기술적 과제에 해당한다. 채용한 수단은 기지 국 등에서 파라미터를 계산하여 수용 신호를 반환하는 것으로서, 이는 기술적 수단이다. 효 과는 시스템 업무의 수용을 제어하여 네트워크의 안정성을 실현하는 것인데, 이는 기술적 효과이다. 따라서 이 청구항의 방안은 전리법 제2조 제2항이 규정하는 기술방안에 속한다.

2) 기술방안으로 인정되지 않는 사례

▌사 례 ▌

청구항: 원주율 계산 프로그램을 입력하는 입력장치;

상기 입력장치가 입력한 원주율 계산 프로그램을 저장하는 저장장치;

상기 원주율 계산 프로그램을 처리하는 처리장치; 및

상기 처리장치의 처리 결과를 표시하는 표시장치;를 포함하되,

상기 처리장치는 상기 원주율 계산 프로그램의 제어를 받아,

정방형 내의 "점"의 개수를 계산하는 단계;

상기 정방형 내접원 내의 "점"의 개수를 계산하는 단계; 및

공식: $\pi = [(\Sigma$ 원내의 "점" 카운트값$)/(\Sigma$ 정방형 내의 "점" 카운트값$)] \times 4$에 따라 원주율을 계산하는 단계;를 수행하는, 원주율 계산 장치

분석: 청구항은 원주율 계산 장치로서, 입력장치, 저장장치 등의 기술특징을 포함한다. 따라서 이 청구항은 전체적으로 지적 활동의 규칙 및 방법에 해당하지 않는다. 그러나 하드웨어 구조를 보면, 이 장치는 공지된 컴퓨터에 불과하다. 이 청구항의 방안이 해결하고자 하는 과제는 공지된 계산기를 이용하여 어떻게 원주율을 계산할 것인지이고, 채용한 수단은 컴퓨터에 의해 처리되는 원주율 계산 프로그램이며, 효과는 수치 계산 결과일 뿐이다. 이 청구항의 방안이 해결하고자 하는 과제, 채용한 수단 및 그 효과는 모두 비기술적인 것이므로, 전리법 제2조 제2항 규정에 부합하지 않는다.

---

4. 한자 코딩방법 관련 발명에 대한 심사

한자 코딩방법은 정보 표시방법으로서, 해결하고자 하는 과제가 인간의 표현 의지에만 달려 있고, 해결수단은 인위적인 코딩규칙이며, 그 코딩방법을 실시한 결과는 단지 부호/자모 숫자열로서, 해결하고자 하는 과제, 해결수단 및 그 효과가 자연법칙을 따르지 않으므로, 한자 코딩방법에만 관련된 출원은 전리법 제25조 제1항 제(2)호 규정의 지적활동의 규칙 및 방법에 해당한다.

다만, 만약 한자 코딩방법과 그 코딩방법이 적용되는 특정 키보드를 결합하여 컴퓨터 시스템이 한자정보를 명령으로 하여 프로그램을 실행시켜 외부대상 또는 내부대상을 제어하거나 처리할 수 있게 하면, 이러한 컴퓨터 한자 입력방법 또는 컴퓨터 한자정보 처리방법은 전리법 제2조 제2항의 발명에 해당하고, 전리법 제25조 제1항 제(2)호 규정의 지적활동의 규칙과 방법에 속하지 않는다.

5. 비즈니스 방법[Business Method(Model)]에 관한 발명에 대한 심사

비즈니스 방법이란 각종 상업 활동 및 사업활동을 실현하는 방법을 의미한다. 사회 경제활동 규칙 및 방법을 광의로 해석하여, 예를 들어 증권, 보험, 리스, 경매, 광고, 서비스, 경영관리, 행정관리, 사무처리 등을 포함한다.

비즈니스 방법 관련 발명은 단순한 비즈니스 방법 발명과 BM발명으로 나눌 수 있다.

1) 단순한 비즈니스 방법 발명

단순한 비즈니스 방법 발명출원이란, 단순한 비즈니스 방법을 주제로 한 발명출원을 의미하며, 전리법 제25조 제1항 제(2)호 규정의 지적 활동의 규칙 및 방법에 해당하여 등록받을 수 없다.

┃ 사 례 ┃

청구항: 주식배당 납입방법으로서, 고객과 증권사가 주식배당 납입대리 계약서를 채결하고, 계약기간 안에 증권사는 각 주식의 배당 납입 만료일 이전에 고객 자료를 확인하며, 조건이 만족되는 고객에 대해 배당금 자동 납부를 대리하되, 고객 자료의 내용 및 이의 확인 단계는,

고객의 해당 배당 소유 여부 확인; 고객의 납입 여부 확인; 고객의 중도서면신청으로 인한 배당 포기 여부 확인; 고객의 자금 여유 유무 확인;을 포함하는, 주식배당 납입방법

출원 명세서에 기재된 내용: 본 발명은 주식배당 납입방법에 대한 것으로서, 증권사가 각 주식의 배당 납입 만료일 이전에 고객 자료를 통해 배당 납입이 필요한지 확인하여, 고객의 배당금 자동 납부 대리를 편리하게 할 수 있고, 고객의 손실을 줄인다.

분석: 청구하는 내용은 주식배당 납입방법에 대한 것으로서, 사람의 행위를 통해 사업을 운용하는 것이므로, 전리법 제25조 제1항 제(2)호 규정의 지적 활동의 규칙 및 방법에 해당하여 전리권 보호의 대상이 아니다.

---

2) BM 발명

BM 발명이란 컴퓨터 및 인터넷 기술을 이용하여 비즈니스 방법을 실시하는 것을 주제로 하는 발명을 의미한다.

(1) 심사 방식

BM 발명에 대한 객체심사 및 신규성, 진보성 심사는 이하 세 단계의 순서로 이루어진다.

a) 명세서에 기재된 배경기술 또는 공지상식을 토대로 출원 발명이 해결하고자 하는 과제가 기술적 과제가 아니라고 심사관이 판단한 경우, 바로 전리법 제2조 제2항이 규정하는 기술방안이 아니라는 이유로 거절이유를 지적한다[아래 (2)의 사례 1 참조].

b) 명세서에서는 발명이 해결하고자 하는 '기술적 과제'에 대해 설명하고 있으나, 심사관이 그 기술적 과제에 대해 검색해 본 결과 그 기술적 과제가 이미 해결되었고, 해결하고자 하는 기술적 과제가 실질적으로는 비기술적 과제라고 심사관이 초보적으로 판단할 수 있는 경우(예를 들어, 어떠한 새로운 형태의 비즈니스 운영 모델), 심사관은 검색결과를 토대로 그 해결하고자 하는 기술적 과제가 비기술적 과제임을 지적하고, 결국 전리법 제2조 제2항에서 규정하는 기술방안이 아니라는 이유로 거절이유를 지적한다[아래 (2)의 사례 2 참조].

c) 심사관이 발명의 신규성 또는 진보성에 영향을 미칠 만한 종래기술을 검색해 낸 경우, 검색된 종래기술을 토대로 바로 신규성 또는 진보성 거절이유를 지적한다[아래 (2)의 사례 2 참조]. 이때 신규성 또는 진보성 판단은 일반적인 판단 방식에 따른다. 한편, 신규성 또는 진보성 거절이유가 바로 지적되었다고 하여, 전리권 보호 객체에 관한 전리법 제2조 제2항 규정이 만족되었음을 의미하는 것은 아니다.

(2) 심사방식 예시

▌사례 1▐

청구항: 하나 이상의 특정 관광 항목의 이용자 실시간 조정 시스템으로서,

이용자가 종래의 줄서기 대기 방식으로 상기 특정 관광 항목를 방문하는 제1 대열;

이용자가 상기 제1 대열의 종래 줄서기 대기 방식을 피하여 상기 특정 관광 항목을 방문하는 제2 대열;

이용자가 제2 대열을 방문할 권한을 확정하는 제1 확정장치;

이용자가 제2 대열을 통해 특정 관광 항목을 방문하는 분배된 시간범위를 확정, 생성, 발표하는 제어장치;

이전에 이용자에 제공된 수회의 데이터를 저장하는 데이터 저장장치;

권한 있는 이용자가 분배된 시간범위 내에 분배된 특정 관광 항목을 방문하는 것을 어용하는 제2 확정장치;를 포함하되,

상기 제어장치는 상기 관광 항목의 실시간 수용 용량을 확정하는 처리장치를 포함하며, 상기 처리장치는 실시간 수용 용량에 대한 데이터를 상기 시스템에 제공하고, 상기 시간범위를 생성하며,

상기 시스템은 저정된 데이터를 토대로 상기 이용자 관한의 분배시간 확정을 허용 또는 거절하는 하나 이상의 특정 관광 항목의 이용자 실시간 조정 시스템.

명세서의 기재 내용: 이 발명은 관광 항목의 방문에 대한 관리방법 및 시스템에 대한 것이다. 명세서에 기재된 종래기술에 따르면, 이용자의 대기 시간을 줄이는 방안으로써 이용자에게 카드를 발부하고, 이용자는 이 카드를 이용하여 관광 지구 내에 위치한 컴퓨터 단말을 찾아 관광 항목의 수량에 관한 타임슬롯 창구를 획득하며, 하나 이상의 관광 항목에 관련된 하나 이상의 타임슬롯을 선택하여 관광 항목의 사용을 사전 예약한다. 하지만 이러한 종래기술에는 이용자가 일정 수량의 관광 항목을 보류하는 것이 허용되어 다른 사용자가 그 구역을 사용하는 것을 막을 권리가 있고, 시스템은 관광 상태와 성능 데이터 변화에 대해 동적으로 대응할 수 없어, 일정 시간주기 동안에 어떠한 관광 항목은 이용되지 않고, 어떠한 관광 항목에는 이용자가 대기하는 상황이 발생할 수 있다는 문제점이 있다.

분석: 출원 명세서에서 기재된 종래기술로부터, 컴퓨터 기술을 이용하여 놀이 공원의 관광객 이용 현황을 제어하는 방안은 이미 존재하고 있음을 알 수 있다. 본 출원 발명이 해결하고자 하는 과제는 이용자의 흐름을 어떻게 동적으로 조정하여 이용자의 대기 시간을 줄일 수 있을 것인가 하는 것으로, 이는 비기술적 과제에 해당한다. 따라서 청구항의 해결 방안은 전리법 제2조 제2항이 규정하는 기술방안이 아니다.

▌사례 2 ▌

청구항: 화상의 디지털 데이터를 수신하되, 상기 디지털 데이터의 고유 조작조건은 인쇄조건을 포함하는, 수신 컴퓨터;

상기 디지털 데이터를 기록하는 저장장치;

상기 저장장치 내의 디지털 데이터를 인터넷을 통해 상기 수신 컴퓨터에 전송하여, 상기 인터넷을 통해 전송된 상기 디지털 데이터가 인쇄된 사진의 형식으로 상기 수신 컴퓨터에 표시되도록 하되 상기 인쇄된 사진의 형식은 상기 인쇄 조건에 따라 수정된, 전송장치;

상기 화상 구매의 전자비용 결제사무를 처리하는 비용결제 컴퓨터를 포함하는, 화상 비즈니스 시스템

명세서 기재 내용: 출원 발명은 판매상의 판매 목적을 실현하는 화상 비즈니스 시스템 및 그 방법에 대한 것이다. 명세서에 기재된 종래기술에 따르면, 종래에는 사진을 판매하기 위해 확대 사진을 인화하는 사진사가 사진을 재인화하고, 우편으로 사진을 구매자에게 송부할 필요가 있는데, 이 판매 과정이 복잡하고 비효율적이다. 본 발명은 컴퓨터 하드웨어 및 소프트웨어 등의 기술적 수단을 이용하는 컴퓨터 장치로 전자화된 데이터를 처리함으로써, 인쇄된 사진의 형식으로 인터넷으로 전송된 디지털 데이터를 표시하여, 종래의 판매방식과 컴퓨터, 인터넷 기술을 결합시키는 기술적 과제를 해결하였다.

분석: 출원 명세서에서 기재된 종래기술에 따르면, 종래의 사진 판매 방식은 오프라인 판매 방식이지만, 본 출원은 종래의 판매 방식에 컴퓨터, 인터넷 기술을 적용하여 디지털화된 데이터를 전송 처리함으로써, 종래의 방식을 컴퓨터, 인터넷 기술에 결합하려는 기술적 과제를 해결하였다. 그러나 심사관이 검색한 USXXXXXXX 에 따르면, 컴퓨터와 인터넷을 이

용하여 디지털 화상 상품을 판매하는 시스템이 이미 존재한다. 다시 말해, 컴퓨터와 인터넷을 이용하여 사진을 고객에서 전송하여 디스플레이하는 것은 기술적으로 이미 해결되었다. 차이점은 본 출원의 사진 인화 과정에 다소 숙련된 기술이 적용되었다는 점인데, 이는 단지 판매되는 물건이 갖는 차이에 불과하다. 따라서 본 출원이 해결한 것은 상이한 물건의 판매라는 비기술적 과제에 불과하고, 그 해결방안은 전리법 제2조 제2항이 규정하는 기술방안에 해당하지 않는다.

┃ 사례 3 ┃

청구항: 사용자 식별 모듈(SIM)로 사용자 유닛을 제어하는, GSM 타입 디지털 이동전화 시스템에 적용되는 방법으로서, 사용자 식별 모듈에 두 개의 식별자를 부여하고, 그 정보는 상기 시스템의 로컬 데이터베이스에 저장되며, 상기 두 개의 식별자는 각각 서비스와 전화 비용 및 사용자들 간의 비용을 표시하고, 사용자 유닛이 사용될 때, 사용자는 상기 사용자 유닛으로부터 선택적으로 상기 식별자를 활성화하는, GSM 타입 디지털 이동전화 시스템에 적용되는 방법

명세서 기재 내용: 본 발명은 GSM 타입 디지털 이동전화 시스템에 적용되는 방법에 대한 것이다. GSM은 통일화된 스마트 디지털 이동전화 시스템으로서, 어느 한 국가 범위 내로의 지리적 제한이 존재하지 않는다. 상기 시스템이 광범위하게 적용됨에 따라 서비스 비용의 할당 문제가 자주 발생하거나 별도의 작업에 영향을 미치기도 한다. 본 출원은 이러한 불편을 해소하는 방법을 제공한다.

분석: 검색된 인용문헌 EPXXXXXXX은 GSM 네트워크 표준 및 사용자 식별 모듈(SIM) 관련 특징을 공개하는데, 사용자 식별 모듈은 하나의 모바일스테이션 내의 모든 사용자 관련 정보 요소를 저장하고, 시스템 식별을 허용하며, 네트워크 내의 사용자를 검증 및 위치지정하고, 각 사용자 식별 모듈에 하나의 식별자를 부여한다; GSM 표준에서 사용자 식별 데이터를 네트워크 로컬 데이터베이스에 저장할 것을 요구하므로, 사용자는 GSM 사용을 자동으로 선택하고 사용자 유닛으로부터 희망하는 식별자를 선택적으로 활성화한다. 이를 청구항과 비교하면, 1) 사용자 식별 모듈에 두 개의 식별자를 부여한다는 점 2) 상기 두 개의 식별자는 각각 서비스와 전화비용 및 사용자들 간의 비용을 표시한다는 점이 종래기술과 구별되는 차이점이다. 이러한 차별적 특징을 포함하는 청구항의 방안은 비록 비용 분할을 편리하게 수행할 수는 있으나, 상이한 비용분할 관계를 위해 상이한 대표 식별자를 지정함으로써 실현되는 것이고, 이는 종래기술에 기술적으로 기여하는 것이 아니므로, 청구항의 전체적 방안은 인용문헌과 비교하여 전리법 제22조 제3항이 규정하는 진보성이 없다.

(3) 그 외 다른 거절이유의 심사

BM 발명에 대해 위에서 검토한 객체적 요건, 신규성과 진보성 요건 이외에, 심사관은 청구항이 명세서에 의해 뒷받침되는지도 주의깊게 심사한다. 명세서에서 출원 발

명이 전체적으로 컴퓨터 기술을 이용한 비즈니스 운영 시스템이라고 설명하고 있더라도, 출원인은 출원 발명이 실질적으로 상업적 규칙에 불과하다는 지적을 피하고자 청구항, 특히 독립항에 상기 시스템이 포함하는 컴퓨터 하드웨어 요소들을 나열하는 경우가 있기 때문이다. 이 경우 이러한 컴퓨터 하드웨어 요소들이 비즈니스 활동의 완성에 기여하는 기능적 한정특징을 청구항에서 제외시키면 청구항이 명세서의 뒷받침을 받지 못하게 되는 경우가 발생할 수 있다고 한다.

6. "방법과 물건의 대응" 여부에 따른 심사

컴퓨터 프로그램 관련 발명의 청구항은 방법 청구항 또는 물건 청구항(즉, 그 방법을 실현하는 장치)의 형식으로 기재할 수 있다. 어떤 형식으로 기재하든 기술적 과제를 해결하기 위해 필요한 기술특징을 기재해야 하며, 컴퓨터 프로그램의 기능이나 그 기능에 의해 달성되는 효과만을 기재해서는 안 된다. 구체적으로, 방법 청구항으로 기재하는 경우에는 방법의 단계에 따라 그 컴퓨터 프로그램이 수행하는 각 기능과 이 기능이 어떻게 완성되는지 상세하게 기재해야 하고, 장치 청구항으로 기재하는 경우에는 그 장치의 각 구성부분과 각 구성부분 간의 관계를 구체적으로 기재하고 컴퓨터 프로그램의 각 기능이 어떠한 구성부분에 의하여 완성되는지 및 그러한 기능을 어떻게 완성하는지를 상세하게 기재해야 한다.

2010년 〈전리심사지침〉 제2부 제9장 5.2절에서는, "장치 청구항의 각 구성요소가 컴퓨터 프로그램 흐름의 각 단계 또는 방법 청구항의 각 단계와 완전히 일치하게 대응되는 경우, 장치 청구항의 각 구성요소는 컴퓨터 프로그램의 각 단계 또는 방법의 각 단계를 실현함에 있어서 반드시 갖춰야 하는 기능모듈[47]로 이해된다. 이러한 기능모듈로 한정되는 장치 청구항은 명세서에 기재된 컴퓨터 프로그램을 통해 그 해결방안을 달성하는 기능모듈로 해석되며, 하드웨어를 통해 해결방안을 달성하는 실제 장치로 해석되지 않는다"라고 규정한다.

따라서 심사 과정에서 이러한 컴퓨터 프로그램 관련 발명의 물건 청구항에 대해, 심사관은 이 물건 청구항이 기능모듈의 형식인지 아니면 통상적인 의미의 물건 청구항인

---

47) 2010년 〈전리심사지침〉 제2부 제9장 5.2절에서는 "기능모듈"이라는 표현이 사용되었으나, 2017년 4월 1일부터 시행되는 〈전리심사지침 개정에 대한 국가지식산권국의 결정〉(《国家知识产权局关于修改专利审查指南的决定》)에서는 이 부분의 "기능모듈"이라는 용어를 "프로그램모듈"이라는 표현으로 수정하였음을 참고할 수 있다. 다만, 이 책에서는 "기능모듈"이라는 종전의 표현을 그대로 사용하여 설명하기로 한다.

지 판단한다. 물건 청구항이 기능모듈의 형식인 경우, 심사관은 작성 방식에 있어서 물건 청구항의 각 구성요소와 명세서에서의 컴퓨터 프로그램 흐름 또는 방법 청구항에서의 각 단계가 완전히 일치하게 대응되는지 판단한다.

완전히 일치하게 대응하는 방식으로 작성했다는 것은, 물건 청구항과 방법청구항의 주제 명칭(또는 명세서에서의 컴퓨터 프로그램의 흐름에 대한 설명)이 서로 대응되고, 물건 청구항에서의 각 구성요소가 방법 청구항(또는 명세서에서의 컴퓨터 프로그램의 흐름)의 각 단계 및 순서와 서로 대응됨을 의미한다.

만약 물건 청구항이 컴퓨터 프로그램의 흐름의 각 단계와 완전히 일치하게 대응되는 방식으로 작성되지 않았거나, 컴퓨터 프로그램의 흐름을 반영하는 방법 청구항과 완전히 일치하게 대응되는 방식으로 작성되지 않은 경우, 심사관은 해당 물건 청구항이 전리법 제26조 제4항 규정에 부합하는지 여부를 심사한다.

1) 완전히 일치하게 대응되는 경우

┃사례 1┃

청구항 제1항: 다수개의 행을 포함하는 제1 텍스트를 제공하되, 각 행은 하나의 문자열 식별 데이터에 대응되는 하나의 열에 대한 적어도 하나의 데이터 영역을 포함하는 단계;
상기 열에 대응되는 상기 문자열 식별 자료가 제2 텍스트에 존재하는지 판단하는 단계;
상기 문자열 식별 자료가 상기 제2 텍스트에 존재하는 경우, 상기 제2 텍스트의 제1행에서 문자열 식별 데이터에 대응되는 상기 열의 자료를 상기 제1 텍스트의 제1행의 상기 열에 기입하는 단계; 및
상기 문자열 식별 자료가 상기 제2 텍스트에 존재하지 않는 경우, 상기 제1 텍스트의 제2 행에서 상기 열의 자료를 상기 제1 텍스트의 상기 제1행에서의 상기 열에 복제하는 단계; 를 포함하는 텍스트 병합 방법.
청구항 제2항: 다수개의 행을 포함하는 제1 텍스트를 제공하되, 각 행은 하나의 문자열 식별 데이터에 대응되는 하나의 열에 대한 적어도 하나의 데이터 영역을 포함하는 제1 장치;
상기 열에 대응되는 상기 문자열 식별 자료가 제2 텍스트에 존재하는지 판단하는 제2 장치;
상기 문자열 식별 자료가 상기 제2 텍스트에 존재하는 경우, 상기 제2 텍스트의 제1행에서 문자열 식별 데이터에 대응되는 상기 열의 자료를 상기 제1 텍스트의 제1행의 상기 열에 기입하는 제3 장치;
상기 문자열 식별 자료가 상기 제2 텍스트에 존재하지 않는 경우, 상기 제1 텍스트의 제2 행에서 상기 열의 자료를 상기 제1 텍스트의 상기 제1행에서의 상기 열에 복제하는 제4 장치;를 포함하는 텍스트 병합 시스템.
분석: 물건 청구항의 주제 명칭과 방법 청구항의 주제 명칭이 서로 대응되고, 각 구성요소

의 한정 내용도 방법 청구항의 각 단계와 서로 대응하므로, 물건 청구항은 방법 청구항과 완전히 대응되는 방식으로 작성된 것으로 인정된다.

┃ 사례 2 ┃

청구항 제1항: 입력 텍스트의 모든 문자부호에 대해 검측을 진행하되, 검측 목표언어의 특정 문자부호 코드를 포함하는 특정 문자부호를 카운트하는 단계;

검측된 특정 문자부호와 상기 입력 텍스트에서의 모든 문자부호 수에 따라, 특정 문자부호 출현율을 계산하는 단계;

목표언어의 특정 문자부호의 표준 출현율을 저장하는 단계;

입력 텍스트의 특정 문자부호 출현율을 표준 출현율과 비교하는 단계; 및

상기 텍스트가 상기 목표언어와 정합되는 특징을 포함하는 텍스트에 대응되는지 확정하는 단계;를 포함하는, 텍스트 정합 확정 처리방법.

청구항 제2항: 입력 텍스트의 모든 문자부호에 대해 검측을 진행하되, 검측 목표언어의 특정 문자부호 코드를 포함하는 특정 문자부호를 카운트하는, 특정 문자부호 카운터;

상기 특정 문자부호 카운터가 검측한 특정 문자부호와 상기 입력 텍스트에서의 모든 문자부호 수에 따라, 특정 문자부호 출현율을 계산하는, 출현율 계산 장치;

목표언어의 특정 문자부호의 표준 출현율을 사전에 저장하는, 표준 출현율 저장 장치;

상기 출현율 계산 장치가 획득한 입력 텍스트의 특정 문자부호 출현율을 표준 출현율과 비교하는 비교 장치; 및

상기 텍스트가 상기 목표언어와 정합되는 특징을 포함하는 텍스트에 대응되는지 확정하는 판단 장치;를 포함하는, 텍스트 정합 확정 처리 시스템.

분석: 물건 청구항과 방법 청구항이 문자적 표현상으로 다른 부분이 있으나, 이는 단지 표현상의 필요에 의한 것으로서, 실질적인 기술 내용에는 영향이 없으므로, 두 청구항은 완전히 대응되는 방식으로 작성된 것으로 인정된다.

---

2) 완전히 일치하게 대응되지 않는 경우

┃ 사례 1 ┃

청구항 제1항: 단계 A;

단계 B;

단계 C:를 포함하는 네트워크 프린팅 실현 방법.

청구항 제2항: A를 수행하는 장치;

B를 수행하는 장치;

C를 수행하는 장치;를 포함하는 디지털 프린팅 시스템.

분석: 방법 청구항인 제1항의 주제 명칭과 명세서에 기재된 해결 방안은 모두 "네트워크 프린팅 실현 방법"으로서, 물건 청구항인 제2항의 주제 명칭인 "디지털 프린팅 시스템"과 완전히 일치하게 대응되지 않는다. 즉, 청구항 제2항의 "디지털 프린팅 시스템"은 "네트워크 프린팅 실현 방법"인 청구항 제1항이나 명세서에서 프로그램 흐름에 대한 설명과 서로 대응되지 않는다. 따라서 청구항 제2항은 기능모듈의 형식으로 기재된 물건 청구항으로 보지 않으며, 통상적인 '물리적 실체'의 물건 청구항으로 보아 심사를 진행한다. 이렇게 되면, 청구항 제2항은 명세서에 의해 뒷받침되지 못하여 전리법 제26조 제4항의 거절이유가 지적된다. 이 경우 물건 청구항의 주제 명칭을 방법 청구항의 주제 명칭 또는 명세서에서의 프로그램 흐름에 대한 설명과 서로 대응하도록 보정하면 거절이유가 극복된다. 심사관은 거절이유를 지적하면서 상술한 보정 방향 및 극복 가능성에 대해 언급해 줄 수 있다.

▌사례 2 ▐

청구항 제1항: 요청내력기록으로부터 보존된 URL에 대응되는 요청을 선택하되, 상기 요청내력기록은 데이터베이스에 저장되는, 단계;
보존된 요청이 최초 URL 요청인 경우, 상기 최초 URL 요청을 목표 URL로 선택하는 단계; 및
상기 목표 URL에 대해 재방문 요청을 발송하는 단계;를 포함하는, 웹페이지의 사전 확정 경로를 통한 재방문 방법.
청구항 제2항: 요청내력기록으로부터 보존된 URL에 대응되는 요청을 선택하되, 상기 요청내력기록은 데이터베이스에 저장되는, 단계;
보존된 요청이 최초 URL 요청인 경우, 상기 최초 URL 요청을 목표 URL로 선택하는 단계; 및
상기 목표 URL에 대해 재방문 요청을 발송하는 단계;를 수행하는, 웹페이지의 사전 확정 경로를 통한 재방문 시스템.
청구항 제3항: … 하는 데이터베이스;
… 하는 재방문 장치; 및
요청내력기록으로부터 보존된 URL에 대응되는 요청을 선택하되, 상기 요청내력기록은 데이터베이스에 저장되는, 단계;
보존된 요청이 최초 URL 요청인 경우, 상기 최초 URL 요청을 목표 URL로 선택하는 단계;
상기 목표 URL에 대해 재방문 요청을 발송하는 단계;를 수행하는 처리장치;를 포함하는, 웹페이지의 사전 확정 경로를 통한 재방문 시스템.
청구항 제4항: … 하는 데이터베이스;
… 하는 재방문 장치; 및
요청내력기록으로부터 보존된 URL에 대응되는 요청을 선택하되, 상기 요청내력기록은 데이터베이스에 저장되는, 제1 장치;

보존된 요청이 최초 URL 요청인 경우, 상기 최초 URL 요청을 목표 URL로 선택하는 제2 장치;

상기 목표 URL에 대해 재방문 요청을 발송하는 제3 장치;를 포함하는 처리장치;를 포함하는, 웹페이지의 사전 확정 경로를 통한 재방문 시스템.

분석: 청구항 제2항은 재방문 시스템을 청구하면서, 기능모듈의 형식이 아닌 시스템이 수행하는 방법(단계)의 형식으로 한정했다. 이러한 한정은 상기 방법을 실현할 수 있는 '모든 방식'을 개괄하는 한정으로 해석된다. 이에 따라 심사관은 다음과 같이 거절이유를 지적한다: "청구항 제2항의 재방문 시스템에 대한 상기 방법은 그 방법을 실현할 수 있는 모든 방식을 개괄하여 한정했다. 하지만 명세서에서는 컴퓨터 프로그램의 흐름을 이용하여 상기 방법을 실현하는 '특정 방식'만을 공개하고 있을 뿐이므로, 당업자가 명세서에 기재된 내용만을 토대로 명세서에서 제시해 주지 않은 다른 균등한 대체 방식으로도 동일한 방법을 실현할 수 있을 것이라고 볼 수 없다. 따라서 청구항 제2항은 명세서에 의해 뒷받침되지 않아, 전리법 제26조 제4항 규정에 반한다."

청구항 제3항은 재방문 시스템을 청구하면서, 청구항에서의 처리 장치가 방법(단계)으로 한정되었다. 따라서 이 청구항은 기능모듈 형식의 물건 청구항으로 해석되지 않으며, 처리 장치에 대한 방법적 한정은 그 방법을 실현할 수 있는 모든 방식을 개괄하는 한정으로 해석된다. 이에 따라 청구항 제2항과 동일한 이유로 제3항도 명세서에 의해 뒷받침되지 않아 전리법 제26조 제4항 규정에 반한다.

청구항 제4항도 재방문 시스템을 청구한다. 제4항은 제3항과 달리 방법의 각 단계와 완전히 일치하도록 대응되는 기능모듈의 형식으로 작성되었다. 그러나 청구항 제4항은 전체적으로 실체적 부품과 기능모듈 부품이 함께 결합된 방식으로 작성되었다. 따라서 이 청구항도 방법 청구항인 제1항에 완전히 대응되는, 기능모듈의 형식으로 작성된 물건 청구항으로 인정받지 못한다. 이 경우, 심사관은 다음과 같은 논리로 거절이유를 지적한다: "청구항 제4항의 작성 방식은 실체적 부품과 기능모듈 부품을 포함하고 있고, 기능모듈이 청구하는 것은 컴퓨터 프로그램으로 실현되는 본 발명의 제어 방법이지, 상기 제어 방법을 실현하는 실체적인 하드웨어 장치가 아니다. 따라서 청구항 제4항이 청구하는 바가 물건인지 아니면 방법인지 명확하지 않아, 전리법 제26조 제4항 규정에 부합하지 않는다." 이러한 지적에 대해 만약 출원인이 청구항을 보정하지 않을 경우, 심사관은 최종 거절결정을 내릴 수 있다.

7. 기능모듈 구조의 물건 청구항의 보정에 대한 심사

출원인이 원출원 명세서에 기재되지 않은 기능모듈 구조의 물건 청구항을 부가하거나, 원래의 기능모듈 구조 물건 청구항을 보정한 경우, 심사관은 이 보정이 전리법 제

33조 규정의 보정 범위 요건에 부합하는지 심사한 다음, 출원인이 명세서의 발명 내용 부분에도 상응하는 보정을 하여 전리법 제26조 제4항 규정에 따라 청구항이 명세서에 의해 뒷받침되게 했는지 여부도 심사한다.

1) 기능모듈 또는 기능모듈 구조의 물건청구항의 부가

출원인이 컴퓨터 프로그램의 흐름을 근거로 하여, 명세서 또는 도면에서의 컴퓨터 프로그램의 각 단계와 완전히 일치하게 대응되는 방식으로, 또는 컴퓨터 프로그램의 방법 청구항과 완전히 일치하게 대응하는 방식으로, 최초 출원 명세서에 기재되지 않은 기능모듈 구조의 물건 청구항을 부가하거나, 또는 기능모듈의 형식의 물건 청구항에 흐름이나 단계와 대응되는 최초 출원 명세서에 기재되지 않은 기능모듈을 부가하는 보정을 한 경우, 이러한 기능모듈은 하드웨어 방식으로 실현되는 실체적 장치로 해석되지 않는다. 따라서 당업자가 최초 출원 명세서에 기재된 컴퓨터 프로그램의 흐름(단계)으로부터 직접적이고도 아무런 의심 없이 상기 단계를 실현하는 데 반드시 생성될 필요가 있는 각 기능모듈을 확정할 수만 있다면, 이러한 추가 보정은 적법하며 전리법 제33조 규정에 부합한다.

┃사 례┃

최초 출원 명세서에서는 컴퓨터 프로그램으로 실현되는 네트워크 컨텐츠 인용 자동 확정 방법이 기재되었다. 청구항 제1항은 "인용되는 네트워크 컨텐츠가 확정되었는지 판독하는 내용 판독 단계; 네트워크 크롤러(crawler) 기술을 이용하여 네트워크에서 전부 또는 일부 내용을 캐치(catch)해오는 컨텐츠 캐치 단계; 캐치한 네트워크 컨텐츠와 지정된 네트워크 컨텐츠를 비교 분석하여 인용관계 존부를 판단하는 인용 분석 단계;를 포함하는 네트워크 컨텐츠 인용 자동 확정 방법"이라고 작성되었다.

보정을 통해 출원인은 다음과 같이 장치 청구항 제5항을 추가하였다: "인용되는 네트워크 컨텐츠가 확정되었는지 판독하는 내용 판독 유닛; 네트워크 크롤러 기술을 이용하여 네트워크에서 전부 또는 일부 내용을 캐치(catch)해 오는 컨텐츠 캐치 유닛; 캐치한 네트워크 컨텐츠와 지정된 네트워크 컨텐츠를 비교 분석하여 인용관계 존부를 판단하는 인용 분석 유닛;을 포함하는 네트워크 컨텐츠 인용 자동 확정 시스템"

분석: 추가된 장치 청구항 제5항과 방법 청구항 제1항은 완전히 일치하게 대응되므로, 당업자는 방법 청구항 제1항의 단계로부터 직접적이고도 아무런 의심 없이 상기 단계를 실현하는 데 반드시 생성될 필요가 있는 각 기능모듈을 확정할 수 있다. 따라서 출원인이 수행한 이러한 보정은 적법하고 전리법 제33조 규정에 부합한다.

2) 기능모듈의 병합 또는 분리

출원인이 최초 출원 명세서에 기재된 여러 기능모듈을 하나의 기능모듈로 병합하거나, 또는 최초 출원 명세서에 기재된 하나의 기능모듈을 여러 서브기능모듈로 분리하는 보정을 수행한 경우, 심사관은 (1) 병합된 기능모듈의 기능 또는 분리된 여러 서브기능모듈의 기능의 총합이 보정 전과 비교하여 변화하였는지, 및 (2) 각 기능을 수행하는 순서가 변화하였는지 심사한다. 만약 이 중 어느 하나라도 변화하였고, 당업자가 최초 출원 명세서에 기재된 정보로부터 직접적이고도 아무런 의심 없이 그러한 변화를 확정할 수 있는 경우가 아니라면, 그러한 보정은 부적법하고, 전리법 제33조 규정에 반한다.

▌사례 1▌

최초 출원 명세서에는 영상 부호화 방법 및 대응되는 기능모듈로 구성된 장치가 기재되었고, 특히 다음과 같은 기능모듈이 기재되어 있었다: "현재 프레임과 이전 프레임 간의 운동 벡터를 검측하고, 상기 운동 벡터를 이용하여 이전 프레임에 대한 운동을 보충하여 예측된 현재 프레임을 획득하는, 현재 프레임 예측 유닛".

출원인은 보정시 최초 출원 명세서에 기재된 현재 프레임 예측 유닛을 다음과 같이 분리하였다: "현재 프레임과 이전 프레임 간의 운동 벡터를 검측하는, 운동 벡터 검측 유닛; 상기 운동 벡터를 이용하여 이전 프레임에 대한 운동을 보충하여 예측된 현재 프레임을 획득하는, 운동 보충 유닛"

분석: 보정 전후의 기능모듈이 기능에 변화가 생기지 않았고, 각 기능을 수행하는 순서도 바뀌지 않았으므로, 출원인의 이러한 보정은 적법하여 전리법 제33조 규정에 부합한다.

▌사례 2▌

출원인은 최초 출원 명세서에 기재된 "패킹된 IP 메시지를 열어 복수개의 음성이 연결된 업무 메시지를 형성하는 처리모듈"을 "패킹된 IP 메시지를 열어 디코딩하는 채널 디코딩 모듈; 복수개의 음성이 연결된 업무 메시지를 형성하는 음성 처리모듈"로 보정했다.

분석: 보정 후의 채널 디코딩 모듈과 음성 처리모듈의 기능의 총합이 보정 전의 처리 모듈과 다르다. 즉, "채널 디코딩" 기능이 추가되었다. 당업자가 최초 출원 명세서에 기재된 정보로부터 직접적이고도 아무런 의심 없이 원래의 처리 모듈이 상기 "채널 디코딩" 기능을 갖춘 것임을 확정할 수 없다면, 이러한 보정은 부적법하여 전리법 제33조 규정에 반한다.

8. 명세서 충분 공개에 대한 심사

컴퓨터 프로그램 관련 발명이 충분히 공개되었는지에 대한 심사는 다른 영역의 발명에 대한 심사와 원칙적으로 동일하다.

1) 발명의 개선점이 컴퓨터 프로그램 자체에만 존재하는 발명

(1) 충분 공개의 요건

2010년 〈전리심사지침〉 제2부 제9장 5.1절에서는 컴퓨터 프로그램 관련 발명 출원 명세서의 작성 요건을 규정한다. 심사관은 명세서에서 발명을 전체적으로 기술하였는지 심사하는데, 이는 다른 기술영역의 출원 명세서에 대한 요구사항과 다르지 않다. 그리고 컴퓨터 프로그램 관련 발명의 컨셉, 관련 기술특징 및 그 기술적 효과를 실현할 구체적인 실시방식을 명확하고 완전하게 기술함으로써, 당업자가 명세서에 기재된 프로그램의 흐름 및 그 설명을 토대로 하여 의도하는 기술적 효과를 달성하는 컴퓨터 프로그램을 작성할 수 있을 것인지 심사한다. 구체적인 실시방식을 기술하라는 의미는 발명의 효과를 실현하는 컴퓨터 프로그램 자체, 즉 소스 프로그램이나 오브젝트 프로그램을 기재해야 한다는 것이 아니라 프로그램의 흐름을 기초로 하고, 그 프로그램이 진행되는 시간 순서로 각 단계에 대해 기술하라는 의미이다.

한편, 2010년 〈전리심사지침〉 제2부 제9장 5.1절의 요구사항에 따르면, 도면에는 컴퓨터 프로그램의 흐름도를 기재해야 하는데, 이는 컴퓨터 프로그램의 주요한 기술특징을 명확하고 완전하게 기술하기 위함이다. 명세서에 흐름도를 제시하지 않은 경우, 심사관은 당업자가 명세서의 문자적 기재만을 토대로 의도하는 기술적 효과를 달성하는 컴퓨터 프로그램을 작성하는 것이 가능할지 심사한다. 만약 가능하다고 판단되면 명세서 충분공개 요건이 만족된 것으로 인정받을 수 있고, 이때 심사관은 흐름도가 없다는 이유만으로 명세서 불충분 공개의 거절이유를 지적할 수 없다.

(2) 불충분 공개로 인정되는 경우

아래는 당업자의 입장에서 의도하는 기술적 효과를 달성하는 컴퓨터 프로그램을 작성할 수 없어, 명세서가 불충분 공개의 결함을 갖는 것으로 인정되는 경우이다.

a) 도면에서 컴퓨터 프로그램의 주요 기술특징에 관한 흐름도를 제시하지 않았고, 명세서에서도 상응하는 설명이 없어, 당업자가 실시할 수 없는 경우

b) 도면에 흐름도가 기재되었으나, 명세서에서 이 흐름도에 대한 구체적인 설명을 하지 않았거나, 설명이 불명확하여, 당업자가 구체적으로 실시할 수 없는 경우

c) 도면에 기재된 흐름도와 명세서에서의 문자적 설명이 서로 모순되어, 당업자가 흐름도와 문자적 설명 중 어느 것을 토대로 실시해야 할지 판단할 수 없는 경우

(3) 명세서에 컴퓨터 프로그램을 발췌하는 것에 대해

컴퓨터 프로그램의 각 단계에 대해 자연 언어로 설명해야 한다. '자연 언어'란 일정 지역에서 언어를 사용하는 주민이 사회 활동 중에 자연적으로 형성한 언어를 의미한다 (예: 영어, 한국어, 중국어 등). 한편, '인공 언어'란 엄격한 언어학적 이론의 지도하에서 어떠한 개인이나 집단이 설계해 낸 언어로서, 각종 컴퓨터 프로그램 언어가 인공 언어에 해당한다(예: BASIC 언어, C 언어 등).

그러나 명세서에서의 설명을 명확하게 하여 당업자가 컴퓨터 프로그램을 작성하기에 편하도록 필요한 경우, 출원인은 프로그램 언어로 중요 부분의 컴퓨터 프로그램을 명세서에 발췌하여 참고용으로 제공할 수 있다. 이러한 컴퓨터 프로그램의 발췌는 당업자의 명세서 이해를 돕도록 참고용으로 제공되는 것일 뿐, 명세서의 충분공개 요건을 판단하기 위한 근거가 될 수 없고, 청구항이 명세서에 의해 뒷받침되는지 및 그 외 다른 실질적 요건의 심사 근거가 될 수도 없다.

명세서의 문제적 기재와 소스 프로그램의 내용이 불일치하는 경우, 명세서의 문자적 기재를 기준으로 한다.

2) 발명의 개선점이 컴퓨터 프로그램 이외의 부분에도 존재하는 발명

발명의 개선점이 컴퓨터 프로그램 이외의 부분에도 존재하는 발명이란, 컴퓨터 프로그램에 이루어진 개선 이외에, 예를 들어 컴퓨터 장치의 하드웨어 구조 등 다른 부분에도 개선이 이루어진 발명을 의미한다.

이러한 발명에 대해, 컴퓨터 프로그램의 충분 공개 요건은 전술한 1) 부분을 참고하며, 컴퓨터 장치의 하드웨어 구조의 충분 공개 요건은 일반적인 판단 원칙이 적용된다.

발명의 개선점이 컴퓨터 프로그램 이외의 부분에도 존재하는 발명이 충분히 공개되었는지 판단하는 경우, 발명을 전체적으로 고려해야 한다. 한편, 당업자가 명세서를 통해 상응하는 컴퓨터 프로그램을 작성할 수 있을지라도, 이 컴퓨터 프로그램이 다른 특정 기술수단, 예를 들어 개선된 하드웨어 구조를 갖는 컴퓨터 장치가 있어야만 기술적 효과가 달성되는 경우라면, 그 특정 기술수단도 반드시 명세서에서 충분히 공개해야 하며, 그렇지 않을 경우 명세서는 불충분 공개의 결함을 갖는다.

┃사 례┃

청구항: 스캐너로 1차원 영상 데이터를 스캔하여 이를 데이터 저장장치에 저장하는 단계;
1차원/3차원 영상 전환 장치로 상기 1차원 영상 데이터를 좌안 영상과 우안 영상을 포함하는 3차원 영상 데이터로 전환하는 단계;

전환된 3차원 영상 데이터를 3차원 영상 데이터 저장장치에 저장하는 단계;

중앙제어유닛으로 3차원 영상 데이터를 읽어 3차원 영상 투영장치에 전송하여 3차원 영상을 디스플레이하는 단계;를 포함하는, 3차원 영상 형성 방법.

명세서 기재 내용: 본 발명은 1차원 영상 데이터를 기초로 3차원 영상을 만드는 방법에 대한 것으로서, 스캐너로 1차원 영상 데이터를 스캔하여 이를 데이터 저장장치에 저장하고, 1차원/3차원 영상 전환 장치로 상기 1차원 영상 데이터를 좌안 영상과 우안 영상을 포함하는 3차원 영상 데이터로 전환하는 과정을 거친다. 이 전환 과정은 컴퓨터 프로그램을 통해 특정 알고리듬을 수행한 다음, 전환된 3차원 영상 데이터를 3차원 영상 데이터 저장장치에 저장하고, 마지막으로 중앙제어유닛으로 3차원 영상 데이터를 읽어 3차원 영상 투영장치에 전송하여 3차원 영상을 디스플레이한다. 상기 3차원 영상 투영장치는 3차원 영상 투영기; 상기 3차원 영상을 수신하는 스크린; 좌우편광 대안렌즈의 편광 방향이 다른 편광 안경;을 포함한다. 또한 상기 투영기는 광원; 상기 좌안영상과 우안영상의 편광 방향을 다르게 만드는 편광변경장치; 상기 좌안영상과 우안영상을 상기 스크린상에 확대하는 투영렌즈;를 포함한다. 이로써 하나의 투영기로 바로 3차원 영상을 제공할 수 있다.

분석: 본 발명은 발명의 개선점이 컴퓨터 프로그램 이외의 부분에도 존재하는 발명으로서, 즉 1차원 영상 데이터를 3차원 영상 데이터로 전환하는 것은 컴퓨터 프로그램을 통한 알고리듬을 수행함으로써 이루어지지만, 종래 기술에서의 3차원 영상 투영장치와는 다른 개선된 특징으로서, 본 발명은 상기 컴퓨터 프로그램의 실행은 반드시 상기 개선된 하드웨어 구조가 있어야만 한다. 따라서 본 발명의 명세서가 충분히 공개되었는지 판단할 때 반드시 발명을 전체적으로 고려해야 한다. 즉, 컴퓨터 프로그램이 충분히 공개되어야 할 뿐만 아니라, 대응되는 하드웨어 구조도 충분히 공개되어야 한다. 만약 명세서에서 3차원 영상 투영장치의 내부 구조를 충분히 공개하지 않았다면, 본 출원 명세서는 불충분 공개의 결함을 갖는다.

제3부

| 화학발명에 대한 심사 |

　　화학발명에 대한 심사도 일반적인 발명에 대해 규율하는 규정들을 준수해야 한다. 이 부에서는 화학 분야의 특수한 문제들에 대해 설명한다.

‖ 제1장 화합물 발명에 대한 심사 ‖

1. 화합물 청구항의 명료성(전리법 제26조 제4항 후문)

1) 관련 용어의 해석

(1) "선택적으로/임의로/선택 가능하게 치환된…"

　　일반식 화합물 청구항의 기단(基團)을 정의할 때 볼 수 있는 "선택적으로 치환", "임의로 치환" 또는 "선택 가능하게 치환"과 같은 표현들은 모두 "치환" 또는 "미치환"의 두 가지 상황을 분명하게 나타낸다. 예를 들어, "임의로 치환된 페닐기"는 "치환되지 않은 페닐기" 또는 "치환된 페닐기"를 의미한다. 만약 청구항에서 대응되는 구체적인 치환기를 한정하지 않은 경우, 통상적으로 "치환된"은 "임의의 치환기로 치환된"으로 해석된다. 이러한 표현들은 청구항의 명료성 요건에는 부합하나, 심사관은 이들이 명세서에 의해 뒷받침되는지 여부를 더 심사한다.

(2) "… 또는 … 로부터 선택된" 과 "… 및 … 로부터 선택된"

　　일반식 화합물 청구항의 기단을 정의할 때 볼 수 있는 "R은 A, B, C … 또는 G로부터 선택되는" 또는 "R은 A, B, C … 및 G로부터 선택되는"의 표현에 대해, 통상적으로 "R은 A, B, C … 또는 G로부터 선택되는"과 동일한 의미로 해석되고, 이들 표현들은 각 기단의 병렬 선택적 관계를 명료하게 표시하는 것으로 인정된다.

(3) "및"과 "또는"

　　일반적으로, 일반식 화합물 청구항은 약용 가능한 염, 용매 화합물 등과 같은 일반식 화합물의 각종 유도체를 동시에 청구하면서, 이들을 "및"이나 "또는"으로 연결한다. 이때 "및"으로 연결하든 "또는"으로 연결하든 그 의미는 명료한 것으로 인정되고, 어느 표현을 사용하든 청구범위는 실질적으로 동일하다.

▌사 례 ▌

청구항 1: 식 I 화합물 또는 그 약용 가능한 염

청구항 1': 식 I 화합물 및 그 약용 가능한 염

분석: 일반적으로, 당업자는 청구항 1'에 대해, 식 I 화합물 및 그 약용가능한 염의 혼합물로 인식하는 것이 아니라, 청구항 1'과 청구항 1의 청구범위가 실질적으로 동일하다고 인식한다. 즉, 청구항 1'의 보호범위는 명료하다.

(4) "… 할 수 있는"

일반식 화합물 청구항에서 나타나는 "… 할 수 있는"이라는 표현은 구체적인 상황에 따라 당업자의 입장에서 해석되며, 그 의미가 명확다고 보는 게 일반적이다.

이하는 자주 볼 수 있는 표현들이다.

(a) "R은 X기단으로 치환될 수 있다"라는 표현은 "R은 치환되지 않는다"와 "R은 X기단으로 치환된다"의 병렬 선택적인 두 가지 상황을 나타낸다. 예를 들어, R'은 메틸기에 의해 치환될 수 있는 페닐기이다"는 R'은 "미치환된 페닐기"이거나 "메틸기로 치환되는 페닐기"라는 의미를 나타낸다.

(b) "R은 고리를 형성할 수 있는 알킬기이다"라는 표현은 R은 "고리를 형성하지 않는 알킬기"이거나 "고리를 형성하는 알킬기"임을 나타낸다.

(c) "R은 … 일 수 있다"라는 표현은 통상적으로 치환기 R이 상기 범위 내에서 선택됨을 의미한다. 예를 들어 "R³는 H 또는 메틸기일 수 있다"라는 표현은 R³는 H이거나 메틸기임을 나타낸다.

2) 합성고분자 화합물질 청구항의 특징

여기에서는 합성고분자 화합물질 청구항의 명확성에 대해 검토한다. 물질 이외의 다른 종류의 청구항에서 새로운 고분자 화합물을 언급하는 경우에도 이 내용이 적용된다.

합성 고분자 화합물이란, 단량체의 중합반응을 거쳐 얻어진 단일의 고분자 화합물, 또는 이에 대해 화학적 변성이 진행되어 얻어진 고분자 화합물을 의미한다.

고분자 화합물은 분자량이 크고, 분자량 분포에 있어서 분산성이 크고, 분자 내 가능한 구조변화 형식이 많고, 분자 간 작용력이 크고 그 형식이 다양하며, 근거리 및 원거리 구조가 존재하는 등의 특징이 있다. 이러한 물질 청구항에 대해, 통상적으로는 그 구조 또는 조성 특징으로 기재하나, 특정 상황에서는 물리 화학적 파라미터 또는 제조방법을 결합하여 한정하는 것이 허용된다. 그럼으로써, 당업자가 그 고분자 화합물을 특정할 수 있게 하고, 또한 종래의 공지된 물질과 구별되도록 할 수 있다.

(1) 구조 또는 조성 특징으로 기재

고분자 화합물 청구항에 대해서는 구조 또는 조성 특징으로 기재하는 것이 일반적이다.

(a) 기본적으로 선형 구조인 고분자 화합물

이러한 유형의 고분자 화합물은 분자 구조가 기본적으로 선형을 띠고, 첨가중합으로 얻어진 단일 중합체, 랜덤공중합체, 번갈기공중합체(alternating copolymer) 및 블록공중합체, 또는 축합중합이나 고리열림중합으로 얻어진 자기축합중합체, 혼합축합중합체, 공동축합중합체, 또는 화학적 변성 방법으로 얻어진 고분자 화합물 등을 포함한다.

이러한 고분자 화합물의 기본 구조 또는 조성 특징을 반복단위의 명칭이나 결합식; 반복단위의 배열 형식(예: 랜덤공중합, 블록공중합, 번갈기공중합 등); 공중합 시 다른 구조단위의 비례관계; 분자량(수평균, 중량평균, 점도평균 또는 Z평균 분자량) 또는 이와 대응관계가 있는 중합도, 특성점도수, 수산기값, 산가 등으로 표현할 수 있다.

발명이 해결하고자 하는 기술적 과제를 토대로, 이하 언급되는 구조 또는 조성 특징도 고분자 화합물을 정의하는 데 이용될 수 있다: 예를 들어, 고분자 화합물의 분자량분포, 반복단위의 선광이성구조 형태(예: 아이소탁틱, 신디오택틱 또는 혼성배열 등) 또는 기하이성구조 형태(즉, 시스트란스 이성구조), 구조단위의 머리-꼬리 연결방식, 랜덤공중합에서의 서열분포 및 고분자사슬의 일부 구조특징(예: 치환기, 말단기) 등.

어떤 고분자 화합물은 주제명칭만으로 바로 그 반복단위의 배열 형식을 반영하는 경우가 있는데(예: 자기축합중합체 및 혼합축합중합체), 이러한 경우 그 반복단위의 배열 형식을 청구항에 재차 기재할 필요는 없다.

┃ 사례 1 ┃

청구항: 아래 일반식 Ⅰ, Ⅱ, Ⅲ 및 Ⅳ로 표시되는 구조단위로 이루어진 수평균 분자량이 10000~120000인 랜덤공중합체로서, 상기 구조단위 Ⅰ, Ⅱ, Ⅲ 및 Ⅳ의 몰 %는 Ⅰ=15.6~49.0, Ⅱ=0.7~8.7, Ⅲ=0.2~3.3, Ⅳ=40.0~80.0, n=1 또는 2인, 랜덤공중합체.

$$-\!\!\left[\!\!\begin{array}{c}\mathrm{C}\!-\!\mathrm{CF_2}\\\mathrm{H_2}\end{array}\!\!\right]\!\!- \qquad\qquad \mathrm{I}$$

$$-\!\!\left[\!\!\begin{array}{c}\mathrm{C}\!-\!\mathrm{CF}\\\mathrm{H_2}\;\;\mathrm{CF_3}\end{array}\!\!\right]\!\!- \qquad\qquad \mathrm{II}$$

$$-\!\!\left[\!\!\begin{array}{c}\mathrm{CF_2}\!-\!\mathrm{CF}\\\;\;\big(\mathrm{O}\!-\!\mathrm{CF_2}\!-\!\underset{\mathrm{CF_3}}{\mathrm{CF}}\big)_n\,\mathrm{O}\!-\!\mathrm{CF_2}\!-\!\mathrm{CF_2}\!-\!\mathrm{CF_3}\end{array}\!\!\right]\!\!- \qquad\qquad \mathrm{III}$$

$$-\!\!\left[\mathrm{CF_2}\!-\!\mathrm{CF_2}\right]\!\!- \qquad\qquad \mathrm{IV}$$

분석: 반복단위의 구조, 반복단위의 비례관계, 반복단위의 배열형식(랜덤공중합), 분자량 등의 특징으로 랜덤공중합체의 특징을 기재하였고, 당업자는 이러한 특징을 통해 상기 랜덤공중합체를 명확하게 확정할 수 있으므로, 이 청구항은 청구항의 명확성 요건에 부합한다.

‖ 사례 2 ‖

청구항: 아래 일반식 Ⅰ과 Ⅱ가 나타내는 구조로 이루어진 방향족 공중합아마이드로서, 0.1~10.0 몰%의 일반식 Ⅰ구조를 함유하되, 상기 공중합아마이드의 특성 점도수[η]=0.4~1.3 인, 방향족 공중합아마이드

Ⅰ

Ⅱ

분석: 공동축합중합체의 반복단위구조, 반복단위의 비례관계, 특성점도수(분자량과 대응 관계 있음) 등의 특징으로 방향족 공중합아마이드를 한정했다. 또한 상기 공중합체의 반복 단위의 배열 형식(카르복시기와 아미노기의 축합)은 당업자가 그 주제명칭만 보더라도 직접적으로 확정할 수 있다. 즉, 당업자가 상기 공중합아마이드를 명확하게 확정할 수 있으므로, 이 청구항은 명확성 요건을 구비한다.

‖ 사례 3 ‖

청구항: 수평균 분자량이 500~5000이고, 분자량 분포가 1.5~3.0이며, 폴리부타디엔 연결에서 1, 2-구조와 1, 4-구조의 비가 1:3~1:5인, 수산기 말단 액체 폴리부타디엔.

분석: 청구 발명은 수산기 말단 액체 폴리부타디엔에 대한 것으로서, 명세서에 기재된 내용에 따르면, 상기 액체 폴리부타디엔은 미사일 추진제의 한 성분으로서, 그러한 용도로 사용되기 위해 통상적으로 상기 액체 폴리부타디엔의 분자량 분포에 일정 요건이 존재한다. 또한 상기 액체 폴리부타디엔의 특정 성질을 개선하기 위해 분자 연결 주체로서의 폴리부타디엔은 일정한 1, 2-구조와 1, 4-구조의 비율을 갖출 필요가 있는데, 이 역시 종래기술에서 공지된 특징과 다른 구별 특징이다. 따라서 분자량, 분자량 분포, 말단기 구조, 폴리부타디엔의 1, 2-구조와 1, 4-구조의 비율을 주재명칭인 폴리부타디엔과 함께 청구하고자 하는 물질을 명확하게 확정할 수 있다. 이 청구항은 명확성 요건을 구비한다.

(b) 확실한 분기(branch) 구조 또는 크로스 링키지(cross linkage) 구조를 갖는 고분자 화합물

이러한 유형의 고분자 화합물은 대형 단량체가 개입된 첨가중합으로 얻어진 그라프트 공중합체, 단량체에 의해 선형 구조를 띤 고분자 화합물에 그라프트되어 얻어진 그라프트 공중합체, 커플링이나 다관능기폭제로 얻어진 방사형 공중합체, 첨가 또는 축합 중합으로 얻어진 크로스 링키지 중합체 및 가교제로 고분자 간 반응에 개입하여 얻어진 크로스 링키지 중합체 등을 포함한다.

이러한 유형의 고분자 화합물은, 위 (1)에서의 기본 구조 또는 성분 특징으로 기재하는 방식 이외에도, 당업자의 입장에서 상기 고분자 화합물을 명확하게 확정할 수 있는 정도가 되도록, 그라프트 공중합체에 대해, 그라프트율, 분지화 정도, 그라프트 채인 길이와 구조, 그라프트 지점 간의 평균 거리 등으로 추가적으로 한정해야 한다; 방사형 공중합체에 대해서는 방사형 공중합체의 분기 개수 및 각 분기의 연결구조 등으로 추가적으로 한정해야 한다; 크로스 링키지 중합체에 대해서는 크로스 링키지 밀도, 크로스 링키지 지점 간의 평균 거리, 가교제의 구조, 크로스 링키지 고분자 화합물의 젤라틴율 등으로 추가적으로 한정해야 한다.

┃사 례┃

청구항: 일반식이 (S-I-S)nX 인 방사형 블록공중합체로서, 상기 S는 폴리스티렌 블록, I는 폴리이소프렌 블록, n은 분기 개수, X는 커플링 중심이고, 각 분기에서 두 개의 S블록은 대칭 분포하거나 비대칭 분포하며, S블록과 I블록의 몰비는 7~3:3~7이고, 각 분기의 수평균 분자량은 10000~150000이고, n은 3 또는 4이며, X는 Si 또는 Sn인, 방사형 블록공중합체.
분석: 이 청구항에서는 방사형 공중합체의 각 분기에 구조단위의 명칭, 배열 형식과 비례관계 및 분기의 분자량 등 기본 구조 또는 조성 특징을 한정하였다; 방사형 공중합체에 대해 분기의 개수 및 커플링 중심 원자를 한정하여, 당업자가 이러한 특징을 토대로 상기 방사형 공중합체를 명확하게 한정할 수 있게 하였다. 따라서 이 청구항은 명확성 요건을 충족한다.

다만 주의할 점으로, 청구항에 위 소제목 (1)에서 언급된 기본 구조 또는 조성 특징을 한정하지 않았다고 하여, 당업자가 고분자 화합물을 명확하게 확정할 수 없을 것으로 단정할 수 없다. 예를 들어, 크로스 링크된 정도가 약한 고분자 화합물에 대해, 크로스 링크 밀도, 크로스 링크 지점 간 평균거리 등과 같은 기타 구조 또는 조성 특징만으로도 명확한 한정이 이루어질 수 있으며, 이 경우 그 분자량 특징을 재차 기재할 필요가 없다; 크로스 링크된 정도가 강한 고분자 화합물의 경우, 용해되거나 용융되지 않기

때문에 분자량을 측정할 수가 없다. 따라서 심사관은 크로스 링키지 고분자 화합물에 대해, 그 특징을 분자량으로 한정할 것을 요구하지 않을 수 있다.

(2) 물리 화학적 파라미터 또는 제조 방법 특징을 결합한 기재

구조가 불명확하거나 미세 구조가 아직 확실치 않은 고분자 화합물에 대해, 구조 또는 성분 특징만으로 명확하게 한정할 수 없는 경우, 물리 화학적 파라미터 또는 제조 방법 특징을 결합하여 한정함으로써, 당업자가 그 고분자 화합물을 명확하게 특정하고, 종래의 공지된 물질과 차별화하는 것도 허용된다. 이와 같이 한정함으로써, 당업자의 입장에서 그 고분자 화합물을 명확하게 특정할 수 있고, 종래의 공지된 물질과 구별되게 할 수 있다.

물리 화학적 파라미터를 포함하는 발명에 대한 심사는 이 부의 제4장에서, 제조방법 특징을 결합한 발명에 대한 심사는 이 부의 제5장을 참고할 수 있다.

(a) 물리 화학적 파라미터 특징의 결합

고분자 화합물을 한정하는 데 이용되는 물리 화학적 파라미터는 반드시 그 고분자 화합물을 반영할 수 있는 성능 파라미터로서, 고분자 화합물 자체의 구조 또는 성분과 관련된 것이어야 한다. 통상적으로 사용되는 고분자 화합물의 물리 화학적 파라미터에는 점도, 용융체 유동속도, 유리전이 온도, 결정도, 용융점, 밀도, 투명도, 굴절률, 항장강도, 항복강도, 충격강도, 신장률, 연성도, 경도, 탄성계수 등이 포함된다.

┃사 례┃

청구항: 밀도가 0.850~0.965g/㎤이고, ASTM D 1238E를 토대로 측량된 용융체 유동속도가 30g/10min보다 큰, 기본적으로 선형인 에틸렌공중합체.

분석: 기본적으로 선형인 에틸렌공중합체에 대해, 통상적으로 반복단위의 명칭이나 구조식, 중복단위의 배열 형식, 공중합시의 상이한 구조단위의 비례관계, 분자량 등 기본 구조 또는 성분으로 한정한다. 밀도와 용융체 유동속도는 비록 에틸렌공중합체의 구조 또는 성분과 관련된 것이지만, 이들은 한가지 유형의 에틸렌공중합체 고유의 성능을 반영하는 것일 뿐, 상기 기본 구조 또는 성분 특성을 대체하여 당업자가 상기 에틸렌공중합체를 명확히 확정하도록 하지는 못한다. 에틸렌공중합 단량체 종류, 에틸렌과 공중합 단량체단위가 고분자 사슬에서 차지하는 비율, 상기 공중합체의 분자량 등을 청구항에 한정하지 않은 경우, 당업자는 청구하고자 하는 에틸렌공중합체의 기본 구조를 명확하게 확정할 수 없다. 따라서 이 청구항은 전리법 제26조 제4항의 명확성 요건에 반한다.

(b) 제조 방법 특징의 결합

제조 방법 특징으로 고분자 화합물질 청구항을 한정할 때, 제조 방법 특징에는 중합

반응의 종류(예: 괴상중합, 용액중합, 서스펜션 중합, 에멀전화 중합 등), 원료 단량체 간의 용량관계, 중합반응에 필요한 기능성 첨가제 및 그 용량, 기폭 체계 및 단량체 대비 용량, 중합반응의 온도, 압력, 시간 등의 반응조건, 반응 단계(예: 재료첨가순서, 재료첨가방식, 과정의 연결 등), 중지 또는 종료 방식 등이 포함된다.

예를 들어, 두 종류 또는 그 이상의 반응성비가 명확하게 차이가 나는 단량체의 공중합으로 얻어진 랜덤공중합체에 대해, 통상적으로 구조단위, 구조단위의 배열방식, 상이한 구조단위 간의 비례관계 및 분자량 등 구조 또는 성분 특징으로는 상기 랜덤공중합체를 명확히 한정할 수 없다. 단량체 반응성비 차이가 확연히 나기 때문에, 공중합체의 서열구조는 보통 블록구조와 유사하다. 이 경우, 공중합의 방법 특징(예: 상이한 단량체의 혼합, 재료첨가순서 및 재료첨가방식 등)으로 랜덤공중합체에 추가적인 한정을 해야만, 당업자가 그 랜덤공중합체의 구조를 명확하게 확정할 수 있게 된다.

물리 화학적 파라미터 또는 방법 특징을 결합하여 고분자 화합물을 한정할 때, 보통 청구항에 반복단위구조 및 그 배열형식, 공중합시 상이한 공중합단위의 비례관계, 분자량과 같은 기본적 구조 또는 성분 특징을 직접적으로 또는 내포적으로 기재함으로써, 당업자가 상기 고분자 화합물을 명확하게 확정할 수 있게 하고, 또한 종래의 공지된 물질과 구별되게 할 수 있다.

주의할 점으로, 기술적인 의미에서 보면, 고분자 화합물의 제조 방법 특징이 상술한 구조 또는 성분 특징을 내포하는 경우가 적지 않다. 예를 들어, 원료 단량체 간의 용량관계로부터 반복단위구조 및 상이한 공중합 단위의 비례관계를 도출해 낼 수 있다. 또한 활성 음이온중합 기폭체계와 상이한 단량체의 순차적 재료첨가방식으로부터 블록공중합된 반복단위 배열형식을 도출해 낼 수 있고, 만약 활성 음이온중합 기폭체계의 용량과 상이한 단량체의 용량을 재결합하면, 결과물의 평균 분자량까지도 계산해 낼 수가 있다. 심사관은 구체적 정황과 종래기술의 상황을 토대로 판단해야 하며, 제조 방법 특징만으로 한정했다고 하여 고분자 화합물에 대한 한정이 불명확해질 수밖에 없다는 식의 기계적 판단은 할 수 없다.

▌사 례▐

청구항: 공중합체의 중량평균 분자량이 (a) 1500000~10000000이고, 중량평균 실효값(RMS) 반경이 (b) 30~150mm이며, 중량평균 실효값반경과 중량평균 분자량의 비율 (b)/(a)가 0.00004 이하이며, 하기 단량체 성분으로 수용액 중합을 거쳐 (A) 94~99.97mol% 의 (메틸기)아크릴아미드, (B) 0.01~1mol% 의 크로스 링키지 단량체 메틸렌비스아크릴아미드 및 (C) 0.02~5mol% 의 하기 식으로 표현되는 비닐기술폰산 또는 그 염을 획득하되, 하기 식에서 R은 수소원자 또는 C1-3 저급알킬기이고, n은 1~4의 정수인, 아크릴아미드공중합체.

$$H_2C = \begin{array}{c} R \\ | \\ \left(CH_2\right)_n - SO_3H \end{array}$$

분석: 청구항에서 원료 단량체와 그 용량범위 및 중합방법 특징을 한정하였고, 또한 중합체의 물리 화학적 파라미터 특징을 기재했다. 당업자는 이로부터 상기 약한 크로스 링키지 랜덤공중합체의 구조단위와 다른 구조단위의 비율, 분자량 및 세 방향의 치수 크기를 확정할 수 있다. 따라서 이 청구항은 명확성 요건을 충족한다.

2. 화합물의 충분공개(전리법 제26조 제3항)

화합물이 충분히 공개되었다고 하기 위해서는 명세서에 화합물의 확인, 화합물의 제조 및 화합물의 용도 또는 효과를 기재해야 한다. 이 세 가지를 종합적으로 고려하여 당업자가 명세서에 기재된 내용을 토대로 그 화합물을 얻어낼 수 있는지, 기술적 과제를 해결하고 의도하는 기술적 효과를 낼 수 있는지를 판단해야 한다.

의약 화합물에 대해서는 이 부분의 내용 이외에도 본 장 2절의 내용도 참고할 필요가 있다.

1) 화합물의 확인

화학적 합성 또는 자연으로부터 분리 추출한 구체적 화합물에 대해, 명세서에 그 화합물의 화학명칭과 구조식(각종 관능기, 분자입체구조 등) 또는 분자식을 기재해야 하고, 해결하고자 하는 기술적 과제와 관련된 물리 화학적 성능 파라미터(예: 정성 또는 정량 데이터 및 스펙트럼사진 등)를 기재하여, 당업자가 그 화합물을 확인할 수 있게 해야 한다.[1]

---

1) 그 외, 2010년 〈전리심사지침〉 제2부 제10장 제3.1절 (1)에 따르면, 고분자 화합물에 대해서는 반복단위의 명칭, 구조식 또는 분자식에 대해 상술한 요구사항을 만족시켜야 할 뿐만 아니라, 분자량 및 분자량의 분포, 반복단위의 배열 상태(예: 단일 중합, 공중합, 블록, 그라프크 등)에 대한 적절한 설명을 기재해야 한다. 만약 이러한 구조적 특징으로 고분자 화합물을 완전하게 확인할 수 없는 경우에는 결정도, 밀도, 2차 전환점 등과 같은 성능 파라미터도 기재해야 한다.

특히 자연으로부터 추출해 낸 화합물의 경우, 이론적으로 또는 추출 방법 자체로부터는 추출물의 구조를 예측하거나 확정할 수 없는 것이 일반적이다. 따라서 추출해 낸 화합물이 새로운 화합물인 경우, 이 화합물의 구조를 효과적으로 감별할 수 있는 데이터(예: 핵자기, 자외, 적외 및 질량 스펙트럼)를 기재하여, 화합물의 구조를 명확하게 확인할 수 있도록 해야 한다.

일반식 화합물의 경우, 명세서에 일반식 화합물의 구조식(일반식에서의 각 치환기에 대한 정의 포함)을 기재해야 하고, 당업자가 이 일반식 화합물을 확인할 수 있을 정도로 화학적 구조를 명확하게 설명해야 한다. 또한 일반식 화합물 범위 내의 적어도 일부 구체적 화합물의 화학명칭, 구조식이나 분자량 및 그 물리 화학적 성능 파라미터를 명세서에 추가적으로 기재해야 한다.

(1) 물리 화학적 성능 파라미터

물리 화학적 성능 파라미터는 용융점, 핵자기공명(NMR), 적외스펙트럼(IR), 자외스펙트럼(UV), 질량스펙트럼(MS), X-선 회절 데이터 등일 수 있다.

(2) 효과 실험데이터를 근거로 화합물을 확인할 수 있는 경우

어떤 경우에는, 용도 또는 효과의 실험데이터도 화합물 확인의 근거가 되는 경우가 있다. 예를 들어, 명세서에 화합물의 물리 화학적 성능 파리미터를 기재하지 않았지만, 이 화합물의 제조방법과 이 화합물의 구체적인 용도 또는 효과에 대한 실험데이터를 기재하는 경우가 있을 수 있다. 이 경우 만약 심사관이 그 방법을 통해 당업자가 상기 화합물을 제조해 낼 수 있고, 또한 그 효과가 다른 활성 성분과의 조합에 의한 것이 아닌, 상기 화합물로부터 직접 도출되는 것임을 확인할 수 있다면, 이 실험데이터도 화합물 확인의 근거가 될 수 있다.

┃사 례┃

청구항: 구조식(Ⅰ)인 화합물
명세서: 구조식(Ⅰ)인 화합물의 구조와 제조 방법을 기재하였고, 일부 구체적 화합물의 제조 실시례를 기재했다. 화합물의 물리 화학적 파라미터는 기재하지 않으나, 상기 구체적 화합물의 용도 또는 효과에 대한 실험데이터를 기재했다.
분석: 만약 심사관이 제조방법과 물질의 대응관계를 확정할 수 있고(예를 들어, 제조방법에

조성물 발명의 경우, 명세서에 조성물의 성분 이외에도 각 성분의 화학 또는 물리적 상태, 각 성분의 선택 가능한 범위, 각 성분의 함량 범위 및 조성물에 대한 영향들을 기재해야 한다.

구조 또는 조성만으로 명확히 설명할 수 없는 화학물의 경우, 명세서에 적절한 물리 화학적 파라미터 또는 제조 방법 등을 추가적으로 설명함으로써 화학물을 명확하게 확인할 수 있게 해야 한다.

서 반응물질 간의 반응 자리가 유일하여, 그 제조방법으로 상기 목표 화합물이 얻어질 수밖에 없는 경우), 또한 상기 구체적 화합물들의 용도 또는 효과의 실험데이터로부터도 그러한 화합물들을 확실히 얻어진다는 것이 설명된다면, 그러한 구체적 화합물은 확인 가능한 것으로 인정되고, 그 실험데이터는 일반식 화합물을 확인하는 근거가 될 수 있다.

2) 화합물의 제조방법

명세서에는 적어도 하나의 제조방법을 기재하여, 그 방법에 사용되는 원료물질, 공정절차 및 조건, 전용설비 등을 당업자가 실시할 수 있도록 설명해야 한다. 화합물 발명의 경우 일반적으로 제조 실시례를 기재해야 한다.

명세서에는 원료물질의 제조방법이나 출처를 기재하여 당업자가 이를 얻어 낼 수 있도록 해야 한다. 다만, 통상적인 화공 원료라면, 당업자가 충분히 얻어 낼 수 있거나 어떻게 얻을 수 있는지 알고 있으므로 명세서에 그 제조방법이나 출처를 기재할 필요가 없다.

청구 발명이 일반식 화학물인 경우, 이 일반식 화합물의 합성방법뿐만 아니라 한 가지 이상의 제조 실시례를 명세서에 기재해야 한다. 만약 일반식 화합물 중의 구체적 화합물의 제조 실시례 및 일반식 화합물의 합성 경로를 명세서에 기재하지 않았거나, 또는 "통상적으로 사용되는 유기합성방법으로 제조할 수 있다"라고만 기재한 경우라면, 심사관은 일반식 화합물의 제조방법이 충분히 공개되지 않은 것으로 판단한다. 다만, 당업자가 명세서와 청구항에 기재된 내용 및 공지 상식을 토대로 상기 일반식 화합물 범위 내의 모든 화합물을 제조할 수 있는 경우는 예외이다.

청구 발명이 구체적 화합물인 경우, 명세서에 그 화합물의 제조 실시례를 기재해야 한다.

3) 화합물의 용도 또는 사용효과

화합물의 용도 또는 사용효과를 명세서에 기재해야 하며, 최초로 만들어진 구조를 갖는 화합물이라도 적어도 한 가지 용도를 기재해야 한다.

만약 당업자가 종래기술을 토대로 발명의 용도 또는 사용효과를 달성할 수 있음을 예상할 수 없다면, 상기 화합물이 명세서에 기재된 용도 또는 의도하는 효과를 달성할 수 있음을 입증할 정성 또는 정량 실험데이터를 명세서에 기재해야 하고, 또한 그 실험방법을 설명해야 한다.

(1) 실험데이터에 대한 일반적인 요구사항

명세서에 실험방법과 실험데이터 등을 명확하고 완전하게 기재해야 하고, 그 기재는 당업자가 확신을 가지고 발명의 용도 또는 사용효과를 달성할 수 있는 정도가 되어야 한다. 실험방법을 명세서에 기재하지는 않았으나, 그 실험방법이 해당 기술분야의 통상의 방법에 해당하거나 명세서에 명확하게 문헌을 인용한 경우라면 명세서 충분 공개 요건에 반하지 않는다.

전리법 제26조 제3항 규정에 따라, 용도 또는 효과실험에 대해서는 명세서에 아래와 같은 사항들을 명확하게 기재해야 하는 것이 원칙이다.

(a) 실험에 사용한 구체적 화합물

명세서에 효과실험을 기재하면서 "본 발명의 임의의 한 화합물", "본 발명 화합물" 등과 같이 막연하게 설명함으로써, 실험 결과가 어떤 시료에서 얻어진 것인지 알 수 없게 됨에 따라 청구하는 화합물에 출원인이 주장하는 용도 또는 효과가 있는지 당업자가 확신할 수 없는 경우, 명세서는 전리법 제26조 제3항의 충분공개 요건에 반한다.

그러나 만약 명세서에서 실험에 채용한 화합물을 "최선 실시례로서의 화합물", "제조 실시례의 화합물" 등으로 기술하고, 명세서의 다른 부분에 이들이 대표하는 구체적 화합물을 명확하게 기재하였다면, 명세서는 실험에 사용한 구체적 물질을 명확하게 설명한 것으로 인정된다.

(b) 실험방법

명세서에 효과실험을 기재하면서 실험 단계나 조건을 구체적으로 기재해야 한다.

(c) 실험결과

실험결과는 정성적 실험결과이거나 정량적 실험결과일 수 있다. "상술한 실험을 통해 본 발명의 화합물이 … 효과(용도)가 있음이 증명되었다"와 같이 단언적으로 결론을 기재한 경우, 실험 결과로서 인정되지 않는다.

정량 데이터를 이용하여 실험결과를 기재할 때, "…의 IC50 값은 XX값이다", "… 의 X 효과 지표는 XX 값보다 낮다", "…의 항균 유효농도는 XX 값보다 낮다" 또는 "… 의 IC50 값은 XX값은 XX 값 내지 XX 값의 범위 내이다" 등의 표현은 받아들여진다.

(d) 실험결과와 용도 또는 사용효과의 대응관계

종래기술로 공개된 내용 또는 출원 명세서의 기재를 토대로, 실험결과와 출원 발명의 용도 또는 사용효과와의 대응관계가 당업자의 입장에서 확인 가능해야 한다.

만약 실험에 사용된 화합물에 용도 또는 효과가 있다는 사실이 명세서에 기재된 모든 실험데이터로부터 설명되지 못한다면, 이 명세서는 전리법 제26조 제3항 규정의 거절사유를 갖는다. 예를 들어, 청구 발명인 화합물에 살충 효과가 있다고 명세서에 기재되었지만, 구체적 화합물 A에 대해 그 수용성 실험 데이터를 제시했다면, 당업자는 이 실험데이터를 토대로 화합물 A에 살충 효과가 있다는 결론을 내릴 수 없을 것이므로, 이 명세서는 전리법 제26조 제3항의 충분 공개 요건에 반한다.

명세서에서 제시된 실험데이터로 화합물에 상기 용도 또는 효과가 있음을 입증할
수는 있으나, 청구항에서 청구된 모든 화합물의 용도 또는 효과를 입증하기에는 부족
한 경우에는, 전리법 제26조 제4항이 규정하는 청구항의 명세서에 의한 지지 요건에
반한다.

(2) 예측가능과 예측불가능

화합물의 용도 또는 사용효과가 예측 가능한지 여부는, 발명의 성질, 종래기술, 청구
항의 청구범위 등의 요인과 관련된다.

청구하는 화합물과 종래기술의 화합물의 구조가 서로 유사하지 않거나, 청구하는
화합물의 용도와 종래기술 중에서 구조가 유사한 화합물의 용도가 다른 경우, 당업자
는 그 용도 또는 사용효과를 예측할 수 없다. 이 경우, 청구하는 화합물이 그러한 용도
를 갖는다거나 의도하는 효과를 달성할 수 있음을 입증하는 데 충분한 정성 또는 정량
실험데이터를 명세서에 기재해야 한다.

명세서에서 용도 또는 사용효과에 대한 정성 또는 정량 데이터를 제시하지는 않았
으나, 이론적인 분석 또는 종래기술을 통해, 명세서에 기재된 내용을 기초로 하여 청구
하는 화합물이 필연적으로 그러한 용도 또는 사용효과를 갖추게 됨을 예측할 수 있다
면, 그 화합물의 용도 또는 사용효과는 충분히 공개된 것으로 인정될 수 있다.

4) 화합물의 충분공개 요건에 대한 심사례

이하 구체적인 사례를 통해 화합물의 충분공개 요건에 대한 중국 심사관의 판단방
식을 확인할 수 있다.

(1) 구체적 화합물

구체적 화합물에 대해, 만약 당업자가 종래기술을 토대로 그 용도 또는 사용효과를
예측할 수 없다면, 명세서에는 그 화합물의 확인 및 제조방법 이외에도, 그 용도 또는
효과의 정성 또는 정량 실험데이터를 반드시 기재해야 하며, 그렇지 않을 경우 그 구체
적 화합물이 충분히 공개되지 않은 것으로 인정될 수 있다. 다만, 명세서에 기재된 내
용을 토대로, 청구하는 구체적 화합물과 명세서에서 기재된 다른 구체적 화합물이 동
일한 용도 또는 사용효과를 갖는다는 것을 당업자의 입장에서 확정할 수 있는 경우는
예외이다.

▌사례 1▐

청구항: 구체적 화합물 A 또는 B
명세서: 화합물 A와 B는 도표상에 열거되었을 뿐, 명세서에서 그 제조 실시례 및 확인 데이

터가 기재되어 있지 않았고, A와 B의 용도 또는 사용효과에 대한 실험 데이터도 제시되지 않았다.

분석: 화합물 A와 B는 도표상에만 언급된 화합물일 뿐으로, 명세서에 기재된 내용에 따르면, A와 B가 출원일 이전에 획득 가능하고 상기 용도 또는 사용효과를 갖추었음을 당업자의 입장에서 확정할 수가 없다. 따라서 명세서의 A와 B의 공개가 충분하지 못하여, 본 출원 명세서는 전리법 제26조 제3항의 거절이유를 갖는다.

┃사례 2┃

청구항: 구체적 화합물 C 또는 D

명세서: 화합물 C 또는 D의 제조 실시례와 물리 화학적 성능 파라미터가 기재되었다. 비록 C와 D의 용도 또는 사용효과 데이터가 기재되지는 않았으나, C 및 D와 구조가 매우 유사한 화합물 A와 B의 용도 또는 사용효과에 대한 실험 데이터가 기재되었고, A와 B의 제조 및 확인 데이터도 기재되었다.

분석: 명세서에 화합물 A와 B의 공개가 충분히 되어 있는데, 만약 명세서에 기재된 내용을 토대로, A와 B가 상기 용도 또는 사용효과를 갖는다는 사실로부터 C와 D도 필연적으로 동일한 용도 또는 효과를 갖는다는 것을 예측할 수 있다면, 예를 들어, A와 C, B와 D 각각의 구조가 단지 메틸렌기의 차이밖에 없었다면, 이는 해당 기술분야에서 구조가 매우 비슷하다고 판단됨으로써, 그 용도 또는 사용효과가 서로 동일할 것임을 예측할 수 있을 것이며, 이러한 경우 명세서에 화합물 C와 D가 충분히 공개된 것으로 인정된다.

(2) 일반식 화합물

┃사 례┃

청구항: 구조식(Ⅰ)인 화합물

명세서: 상기 화합물의 물리 화학적 성능 파라미터와 제조방법을 확인할 수 있도록 기재되었다. 명세서에서는 구조식(Ⅰ)인 화합물이 살충작용뿐만 아니라 제초작용도 있다고 기재되어 있었으나, 상기 화합물이 살충 또는 제초 작용이 있음을 보여 주는 어떠한 실험데이터도 기재되어 있지 않았다.

종래기술: 식(Ⅰ)인 화합물의 구조와 유사한 화합물 및 그 살충제로서의 작용 및 살충 효과 데이터가 공지되었다.

분석: (a) 명세서에 식(Ⅰ) 화합물의 살충 활성 데이터가 기재되어 있지는 않으나, 종래기술로 인해 식(Ⅰ) 화합물과 구조가 비슷한 화합물이 살충제로 작용한다는 사실이 공지되었고, 이로써 당업자가 식(Ⅰ) 화합물에 살충 작용이 있음을 예측할 수 있고, 명세서에서도 그 화합물의 제조방법이 기재되었으므로, 상기 화합물에 대한 명세서의 공개는 전리법 제

26조 제3항 규정을 만족한다.

(b) 명세서에 식(Ⅰ) 화합물의 제초 활성 데이터가 기재되지 않았고, 종래기술로부터도 그 제초 활성이 있음을 예측할 수 없다. 따라서 명세서는 식(Ⅰ) 화합물의 제초 용도로서의 효과를 충분히 공개하지 않았다.

이때, 만약 심사관이 종래기술에서 식(Ⅰ) 화합물과 구조적으로 유사하고 살충 효과도 있는 화합물이 공개되었음을 이유로 이 청구항에 대해 진보성 거절이유를 지적했고, 이에 대해 출원인이 진보성 극복을 위해 식(Ⅰ) 화합물의 제초 효과 데이터를 제출한 경우, 심사관은 출원인이 제출한 제초 효과 데이터를 검토하지 않으며, 식(Ⅰ) 화합물에 진보성이 없다는 의견도 그대로 유지한다.

5) 중간체 화합물

"중간체 화합물"이란 이를 사용하여 직접 제조 또는 직접 분리하여 최종화합물을 얻을 수 있는 화합물을 의미하며, 그 자체로는 어떠한 직접적인 용도가 없는 것이 일반적이다.

(1) 중간체 화합물의 충분공개 요건

중간체 화합물이 전리법 제26조 제3항 규정에 부합할 것인지의 관건은, 그 중간체 화합물이 분리되어 획득 가능한지에 달려 있으며, 그 존재 시간의 길이 또는 안정적 존재 가능 여부는 충분공개 요건에 영향이 없다.

만약 중간체 화합물이 분리될 수 없거나, 또는 반응 메커니즘에서의 가정단계로서 존재할 뿐인 경우, 예를 들어, 전이상태에서 카르보늄 이온의 형태로 존재한다면, 이 중간체 화합물은 전리법 제26조 제3항 규정에 반한다.

분리되지 않고 직접 다음 단계의 반응이 진행되는 중간체 화합물에 대해, 심사관은 중간체 화합물이 분리 획득이 불가능한지, 아니면 분리 획득은 가능하나 실제 작업 중에는 분리되지 않는지를 구분하여 판단한다.

만약 중간체 화합물이 불안정하여 분리될 수 없으나, 이 중간체 화합물이 용액 형식으로는 안정적인 것으로 전제할 수 있고 그 용액이 분리 가능하다면, 상기 중간체 화합물을 함유하는 용액이 "분리 획득 가능" 요건을 만족한다.

▌사 례▌

청구항: Ar은 페닐기이고, X는 Cl, Br인, 아래 식의 디아조 염.

$$Ar-N^+ \equiv NX^-$$

명세서: 최종 결과물은 ArN=NR 이고, 이는 아래 방법으로 제조된다:

$$ArNH_2+NaNO_2+2HX \rightarrow (ArN{\equiv}N)^+X^-+NaX+2H_2O$$
$$(ArN{\equiv}N)^+X^-+RH \rightarrow ArN{=}NR$$

원 포트 반응(one-pot reaction)으로 반응이 이루어지며, 디아조 염 중간사슬 (ArN≡N)+X-는 반응 혼합물에서 분리되어 나오지 않고, 이 중간체를 함유하는 반응 혼합물이 직접 다음 반응에 이용된다.

분석: 방향족 디아조 염은 일정 조건에서 안정적인 것으로 전재할 수 있고, 분리되어 나올 수 있다는 것은 당업자에게 공지된 사실이므로, 본 출원에서 실질적으로 이 중간체 디아조 염을 분리하지 않았지만, 이는 분리 획득 가능한 중간체 화합물에 해당한다.

(2) 중간체 화합물의 확인

중간체 화합물의 확인은 일반 화합물의 확인 요건과 같다[위 '(1) 화합물의 확인' 부분 내용 참조].

만약 명세서에서 중간체 화합물의 물리 화학적 성능 파라미터를 기재하지 않았으나, 그 제조된 최종 결과물이 확인 가능하고, 또한 획득하고자 하는 최종 결과물이 필연적으로 그 중간체를 거친다는 것을 제조 방법으로부터 확정할 수 있다면, 그 중간체도 확인 가능한 것으로 인정된다. 예를 들어, 중간체 화합물이 분리되지 않고 직접 다음 단계 반응으로 진입할 때, 최종 결과물을 빌려 중간체 화합물을 확정할 수 있다.

▌사 례▌

청구항: 중간체 Y

명세서: 원재료 X로 중간체 Y를 생산한 다음, Y로부터 최종 결과물 Z를 형성하는 반응 경로가 기재되었다. Y의 용도는 Z를 생성하는 것이고 Z는 A 용도를 갖는다. 명세서에서는 Y의 물리 화학적 성능 파라미터를 제시하지 않았으나, Z의 물리 화학적 성능 파라미터를 제시했다.

분석: 명세서에서 최종 결과물 Z의 물리 화학적 성능 파라미터를 공개했고, 이로부터 회종 결과물 Z를 확인할 수 있다. 또한 Y로부터 Z에 이르는 반응 경로를 토대로, Z는 필연적으로 중간체 화합물 Y를 거치게 됨을 미루어 알 수 있다. 따라서 비록 명세서에서는 Y의 물리 화학적 성능 파라미터를 제시하지 않았으나, Y는 확인 가능한 것으로 인정된다.

3. 청구항의 명세서에 의한 뒷받침(전리법 제26조 제4항 전문)

1) 일반식 화합물

일반식 화합물 청구항은 보통 명세서에 기재된 하나 또는 그 이상의 구체적 실시례로 개괄하여 이루어진다. 일반식 화합물 청구항이 명세서에 의해 뒷받침되는지 여부를 판단할 때, 발명이 해결하고자 하는 기술적 과제, 청구범위, 명세서 전체 내용 및 해당 기술분야의 종래기술 상황 등 여러 가지 요소들이 고려된다. 예를 들어, 구조와 효과의 관계가 밀접한 기술분야에서, 구조로 활성을 추단하는 예측 가능성은 낮은 편이므로, 보통 명세서에 보다 많은 정보들(효과 실시례 포함)이 기재될 것이 요구되며, 그렇게 하여 일반식 화합물 청구항이 개괄하는 범위가 뒷받침되도록 해야 한다[이 부의 제1장 5. 1) (2) 참조].

(1) 판단의 기초―용도 또는 효과 실시례

화합물의 용도 또는 효과 실시례(이하 '효과 실시례'로 약칭함)는 화합물 발명이 그 기술적 과제를 해결하여 의도하는 효과를 낼 수 있는지 여부를 판단하는 기초가 된다. 따라서 일반식 화합물 청구항이 명세서에 의해 뒷받침되는지 판단할 때, 화합물의 활성을 입증하는 효과 실시례가 중요하게 고려되며, 이는 화합물의 제조 실시례와 함께 고려된다. 심사관은 제조 실시례와 효과 실시례의 개수 및 그 언급되는 화합물의 분포에 특히 주목하여 심사한다.

만약 심사관이 일반식 화합물의 범위 내에서 하나 또는 그 이상의 화합물이 기술적 과제를 해결하여 의도하는 효과를 낼 수 있을지 의심할 만한 이유가 있다고 판단한 경우, 그 일반식 화합물 청구항의 개괄이 부적절하다고 판단할 수 있고, 이에 따라 전리법 제26조 제4항의 거절이유를 지적한다.

(2) 구체적 상황

(a) 상위개념으로 일반식에서의 기단(基團)을 한정하는 경우

일반식 화합물 청구항에서, "알킬기, 알콕시기, 아릴기, 헤테로아릴기, 헤테로시클로알킬기" 등의 상위개념으로 일반식에서의 기단을 한정하는 경우가 많다. 이러한 상위개념은 해당 기술분야에서 보편적으로 수용 가능한 의미가 있기 때문에, 그 의미는 보통 명확한 것으로 인정된다. 이때 심사관은 이러한 상위개념이 개괄하는 기술방안이 명세서에 의해 뒷받침되는지 여부를 추가적으로 판단한다. 즉, 명세서에 공개된 내용 및 종래기술을 토대로 그 상위개념이 개괄하는 화합물이 모두 해결하고자 하는 기술적 과제를 해결하여 동일한 기술적 효과를 달성할 수 있는지 판단한다.

(b) "… 가능한"

일반식 화합물 청구항에서 "할 수 있는"이라는 표현이 사용되어, 이 부의 제1장 1. 1)

(4)의 (a)나 (b)의 경우로 해석할 때, 심사관은 상기 경우들이 모두 명세서에 의해 뒷받침되는지 판단한다.

(c) "선택적으로/임의로/선택 가능하게 치환된…"

이 부의 제1장 1. 1) (1)에서 서술한 바에 따라, 일반식 화합물 청구항에 "선택적으로 치환된…", "임의로 치환된…" 또는 "선택 가능하게 치환된…"이라는 표현은 "치환되거나 미치환된…"의 의미로 해석된다. 이때 만약 명세서에서 그 치환기에 대해 한정하지 않았다면, 해당 청구항은 명세서에 의해 뒷받침되지 않는 것으로 판단되어, 전리법 제26조 제4항의 거절이유가 지적된다.

┃사 례┃

청구항: 아래 일반식을 갖는 트리아졸술파닐아미드 및 그 염으로서,

R^1은 H, 알킬기, 페닐기 또는 피리미딘-2-기이고;

R^2는 X-페닐기이고, X는 O, S 또는 NH이며;

R^3는 치환 또는 미치환된 페닐기인, 트리아졸술파닐아미드 및 그 염.

명세서 기재 내용: 발명이 해결하고자 하는 기술적 과제는 종래기술에서 제초제의 수용성이 떨어지는 문제를 해결하는 것이다. 명세서에 따르면, 당업자는 일반식 범위 내의 모든 화합물을 제조할 수 있을 것이라고 기재되어 있었다. 그러나 명세서에서 제시한 효과 실시례는 다음과 같다: R^1이 H, 알킬기, 페닐기인 경우(피리미딘-2-기에 대해서는 아무런 기재가 없었음); R^2가 X-페닐기(여기에서 X는 S, NH인 경우; R^3가 할로겐 또는 메틸기로 치환된 페닐기인 경우.

상술한 효과 이외에, 명세서에는 심사관이 청구항에서 개괄하는 모든 화합물에 제초 활성이 있음을 확신케 하는 증거가 없었다.

분석: 심사관은 청구항의 개괄이 적법한지 심사함에 있어서 아래와 같은 식으로 판단할 수 있다.

치환기	치환기에 대한 청구항 한정	실시례로 제시된 구체적인 치환기	해당 기술분야의 통상의 기술지식	개괄의 적법성
R^1	피리미딘-2-기	실시례 없음	트리아졸류의 제초제에서 피리미딘기는 통상적인 치환기가 아님	부적법
R^1	알킬기	메틸기	긴사슬 및 분기사슬 알킬기의 탄소원자 수가 많을수록 수용성이 떨어짐	부적법
R^2	-X-페닐기 (X=O, S, NH)	-O-페닐기	구조가 유사한 트리아졸 제초제 중, -O-페닐기와 -S-페닐기 또는 -NH-페닐기는 등배전자임	적법
R^3	치환된 페닐기	할로겐 또는 메틸기로 치환된 페닐기	"치환된 …"은 어떠한 치환기에 의해 치환될 수 있음을 의미함. 이는 대량의 화합물들을 개괄한 것인데, 그 모든 화합물에 제초 활성이 있을 수는 없음	부적법

2) 화합물의 유도체

화합물 청구항은 화합물 자체뿐만 아니라, 그 각종 유도체를 함께 청구하는 경우가 많다. 예를 들어, 화합물의 산 또는 염기 첨가염/약용가능 염, 용매화합물/수화물, 에테르/에스테르, 전구약물 및 대사산물 등이다. 심사관은 이러한 각종 유도체가 명세서에 의해 뒷받침되는지 심사하는데, 이때 보통 아래 원칙에 따라 판단한다.

(1) 염

화합물의 염은 산 첨가염 또는 염기 첨가염을 포함한다. 출원 발명이 약물 화합물인 경우, 출원인은 약용가능 염 또는 약용염을 청구하는 경우가 많다. 화합물 구조에 산성 또는 염기성 기능원자단이 존재하는 경우, 일반적으로 이 화합물은 통상적인 반응에 의해 염화될 수 있다고 판단할 수 있고, 또한 화합물의 염 및 이 화합물이 동일한 작용 또는 효과를 갖추었음이 예측 가능한 것으로 인정된다. 화합물이 명세서에 의해 뒷받침되기만 하면, 그 염도 명세서에 의해 뒷받침될 수 있다. 그러나 아래 두 가지 경우는 예외이다.

ⓐ 이 화합물이 염화되기 어렵다는 사실을 밝힐 증거가 있는 경우

ⓑ 당업자가 화합물 자체의 용도 또는 효과로부터 그 염도 동일한 용도 또는 효과가 있음을 추측할 수 없는 경우

(2) 용매화합물

화합물이 용매화합물을 형성할 수 있는지 및 형성한다면 어떠한 용매화합물을 형성하는지에 관해서는, 그 우연성과 예측 불가능성 때문에, 화합물이 명세서에 의해 뒷받침된다고 하여, 바로 그 비특정 용매화합물(수화물 포함)도 명세서에 의해 뒷받침되는 것으로 인정되는 것은 아니다.

┃사 례┃

청구항 제1항은 일반식(Ⅰ) 화합물 또는 그 "용매화합물"을 청구하고 있으나, 명세서에는 용매화합물에 대한 어떠한 실시례도 제시하지 않았고, 그 안정성, 예측 가능한 효과에 대해서도 아무런 설명이 없었다.

분석: 안정적인 용매화합물 형성에 미치는 요인은 매우 많기 때문에, 어떠한 화합물이 용매화합물, 특히 안정적인 용매화합물을 형성할 수 있는지는 우연성과 예측 불가능성이 존재하고, 그 용매 분자수를 사전에 확정하기도 어렵다. 따라서 명세서에 기재된 내용만으로는 당업자가 이 일반식 화합물의 어떠한 화합물이 용매화합물을 형성할 수 있는지 및 어떠한 종류의 용매화합물을 형성하는지 예견하기 어렵다. 따라서 청구항 제1항의 일반식(Ⅰ) 화합물의 용매화합물은 명세서에 의해 뒷받침되지 않아, 전리법 제26조 제4항 규정에 반한다.

---

(3) 에테르와 에스테르

화합물에 수산기나 카르복시기기 존재하는 경우, 통상적인 화학반응으로 그 화합물의 에테르나 에스테르가 형성될 수 있음을 예상하기 어렵지는 않으나, 만약 청구항에서 에테르화/에스테르화 기단(基團)에 대해 한정하지 않은 경우라면, 화합물의 에테르 또는 에스테르의 범위가 지나치게 광범위하여, 청구범위에 포함되는 에테르 또는 에스테르 화합물의 개수가 거의 무한대이다. 뿐만 아니라 형성되는 에테르 또는 에스테르가 그 모체 화합물의 활성을 여전히 갖추었는지 여부도 예상하기 어렵다. 따라서 화합물이 명세서에 의해 뒷받침된다고 하여, 그 비특정 에테르 또는 에스테르도 필연적으로 명세서에 의해 뒷받침되는 것은 아니다.

┃사례 및 분석┃

청구항 제1항은 일반식(Ⅰ) 화합물 또는 에스테르를 청구하면서, 에스테르화 기단에 대해

아무런 한정을 하지 않았다. 따라서 "에스테르"가 한정하는 화합물 구조는 실질적으로 확정되지 않은 것으로서, 무한대에 가까운 화합물을 개괄한 것이 된다. 비록 화합물에 수산기나 카르복시기기 존재하는 경우, 통상적인 화학반응으로 그 화합물의 에스테르가 형성될 수 있으나, 이 출원의 경우, 명세서에 에스테르 화합물에 대해 어떠한 실시례도 기재하지 않았고, 에스테르화 기단에 대한 한정 또는 에스테르화 기단의 선택에 대한 설명이 되어 있지 않다. 또한 화합물의 "에스테르"가 개괄하는 화합물이 그 모체 화합물의 활성을 유지하는지 여부도 당업자의 입장에서 예측이 어렵다. 따라서 일반식(Ⅰ) 화합물의 에스테르는 명세서에 의해 뒷받침되지 않아, 전리법 제26조 제4항 규정에 반한다.

(4) 전구약물(prodrug)과 대사산물(metabolite)

화합물은 체내 대사를 통해 활성화되거나 또는 활성을 잃을 수도 있고, 심지어는 독성이 있는 화합물로 바뀔 수도 있다. 따라서 화합물이 명세서에 의해 뒷받침된다고 하더라도, 그 비특정 "전구약물" 또는 "대사 산물"이 명세서에 의해 뒷받침되는 것은 아니다.

┃ 사례 및 분석 ┃

청구항 제1항은 일반식(Ⅰ)의 화합물 또는 그 "전구약물"을 청구하였다. 명세서에 "전구약물"에 대해 "체내에서 대응되는 활성약물로 바뀌는 임의의 유도체"라고 정의하기는 했지만, 이는 모든 상황에 적용되는 일반적인 설명에 불과하다. 명세서에서는 어떠한 전구약물인지, 또는 어떠한 방법으로 "본 발명이 특정하는" 전구약물을 확정할 수 있는지에 대한 설명이 없었다. 뿐만 아니라, 약물은 체내에서 흡수 및 대사 과정이 매우 복잡하여, "전구약물"이 모체약물로 전환이 가능한지 및 어느 시점에 전환되는지를 당업자가 예측하기 어렵다. 출원 명세서에서는 어떠한 유형의 전구약물을 본 발명이 특정했는지, 체내에서 일반식(Ⅰ) 화합물로 바뀔 수 있는지에 대한 기재가 없다. 따라서 청구항 제1항에서 일반식(Ⅰ)의 화합물의 전구약물은 명세서에 의해 뒷받침되지 않아, 전리법 제26조 제4항에 반한다.

4. 화합물의 신규성[2)]

1) 종래기술에서 "언급"된 화합물

만약 인용문헌에 출원 발명의 화합물이 "언급"되어 있으면, 그 화합물은 신규성이

---

2) 그 외, 2010년 〈전리심사지침〉 제2부 제10장 5.1절의 (2)와 (3)에 따르면 화합물의 신규성 판단에 대해 다음과 같은 판단 기준을 제시한다.
(2) 일반식은 그 일반식 내의 구체적 화합물의 신규성을 부정할 수 없다. 구체적 화합물의 공개는

없는 것으로 추정된다. 다만, 출원일 이전에 그 화합물을 얻을 수 없음을 입증할 수 있는 증거가 제출된 경우는 예외이다. 여기에서 말하는 "언급"이란, 그 화합물의 화학명칭, 분자식(구조식), 물리 화학적 파라미터 또는 제조방법(원료 포함)을 명확하게 정의하거나 설명한 것을 의미한다.

예를 들어, 하나의 인용문헌에 공개된 화합물의 명칭과 분자식(또는 구조식)을 분별하기 어렵거나 불명확하지만, 그 인용문헌이 출원 발명의 화합물과 동일한 물리 화학적 파라미터 또는 화합물을 검증하기 위한 다른 파라미터 등을 공개한 경우, 그 화합물은 신규성이 없는 것으로 추정된다. 다만, 출원일 이전에 그 화합물을 얻을 수 없음을 입증할 수 있는 증거가 제출된 경우는 예외이다.

만약 하나의 인용문헌에 공개된 화합물의 명칭, 분자식(또는 구조식) 및 물리 화학적 파라미터는 불명확하나, 그 인용문헌이 출원 발명의 화합물과 동일한 제조방법을 공개한 경우, 그 화합물은 신규성이 없는 것으로 추정된다.

아래는 종래기술에서 관련 화합물을 "언급"한 것으로 인정될 수 있는 상황이다.

a) 만약 종래기술이 공개하는 일반식 화합물에 변수가 하나뿐이고, 이 변수의 선택 가능 항목이 모두 치환기인 경우, 그중에서 각 구체적인 치환기를 선택하여 얻어 낸 구체적 화합물은 모두 종래기술에서 "언급"한 것으로 인정될 수 있다.

┃사 례┃

종래기술에서 아래 일반식 화합물을 공개했고, 여기에서 R'은 메틸, 에틸, NO_2, NH_2, … 이다.

분석: 이 경우, 종래기술에서 톨루엔, 에틸벤젠, 니트로벤젠, 아닐린 등의 구체적 화합물을 "언급"한 것으로 인정할 수 있다.

그 구체적 화합물을 포함하는 일반식 청구항의 신규성을 부정하나, 그 구체적 화합물을 제외한 일반식 내에 포함되는 다른 화합물의 신규성에는 영향이 없다. 일련의 구체적 화합물은 그 계열 내의 대응하는 화합물의 신규성을 부정할 수 있다. 특정 범위 내의 화합물(예: C1-4)은 그 범위 양단의 구체적 화합물 (C1과 C4)의 신규성을 부정하지만, C4 화합물이 다수의 이성질체가 있는 경우 C1-4화합물은 각 단독 이성질체의 신규성을 부정하지 못한다.

(3) 천연물질의 존재 자체는 출원 발명의 물질의 신규성을 부정하지 못한다. 다만, 인용문헌에 공개되고 출원 발명의 물질의 구조 및 형태와 일치하거나 직접적으로 균등한 천연물질이어야만 출원 발명 신규성을 부정할 수 있다.

b) 한 가지 특례로서, 만약 종래기술이 공개하는 화합물이 비록 일반식으로 표현된
것이지만, 이 일반식에는 변수가 둘 뿐이고, 각 변수의 선택가능 항목이 둘 뿐이며, 그
선택가능 항목이 모두 치환기인 경우, 상기 일반식이 포함하는 네 가지 구체적 화합물
은 이 종래기술에 "언급"된 것으로 인정될 수 있다.

┃사 례┃

종래기술에서 아래 일반식 화합물을 공개했고, 여기에서 R^1은 메틸, 에틸이고, R^2는 NO_2
또는 NH_2 이다.

분석: 이 경우, 종래기술에서 네 가지 구체적 화합물, 즉 오쏘니트로톨루엔, 오쏘니트로에
틸벤젠, 오쏘아미노톨루엔, 오쏘아미노에틸벤젠을 언급한 것으로 인정될 수 있다.

2) 입체 이성질체의 신규성

청구 발명이 화합물의 입체 이성질체인 경우, 만약 종래기술에서 이 화합물의 입체
이성질체를 "언급"한 적이 없었거나, 또는 이 화합물이 비대칭 탄소원자를 가지고 있어
서 광학이성질체가 존재한다고 가볍게 언급한 것에 불과하다면, 이 입체 이성질체는
신규성이 부정되지 않는 것이 일반적이다.

만약 종래기술에서 청구 발명의 입체 이성질체의 명칭을 공개했다면, 종래기술에서
이 입체 이성질체를 "언급"한 것으로 인정되어 이 입체 이성질체는 신규성이 없는 것
으로 추정된다.

만약 종래기술에서 어떤 화합물의 라세미 화합물을 공개했고, 이 화합물이 비대칭
(chiral) 중심이 하나뿐일 때, 그 라세미 화합물이 한 쌍 경상체의 등몰 혼합물이면, 일
반적으로 당업자는 통상의 기술수단을 토대로 그중에서의 R-이성질체와 S-이성질체를
필연적으로 분리 획득할 수 있을 것이다. 이때 이 화합물이 포함하는 한 쌍의 광학 이
성질체는 공개된 것으로 추정될 수 있다. 다만 당업자가 종래기술을 토대로 그 경상체
를 분리 획득할 수 없음을 출원인이 입증한 경우는 예외이다.

3) 순도를 한정한 화합물

순도에 대한 한정은 화합물의 구조에 어떠한 영향을 미치지 않는다. 즉, 순도 한정이 화합물에 어떠한 새로운 특징을 부여하여, 이를 종래기술의 공지된 화합물과 구별되게 할 수는 없으므로, 순도를 한정한 공지된 화합물은 신규성이 인정되지 않는 경우가 일반적이다. 다만, 출원일 이전 시점에 당업자가 그러한 순도의 화합물을 얻어낼 방법이 없음을 출원인이 증거로써 입증한 경우는 예외이다.

▌사 례▐

청구항: 순도가 99.96 중량% 이상인 화합물 A

종래기술: 화합물 A를 공개하였으나, 순도에 대한 기재는 없었다.

분석: a) 종래기술에서 화합물 A의 순도에 대해 설명하지는 않았지만, 화학분야에서 화합물 정제방법은 통상의 기술수단에 속하는 것으로 보는 게 일반적이다. 당업자는 필요에 따라 각종 순도의 공지된 화합물을 만들 수 있으므로, 청구 발명인 화합물 A는 신규성이 없는 것으로 추정될 수 있다.

b) 만약 출원인이 다음 사실을 증명할 수 있는 경우는 예외이다. 즉, 화합물 A 자체의 구조 및 성질로 인해 통상적인 정제방법으로는 출원 발명의 순도에 이를 수 없는 경우(예를 들어, 이 화합물의 비등점이 매우 높아서 증류 정제 시 상당한 고온 조건이 필요하고, 이 화합물의 열 안정성이 낮아서 고온에서 두 개의 안정된 자유기로 분리되기가 쉬워, 증류 정제를 진행하기 어렵고; 또한 화합물 A가 결정을 형성하기 어려워서, 재결정 방법으로 정제할 수도 없는 경우 등)에는, 심사관은 이 청구항의 신규성을 인정할 수 있다.

주의할 점으로, 특수 분야에서는, 순도의 변화가 제품 구조 및 성능의 변화를 예견할 수 있는 경우가 있다. 예를 들어, 초순도 실리콘 재료에서, 금속 실리콘-단결정 실리콘이 99.9999%와 같은 매우 높은 순도에 도달하면, 단결정 실리콘은 유래 없는 양질의 반도체 성질로 나타날 것이다. 이 경우 이 물질의 구조(미시구조 포함) 및 성능이 실질적으로 변화한 것으로서, 순도 한정이 공지된 물질에 새로운 특징을 부여했음을 의미하므로, 신규성이 인정된다.

5. 화합물의 진보성

아래 A~E는 2010년 〈전리심사지침〉 제2부 제10장 6.1절에서 제시한 화합물의 진보성 판단 기준이다.

A. 구조적으로 공지된 화합물과 유사하지 않고 신규성이 있으며 일정한 용도 또는 효과가 있는 화합물에 대해 심사관은 진보성을 인정할 수 있으며, 이때 용도 또는 효과에 대한 예측 불가능성이 반드시 요구되는 것은 아니다.

┃ 사 례 ┃

종래기술   출원 발명

분석: 구조적으로 유사한 화합물이 되려면, 핵심부분이나 기본적인 고리구조가 같아야 한다. 종래기술과 출원 발명의 구조는 유사하지 않으므로, 진보성 판단 시 출원 발명이 종래기술보다 용도 또는 효과의 예측 불가능성이 있을 것을 입증할 필요가 없다.

B. 구조적으로 공지된 화합물과 유사한 경우에는, 용도 또는 효과에 대한 예측 불가능성이 요구된다. 용도 또는 효과에 대한 예측 불가능성이 있는 경우란, 공지된 화합물의 공지된 용도와 다른 용도를 갖는 경우; 공지된 화합물의 공지된 어떠한 특정 효과를 실질적으로 개선하거나 향상시킨 경우; 그 용도 또는 효과가 공지상식에서 명확치 않았던 것이었거나 상식적인 추론으로는 얻을 수 없었던 경우일 수 있다.

┃ 사례 1 ┃

출원 발명: $H_2N-C_6H_4-SO_2-NHCONHR'$
종래기술: $H_2N-C_6H_4-SO_2NHR'$
분석: 종래기술인 술파닐아미드는 항생제이고, 출원 발명인 술포닐요소는 항당뇨약으로서, 구조적으로 유사하나, 약리작용이 달라, 출원 발명은 용도 또는 효과에 대한 예측 불가능성이 있다.

┃ 사례 2 ┃

출원 발명: $H_3C-C_6H_4-SO_2NHCONHR'$

> 종래기술: $H_2N-C_6H_4-SO_2NHCONHR'$
>
> 분석: 종래기술인 아미노 술포닐요소와 출원 발명인 메틸술포닐요소는 구조적으로 유사하고, 차이점은 NH_2와 CH_3가 다르다는 것일 뿐이므로, 출원 발명은 용도 또는 효과에 대해 예측 가능하여 진보성이 없다.

C. 두 가지 화합물이 구조적으로 유사한지 여부는 해당 기술분야와 관련되고, 심사관은 서로 다른 분야에 대해 상이한 판단 기준을 적용해야 한다.

D. 심사관은 화학적 구조가 유사하다는 이유만으로 간단히 화합물의 진보성을 부인할 수 없으며, 그 용도 또는 효과를 예측할 수 있음을 설명하거나, 당업자가 종래기술을 토대로 논리적인 분석, 추리 또는 제한적인 실험을 통해 그 화합물을 제조하거나 사용할 수 있음을 설명해야 한다.

E. 출원 발명의 효과가 기술의 필연적인 발전 추세에 따른 것이면 진보성이 없다. 예를 들어, 종래기술의 살충제는 A-R이고, 여기에서 R은 C1-3의 알킬기이고, 살충 효과는 알킬기의 탄소수가 증가할수록 높아진다고 기재되어 있었다. 출원 발명의 살충제가 A-C4H9이고, 살충 효과가 종래기술에 비해 현저히 향상되었다고 가정하면, 종래기술에서 살충 효과가 향상되는 필연적인 발전 추세에 따른 것이므로, 출원 발명은 진보성이 없다.

이하에서는 상술한 2010년 〈전리심사지침〉의 내용을 기초로, 화학발명의 진보성 판단에 대한 더 구체적인 심사관의 판단 기준을 검토해 본다.

1) "구조적 유사성"의 판단

출원 발명과 종래기술의 화합물이 서로 구조적으로 유사한지 판단할 때, 심사관은 양자 간의 구조 자체가 비슷한지 여부뿐만 아니라, 화합물의 구조-효과 관계의 밀접성 정도도 고려한다.

(1) 구조 자체의 유사성

화합물이 구조적으로 유사하려면, 기본적인 핵심부분이나 기본적인 고리 구조가 동일해야 한다. 이하에서 제시되는 내용들은 통상적으로 구조 자체가 유사하다고 인정될 수 있는 경우들이다. 그러나 진보성 판단에 있어서 이들이 서로 "구조적으로 유사한" 화합물이 될 수 있을지에 대해서는 더 고려해야 할 사항이 있다.

(a) 동족체

예를 들어, 사슬 길이가 다른 알칸은 유사하다.

(b) 산과 그 에스테르

예를 들어,

(c) 알코올과 에스테르

(d) 화합물과 그 염

(e) 치환기는 동일하나 고리 상에서 치환 위치가 다른 화합물

예를 들어,

와

(f) 고리 안의 "이성(isomerism)" 화합물

예를 들어,

와

(g) 라세미 화합물과 광학이성질체

(h) 등배전자

예를 들어, -O- 와 -S-; 벤젠과 테오펜; -COOH 와 1-테트라졸기

(2) 구조-효과 관계의 밀접성 정도

구조-효과 관계란 화학적 구조와 생물 활성 간의 관계를 의미한다.

화합물의 구조-효과 관계의 밀접성 정도는 출원 발명인 화합물의 기술분야와 관련된다. 예를 들어, 공지된 스테로이드 화합물의 구조-효과 관계는 비교적 밀접한데, 구조적으로 작은 변화만 있어도 효능상의 변화가 매우 크다. 전형적인 예가, 에스트라디올과 테스토스테론인데, 이들은 구조적으로 기본적으로 동일하다. 차이점은 A고리 수소 포화도가 다르다는 점 및 테스토스테론이 에스트라디올보다 메틸기가 하나 더 많다는 것이지만, 이들의 효능은 완전히 다르다.

심사관은 화합물의 구조-효과 관계의 밀접성 정도를 판단할 때, 종래기술의 교시를 고려한다. 예를 들어, 종래기술에서 출원 발명 화합물의 일반식 범위 내의 어떤 화합물의 활성 측정 데이터를 공개했고, 그러한 활성 데이터에서 미세한 구조적 변화가 활성에 상당한 차이를 일으킨다는 것을 보여 주고 있다면, 이는 출원 발명 화합물의 구조-효과 관계가 비교적 밀접하다는 것을 의미한다.

구조-효과 관계가 밀접한 기술분야에서 또는 구조-효과 관계가 밀접한 화합물에 대해서는, 출원 발명 화합물이 공지된 화합물과 핵심 부분이 동일한 화합물이라고 하여, 양자가 진보성의 의미에서 "구조적으로 유사하다"고 간단히 결론 내릴 수 없다. 예를 들어, 화학분야에서, 사슬 길이가 다른 알킬기는 구조적으로 유사하지만, 구조-효과 관계가 밀접한 기술분야에서는 사슬 길이가 다른 알킬기의 구조가 유사하다고 인정되지 않을 수 있다.

2) 입체 이성질체의 진보성

만약 종래기술에서 어떠한 화합물을 공개했는데, 출원 발명 화합물이 그 화합물의 입체 이성질체인 경우라면, 입체 이성질체에 예상치 못한 기술적 효과가 있는 경우에만 진보성이 인정된다.

예상치 못한 기술적 효과란, 예를 들어 어떠한 광학 이성질체의 활성이 예상치 못하게 좋다거나; 광학 이성질체와 그 라세미 혼합물의 활성이 상당하면서도 독성은 매우 낮다거나; 광학 이성질체와 그 라세미 혼합물의 활성이 완전히 다른 경우일 수 있다.

한편, 입체 이성질체가 진보성이 있으면, 그 입체 이성질체를 제조하는 방법도 진보성이 있다.

3) 중간체 화합물의 진보성

중간체 화합물의 진보성은 후속 산물을 생산하는 방법 또는 그 산물을 기준으로 판

단한다.

a) 중간체 화합물의 진보성은, 이것이 진보성을 갖춘 후속 산물의 생산에 이용된다는 점, 그리고 이 후속 산물의 구조 및 성능에 기여하는 측면에서 인정될 수 있다. 만약 이 중간체가 공지된 혼합물을 거쳐 진보성 있는 후속 산물을 제조하는 경우라면, 이 중간체는 후속 산물의 구조 및 성능에 기여하는 것으로 인정될 수 없다.

b) 중간체 화합물의 진보성은 또한 후속물질을 생산하는 진보성을 갖춘 방법에 기여하는 면에서도 인정될 수 있다.

4) 화합물 유도체의 진보성

자주 볼 수 있는 화합물의 유도체로, 그 화합물의 염, 에스테르, 용매화합물, 전구약물 등이 있다. 상이한 화합물 유도체는 상이한 물리 화학적 성질(예: 용해성, 용출률 및 안정성)을 가질 수 있고, 상이한 약리학적 성질에 이를 수 있다. 통상적으로 교과서에는 비특정 화합물을 그 각종 유도체로 만드는 방법이나, 그 기술적 효과에 대한 일반적인 예측을 하는 교시가 존재한다. 예를 들어, 천연 및 합성 유기염기의 수용성을 개선하기 위해 이를 염산염, 황산염 또는 질산염 등으로 만들 수 있다는 등의 내용이다.

어떠한 화합물에 진보성이 있는 경우, 일반적으로 그 유도체의 진보성도 인정된다.

화합물에 진보성이 없으면, 그 유도체의 진보성은 그 기술적 효과가 예견 가능한지에 달려 있다. 예를 들어, 의약물을 일상적으로 사용하는 염이나 에스테르로 전환하여, 용해도를 높이거나 낮출 수 있다는 내용이 교과서에서 교시된 경우, 상기 염 또는 에스테르의 진보성은 부정되는 것이 일반적이다. 다만, 의약물의 특정한 염 또는 에스테르가 일으키는 기술적 효과가 당업자에게 예측 불가능한 경우에는, 진보성이 인정된다.

5) 출원인이 제출한 증거에 대한 심사관의 판단 기준

심사관이 지적한 진보성 거절이유에 대해, 출원인이 예측할 수 없는 용도 또는 효과를 입증하기 위해 증거를 제출한 경우, 심사관은 다음과 같은 기준으로 판단한다.

a) 제출된 증거는 대비실험 증거 또는 기타 증거여야 한다. 예를 들어, 출원인은 종래기술 증거(예: 해당 기술분야의 통상의 기술지식)를 이용하여 화합물의 용도 또는 효과가 예측 불가능한 것임을 입증할 수 있다.

b) 제출된 증거는 반드시 청구된 화합물의 범위에 상응하는 것이어야 한다.

c) 대비실험 효과 증거는 최초 출원 명세서에 명확히 기재된 것과 관련된 것이어야 하고, 실험데이터에 상응하는 기술적 효과를 제시해야 한다. 그렇지 않은 경우 심사관은 그 증거를 심사에 반영하지 않는다.

d) 대비실험의 대상이 되는 화합물은 각각 청구된 화합물 중에서 인용문헌에 공개

된 화합물의 구조와 유사한 화합물 및 상기 인용문헌 중에서의 대응되는 공지 화합물이어야 한다.

6. 화합물의 단일성

1) 마쿠쉬 청구항의 단일성

하나의 마쿠쉬 청구항에 선택 가능한 요소(이하 '마쿠쉬 요소'라 칭함)가 유사한 성능을 가지면, 이러한 요소가 기술적으로 서로 관련되고 동일하거나 상응하는 기술특징을 가지며, 그 청구항은 단일성 요건에 부합한다. 마쿠쉬 요소가 화합물인 경우 아래 요건을 만족하면, 그 마쿠쉬 청구항은 단일성이 인정된다.

a) 선택 가능한 모든 화합물이 공통된 성능 또는 작용을 가질 것

b) 선택 가능한 모든 화합물이 공통된 구조를 가지되, 그 공통된 구조는 종래기술과 구별되며, 일반식으로 표현되는 화합물의 공통된 성능 또는 작용에 필수불가결할 것; 또는 공통된 구조를 가지지 않은 경우 선택 가능한 모든 요소는 해당 기술영역에서 "공인된 동일한 화합물 유형"에 속할 것.

여기에서 "공인된 동일한 화합물 유형"이란, 해당 분야의 지식을 토대로 판단할 때 그러한 유형의 화합물의 청구된 발명에 대한 발현이 동일할 것임을 예측할 수 있는 유형의 화합물을 의미한다. "공인된 동일한 화합물 유형"에 대한 입증은 해당 기술분야에서 "공인"되는 정도에 이르러야 한다. 다시 말해, 해당 기술분야에서 보편적으로 인정되어야 한다.

심사관은 어떠한 청구항에 대해 단일성 거절이유를 지적할 때 이유를 설명해야 한다. 특히 마쿠쉬 청구항의 단일성 흠결을 지적할 때, 심사관은 단일성에 위배되는 화합물들을 가능하면 출원인에게 언급해 주어야 한다.

한편, 어떠한 마쿠쉬 청구항이 실제로 단일성 요건에 반한다 하더라도, a) 마쿠쉬 화합물의 공통된 구조가 전체 일반식 구조의 대부분을 차지하여 그 일반식 화합물 전체에 대한 검색과 심사에 상당한 노력을 요하지 않고 b) 단일성에 위배되는 화합물을 걸러 내기가 어려운 경우에는, 심사관은 단일성 거절이유를 지적하지 않을 수 있다.

▌사례 1▐

청구항: R^1은 피리딜기, R^2~R^4는 메틸기, 벤질기 또는 페닐기이며, … 상기 화합물은 혈액의

산소흡입능력을 향상시키는 약물인, 아래 식의 화합물.

분석: 일반식에서 인돌 부분은 모든 마쿠쉬 화합물의 공유 부분이지만, 종래기술에서 인돌 부분을 공통 구조로 하여 혈액의 산소흡입 능력을 높이는 화합물이 존재하므로, 인돌 부분은 종래기술과 구별되는 기술특징이 아니어서, 인돌 부분으로는 청구항의 단일성을 판단할 수 없다. 청구항의 일반식 화합물에서 인돌의 R'기를 3-피리딜기로 바꾸었는데, 이는 혈액의 산소흡입 능력을 높이는 작용을 한다. 따라서 3-피리딜기의 인돌 부분은 일반식 화합물의 작용에서 필수적인 것으로 볼 수 있으며, 종래기술과 구별되는 공통적인 구조이므로, 이 청구항은 단일성 요건에 부합한다.

사례 2

청구항: 아래 식으로 표시되는 화합물에 있어서,

상기 식에서, $50 \leq n \leq 100$이고, X는 아래 (I) 또는 (II)인, 화합물

분석: 명세서에서 상기 화합물은 공지된 폴리헥사메틸렌 테레프탈레이트의 말단기를 이용하여 에스테르화 반응을 거쳐 제조되었다고 기재되었다. (I)로 아스테르화될 때에는 내열분해 성능을 가지지만, (II)로 에스테르화될 때에는 "$CH_2=CH-$"가 존재하여 내열분해 성능이 없다. 따라서 이들은 공통된 성능이 없어 이 청구항은 단일성이 없다.

사례 3

청구항: 아래 식으로 표시되는 화합물을 활성성분으로 포함하며; m, n은 각각 1, 2 또는 3이고, X는 O 또는 S이며; R^3은 H는 H, C1~C8 알킬기이고; R'과 R^2는 각각 H, 할로겐 또는 $C_1~C_3$의 알킬기이며; Y는 H, 할로겐 또는 아민기이인, … 선충약 조성물.

분석: 상기 일반식으로 표시되는 모든 화합물은 공통적으로 살선충 작용을 가지고 있지만, 이들은 각각 5원환, 6원환 또는 7원환 화합물이고 상이한 유형의 헤테로고리 화합물이므로, 공통된 구조가 없다. 또한 종래기술에 따르면 이러한 화합물이 발명에 대해 동일하게 발현한다거나 서로 대체 가능하며 동일한 효과를 낸다는 것을 예측할 수 없다. 따라서 이 청구항은 단일성이 없다.

▮ 사례 4 ▮

청구항: 제초용 조성물에 있어서, 유효량의 화합물 A와 B의 혼합물과 희석제 또는 비활성 벡터를 포함하고; A는 2, 4-디클로로페녹시아세트산이고, B는 황산구리, 염화나트륨, 설파민산암모늄, 트리클로로아세트산 나트륨, 디클로로프로피오산, 3-아미노-2, 5-디클로로안식향산, 비페닐 아미드, 이옥시닐, 2-(1-메틸-n-프로필), 4, 6-디니트로페놀, 디나이트로아닐린, 트리아진으로부터 선택되는 화합물인, 조성물.

분석: 마쿠쉬 요소 B가 공통된 구조를 가지지 않고, 종래기술을 토대로 보면 마쿠쉬 요소 B의 각 화합물이 제초제 성분으로 이용될 때 서로 동일한 결과를 낼 것을 예측할 수 없다. 따라서 발명의 관련 기술에서도 동일 분류의 화합물에 속한다고 인정할 수 없으며, 아래와 같은 상이한 유형의 화합물에 해당한다:

a) 무기염: 황산구리, 염화나트륨, 설파민산암모늄; b) 유기염 또는 산: 트리클로로아세트산 나트륨, 디클로로프로피오산, 3-아미노-2, 5-디클로로안식향산; c) 아미드: 비페닐 아미드; d) 니트릴: 이옥시닐; e) 페놀: 2-(1-메틸-n-프로필), 4, 6-디니트로페놀; f) 아민: 디나이트로아닐린 g) 헤테로고리화합물: 트리아진

따라서 청구항은 단일성 요건에 부합하지 않는다.

▮ 사례 5 ▮

청구항: X 또는 X+A를 함유하는 알칼리 기상산화촉매

분석: 명세서에 따르면, X는 RCH_3을 RCH_2OH로 산화시키며 X+A는 RCH_3을 $RCOOH$로 산화시킨다. 이 두 촉매는 모두 RCH_3의 산화에 이용된다는 공통된 작용을 한다. X+A가 RCH_3를 더 완전히 산화시키기는 하나, 그 작용은 여전히 동일하다. 또한 이 두 촉매는 종래기술과 다르며 그 공통된 작용에 대해 필수적인 공통 성분 X를 가지므로, 이 청구항은 단일성

이 있다.

2) 중간체 및 최종 생성물의 단일성

a) 중간체와 최종 생성물 간에 다음 두 가지 요건을 모두 만족하면 단일성이 인정된다.

(a) 중간체 및 최종 생성물이 동일한 기본 구조요소를 가지고 있거나, 이들의 화학 구조가 기술적으로 밀접히 연관되며 중간체의 기본 구조요소가 최종 생성물에 포함될 것

(b) 최종 생성물이 중간체로부터 직접 제조되었거나, 중간체로부터 직접 분리될 것

b) 상이한 중간체로 동일한 최종 생성물을 생산하는 복수의 방법의 경우, 만약 상이한 중간체가 동일한 기본 구조요소를 가지면 단일성이 인정된다.

c) 동일한 최종 생성물의 서로 다른 구조부분에 이용되는 상이한 중간체는 단일성이 없다.

▌사례 1 ▌

청구항 제1항: 아래 식의 중간체.

청구항 제2항: 아래 식의 최종 생성물.

분석: 중간체와 최종 생성물의 화학적 구조가 기술적으로 밀접하게 연관되고, 중간체의 기본 구조요소가 최종 생성물에 포함되며, 중간체로부터 최종 생성물을 직접 생산할 수 있

다. 따라서 청구항 제1항과 제2항은 단일성 요건을 만족한다.

┃사례 2┃

청구항 제1항: 비정질 폴리이소프렌(중간체).
청구항 제2항: 결정형 폴리이소프렌(최종 생성물).
분석: 비정질 폴리이소프렌은 인장처리를 거친 후 직접 결정형 폴리이소프렌을 생성한다. 이들의 화학적 구조가 동일하므로 청구항 제1항과 제2항은 단일성 요건을 만족한다.

7. 마쿠쉬 청구항의 보정

청구항과 명세서의 보정에 대한 일반적인 규정 및 요건들에 대해서는 이 책 "제1부 심사절차/제2장 실질심사 절차/10. 보정" 부분을 참고할 수 있다. 본 절에서는 마쿠쉬 청구항 몇 가지 보정 방식에 대한 심사관의 심사 방식을 다룬다.

1) 청구항 자체의 삭제 또는 명세서에 명확히 기재된 범위로의 보정

최초 출원 명세서에 범위를 명확히 기재하였으므로, 이러한 보정은 허용되며, 전리법 제33조 규정에 부합한다.

2) 청구항 내 일반식 화합물의 각 치환기 중 하나 이상을 삭제하는 보정

마쿠쉬 청구항이 명세서에 의해 뒷받침되지 않는다는 등의 결함을 극복하기 위해, 출원인은 일반식 화합물의 각 치환기 중 하나 이상을 삭제할 수 있다. 이러한 삭제는 실질적으로 최초 출원 명세서에 기재된 여러 개의 병렬선택적인 기술방안 중 일부를 삭제하는 것으로서, 최초 출원 명세서에 기재되지 않은 새로운 내용이 추가되지 않으므로 허용되는 것이 원칙이다.

다만, 만약 이러한 삭제보정으로 인해 청구항 내의 일반식 화합물이 여러 개의 구체적 화합물에 상당하게 되고, 그러한 구체적 화합물 중 일부가 최초 출원 명세서에 명확히 기재되지 않은 경우라면, 그러한 보정은 허용되지 않는다. 예를 들어:

① 보정된 일반식 화합물에 변수가 하나뿐이고, 그 변수의 선택가능 항목이 모두 구체적인 치환기인 경우. (즉, 일반식 화합물은 상기 선택가능 항목에서 각 구체적 치환기를 선택하여 얻어지는 여러 개의 구체적 화합물에 상당하다)

② 보정된 일반식 화합물에 변수가 둘 뿐이고, 각 변수에 대한 선택가능 항목이 두 개뿐이며, 선택가능 항목이 구체적인 치환기인 경우. (즉, 일반식 화합물은 상기 치환기의

조합으로 얻어지는 네 가지 구체적 화합물에 상당하다)

이때 만약 이러한 구체적 화합물 중 하나 이상이 최초 출원 명세서에 명확하게 기재되지 않았다면, 이러한 보정은 허용되지 않는다.

┃사 례┃

청구항: 하기 식의 화합물로서,

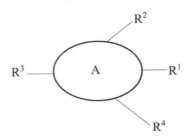

A 고리는 유기핵(구조식…)이고;

R'은 H, C1-4알킬기, NO₂, NH₂, COOH 중에서 선택되고;

R²는 H, C1-10알킬기, 푸란기, 피리딘기, 페닐기 중에서 선택되며;

R³은 H, C1-10알킬기, C1-4알콕시기, 포르밀기, 아세톡실기, NH₂, 벤질기 중에서 선택되며;

R⁴는 C1-4알킬기, C1-4알콕시기, NO₂, NH₂, COOH 중에서 선택되는 화합물.

심사관은 이 청구항이 명세서에 의해 뒷받침되지 않는다고 지적했고, 이에 대해 출원인은 청구항을 다음과 같이 보정했다.

보정된 청구항: 하기 식의 화합물로서, (구조식 생략)

R'은 H, C1-4알킬기, NO₂, NH₂ 또는 COOH 중에서 선택되고;

R²는 푸란기, 피리딘기, 페닐기 중에서 선택되며;

R³은 포르밀기, 아세톡실기, NH₂, 벤질기 중에서 선택되며;

R⁴는 C1-4알킬기, C1-4알콕시기, NO₂ 또는 NH₂ 중에서 선택되는 화합물.

분석: 출원인은 R'~R⁴ 중 일부 치환기를 삭제했다. 최초 출원 명세서에 이러한 치환기가 모두 명확히 기재되었으므로, 실제로 상호 간의 각 조합을 포함하고 있었다. 이러한 항목들의 삭제는 명세서에 의해 뒷받침되지 않는 항목을 삭제한 것일 뿐이므로, 최초 출원 명세서의 기재범위를 초과하지 않는 보정으로 인정될 수 있다. 전리법 제33조 규정에 부합하는 보정이다.

3) 구체적 포기 방식의 보정

구체적 포기 방식의 보정에 대한 일반 규정은 이 책 "제1부 심사절차/제2장 실질심사절차/10. 보정/6) 전형적인 보정 유형에 대한 심사례/(9) 구체적 포기"부분을 참고할 수 있다. 본 절에서의 "구체적 포기"란, 종래기술을 토대로 하여 마쿠쉬 청구항의 범위에서 최초 출원 명세서에 기재되지 않은 구체적 화합물 또는 어떤 종류의 화합물들을 포기하는 것을 의미한다. 일반적인 경우는 다음과 같다:

① 저촉 출원에 문제된 경우, 또는 종래기술로서의 인용문헌이 공개한 화합물과 출원 발명이 속하는 각 기술분야가 멀고 해결하고자 하는 기술적 과제가 완전히 다른 경우, 출원인이 저촉출원 또는 상기 인용문헌에서 공개된 화합물을 보정을 통해 "구체적으로 포기"하는 것이 허용된다.

만약 상기 인용문헌이 출원 발명의 진보성 대비문헌으로도 이용되는 경우라면, 심사관은 심사의견에서 이 인용문헌이 출원 발명의 신규성 및 진보성을 부정한다는 의견을 지적하면서, 이 경우 "구체적 포기" 방식의 보정은 허용되지 않아 전리법 제33조 규정에 반한다는 점을 함께 언급한다.

② 청구항에 존재하는 명백히 실시 불가능한 화합물을 포기하는 경우

2010년 〈전리심사지침〉 제2부 제8장 5.2.3.3절의 (3)에 따르면, "… 발명의 기술특징이 원래 수치범위의 일부분을 취할 때 발명이 실시 불가능해짐을 고려하여, 출원인이 구체적 포기의 방식으로 행하는 보정을 허용한다"고 되어 있다. 마쿠쉬 화합물의 치환기에 대해서도 이러한 방식으로 명백히 실시 불가능한 화합물을 배제시키는 보정이 인정된다.

┃사 례┃

청구항: 아래 식의 화합물로서,

A 고리는 유기핵(구조식······)이고; R은 C1-6알케닐기인, 화합물.
화학분야의 공지상식에 따르면, C1알케닐기는 존재하지 않는다. 즉, 이 청구항은 실제 존재하지 않아 실시가 불가능한 화합물을 포함하고 있다. 이에 따라 출원인 이 R에 대해 아래의 두 가지 방식으로 보정했다고 가정해 본다.
보정 방식 1: … ; R은 C2-6알케닐기인, 화합물.
보정 방식 2: … ; R은 C1-6알케닐기이나, C1알케닐기는 포함하지 않는, 화합물.

분석: 보정 방식 1의 적법성: 최초 출원 명세서에서 C2알케닐기를 끝점으로 하는 내용이 기재되지 않았고, 최초 출원 명세서 및 청구항의 기재 내용으로부터 직접적이고 아무런 의심 없이 상기 알케닐기의 시작점이 반드시 C2여야 함을 확정할 수도 없다. 따라서 보정 방식 1은 허용되지 않는다.

보정 방식 2의 적법성: "구체적 포기 방식"으로 명백히 존재하지 않는 화합물을 배제하는 이러한 보정 방식은 인정될 수 있다. 다만, 명백히 존재하지 않는 화합물(즉, R이 C1알키닐기일 때의 화합물)은 청구항의 보호범위에 실질적으로는 아무런 영향을 주지 못하므로, 심사관은 출원인에게 이에 대해 보정을 명하지 않을 수도 있다.

4) 실시례에 기재된 각 기단의 구체적인 선택항을 기초로 새로운 조합을 만드는 보정

만약 출원인이 보정을 하면서 실시례에서의 어느 하나의(또는 여러 개의) 치환기 선택항목을 다시 조합하였는데, 이렇게 하여 얻어지는 화합물 범위가 당업자의 입장에서 최초 출원 명세서에 기재된 내용으로부터 직접적이고 아무런 의심 없이 확정할 수 없는 경우라면, 이러한 보정은 최초 출원 명세서의 기재 범위를 벗어난 것으로서 허용되지 않는다.

8. 화합물 결정체

본 절에서의 축약어 XRPD는 "X-선 분말회절"을 의미하고; IR은 "적외선 스펙트럼"을, DSC는 "시차주사 열량측정법"을 의미하며, NMR은 "핵자기공명"을 의미한다.

1) 화합물 결정체 발명의 충분 공개

화합물의 새로운 결정형에 대한 발명의 출원 명세서에는 화합물 결정체의 확인 및 화합물 결정체의 제법을 기재해야 한다. 또한 이 새로운 결정형의 용도 또는 사용효과도 기재해야 한다.

(1) 화합물 결정체의 확인

화합물의 화학명칭 또는 구조식을 명세서에 기재함으로써 화합물의 화학적 구조를 설명해야 하고, 결정체를 한정할 다음과 같은 특징들 중 적어도 하나를 공개해야 한다: 결정치 단위격자 파라미터($a, b, c, \alpha, \beta, \gamma$)와 공간군, 결정체 XRPD 이미지(데이터) 또는 고상(solid-phase) NMR 이미지(데이터).

이 외에도 상기 파라미터에 대해, 만약 종래기술에 다른 결과를 내는 여러 종류의 측정 방법 또는 측정 조건이 존재하는 경우, 출원 발명에서 채용한 측정 방법 또는 측정

조건을 명세서에 구체적으로 설명해야 한다. 만약 특수한 측정 방법인 경우, 명세서에 상세한 설명을 더 부가하여 당업자가 그 방법을 실시할 수 있도록 해야 한다.

▌사례 1 ▌

HBV를 치료하는 아데닌 결정체에 관한 발명으로서, 명세서에서 단결정 X-선 회절을 통해 얻은 다음과 같은 결정계, 공간군, 단위격자 파라미터 및 단위격자 체적 등의 파라미터를 기재했다: 상기 결정체는 단사결정체로서, 공간군은 X, 단위격자 파라미터는 a=13.087(5)Å, α =90.00(2)°, b=24.698(8)Å, β=100.68(3)°, c=8.319(2)Å, γ=90.00(3)°, Z=4, 단위격자 체적은 2637.6(15)Å^a

---

▌사례 2 ▌

HBV를 치료하는 아데닌 결정체에 관한 발명으로서, 명세서에 단위격자 파라미터 및 공간군으로 그 결정 구조의 특징을 한정하지는 않았으나, 도면에서 상기 결정체의 XRPD 이미지, DSC 이미지 및 IR 이미지를 제시하면서, 명세서에서 이러한 도면에서의 대응되는 피크값 데이터를 설명했다.

분석: 위 두 사례에서는 화합물 결정체의 확인에 관하여 명세서에 충분히 공개한 것으로 인정될 수 있다.

---

(2) 화합물 결정체의 제조

명세서에는 적어도 하나의 결정체 제조방법 및 상세 조건을 기재해야 하고, 구체적인 조작 조건을 설명하는 적어도 하나의 제조방법 실시례를 제시해야 한다.

출원 명세서가 이 요건에 부합하지 않는 경우 심사관은 전리법 제26조 제3항 거절이유를 지적한다.

(3) 화합물 결정체의 용도 또는 사용 효과

명세서에는 화합물 결정체의 적어도 하나의 용도 또는 사용효과를 정성 또는 정량적으로 기재해야 한다.

다만, 이미 공지된 화합물의 새로운 결정형은 그 공지된 화합물 자체와 동일한 용도를 갖는 것이 일반적이다. 따라서 공지된 화합물의 어떠한 용도가 공지된 경우, 출원 명세서에 그 새로운 결정형의 용도에 대한 정성 또는 정량적 설명이 없더라도, 심사관은 전리법 제26조 제3항의 거절이유를 지적하지 않는다.

주의할 점으로, 만약 당업자의 입장에서 종래기술을 토대로 발명이 명세서에 기재된 용도 또는 사용효과를 실현할 수 있을 것이라고 예측할 수 없는 경우라면, 그 결정체가 상기 용도 또는 의도하는 효과를 실현할 수 있음을 입증하기에 충분하도록 명세서에 정성 또는 정량 실험 데이터를 기재해야 하고, 관련 실험 데이터의 측정 방법을 설명해야 한다.

┃사 례┃

청구항 제1항은 공지된 화합물의 새로운 결정형을 청구했고, 제2항은 상기 결정형이 당뇨병 치료약을 제조하는 데 이용되는 용도를 청구했다. 명세서에는 이 결정형의 확인 및 그 제조 방법을 충분히 공개하였으나, 이 결정형의 당뇨병 치료에 이용되는 정량 실험 데이터를 제시하지 않았다. 종래기술에서는 이 화합물이 항암 활성이 있음이 공개되었으나, 이 화합물이 당뇨병 치료에 이용될 수 있음은 공개된 바 없으며, 당업자도 종래기술을 토대로 이 화합물이 당뇨병 치료의 활성이 있음을 예측할 수 없었다.

분석: 종래기술을 토대로 당업자는 청구항 제1항 화합물의 새로운 결정형이 항암 활성이 있음을 확정할 수 있다. 따라서 명세서에 이 새로운 결정형이 항암 활성이 있다는 사실에 대한 정성 또는 정량적 설명이 있는지에 무관하게, 청구항 제1항에 대해서는 명세서에서 이미 충분히 공개한 것으로 인정된다.

청구항 제2항은 새로운 결정형이 당뇨병 치료약 제조에 이용되는 용도를 청구하고 있는데, 이러한 용도는 당업자가 종래기술 및 해당 기술분야의 일반적 지식을 토대로는 예측할 수 없으며, 명세서에서도 이 결정형이 당뇨병 치료에 이용되는 정량 실험 데이터를 제시하지 않았다. 따라서 청구항 제2항의 기술방안은 명세서에서 충분히 공개하지 않았으므로, 출원 명세서는 전리법 제26조 제3항의 거절이유를 갖는다.

---

2) 화합물 결정체 발명의 청구항

(1) 단일성

동일한 화합물의 여러 집합상태 또는 여러 결정체를 청구할 때, 심사관은 아래 원칙에 따라 심사한다:

(a) 만약 화합물 자체에 신규성 및 진보성이 있다면, 다른 형식의 집합상태 또는 결정체 간의 단일성이 인정된다.

(b) 만약 화합물 자체가 공지된 경우, 예를 들어, 종래기술에서 "비결정질 상태"(예: 오일상태 또는 무정형 고체상태)의 상기 화합물이 공개되었거나 상기 화합물의 한 가지 또는 여러 가지 결정체가 공개된 경우; 또는 만약 화합물 자체에 신규성은 있으나 진보성이 없는 경우에는 다른 형태의 집합상태 또는 여러 종류의 결정체 간의 단일성이 인정되지 않는다.

┃ 사 례 ┃

화합물 결정체의 발명의 청구항 1~3항에서 각각 "Ⅲ", "Ⅳ" 및 "Ⅴ"의 3가지 결정형의 화합물을 청구했다. 종래기술에서는 이 화합물의 "Ⅰ"과 "Ⅱ"형 결정체가 이미 공지되었다.

분석: 청구항 1~3 간에는 동일하거나 상응하는 특정한 기술특징이 없으므로 단일성이 없다.

(2) 청구항의 명확성

a) 특수한 청구항 작성 방식의 인정

일반적인 작성 규칙에 대한 예외로서, 화합물 결정체 발명에 대해서는 청구항에 도표 또는 "도…에서 도시하는 바와 같이"와 같은 표현을 사용함으로써, 결정체의 단위격자 파라미터와 공간체, 결정체 XRPD 또는 고상 NMR 등 파라미터를 청구항에 표현할 수 있다.

예를 들어, 아토르바스타틴칼슘 결정체 발명에 대해, 청구항에 "도 1에서 표시하는 X-선 분말회절 이미지를 갖춘, 아토르바스타틴칼슘 결정체"라고 작성할 수 있다.

b) 청구항의 명확성 문제

본 절의 8) (1) a)에서 언급한 바와 같이 명세서에서는 화합물 결정체의 구조를 반드시 기재해야 하며, 그렇지 않은 경우 전리법 제26조 제3항 규정에 부합하지 않는다. 명세서에 결정체의 구조적 특징을 기재한 경우에는, 화합물 결정체 청구항은 보통 2010년 〈전리심사지침〉 제2부 제2장 3.2.2절 규정에서 허용하는, 물리 화학적 파라미터 또는 방법특징을 이용하여 한정할 수 있는 청구항 유형에 해당하지 않는다. 다시 말해, 화합물 결정체 청구항에 화합물의 화학명칭 또는 구조식뿐만 아니라, 결정체를 한정할 다음 특징 중 적어도 하나를 더 기재해야 한다: 결정치 단위격자 파라미터($a, b, c, \alpha, \beta, \gamma$)와 공간군, 결정체 XRPD 이미지(데이터) 또는 고상 NMR 이미지(데이터).

청구항에 화합물 명칭 또는 화학 구조식이 아닌, 자모부호로 결정체 유형을 한정한 경우, 예를 들어, 로마 숫자 "Ⅰ", "Ⅱ"… 또는 영문 알파벳 "A", "B"… 또는 그리스어 "α", "β"… 로 결정체를 한정한 경우, 다결정체의 분류에 대한 국제 또는 국가 표준이 없기 때문에, 이러한 자모부호는 어떠한 기술적 의미를 갖지 못한다. 따라서 이 경우 문자부호만으로 한정한 결정체 구조는 확인이 불가능하여 청구항의 보호범위를 불명확하게 하므로, 전리법 제26조 제4항 규정에 반한다. 다만, 이러한 표현 방식으로 한정한 결정체가 출원일 이전에 공지되었거나, 관련 기술분야에서 보편적으로 받아들여져서 공인된 의미를 갖는 경우는 예외이다.

> **┃사 례┃**
>
> 청구항 제1항이 "Ⅰ형 아데포비르 디피복실 결정체" 또는 "아데포비르 디피복실 결정체로
> 서, A형인…"과 같은 표현 방식으로 기재되었다.
> 분석: 청구항 제1항의 보호범위가 불명확하여, 전리법 제26조 제4항 규정에 반한다. 청구
> 항 제1항은 화합물 명칭 또는 구조식이 아닌, 로마숫자 "Ⅰ"(또는 영문 알파벳 "A"…)만으
> 로 결정체를 한정했는데, 관련 분야에서는 다결정체의 분류에 대한 통일된 기준이 없으므
> 로, 상기 로마숫자 "Ⅰ"(또는 영문 알파벳 "A"…)는 어떠한 기술적 의미를 갖지 못한다. 따
> 라서 당업자가 구체적으로 어떠한 결정형이 청구항의 보호범위에 속하는지 확인하기 어렵
> 고, 당업자가 청구항 제1항을 토대로 청구항의 보호범위를 확정할 수 없어, 그 보호범위가
> 불명확하다. 이 경우 출원인은 명세서 내용을 토대로 청구항 제1항의 표현 방식을 보정해
> 야 하는데, 예를 들어 상술한 자모부호를 유지한 채로 결정체를 한정할 파라미터를 이용하
> 여 추가적으로 한정하거나, 또는 상술한 자모부호를 삭제하고 결정체의 파라미터 특징을
> 기재하여 청구항의 보호범위를 한정할 수 있다.

(3) 청구항이 명세서에 의해 뒷받침될 것

화학물 결정체 분야에 있어서, 어떠한 화합물이 결정형을 갖는지, 몇 가지의 결정형
을 갖는지, 그리고 어떠한 결정형이 존재하는지에 대한 예측이 어렵다. 따라서 새로운
결정형의 획득은 보통 실험 결과에 의존하여야만 확정이 가능하다. 따라서 명세서에
기재된 구체적인 결정체의 제조 실시례로부터 개괄하여 한정한 청구항에 대해, 출원인
이 추측한 내용까지 부적절하게 포함시킨 것으로 심사관이 의심할 만한 이유가 있는
경우, 즉 출원인이 실제로 제조하여 얻어 내지 않은 예측 불가능한 다른 결정형이 포함
된 경우라면, 이러한 청구항은 명세서의 공개 범위를 초과한 것으로서 명세서에 의해
뒷받침되지 않는다. 다시 말해서, 화합물 결정체 청구항은 일반적으로 출원인이 명세
서에 공개한 실제 제법으로 획득한 화합물 결정형에 한해서만 청구할 수 있다. 따라서
결정체 청구항에는 명세서의 관련 설명과 서로 일치하는 결정형 단위격자 파라미터와
공간군, 결정체 XRPD 또는 고상 NMR 파라미터를 기재함으로써, 결정체의 청구범위
를 적절히 한정해야 한다.

아래는, 결정체 관련 청구항이 전리법 제26조 제4항 규정에 반하는 몇 가지 상황이
다.

a) 화학적 구조가 아닌, 물질의 결정체 형태만으로 청구항을 한정한 경우

화학적 구조가 아닌, 물질의 결정체 형태만을 특징으로 하여 한정한 청구항의 보호범
위는, 단위격자 파라미터와 공간군, 결정체 XRPD 이미지나 고상 NMR 파라미터가 기재
되지 않아, 청구항의 보호범위가 과도하게 넓어져 명세서에 의해 뒷받침되지 못한다.

▌사 례 ▌

출원 발명은 X 화합물의 새로운 결정형에 대한 것으로서, 명세서의 실시례에서는 상기 화합물의 I형과 II형 결정체에 대한 구체적인 제법 실시례가 기재되었으며, 청구항은 "결정형의 X 화합물"이었다.

분석: 청구항 제1항은 명세서에 의해 뒷받침되지 않아 전리법 제26조 제4항 규정에 반한다. 청구항 제1항이 청구하는 것은 "결정형의 X 화합물"(또는 X 화합물의 결정형)인데, 이는 물질의 형태만을 특징으로 삼아 청구항을 비교적 넓게 개괄함으로써 여러 종류의 가능한 결정체를 포함시켰다. 화학물 결정체 분야에 있어서, 어떠한 화합물이 결정형을 갖는지, 몇 가지의 결정형을 갖는지, 그리고 어떠한 결정형이 존재하는지에 대한 예측이 어렵다. 따라서 새로운 결정형의 획득은 보통 실험 결과에 의존하여야만 확정이 가능하다. 청구항 제1항의 기술방안 중에는 명세서에서 공개하지 않은 다른 예상할 수 없는 결정체를 포함하여, 그 청구범위가 명세서의 공개 범위를 초과하였다. 출원인은 최초 출원 명세서에 공개된 내용을 토대로 청구항에 결정체 단위격자 파라미터와 공간군[또는 결정체 XRPD 데이터(이미지)나 고상 NMR 데이터(이미지)]을 기재함으로써, 청구항의 결정체를 명세서에서 공개하고 있는 실제 제조하여 획득한 화합물 결정형으로 한정해야 한다.

b) 청구항에 단위격자 파라미터와 공간군을 기재하지 않고, 결정체 XRPD 이미지 중 하나 또는 몇 개의 회절 피크로 결정체를 한정한 경우

청구항에 결정체의 단위격자 파라미터와 공간군을 기재하지 않고, 결정체의 XRPD 파라미터로 결정체를 한정한 경우, 그 기재된 결정체 XRPD 이미지 데이터는 명세서에서의 대응되는 설명과 일치해야 한다. XRPD 밴드의 상대적 강도에 영향을 미치는 요소는 밴드의 위치에 영향을 주는 요소보다 더 복잡하다. 특히 낮은 입사 각도의 X-선 밴드의 상대적 강도는 결정 성향, 입경 및 다른 측정 조건의 차이로 인한 우위 효과 때문에 변화할 수가 있다. 따라서 심사관은 청구항에 XRPD 회절 피크 강도를 기재하라는 요구를 하지 않을 수 있다. 그러나 XRPD 회절 피크의 위치는 반드시 청구항에 기재해야 한다. 만약 청구항에 기재된 회절 피크의 개수와 회절 피크 위치가 명세서에 기재된 설명과 일치하지 않는 경우, 예를 들어 명세서에 기재된 결정체 XRPD 이미지 중에서 하나 또는 일부 몇 개의 회절 피크만을 청구항에 기재했다면, 이 청구항은 명세서에 의해 뒷받침되지 않아 전리법 제26조 제4항 규정에 반한다.

▌사 례 ▌

출원 발명은 A 화합물 결정체에 대한 것으로서, 청구항 제1항은 "Cu-K α복사를 이용하여, 2θ 각도에서 나타나는 X-선 분말회절은 약 3.3±0.1에 회절 피크가 있는, A 화합물"로 기재

되었다.

명세서는 충분 공개 요건을 만족하였고, A 화합물 결정체에 관한 설명은 다음과 같았다: "본 발명은 A 화합물의 Ⅰ형 및 Ⅱ형의 새로운 결정 형태를 공개한다. Cu-K α복사를 이용하여, 2θ 각도에서 X-선 분말회절을 표시하면, Ⅰ형 결정 형태 화합물은 약 3.3 ± 0.1, 약 6.6 ± 0.1, 약 8.2 ± 0.1, 약 8.7 ± 0.1 및 약 20.2 ± 0.1에 회절 피크가 존재하고, 이는 도 1이 도시하는 바와 같다. 또한 Ⅱ형 결정 형태 화합물은 약 3.31 ± 0.1, 약 7.9 ± 0.1, 약 10.15 ± 0.1, 약 11.7 ± 0.1 및 약 24.7 ± 0.1에 회절 피크가 존재하고, 이는 도 2가 도시하는 바와 같다."

분석: 청구항 제1항은 XRPD 회절 피크를 이용하여 A 화합물 결정체를 한정했으나, 명세서에 의해 뒷받침되지 않아 전리법 제26조 제4항 규정에 반한다. 화합물 결정체 분야에서, 어떠한 화합물이 결정형을 갖는지, 몇 가지의 결정형을 갖는지, 그리고 어떠한 결정형이 존재하는지에 대한 예측이 어렵다. 따라서 화합물 결정체 발명이나 그 제조 방법은 예측 불가능성이 있어, 새로운 결정형의 획득은 보통 실험 결과에 의존하여 확정될 필요가 있다. 화학적 구조가 비교적 복잡한 화합물 결정의 XRPD는 많은 피크가 존재하는데, 청구항에 XRPD 중 하나 또는 일부 몇 개의 회절 피크만을 이용하여 화합물 결정체를 한정하면 이러한 피크로 한정된 결정체가 출원인이 실제로 제작하여 얻어낸 결정인지 확정할 수가 없고, 명세서에 공개하지 않은 다른 형태의 결정도 포함할 수 있다. 다시 말해, 화합물은 다결정 현상이 존재할 수 있고, 이에 더하여 화합물 결정형 획득의 예측 불가능성과 불확정성으로 인해, 당업자는 명세서에 공개된 특정의 결정형을 청구항 제1항에서 한 개의 XRPD 피크만으로 한정하여 포함된 여러 종류의 결정 형태로 개괄할 수 없으며, 이러한 개괄은 명세서의 공개 범위를 초과한 것이다. 따라서 청구항 제1항은 명세서에 의해 뒷받침되지 못하여, 전리법 제26조 제4항 규정에 반한다.

c) 청구항에 "또는"을 이용하여 '단위격자 및 공간군'과 'XRPD 이미지 중 하나 또는 몇 개의 회절 피크'를 병렬적으로 기재한 경우

청구항에 "또는"을 이용하여 '단위격자 및 공간군'과 'XRPD 이미지 중 하나 또는 몇 개의 회절 피크'를 병렬적으로 기재하였고, 이 중에서 청구항에 기재된 단위격자 파라미터와 공간군은 명세서의 설명과 일치하나, XRPD 이미지는 명세서의 설명과 일치하지 않는 경우가 문제된다. 이 경우, 단위격자 파라미터와 공간군으로 결정체를 한정한 청구범위와 하나 또는 몇 개의 XRPD 회절피크로 한정한 청구범위가 달라지게 된다. 즉, 하나의 청구항에 상·하위 개념에 속하는 두 가지 청구범위가 나타나게 된다. 이 경우 심사관은 청구항의 보호범위가 불명확하다는 전리법 제26조 제4항(후단)의 거절 이유를 지적한다. 뿐만 아니라, 명세서에 공개한 XRPD 이미지 중의 하나 또는 몇 개의 회절 피크로 한정한 결정체의 보호범위는 명세서에 의해 뒷받침되지 않는다는 전리법 제26조 제4항(전단)의 거절이유도 함께 지적한다.

> **▌사 례 ▌**
>
> 청구항 제1항: 결정체의 단위격자 파라미터는 $\alpha=\beta=\gamma=90°$, a=18.9601Å, b=16.4263Å, c=23.5876Å이고, 공간군은 X; 또는
> Cu-K α복사를 이용하여, 2θ 각도에서 나타나는 X-선 분말회절은 약 3.3±0.1에 회절 피크가 있는, A 화합물 결정형.

명세서에는 상기 화합물의 Ⅰ형과 Ⅱ형의 두 가지 결정형을 공개하면서, 각각의 단위격자 파라미터와 공간군을 기재했는데, 그중 결정형 Ⅰ의 단위격자 파라미터와 공간군은 청구항 제1항에 한정한 내용과 완전히 일치한다. 한편, 명세서 기재 내용에 따르면, Cu-K α복사를 이용하여, 2θ 각도에서 나타나는 X-선 분말회절을 공개하였는데, Ⅰ 결정형 화합물은 약 3.3±0.1, 약 6.6±0.1, 약 8.2±0.1, 약 8.7±0.1 및 약 20.2±0.1에 회절 피크가 존재하고, 도 1에서도 이를 도시했다. 또한 Ⅱ형 결정 형태 화합물은 약 3.3±0.1, 약 7.9±0.1, 약 10.15±0.1, 약 11.7±0.1 및 약 24.7±0.1에 회절 피크가 존재하고, 이는 도 2에서도 이를 도시했다.

이런 경우 심사관은 다음과 같은 내용으로 거절이유를 지적한다:

"청구항 제1항은 "또는"을 이용하여 '단위격자 및 공간군'과 'XRPD 이미지 중 하나 또는 몇 개의 회절 피크'를 병렬적으로 한정했다. 그러나 이러한 한정으로 인해 결정체의 보호범위가 동일하지 않고 상·하위 개념에 속하게 되어 전리법 제26조 제4항의 규정에 반한다. 구체적 근거는 다음과 같다: 명세서의 … 쪽 … 줄의 기재에 따르면, 청구항 제1항에 기재된 단위격자 파라미터와 공간군은 명세서에서 공개한 Ⅰ형(또는 … 형) 결정 형태 화합물의 단위격자 파라미터 및 공간군과 완전히 일치한다. 따라서 청구항 제1항에서 단위격자 파라미터와 공간군으로 한정한 결정체의 보호범위는 Ⅰ형(또는 … 형)의 화합물이다;

한편, 명세서의 … 쪽… 줄의 기재에 따르면, Ⅰ형 결정과 Ⅱ형 결정은 모두 약 3.3±0.1 지점에서 회절 피크가 존재한다. 청구항 제1항에서는 이 회절 피크 하나만 사용하여 한정한 결정체가 Ⅰ형 결정과 Ⅱ형 결정을 포함시켰는데, 이는 본 발명에서 제조하여 획득하지 않은 예측 불가능한 다른 결정을 더 포함할 수도 있다. (심사관은 이 부분에서 다음과 같은 근거를 제시할 수도 있다: 명세서의 … 쪽 … 줄의 기재에 따르면, Ⅰ형(또는 … 형) 결정의 XRPD 이미지에 다수 개의 XRPD 회절 피크가 존재하나, 청구항 제1항에는 하나 또는 일부 몇 개의 XRPD 회절 피크만으로 한정했다. 이렇게 한정된 결정체는 Ⅰ형(또는 … 형) 결정체뿐만 아니라, 본 발명에서 제작하여 얻어내지 못한 다른 예측 불가능한 결정체도 포함할 수 있다). 이렇게 되면, 청구항 제1항에서 단위격자 파라미터와 공간군으로 한정한 결정체의 청구범위와 하나의(또는 일부 몇 개의) XRPD 회절 피크로 한정한 결정체의 청구범위가 다르게 된다.

즉, 청구항 하나에 상·하위 개념에 해당하는 두 개의 청구범위가 존재하게 되어, 청구항 제1항은 전리법 제26조 제4항 규정에 반한다.

그 외에 출원인이 주의할 사항으로서, 청구항 제1항에 XRPD 이미지에서 하나의(또는 일부 몇 개의) 회절 피크만으로 화합물 결정체를 한정하였는데, 이는 Ⅰ형(또는 … 형) 결정체뿐만 아니라, 본 발명에서 제작하여 얻어 내지 못한 다른 예측 불가능한 결정체도 포함할 수 있다. 당업자는 명세서에 공개된 특정의 결정형을 청구항 제1항에서 한 개의(또는 일부 몇 개의) XRPD 피크만으로 한정하여 포함된 여러 종류의 결정 형태로 개괄할 수 없을 것이다. 즉, 한 개의(또는 일부 몇 개의) XRPD 피크로 한정된 청구항 제1항 결정체의 청구범위는 명세서의 공개 범위를 초과한 것으로서 명세서에 의해 뒷받침되지 않는다."

이 경우 출원인은 청구항 제1항에 기재한 결정체의 XRPD 파라미터를 삭제하는 보정을 하거나, 청구항 제1항의 "또는"을 "및"으로 보정할 수 있다. 또한 청구항 제1항에 명세서 내용과 일치된 결정형 Ⅰ의 XRPD 파라미터를 기재할 수도 있다.

3) 화합물 결정체 발명의 신규성

만약 인용문헌에 공개된 결정체와 청구 발명의 결정체의 단위격자 간 차이가 1% 이내인 경우, 심사관은 이들 단위격자 파라미터가 서로 동일하거나 기본적으로 동일한 것으로 추정하며, 이를 근거로 청구 발명의 결정체가 신규성이 없다는 심사의견을 지적할 수 있다.

XRPD 추정치가 허용 오차 범위 내인 경우에도, 동일하거나 기본적으로 동일한 것으로 추정하여 이를 근거로 신규성 거절이유를 지적할 수 있다. 만약 연속된 XRPD분석에서 동일한 측정기로 한 가지 종류의 화합물의 XRPD 스팩트럼을 측정했다면, XRPD 피크 위치의 오차는 주로 샘플 제작 과정의 차이나 샘플 자체 순도의 차이에서 기인한 것이다. 주어진 위치(예를 들어 2θ, 약 6.9)에서 단독의 XRPD 좁은 폭 피크를 검측했다면 이는 그 피크가 6.9±0.1에 위치함을 의미하고, XRPD 넓은 폭 피크를 검측했다면 이는 그 피크가 6.9±0.3에 위치함을 의미한다.

(1) 인용문헌에 공개된 물질과 출원 발명의 결정체의 직접 비교가 가능한 경우

(a) 인용문헌에서 출원 발명과 동일한 화합물에 대한 결정체를 공개하였는데, 그 단위격자 파라미터와 공간군, XRPD 또는 고상 NMR 등이 적어도 출원 발명과 같은 종류의 결정체의 파라미터임을 공개했으며, 인용문헌에서의 파라미터 측정방법 또는 조건이 출원 발명에서 같은 종류의 파라미터 특정방법 또는 조건과 서로 같은 경우, 심사관은 인용문헌이 공개한 결정체를 출원 발명의 결정체와 직접 비교할 수 있다. 만약 당업자의 입장에서 인용문헌에 공개된 결정체 파라미터와 출원 발명의 결정체 파라미터가

서로 동일하거나 기본적으로 동일하다고 판단할 수 있는 경우라면, 그 인용문헌으로 인해 출원 발명의 결정체는 신규성이 부정된다. 반대로, 만약 인용문헌의 데이터와 출원 발명의 결정체 데이터에 비교적 큰 차이가 있거나 오차범위를 명확히 초과하는 경우라면, 그 인용문헌은 출원 발명의 신규성을 부정할 수 없다.

한편, 심사관은 출원 발명과 인용문헌 간의 결정체 XRPD 데이터(이미지)를 대비할 때, 아래 사항을 염두에 두며 신규성 심사를 진행한다.

① 피크의 위치가 피크의 강도에 비해 더 중시된다. 회절 이미지에서의 피크 위치와 피크 강도에 모두 오차가 있을 수 있다. 그러나 강도에 영향을 미치는 요인이 위치에 영향을 미치는 요인보다 훨씬 복잡하기 때문에, 결정체 XRPD 데이터(이미지)의 대비 과정에서, 심사관은 피크의 강도는 부차적 지표로 취급하고, 피크의 위치 데이터의 매칭 여부를 더 중시한다.

② 낮은 2θ 각도선이 높은 2θ 각도선에 비해 더 중시된다. 상이한 결정체의 경우 낮은 각도선의 결정면 간 거리 d값은 크고, 서로 일치될 가능성이 적으나, 높은 각도선의 결정면 간 거리 d값은 작고, 서로 근접할 가능성이 많기 때문이다.

┃ 사례 1 ┃

출원 발명은 A 화합물 결정체에 대한 것으로서, 청구항 제1항은, "단위격자 파라미터 a=18.75~18.85Å, b=5.52~5.54Å, c=30.9~31.15Å, β=96.5°~97.5°이고, 공간군은 X인, A 화합물 결정체"이다. 명세서에서는 이 결정체의 XRPD 또는 고상 NMR 파라미터를 공개하지 않았다.

인용문헌 1은 동일한 화합물에 대한 결정체를 공개했고, 그 단위격자 파라미터는 a=18.59~18.70Å, b=5.525~5.54Å, c=30.77~31.05Å, β=96.5°~97.5°이고, 공간군은 X이다. 인용문헌에서는 결정체의 XRPD데이터, 고상NMR 등의 데이터도 공개했다.

분석: 인용문헌 1에 공개된 단위격자 파라미터와 청구항 제1항의 단위격자 파라미터가 기본적으로 동일하고, 이들의 공간군도 동일하다. 따라서 심사관은 인용문헌 1에 공개된 결정체와 청구항 제1항의 결정체가 동일한 것으로 판단한다. 즉, 이들의 화학적 구조가 같고, 결정체 구조도 같으므로, 청구항 제1항의 결정체는 신규성이 없다.

┃ 사례 2 ┃

출원 발명은 A 화합물 결정체에 대한 것으로서, 청구항 제1항은, "Cu-K α복사를 이용하여, 2θ 각도에서 나타나는 X-선 분말회절 스펙트럼은 약 9.6, 약 18.3, 약 22.0 및 약 32.8에 피크가 존재하고, 약 73℃에 DSC 흡열변화가 있는, A 화합물 결정체"이다.

인용문헌 1에서는 동일한 화합물에 대한 결정체를 공개했는데, Cu-K α복사를 이용하여, 2θ

각도에서 나타나는 X-선 분말회절 스팩트럼은 약 9.5, 약 18.3, 약 22.1 및 약 32.7에 피크가 존재한다는 점과 결정체의 DSC 값이 약 72.5℃라는 점이 공개되었다.

분석: 청구항 제1항의 결정체와 인용문헌 1의 결정체의 화학적 구조가 같고, XRPD 데이터도 동일하다. 따라서 심사관은 청구항 제1항의 결정체가 인용문헌 1에 공개된 결정체와 동일하다고 판단할 수 있다. 청구항 제1항의 결정체는 신규성이 없다.

▌ 사례 3 ▌

출원 발명은 A 화합물 결정체에 대한 것으로서, 명세서에서는 이 결정체의 단위격자 파라미터로, "a=18.75~18.85Å, b=5.52~5.54Å, c=30.9~31.15Å, β=96.5°~97.5°이고, 공간군은 X"라고 제시했고, 결정체의 XRPD 데이터도 공개했다. 청구항 제1항에서는 XRPD 데이터를 명세서 기재와 일치하게 기재하여 보호범위를 한정했다.

인용문헌 1은 동일한 화합물에 대한 결정체를 공개했는데, 결정체의 XRPD 데이터를 제시하지는 않았다. 다만, 그 단위격자 파라미터가 a=18.59~18.70Å, b=5.525~5.54Å, c=30.77~31.05Å, β=96.5°~97.5°이고, 공간군은 X라고 공개되어 있었다.

분석: 인용문헌 1에 공개된 단위격자 파라미터와 공간군은 청구항 제1항의 결정체 XRPD 데이터와 직접적으로 비교가 되지는 않는다. 그러나 심사관은 인용문헌 1에 공개된 단위격자 파라미터와 공간군을 출원 명세서에 기재된 단위격자 파라미터와 공간군과 비교할 수 있다. 인용문헌 1과 출원 발명의 단위격자 파라미터의 데이터가 기본적으로 동일하고, 공간군도 같다. 결국 청구항 제1항의 결정체와 인용문헌 1에 공개된 결정체는 동일하므로, 청구항 제1항의 결정체는 신규성이 없다.

(b) 화학적 구조가 아닌 물질의 결정체 형태만을 특징으로 하여 청구범위를 한정한 화합물 결정체 청구항[본 절 8)의 (2)의 c) 참조]에 대해, 만약 인용문헌에서 발명과 동일한 화합물의 하나 이상의 결정체를 공개한 경우, 인용문헌에 공개된 결정체는 상기 화합물 결정체 청구항의 청구범위에 속한다. 다시 말해 인용문헌으로 인해 상기 결정체 청구항의 신규성이 부정된다.

(2) 인용문헌에 공개된 물질과 출원 발명의 결정체의 직접 비교가 불가능한 경우

이하 세 가지 상황에 해당한다 하더라도, 심사관은 인용문헌에 공개된 물질이 출원 발명의 결정체와 동일한 것으로 '추정'해 버린다. 즉, 출원 발명의 결정체가 신규성이 없는 것으로 일단 추정된다.

a) 인용문헌에서 고체상태 화합물에 대한 어떠한 결정체 특징 파라미터도 공개하지 않은 경우

인용문헌에 고체상태 화합물을 공개했는데, 그 화학적 구조는 출원 발명의 결정체 화학적 구조와 동일하나, 인용문헌에서 결정체 특징 파라미터를 제시하지도 않았고,

이 고체 화합물이 비결정형이라고 명시하지도 않았으며, 그 제조방법만 공개했을 뿐이다(간혹 용융점 등과 같은 파라미터를 더 공개하기도 한다). 이러한 경우, 당업자는 인용문헌에 공개된 정보를 토대로 청구 발명의 결정체와 인용문헌의 물질을 직접적으로 구분해 낼 수 없다. 이 때 심사관은 청구항의 결정체와 인용문헌에 공개된 물질이 동일한 것으로 추정하여, 신규성 거절이유를 지적한다.

같은 상황에서, 만약 청구항이 화학적 구조가 아닌 물질의 결정체 형태만을 특징으로 하는 화합물 결정체 청구항[본 절 8)의 (2)의 c) 참조]인 경우, 심사관은 인용문헌에 공개된 고체상태 화합물이 결정형태를 띠는지 확정할 수 없다. 따라서 이때에도 심사관은 청구항이 신규성이 없는 것으로 추정한다.

b) 인용문헌에서의 결정체 파라미터의 측정방법 또는 측정조건이 출원 발명과 다른 경우

인용문헌에서 출원 발명과 동일한 화합물의 결정체를 공개하면서, 출원 발명과 동일한 유형의 결정체 파라미터를 하나 이상 공개했으나, 인용문헌에서의 파라미터 측정방법 또는 측정조건이 출원 발명과 다른 경우이다. 이 경우, 측정방법 또는 측정조건의 차이로 인해 인용문헌의 데이터를 출원 발명의 결정체 데이터와 직접적으로 비교할 수 없으므로, 심사관은 출원 발명의 결정체와 인용문헌의 결정체를 직접적으로 구분할 수가 없다. 이때 심사관은 출원 발명의 결정체가 인용문헌의 결정체와 동일하여 신규성이 없다는 거절이유를 지적한다.

c) 인용문헌에 공개된 결정체의 특징 파라미터의 종류가 본 출원과 다른 경우

인용문헌에서 출원 발명과 동일한 화합물의 결정체를 공개하였으나, 공개된 결정체 특징 파라미터의 종류가 출원 발명과 다른 경우이다. 예를 들어, 출원 발명에서는 결정체의 단위격자 파라미터와 공간군을 공개했으나, 인용문헌에서는 동일한 화합물 결정체의 XRPD 데이터, 또는 IR, DSC, 고상 NMR 파라미터를 공개하면서, 그 단위격자 파라미터와 공간군은 공개하지 않은 경우; 또는 반대로, 출원 발명에서는 결정체의 XRPD 또는 고상 NMR 파라미터를 공개하였으나, 인용문헌에서는 동일한 화합물 결정체의 단위격자 파라미터와 공간군을 공개하면서, 그 XRPD 또는 고상 NMR 파라미터는 공개하지 않은 경우이다. 이때 심사관은 청구 발명의 결정체와 인용문헌의 결정체를 직접적으로 구분할 수 없어, 출원 발명의 결정체가 인용문헌의 결정체와 동일하다고 추정하여 신규성 거절이유를 지적한다.

출원 발명에 신규성이 없는 것으로 추정된 위 세 가지 상황에서, 만약 출원인이 출원 발명의 결정체가 인용문헌에 공개된 물질과 확실히 다름을 증거로써 입증할 수 있다면, 예를 들어, 인용문헌에 기재된 방법으로 제조해 낸 고체상태의 화합물이 비결정형이라거나, 또는 동일한 측정조건에서 인용문헌의 결정체 파라미터와 출원 발명의 동종

형태의 결정체 특징 파라미터가 다르다는 등의 사실을 출원인이 증거로써 입증한 경우, 심사관은 출원 발명의 결정체에 대한 신규성을 인정한다.

9. 화합물 제조방법의 충분공개

화합물의 제조방법 발명에서, 그 산물이 방법 청구항의 기술특징의 일부인 경우, 산물에 대한 충분공개는 방법에 대한 충분공개의 전제조건이다.

① 산물이 새로운 화합물인 경우, 청구범위에서 이 화합물도 함께 청구했는지 여부와 상관 없이, 산물인 화합물을 명세서에 공개해야 하고, 그 공개는 이 부 제1장 2.에서의 화합물 충분공개의 요구사항을 만족해야 한다.

② 산물이 이미 공지된 화합물인 경우, 만약 당업자의 입장에서 명세서 기재 내용 또는 이론적 추측을 토대로 판단할 때, 상기 방법으로 제조한 산물이 목표 화합물인지 확정하기 어렵다면, 산물(즉, 목표 화합물)의 확인에 필요한 데이터를 명세서에 기재해야 한다.

‖ 제2장 의약3) 발명에 대한 심사 ‖

1. 효과실험 데이터

의약 발명이 해결하고자 하는 기술적 과제를 해결하여 의도하는 기술적 효과를 내는지는 실험 결과를 토대로 실증될 필요가 있다. 이에 대해 2010년 〈전리심사지침〉 제2부 제2장 2.1.3절의 (5)에서도 "명세서에 구체적인 기술방안을 기재하였으나, 실험 증거를 기재하지 않았으며, 그 방안은 실험 결과를 근거로 입증되어야만 성립되는 경우, 예를 들어, 공지된 화합물의 새로운 용도발명에서 명세서에 실험 증거를 기재하여 그 용도 및 효과를 입증해야 하는 것이 원칙이며, 그렇지 않으면 (당업자) 실현 가능성의 (명세서 기재) 요건을 충족할 수 없다"라고 규정한다. 따라서 당업자가 종래기술을 토대

---

3) 본 절에서의 '의약'은 '양약'의 의미로 사용하기로 한다. 《審査操作規程·实质審査分册》에서는 한국의 '한약(韓藥)'과 같은 전통 의약인 '중약(中藥)' 발명의 심사에 대해 별도로 규정하는 절이 있으나, 본 절에는 그 내용을 담지 않았다.

로 발명이 달성하고자 하는 의약용도, 약리작용을 예측할 수 없는 경우라면, 명세서에 발명이 실현하는 용도 또는 의도하는 기술적 효과를 충분히 입증할 실험실 실험(동물실험 포함)이나 임상 실험의 정성 또는 정량 데이터를 기재해야 한다.

1) 효과실험에 대한 요구사항

명세서 충분공개 요건(전리법 제26조 제3항) 규정에 부합하기 위해, 용도 또는 효과실험에 적용한 구체적 물질, 실험 방법, 실험 결과 및 실험결과와 용도 또는 효과 간의 대응관계를 명확히 설명해야 한다.

(1) 실험에 적용한 구체적 물질

실험에 사용한 구체적 화합물, 의약 조성물, 제제실험샘플 등을 명세서에 명확하게 기술해야 한다. 만약 명세서에 "본 발명 화합물", "본 발명은 식(Ⅰ)화합물의 약물 조성물을 포함한다"는 식으로, 사용한 샘플이나 비특정 약물을 모호하게 설명하면, 실험에 구체적으로 어떠한 샘플을 적용한 것인지 명확히 설명한 것이 아니어서, 실험 결과가 어떠한 샘플로부터 도출되는 것인지 알 수 없으므로, 전리법 제26조 제3항의 명세서 충분공개 요건에 반한다.

만약 명세서에 실험에 적용한 물질을 "바람직한 화합물", "제조예의 화합물/약물", "대표적 제제" 등과 같이 기재했더라도, 명세서의 다른 부분에서 이들의 구체적 화합물을 명확히 기재했다면, 실험에 사용한 구체적 물질을 명확히 공개한 것으로 인정된다.

(2) 실험 방법

용도 또는 효과 실험은 임상실험 또는 실험실 실험일 수 있다. 예를 들어, 동물 모델 또는 체외 생물조직을 이용하여 실험할 수도 있고, 세포나 분자수준의 실험일 수도 있다. 실험의 종류, 수준 및 규모에 대해서는 특별하게 요구하지 않는다.

어떠한 실험을 수행하든, 명세서에는 구체적인 실험 단계와 조건을 기재해야 하고, 필요한 경우에는 실험 장치도 설명해야 한다.

(3) 실험 결과

명세서에는 보통 정량 데이터로 실험 결과를 설명한다. 만약 실험 방법으로 정량 데이터를 얻을 수 없거나 관측 대상의 성질상 정량 데이터로 설명하기 부적합한 경우에는, 정성 데이터로 실험 결과를 설명하는 것이 허용된다(예: 환자의 어떠한 임상징후의 변화에 대한 의사의 정성적 설명).

정량 데이터로 실험 결과를 설명할 때, 예를 들어 "…의 X효과 지표는 … 값보다 낮다", "… 의 세균억제 유효농도는 … 값보다 낮다", 또는 "…의 IC50값은 … 값 내지 … 값의 범위 내이다"와 같은 식의 표현들이 모두 인정된다.

(4) 실험결과와 용도 또는 효과 간의 대응관계

만약 실험효과가 발명이 의도하는 용도 또는 효과를 직접적으로 입증할 수 없는 경우에는, 명세서에 상기 실험결과와 발명이 의도하는 의약용도 또는 기술적 효과 간의 대응관계를 입증할 증거를 추가로 제공하거나 설명해야 한다.

▌사례 1▐

청구항: 질병 D를 치료 또는 예방하는 약물 제조에 이용되는 화합물 A의 응용

공지된 약물화합물 A의 질병 D에 대한 치료효과실험 및 그 결과에 관한 명세서의 설명은 다음과 같았다: "성인 환자를 대상으로 화합물 A의 질병 D에 대한 효과를 연구했다. 약 6주간 환자에게 화합물 A를 하루에 300밀리그램을 복용시켰다. Hamilton의 질병 D(HAM-D) 평가척도(M. Hamilton이 J. Neurol. Neurosurg. Psychiat., 1960, 23, 56-62에서 정의됨) 상의 수치 및 측정값이 확실히 낮아진 사실 및 수집된 임상 이미지와 환자에 대한 전체 이미지를 통해, 환자의 질병 D가 개선되었음을 측정해 냈다."

분석: 출원 명세서에는 HAM-D 평가방법으로 질병 D에 대한 화합물 A의 치료 활성을 실험으로 검증했다. 상기 실험방법을 토대로 하여 평가지수의 구체적 수치 및 측량값으로 HAM-D 평가방법의 실험 결과를 설명해야 한다. 명세서에 "질병 D가 개선되었음을 측정해 냈다"라고 기재하기는 했지만, 평가 지표를 나타내는 어떠한 구체적인 수치나 측량값이 제시되지 않았다. 따라서 실험 데이터에 대한 명세서의 기재가 완전하지 못하다.

▌사례 2▐

청구항: 활성성분으로 A를 포함하는, … 구토억제 화합물.

명세서에는 성분 A의 유효량, 투약방법 및 조성물의 제조방법을 상세히 기재했으나, 약리 실험방법 및 약리 데이터에 대한 기재가 없었다.

분석: 출원 발명은 활성성분 A를 포함하는 구토억제 화합물로서, 명세서에 약리 실험방법 및 약리 데이터에 대한 기재가 없고, 출원 당시의 기술수준 및 명세서의 관련 의약품의 작용에 대한 설명을 토대로 당업자가 상기 조성물이 구토억제 효과가 있음을 추측할 수 없으므로, 명세서는 충분공개 요건을 결여했다.

▌사례 3▐

청구 발명은 새로운 일반식 화합물 및 그 제약 용도에 대한 것으로서, nGluR5 수용체 매개 질병, 예를 들어 신경장애, 정신장애 및 급·만성 통증을 치료하는 데 이용된다. 명세서에 화합물의 제조방법과 약리 실험방법을 공개하였고, 실험결과로 다음과 같이 기재되었다: "상기 실험방법으로 특정한 결과, 본 발명 화합물의 IC50값은 10μM 이하이다. 본 발명은 바람직하게는 IC50값이 2μM 미만이고, 더욱 바람직하게는 IC50값이 0.2μM 미만이며, 가

장 바람직하게는 IC50값이 0.05μM 미만이다."

분석: 일반식 화합물을 청구하였는데, 이에는 수많은 구체적 화합물이 포함된다. 명세서에는 그 중 어떠한 구체적 화합물의 제조방법과 확인 데이터 및 화합물이 상기 용도를 갖는다는 것을 증명할 실험방법을 제시하였지만, 구체적으로 어떠한 화합물을 이용하여 상기 실험이 이루어졌는지에 대한 기재가 명확하지 않아, 당업자는 청구한 화합물이 발명의 효과와 용도를 달성할 수 있을지 확정할 수가 없다. 따라서 출원 명세서는 충분공개 요건에 부합하지 않는다.

▌ 사례 4 ▌

청구항: 식(Ⅰ)(구조식…)을 포함하는 포스포디에스테라아제 Ⅴ 억제제와 a) 적어도 하나의 항혈전형성제, 또는 b) 적어도 하나의 칼슘길항제, 또는 c) 적어도 하나의 프로스타글란딘 또는 프로스타글란딘 유도체를 포함하는, 약물제제.

명세서에는 종래기술로 이미 공지된 식(Ⅰ) 화합물이 포스포디에스테라아제 Ⅴ 억제활성이 있고, 본 발명의 제제는 말초혈관질환, 중풍, 기관지염, 천식, 녹내장, 종양, 신기능부전, 간경화 등을 보다 효과적으로 치료하거나 예방할 수 있다고 기재되었다. 명세서에는 상기 약물제제의 제법 실시례도 기재되었으나, 구체적인 약물제제를 이용하여 상기 질병 모델 또는 관련 실험 방법에 대해 실험한 실험데이터를 제시하지 않았다.

분석: 식(Ⅰ) 화합물이 Ⅴ형 포스포디에스테라아제 억제활성이 있다는 점, Ⅴ형 포스포디에스테라아제 활성과 말초혈관질환, 중풍, 기관지염, 천식, 녹내장, 종양, 신기능부전, 간경화 등의 질병과 관련된다는 점은 종래기술에서 공개된 사실이다. 그러나 출원 명세서에서는 실험예를 통해 약물제제가 상기 질병 모델이나 관련 실험방법에 대해 실험한 실험데이터를 제시하지 않았고, 이에 따라 당업자의 입장에서 약물제제가 보다 효과적으로 상기 치료 용도를 달성할 수 있을지 예측할 수 없다. 따라서 명세서는 충분공개 요건을 만족하지 않는다.

▌ 사례 5 ▌

청구항: iNOS 효소활성과 관련된 안과질환을 예방 및 치료하는 약물을 제조하는 용도에 이용되되, 상기 질병은 녹내장, 망막염, 망막국소빈혈에 관련된 질환 또는 오모크롬층염인, 식(Ⅰ)(구조식…) 화합물.

출원 발명은 새로운 화합물 및 안과질환의 치료 또는 예방 용도에 관한 것이다. 명세서의 약리실험 부분에서 효소활성 실험데이터를 제시했으나, 상기 구체적인 증상 적응 실험에 대해서는 실험 모델의 제작방법과 실험 단계만을 설명할 뿐이었고, 치료에 관련된 어떠한 실험 데이터도 제시하지 않았다.

분석: 출원 명세서에 기재된 내용만으로는 상기 화합물에 iNOS 효소활성에 대한 억제작용이 있음을 입증할 뿐이고, 상기 화합물이 구체적인 증상을 치료하거나 예방하는 데 이용될

수 있음을 입증하지는 못한다. 만약 당업자가 종래기술을 토대로 상기 화합물의 효소억제 작용으로부터 상기 구체적인 증상에 대해서도 치료 작용이 있음을 추측해 낼 수 없다면, 상기 용도발명은 충분공개 요건이 결여된다.

2) 실험 데이터의 제출에 대한 심사

(1) 충분공개/명세서에 의한 뒷받침 요건의 결여를 보충하기 위한 실험데이터

2010년 〈전리심사지침〉 제2부 제10장 3.4절의 (2)에서는 "명세서가 발명을 충분히 공개하였는지에 대한 판단은 원명세서와 청구항에 기재된 내용을 기준으로 해야 하며, 출원일 이후에 보충 제출된 실시례와 실험데이터는 고려하지 않는다"라고 규정하고 있었다. 이에 따라, 명세서 충분공개 요건(전리법 제26조 제3항) 또는 청구항이 명세서에 의해 뒷받침될 요건(전리법 제26조 제4항)의 결함을 극복하기 위해 출원일 이후에 제출한 실험데이터 또는 결과 실시례는 심사관이 수리하지 않았다.

그러나 2017년 4월 1일부터 시행되는 〈전리심사지침 개정에 대한 국가지식산권국의 결정〉[4]에 따르면, "심사관은 출원일 이후에 보충 제출된 실험데이터를 심사해야 한다. 보충 제출된 실험데이터가 입증하는 기술적 효과는 당업자가 출원 공개된 내용으로부터 얻을 수 있는 것이어야 한다"라고 규정하였다. 즉, 화학 발명의 충분공개 요건의 심사에 있어서, 실험데이터의 추가 제출이 일정 조건 하에서 가능하고 심사관은 이를 반드시 심사해야 한다는 규정이 명문으로 추가되었다.

(2) 진보성 요건의 결여를 보충하기 위한 실험데이터

진보성이 없다는 심사 의견에 대해, 출원 발명이 예상치 못한 용도 또는 사용효과가 있음을 입증하기 위한 증거를 제출한 경우, 심사관은 아래 원칙에 따른다.

(a) 제출된 증거는 대비실험증거 또는 기타 유형의 증거여야 한다. 예를 들어, 출원인은 종래기술 증거(예: 해당 기술분야의 일반적 기술지식)를 이용하여 출원 발명의 용도 또는 효과가 예상치 못한 것임을 입증할 수 있다.

(b) 제출된 증거는 청구범위와 관련된 것이어야 한다.

(c) 대비실험효과 증거는 반드시 최초 출원 명세서에서 그 실험데이터를 명확히 기재하여 제시한 기술적 효과에 관련된 것이어야 한다. 만약 최초 출원 명세서에 어떠한 특정 기술적 효과에 대해 결론적이거나 단언적으로 서술한 것에 불과할 뿐, 어느 방면에서 또는 어느 정도의 기술적 효과가 있음을 증명하는 효과 실험이 없었다면, 출원일 이후 또는 의견제출통지에 대한 답변 과정에서 출원인이 상기 실험 효과를 입증하기

---

4) 《国家知识产权局关于修改专利审查指南的决定》의 五, 2017년 2월 28일 공포, 2017년 4월 1일 시행.

위해 제출한 실험데이터나 효과 실시례는 심사관이 받아들이지 않는다.

ⓓ 대비실험은 청구 발명과 가장 근접한 종래기술을 대상으로 이루어져야 한다.

┃ 사 례 ┃

명세서에서는 발명의 기술적 효과로 A, B 및 C의 세 가지가 존재한다고 기재되었다. 그러면서 발명에 효과 A와 B가 있음을 증명하는 실험데이터는 제시했으나, 효과 C를 증명하는 실험데이터는 기재하지 않았다. 종래기술을 토대로는 발명이 효과 C를 갖는다는 사실을 예측할 수 없었다. 인용문헌에는 효과 A와 B를 갖는 유사한 기술방안이 공개되었고, 이에 심사관은 진보성 거절이유를 지적하였다. 출원인은 의견제출기간에 본 발명이 인용문헌에 비해 예상치 못한 효과 C가 있음을 입증하는 실험데이터를 제출했다.

분석: 출원인은 의견제출기간에 제출한 실험데이터로 출원 발명에 예상치 못한 기술적 효과 C가 존재함을 입증하려 하였으나, 최초 출원명세서에는 효과 C를 충분히 증명할 관련 내용이 기재되어 있지 않고, 종래기술로도 효과 C를 예측할 수 없다. 따라서 상기 실험데이터는 받아들여지지 않는다. 즉, 심사관은 이 실험데이터를 진보성 판단의 근거자료로 삼지 않는다.

---

2. 의약 조성물 발명의 심사

1) 청구항이 명세서에 의해 뒷받침될 것

의약조성물 청구항에 포함된 효과 특징이 기능식으로 한정된 경우, 2010년 〈전리심사지침〉의 제2부 제2장 3.2.1절에서 기능식 청구항에 대해 한정한 부분[5])에 따라 명세

---

5) 청구항에 포함된 기능적 한정의 기술특징은 그 기능을 실현할 수 있는 모든 실시방식을 포괄하는 것으로 이해해야 한다. 기능적 한정의 특징을 포함한 청구항에 대하여 그 기능적 한정이 명세서의 뒷받침을 받는지를 심사하여야 한다. 만약 청구항이 한정하는 기능이 명세서 중 실시례에 기재된 특정 방식을 통해 완성되는 것이고, 당업자가 명세서에 언급되지 않은 다른 교체방식을 사용하여도 그 기능을 달성할 수 있음을 명확하게 이해할 수 없거나, 당업자가 그 기능적 한정에 포함된 하나 이상의 방식에 의해 발명 또는 고안이 해결하고자 하는 기술적 과제를 해결하고 동일한 기술적 효과를 달성하는지에 대해 의심할 수 있는 경우에는, 청구항에서 상기 다른 교체방식이나 발명 또는 고안의 기술적 과제를 해결할 수 없는 방식을 포괄하는 기능적 한정을 사용할 수 없다. 또한 명세서에서 다른 교체방식도 적용할 수 있다는 식으로 애매하게 서술하였으나, 당업자가 그러한 교체방식이 어떠한 것인지, 이러한 교체방식을 어떻게 이용하는지에 대해 이해할 수 없는 경우에도 기능식 한정은 인정되지 않는다. 또한 순 기능적인 청구항도 명세서의 뒷받침을 받지 못하므로 인정되지 않는다.

청구항이 명세서에 의해 뒷받침되는지를 판단할 때에는 명세서의 전체 내용을 고려해야 하며, 구체적인 실시례로 기재된 내용에만 의존해서는 안 된다. 만약 명세서의 다른 부분에 구체적인 실

서에 의해 뒷받침되는지를 판단한다.

청구항: 껍질층과 중심부에 각각 니페디핀을 함유하되, 상기 니페디핀이 막압 정제로부터 용해되어 나오는 속도는, 약전규정의 분해실험에 따라 용해실험을 진행하여 3시간 경과시 20~45%가 용해되고, 4시간 경과시 40~65%가 용해되는, 막압 정체.

명세서에 기재된 내용에 따르면, 본 발명은 특히 추수한 용해속도를 갖는 니페디핀 막압 정제를 제공하는 것이다. 명세서에는 니페디핀 막압(模壓) 정제의 조성과 함량, 그리고 니페디핀 막압 정제의 용해 속도가 기재되었다.

분석: 청구항에 한정한 효과(막압 정제의 용해속도)는 명세서의 실시례(막압 정제)에 기재된 특정 방식으로 달성되는 것이어서, 당업자는 이 효과가 명세서에서 제시되지 않은 다른 대체방식으로도 달성되는지 알 수 없다. 따라서 이 청구항은 명세서에 의해 뒷받침되지 않는다.

2) 의약 조성물의 신규성

반드시 의약 조성물의 성분 및 그 함량을 토대로 조성물의 신규성을 판단한다. 의약 조성물 청구항에 투약 경로, 조제량, 투약방식(시간 및 빈도 포함), 대상, 약품 성능 또는 용도를 포함하는 경우, 이러한 특징이 물질의 구조 또는 조성에 영향을 미치는지 여부를 고려해야 한다.

(1) 투약 경로

의약 조성물 청구항에 특정 투약 경로나 방법을 포함하는 경우, 이러한 특징에 의약 조성물의 구조 또는 특징이 은연중에 포함될 수 있다. 예를 들어, 의약 조성물이 특정한 약용 보조재료를 함유한다는 사실이 투약 경로에 의해 암시되는 경우가 있는데, 이

시례 또는 실시례와 관련되는 내용을 기재하였으며, 명세서의 전체 내용으로 볼 때 청구항의 개괄이 적절하다고 설명할 수 있는 경우에는 청구항이 명세서에 의해 뒷받침되는 것으로 판단한다.

독립항과 종속항 또는 서로 다른 유형의 청구항을 포함하는 경우, 각각의 청구항이 명세서에 의해 뒷받침되는지 각각 판단해야 한다. 독립항이 명세서에 의해 뒷받침된다고 하여 종속항도 당연히 명세서에 의해 뒷받침되는 것은 아니고, 방법 청구항이 명세서에 의해 뒷받침된다고 하여 물건 청구항도 당연히 명세서에 의해 뒷받침되는 것은 아니다.

청구하는 기술방안의 일부 또는 전체가 원출원 청구항에는 기재되었으나, 명세서에는 기재되지 않은 경우, 출원인이 그 내용을 명세서에 추가하는 것이 허용된다. 그러나 명세서에 청구항의 기술방안과 일치하는 기재가 포함되었다고 하여 청구항이 명세서에 의해 당연히 뒷받침되는 것은 아니다. 당업자가 명세서에 충분히 공개된 내용으로부터 청구항의 기술방안을 획득하거나 개괄할 수 있는 경우에만 그 청구항이 명세서에 의해 뒷받침된다고 판단한다.

러한 경우 물질의 구조 또는 조성에 영향이 있게 된다.

▌사례 1 ▌

청구항: 유효성분 A, B 및 C를 함유하는, 드링크제.

종래기술: 유효성분 A, B 및 C를 함유하는 주사액.

분석: 청구 발명인 드링크제는 인용문헌에 공개된 주사액과 비교하여 투약 경로가 다르다. 주사액은 예를 들어 용해도, pH, 침투압, 이온강도 등과 같은 기본적 사항에 대한 요구가 드링크제에 비해 높기 때문에, 당업자는 공지된 주사액을 드링크제로 사용할 수 있다. 따라서 청구 발명인 드링크제는 인용문헌의 주사액보다 범위가 넓어 신규성이 없다.

▌사례 2 ▌

청구항: 유효성분 A, B 및 C를 함유하는, 드링크제.

종래기술: 유효성분 A, B 및 C를 함유하는 경피 패치.

분석: 청구 발명인 드링크제는 인용문헌에 공개된 경피 패치와 비교하여 투약 경로가 다른데, 이 투약 경로의 차이는 사용하는 약용 보조재료가 완전히 다름을 암시한다. 즉, 드링크제는 약체 보조재료를 함유하나, 경피 패치는 고체 보조재료를 함유하므로, 청구항은 신규성이 있다.

(2) 투약 조제량 및 투약 방법

투약 조제량 및 투약 방법(시간, 빈도 포함)은 보통 의약 조성물의 구조 또는 조성에 영향을 미칠 수 없다. 즉, 의약 조성물에 대해 한정작용을 하지 않으므로, 종래기술과의 차이점이 투약 조제량 및 투약 방법에만 있는 물질은 신규성이 없다.

▌사 례 ▌

청구항: 유효성분 A 및 B를 함유하는 약물을 포함하고, 매일 0.05~10mg의 A와 5~50mg의 B의 조제량으로 1~3회 투약하는, 당뇨병 치료용 병행투약 제품.

종래기술: 공지된 당뇨병 치료 주사제 A와 복용 정제 B를 함께 투약할 수 있음을 공개함.

분석: 청구항의 청구 범위는 'A와 B를 포함하는 의약조성물'과 '독립적인 약물 A와 독립적인 약물 B로 이루어지는 병행투약 약물'을 모두 포괄한다. 청구항이 인용문헌과 다른 점은 A와 B 약물의 조제량 및 매일 1~3회의 투약 빈도를 한정한 것인데, 투약 조제량과 투약 빈도는 상기 병행투약 제품 자체에 어떠한 한정작용도 하지 않는다. 따라서 청구항은 신규성이 없다.

(3) 치료 용도

치료 용도는 보통 의약 조성물의 구조 또는 성분에 영향을 미치지 않아, 한정작용을 하지 않는다.

┃사 례┃

청구항: 활성성분 A, 겔화제 및 0.5~1g/100ml의 무기염 수용액을 포함하는, 중이염 치료 조성물

종래기술: 유효량의 A, 하이드록시에틸셀룰로오스 및 생리 식염수를 포함하는 만성습진 치료제

분석: 인용문헌에서 공개한 하이드록시에틸셀룰로오스는 겔화제의 일종이고, 생리 식염수 (즉, 농도가 0.9g/100ml인 염화나트륨 용액)는 무기염 수용액임을 고려하면, 청구항이 인용문헌과 다른 기술특징은 치료 용도이다. 그러나 이 특징은 의약 조성물의 구조 또는 조성에 영향을 미치지 않으므로, 이 청구항은 신규성이 없다.

---

(4) 투약 대상

종래기술과 비교하여, 투약 대상만 다른 물질 청구항은 일반적으로 신규성이 없다. 예를 들어, 종래기술에서 생쥐를 이용하여 화합물 A 용액이 고혈압을 치료하는 작용이 있음을 공개했다면, 사람의 고혈압을 치료하는 A 함유 의약 조성물 청구항은 신규성이 없다.

(5) 기능성 약용 보조재료 포함

의약 조성물 청구항의 신규성 판단 시, 구체적인 보조재료와 그 제품상의 함량 또는 결합부위로 인해 제제 자체나 성능에 있어 종래기술과 구별되는지 여부를 고려해야 한다. 특정 제조방법으로 얻어진 물질 청구항에 대해서는, 구체적인 보조재료가 그 제조방법을 통해 얻어진 물질 자체 또는 그 성능에 영향을 미치는지 여부도 고려하여 신규성을 판단해야 한다.

┃사 례┃

청구항: 약용 화합물 C, 충전제인 마이크로크리스탈린 셀룰로오스 및 용해제인 저치환 하이드록시프로필 셀룰로오스로 이루어진, 경구 용해 정제.

종래기술: 약용 화합물 C, 용해제인 마이크로크리스탈린 셀룰로오스 및 저치환 하이드록시프로필 셀룰로오스로 이루어진, 경구 용해 정제.

분석: 청구항과 인용문헌의 기술방안을 비교하면, 두 정제의 성분이 동일하고, 모두 빠른 용해 효과를 갖는다. 차이점은 청구항에서는 마이크로크리스탈린 셀룰로오스가 충전제인

데, 인용문헌에서는 용해제라는 점뿐이다. 마이크로크리스탈린 셀룰로오스의 성능은 기본적으로 고유한 것이므로, 그 기능적 서술이 다르다고 하여 청구하는 대상이 신규성을 갖출 수 있는 것은 아니다.

(6) 약품의 사용설명서

약품 사용설명서 및 그 자체에 기재된 문자정보는 약품 자체의 기술적 특징을 구성하지 않으므로, 인용문헌과 비교하여 차이점이 단지 약품의 사용설명서 및 그 기재된 정보에만 있는 약품은 신규성이 없다.

(7) 인용문헌에서 함축적으로 공개하는 내용

2010년 〈전리심사지침〉 제2부 제3장 2.3절 규정에 따르면, 인용문헌이 공개하는 기술 내용은 명확히 기재된 내용뿐만 아니라, 함축적이지만 당업자에게 직접적이고 아무런 의심 없이 확정할 수 있는 기술 내용도 포함한다.

> **┃ 사 례 ┃**
>
> 청구항: 화합물 X 및 약용 가능한 보조재료를 포함하는, 고혈압 치료 의약 조성물.
> 종래기술: 화합물 X는 식물에서 분리해 낸 피토크롬으로서, 수면작용이 있음을 공개함.
> 분석: 인용문헌은 화합물 X를 함유하는 불면증을 치료하는 작용이 있는 의약 조성물을 은연중에 공개하였다. 비록 인용문헌이 은연중에 공개한 약물 조성물과 청구항의 기술방안의 치료 용도가 다르지만, 치료 용도는 의약 조성물의 구조 또는 성분에 영향을 미치지 않으므로, 청구항은 신규성이 없어 전리법 제22조 제2항 규정에 반한다.

3) 의약 조성물의 진보성

(1) 약물의 함량만 다른 경우

의약 조성물 청구항이 종래기술과 다른 점이 약물의 함량뿐인 경우, 만약 이러한 함량이 차이가 당업자에게 자명하고, 예상치 못한 기술적 효과를 내지 않는다면, 상기 의약 조성물은 진보성이 없다.

> **┃ 사 례 ┃**
>
> 청구항: 각 100mg의 조성물에 0.5~10mg의 약물 X 및 약용 가능 캐리어가 포함된, 장염 치료 고체 조성물.
> 명세서에 기재된 내용에 따르면, 본 발명은 저용량의 약물 X제제 및 그 장염 치료에의 응용에 대한 것으로, 종래기술에서 약물 X로 장염 치료 시 나타나는 부작용을 극복하고자 하

는 것이 기술적 과제이다.

종래기술에서는 환자가 300mg의 약물 X를 함유하는 500mg의 과립 조성물을 매일 두 번 복용하면 효과적으로 장염을 치료할 수 있다는 내용이 공개되었다.

분석: 청구 발명을 인용문헌과 비교하면, 약물 X의 함량만 다르다. 즉, 본 발명은 장염을 치료하는 저용량의 고체 조성물을 제공한다. 약물의 활성물질 함량을 낮추어 부작용을 줄이는 것은 당업자의 공지상식이다. 이때 만약 청구 발명인 조성물이 그 활성성분의 함량을 낮춘 결과 장염을 치료하는 효과도 낮아졌다면, 상기 조성물은 당업자에게 자명하여, 진보성이 없다.

(2) 일반적인 보조재료 또는 보조제만 다른 경우

청구 발명이 인용문헌과 비교하여 일반적인 보조재료 또는 보조제만 다르게 사용하였고, 그러한 보조재료 또는 보조제의 기능이 종래기술에서 공지된 것이라면, 그 조성물은 진보성이 없다.

(3) 두 가지 종류 이상의 활성성분을 포함한 조성물

두 종류 이상의 약물 활성성분을 포함하는 조성물이 인용문헌에 비해 예상치 못한 기술적 효과를 발휘하는 경우(예를 들어, 시너지 효과를 갖는다거나 부작용을 낮추는 경우), 그 조성물은 진보성이 있다. 만약 종래기술과 구별되는 상기 조성물의 특징이 갖는 기능이 공지된 것이고, 그 기술적 효과도 당업자에게 예상되는 것이면, 상기 조성물은 자명하여 진보성이 없다.

다음은 진보성이 부정되는 경우로서, 자주 볼 수 있는 상황들이다.

① 활성이 갖거나 유사한 두 종류 이상의 공지된 활성성분을 함께 투약하였으나 예상치 못한 효과가 발생하지 않는 경우

② 두 종류 이상의 활성성분이 함께 시너지 효과 또는 약효 상승작용과 같은 긍정적이고 유익한 결과를 달성하나, 그러한 시너지 효과 또는 약효 상승작용이 종래기술로부터 예견 가능한 경우

③ 어떠한 질병에 대한 각종 임상징후가 각각의 대응되는 치료 효과를 갖는 공지된 여러 활성성분의 조합인 경우

▌사 례▌

청구항: 1:10~10:1의 세팔로스포린 A와 β-락타마제 억제제 B를 포함하는, 복방 항균 조성물.

종래기술: 세팔로스포린과 β-락타마제 억제제는 함께 투약하면 보통 약효 상승효과가 있다 사실; 및 1:20~20:1의 세팔로스포린 C와 β-락타마제 억제제 B를 함께 투약하는 기술방안

을 공개했다.

분석: 이러한 경우, 심사관은 아래과 같은 논거로 진보성 거절이유를 내린다.

출원 발명이 인용문헌과 다른 특징은 1) 출원 발명은 조성물이나, 인용문헌은 병행 투약 방식이라는 점; 2) 출원 조합물은 세팔로스포린 A를 함유하나, 인용문헌에서는 세팔로스포린 C를 이용하여 투약한다는 점; 3) 세팔로스포린과 β-락타마제 억제제의 비율이 다르다는 점이다.

병행 투약 방식을 의약 조성물로 변경하는 것은 해당 기술분야의 공지상식이고, 세팔로스포린 A와 세팔로스포린 C는 해당 기술영역에서 관용적으로 이루어지는 치환이다. 또한 인용문헌에서는 세팔로스포린과 β-락타마제 억제제를 함께 투약하면 약효 상승효과가 있고, 이로부터 1:20~20:1의 세팔로스포린 C와 β-락타마제 억제제 B를 함께 투약시 약효 상승작용이 있을 것임을 명확하게 교시하였다. 따라서 청구항의 기술방안은 당업자에게 자명하고, 명세서에 기재된 내용으로부터는 출원 발명의 조합물에 예상치 못한 효과가 있는지 알 수 없다. 따라서 청구 발명은 진보성이 없어 전리법 제22조 제3항 규정에 반한다.

(4) 일반적 제형의 변경

일반적 제형이란 정제, 캡슐, 환약, 주사제, 시럽, 과립제, 드링크액, 패치 등을 의미하나, 이에 지속성(controlled release) 제형은 포함되지 않는다. 만약 출원 발명의 의약 조성물 제제와 인용문헌의 차이가 제형의 변경에만 있고, 종래기술보다 우수한 효과가 제형 자체의 고유한 것이며, 당업자가 상기 제제를 만드는 데 기술적 어려움이 없다면, 상기 의약 조성물은 자명한 것으로서 진보성이 없다.

변경된 일반적 제형의 용도가 종래기술과 실질적으로 다른 경우에도, 이 일반적 제형 자체는 보통 진보성이 없다. 용도의 변경이 제형의 변경에서 비롯된 것이 아니기 때문이다.

┃ 사 례 ┃

청구항: 충전제로 아스피린과 전분, 사카로스, 유당 또는 마이크로크리스탈린셀룰로오스에서 선택된 희석제 및, 스테아르산, 스테아린산마그네슘, 활석분 또는 실리카겔에서 선택된 윤활제를 포함하는, 심혈관 질환을 치료하는 캡슐.

명세서에는 아스피린에 심혈관 질환의 치료 활성이 있다는 사실의 발견이 본 발명의 요지라고 설명되어 있다.

종래기술에서는 아스피린 정제가 해열진통제로 상용된다는 점이 공지되었다.

분석: 출원 발명은 심혈관 질환을 치료하는 통상의 캡슐제이다. 해당 기술분야의 공지상식에 따르면, 캡슐이 정제보다 우수한 점은 활성성분이 갖는 좋지 않은 맛을 감출 수 있어서, 환자 적응성이 좋다는 점에 있다. 따라서 당업자라면 정제를 캡슐제로 변경할 동기가 생길

것이다. 비록 본 발명 캡슐의 치료 용도가 종래기술로부터 예견될 수는 없으나, 이 용도의 차이가 당업자가 정제를 캡슐제로 바꾸려는 동기에 어떠한 부정적인 영향도 주지 않는다. 다시 말해서, 치료 적응 질병이 동일한지 여부와 무관하게, 상기 동기는 존재한다. 또한 청구 발명의 캡슐이 포함하는 희석제와 윤활제는 모두 일반적 캡슐 제제에서 상용하는 보조재료이고, 당업자가 이러한 통상의 보조재료를 선택하여 공지된 약물인 아스피린을 캡슐로 만드는 것은 용이하다. 따라서 청구 발명은 종래기술과 비교하여 진보성이 없어, 전리법 제22조 제3항 규정에 반한다.

상기 캡슐은 종래기술에 비해 새로운 치료 용도를 갖는데, 이는 실질적으로 아스피린의 새로운 성능을 발견한 것이다. 따라서 심혈관 질환 치료 의약을 제조함에 있어서의 아스피린의 용도는 진보성이 있다.

(5) 처방 최적화된 제제

비교법, 직교 배열법, 인공지능 및 단순 최적화 등과 같은 최적화된 방법은 해당 기술영역에서 상용하는 방법으로서, 이로부터 얻어진 제제는 당업자에게 자명하여 진보성이 없다. 다만, 출원인이 처방 최적화된 제제에 예상치 못한 기술적 효과가 있음을 입증할 수 있는 경우는 예외이다.

3. 의약 용도발명의 심사

1) 신규성

물질의 의약용도 발명은 "질병 Y를 치료하는 약물을 제조함에 있어 물질 X의 응용"6) 또는 이와 유사한 형식으로 작성할 수 있다. 상기 "약물" 중의 물질 X는 질병 Y를 치료하는 활성성분이어야 하는데, 이는 유일한 활성성분일 수도 있고, 다른 활성물질과 함께 사용될 수도 있다. 따라서 종래기술에서 발명과 동일한 치료용도를 가진, 물질 X를 포함하는 약물을 공개했다면, 이 발명은 신규성이 없다.

▮ 사례 1 ▮

청구항: 질병 Y를 치료하는 약물을 제조함에 있어 다당류 C를 이용하는 방법.
종래기술: 공지된 추출물 Z는 활성성분인 플라본 E, 플라본 F, 다당류 B, 다당류 C 등을 포함하고 질병 Y를 치료하는 데 이용될 수 있음을 공개함. 다만, 그중에서 단일 성분인 다당류 C에 질병 Y 치료 활성이 있는지는 공개하지 않음.

---

6) 중문 청구항 원문을 그대로 직역할 경우에 이와 같이 표현된다.

분석: 종래기술에서 추출물 Z와, 그중 활성성분으로서의 다당류 C를 포함하는 사실, 그리고 질병 Y를 치료하는 약물로 사용된다는 사실을 공개했다. 따라서 이 청구항은 신규성이 없다.

만약 출원인이 청구항을 "질병 Y를 치료하는 약물 제조에 있어서 유일한 활성성분으로서의 다당류 C를 이용하는 방법" 또는 "질병 Y를 치료하는 약물 제조에 있어서의 다당류 C를 이용하되, 상기 약물은 추출물 Z가 아닌 … 방법"과 같이 작성한 경우에는 신규성이 있다.

▌사례 2▐

청구항: 질병 Y를 치료하는 약물을 제조함에 있어 다당류 C를 이용하는 방법.

종래기술: 질병 Y를 치료하는 의약 조성물로서, 상기 의약 조성물은 다당류 C를 포함하되, 상기 다당류 C는 비활성성분(예: 방취제)임을 공개함.

분석: 종래기술에서 질병 Y를 치료하는 약물에 다당류 C가 포함됨을 공개했으나, 이는 비활성분이고, 출원일 이전에는 다당류 C에 질병 Y를 치료하는 활성이 있음을 발견하지 못하였으므로, 이 청구항은 신규성이 있다.

(1) 종래기술

만약 종래기술에서 약품 A에 특정 약리활성이나 치료용도가 있음을 명확하게 또는 함축적으로 공개했다면, 효과실험이 공개되었는지 여부와 상관 없이, 약품 A와 동일한 치료용도를 청구하는 발명의 신규성은 부정된다. 다만, 출원인이 증거로써 종래기술의 설명이 정확하지 않음을 분명히 밝힌 경우는 예외이다.

(2) 신규성 판단

2010년 〈전리심사지침〉 제2부 제10장 5.4절[7]의 (4)는 "화학물품의 의약용도 발명의 신규성 판단 시, 투약 대상, 투약 방식, 투약 경로, 사용량 및 시간 간격 등과같이 사용에 관련된 특징이 제약 과정에 대해 한정하는 작용이 있는지를 고려해야 한다. 의약의 사용 과정에만 구현되는 구별특징은 용도 발명의 신규성에 기여하지 못한다"라고 규정한다.

---

7) 그 외, 화학물 용도발명의 신규성에 대해 규정하는 2010년 〈전리심사지침〉 제2부 제10장 5.4절의 (1)~(3)의 내용은 다음과 같다.
   (1) 새로운 용도가 원래의 공지된 용도와 실질적으로 다른지 고려해야 한다. 기재형식만 다를 뿐 실질적으로 동일한 용도인 발명은 신규성이 없다.
   (2) 새로운 용도가 원래의 공지된 용도의 작용원리, 약리작용에 의해 직접 공개되었는지 고려해야 한다. 원래의 작용원리 또는 약리작용과 직접적으로 균등한 용도는 신규성이 없다.
   (3) 새로운 용도가 원래의 공지된 용도의 상위개념인지 고려해야 한다. 공지된 하위 용도는 상위 용도의 신규성을 부정할 수 있다.

a) 투약 조제량과 투약 방식

투약 조제량 및 투약 방식에는 투약 용량(mg약량/kg체중), 투약시간, 투약빈도, 특정 투약방식 및 병행 투약방식 등이 포함되고, 보통 치료 방안에 대한 의사의 선택과 밀접히 관련되나, 약물 및 그 제제 자체와는 필연적 관련성이 없다. 따라서 종래기술에 공개된 기술방안과의 차이점이 투약 조제량 또는 투약 방식만 다를 뿐인 제약 용도발명은 신규성이 없다.

▌사례 1 ▐

청구항: 3~75mg/day로 격일로 1회 투약하는, 마이신 A를 세포감염 치료약제의 제조에 이용하는 방법.

종래기술: 마이신 A가 항생소로 이용되는 사실을 공개함.

분석: 청구 발명이 종래기술과 다른 점은 투약 조제량 및 투약 빈도의 차이에 있을 뿐이므로, 청구항은 신규성이 없다.

▌사례 2 ▐

청구항: 화합물 A를 질병 B 치료에 이용되는 의약 조성물 제조에 응용하는 방법으로서, 상기 조합물은 식전 약 5~30분에 환자에게 복용되는 방법.

종래기술: 환자가 화합물 A를 복용하면 질병 B를 치료할 수 있다는 사실을 공개함.

분석: 청구 발명이 종래기술과 다른 점은 투약 시간이 다르다는 점뿐이다. 즉, 본 발명은 식전에 복용하나, 투약 시간은 보통 환자의 상태 및 그 외 정황에 따라 의사가 결정하는 것으로서, 제약 과정 자체에 어떠한 영향을 미친다거나 한정작용을 하는 것이 아니다. 따라서 청구항은 신규성이 없다.

▌사례 3 ▐

청구항: 부프레노르핀 패치를 통증치료를 위한 이온진입투약 약물의 제조에 이용하는 방법.

종래기술: 공지된 부프레노르핀 패치가 임상에서 각종 통증 치료에 이용된다는 사실이 공개됨.

분석: 청구 발명이 종래기술과 다른 점은 이온진입 방식의 투약이라는 점뿐이다. 이온진입 투약은 조직을 관통하는 전류를 이용하여 약물 침투를 늘리는 방식이다. 출원 발명은 공지된 부프레노르핀 패치를 이용하면서 이온진입 방식을 결합하여 투약하는데, 이는 치료 방법에 대한 개선으로서, "이온진입투약"이 제약 용도에 한정작용을 하지 않는다. 따라서 청구항은 신규성이 없다.

┃ 사례 4 ┃

청구항: 증식성 질병을 치료하고, 이온방사와 함께 이용되는 약물의 제조에 에포틸론을 응용하는 방법.

종래기술: 에포틸론이 증식성 질병을 치료하는 작용을 한다는 사실이 공개됨.

분석: 청구 발명이 종래기술과 다른 점은 이온방사 방식의 치료수단과 병행하여 증식성 질병을 치료한다는 점에 있다. 이온방사 자체는 물리치료 방법의 일종으로, 상기 제약 용도에 한정작용을 하지 않으므로, 청구항은 신규성이 없다.

┃ 사례 5 ┃

청구항: 심근경색을 치료하는 ICU용 약물 제조에 화합물 C를 이용하는 방법.

종래기술: 화합물 C가 심근경색 치료에 이용된다는 사실이 공개됨.

분석: 청구 발명이 종래기술과 다른 점은 "ICU(중환자실)용"이라는 점뿐인데, 약물 사용 지점은 의사의 선택에 따르는 것으로 제약 용도에 한정작용을 하지 않으므로, 이 용도발명은 신규성이 없다.

┃ 사례 6 ┃

청구항: 약물 B와 함께 유방암을 치료하는 데 사용되는 의약품 제조에 약물 A를 응용하는 방법.

종래기술: 약물 A가 유방암 치료에 이용되는 사실이 공지되었으나, A와 B를 함께 사용하여 암을 치료하는 방식은 공개되지 않음.

분석: 청구 발명이 종래기술과 다른 점은 약물 A와 B가 함께 이용되는 투약방식인데, 약물 A의 치료 용도에 변화가 있는 것은 아니므로, 청구항은 신규성이 없다. 만약 출원인이 이 청구항을 "유방암을 치료하는 의약품 제조에 약물 A와 B를 이용하는 방법"이라고 보정한다면, 보정된 청구항은 신규성이 있다.

┃ 사례 7 ┃

청구항: 긴급 피임약 제조에 τ-인터페론을 응용하는 방법으로서, 조제량은 항감염 또는 항종양을 위한 하루 투약량의 1/30~1/10로 하는 방법.

종래기술: 긴급 피임에 τ-인터페론을 이용하는 방법은 공개된 바가 없음.

분석: 청구 발명이 종래기술과 다른 기술특징은 조제량 및 치료되는 질병이다. 치료 질병의 차이로 인해 상기 용도발명이 신규성을 갖게 됨은 분명하나, 조제량은 상기 청구 발명의 신규성 여부에 영향을 미치지 못한다. 물론 이 경우 심사관은 출원인이게 조제량에 관한 특징을 삭제하라고 요구하지도 않는다.

b) 투약 대상

투약 대상의 종속, 연령, 성별 등의 차이는 제약 용도발명의 신규성 인정에 영향을 주지 못한다. 다만, 투약 대상의 차이가 치료 질병의 차이를 야기하는 경우, 제약 용도발명은 신규성이 인정된다.

예를 들어, 소아치매와 노인치매는 표면적으로는 치료 대상의 차이에 불과해 보이지만, 실질적으로는 이들 질병이 본질적으로 다른 질병이다. 소아치매는 대뇌 발육이 불완전하게 발생하여 지능 저하로 나타나고; 노인치매는 대뇌신경 퇴행성 질병으로서, 알츠하이머라고도 불리며, 지능 및 기억력 감퇴 및 그로 인한 관련 행위능력의 장애 등으로 나타난다. 이러한 상황이라면, 투약 대상이 다른 제약 용도발명은 신규성이 인정된다.

┃ 사례 1 ┃

청구항: 세균 Y가 감염된 인간을 치료하는 약품을 제조하는 데 약물 X를 응용하는 방법.
종래기술: 생쥐 모델 실험에서 약물 X가 세균 Y 감염을 치료하는 작용이 있음이 공개됨.
분석: 청구 발명은 종래기술과 비교하여 투약 대상의 종속이 다르다. 즉, 본 발명의 적용 대상은 사람이고, 종래기술의 실험 대상은 생쥐이다. 세균 Y는 감염을 일으키는 병인이므로 사람이든 생쥐이든 무관하게 상기 세균이 일으키는 질병은 동일하다. 따라서 본 사안에서 투약 대상의 종속의 차이로 인해 청구항의 신규성이 인정되지는 않는다.

┃ 사례 2 ┃

청구항: 비(非)혈우병 포유동물의 출혈을 제어하는 의약 조성물의 제조에 있어서, 인지질 형성제와 포유동물 혈액인자 Xa의 혼합물을 이용하는 방법.
종래기술: 인지질 형성제로서 레시틴과 포스파티딜세린의 혼합물(PCPS) 및 Xa로 이루어진 조성물에 혈우병 포유동물의 출혈을 치료하는 작용이 있다는 사실이 공개됨.
분석: 청구 발명은 종래기술과 비교하여 치료 대상이 다르다. 즉, 본 발명의 치료 대상은 비혈우병 포유동물이고, 종래기술의 치료 대상은 혈우병 포유동물이다. 종래기술로부터 알 수 있듯, 혈우병과 비혈우병 환자의 응혈 과정은 다른데, 혈우병 환자는 중요한 응혈 인자인 Ⅷ:C가 부족하나, 비혈우병 환자는 상기 인자의 결함과는 무관하다. 출원 발명은 정상적인 표유동물의 정상적 지혈 과정에서 치료가 이루어지는 것임에 반해, 종래기술은 지혈 과정에 결함이 존재하는 혈우병 포유동물에 관한 것이다. 결국 본 사례에서 치료 대상(비혈우병 환자)의 차이는 실질적으로 상이한 질병의 치료를 의미하므로, 청구 발명은 신규성이 있다.

c) 투약 경로와 적용 부위

만약 투약 경로와 적용 부위의 차이로 인해 제약 용도발명이 종래기술과 구별된다면(예: 양자 간 약물 형식의 차이), 상기 제약 용도발명은 신규성이 인정된다.

┃사 례┃

청구항: 피하 투약방식으로 불임 또는 남성성기능 장애를 치료하는 비-저장 의약 제조에 인간 융모성 고나도트로핀(HCG)을 이용하는 방법.

종래기술: 인간 융모성 고나도트로핀이 비-저장 형식으로 근육 주사를 통해 남성성기능 질병(고환 정체증)을 치료하는 내용이 공개됨.

분석: 청구 발명은 종래기술과 비교하여 투약 경로가 다르다. 즉, 본 발명은 피하 투약 방식이지만, 종래기술은 근육 주사를 통해 투약이 이루어진다. 당업자라면 피하 투약된 약물이 근육 투약된 약물과 다르지 않음을 알 것이므로, 이 청구 발명은 신규성이 없다.

---

2) 메커니즘으로 한정한 제약 용도 청구항

메커니즘 특징으로 한정한 제약 용도발명에서, 청구하는 치료용도나 약물활성은 질병유발 메커니즘, 작용 메커니즘 또는 약리활성 등을 통해 구현된다. 자주 볼 수 있는 청구항 작성 형식은 다음과 같다:[8]

"NK-1 수용체 길항제와 관련된 질병을 치료하는 약품의 제조에 있어서 화합물 A의 용도"

"사이클로옥시지네이스-2 억제제가 매개하는 질병을 예방 또는 치료하는 약품의 제조에 있어서 약물 E의 응용"

"길항 G이온 채널을 통해 개선 가능한 질병의 약물을 제조하는 데 있어서의 조성물 C의 용도"

"프로테아제 B 억제제 제조에 있어서의 화합물 A의 용도"

"5-HTs 수용체 길항활성 약품 제조에 있어서의 물질 A의 응용"

(1) 메커니즘으로 한정한 제약 용도 청구항에서 메커니즘과 질병 간의 대응관계를 기재해야 함

공지된 메커니즘이나 약리활성과 일정한 질병의 치료 간에는 대응관계가 있는 경우가 일반적이다. 예를 들어, 공지된 히스타민 방출 억제제는 항알레르기약으로 작용할 수 있고, 칼슘 채널 길항제는 심혈관 치료제가 될 수 있으며, 혈관 확장제는 혈압을 낮

---

8) 이들은 중문 청구항의 표현 형식을 직역한 것이다.

출 수 있다. 이러한 경우, 명세서에 효과 실험 데이터를 기재하여 해당 약물이 해당 메커니즘을 통해 작용한다는 점을 입증하기만 하면, 명세서 충분공개 요건이 만족된다.

그러나 새로운 치료 메커니즘과 질병 치료 간의 대응관계가 종래기술에서 공개되지 않은 경우라면, 출원인은 출원 명세서에 효과 실험 데이터를 기재하여 그 대응관계를 입증해야 한다. 그렇지 않을 경우 당업자는 메커니즘과 구체적 질병 간의 관계를 확정할 수 없고, 그 메커니즘이 모든 질병의 치료 용도를 달성할 수는 없는 것이므로, 명세서의 충분공개 요건이 충족되지 않게 된다(전리법 제26조 제3항).

또한 명세서에 효과 실험 데이터를 기재하여 그 대응관계를 입증한 경우라도, 청구항에 구체적인 적응증을 기재하여 범위를 한정해야 한다. 이는 당업자가 종래기술 및 출원 명세서에 기재된 내용을 토대로 상기 메커니즘이 다른 질병과 관련되었는지 여부를 예측할 수 없어, 치료 메커니즘으로 한정한 제약 용도 청구항이 명세서에 의해 뒷받침되지 못하기 때문이다(전리법 제26조 제4항).

> **┃사 례┃**
>
> 청구항: 특정 키닌 매개 질병을 치료하는 약품 제조에 화합물 X를 이용하는 방법.
> 명세서: 화합물 X가 상기 키닌 수용체에 대해 결합작용을 한다는 내용만 기재되어 있음.
> 종래기술: 상기 키닌이 어떠한 질병을 매개한다는 사실이 공개된 바 없음.
> 분석: 종래기술로부터 상기 키닌이 어떠한 질병과 연관되는지 확정할 수 없고, 명세서에도 상기 키닌이 어떠한 질병을 매개하는지 나타내는 증거가 없다. 따라서 상기 용도 발명에 대한 명세서의 공개가 불충분하여, 전리법 제26조 제3항 규정에 반한다.

(2) 종래기술과 메커니즘은 다르지만 치료하는 질병은 같은 제약 용도발명은 신규성이 없음

치료 메커니즘은 질병 치료 원인의 발견에 불과하여, 치료 메커니즘은 다르나 치료 질병이 동일한 제약 용도발명은 신규성이 인정되지 않는다.

> **┃사례 1┃**
>
> 청구항: 섬세포의 수를 증가시켜 비인슐린 의존형 당뇨병을 예방하는 약품의 제조에 식(Ⅰ) 화합물을 이용하는 방법.
> 종래기술: 식(Ⅰ) 화합물이 비인슐린 의존형 당뇨병을 치료하는 작용을 한다는 사실이 공개됨.
> 분석: 청구 발명이 종래기술과 다른 점은 청구항에 추가로 한정된 섬세포의 수를 증가시키는 작용 메커니즘뿐이다. 본 발명은 공지된 치료 작용의 메커니즘을 발견한 것에 불과하므

로 신규성이 인정되지 않는다.

▌사례 2 ▌

청구항: 코르티코스테로이드가 일으키는 피부 위축을 예방하는 국부용 약물 제조에 비타머 A를 이용하는 방법.

종래기술: 비타머 A와 코르티코스테로이드를 함유하는 외용 조성물을 공개하였으나, 비타머 A의 존재로 인해 피부 위축이 일어나지 않는 효과에 대해서는 언급하지 않았다.

분석: 청구 발명과 종래기술의 약물 모두 건선 치료에 이용된다. 출원 발명이 종래기술과 다른 점은, 피부 위축이라는 부작용의 원인을 인지했다는 점뿐이다. 이러한 인지 여부로 인해 치료 효과나 부작용에 어떠한 변화가 생기는 것도 아니고, 관찰된 현상에 대한 해석으로 인해 본 발명을 종래기술과 구별되는 것도 아니다. 따라서 청구항은 신규성이 없다.

▌사례 3 ▌

청구항: 수용성 란탄염의 유리된 양이온으로 이루어지되, 상기 양이온을 침전시켜 불수용성염으로 만드는 어떠한 성분도 포함하지 않는, 치아의 플러그 또는 치석을 제거하는 치아용 젤라틴에 란탄염을 이용하는 방법.

종래기술: 란탄염을 치아용 조합물에 이용하는 내용을 공개하였는데, 그 요지는 유기산(예: 타액이 만든 산)에서 치아 에나멜질의 용해도를 낮춤으로써 에나멜질을 강화시켜, 치아의 부패를 억제하는 데 있다.

분석: 청구 발명에서는 치아의 플러그 또는 치석을 제거하는데 란탄염을 이용하나, 이는 인용문헌에 공개된 유기산 내에서의 에나멜질의 용해도를 낮추는 방식과는 다른 새로운 방식의 응용이다. 따라서 이 용도 발명은 신규성이 있다.

‖ 제3장 생물 분야의 발명에 대한 심사 ‖

본 절에서 사용하는 축약어 DNA는 "디옥시리보 핵산"을; RNA는 "리보핵산"을; NCBI는 "미국국가생물정보센터"를; EBI는 "유럽생물정보학연구소"를; EMBL은 "유럽분자생물학실험실"을; SEQ ID NO는 "서열식별자"를 의미한다.

1. 보호 객체와 관련된 내용

생물 분야의 발명에 있어서, 그 보호 객체에 관하여 고려해야 할 조항은, 전리법 제5조와 제25조이다. 우선 2010년 〈전리심사지침〉에서 생물 분야의 발명이 전리권의 보호 객체에 해당하는지 규정하고 있는데 이에 대해 먼저 검토해 본다.

우선 〈전리심사지침〉 제2부 제10장 9.1.1절에서는 전리법 제5조 제1항 규정에 따라 전리권을 받을 수 없는 객체로, 인간 배아줄기세포, 형성 및 발육의 각 단계에 있는 인체(인간의 생식세포, 수정란, 배아 및 개체 포함)를 언급하였으며, 전리법 제5조 제2항 규정에 따라 전리권을 받을 수 없는 객체로 법률, 행정법규의 규정을 위반하여 유전자원9)을 획득하거나 이용하여 완성한 발명을 언급하였다.

또한 〈전리심사지침〉 제2부 제10장 9.1.2절에서는 전리법 제25조의 해당 여부에 대해 다음과 같이 제시하고 있다.

- 미생물 발명에 대한 전리법 제25조 적용 여부

미생물은 세균, 방선균, 진균, 바이러스, 원생동물, 조류(藻類) 등을 포함한다. 미생물은 동물 및 식물에 속하지 않으므로, 전리법 제25조 제1항 제(4)호에 해당하지 않는다. 그러나 인간의 어떠한 기술적 처리를 거치지 않은, 자연계에 존재하는 미생물은 발견에 해당하여 전리권을 받을 수 없다. 미생물 자체는 미생물이 분리를 거쳐 순수 배양물이 되고, 또한 일정한 산업적 용도가 있는 경우에만 전리권 보호의 객체가 된다.

- 유전자 또는 DNA 단편에 대한 전리법 제25조 적용 여부

유전자 또는 DNA 단편은 실질적으로 화학물질에 속한다. 여기에서의 유전자 또는 DNA 단편에는 미생물, 식물, 동물 또는 인체로부터 분리해 낸 것과 그 외 다른 수단으로 만들어진 것을 포함한다. 자연계로부터 자연형태로 존재하는 유전자 또는 DNA를 발견해 낸 경우에는 전리법 제25조 제1항 제(1)의 "과학적 발견"에 해당하여 전리권을 받을 수 없다. 그러나 자연계로부터 최초로 분리 또는 추출된 유전자 또는 DNA 단편은 그 염기서열이 공개된 바 없고, 명확히 표현할 수 있으며, 산업적 이용가치가 있으면, 그 유전자 또는 DNA 자체 및 그 획득 방법은 전리권을 받을 수 있는 객체에 해당한다.

---

9) 전리법상의 '유전자원'이란 인체, 동물, 식물, 또는 미생물 등의 유전기능단위를 포함하고, 실제적이거나 잠재적 가치를 가진 재료를 의미한다. 전리법상의 '유전자원에 의존하여 완성한 발명'이란 유전자원의 유전기능을 이용하여 완성한 발명을 의미한다(전리법 실시세칙 제26조 제1항).

- 동물 및 식물의 개체, 그리고 그 구성부분에 대한 전리법 제25조 적용 여부

동물의 배아줄기세포, 동물 개체 및 이들의 각 형성 및 발육단계(예: 생식세포, 수정란, 배아 등)는 '동물 품종'에 해당하여 전리법 제25조 제1항 제(4)호 규정에 따라 전리권을 받을 수 없다. 동물 체세포 및 동물의 조직과 기관(배아 제외)은 전리법상의 '동물'의 정의에 부합하지 않으므로 전리법 제25조 제1항 제(4)호의 범위에 해당하지 않는다.

광합작용으로 물, 이산화탄소 및 무기염 등 무기물을 이용하여 탄수화물, 단백질을 합성하여 생명을 유지하는 식물의 단일 식물체 및 그 번식재료(예: 종자)는 '식물 품종'의 범위에 속하므로 전리법 제25조 제1항 제(4)호 규정에 따라 전리권을 받을 수 없다. 식물의 세포, 조직 및 기관이 상술한 특성을 갖추지 않으면 '식물 품종'이라고 인정될 수 없으며, 전리법 제25조 제1항 제(4)호가 규정하는 범위에 속하지 않는다.

- 유전자 이식 동물 및 식물

유전자 이식 동물 및 식물이란 유전공학의 DNA 재조합기술 등 생물학적 방법을 통하여 획득한 동물 또는 식물을 의미한다. 이들 자체는 '동물 품종' 또는 '식물 품종'의 범위에 해당하므로 전리법 제25조 제1항 제(4)호 규정에 따라 전리권을 받을 수 없다.

이하, 생물 분야의 발명의 보호 객체 해당 여부에 관하여 보다 구체적으로 검토해 본다.

1) 동, 식물 품종의 의미

전리법상의 동물 품종에는 각종 계층분류 단위(계, 문, 강, 목, 과, 속, 종)의 동물, 동물체 및 동물체의 각 형성단계와 발육단계를 포함하고, 식물 품종은 각종 계층분류 단위의 식물, 식물체 및 식물제의 번식재료를 포함한다.

2) 동물 품종과 관련된 객체

동물 배아줄기세포, 생식세포, 수정란 및 배아는 동물 품종에 해당한다. 동물의 체세포 및 동물 조직과 기관(배아 제외)은 동물 품종에 속하지 않는다. 체세포로부터 탈분화되어 형성된 전능성 줄기세포는 발육으로 동물체가 될 수 있어, 동물 품종의 범위에 속한다.

▌사 례▌

청구항: 생쥐의 간에서 발원된 줄기세포로서, 상기 줄기 세포의 기탁번호는 … 인, 생쥐 줄기세포.

명세서에는 생쥐의 간으로부터 발원하여 얻어 낸 생쥐 줄기세포에 분화 전능성이 있음을 상세하게 설명했다.

분석: 체세포에서 발원한 줄기세포는 통상적으로 분화 전능성이 없기 때문에 전리권을 받을 수 있는 객체이다. 그러나 명세서에서 상기 생쥐 줄기세포는 분화 전능성이 있는 것으로 명확하게 설명하였고, 이에 따라 분화하여 생쥐로 성장할 수 있으므로, 비록 상기 줄기세포가 배아줄기세포가 아니더라도, 동물 품종의 범위에 속하여 전리권을 받을 수 없다.

3) 식물 품종과 관련된 객체

식물 품종에는 상이한 발육 단계에 있는 식물 자체뿐만 아니라, 식물 번식재료로서의 식물 세포, 조직 또는 기관 등도 포함된다. 특정 식물의 어떠한 세포, 조직 또는 기관이 번식재료에 해당하는지 여부는 해당 식물의 자연적 특성 및 명세서에 그 세포, 조직 또는 기관에 대한 구체적인 설명을 토대로 판단한다.

▌사례 1▐

청구항 제2항: 청구항 제1항의 조직배양 방법에 따라 바이러스를 제거한, 백합 구근.

분석: 백합 구근은 비록 백합의 영양기관에 불과하나, 백합의 번식특성을 고려하면 구근 자체가 무성 번식재료로 작용할 수 있으므로, 이 청구항의 청구 객체는 식물 품종에 해당한다.

▌사례 2▐

청구항 제1항: 뉴클레오시드 서열이 SEQ ID NO: 1에서 표시된 바와 같은, 분리된 유전인자

청구항 제2항: 청구항 제1항에서 표시된 서열을 포함하는 발현벡터를 갖는 식물세포.

명세서에는 청구항 제2항의 식물세포가 분화하여 완전한 식물체로 생장할 수 있는지에 관하여는 설명이 없었다.

분석: 청구항 제2항은 식물 세포를 청구하면서, 명세서에서는 상기 세포가 분화하여 완전한 식물체로 자랄 수 있다는 전혀 설명이 없다. 이러한 경우에는, 이 세포를 번식재료로 이해해서는 안 되며, 따라서 상기 세포는 식물 품종의 범위에 속하지 않는다.

▌사례 3▐

청구항 제2항: 청구항 제1항의 제조 방법에 따라 획득한 유전자 변형 식물 A에서 생긴, 티눈 조직 배양물.

명세서에는 조직배양기술을 통해 청구항 제2항의 티눈조직 배양물로부터 유도 분화하여

최종적으로 완전한 식물체를 형성하는 방법 및 최종적으로 획득한 완전한 식물체에 대해 상세히 설명하였다.

분석: 명세서에 기재된 방법으로 실시하면, 청구항 제2항의 티눈조직 배양물이 식물체로 성장할 수 있으므로, 이는 식물 번식재료이고, 따라서 식물 품종에 해당한다.

2. 청구항의 명확성

어떠한 제조된 물질, 예를 들어 재조합 핵산분자, 배양기, 새롭게 분리된 유전자 또는 폴리펩티드 등에 대해 출원인이 스스로 명명하는 경우가 있다. 청구항에서, 이러한 물질들을 아래 방식 중 하나로 한정할 수 있다:

(1) 그 화학실(DNA 서열)로 한정

(2) 구체적인 제조방법으로 한정

(3) 파라미터 또는 성능(유전자 지도, 분자량, 염기쌍 개수 등)의 조합으로 한정

(4) 그 전체 엘리먼트(initiator, marker, enhancer, replicon 등)의 조합으로 한정하고, 엘리먼트의 연결 순서를 명확히 할 것

(5) 그 재조합 벡터를 포함하는 미생물의 기탁번호를 이용하여 한정

만약 출원인이 청구항에 비공지된, 스스로 정의한 명명으로 한정한 경우, 심사관은 해당 청구항의 명확성 요건에 주의하여 심사한다.

┃ 사례 1 ┃

청구항: 탈분화 과정에서 XF 배양기를 이용하는, 백양나무 배아세포 배양방법.

명세서 기재 내용: 발명자는 통상적으로 사용하는 MS 배양기를 개량하고, 일정한 농도의 옥신과 시토키닌 등의 식물 호르몬을 첨가하여, XF 배양기를 제조했다.

분석: "XF"는 출원인이 자체적으로 정의한 배양기 명칭으로서, XF 배양기의 명칭만으로는 당업자가 그 배양기의 기술방안을 확정할 수 없으므로, 이 청구항은 전리법 제26조 제4항 규정에 반한다.

┃ 사례 2 ┃

청구항: 재조합 벡터 pXYZ.

명세서 기재 내용: 출원인은 항균 단백질 유전자 A를 분리해 내었고, 실시례에서 외인성 유전자 A를 공지된 시작표시벡터 pET2로 전환하여 재조합 벡터 pXYZ를 획득했다. 또한 명세서에서는 전환 과정에서 사용한 효소와 그 외 전환 조건이 상세히 기재되었다.

분석: 청구항에서는 재조합 벡터의 명칭을 pXYZ 라고만 설명하였는데, 이 명칭은 출원인이 자체적으로 명명한 것으로서, 해당 기술영역에서 공인되거나 공지된 명칭이 아니다. 당업자는 pXYZ라는 명칭으로부터 그 기술특징을 명확히 확정할 수 없으므로, 이 청구항은 전리법 제26조 제4항 규정에 반한다.

3. 청구항에서의 생물 서열이 명세서에 의해 뒷받침되는지 여부

생물 기술 발명의 청구항 작성 시, 출원인은 하나의 구체적인 폴리펩티드(단백질) 또는 유전자를 근거로 하여 서열의 상동성(homology), 동일성, 치환, 결실이나 첨가 또는 이종교배의 한정 방식으로 청구범위를 상당히 넓게 기재하는 경우가 자주 있다. 이 경우 심사관은 해당 청구항이 명세서에 의해 뒷받침되는지 여부를 판단한다.

1) 기능식으로 한정하지 않은 경우

상동성, 동일성, 치환, 결실이나 첨가 또는 이종교배의 방식으로 한정한 청구항이 만약 기능적으로 한정되지 않은 경우, 심사관은 해당 청구항이 명세서에 의해 뒷받침되지 않는다는 거절이유를 지적한다.

┃사 례┃

청구항: (1) SEQ ID NO: 1과 X% 이상의 상동성을 갖춘 핵산분자; (2) SEQ ID NO: 2 로부터 하나 이상의 아미노산을 치환, 결실이나 첨가하여 얻은 폴리펩티드를 부호화한 핵산분자; (3) 엄격한 조건에서 SEQ ID NO: 1와 이종교배한 분자 중에서 선택된 핵산분자.
명세서에는 SEQ ID NO: 2는 발명자가 분리해 낸 효소 A이고, SEQ ID NO: 1은 효소 A의 부호화 유전자라고 기재되어 있었다.
분석: 폴리펩티드 구조로서의 아미노산 서열은 폴리펩티드 공간 구조의 기초이고, 공간 구조는 그 기능을 직접적으로 결정한다. 아미노산 서열의 미세한 변화는 공간 구조에 상당한 변화를 야기할 수 있고, 이에 따라 기능도 변하게 된다. 마찬가지로, 아미노산 서열을 부호화한 뉴클레오티드 서열 구조의 변화는 기능의 변화를 야기한다.
청구항에서의 (1), (2) 및 (3)은 각각 상동성, 동일성, 치환, 결실이나 첨가 또는 이종교배의 방식으로 한정한 핵산분자인데, 이 핵산분자는 원유전자와 서열 구조상 일정 정도 유사성이 있으나, 일정 정도 차이도 존재한다. 이러한 서열 구조의 차이는 어떠한 핵산분자의 기능에 변화, 심지어 결손을 야기하기도 한다. 당업자의 입장에서 명세서에 공개된 내용 및 종래기술을 토대로, 상기 방식으로 한정된 모든 핵산분자가 효소 A 유전자와 동일한 기능을 가질 것이라고 개괄할 수 없다. 따라서 청구항은 명세서에 의해 뒷받침되지 않는다.

만약 명세서에 구체적인 돌연변이 핵산분자를 열거했고, 출원인이 청구범위를 이 구체적인 핵산분자에 한정한다면, 청구항은 명세서에 의해 뒷받침되는 것으로 인정될 수 있다. 여기에서의 "열거"란 반드시 돌연변이 핵산분자의 서열구조의 확인 및 기능 검증에 대한 기재도 포함되어야 함을 의미한다.

2) 기능식으로 한정한 경우

만약 상동성, 동일성, 치환, 결실이나 첨가 또는 이종교배의 방식으로 한정한 생물서열 물질 청구항에서 비록 기능적 한정을 포함하고 있으나, 명세서에 대응되는 생물서열을 열거하지 않은 경우라면, 해당 청구항은 명세서에 의해 뒷받침되지 않는 것으로 인정되어 거절이유가 지적된다. 만약 명세서에 대응되는 생물서열이 열거되었다면, 심사관은 그 실례를 근거로 청구범위를 합리적으로 예측할 수 있는지 여부를 판단한다.

(1) 명세서에 열거하지 않은 경우

서열 구조의 차이는 기능상의 변화나 결실을 야기한다. 따라서 어떠한 유전자나 단백질의 경우, 그 자체에 대한 확정 이외에도, 동일한 기능을 가질 수 있는 유도서열이 존재하는지 확정해야 하며, 이를 입증할 증거도 필요하다. 만약 명세서에 대응하는 유도서열을 열거하지 않았다면, 유전인자나 단백질을 청구하는 청구항은 명세서에 의해 뒷받침될 수 없다.

상동성, 동일성, 치환, 결실이나 첨가 또는 이종교배의 방식으로 단기서열(예: 길이가 10aa 미만의 짧은 펩타이드)을 한정한 청구항의 경우, 단기서열상의 모든 지점의 아미노산은 보존성일 가능성이 크고, 어떠한 하나의 아미노산의 변화로 인해 폴리펩티드는 생물학적 기능상 변화나 결실이 발생할 것이므로, 그러한 청구항은 명세서에 의해 뒷받침되지 못한다.

┃ 사 례 ┃

청구항: (1) SEQ ID NO: 1과 X% 이상의 상동성을 갖춘 핵산분자; (2) SEQ ID NO: 2 로부터 하나 이상의 아미노산을 치환, 결실이나 첨가하여 얻은 폴리펩티드를 부호화한 핵산분자; (3) 엄격한 조건에서 SEQ ID NO: 1와 이종교배한 분자 중에서 선택된 핵산분자로서, 상기 핵산분자는 모두 효소 A활성을 갖는 폴리펩티드를 부호화하는 핵산분자.
명세서에는 SEQ ID NO: 2는 발명자가 분리해 낸 효소 A이고, SEQ ID NO: 1은 효소 A의 부호화 유전자라고 기재되어 있었다.
분석: 청구항에서의 (1), (2) 및 (3)은 각각 상동성, 동일성, 치환, 결실이나 첨가 또는 이종교배의 방식으로 한정한 핵산분자인데, 이 핵산분자는 원유전자와 서열 구조상 일정 정도

유사성이 있으나, 일정 정도 차이도 존재한다. 코돈 변성의 영향에 대한 고려 없이도, 핵산 서열의 변화는 그 부호화된 아미노산 서열의 변화를 야기할 것이므로 부호화된 폴리펩티드의 공간구조 및 기능에 영향을 미친다. 따라서 SEQ ID NO: 1 자체뿐만 아니라, 상동성, 동일성, 치환, 결실이나 첨가 또는 이종교배의 방식으로 한정한 다른 핵산분자가 존재하여, 효소 A 활성을 갖는 폴리펩티드를 부호화할 수 있는지 여부는, 실험증거로 검증될 필요가 있다. 명세서에는 효소 A의 기능 도메인의 아미노산 조성을 공개하지 않았고, 청구한 핵산분자의 실례도 제시하지 않았기 때문에, 당업자는 SEQ ID NO: 1 이외에, 효소 A 활성을 갖는 폴리펩티드를 부호화할 수 있는 다른 핵산분자가 존재하는지 여부를 알 수 없다. 따라서 청구항은 명세서에 의해 뒷받침되지 못한다.

(2) 명세서에 열거한 경우

상동성, 동일성, 치환, 결실이나 첨가 또는 이종교배의 방식으로 한정한 생물서열 물질 청구항에 대해, 만약 당업자가 명세서에 제시된 실례를 토대로 청구범위를 합리적으로 예측할 수 없다면, 해당 청구항은 명세서에 의해 뒷받침되지 않는다.

┃ 사 례 ┃

청구항: SEQ ID NO: 2와 70% 이상의 상동성을 갖고, 효소 A 활성을 갖는, 폴리펩티드.

명세서 기재 내용: SEQ ID NO: 2는 출원인이 분리해 낸 효소 A이고, 그 길이는 100aa이다. 또한 명세서에서는 한 가지 폴리펩티드를 열거하였는데, 이는 SEQ ID NO: 2와 98%의 상동성을 갖는다. 그러나 효소 A의 구조 도메인 아미노산 조성은 공개하지 않았다.

분석: SEQ ID NO: 2의 길이는 100aa로서, 이와 70% 이상의 상동성을 가진 폴리펩티드의 범위는 매우 넓고, SEQ ID NO: 2와 98%의 상동성을 갖는 폴리펩티드는 매우 적다. 아미노산 서열의 미세한 변화는 공간 구조의 상당한 변화를 일으키고, 이에 따라 기능도 변화한다. 따라서 당업자는 SEQ ID NO: 2와 70% 이상의 상동성을 갖는 폴리펩티드가 모두 효소 A 활성을 가질지 예측할 수 없다. 따라서 이 청구항은 명세서에 의해 뒷받침되지 않는다.

---

3) "갖는" 또는 "포함한"이라는 표현방식으로 생물 서열을 한정한 경우

"갖는" 또는 "포함한"으로 생물서열을 한정하였다면 이는 개방식 한정에 해당한다.

예를 들어, "Met-Tyr-……-Cys-Leu로 표시되는 아미노산 서열을 갖는, 화합물 A를 분해할 수 있는 폴리펩티드", 또는 "ATGTATCGG……TGCCT로 표시되는 뉴클레오시드 서열을 포함하는, 화합물 A를 분해할 수 있는 폴리펩티드를 부호화하는 유전자"로 청구항을 한정할 수 있다.

"갖는"이나 "포함한"을 사용하여 폴리펩티드 또는 유전자의 서열(아미노산 또는 뉴클레오시드 서열)을 한정한 경우, 이는 상기 서열의 양단은 임의의 개수 및 임의의 종류의 아미노산이나 뉴클레오시드가 더 첨가될 수 있음을 의미한다. 이러한 청구항에 대한 심사는 전술한 (1)와 (2)의 내용을 참고한다.

4. 생물 재료의 기탁

우선, 전리법 제26조 제3항을 만족시키기 위한 생물 재료의 기탁에 대해 2010년 〈전리심사지침〉 제2부 제10장 9.2.1절의 내용은 다음과 같다:

(1) 생물기술은 문자적 기재로 생물재료의 구체적 특징을 서술하기 어려운 경우가 있고, 그러한 서술이 있더라도 생물재료를 얻을 수 없으면 당업자가 발명을 실시할 수 없게 된다. 이러한 경우 전리법 제26조 제3항 규정을 만족시키기 위해 생물재료를 국가지식산권국이 승인한 기탁기관에 기탁해야 한다.

발명에 필수적으로 사용되는 생물재료를 일반 공중이 획득할 수 없는 경우, 출원인이 전리법 실시세칙 제24조[10])의 규정에 따라 기탁하지 않았거나 또는 규정에 따라 기탁하였으나 출원일 또는 출원일 이후 4개월 내에 기탁기관이 발급한 수탁증명서 및 생존증명서를 제출하지 않으면 심사관은 전리법 제26조 제3항 규정에 따른 거절이유를 지적한다.

일반 공중이 획득할 수 없는 생물재료에 관련된 출원의 경우, 출원서와 명세서에 모두 생물재료의 분류명칭, 라틴어 학명, 수탁기관의 명칭, 주소, 기탁일, 기탁번호를 기재해야 한다. 명세서에 그 생물재료를 최초로 언급할 때에는 그 생물재료의 분류명칭

---

10) 전리법 실시세칙 제24조: 전리출원한 발명이 새로운 생물재료와 관련하여 그 생물재료를 일반 공중이 획득할 수 없고, 그 생물재료에 대한 설명을 토대로 당업자가 그 발명을 충분히 실시할 수 없는 경우, 출원인은 전리법 및 본 실시세칙의 관련 규정에 부합하게 해야 할 뿐만 아니라, 아래 절차를 이행해야 한다.

(1) 출원일 전 또는 늦어도 출원일(우선권이 있는 경우에는 우선일)에 그 생물재료 시료를 국무원 전리행정부문이 인정하는 수탁기관에 제출하여 기탁하며, 출원 시 또는 출원일로부터 4개월 내에 수탁기관이 발급한 수탁증명서과 생존증명서를 제출해야 한다. 기간 내에 증명서를 제출하지 않은 경우, 그 견본을 기탁하지 않은 것으로 간주한다.

(2) 출원서류에 그 생물재료의 특징과 관련된 자료를 제공한다.

(3) 생물재료 시료의 기탁과 관련된 전리출원은 출원서 및 명세서에 그 생물재료의 분류명칭(라틴어 명칭을 명시), 그 생물재료 시료를 수탁한 기관의 명칭, 주소, 기탁일과, 기탁 번호를 기재해야 한다. 출원 시에 기재하지 않은 경우에는 출원일로부터 4개월 내에 보정해야 하고, 기간 내에 보정하지 않으면 기탁하지 않은 것으로 간주한다.

및 라틴어 학명뿐만 아니라, 기탁일, 기탁기관의 공식명칭과 약칭 및 기탁번호를 명시해야 한다. 또한 생물재료의 기탁일, 기탁기관의 공식명칭과 약칭 및 기탁번호를 명세서의 도면 설명 부분에 기재해야 한다. 출원인이 기간 내에 전리법 실시세칙 제24조의 규정에 부합하는 출원서, 기탁증명서 및 생존증명서를 제출했으나, 명세서에 기탁에 관한 정보를 기재하지 않은 경우, 출원인은 실질심사 단계에서 출원서의 내용에 따라 관련 정보를 명세서에 추가할 수 있다.

(2) 전리법 실시세칙 제24조에 기재된 "일반 공중이 획득할 수 없는 생물재료"에는, 개인이나 단위가 보유한 것으로서 기탁기관이 아닌 기탁기관에 기탁하여 일반 공중에 공개 분양하지 않은 생물재료, 또는 명세서에 그 생물재료를 제조하는 방법을 기재하였으나 당업자가 그 방법을 반복적으로 실시하여 획득할 수 없는 생물재료(예: 재현할 수 없는 선별, 돌연변이 등의 수단으로 새롭게 만든 미생물균종)를 포함한다. 이러한 생물재료는 모두 규정에 따라 기탁해야 한다. 다만 아래의 경우는 일반 공중이 획득할 수 있는 것으로 보아 기탁을 요구하지 않는다.

(ⅰ) 일반 공중이 국내외의 상업적 루트로 입수할 수 있는 생물재료. 이 경우에는 명세서에 입수 경로를 기재해야 하고, 필요한 경우 출원일(우선권 주장 시에는 우선일) 이전에 일반 공중이 그 생물재료를 입수할 수 있다는 증거를 제출해야 함.

(ⅱ) 각국 특허청 또는 국제특허조직이 승인한 기탁기관에 기탁한 것으로서, 중국 출원일(우선권 주장 시에는 우선일) 이전에 특허 공보에 공개되었거나 특허권을 수여받은 생물재료.

(ⅲ) 특허출원에 필수적으로 사용되는 생물재료로서 출원일(우선권 주장 시에는 우선일) 이전에 이미 비특허문헌에 의해 공개된 경우, 명세서에는 그 문헌의 출처가 명시되고 일반 공중이 그 생물재료를 입수할 수 있는 방법이 기재되어 있으며, 출원인이 출원일로부터 20년 이내에 일반 공중에게 그 생명재료를 분양할 것을 담보하는 증명서를 제출한 경우.

(3) 국가지식산권국이 승인한 기관에 기탁한 생물재료에 대해, 그 기관은 생물재료의 생존 상황을 확인해야 한다. 만약 생물재료가 사망, 오염, 비활동 또는 변이된 것으로 확인되면 출원인은 원래 기탁한 시료와 동일한 생물재료와 최초 시료를 함께 기탁하고, 이 사실을 중국 전리국에 보고해야 한다. 이 경우 후기탁은 최초 기탁의 계속으로 인정된다.

(4) 국가지식산권국이 승인한 기탁기관은 부다페스트조약이 승인한 생물재료시료 국제기탁기관을 의미하며, 그중에는 중국 북경에 위치한 중국미생물균종 기탁관리위원회 일반미생물센터(CGMCC)와 무한에 위치한 중국전형배양물 기탁센터(CCTCC)가 포함된다.

이하, 생물재료의 기탁에 대해 좀 더 구체적으로 살펴본다.

1) 기탁 기관

중국 국가지식산권국이 승인한 기탁 기관, 즉 부다페스트조약으로 승인된 생물재료 시료 국제기탁기관은, WIPO 웹페이지[11] 에서 검색할 수 있다.

외국 출원인이 간혹 생물재료를 우선 국내기탁을 한 후, 국제기탁기구로 옮겨 국제 기탁을 하는 경우가 있으나, 이 때 중국 국가지식산권국은 부다페스트조약이 승인하는 국제기탁기관으로의 국제기탁만을 인정한다는 점을 주의할 필요가 있다.

2) 기탁 시기

전리법 실시세칙 제24조 규정에 따르면, 우선권 주장을 수반한 출원의 기탁 절차는 반드시 우선일 이전 또는 늦어도 우선일 당일에 밟아야 하고, 그렇지 않을 경우 기탁하지 않은 것으로 간주한다고 되어 있다. 생물재료를 기탁해야 하는 출원 발명이 우선권을 수반한 경우 심사관은 아래 방식에 따라 심사한다.

a) 만약 기탁일이 출원일(또는 그 이전)이지만 우선일 이후인 경우, 기탁하지 않은 것으로 간주한다.

b) 만약 우선일(또는 그 이전)에 중국 국가지식산권국이 승인하지 않은 기탁기관에 기탁했고, 우선일 이후 출원일(또는 그 이전)에 이를 국가지식산권국이 승인한 기탁기관으로 이전한 경우, 기탁하지 않은 것으로 간주한다.

위 두 상황에 대응하기 위해, 출원인은 우선권을 주장하지 않을 수도 있고, 우선권 주장을 철회하는 성명서를 제출할 수도 있다.

부분 우선권을 주장한 상황에서, 만약 생물재료를 기탁해야 하는 발명에 대해서는 우선권을 주장하지 않은 경우라면, 출원일(또는 그 이전)에 이루어진 기탁은 유효한 기탁일로 인정된다.

3) 기탁을 요하는 생물재료

(1) 기탁을 요하는 생물재료인지 판단하는 기준

발명에 반드시 사용되고, 일반 공중이 출원일 전에 구할 수 없는 생물재료라면, 기탁을 요한다. 이에 대해서는 상술한 2010년 〈전리심사지침〉 제2부 제10장 9.2.1절 (2)를 참조한다.

---

11) http://www.wipo.int/treaties/en/registration/budapest/

(2) 흔하지만 기탁을 요하는 생물재료

a) 자연계에서 선별된 특정 생물재료

자연계(예: 토양, 폐수, 오염수, 진흙, 식물 및 동물이나 인체)에서 선별하여 얻은 어떠한 특정 기능을 갖는 미생물 자체, 또는 새로운 미생물의 용도발명의 경우, 보통 해당 생물재료를 기탁할 필요가 있다.

┃ 사례 1 ┃

청구항: 토양에서 분리해 낸, L-프롤린을 가지고 시스-3-수산기-L-프롤린을 생성하는, 간균(Bacillus sp.) 균주.

┃ 사례 2 ┃

청구항: 바나나 식물체에서 분리해 낸 Streptomyces reseogriseolus S-116을 이용하여 바나나 푸사륨 마름병을 예방, 치료하는 방법.

┃ 사례 3 ┃

청구항: A형 간염 환자로부터 분리해 낸 A형 간염 바이러스 균주-8의 HAV 항원 및 HBs 항원의 A형, B형 간염 연합 백신.

b) 인공적으로 유전자 돌연변이를 유도하여 획득한 생물재료

물리 화학적 방법, 예를 들어 자외선, 방사선 화학적 변이유도제(예: NTG, 디에틸설페이트, 에틸메틸술폰) 등을 통해 공지된 특정 생물재료를 인공적으로 변이 유도하여 얻어 낸, 특정 기능을 갖는 생물재료 자체, 또는 새로운 생물재료의 용도발명의 경우, 그 생물재료를 기탁할 필요가 있다.

┃ 사례 1 ┃

청구항: 바실러스 퍼밀러스(Bacillus pumilus) P8로부터 자외선 및 NTG 처리를 하여 획득한 것으로, D-리보오스를 만들 수 있는 마실러스 퍼밀러스 변이체 P8069.

┃ 사례 2 ┃

청구항: 방사선으로 변이 유도되고, … 특수성상을 갖는 고과 종자를 의약 제조에 이용하는 방법.

┃ 사례 3 ┃

시약으로 무작위 변이유도 분화시켜 얻어 낸 것으로서, 결장염을 치료하는 데 이용되는, 식물 티눈조직.

c) 특수한 성상을 갖는 교잡 종양

단일클론항체가 예상치 못한 특성 및 효과를 나타낼 때(예를 들어, 다른 항원과의 저교차 반응성 또는 항원 결합의 특이성이 더 강하다는 등), 상기 단일클론항체를 분비하는 특정 교잡 종양은 반드시 기탁해야 한다.

┃ 사 례 ┃

청구항: 인간의 헤모글로빈에 대해 고특이성 결합능력을 갖는 단일클론항체를 분비하는, 교잡 종양 세포주 B9.

d) 감쇠바이러스주

분리된 야생 바이러스주를 바이러스주 배양 및 계대 세포에 접종, 예를 들어, 헴스터 신장세포, 헴스터 간세포에 배양한 후, 독성이 약화된 새로운 바이러스주를 획득하는 경우가 있다. 이러한 독성의 약화는 바이러스 게놈 뉴클레오시드가 임의 변이된 결과이므로, 무독성주는 보통 기탁을 요한다.

┃ 사 례 ┃

청구항: 유행성출혈열 환자의 폐조직 표본에서 유행성출혈열 바이러스 L99주를 분리해 내고, 2~4일 된 어린 생쥐의 뇌강에 계대 적용시킨 후, 헴스터 신장 세포에 계대 배양하여 획득해 낸, 독성이 약화된 바이러스주 L-99-ST12.

(3) 기탁을 요하지 않는 생물재료

일반적으로, 최초 생물재료를 획득할 수 있는 상황이라면, 유전자 조작을 통해 재조합 물질을 만드는 과정에서 중복될 수 있으므로, 이때에는 상기 재조합 생물 또는 그 외 재조합 물질을 기탁할 필요가 없다. 만약 청구하는 기술방안이 특정 생물재료를 사용하지 않았고, 그 특정 생물재료의 사용 여부가 발명의 효과와 무관한 경우라면, 그 생물재료는 기탁할 필요가 없다.

▌사 례 ▌

재조합 단백질에 관한 발명에서, 명세서에서 상기 단백질의 아미노산 서열과 기능을 기재했고, 실시례에서 상기 단백질을 제조하는 방법을 공개했는데, 이 실시례에서 대장균 JF1125를 숙주로 이용하였으나, 대장균 JF1125는 당업자가 획득할 수 없는 균주이다. 청구항에서는 재조합 단백질을 청구하면서 단백질 서열을 한정하였으나, 대장균 JF1125에 대해서는 청구항에 기재하지 않았다.

분석: 발명은 재조합 단백질에 대한 것으로서, 비록 실시례에서 설명된 재조합 플라스미드를 표현하는 대장균 JF1125 균주를 당업자가 획득할 수는 없으나, 종래기술에서 상기 재조합 단백질을 제조하는 방법에서 대장균은 자주 사용되는 플라스미드 표현 숙주로서, 상기 재조합 단백질의 제조에 다른 여러 종류의 대장균 균주를 이용하여 재조합 플라스미드를 표현할 수 있을 뿐만 아니라, 재조합 단백질의 아미노산 서열이 공지된 상황이라면, 당업자도 다른 대체 방식으로 상기 재조합 단백질을 획득할 수 있을 것이다. 따라서 대장균 JF1125는 본 발명을 완성하는 데 반드시 사용되는 생물재료가 아니므로, 이를 기탁할 필요가 없다.

다만, 만약 청구항에서 JF1125 사용에 관한 내용을 기재했다면, 반드시 JF1125를 기탁해야 한다.

4) 생물재료 기탁과 관련된 실용성 문제

생물재료의 기탁은 생물재료 물질을 반복적으로 획득할 수 있음을 의미할 뿐, 생물재료의 제조방법을 반복적으로 재현할 수 있음을 의미하지는 않는다. 따라서 청구하는 대상이 생물재료의 제조 방법이거나, 재조방법을 이용하여 한정한 생물재료 물질인 경우에는, 그 생물재료가 기탁되었다 하더라도, 심사관은 청구발명이 실용성을 갖추었는지 심사한다.

예를 들어, "토양에서 모 미생물을 선별하여 분리하는 방법으로서, 상기 미생물은 CCTCC NO: XXXXX이고, 상기 방법은 … 를 포함하는 방법" 또는" 모 미생물을 물리 또는 화학적으로 변이 유도하여 어떠한 특성을 가진 미생물을 획득하는 방법으로서, 상기 모 특성을 갖는 미생물은 CCTCC NO: XXXXX이며, 상기 방법은 … 를 포함하는 방법"과 같이 작성된 청구항에서, 출원인이 획득한 미생물을 기탁했더라도, 이는 미생물이 일반 공중이 획득할 수 있고 미생물을 재현할 수 있음을 의미할 뿐, 상기 미생물의 선별 과정이 재현 가능하여 동일한 결과를 낼 수 있음을 보장하지는 않는다. 다시 말해 미생물의 선별 방법 자체는 재현성이 없을 수 있으며, 이는 미생물의 기탁 여부와는 무관하다. 따라서 이러한 청구항이 실용성이 없다고 판단되면, 실용성 흠결로 거절 이유를 지적받을 수 있다.

5. 단백질 결정체 또는 구조에 관한 발명

단백질 결정체 또는 구조에 관한 발명에 대한 심사는 제1장 화합물 발명에 대한 심사/8. 화합물 결정체 부분을 참고한다.

1) 자주 사용되는 청구항 작성 방식

(1) 단위격자 파라미터 및 공간군으로 단백질 결정체를 정의하는 경우

예: "결정체 공간군이 P21이고, a=61.38Å, b=126.27Å, c=81.27Å, β=107.41°인 단위격자 파라미터를 갖는, TNF-α 전이효소 결정체"

(2) 파라미터를 수반하는 단위격자 중첩그래프로 단백질 결정체를 정의하는 경우

예: "결정체 구조가 도 1에서 나타내는 바와 같이 원자 좌표 (x, y, z)±(1.0, 1.0, 1.0)로 정해지는 3차원 구조인, 진드기 알레르겐 proDer p1 결정체 구조"

(3) 결정체 XRPD 이미지(데이터) 또는 고상 NMR 이미지(데이터)로 단백질 결정체(다결정/분말결정)

예: "도 1에서 도시하는 바와 같은 X-선 분말회절도를 갖는, 록시피반(roxifiban).

2) 단백질 결정체의 제법

단백질 결정체의 제법은 여러 요인들의 영향을 받고, 결과물의 획득에 예측 불가능성이 있으므로, 명세서에 단백질 결정체의 제조에 사용하는 원료물질, 결정(結晶)방법, 결정 조건, 전용설비 등을 기재해야 하고, 상기 조작조건을 갖는 제법 실시례를 적어도 하나 기재함으로써, 당업자가 명세서에 기재된 방법에 따라 그 결정체를 제조해 낼 수 있도록 해야 한다. 단백질 결정체 제조에 사용되는 원료물질(예: 결정될 단백질 및 결정에 사용되는 시약)에 대해 그 성분, 성능, 제조방법이나 출처를 기재하여, 당업자가 획득할 수 있도록 해야 한다.

┃사 례┃

출원 발명은 인슐린 단백질 결정체에 관한 것이었고, 명세서에는 결정체의 단위격자 파라미터와 공간군이 기재되었으나, 결정체의 제조방법에 대한 기재는 없었다.

분석: 명세서에 결정체의 단위격자 파라미터와 공간군을 기재했으나, 결정체의 제조방법에 대해서는 어떠한 정보도 공개하지 않았다. 즉, 상기 결정체를 제조하는 구체적인 방법 및 상세한 조건을 기재하지 않았고, 구체적인 조작 조건을 설명하는 제조 실시례도 없다. 단백질 결정체의 획득에 예측 불가능성이 있고, 결정체의 형성과 그 제조 조건은 매우 밀접한 관계가 있어, 미세한 조건의 차이로 인해 완전히 다른 결과를 야기할 수 있다. 따라서

당업자가 명세서의 기재를 토대로 상기 단백질을 획득할 수 없고, 출원 발명을 실시할 수 없으므로, 출원 명세서는 전리법 제26조 제3항 규정에 반한다.

3) 단백질 결정체의 용도 또는 사용효과

단백질 결정체 획득의 목적은 단백질 결정체 자체의 생물활성이나 성능에 있을 수도 있으나, 관련 단백질의 입체구조 정보(즉, 생물학적 작용을 할 때의 입체구조 상태)를 얻어 냄으로써 단백질의 활성자리를 연구하고, 활성자리의 구조를 이용하여 활성약물을 설계하거나 활성물질을 선별하기 위한 것일 수도 있다. 명세서에는 반드시 단백질 결정체의 적어도 하나의 용도 또는 사용효과를 정성 또는 정량적으로 설명해야 한다. 만약 당업자의 입장에서 종래기술만을 토대로는 단백질 결정체가 상기 용도 또는 사용효과를 달성할 수 있을 것이라고 예상되지 않는 경우에는, 상기 결정체가 상기 용도를 실현하거나 또는 의도하고자 하는 효과를 달성할 수 있음을 입증할 정성 또는 정량적 실험 데이터를 명세서에 기재해야 한다.

> **┃사 례┃**
>
> 출원 발명은 cPLA2 결정체에 대한 것이다. 명세서에 cPLA2는 세포질 포스폴리파아제로서 그 염증 질환에 대한 생물학적 기능 또는 용도를 기재했다. 비록 cPLA2 결정체의 생물학적 기능이나 용도에 대해 기재지지는 않았으나, 당업자는 cPLA2 결정체로 얻어지는 cPLA2의 입체구조 정보를 이용하여, 단백질 활성자리 및 활성약물의 설계 또는 활성물질의 선별에 대한 연구를 진행할 수 있을 것이다. 따라서 명세서에 단백질 결정체의 용도 또는 효과가 기재된 것으로 인정된다.

4) 단백질 결정체와 관련된 지적 활동의 규칙 및 방법(전리법 제25조 제1항 제2호)

데이터 배열, 화합물 명칭 및 구조 데이터 코딩을 포함한 데이터베이스, 원자 좌표를 이용하여 코딩한 컴퓨터 가독 저장매체, 컴퓨터 모델, 약물 분자구조 등 단백질 구조에 관한 청구항은 단순한 정보의 표현 또는 추상적 아이디어에 불과하다. 즉, 실질적으로 지적 활동의 규칙 및 방법에 불과하여 전리법 제25조 제1항 제2호 규정에 따라 전리권을 받을 수 없다.

예를 들어, 아래는 지적 활동의 규칙 및 방법에 불과하여, 전리권을 받을 수 없는 청구항들이다.

a) 도 1에서 도시하는 바와 같은 TNF-α 전이효소의 원자 좌표를 포함하는 데이터 배

열

  b) 청구항 제1항의 방법으로 식별되는 화합물의 명칭 및 구조의 데이터 코딩을 포함하는 데이터베이스

  c) 도 1에서 도시하는 바와 같은 TNF-α 전이효소의 원자 좌표가 코딩된 컴퓨터 가독 저장매체

  d) TNF-α 전이효소의 구조 모델로서, 상기 모델은 TNF-α 전이효소의 구조를 구체적으로 구현하는 데이터 그룹을 포함하는 구조 모델.

  e) 도 1에 나타내는 원자 좌표로 만들어지는 TNF-α 전이효소의 컴퓨터 모델

  f) 하기의 공식 1로 정의된 분자 내 원자공간배열을 갖는 약물 분자구조.

6. 인간 배아 및 줄기세포(전리법 제5조 제1항)

1) 인간 배아의 공업 또는 상업적 목적에의 응용

인간 배아의 공업 또는 상업적 목적으로의 응용은 사회 공중도덕에 위배되어 전리법 제5조 제1항 규정에 따라 전리권을 받을 수 없다.

여기에서, "인간 배아"란 수정란에서 시작하여 신생아로 출생하기 이전까지의 모든 단계의 배아 형태로서, 난할기, 상실기, 낭배기, 착상기, 배엽분화기 등의 배아를 포함한다. 그 출처도 모든 출처의 배아를 포함하는데, 체외 수정 후 남은 낭배, 체세포 핵이식 기술에서 얻은 낭배, 자연적으로 유산된 태아 등을 포함한다.

▌사례 1▐

청구항: 인간 배아 각막상피를 잘라 부순 후 효소를 함유한 소화액으로 소화하고, … 조건에서 배양해 낸, 인간 줄기세포 재생 표층각막.

분석: 출원 발명은 "줄기세포 재생 표층각막"으로서, 그 제조 과정에서 "배아 각막상피"를 이용한다. 배아 각막상피는 필연적으로 배아에서 얻어지는 것이므로, 본 발명은 배아를 공업 또는 상업적 목적으로 이용하는 것이어서 전리권을 받을 수 없다.

▌사례 2▐

청구항: 7~9주에 유산된 배아조직에서 전뇌 조직을 분리하고, 배양액에 넣어 … 하는 단계를 포함하는, 외인성 유전자를 표현하는 인간 신경 줄기세포의 제조 방법.

분석: 출원 발명은 "유산된 배아"에서 "전뇌 조직"을 분리하는 단계를 포함한다. 유산된 배아는 배아의 범주에 속하는 것으로서, 이 발명은 상업적 목적으로 사망한 배아에 분리, 분

할을 수행하므로, 인간 배아의 공업 또는 상업적 목적의 이용에 해당하여 전리권을 받을 수 없다.

2) 인간 배아 줄기세포와 관련된 발명주제

인간 배아 줄기세포의 제조 과정에 인간의 배아를 이용할 필요가 있으므로, 인간 배아 줄기세포와 관련된 주제에 대해 심사관은 인간 배아의 공업 또는 상업적 목적의 응용에 해당하는지 주의하여 심사를 진행한다. 인간 배아로부터 줄기세포를 획득하는 어떠한 방법, 단계이든지 인간 배아의 공업 또는 상업적 목적의 이용에 관한 것으로서, 사회 공중도덕에 반하여, 전리법 제5조 제1항에 따라 전리권을 받을 수 없다.

(1) 인간 배아 줄기세포의 분리, 제조 방법

인간 배아 줄기세포의 분리, 제조방법에는 인간의 배아를 이용할 필요가 있으므로, 인간 배아의 공업 또는 상업적 응용에 해당하여 전리권을 받을 수 없다.

예를 들어, 만약 "… 를 포함하는, 체외수정낭배의 내층세포군으로부터 인간 배아 줄기세포를 획득하는 방법", "… 를 포함하는, 5~9주에 유산된 배아에서 미분화된 인간 배아 줄기세포를 분리해 내는 방법", "… 를 포함하는, 체세포 핵전이 기술로 배아 줄기세포를 획득하는 방법"과 같은 청구항은 각기 다른 기술에 속하고, 다른 단계, 다른 출처의 인간 배아를 사용하여 배아 줄기세포를 만든다. 그 기술적 경로는 서로 다르지만, 이들은 모두 인간 배아의 공업 또는 상업적 목적으로의 응용에 해당하여 전리권을 받을 수 없다.

줄기세포 제작 과정에서 인간 배아를 손상시킬 필요 없는 기술이라고 하더라도, 이 역시 배아를 사용하여 배아 줄기세포를 만드는 방법발명으로서, 인간 배아의 공업 또는 상업적 목적의 응용에 해당하여 전리권을 받을 수 없다.

┃사 례┃

청구항: 배아를 손상시키지 않은 채로 8~16개 세포의 수정란을 채취하는 단계; 하나의 세포를 분리하여… 배양하는 단계; 배아 줄기세포계를 획득하는 단계; 난할구에서 제거된 세포가 할구를 계속 형성하는 단계; 건강한 태아로 발육하는 단계;를 포함하는, 인간 배아 줄기세포의 제조 방법.

분석: 출원 발명은 비록 인간 배아에 손상을 가하지는 않으나, 인간 배아 줄기세포 제작 과정에서 여전히 난할기의 인간 배아를 재료로 사용한다. 따라서 인간 배아의 공업 또는 상업적 목적으로의 응용에 해당하여 전리권을 받을 수 없다.

(2) 전능성 인간 배아 줄기세포

전능성 인간 배아 줄기세포는 인체의 한 발육 단계로서 전리법 제5조 제1항 규정에 반하여 전리권을 받을 수 없다.

┃사 례┃

청구항: … 를 통해 배양하여, 인간 배아로 자랄 수 있는 인간 배아 줄기세포.

분석: 출원 발명이 청구하는 배아 줄기세포는 어떠한 종류의 세포로도 자기재생 및 분화 형성할 수 있어, 전능성 인간 배아 줄기세포에 해당한다. 전능성 인간 배아 줄기세포는 인체 발육의 한 단계에 해당하여 완전한 인체로 성장할 잠재성이 있을 뿐만 아니라, 그 제조 과정에서 반드시 인간 배아를 통한 분리 과정을 거쳐야 하므로, 윤리 도덕적 문제와 관련되어 전리법 제5조 제1항에 따라 전리권을 받을 수 없다.

심사관은 특히, 수정란이 8~16개의 세포로 분할하기 이전 단계에서 분리한 배아 줄기세포 또는 세포계는 모두 발육 전능성을 지닌 것으로 본다.

---

(3) 비전능성 인간 배아 줄기세포

비전능성 인간 배아 줄기세포는 비록 발육 전능성은 없지만, 만약 그 제조 과정에서 인간 배아를 이용하여 반드시 분리 과정을 거쳐야 한다면, 그 발명은 인간 배아의 공업 또는 상업적 목적의 이용에 관한 것이다.

┃사 례┃

청구항: 5개월 된 태아의 골수를 추출하여 … 획득하는, 인간 배아 줄기세포.

분석: 인간 배아가 16개 세포로 발육한 이후에, 분리해 낸 배아 줄기세포 또는 세포계는 일반적으로 전능성이 없어 완전한 인체로 발육할 수 없다. 따라서 이러한 유형의 인간 배아 줄기세포는 비전능성 인간 배아 줄기세포에 해당하므로, 이에 인체 발육의 한 단계라는 근거가 적용되지는 않는다. 다만, 비전능성 인간 배아 줄기세포의 획득에도 인간 배아를 이용하여 분리해 내는 과정을 거쳐야 한다는 점에서, 마찬가지로 인간 배아의 공업 또는 상업적 목적의 이용에 해당하여 전리권을 받을 수 없다.

---

(4) 인간 배아 줄기세포가 분화 형성된 인체 및 그 분화방법

인간 배아 줄기세포로부터 분화하여 형성된 인체 및 그 분화 방법에 대한 발명은, 그 산물이 인체이므로, 실질적으로 복제 인간 및 인간을 복제하는 방법에 해당하여, 사회 공중도덕에 반한다. 따라서 전리법 제5조 제1항 규정에 따라 전리권을 받을 수 없다.

(5) 인간 배아 줄기세포가 분화하여 형성된 세포, 기관 또는 조직

이와 같은 유형의 발명은 인간 배아 줄기세포를 원료로 한다. 만약 이러한 유형의 발명에서 인간 배아 줄기세포의 획득 과정이 윤리 도덕에 반하는 경우라면, 전리권을 받을 수 없다.

▌사 례▐

청구항: 인간 배아 줄기세포를 분리하고, 인간 배아 줄기세포에 대한 분화를 거쳐 … 획득한, 인간 간양(肝樣)세포.

분석: 출원 발명의 청구 대상인 간양세포는 인간 배아 줄기세포를 원료로 하였고, 배아 줄기세포의 분리 과정이 인간 배아의 공업 또는 상업적 목적의 응용에 대한 것이어서, 윤리 도적적 문제가 존재한다. 따라서 청구항은 전리법 제5조 제1항 규정에 반하여, 전리권을 받을 수 없다.

(6) 인간 배아 줄기세포의 유지, 증폭, 농축, 유도분화, 변형 방법

이러한 유형의 발명도 인간 배아 줄기세포를 원료로 한다. 따라서 만약 인간 배아 줄기세포의 획득 과정이 윤리 도덕에 반하는 경우라면, 전리권을 받을 수 없다.

(7) 인간 배아 줄기세포를 이용한 키메라 형성 방법 및 획득한 키메라 생물체

이러한 유형의 방법발명 또는 물질방명은 "인간 생식계통 유전 동일성을 변경하는 방법" 또는 "생식계통의 동일성이 변경된 인간"에 해당하여, 전리권을 받을 수 없다.

▌사 례▐

청구항: 8세포 난할기의 인간 배아를 채취하여 그중 하나의 세포를 분리하고 이를 생쥐의 배아에 주입시켜 … 키메라 배아를 획득하는, 키메라 배아 형성 방법.

분석: 발명의 청구 대상은 인간과 동물의 키메라로서, 인간 생식계통의 연속성을 파괴하므로, "인간 생식계통 유전 동일성을 변경하는 방법"에 해당하여 전리권을 받을 수 없다. 뿐만 아니라, 인간 배아 줄기세포의 획득 과정도 윤리 도덕에 반하여, "인간 배아의 공업 또는 상업적 목적으로의 응용"에 대한 것이다. 결국 이 청구항은 전리법 제5조 제1항 규정에 따라 전리권을 받을 수 없다.

3) 인간 줄기세포에 관한 충분공개(전리법 제26조 제3항)

인간 줄기세포 분야는 그 자체의 기술적 특징이 있기 때문에, 심사관이 인간 줄기세포에 관한 발명이 명세서 충분공개 요건을 만족하였는지 여부를 심사할 때에도 아래 몇 가지 부분에 특히 치중하여 심사하는 경향이 있다.

(1) 인간 줄기세포 물질의 확인

인간 줄기세포 및 그 분화 형성을 거친 세포, 기관 또는 조직에 관한 물질발명의 경우, 반드시 명세서에 그 물질이 명확하게 확인될 수 있도록 기재해야 한다. 즉, 명세서에 그 구조(예: 세포표면 마커, 세포핵 타입, 세포기관의 구성 등)를 명확히 기재해야 한다. 그 구조를 명확히 기재할 수 없는 경우에는, 그 생물학적 특성 또는 제조 방법을 기재해야 한다. 상기 생물학적 특성에는 세포 주기, 면역 조직 화학상의 지표, 세포의 유전자 표현상황 또는 체내외 분화능력 등을 포함한다.

(2) 인간 줄기세포 물질의 용도 또는 사용효과의 충분공개

인간 줄기세포 관련 발명의 경우, 명세서에 그 용도 또는 효과를 기재해야 하고, 상기 효과를 달성하기 위해 필요한 기술적 수단을 명확히 기재해야 한다. 새로운 유형의 세포, 기관 또는 조직인 경우에는, 명세서에 그 적어도 하나의 용도를 기재해야 함에 특히 주의할 필요가 있다. 만약 당업자가 종래기술만을 토대로 상기 용도 또는 효과를 예상할 수 없는 경우라면, 명세서에 출원 발명이 상기 용도 또는 효과를 달성할 수 있음을 충분히 증명하는 정성 또는 정량적 실험 데이터를 기재해야 한다.

┃ 사 례 ┃

청구항: 연속 증식이 가능한 인간 성체 줄기세포로서, 상기 세포는 줄기세포 증식 잠재성이 있고, 일반적인 조직세포 형태로 조직에 존재하며, 체외 배양에서 증식 상태의 세포를 형성하고; 배양되어 기능을 갖춘 기관 및 조직을 형성하는, 인간 성체 줄기세포.

분석: 출원 발명의 목적은 증식 및 분화 잠재능력이 있는 인간 성체 줄기세포를 획득하고자 하는 것이다. 그러나 명세서에는 상기 성체 줄기세포의 구체적인 구조가 기재되어 있지 않았다. 또한 명세서에 기재된 기술방안 중 제조 방법은 성체 줄기세포와 다른 세포의 혼합물이었고, 그 혼합물로부터 성체 줄기세포를 감별, 순화하는 단계는 전혀 기재되어 있지 않았다. 즉, 명세서에는 상기 성체 줄기세포의 제조 방법이 기재되어 있지 않았다. 명세서에 상기 성체 줄기세포의 용도나 사용효과가 기재되어 있었지만, 실험 증거가 부족했다. 이에 따라 당업자는 상기 성체 줄기세포가 분화되어 기관 또는 조직이 될 수 있는 기능이 있음을 확인할 수 없었다. 결국 명세서에 화학물질의 확인, 화학물질의 제법 및 화학물질의 용도에 대한 기재가 없어, 당업자는 상기 성체 줄기세포를 획득할 수 없으므로, 출원 명세서는 전리법 제26조 제3항 규정에 부합하지 않는다.

7. 유전자원 출처공개(전리법 제26조 제5항)

전리법 제26조 제5항에서는 "유전자원에 의해 완성된 발명에 대해 출원인은 출원서류에 유전자원의 직접적인 출처와 최초 출처를 설명해야 한다. 출원인이 최초 출처를 설명할 수 없는 경우에는 그 이유를 진술해야 한다"라고 규정한다.

또한 2010년 〈전리심사지침〉 제1부 제1장 5.3절에서는 더 나아가 "전리법 제26조 제5항 규정에 부합하지 않는 경우, 심사관은 보정통지서를 발행하여 출원인이 보정하도록 해야 한다. 기간 내에 보정하지 않은 경우 심사관은 취하간주 통지를 해야 한다. 보정한 후에도 여전히 규정에 부합하지 않은 경우 출원을 거절해야 한다"라고 규정한다.

1) 심사관의 심사 원칙

심사관은 전리법 제26조 제5항 규정 심사 시, 다음 원칙에 따라 심사한다.

a) 심사관은 전리법 실시세칙 제53조[12)에 따라 실질심사를 진행하되, 전리법 제26조 제3항에 대한 심사는 가장 마지막에 이루어진다. 즉, 다른 실질적 결함이 존재하고, 그 결함이 극복 불가능하여 전리권을 받을 수 없을 것으로 예상되면, 심사관은 전리법 제26조 제5항 규정을 심사하지 않을 수 있다. 반대로 다른 거절이유가 존재하지 않아 등록이 예상되는 출원에 대해, 심사관은 이 출원에 대한 전리법 제26조 제5항 규정에 대한 심사 내용도 이미 확보한 상태여야 한다.

b) 출원인이 자발적으로 유전자원 출처공개 등기표(이하 '등기표'로 약칭)를 제출하였는데, 그 유전자원은 공개가 불필요한 경우가 명확하다면, 심사관은 그 등기표의 작성 내용에 대해 지적할 수 없다.

c) 등기표의 내용을 심사할 때, 등기표의 작성 내용에 오류나 누락이 있음을 심사관이 증거로써 입증할 수 없는 경우에도, 심사관은 그 등기표의 작성 내용에 대해 지적할 수 없다.

d) 심사관은 명세서 충분공개 요건을 심사할 때, 등기표의 내용을 근거로 해서는 안 되고, 등기표에 적힌 내용에 의해 영향을 받아서는 안 된다.

---

12) 전리법 실시세칙 제53조: 전리법 제38조의 규정에 따라 특허출원에 대해 실질심사를 거쳐 거절해야 하는 경우는 다음과 같다.
　(1) 출원이 전리법 제5조, 제25조가 규정한 경우에 해당하거나, 전리법 제9조의 규정에 따라 전리권을 수여받을 수 없는 경우
　(2) 출원이 전리법 제2조 제2항, 제20조 제1항, 제22조, 제26조 제3항, 제4항, 제5항, 제31조 제1항 또는 본 세칙 제20조 제2항의 규정에 부합하지 않는 경우
　(3) 출원에 대한 보정이 전리법 제33조 규정에 부합하지 않거나, 분할출원이 본 세칙 제43조 제1항의 규정에 부합하지 않는 경우

e) 출원인이 등기표에 유전자원의 직접적인 출처(제7란)와 최초 출처(제15란)를 설명했거나, 또는 출원인이 유전자원의 직접적인 출처만 설명하고 최초 출처는 설명할 수 없어서 그 이유를 진술(제20란)한 상황에서, 만약 등기표에 다른 결함이 존재하는 경우, 심사관은 통지서에서 상기 결함을 지적하여 출원인이 보정하도록 해야 한다. 다만, 이를 이유로 전리법 제26조 제5항 규정에 따라 출원을 거절할 수는 없다.

2) 출처 공개가 필요한 경우

2010년 〈전리심사지침〉 제2부 제1장 3.2절을 근거로 하여, 유전자원의 출처공개가 필요한 경우는 다음과 같다.

a) 유전자원으로부터 유전기능단위를 분리해 내어 분석 및 이용한 경우

┃사례 1┃

출원 발명은 해양 원삭동물인 활유어에서 노화방지와 관련된 페리틴(ferritin)의 새로운 유전자에 대한 것으로서, 중국 칭다오 샤즈코우 지역 근해의 성체 활유어를 잡아, 활유어 창자에서 total RNA를 채취하고 cDNA 표현 라이브러리를 만든 후, 라이브러리에서 복제 감정을 거쳐 활유어 페리틴의 새로운 유전자 및 그 돌연변이 서열을 획득하였다.

분석: 출원 발명은 유전자원에서의 유전기능단위에 대해 분리, 분석 및 이용하여, 발명을 완성하였으므로, 활유어의 출처를 공개할 필요가 있다.

┃사례 2┃

출원 발명은 정신분열증 관련 유전자에 대한 것으로서, 중국 동북지역에서 한족 정신분열증 환자와 그 부호 양친으로 구성된 Trios의 혈액 샘플 255개를 연구 대상으로 하였다. 유전형 분석(Genotyping) 등의 방식으로 게놈 DNA에서의 PPARD 유전자의 단일염기다형성과 정신분열증 소인 간의 관련성을 확정하였다.

분석: 출원 발명은 인간 유전자원에서의 유전기능단위를 분리, 분석 및 이용하여 발명을 완성하였다. 따라서 그 인간 유전자원(즉, 상기 혈액 샘플)의 출처를 공개할 필요가 있다.

b) 유전자원에서의 유전기능단위에 대해 유전자를 변형하여 유전 성상을 바꾸거나 공업적 생산 목적을 만족시키는 경우

┃사 례┃

출원 발명은 고초균 돌연변이체와 이를 선별 육성하는 방법 및 상기 균을 발효법으로 아데노신을 생산하는 데 이용하는 방법에 대한 것으로서, 보존된 고초균 출발균주를 기초로,

디에틸설페이트로 변이유도와 선별을 거쳐 돌연변이를 획득하고 이를 아데노신 생산에 이용한다. 출원 명세서는 충분공개 요건을 만족하였다.

분석: 출원 발명은 고초균 출발균주의 유전기능단위를 처리한 후, 그 유전기능을 이용하여 발명을 완성하는 것이므로, 상기 출발균주의 출처를 공개할 필요가 있다.

c) 유성 또는 무성 번식으로 특정 성상을 지닌 새로운 품종이나 계통을 생산하는 경우

▌사 례▐

출원 발명은 베고니아 "Fragrance"의 육종 방법에 대한 것으로서, 상기 품종은 B.silletensis C.B.Clark를 모체로 하고, B.dryadis Irmsch를 부체로 하여 인공수분교배를 거쳐 획득한다.

분석: 출원 발명은 이종교배로 새로운 성상의 식물을 생산하는데, 교배 과정은 부모 식물체가 가진 유전기능단위에 대한 처리로 간주할 수 있고, 새로운 성상의 식물체를 생산하는 과정은 그 유전기능을 이용하는 과정이며, 이를 토대로 발명을 완성한 것이므로, 모체와 부체의 출처를 공개할 필요가 있다.

d) 자연에서 특정 기능을 갖는 미생물을 분리해 낸 경우

▌사 례▐

출원 발명은 새로운 타입의 해양 미생물 저온 알칼리금속 단백질 분해효소 및 효소생식 균주에 대한 것으로서, 상기 균주는 동중국해 해역의 진흙에서 분리해 낸 것이다.

분석: 일반적으로 미생물의 특정 기능은 그 유전기능단위와 관련된 것으로 여겨지므로, 미생물의 특정 기능을 확인하는 것은 그 유전기능단위를 분석 및 이용하는 것으로도 인식될 수 있다. 따라서 자연에서 분리한 특정 기능을 갖는 미생물에 대한 발명은 유전자원과 불가분의 관계에 있는 경우에 속하므로, 그 미생물의 출처를 공개할 필요가 있다.

3) 출처 공개가 필요하지 않은 경우

유전자원의 출처를 공개할 필요가 없는 경우는 다음과 같다:

a) 유전공학 분야에서 자주 사용하는 숙주세포 등

b) 종래기술로 공지(검색할 필요는 없고, 명세서에 공개된 정보만으로 공지 여부를 판단)된 유전자 또는 DNA나 RNA 단편

c) 발명의 효과를 검증할 때에만 사용되는 유전자원

┃사 례┃

출원 발명은 임상혈액표본에서 total DNA를 추출하는 방법에 관한 것으로서, 상기 방법의 유효성은 168가지의 세균감염 환자의 혈액 배양물에서 추출해 낸 DNA에 대해 PCR 검측을 수행함으로써 증명된다.

분석: 출원 발명에서 환자의 혈액 샘플을 이용하는 것은 발명의 효과를 입증하기 위한 것일 뿐이고, 그 전에 이미 발명은 완성된 것이므로, 환자의 혈액 샘플의 출처를 공개할 필요가 없다.

d) 후보 대상으로만 선별되었을 뿐, 이후 추려져 제거된 유전자원

┃사 례┃

출원 발명은 감귤 부패방지 생체조절 균주인 Kloeckera Lindner 효모균주34-9, 상기 균주를 함유한 균제 및 발효공정으로의 응용에 대한 것이다. 최종적으로 획득해 낸 Kloeckera Lindner 효모균주34-9는 384개의 후보균에서 선별해 낸 것이다.

분석: 출원 발명에서 사용된 Kloeckera Lindner 효모균주34-9 이외의 나머지 383개의후보 균주는 감귤의 부패를 막는 작용을 하지 않아 추려내진 것이다. 따라서 이들 균주들은 발명의 완성에 어떠한 기여를 한 것이 아니므로, 그 출처를 공개할 필요가 없다.

다만 이 사례에서, Kloeckera Lindner 효모균주34-9의 출처는 공개될 필요가 있다. 그 구체적인 이유는 상술한 "(2) 출처 공개가 필요한 경우의 d) 자연에서 특정 기능을 갖는 미생물을 분리해낸 경우"의 사례 분석 부분을 참고한다.

e) 발명의 완성에 유전자원이 이용되었지만, 그 유전기능은 이용되지 않은 경우

┃사 례┃

출원 발명은 녹두에서 핵산을 추출하여 핵산 드링크액을 제조하는 방법에 관한 것이다.

분석: 출원 발명에서 비록 유전자원으로부터 핵산을 분리해 냈지만, 핵산의 화학성분을 이용했을 뿐, 그 유전기능을 이용한 것은 아니므로, 그 출처를 공개할 필요가 없다.

‖ 제4장 파라미터 특징을 포함하는 물질발명에 대한 심사 ‖

본 절에서는 파라미터 특징을 포함하는 물질 발명의 등록 요건 중에서, 명세서의 충분공개 요건, 청구항의 명확성 요건, 청구항의 명세서에 의한 지지 요건, 신규성 및 진보성 심사에 대해 설명한다.

1. 명세서의 충분공개 요건

파라미터 특징을 포함하는 물질발명의 출원 명세서가 전리법 제26조 제3항 규정에 부합하는지 여부를 판단함에 있어서, 〈전리심사지침〉의 일반 규정에 따라 아래 몇 가지 사항들을 고려해야 한다.

1) 파라미터가 충족해야 할 요구사항

당업자가 명세서에 기재된 내용 및 종래기술을 토대로 물질을 한정하는 파라미터 특징을 명확하게 확정할 수 있어야 한다.

(1) 파라미터의 명칭 또는 기술적 의미

파라미터는 명확한 명칭 또는 기술적 의미를 가져야 하고, 당업자가 종래기술을 토대로 파라미터의 명칭 또는 기술적 의미를 이해할 수 없는 경우에는, 명세서에 반드시 이를 기재하고 설명해야 한다.

▌사 례▐

청구항: 정전상 형성에 이용되는 조색액으로서, 상기 조색액은 점착수지, 착색제 및 왁스를 포함하되, 아래 관계식을 만족하며:

$$0.01 \leq S1/S \leq 0.1$$
$$0.02 \leq S2/S \leq 0.2$$

상기 S는 측정장비 A로 상기 왁스 조성분을 측량할 때 획득한 이미지에서 0~100ppb 신호의 총 면적이고, S1은 60~80ppb 신호의 총면적이며, S2는 20~40ppb 신호의 총면적인 조색액.

명세서에는 S, S1 및 S2의 의미와 이들의 측정 방법이 자세히 기재되었다.

분석: 명세서의 상세한 기재에 따르면, S1/S와 S2/S의 수치를 특정 범위 내로 설정함으로써

왁스 성분이 특정한 구조, 특정한 성능과 기능을 갖게 할 수 있고, 따라서 S1/S와 S2/S의 기술적 의미가 명확한 것으로 이해할 수 있다. 본 발명에서 정전상 형성에 이용되는 조색제의 왁스 성분은 해당 기술영역에서 상용되지 않는 "측정장비 A"로 측정된 영상"에서의 S1/S와 S2/S 값을 통해 정의되었고, 명세서에서는 그 측정 방법을 상세히 설명하였고, 대비 실시례에서 본 출원 발명의 물질과 종래기술의 공지된 물질을 비교하였다. 따라서 당업자는 명세서의 교시에 따라 명확하고 확실하게 그 파라미터값을 확정할 수 있을 것이므로, 상기 파라미터의 기술적 의미는 명확하다.

(2) 파라미터의 측정 방법

파라미터의 측정 방법은 명세서 충분공개 요건 판단 시 필수적인 심사 대상이다.

만약 파라미터의 측정 방법이 표준 측정방법(예: ISO, GB, ASTM 또는 JIS 등에서 규정한 방법)이거나 해당 기술영역에서 통상적으로 이용하는 측정 방법인 경우라면, 명세서에 그 측정 방법을 기재하지 않아도 무방하다. 예를 들어, 당업자가 명세서의 기재 또는 종래기술을 토대로 어떠한 방법으로 측정했는지 알 수 있는 경우, 또는 어떠한 측정 방법을 적용하더라도 동일한 결과를 얻을 것임을 알 수 있는 경우에는, 명세서에 그 측정 방법을 기재하지 않을 수 있다. 그러나 종래기술에 상이한 결과를 내는 여러 종류의 측정방법이 존재하는 경우라면, 그 측정 방법이 표준 측정방법이거나 통용되는 측정방법이라 하더라도, 반드시 명세서에 설명을 해야 한다.

만약 파라미터 측정 방법이 표준 또는 통용하는 측정 방법이 아닌 경우에는, 명세서에 반드시 그 측정 방법을 기재해야 한다. 필요한 경우에는 파라미터의 측정 조건 또는 측정 장비도 기재함으로써, 당업자가 이해하고 그 파라미터값을 정확히 측정할 수 있도록 해야 한다.

명세서에 파라미터 측정 방법의 표준 코드를 기재한 경우에는, 실질적으로 파라미터의 의미와 그 측정 방법 및 측정 조건이 기재된 것으로 인정된다. 예를 들어, 명세서에 어떠한 중합체의 용해유동속도가 ASTM D 1238 C에서의 방법으로 측정했다고 기재했다면, 이러한 기재는 상기 용해유동속도가 150℃, 21.6kg의 하중 조건에서 측정된 것임을 간접적이지만 분명히 표현한 것이므로, 파라미터의 측정 방법에 대한 기재가 명확한 것으로 인정된다. 그러나 만약 명세서에 "용해유동속도가 ASTM D 1238에 따라 190℃에서 측정되었다"라고 기재하였다면, 190℃에서 ASTM D 1238은 여러 가지 하중 조건에 대응되므로, 이때 "용해유동속도가 ASTM D 1238에 따라 190℃에서 측정되었다"는 기재는 파라미터의 측정 방법을 명확하게 설명하지 않은 것이다.

┃ 사례 1 ┃

청구항: X 연구소의 측정방법에 따라 측정한 점도가 a~b Pa · sec인 성분 Y를 함유하는, 접착제 조성물.

명세서에 X 연구소의 측정 방법에 대해서는 기재가 없었다.

분석: X 연구소의 측정 방법은 명세서에 기재되어 있지도 않고, 그것이 종래기술도 아니므로, 당업자가 어떠한 측정 방법을 적용해야 할 지 알 수 없다. 즉, 파라미터의 측정 방법이 불명확하여, 명세서가 발명을 명확하고 완전하게 설명하지 못하였으며, 이에 따라 당업자가 발명을 실시할 수 없으므로, 전리법 제26조 제3항 규정에 반한다.

┃ 사례 2 ┃

청구항: 폴리에틸렌 형성 조성물로서, 상기 조성물은 탄산칼륨 입자를 함유하고 상기 입자의 비표면적은 $40 m^2/g$ 보다 큰 조성물.

명세서에는 비표면적을 측정하는 방법이 전혀 기재되어 있지 않았다.

분석: 종래기술에는 비표면적을 측정하는 방법으로서, 삼투 측정법, 광도 측정법 및 흡착 측정법이 존재하고, 이 세 가지 측정 방법으로는 각각 상이한 결과를 얻게 된다. 당업자는 어떠한 측정 방법을 선택해야 발명을 실현할 수 있을지 명세서의 기재 또는 종래기술을 토대로는 알 수 없다. 따라서 본 출원 명세서는 발명을 명확하고 완전하게 설명하지 못하여 당업자가 발명을 실시할 수 없으므로, 전리법 제26조 제3항 규정에 반한다.

┃ 사례 3 ┃

청구항: 금속 표면으로부터 도료층을 제거하는 분사 모래 매질로서, 상기 매질은 알칼리금속 탄산수소염과 탄산수소암모늄으로 이루어진 수용성 탄산수소염 입자에서 선택되되, 상기 탄산수소염 입자의 직경은 250~500 미크론이고, 상기 탄산수소염의 중량은 … 인, 모래 매질.

명세서에는 발명에 적용할 입자 직경 측정방법에 대해 아무런 기재가 없었으나, 명세서의 배경기술 기재란에서는 사분법을 이용하여 직경을 측정하는 방법을 공개한 문헌을 인용하였다.

분석: 종래기술은 입자 직경 측정방법으로 최소 여섯 가지가 공지되었다. 명세서에는 비록 입자 직경 측정방법을 설명하지 않았지만, 모래 분사 관련 기술분야에서 사분법은 공지된 분사 모래의 입도 측정방법이고, 명세서의 배경기술란에서 인용한 문헌에서도 사분법으로 입자를 측정하는 내용을 공개하였다. 출원 발명은 종래기술인 분사 모래 매질을 개량한 것으로서, 입자 직경 측정방법에 대한 정보가 부족한 상황에서 당업자는 발명을 실시하기 위해 사분법으로 입자를 측정해야 함을 알 수 있을 것이다. 따라서 출원 명세서는 당업자가 출원 발명을 실시할 수 있을 정도로 발명을 명확하고 완전하게 설명한 것으로 인정된다.

2) 파라미터 특징이 한정하는 물질의 제조방법

파라미터 특징으로 한정한 물질발명의 경우, 명세서에 적어도 하나의 제조방법을 기재해야 하고, 그 방법을 실시하는 데 사용되는 물질, 공정단계와 조건, 전용설비 등을 설명함으로써, 당업자가 그 물질을 획득할 수 있도록 해야 한다.

┃사 례┃

청구항: 우레탄수지를 (A)와 (B)로 이루어진 충전재와 혼합하여 획득한 수지 조성물로서, 상기 우레탄수지에서 수산기 OH, 아미노기의 N-H 및 카르복시기의 C=O의 적외선 흡수율 a, b, c는 관계식: a/b=0.3~1.2, c/a=0.8~1.1의 수치범위를 만족하며;
충전재 (A)는 입경이 3.0~10.0㎛이고, pH값은 6.5~7.0인 카본블랙이고;
충전재 (B)는 입경이 15.0~30.0㎛이고, pH값은 7.5~8.0인 카본블랙이며;
(A)와 (B)의 중량비 (A)/(B)는 2:8~7:3인, 수지 조성물.
명세서에 작성된 실시례에는 우레탄수지의 각 기능원자단의 적외선 흡수율의 수치가 기재되었고, 이들 수치는 상기 청구항에서 한정한 수학식의 수치범위를 만족한다. 명세서에는 상기 우레탄수지와 두 종류의 카본블랙을 혼합하여 제조된 수지 조성물도 기재하였으나, 상기 우레탄수지를 어떻게 제조하여 획득하는지는 기재되지 않았다.
분석: 출원 발명은 우레탄수지, 충전재(A) 및 충전재(B)로 만들어진 수지 조성물로서, 그 조성물 제조에 사용하는 원료 중 하나인 우레탄수지의 수산기 OH, 아미노기의 N-H 및 카르복시기의 C=O의 적외선 흡수율을 특정 수학식으로 한정하였으나, 명세서에는 그 수학식을 만족하는 우레탄수지를 어떻게 제조해 내는지 기재하지 않았다. 또한 우레탄수지를 한정하는 데 사용한 파라미터가 해당 기술영역에서 우레탄수지를 한정하는 통상적인 파라미터가 아니어서, 당업자는 종래기술 또는 공지상식만으로 상기 수학식을 만족하는 우레탄수지를 어떻게 제조해 내는지 알 수 없다. 명세서에 기재된 내용을 토대로 하여도 당업자는 상기 조성물의 원료인 우레탄수지를 만들어 낼 수가 없고, 결국 청구 대상인 수지 조성물도 획득할 수 없다. 따라서 출원 명세서는 당업자가 출원 발명을 실시할 수 있을 정도로 발명을 명확하고 완전하게 설명하지 않았으므로, 전리법 제26조 제3항 규정에 반한다.

2. 청구항의 명확성 요건

물질 청구항은 그 물질의 구조 또는 성분으로 한정해야 하는 것이 원칙이다. 물질 청구항의 하나 이상의 기술특징에 대해 구조 또는 성분으로 명확하게 한정할 수 없는 경우여야만, 물리 화학적 파라미터로 한정하는 것이 허용된다.

따라서 명세서에 물질의 구조 또는 성분으로 명확하게 기재한 상황에서, 만약 출원인이 청구항에는 파라미터 또는 제조방법으로 물질을 한정한 경우, 심사관은 해당 청구항이 불명확하다는 것을 이유로 출원인에게 구조 또는 성분으로 청구 대상을 한정하라고 요구할 수 있다.

1) 파라미터의 명칭 또는 기술적 의미

청구항에 기재한 파라미터의 명칭 또는 기술적 의미는 분명해야 하며, 그 파라미터의 수치도 명확해야 한다. (상술한 "1) 명세서 충분조건의 (1) 파라미터가 충족해야 할 요구사항" 부분 참조)

▌사례 1 ▌

청구항: 메스꺼움 지수가 1.0 이하인 지방.

명세서에서는 메스꺼움 지수가 1.0보다 작은 다량의 지방과 메스꺼움 지수가 1.0보다 큰 다량의 지방이 기재되었다. 메스꺼움 지수가 1.0보다 낮은 지방의 실례에는 포화 및 불포화 지방으로 형성된 혼합물이 포함되었고, 메스꺼움 지수가 1.0보다 높은 실례에도 포화 및 불포화 지방으로 형성된 혼합물이 포함되어 있었다. 명세서에는 이러한 지방 혼합물의 다른 특성(예: 녹는점)들은 기재되어 있지 않았다. 또한 명세서에서는 특정 속도와 온도로 상기 지방을 휘저어 주고, 실온에서 그 휘저어진 혼합물의 점도를 측정함으로써 상기 메스꺼움 지수를 확정한다고 기재되어 있었다. 메스꺼움 지수에 대해 종래기술에서 공지된 바가 없으며, 이를 측정하는 방법 또는 측정에 사용되는 장치에 대해서도 공지된 바가 없다.

분석: 당업자는 종래기술을 토대로 "메스꺼움 지수"라는 파라미터의 기술적 의미를 이해할 수 없다. 명세서에 비록 특정 속도와 온도에서 지방을 저어주고, 실온에서 그 휘저은 혼합물의 점도를 측정함으로써 "메스꺼움 지수"를 확정할 수 있다고 기재되어 있으나, "메스꺼움 지수"와 점도 간의 관계에 대한 설명이 없다. 따라서 명세서에 기재된 내용 또는 해당 기술영역의 관용수단만으로는 "메스꺼움 지수"의 기술적 의미를 명확히 확정할 수 없다. 결국 파라미터의 사용으로 인해 청구항의 청구범위가 불명확해졌으며, 위 청구항은 전리법 제26조 제4항 규정에 반한다.

▌사례 2 ▌

청구항: 전자사진 현상제로서, 상기 현상제는 접착수지, 착색제 및 철산염 운반체를 함유하고, 상기 철산염 운반체는 5~40mol%의 MgO와 60~95mol%의 Fe_2O_3로 이루어지며, b A/m 자기장에서의 포화 자기화 강도가 40~60 A · m^2/kg인 현상제.

명세서에는 전자사진법, 정전기록법 등으로 얻어낸 전자잠상의 현상에 이용되는 전자사진 현상제를 기재하였다. 발명이 해결하고자 하는 기술적 과제는 전자사진 현상제가 고해상,

고화질의 영상 특성을 가지면서도, 철산염 운반체가 감광체 표면에서 생장하는 것을 억제할 수 있게 하는 것이다.

분석: 청구항에서, 전자사진 현상제의 철산염 운반체를 조성 및 b A/m 자기장에서의 포화 자기화 강도 수치로 한정했는데, 그 한정 방식은 해당 기술영역에서 통상적으로 이용하는 방법이고, 당업자는 청구항에서 한정한 조성 및 포화 자기화 강도값을 갖는 철산염 운반체의 기술적 의미를 이해할 수 있으므로, 이 청구항의 청구범위는 명확하다.

▌ 사례 3 ▌

청구항: 실온 응고 가능한 황화실리콘 치과 압인재료 조성물로서, 상기 조성물은 (1) 응고 가능한 실리콘 프리폴리머 및 (2) 에틸 옥사이드 비이온 표면활성제를 포함하되, 상기 표면활성제는 상기 조성물이 응고할 때 3분 수접촉각이 65℃보다 낮고, 상기 표면활성제는 상기 응고된 실리콘 치과 압인재료 조성물을 부근의 액체로 옮겨 넣는 조성물.

분석: 청구항에서 기재된 파라미터인 "3분 수접촉각"은 해당 기술영역에서 공지된 "평행접촉각"과 밀접한 관계가 있고, 차이점은 측정 시점만 다르다는 것이다. 당업자는 "3분 수접촉각"의 기술적 의미를 완전히 이해할 수 있으므로, 상기 파라미터의 명칭 및 기술적 의미는 명확하다.

▌ 사례 4 ▌

청구항: 중합체 XX로서, 200℃의 온도 및 49N의 부하에서 JIS K 7210: 99로 측정된 상기 중합체의 용체유동속도 MFR과 무게평균분자량 Mw는 아래 관계식:

을 만족하는, 중합체 XX.

분석: MFR의 물리적 수치는 'g/10min'일 수도 있고, 'dg/10min'일 수도 있다. 청구항에서 만약 MFR의 물리적 수치가 불명확하다면, 여러 파라미터로 이루어진 수학식이 표현하는 수치 관계도 불명확해지며, 이에 따라 청구항의 청구범위도 확정할 수 없게 된다. 따라서 이 청구항은 전리법 제26조 제4항 규정에 반한다.

2) 파라미터의 측정 방법

파라미터로 한정한 물질 청구항의 청구범위를 명확하게 확정하기 위해 청구항에 파라미터의 특정 방법을 기재해야 하는 것이 원칙이다. 다만, 아래 몇 가지 경우에는 청구항에 파라미터의 측정 방법을 기재하지 않을 수 있다.

① 측정 방법에 대한 설명이 과도하게 장황한 경우

② 명세서에 기재된 내용을 토대로 그 측정 방법을 개괄하여 표현하기 어려운 경우

③ 당업자가 어떠한 방식으로 그 파라미터를 측정했는지 알 수 있는 경우. 예를 들

어, 종래기술에서 오로지 한 가지 측정방법만 있거나, 해당 기술분야에서 한 가지 특정 방법을 보편적으로 사용하는 경우.

④ 측정 정확도 범위 내에서, 공지된 모든 측정 방법이 동일한 결과를 내는 경우

한편 위 ①의 경우, 심사관은 출원인에게 명세서를 인용하는 방식으로 청구항을 작성할 것을 요구할 수 있다.[13)]

▌ 사례 1 ▌

청구항: 콜로이드 규산을 포함하는 광택제로서, 상기 콜로이드 규산의 평균 일차입자 직경 DSA와 평균 이차입자 직경 DN4는 관계식: DSA≤ DN4; 및 DN4≤3 x DSA를 만족하고, 상기 콜로이드 규산의 평균 이차입자 직경 DN4는 30nm 이하인, 광택제.

명세서에는 콜로이드 규산의 평균 일차입자 직경 DSA가 기체흡착에 기한 분체의 비표면적 측정법(BET법)으로 측정된 비표면적 및 입자 밀도를 통해 산출되고, 콜로이드 규산의 평균 이차입자 직경 DN4는 레이저 회절법으로 측정한 것으로 기재되었다.

분석: "일차입자 직경"과 "이차입자 직경"은 해당 기술영역에서 통상적으로 이용되는 파라미터지만, 명세서의 기재에 따르면, 일차입자 직경과 이차입자 직경의 측정 방법이 다르다. 만약 청구항에서 측정 방법에 대해 한정하지 않는다면, 당업자는 청구항의 보호범위를 명확히 확정할 수 없을 것이므로, 이 경우 심사관은 출원인에게 "일차입자 직경"과 "이차입자 직경"의 측정 방법을 각각 "BET법"과 "레이저 회절법"으로 한정하라고 요구한다.

▌ 사례 2 ▌

청구항: 90wt%~10wt%의 실리콘 탄성체를 포함하는 열전도 실리콘 탄성체로서,

상기 실리콘 탄성체는 (1) 각 분자가 적어도 두 개의 알케닐기를 가진 유기 폴리실록산; (2) 각 분자 내에 규소와 결합된 적어도 두 개의 수소 원자를 가진 유기 폴리실록산; (3) 백금류 촉매제로 이루어진 수호 결합된 실리콘화 유기 폴리실록산 조성물의 응결체;로부터 … 상기 조성물을 응결하여 제조한 열전도 실리콘 탄성체의 경도는 5~70인, 열전도 실리콘 탄성체.

명세서에는 본 발명인 열전도 실리콘 탄성체를 SRIS 0101-1968을 토대로 스프링 타입의 경도 시험기로 측정한 경도가 5~70이어야 하는데, 전술한 방법으로 측정한 경도 70은 JIS K 6253을 토대로 A 타입 경도 계측량인 경도 45에 상당하다고 기재되었고, SRIS 0101-1968로 열전도 실리콘 탄성체의 경도를 측정하는 단계 및 조건이 상세히 기재되었다.

분석: 비록 명세서에 열전도 실리콘 탄성체의 경도를 측정하는 방법으로서 표준측정 방법이 기재되어 있으나, 상이한 표준 측정 방법과 측정 장비를 이용하여 얻은 경도값이 다르

---

13) 명세서를 인용하는 경우에 관한 내용은 "3. 청구항이 명확할 것 2) 보호범위의 명확성 (3) 어구 표현 c) 배제/인용 형식의 한정 (b) 인용형식의 한정" 부분의 내용을 참고할 수 있다.

다. 또한 청구 발명에서 측정된 경도는 SRIS 0101-1968을 토대로 한 것으로서, 스프링 타입의 경도 시험기로 측정한 것이다. 따라서 이 경우 심사관은 청구범위를 명확히 한정하기 위해, 출원인에게 열전도 실리콘 탄성체의 경도를 측정하는 표준 측정 방법 및 설비로 한정하라고 요구한다.

▮ 사례 3 ▮

청구항: 복합 다이올레핀 단량체를 중합하여 획득한 고무 성분; 및 각 100 중량분의 상기 고무 성분에 대한, 30~120 중량분의 카본 블랙을 포함하는 고무 조성물로서,

상기 카본 블랙은 아래 방정식 (I)과 방정식 (II)로 표현되는 특징을 가지되,

$$(I)$$

$$(II)$$

상기 (>C=O 기능원자단농도)는 히드록실아민과 반응하여 생성되는 옥심의 기능원자단의 농도를 의미하고, 그 단위는 meq/g이며;

상기 N_2SA는 질소흡착 비표면적을 의미하고, 그 범위는 80~179 ㎡/g이며;

상기 (-OH 기능원자단 농도)는 무수 초산과의 초산 반응에 참여하는 기능원자단의 농도를 의미하고, 그 단위는 meq/g인, 고무 조성물.

명세서에서는 N_2SA가 ASTM D 3037로 측정되었다고 기재되었고, >C=O 기능원자단농도와 -OH 기능원자단 농도의 측정 방법에 대해서도 당업자가 이해할 수 있을 정도로 상세히 설명하였다.

분석: 청구항에서 파라미터 ">C=O 기능원자단농도", "-OH 기능원자단 농도" 및 "N_2SA"의 기술적 의미를 설명했고, 수학식 (I)과 (II)는 수학적으로 합리적이고 이해 가능하나, 청구항에는 상기 파라미터들의 측정 방법을 기재하지 않았다.

종래기술에서 공개된 측정 방법으로 측정하면, [>C=O]와 [-OH]에 대해 다른 농도값을 얻게 된다.

명세서에서 설명한 측정 방법은 청구범위의 확정에 필요하지만, 그 측정 방법에 대한 명세서에서의 설명이 지나치게 장황하여, 그 내용을 청구항에 기입하면 청구항 표현도 주객이 불분명해질 수 있다. 이 경우, 심사관은 측정 방법을 청구항에 직접 추가하라고 하는 대신, 명세서를 인용하는 방식으로 청구항을 한정하라고 출원인에게 요구한다.

---

3. 청구항이 명세서에 의해 뒷받침될 것

파라미터는 물질의 구조, 성분, 성능 또는 효과 등의 특징을 반영한다. 파라미터를 이용하여 그 의도하는 효과를 한정하는 물질 청구항이 명세서에 의해 뒷받침되는지에 대한 판단은 2010년 〈전리심사지침〉 제2부 제2장 3.2.1절의 일반 규정을 참고할 수 있

다.14)

┃사 례┃

청구항: 납상 결정이 생기는 온도보다 10℃ 낮은 온도에서 적어도 0.3중량%의 납상 결정을 갖되, 상기 납상 결정은 상기 온도에서 4000 나노미터 미만의 평균 입경을 갖는, 유분 연료유.

명세서에 따르면, 미처리된 유분 연료유는 저온에서 접시 모양의 납상 결정이 생기기 쉽고, 이후 스펀지 형태의 덩어리를 형성하여 연료유의 흐름을 막아 디젤 앤진의 메인 필터를 막는 문제가 생긴다고 기재되어 있다. 출원 발명이 해결하고자 하는 기술적 과제는 연료유가 저온에서 형성하는 납상 결정을 충분히 작게 만들어, 디젤 앤진의 필터가 막히지 않게 하는 것이다. 명세서에는 연료유에 특정 첨가제를 넣어 연료유에 생기는 납상 결정의 평균 입경이 4000 나노미터보다 작게 만든다고 기재되어 있었으나, 납상 결정의 평균 입경이 4000 나노미터보다 작게 만드는 그 외 다른 방식은 기재되어 있지 않았다. 그 외에, 명세서의 비교례에서는 상기 특정 첨가제를 넣지 않았을 때, 납상 결정의 평균 입경이 4000 나노미터보다 작게 생성되는 연료유를 얻을 수 없었다고 기재되었다.

분석: 연료유는 저온에서 납상 결정이 생기는데, 그 입경이 커서 디젤 앤진의 필터를 막는다. 출원 발명은 이러한 문제를 해결하기 위해 납상 결정의 평균 입경치가 4000 나노미터보다 작은 범위에 있게 하여 필터가 막히지 않게 하겠다는 것이다. 연료유가 저온에서 납상 결정을 형성하는 현상은 연료유 자체의 고유한 성질이지만, 본 발명에서는 저온에서 형성되는 입자의 크기를 작게 제어하려 하고, 이것이 곧 본 발명에서 의도하는 효과이다. 청구항에서 한정한 효과는 명세서에 기재된 특정 방식, 즉 연료유에 특정 첨가제를 가함으로써 실현된다. 하지만, 명세서에서는 상기 온도에서의 결정의 입경을 의도하고자 하는 범위로 제어할 수 있는 다른 대체방식에 대해서는 기재하지 않았고, 당업자는 명세서에서 제시하지 않은 다른 방식으로 상기 효과를 낼 수 있을지 알 수 없다. 즉, 연료유에 특정 첨가제를 넣는 방법 이외에, 납상 결정의 입경을 4000 나노미터 미만으로 제어하는 다른 방법이 명세서에 제시되어 있지 않다. 따라서 당업자는 명세서에 기재된 내용으로부터 청구항이 청구하는 범위를 개괄해 낼 수 없으므로, 이 청구항은 명세서에 의해 뒷받침될 수 없다.

---

4. 신규성

2010년 〈전리심사지침〉 제2부 제3장 3.2.5절에서는 "당업자가 파라미터를 토대로

---

14) 또는 이 책의 "2. 청구항이 명세서에 의해 뒷받침될 것 2) 명세서에 의한 뒷받침에 관한 청구항 작성 형식별 검토 (2) 기능 또는 효과로 한정한 기술특징" 부분을 참고한다.

하여 청구된 물질발명과 인용문헌의 물질을 구분할 수 없으면, 그 청구 발명과 인용문헌의 물질이 동일하다고 추정할 수 있고 이에 따라 출원 발명은 신규성이 없다. 다만, 출원인이 청구 발명이 인용문헌과 확실히 다름을 증거로서 입증한 경우에는 신규성이 인정된다."라고 규정한다.

아래는 심사관이 파라미터 특징을 포함하는 물질이 인용문헌이 공개하는 물질과 동일한 것으로 추정할 수 있는 몇 가지 경우이다. 이 경우에 해당되는 출원 발명은 신규성이 없는 것으로 추정되어, 전리법 제22조 제2항 규정의 거절이유를 지적받는다.

1) 인용문헌에 공개된 물질과 청구발명의 물질이 동일한 구조 또는 성분을 포함하는 경우

인용문헌에서 청구 발명의 파라미터를 언급하지 않았거나 또는 개시한 파라미터가 청구 발명과 상이하다고 하더라도, 양자의 명칭 및 그 외 특성 등을 토대로 양자가 동일한 구조 또는 성분을 지녔음이 예측 가능한 경우; 또는 그 파라미터 자체가 갖는 기술적 의미가 그 파라미터로 한정한 물질과 인용문헌에 공개된 물질이 동일한 구조 또는 성분을 지녔음을 은연중에 함축하고 있는 경우이다.

구체적으로는 이하의 경우들이 이에 해당한다.

① 인용문헌에서 파라미터를 공개하지 않았으나, 그 물질의 구조 또는 성분이 청구 발명의 물질과 부분적으로 동일한 경우.

이때 출원 발명을 파라미터만으로 한정했다면, 심사관은 명세서에 기재된 내용을 토대로 물질의 구조 또는 성분을 판단할 수 있다.

┃사 례┃

청구항: 내열 용품을 제조하는 데 이용되는 조성물로서, 상기 조성물은 열가소성 중합체 및 상기 조성물 총중량의 5%~65%를 차지하는 열전도 충전재를 포함하되; 상기 열가소성 중합체는 폴리에테르설폰, 폴리에테르아실, 이미드 또는 방향족 폴리에스테르 중에서 선택된 어느 하나이고; 상기 열전도 충전재는 산화알루미늄, 흑연 또는 탄소섬유 중에서 선택된 어느 하나이며; ASTM D 5930에 따라 측정한 상기 조성물의 열전도율은 0.7W/m · K 보다 큰, 조성물.

인용문헌의 실시례에서는 조리기구에 이용되는 조성물을 공개했는데, 이 조성물은 방향족 폴리에스테르와 상기 조합물의 총중량의 16%를 차지하는 탄소섬유 충전재를 포함한다. 그러나 인용문헌에서는 상기 조성물의 열전도율은 공개하지 않았다.

조성물의 열전도율은 성분 및 그 함량으로 결정된다는 점은 당업자에게 공지되었다.

분석: 이러한 사안에서 심사관은 다음과 같은 논리로 신규성 거절이유를 지적한다:

인용문헌에서 공개하는 조리기구는 필연적으로 고온을 견뎌내어야 할 것이므로, 인용문헌의 조리기구에 사용되는 조성물은 실질적으로 내열 용품을 제조하는 데 이용되는 조성물이다. 인용문헌은 청구항의 조성물의 두 성분을 공개하였고, 충전재의 함량은 청구항에서 한정한 충전재의 함량 범위에 속한다. 청구항과 인용문헌 간의 차이는 청구항에서는 특정 종건에서의 열전도율을 한정했음에 반하여, 인용문헌에서는 이에 대한 언급이 없다는 것이다. 그러나 조성물의 열전도율은 성분 및 그 함량으로 결정된다는 점은 당업자에게 공지된 사실이다. 청구 발명과 인용문헌의 조성물은 그 성분이 같고, 인용문헌의 상기 성분 함량도 청구항의 대응되는 성분 범위 내에 속하는 상황에서, 인용문헌의 조성물의 열전도율은 청구 발명의 열전도율과 같을 것이므로, 청구항은 신규성이 없어, 전리법 제22조 제2항 규정에 반한다.

② 인용문헌에서 파라미터를 공개하였으나, 청구 발명을 한정한 파라미터와 측정방법 또는 측정 조건이 다른 경우

┃ 사 례 ┃

청구항: (1) 0.1~0.6 중량%의 평균입경이 0.03~0.2μm인 제1 무기입자 및 (2) 0.002~0.03 중량%의 평균입경이 0.3~1.2μm인 제2 무기입자를 포함하되; 상기 제2 무기입자의 평균입경은 제1 무기입자의 평균입경보다 적어도 0.2μm 크고; 필름의 두께는 6.0~10.0μm이며; 무부하, 90℃ 온도에서 1시간 열처리한 열수축율이 0.8% 이하인, 이축연식 폴리에스테르 필름.

인용문헌의 실시례에서는 0.5 중량%의 평균입경이 0.1μm인 이산화규소와 0.015 중량%의 평균입경이 0.5μm인 탄산칼륨입자를 포함하는 폴리(에틸렌-2,6-나프탈렌)으로 제조한 필름을 공개했다. 이 필름은 150℃에서 3.9배의 배율로 종방향으로, 130℃에서 4.0배의 배율로 횡방향으로 펼쳐지며, 200℃에서 6초 열처리하여 필름의 두께가 8μm인 이축연신 필름을 획득한다. 이 필름은 무부하, 150℃에서 1시간 열처리한 열수축률이 1.4% 이하이다.

분석: 청구발명의 필름과 인용문헌에 공개된 필름의 열수축률 측정 온도가 다르므로, 그 열수축률을 직접 비교할 수 없다. 그러나 일반적인 폴리에스테르 필름의 경우, 측정 온도가 낮을수록 열수축률도 낮다. 만약 인용문헌에 공개된 폴리에스테르 필름을 청구항에서와 같이 90℃ 조건에서 측정했다면, 그 열수축률값이 청구 발명의 필름과 동일할 가능성이 있으므로, 심사관은 이 경우 청구 발명의 필름이 인용문헌에 공개된 필름과 동일하다고 추정하여, 신규성 거절이유를 지적한다.

③ 인용문헌에서 공개한 파라미터가 청구 발명의 파라미터에 근접한 경우

┃사 례┃

청구항: 천연고무와 디엔합성고무 중에서 선택된 어느 하나의 100 중량분의 고무 성분; 및 CTAB 비표면적이 70~123㎡/g이고 DBP 흡수값이 110~155mL/100g인 60 중량분의 카본블랙을 포함하는, 내마모성 고무 조성물.

명세서의 실시례에서는 아래와 같은 카본블랙을 사용했다고 기재되었다.

번호	1	2	3
CTAB(㎡/g)	72	96	105
DBP(mL/100g)	143	146	138

인용문헌에서는 100 중량분의 디엔합성고무와 45중량분의 카본블랙으로 고무 조성물을 제조하되, 카본블랙의 질소 흡수 비표면적(N_2SA)과 DBP 흡수값을 아래와 같이 공개했다.

번호	1	2	3
(N_2SA (㎡/g)	99	125	138
DBP(mL/100g)	143	149	121

분석: 청구 발명과 인용문헌의 고무 조성물을 비교하면, 고무 성분 및 그 함량이 동일하고, 카본블랙의 함량 및 그 DBP 흡수값이 동일하다. 차이점으로는 청구항에서는 CTAB 파라미터를 사용했고, 인용문헌에서는 N_2SA 파라미터로 카본블랙의 비표면적을 표현했다는 점이다. CTAB 비표면적은 카본블랙상의 공극표면을 포함하지 않는 유효 비표면적을 의미하고, 질소 흡수 비표면적(N_2SA)은 카본블랙의 공극을 포함한 총 비표면적을 의미하며, 후자는 보통 전자보다 큰 값을 갖는다. 따라서 인용문헌에서의 카본블랙의 비표면적을 출원 명세서에서 사용한 CTAB법으로 측정하면, 그 파라미터가 청구범위 내에 속할 가능성이 있다. 이때 심사관은 출원 발명의 고무 조성물이 인용문헌에 공개된 고무 조성물과 동일하다고 추정할 수 있고, 결국 이 청구항은 신규성 거절이유가 지적된다.

2) 인용문헌에 공개된 물질과 청구발명의 물질의 제조방법이 동일하거나 유사한 경우

인용문헌에서 청구 발명의 파라미터를 언급하지 않은 경우 또는 공개한 파라미터가 청구 발명과 다른 경우라 할지라도, 그 물질의 제조방법이 출원 발명과 동일하거나 유사한 경우(예를 들어 원료의 동일 또는 공정 단계의 유사).

┃사 례┃

청구항: 중합도가 100~300인 에틸렌-프로필렌 공중합체로서, 상기 에틸렌 함량은 20~40중량%이고, 상기 공중합체의 연신 성능은 30~50m/min인, 에틸렌-프로필렌 공중합체.

명세서에 기재된 내용에 따르면, 연신 성능이 30~50m/min인 에틸렌-프로필렌 공중합체를 만들기 위해, 중합도가 100~300이고, 에틸렌 함량이 20~40중량%인 에틸렌-프로필렌 공중합체를 불활성 기체가 가득 찬 교반 반응기에 첨가하고, 5~10mmol/kg의 과산화물 기폭제를 첨가한 후, 100~200℃ 온도에서 5~7분간 교반 반응을 지속한다고 되어 있다.

인용문헌의 실시례에서는 다음 방법으로 제조한 공중합체를 공개하였다:

"100g의 에틸렌-프로필렌 공중합체(중합도는 200, 에틸렌 함량은 30중량%)가 있는 반응기에 0.8mmol의 과산화 카보네이트 기폭제를 첨가하여, 90℃, 아르곤 환경에서 10분의 교반 반응을 진행한 후 반응을 정지한다."

분석: 인용문헌에서는 비록 에틸렌-프로필렌 공중합체의 연실 성능이라는 파라미터를 공개하지 않았으나, 인용문헌에서의 공중합체 제조 방법과 출원 발명에서의 공중합체 제조 방법을 비교하면 출발 원료, 기폭제의 종류와 그 용량 및 제조공정 단계가 모두 동일하다. 비록 반응 온도와 시간에 미세한 차이가 있지만, 화학반응을 저온에서 장시간 진행하는 경우와 고온에서 단시간 진행하는 경우에 동일한 결과물을 얻게 되는 것이 일반적이다. 따라서 이 경우 심사관은 출원 발명이 인용문헌의 물질과 동일한 것으로 추정하여, 신규성 거절이유를 지적한다.

5. 진보성

심사관은 보통 진보성 판단 방식인 "삼보법"에 따라 파라미터로 한정한 물질 청구항의 진보성을 심사한다. 가장 근접한 종래기술을 확정할 때, 청구 발명의 물질과 인용문헌의 물질의 구조 또는 성분, 제조방법 또는 파라미터 자체의 유사성 정도를 주로 고려한다.

신규성 거절이유를 내릴지 아니면 진보성 거절이유를 내릴지 애매한 경우, 또는 출원 발명과 인용문헌간의 차이점이 중요하지 않은 경우, 심사관은 동일한 인용문헌으로 신규성 거절이유와 진보성 거절이유를 동시에 내릴 수 있다.

▌사 례▐

청구항: 햇빛 방지 코팅제품으로서, 상기 코팅 제품은 기재; 상기 기재상에 위치하고 두께가 272~332Å인 반사 방지층; 및 상기 반사 방지층상에 위치하고 두께가 80~269Å인 적외선 반사층을 포함하되, 상기 코팅제품의 투광률은 70%인 코팅제품.

인용문헌에서는 기재, 반사 방지층 및 적외선 반사층을 포함한 코팅제품을 공개했으나, 각 층의 두께와 투광률은 공개하지 않았다. 다만, 명세서에서 필요로 하는 투광 성능(예: 투광률)을 고려하여 각 층의 두께를 정할 수 있다고 기재되었다.

분석: 출원 발명은 인용문헌과 비교하여, 각 층의 두께를 한정했다는 차이점이 있다. 본 발명이 해결하고자 하는 기술적 과제는 햇빛 방지 코팅제품의 각 층의 두께를 조절하여 필요로 하는 투광률을 획득하는 것인데, 인용문헌에서는 필요로 하는 광학 성질(투광률)에 따라 두께를 정할 수 있다는 기술적 계시가 존재한다. 따라서 인용문헌에서 각 층의 두께 및 투광률을 개시하지 않았지만, 당업자에게 인용문헌이 제시한 기술적 계시를 토대로 각 층의 두께를 선택하여 원하는 투광률을 얻어 낼 동기를 제공한다. 따라서 청구 발명은 인용문헌에 대해 자명하여 진보성이 없다.

‖ 제5장 방법 특징을 포함하는 물질발명에 대한 심사 ‖

방법 특징을 포함하는 물질 청구항이란, 물질을 제조방법만으로 한정한 물질 청구항, 또는 물질의 제조방법 이외에 물질 특징도 포함하는 물질 청구항을 의미한다. 방법 특징에는 원료(원료의 배합비 또는 용량 포함), 제조공정 조건 또는 단계 등의 특징이 포함된다.

1. 신규성 및 진보성 판단 원칙

방법 특징을 포함하는 물질 청구항의 청구 주제는 여전히 물질이고, 방법 특징의 실질적인 한정 작용은 그 청구항의 물질 자체에 상기 방법이 어떠한 영향을 미치는지에 의해 결정된다. 따라서 방법 특징을 포함하는 물질 청구항에 대한 신규성 또는 진보성 판단의 인용문헌을 선택할 때, 심사관은 방법 특징을 고려할 필요도 있지만, 우선적으로 고려하는 사항은 인용문헌에 공개된 물질이 청구항의 물질과 동일하거나 유사한 구조 또는 성분을 가졌는지, 또는 동일하거나 유사한 기능이나 용도를 가졌는지 여부이다.

1) 신규성

동일한 제조 방법은 동일한 물질을 획득하게 될 것이나, 제조 방법이 다르다고 하여 반드시 제조된 물질이 다르다고 볼 수 없다. 만약 당업자가 방법 특징을 토대로 청구항과 종래기술을 구별할 수 없다면, 심사관은 청구 발명이 신규성이 없는 것으로 추정한다. 이때 출원인이 만약 출원 발명이 인용문헌에 공개된 물질과 확실이 다르다는 사실을 증거로써 입증하면 신규성이 인정된다.

2) 진보성

방법 특징을 포함하는 물질 청구항의 진보성을 판단할 때, 만약 제조 방법이 최종 산물의 구조 또는 성분에 미치는 영향이 예상되는 경우라면, 심사관은 그 방법이 물질의 구조 또는 성분에 미치는 영향이 자명한지, 그 방법이 물질에 예상치 못한 성능이나 효과를 가져오는지 판단한다.

2. 신규성 및 진보상 판단 예시

1) 방법 특징만으로 한정한 경우

(1) 원료 특징만으로 한정한 물질 청구항

▌사 례▐

청구항: 송진, 테르펜 및 페놀을 반응시켜 제조하되, 상기 송진과 페놀의 중량비는 약 2.0~3.0이고, 상기 송진과 테르펜의 중량비는 약 1.4~2.4인, 페놀 변성 로진 테르펜 수지. 인용문헌은 테르펜-송진-페놀 수지를 공개했고, 상기 수지는 송진, 테르펜 및 페놀반응으로 제조되며, 테르펜과 송진의 중량비는 1:2이고, 페놀과 송진의 중량비는 1:2.5였다.
분석: 청구 발명의 수지와 인용문헌이 공개하는 수지를 비교하면, 원료가 동일하고, 인용문헌에 공개된 원료 배합비가 청구범위에 속한다. 청구항은 방법의 단계, 조건, 공정의 흐름 등의 특징을 추가적으로 한정하지 않았으므로, 이 경우, 심사관은 인용문헌에 공개된 물질이 청구 범위에 속한다고 추정하여, 신규성 거절이유를 내린다.

(2) 원료, 제조공정 및 단계 특징을 함께 한정한 물질 청구항

▌사례 1▐

청구항 제1항: 양이온 아스팔트 유제를 제조하는 방법으로서, 정유공장의 부산물인 나프텐산을 원료로 하여 알케닐 폴리아민과 100~250℃에서 반응시키되, 알케닐 폴리아민의 첨가량은 반응물 총량의 5wt%~20wt%이고, 상기 알케닐 폴리아민은 에틸렌디아민 또는 디에틸렌트리아민인 방법.
청구항 제2항: 제1항의 방법으로 제조한 양이온 아스팔트 유제.
인용문헌 1은 지방산과 에틸렌디아민, 디에틸렌트리아민 등 폴리아민 반응으로 아스팔트 유제를 제조하는 방법을 공개했는데, 제조된 유제는 혼합 지방산 아마이드다.

분석: 청구항 제2항은 청구항 제1항의 방법으로 제조된 양이온 아스팔트 유제를 청구했다. 청구항 제1항의 물질과 인용문헌 1이 공개한 혼합 지방산 아마이드를 비교하면, 반응 기재가 동일하고, 산물의 종류도 동일하여 카복스아마이드류의 양이온 유제에 해당한다. 양자의 차이점으로는 ① 청구 발명에서 사용한 것은 나프텐산으로서, 특히 정유공장의 부산물인 나프텐산임에 반해, 인용문헌 1에서 사용한 것은 지방산이라는 점; ② 청구 발명에서 제조한 것은 양이온 아스팔트 유제이나, 인용문헌 1은 혼합 지방산 아마이드라는 점이다. 그러나 나프텐산은 인용문헌 1의 지방산의 하위개념이고, 나프텐산 아마이드가 양질의 아스팔트 유제의 일종임은 해당 기술영역의 공지상식이다. 따라서 당업자는 인용문헌 1을 토대로 나프텐산을 원료로 아스팔트 유제품을 획득할 수 있음을 용이하게 생각할 수 있을 것이다. 또한 정유공장의 부산물로서의 나프텐산이 종래기술에서 통상적으로 사용하는 나프텐산에 비해 특정한 구조나 성분을 갖는 것도 아니다. 즉, "정유공장의 부산물"이라는 한정의 부가 여부와 상관없이, 청구항 제2항의 최종 산물은 동일하다. 따라서 당업자가 인용문헌 1을 제시하고 이에 공지상식을 결합하여 청구항 제2항의 기술방안을 착안해 내는 것은 자명하므로, 청구항 제2항은 진보성이 없다.

정유공장의 부산물인 나프텐산을 원료로 할 경우, 원료를 쉽게 구할 수 있고 공정이 간단해지지만, 이는 청구항 제1항의 방법 발명이 인용문헌 1에 대해 진보성이 있다고 주장할 수 있을 뿐, 상기 방법으로 제조한 물질에 진보성이 있다고 할 수는 없다.

▌사례 2▐

청구항 제1항: 초임계 유체 또는 고온고압 유체에서 고분자 화합물을 화학적으로 변성하되, 상기 변성 고분자 화합물 중 일부 또는 전부의 변성반응 이전의 고분자 화합물을 구성하는 단량체 단위는 이미 화학적으로 변성된, 변성 고분자 화합물의 제조방법.

청구항 제2항: 제1항의 상기 방법으로 제조된 변성 고분자 화합물.

인용문헌은 치환기를 갖는 중합체와 고온고압수를 접촉시켜, 치환기를 수산기로 전환하는 기술방안을 공개했다. 그 구체적인 특징은 가수분해 방식으로 고분자 중합체를 분해하는데, 중합체를 용해 또는 액체상태로 반응기에 넣고, 반응기에 초임계수 또는 고온고압수를 첨가하여 중합체와 접촉시켜, 중합체 중에서의 에테르 결합 또는 에스테르 결합 등의 가수분해성 결합을 가수분해하여 원료 화합물 이합체 이상의 중합체를 획득한다. 한편 상기 초임계수 또는 고온고압수의 온도는 100℃ 이상이고, 압력은 5MPa보다 크다.

분석: 청구항 제1항의 변성 고분자 화합물의 제조방법은 인용문헌에 공개된 방법에 비해 신규성이 없다. 물질 청구항인 제2항에서는 상기 화합물의 조성, 구조, 분자량 및 분자분포 등의 특징에 대한 한정은 없고, 제조 방법만으로 물질을 한정했다. 제조 방법에 신규성이 없는 상황에서, 심사관은 청구항 제2항의 물질은 인용문헌에 공개된 물질과 동일한 것으로 추정하여, 제2항에 대해서도 신규성 거절이유를 내린다.

2) 방법 특징과 물질특징으로 함께 한정한 경우

▌사례 1 ▌

청구항: 변성 Y형 제올라이트 및 접착제를 포함한 촉매제 조성물로서, 상기 변성 제올라이트는 과도안정 제올라이트 Y 또는 극과도안정 제올라이트 Y를 pH가 8~13인 염기성 화합물 용액으로 처리하여 얻어지는 촉매제 조성물.

명세서에서는 상기 얻어진 변성 Y형 제올라이트의 단위격자 크기가 24.35Å이고, SiO_2/Al_2O_3 몰비가 4~25이며, 친수성이 증가했다고 기재되었다.

인용문헌은 수소첨가 처리된 촉매제 기재 및 상기 기재를 포함한 가수소분해 촉매제 조성물을 공개했는데, 상기 기재는 변성 Y 제올라이트 및 접착제를 포함하고, 상기 변성 Y 제올라이트의 단위격자 크기는 24.35Å이고, SiO_2/Al_2O_3 몰비가 4~25이다. 또한 인용문헌의 실시례에서는 변성 Y 제올라이트/접착제 조성물의 제조방법, 촉매제 조성물의 제조방법 및 가수소분해 실험 방법을 구체적으로 공개하였는데, 산성 조건(황산알루미늄, 질산암모늄 존재)에서 특정 암모늄-과도안정 제올라이트 Y를 처리하여, 단위격자의 크기를 줄이고, 규소 알루미늄 비를 높이며, 흡수 능력이 증가된 변성 Y 제올라이트를 획득한다고 개시되었다.

분석: 인용문헌은 청구 발명의 성능 파라미터와 동일한 변성 Y형 제올라이트 및 접착제를 공개했다. 청구항에서의 변성 Y형 제올라이트를 제조하는 방법이 비록 인용문헌에서 공개된 방법과는 다르지만, 얻어진 물질은 동일한 성능의 변성 Y형 제올라이트이고, 또한 인용문헌에 공개된 촉매제 조성물도 접착제를 함유하였다. 따라서 청구 발명인 촉매제 조성물은 신규성이 없다.

▌사례 2 ▌

청구항 제1항: 비닐기 방향족 단량체와 알릴기 알코올의 공중합체를 제조하는 방법으로서, 상기 방법은,

알릴기의 알코올, 총용량의 0~50%의 비닐기 방향족 단량체, 총용량의 1~100%의 라디칼 개시제 및 용량이 상기 비닐기 방향족 단량체 총용량의 10%(중량)보다 크거나 같은 유기 용제를 반응기에 투입하는 단계;

약 100~180℃에서 혼합물을 가열 반응하는 단계;

점차적으로 속도를 낮추면서 여분의 비닐기 방향족 단량체와 라디칼 개시제를 점진적으로 반응 혼합물에 첨가하는 단계를 포함하되,

상기 제조된 공중합체는 4 미만의 평균 수산기 기능도를 갖는, 비닐기 방향족 단량체와 알릴기 알코올의 공중합체를 제조하는 방법

청구항 제2항: 제1항의 방법으로 제조된 공중합체로서, 상기 공중합체는 1.5~2.5 범위의 수

산기 기능도를 갖고, 기본적으로 젤라틴을 포함하지 않는 공중합체.

인용문헌 1에서는 비닐기 방향족-알릴기의 알코올의 공중합체 및 그 제조방법이 공개되었는데, 구체적으로 스티렌-프로페놀 공중합체가 50~150mg KOH/g, 수평균 분자량이 2000~10000인 기술특징을 공개했다. 또한 상기 공중합체의 제조 방법은, ① 알릴기의 알코올, 일부 비닐기 방향족 단량체 및 라디칼 개시제를 반응기에 투입하는 단계; ② 60~145℃의 온도범위에서 혼합물을 가열 반응하는 단계; ③ 점차적으로 속도를 낮추면서 여분의 비닐기 방향족 단량체와 라디칼 개시제를 점진적으로 반응 혼합물에 첨가하는 단계를 포함하되, 상기 제조된 공중합체는 50~160mg KOH/g, 수평균 분자량이 500~10000이고, 이로 인해 공중합체는 4 미만의 평균 수산기 기능도를 가질 수 있다는 점이 인용문헌에 공개되었다.

분석: 인용문헌 1에 공개된 50mg KOH/g 및 Mn=2000 이라는 이 두 가지 수치로부터 상기 공개된 공중합체의 평균 수산기 기능도가 1.8임을 계산해 낼 수 있다. 인용문헌 1에 공개된 내용을 토대로 그 획득한 공중합체가 선형이고, 젤라틴/크로스 링키지가 나타나지 않을 것임을 알 수 있다. 청구항 제2항이 청구하는 물질이 인용문헌 1에 공개된 물질과 다른 점은, 청구항 제2항의 공중합체를 제조하는 방법에 "용량이 상기 비닐기 방향족 단량체 총용량의 10%(중량)보다 크거나 같은 유기용제를 투입하는 단계"가 더 포함되었다는 것뿐이다. 그러나 출원 명세서에는 상기 유기용제를 첨가하여 제조된 공중합체가 인용문헌 1에 공개된 공중합체와 다르다는 점을 입증할 수 있는 증거가 없다. 따라서 청구항 제2항은 신규성이 없다.

제4부

중국 국내단계에 진입한 PCT 출원에 대한 특례

‖ 제1장 국내단계에 진입한 PCT 출원에 대한 형식심사 및 사무처리 ‖

PCT 조약에 따른 국제출원이 중국을 지정국으로 지정했고, 국제단계의 절차가 완료된 후, 우선일로부터 30개월(기간 연장비를 납부한 경우에는 32개월) 내에 전리국에 중국 국내단계 진입절차를 밟으면 중국 국내단계 절차가 시작된다.[1] 국내단계 절차에는 PCT 조약이 인정하는 범위 내의 형식심사, 국내공개, 실질심사, 전리권 수여 또는 거절 등의 절차가 포함된다. 국제특허출원이 갖추어야 할 요건, 절차 등에 대해 전리법실시세칙 제103조 내지 117조에서 특별히 규정하고 있다.

1. 국제출원의 국내단계 진입 절차의 심사[2]

국제출원으로서 중국에서 보호받고자 할 경우, 중국을 지정국으로 지정해야 하고 우선일로부터 30개월(기간 연장비를 납부한 경우에는 32개월) 내에 국내단계 진입 절차를 밟아야 한다. 국내단계 진입 절차를 밟는 경우 전리법실시세칙 제104조에서 규정하는 다음 요건을 만족해야 한다.

(1) 중국어로 중국 국내단계 진입의 서면선언서를 제출하고, 국제출원번호 및 전리권의 유형을 기재한다.

(2) 본 실시세칙 제93조 제1항이 규정하는 출원료, 공개인쇄료를 납부하고, 필요한 경우 이 세칙 제103조가 규정하는 기간연장료를 납부한다.

(3) 국제출원을 외국어로 출원한 경우, 최초국제출원의 명세서 및 권리요구서의 중국어 번역문을 제출한다.

(4) 중국 국내단계 진입의 서면선언서에는 발명의 명칭, 출원인의 성명 또는 명칭, 주소 및 발명자의 성명을 기재한다. 이 내용은 국제사무국에 기재된 내용과 일치해야 하고, 국제출원서에 발명자를 기재하지 않은 경우 상기 선언서에 발명자의 성명을 기재한다.

(5) 국제출원을 외국어로 출원한 경우, 요약서의 중국어 번역문을 제출해야 하고, 도

---

1) 전리법실시세칙 제103조.
2) 전리법실시세칙 제104조.

면과 대표도가 있는 경우 도면의 부본과 대표도의 부본을 제출하며, 도면에 문자가 있는 경우 이를 중국어로 바꾼다. 국제출원을 중국어로 출원한 경우, 국제 공개서류 중 요약서와 대표도의 부본을 제출한다.

(6) 국제단계에서 국제사무국에 출원인 변경절차를 밟은 경우, 변경된 출원인이 출원권을 갖는다는 증명서를 제출한다.

(7) 필요한 경우 본 실시세칙 제93조 제1항에 규정된 출원부가료를 납부한다.

위 (1) 내지 (3)의 요건에 부합하는 경우, 전리국은 출원번호를 부여하고 국제출원이 중국 국내단계에 진입한 날(이하, '진입일')을 명확히 하여 출원인에게 통지한다. 만약 위 (1) 내지 (3) 요건에 부합하지 않는 경우, 해당 국제출원은 중국에서의 효력이 종료되고, 심사관은 출원인에게 "국제출원의 국내단계 진입불가통지서"를 발부한다.

출원인이 우선일로부터 30개월(기간 연장비를 납부한 경우에는 32개월) 내에 국내단계 진입절차를 밟았으나 규정에 부합하지 않은 경우, 심사관은 출원인에게 국내단계 진입절차에 흠결이 존재하여 수리할 수 없음을 통지한다. 출원인이 위 기간 만료 전에 국내단계 진입절차를 다시 밟아 흠결을 극복한 경우, 그 국제출원은 중국에서 효력을 갖는다.

2. 국제출원의 효력 소멸[3]

국제출원이 다음 각호에 해당하는 경우, 그 국제출원은 중국에서의 효력을 상실한다.

(1) 국제단계에서 국제출원이 취하 또는 취하간주되거나, 중국에 대한 국제출원의 지정이 취하된 경우

(2) 출원인이 우선일로부터 32개월 내에 본 실시세칙 제103조 규정에 따라 중국 국내단계 진입절차를 밟지 않은 경우

(3) 출원인이 중국 국내단계 진입절차를 밟았으나, 우선일로부터 32개월이 만료되어도 여전히 본 실시세칙 제104조 제(1)호 내지 제(3)호 요건을 만족하지 않는 경우.

위 (1)에 따라 국제출원이 중국에서의 효력을 상실한 경우, 전리법실시세칙 제6조 규정이 적용되지 않는다. 위(2) 또는 (3)에 따라 중국에서의 효력을 상실한 경우, 전리

---

3) 전리법실시세칙 제105조.

법실시세칙 제6조 제2항, 즉 불가항력적 사유 이외의 사유로 기간 도과시의 권리회복 청구 규정이 적용되지 않는다. 따라서 출원인이 전리법실시세칙 제6조 제2항에 따라 권리회복청구를 신청한 경우, 심사관은 이를 수리하지 않는다. 출원인이 전리법실시세칙 제6조 제1항에 따라 불가항력적인 사유로 위(2) 또는 (3)에 규정된 기간을 지체한 것임을 주장하는 경우, 심사관은 전리법실시세칙 제6조 제1항에 따라 처리한다.

3. 국내단계 진입 시 제출한 출원 서류의 심사

1) 국내단계 진입의 서면선언서

(1) 국제출원일

중국이 PCT 조약 및 그 실시세칙의 관련 규정을 유보하여 중국에 대한 출원일을 재확정할 필요가 있는 경우를 제외하고는, 수리관청이 확정한 국제출원일을 중국에서의 실제 출원일로 간주한다. 국제단계에서 어떤 원인에 의해 국제출원일이 변경되면 변경된 일자를 기준으로 한다.

(2) 보호 유형의 택일

중국을 지정한 국제출원의 경우, 국내단계 진입 시 획득하고자 하는 권리로서 특허 또는 실용신안 중 하나를 선택해야 하고 이들을 동시에 요구하는 것은 허용되지 않는다.[4]

(3) 발명의 명칭

국내단계 진입의 서면선언서에 기재되는 발명의 명칭은 국제공개 팸플릿의 표지에 기재된 것과 일치해야 한다. 한편, 중국어로 번역된 발명의 명칭에 불필요한 어휘가 없는 한, 통상의 출원에 대해 적용되는 발명의 명칭에 대한 글자수 제한 규정[5]이 적용되지 않는다.

(4) 발명자

국제단계에서 국제사무국이 기록을 변경한 경우를 제외하고, 진입선언서에 기재되는 발명자는 국제출원서에 기재된 발명자와 일치해야 한다. 외국어로 국제공개된 발명자의 성명은 중국어로 번역되어야 한다. 규정에 반하는 경우 심사관은 출원인에게 보정통지서를 발송하여 보정을 요구한다. 출원인이 기간 내에 보정하지 않은 경우, 심사관은 취하간주통지서를 발송한다.

---

4) 이는 PCT출원으로서 중국으로 진입하는 경우 이중출원제도를 활용할 수 없음을 의미한다.
5) 2010년 〈전리심사지침〉 제1부 제1장 4.1.1절.

(5) 출원인

국제단계에서 국제사무국이 기록을 변경한 경우를 제외하고, 진입선언서에 기재되는 출원인은 국제출원서에 기재된 출원인과 일치해야 한다. 외국어로 국제공개된 출원인의 성명 또는 명칭을 중국어로 번역되어야 한다. 규정에 반하는 경우 심사관은 출원인에게 보정통지서를 발송하여 보정을 요구한다. 출원인이 기간 내에 보정하지 않은 경우, 심사관은 취하간주통지서를 발송한다.

한편, 심사관은 출원인이 외국인, 외국기업 또는 외국의 기타 조직인 경우 전리법 제18조 규정6)에 따라 출원인의 출원 자격을 심사한다. 일부 출원인이 전리법 제18조 규정에 부합하지 않는 경우, 심사관은 출원인에게 의견제출통지서를 발송하여 자격이 없는 출원인의 삭제를 요구한다. 출원인이 삭제하지 않는 경우 해당 출원은 거절된다.

(6) 심사대상 문서의 선언

국제단계에서 출원인은 국제조사보고서를 받은 후 PCT 조약 제19조에 따라 권리요구서를 보정할 수 있고, 국제예비심사과정에서 권리요구서, 명세서 및 도면을 보정할 수 있다. 또한 출원인은 국제출원이 중국 국내단계에 진입할 때에도 PCT 조약 제28조 또는 제41조에 따라 보정서를 제출할 수 있다. 따라서 출원인은 국내단계에 진입할 때 원출원서류 이외에도 1건 이상의 보정서를 제출해야 하는 경우가 생길 수 있다. 이 때 출원인은 진입 선언서에서 심사의 대상이 되는 서류를 명시해야 한다. 즉 심사대상 문서를 선언해야 한다. 국제단계에서 보정을 수행했으나 심사대상 문서로서 명시하지 않은 경우, 그 보정을 포기한 것으로 간주한다.

심사대상 문서의 선언에 국제단계의 보정이 언급된 경우, 국내단계 진입일로부터 2개월 내에 보정서에 대한 번역문을 제출해야 한다. 기간 내에 제출하지 않은 경우, 선언으로 언급한 보정은 심사에 고려되지 않으며 심사관은 보정 불고려 통지서를 발부한다.

2) 원출원의 번역문과 도면

국제출원이 외국어로 출원된 경우에는 국내단계 진입 시 원국제출원의 명세서, 권리요구서의 번역문을 제출해야 한다.7) 번역문이 원문에 명백하게 부합하지 않는 경우

---

6) 전리법 제18조: 중국에 주소 또는 영업소가 없는 외국인, 외국기업 또는 외국의 기타 조직이 중국에 전리를 출원하는 경우, 그 소속 국가가 중국과 체결한 협약 또는 공동으로 가입한 국제조약 또는 상호주의 원칙에 따라 이 법에 근거하여 처리한다.

7) 전리법실시세칙 제104조 제1항 제3호; 한편, 국제출원의 명세서 및 권리요구서에 뉴클레오티드 또는 아미노산 서열표를 포함하고, 서열표를 명세서의 별첨으로 제출한 경우에는 번역문 제출 시 그 서열표를 명세서의 별첨으로 하여 별도로 페이지 번호를 달아야 한다. 출원인은 서열표와 일치하는 컴퓨터 판독이 가능한 형식의 부본도 제출해야 한다. 컴퓨터 판독이 가능한 형식의 부본과 명세서의 기재가 서로 불일치하는 경우 명세서에 기재된 서열표를 기준으로 한다. 컴퓨터

그 번역문은 진입일 확정의 기초가 되지 않는다. 또한 요약서의 번역문도 제출해야 하고,[8] 도면 및 대표도면이 있는 경우에는 도면의 부본 및 대표도면의 부본을 제출해야 하며,[9] 도면에 문자가 있는 경우에는 그 문자도 중국어로 바꾸어야 한다.[10]

3) 중국어로 국제공개가 이루어진 국제출원

중국어로 국제공개가 이루어진 국제출원이 국내단계에 진입하는 경우, 국내단계 진입선언서, 원출원 요약서의 부본 및 대표도면(대표도면이 있는 경우)의 부본만 제출하면 되고, 명세서, 권리요구서 및 도면의 부본은 제출하지 않아도 된다. 다만, 중국어로 제출한 국제출원에 대한 국제공개가 이루어지기 전에 출원인이 우선처리(다음 절 내용 참조)를 요구하면서 조기공개를 요구한 경우에는 원출원의 명세서, 권리요구서 및 도면(도면이 있는 경우)의 부본을 제출해야 한다.

4) 기간 만료 전의 처리

우선일로부터 30개월의 기간이 만료되기 전에 국제출원의 심사를 전리국에 요구하는 경우, 전리법실시세칙 제103조 및 제104조 규정에 따른 국내단계 진입절차 이외에도 다음과 같은 절차를 추가로 밟아야 한다.[11]

a) PCT조약 제23조[12] 제2항의 규정에 따라 명확한 청구를 해야 한다.

b) 국제사무국이 지정관청에 아직 국제출원서류를 송부하지 않은 경우, 출원인은 확인을 받은 국제출원서 부본[13]을 제출해야 한다.

c) 출원인은 국제사무국에 국제출원서류의 부본을 전리국에 송부할 것을 요구하거나, 전리국이 국제사무국에 국제출원부본의 송부를 요구할 것을 청구할 수 있다.

판독이 가능한 형식의 부본을 제출하지 않았거나 제출한 부본이 명세서에 기재된 서열표와 명백하게 불일치하는 경우, 심사관은 보정통지서를 발부하여 출원인에게 보정을 요구한다. 기간 내에 출원인이 보정하지 않은 경우, 심사관은 취하간주통지서를 발부한다(2010년 〈전리심사지침〉 제3부 제1장 3.2.1절).

8) 전리법실시세칙 제104조 제1항 제5호.

9) 규정에 반하는 경우 심사관은 보정통지서를 발송하여 출원인에게 보정을 요구한다. 기간 내에 출원인이 보정하지 않은 경우, 심사관은 취하간주통지서를 발부한다(2010년 〈전리심사지침〉 제3부 제1장 3.2.2절).

10) 다만, 도면상의 문자 "Fig" 및 도면에 기재된 컴퓨터프로그램 또는 화면표시영상으로서의 문자는 중국어로 번역할 필요가 없다(2010년 〈전리심사지침〉 제3부 제1장 3.2.2절).

11) 전리법실시세칙 제111조.

12) PCT조약 제23조: (1) 각 지정관청은 제22조에 따라 적용되는 기간이 만료하기 전에 국제출원을 처리 또는 심사할 수 없다. (2) 지정관청은 (1)의 규정에도 불구하고 출원인의 명확한 청구가 있으면 언제든지 국제출원을 처리 또는 심사할 수 있다.

13) 수리관청이 확인한 "수리본"의 부본 또는 국제사무국이 확인한 "등기본"의 부본.

우선일로부터 30개월의 기간이 만료되기 전에 국내단계 진입절차를 밟았으나, 상술한 절차를 밟지 않은 경우, PCT조약의 규정에 따라 잠시 처리를 중지한다.

4. 국제단계 보정서류의 번역문에 대한 심사

1) PCT 조약 제19조에 따라 보정된 권리요구서의 번역문

출원인이 PCT조약 제19조에 따라 보정된 권리요구서를 심사대상으로 삼는다고 선언했고 또한 그 보정이 중국어 이외의 언어로 국제공개된 경우, 국내단계 진입일로부터 2개월 내에 그 번역문을 제출해야 한다. 이 기간을 경과하여 번역문을 제출한 경우, 전리법실시세칙 제106조 규정에 따라 보정된 내용은 고려되지 않으며, 심사관은 보정 불고려 통지서를 발송한다.

국제단계에서 PCT규칙 제46조 규정에 부합하지 않아 국제사무국이 접수하지 않은 보정은 국내단계 진입 시 PCT 조약 제19조에 의한 보정으로 전리국에 제출할 수 없다.

보정 부분의 번역문은 원출원 번역문의 대응되는 부분을 교체하는 보정페이지로 작성해야 한다. 보정서류의 번역문이 규정에 부합하지 않는 경우, 심사관은 보정서 흠결 통지서를 발송하여 출원인에게 수정할 것을 통지한다. 기간 내에 수정하지 않을 경우 심사관은 보정 불고려 통지서를 발송한다.

2) PCT 조약 제34조에 따른 보정의 번역문

출원인이 PCT조약 제34조에 따라 행한 보정을 심사대상으로 삼는다고 선언했고 또한 그 보정이 중국어 이외의 언어로 국제공개된 경우, 국내단계 진입일로부터 2개월 내에 그 번역문을 제출해야 한다. 이 기간을 경과하여 번역문을 제출한 경우, 보정된 내용은 고려되지 않으며, 심사관은 보정 불고려 통지서를 발송한다.

국제단계에서 PCT조약 제34조에 따라 행한 보정임을 선언했으나 심사관이 인정하지 않아 특허성에 관한 국제예비심사보고서의 첨부서류로 전송되지 않은 경우, 출원인은 국내단계 진입 시 그 내용을 PCT 조약 제34조에 의한 보정으로 전리국에 제출할 수 없다.

보정 부분의 번역문은 원출원 번역문의 대응되는 부분을 교체하는 보정페이지로 작성해야 한다. 보정서류의 번역문이 규정에 부합하지 않는 경우, 심사관은 보정서흠결 통지서를 발송하여 출원인에게 수정할 것을 통지한다. 기간 내에 수정하지 않을 경우 심사관은 보정 불고려 통지서를 발송한다.

5. 기타 서류의 심사

1) 우선권 주장

(1) 우선권 주장의 선언

출원인이 국제단계에서 하나 또는 복수의 우선권을 주장했고 국내단계 진입 시에도 그 우선권주장이 계속 유효한 경우, 전리법 제30조 규정에 따른 서면선언서가 제출된 것으로 간주된다.[14)

출원인은 진입선언서에 자신의 선출원의 출원일, 출원번호 및 원 수리관청의 명칭을 기재해야 한다. 기재 내용은 국제공개팸플릿 표지의 기재와 일치해야 한다. 불일치하는 경우 심사관은 국제공개팸플릿 표지에 기재된 내용을 기준으로 직권으로 진입선언서에서 불일치하는 부분을 정정하고 출원인에게 통지한다.

출원인이 국제단계에서 선출원의 출원번호를 제공하지 않은 경우에는 진입선언서에 기재해야 한다. 규정에 부합하지 않는 경우 심사관은 절차보정통지서를 발부한다. 출원인이 기간 내에 답변하지 않거나 보정 후에도 규정에 부합하지 않는 경우, 심사관은 그 우선권 주장에 대해 우선권주장 미제출간주통지서를 발부한다.

출원인이 국제단계에서 제출한 우선권 서면선언서의 어떠한 항목에 기재 착오가 있는 경우, 국내단계 진입절차를 밟으면서 또는 진입일로부터 2개월 내에 정정청구를 할수 있다. 정정청구는 서면으로 제출해야 하고 정정후의 우선권사항을 기재해야 한다. 출원인이 국제사무국에 선출원 서류의 부본을 제출하지 않은 경우에는 정정청구서를 제출하면서 선출원 서류의 부본을 정정의 근거로 첨부해야 한다. 규정에 반하는 경우 그 정정청구서가 제출되지 않은 것으로 간주된다.

한편 국내단계 진입시 새로운 우선권을 주장하는 것은 허용되지 않는다.

(2) 선출원 서류 부본의 제공

출원인이 수리관청에 선출원 서류의 부본을 제출했거나 수리관청에 선출원 서류 부본의 작성을 요구한 경우, 전리국은 출원인이 아니라 국제사무국에 선출원 서류 부본의 제출을 요구한다. 심사관은 선출원 서류 부본을 확인할 필요가 있다고 판단하면,[15) 국제사무국에 선출원 서류 부본의 제공을 요청한다.

국제사무국에서 출원인이 국제단계에서 선출원 서류의 부본을 제출하지 않았음을 전리국에 통지한 경우, 심사관은 절차보정통지서를 발부하여 출원인에게 지정 기간 내

---

14) 전리법실시세칙 제110조 제1항.
15) 예를 들어, 국제조사보고서의 관련 서류란에 PX, PY 등 유형의 서류가 있는 경우 또는 국제조사 기관의 심사관이 검색하지 못한 PX, PY 등 유형의 서류를 전리국 실질심사 심사관이 검색해 낸 경우.

에 추가 제출하라고 통지한다. 기간 내에 제출하지 않으면 심사관은 상응하는 우선권 주장에 대해 우선권주장 미제출간주통지서를 발부한다.

(3) 선출원 서류 부본에 대한 심사

국제사무국이 선출원 서류의 부본을 제공했거나 출원인이 선출원 서류의 부본을 추가 제출한 경우, 심사관은 선출원 서류의 부본을 심사한다.

a) 우선권 선언의 불일치

심사관은 선출원 서류의 부본을 토대로 우선권 선언 사항을 검사한다. 만약 선출원 서류의 부본의 기재 사항 일치하지 않으면 심사관은 절차보정통지서를 발부하며, 출원인이 기간 내에 답변하지 않거나 보정 후에도 규정에 부합하지 않는 경우, 심사관은 우선권 미주장 간주통지서를 발부한다.

b) 우선권 증명서의 제공

심사관은 출원인이 출원서류에 명시된 선출원의 우선권을 주장할 권리가 있는지 심사한다. 선출원이 아래 각 호에 해당하는 경우 출원인에게 우선권을 주장할 권리가 있는 것으로 간주된다.

① 후출원과 선출원의 출원인이 동일한 경우

② 후출원의 출원인이 선출원의 출원인 중 하나인 경우

③ 양도, 증여 또는 기타 방식으로 후출원의 출원인이 우선권을 향유하게 된 경우.

위 ③의 경우, 국제단계에서 우선권 향유선언서를 이미 제출한 경우가 아니라면, 출원인은 증명서를 제출해야 한다. 증명서는 원본이거나 공증을 거친 사본으로서, 양도인의 서명 또는 날인이 있어야 한다.

위 ① 및 ②에 해당하지 않는 경우, 심사관은 국제공개팸플릿에 출원인이 선출원의 우선권을 주장할 권리가 있다는 선언이 기재되었는지 확인한다. 만약 그러한 선언이 있고 심사관이 이를 신뢰할 수 있다고 판단하면 출원인에게 증명서를 제출하라고 요구하지 않는다. 만약 선언이 없거나 선언이 규정에 부합하지 않는 경우, 심사관은 절차보정통지서를 발부하며, 출원인이 기간 내에 답변하지 않거나, 보정 후에도 여전히 규정에 부합하지 않는 경우, 심사관은 우선권 미주장 간주통지서를 발부한다.

(4) 우선권 주장료

우선권 주장시 출원인은 진입일로부터 2개월 내에 우선권 주장료를 납부해야 한다. 기간 내에 납부하지 않았거나 부족 납부한 경우, 우선권을 주장하지 않은 것으로 간주되며, 심사관은 우선권 미주장 간주통지서를 발부한다.

(5) 우선권 주장의 회복

국제단계에서 PCT조약 시행규칙 제26조 2.2의 경우가 발생하여 국제사무국 또는 수리관청이 우선권주장 미제출 간주된 적이 있는 경우, 출원인은 국내단계 진입절차를 밟으면서 우선권주장의 회복비용을 납부하고 회복청구를 할 수 있다. 만약 출원인이 국제사무국에 선출원 서류의 부본을 제출하지 않은 경우, 선출원 서류의 부본을 첨부하여 회복의 근거로 하여야 한다. 다만, 우선권주장 미제출 간주의 관련 정보가 국제출원과 같이 공개되었을 것을 조건으로 한다. 국내단계 진입 이후에 제출한 회복청구는 고려되지 않는다.

국제출원이 국내단계에 진입한 후 아래 각 호로 인해 우선권을 주장하지 않은 것으로 간주된 경우에는 전리법실시세칙 제6조에 따른 우선권 주장권의 회복을 청구할 수 있다.[16]

① 출원인이 국제단계에서 선출원의 출원번호를 제공하지 않았고, 국내단계 진입선언서에도 선출원의 출원번호를 기재하지 않은 경우

② 우선권 주장선언의 기재는 규정에 부합하나, 출원인이 규정된 기간 내에 선출원 서류의 부본 또는 우선권 양도증명서를 제출하지 않은 경우

③ 우선권 주장선언에서 선출원의 출원일, 출원번호와 원수리관청의 명칭 중 하나 이상이 선출원 서류 부본의 기재와 일치하지 않는 경우

④ 우선권 주장선언의 기재는 규정에 부합하나, 규정된 기간 내에 우선권 주장료를 납부하지 않았거나 부족 납부한 경우.

위 경우 이외의 다른 원인으로 우선권을 주장하지 않은 것으로 간주된 경우에는 회복될 수 없다.

2) 원용 추가 인정여부

PCT조약 시행규칙에 따르면, 국제출원시 출원인이 일부 항목 또는 부분[17]을 누락한 경우, 선출원 중에서 대응되는 부분을 원용하는 방식으로 누락된 항목 또는 부분을 추가하여 원국제출원일을 유지할 수 있는 것으로 규정되어 있다. 하지만 중국은 이 규정의 적용을 유보했기 때문에, 국제출원이 국내단계에 진입할 때 선출원을 원용하는 방식으로 누락된 항목 또는 부분을 추가하여 원 국제출원일을 유지하는 것이 인정되지 않는다.

항목 또는 부분을 출원 서류에 원용하여 추가하려면, 출원인은 국내단계 진입 절차를 밟으면서 중국에 대한 출원일을 수정할 것을 청구하고 또한 이를 진입선언서에 명시하여야만 가능하다.

---

16) 권리회복청구에 관한 처리는 이 책의 관련 규정을 참고한다.
17) 여기에서 "항목"은 명세서 전체 또는 청구항 전체를 의미하고, "부분"은 명세서의 일부분, 일부 청구항 또는 도면의 전체 또는 일부를 의미한다.

3) 신규성을 상실하지 않은 공개

국제출원한 발명창조[18]가 전리법 제24조[19] 제1호 또는 제2호에 해당하고 국제출원 시 이를 선언한 경우, 진입선언서에 이를 설명하고 진입일로부터 2개월 내에 전리법실 시세칙 제30조 제3항에 규정된 증명서류를 제출해야 한다.[20] 설명하지 않거나 기간 내 에 증명서류를 제출하지 않은 경우, 그 출원에 전리법 제24조의 규정을 적용하지 않는 다.

출원인이 진입선언서에 국제출원 시 신규성을 상실하지 않는 공개를 주장했다고 기 재한 경우, 국제공개팸플릿 표지에는 공개일자, 공개장소, 공개유형 및 전람회 또는 회 의의 명칭 등의 기재가 있어야 한다(전람회 또는 학술회의, 기술회의에 대한 요건에 대해서 는 전리법실시세칙 제30조 제1항, 제2항 또는 이 책 관련 부분 참조). 규정에 부합하지 않는 경우 심사관은 신규성을 상실하지 않는 공개에 대한 요구를 하지 않은 것으로 간주하 는 통지를 한다. 국제공개팸플릿에 관련 사항이 기재되어 있으나 국내진입선언서에는 명시하지 않은 경우, 출원인은 진입일로부터 2개월 내에 보정할 수 있다.

4) 생물재료시료 보관사항

(1) 진입선언서에의 명시

PCT조약에 따라 출원인이 생물재료 시료의 기탁에 대해 설명하는 경우 진입선언서 에 이를 기재해야 한다. 이때 기탁사항을 기재한 서류의 종류를 기재해야 하고, 필요한 경우 그 서류의 관련 내용이 기재된 구체적인 위치를 기재해야 한다.[21]

출원인이 국제단계에서 PCT조약에 따라 생물재료 시료의 기탁에 대해 설명했으나, 진입선언서에 기재하지 않았거나 기재가 정확하지 않은 경우, 진입일로부터 4개월 내 에 자진보정을 할 수 있다. 기간 내에 보정하지 않은 경우, 생물재료 시료의 기탁 설명 을 하지 않은 것으로 간주하며,[22] 심사관은 생물재료 시료 미기탁간주통지서를 발부 한다.

---

18) 발명창조는 발명, 고안 및 디자인을 포함하는 개념이다.
19) 전리법 제24조: 출원된 발명창조가 출원일 이전 6개월 내에 (1) 중국정부가 주관하거나 승인한 국제전시회에서 최초로 전시한 경우 (2) 규정된 학술회의나 기술회의에서 최초로 발표한 경우 (3) 타인이 출원인의 동의 없이 그 내용을 누설한 경우에 해당하는 경우 신규성을 상실하지 않는 다.
20) 전리법실시세칙 제107조.
21) 전리법실시세칙 제107조 제1항.
22) 전리법실시세칙 제107조 제2항.

(2) 생물재료 시료의 기탁에 대한 설명

출원인이 PCT조약의 규정에 따라 수탁기관의 명칭, 주소, 수탁일, 수탁기관에서 발부한 수탁번호 등, 생물재료 시료의 기탁에 대해 설명한 경우, 전리법실시세칙 제24조 제3호 규정에 부합하는 것으로 본다. 국제단계에서 생물재료 시료의 기탁에 대해 설명하지 않고 진입선언서에 그 출원이 생물재료 시료의 기탁과 관련되었음을 선언한 경우, 심사관은 생물재료 시료 미기탁간주통지서를 발부한다.

생물재료 시료 기탁설명서와 기탁증명서에 기재된 보관사항의 내용이 일치하지 않고, 그 불일치가 기탁설명의 기재 착오에 기한 경우, 심사관은 절차보정통지서를 발부하여 출원인에게 보정하게 하고, 기간 내에 보정하지 않는 경우에는 생물재료 시료 미기탁간주통지서를 발부한다.

(3) 생물재료 시료의 기탁 증명

국제출원의 특례에 따른 생물재료 시료 기탁증명서와 생존증명서의 제출 기한은 진입일로부터 4개월이다(기탁증명서와 생존증명서의 내용에 대한 심사는 이 책의 관련 내용 참조).

5) 유전자원의 출처

국제출원이 유전자원에 의존하여 완성된 발명에 대한 것이면 출원인은 진입선언서에서 이를 설명하고 유전자원의 출처공개 등기표를 작성해야 한다. 규정에 부합하지 않은 경우, 심사관은 보정통지서를 발부하여 출원인에게 보정하라고 통지한다. 기간 내에 보정하지 않는 경우 심사관은 취하간주통지서를 발부하며, 보정 후에도 여전히 규정에 반하는 경우에는 그 출원을 거절한다.

6) 국내단계 진입 후 출원 서류에 대한 자진보정 시기

(1) 자진보정 가능 시기

출원인은 국내단계 진입절차를 밟은 후 규정된 기간 내에 출원 서류를 보정할 수 있다. 국내단계에 진입하면서 보호받고자 하는 전리의 유형으로 실용신안을 선택한 국제출원의 경우, 국내단계 진입일로부터 2개월 내에 출원 서류에 대해 자진보정할 수 있다. 특허권으로의 보호를 선택한 국제출원의 경우 통상적인 출원과 동일하게 실질심사 청구 시 또는 전리국으로부터 실질심사 진입통지서를 받은 날로부터 3개월 내에 자진보정을 할 수 있다.[23]

---

23) 전리법실시세칙 제112조 및 제51조 제1항. 한편, 국제특허출원의 경우에도 우선일로부터 3년 내에 실질심사 청구를 해야 한다(2010년 〈전리심사지침〉 제3부 제1장 5.9절).

(2) PCT 조약 제28조 또는 제41조에 따른 보정의 취급

국내단계 진입 시에 출원인이 PCT조약 제28조 또는 제41조에 따라 진행한 보정을 심사대상으로 할 것을 요구하는 경우, 원출원서류의 번역문과 함께 그 보정서를 제출할 수 있으며, 이 보정은 전리법실시세칙 제112조 규정에 따라 제출한 자진보정으로 간주된다.

출원인은 보정서를 제출할 때 상세한 보정 설명을 첨부해야 한다. 보정 설명은 보정 전후의 내용에 대한 대조표일 수도 있고, 원서류의 사본에 보정 주석을 할 수도 있다. 국내단계 진입 시 보정서를 제출하는 경우에는 보정 설명의 위쪽에 "PCT조약 제28조 (또는 제41조)에 따른 보정"이라고 명시해야 한다.

7) 번역문 착오의 정정

PCT조약의 규정에 따라 국제출원 서류는 각 지정국에서 정규의 국내출원 서류의 효력을 갖는다. 따라서 국제사무국이 지정관청 또는 선택관청으로 송부한 국제출원 서류를 근거로 하여, 국내단계 진입 시 제출한 명세서, 권리요구서 또는 도면상의 문자에 대한 중국어 번역문에 착오가 있음을 발견한 경우, 아래 기간 내에 번역문에 존재하는 착오를 정정할 수 있다.

 a) 전리국이 특허출원의 공개 또는 등록실용신안의 공고를 위한 준비작업을 마치기 전

 b) 특허출원이 실질심사에 진입한다는 통지서를 전리국으로부터 송달받은 날로부터 3개월 내.

번역문의 착오란, 중국어 번역문과 국제사무국이 송부한 원문을 비교하여 기술용어, 문장 또는 문단이 누락되거나 정확하지 않은 경우를 의미한다. 번역문 원본과 국제사무국이 송부한 원문이 명백하게 다른 경우에는 번역문 착오에 대한 정정의 방식으로 정정하는 것이 허용되지 않는다. 만약 동일하지 않은 부분이 비문자(예: 수학식, 화학식 등)인 경우에는 번역문 착오에 대한 정정의 방식이 아니라, 출원인에게 보정할 것을 요구한다.

출원인이 번역문 착오를 정정하려면, 정정페이지 이외에도 번역문 착오 정정청구서를 제출해야 하며, 규정된 번역문 착오 정정절차료를 납부해야 한다. 규정에 반하는 경우 심사관은 미제출간주통지서를 발부한다.

8) 실질심사 청구

국내단계에 진입한 국제출원이 특허를 보호 유형으로 선택한 경우 우선일로부터 3

년 내에 실질심사를 청구해야 하며, 실질심사료를 납부해야 한다.

9) 서지사항의 변경

(1) 국제사무국 통지의 효력

국제단계에서 출원인 또는 수리관청의 요구에 따라 국제사무국은 출원서상의 출원인 또는 그 성명(또는 명칭), 거주지, 국적, 주소, 발명자 또는 그 성명에 대한 변경을 기록하여 서면으로 지정관청에 통지한다. 전리국은 국제사무국으로부터 '기록변경 통지서'를 받으면 출원인이 전리국에 서지사항 변경신고서를 제출한 것으로 인정한다. 즉, 출원인은 서지사항의 변경에 대해 서지사항 변경신고서를 재차 제출할 필요가 없다.

(2) 증명자료의 추가 제출

국제사무국이 송부한 '기록변경 통지서'에서 변경된 사항이 출원인인 경우, 출원인은 국내단계 진입 시 출원권의 양도 또는 증여 계약, 공상행정관리부에서 발부한 합병증명서류 또는 기타 권리이전 증명서류를 원본 또는 공증기관에서 공증한 사본으로 제출해야 한다.[24] 증명서류를 제출하지 않은 경우, 심사관은 보정통지서를 발부하여 출원인에게 증명서류 제출을 통지한다. 출원인이 기간 내에 증명서류를 제출하지 않는 경우, 심사관은 취하간주통지서를 발부한다.

국제사무국이 송부한 '기록변경 통지서'에서 변경된 사항이 출원인의 성명이나 명칭, 주소, 발명자의 성명인 경우에는, 증명자료를 제출할 필요가 없다.

(3) 국내단계의 서지사항 변경

국내단계 진입 시 또는 진입 이후에 서지사항 변경 절차를 진행하는 경우, 통상적인 국내출원에서의 서지사항 변경절차 규정에 따른다[이에 대해 이 책 제1부 제1장 5. 서지사항의 변경 1) 서지사항 변경의 절차의 내용 참조].

또한 제출해야 할 서지사항 변경 증명서류에 대해서도 통상적인 국내출원에서의 서지사항 변경절차 규정에 따른다. 이에 대해 이 책 제1부 제1장 5. 서지사항의 변경 2) 서지사항 변경 증명서류의 내용 참조). 다만, (ㄱ) 출원인의 성명이나 명칭 또는 발명자의 성명의 기재에 착오가 있어, 국내단계 진입 이후 착오를 정정하기 위해 출원인이 변경 신고를 선언한 경우, (ㄴ) 출원인 또는 발명자가 서로 다른 국가에서 다른 명칭이나 성명을 사용했고, 중국에서 국제공개 시 기재된 것과 다른 명칭이나 성명을 사용하기 위해 출원인이 변경 신고를 선언한 경우에는, 당사자(출원인 또는 발명자) 본인의 선언서를 변경신고의 증명서류로 사용할 수 있다.

---

24) 전리법실시세칙 제104조 제1항 제6호.

6. 국내공개

특허권을 획득하고자 하는 국제출원에 대해 전리국이 형식심사를 통해 전리법 및 전리법실시세칙의 규정에 부합한다고 판단하는 경우 특허공보에 공개한다.[25] 국제출원이 중국어 이외의 언어로 이루어진 경우에는 그 중국어 번역문을 공개한다.

1) 국내공개의 시점

출원인이 우선일로부터 30개월이 경과하기 전에 심사를 받고자 우선처리를 신청한 경우가 아닌 한, 대부분의 국제출원은 우선일로부터 18개월이 경과된 이후에 국내단계에 진입하므로, 출원일로부터 18개월이 되는 때에 공개한다는 전리법 제34조 규정이 국제출원에 대해서는 적용되지 않는다.

전리국은 국내단계에 진입한 국제출원에 대해 형식심사를 진행하여 합격으로 판단되면 바로 국내공개 준비작업을 진행해야 한다. 국내공개 준비작업은 보통 국내단계 진입일로부터 2개월이 경과된 시점에 완료된다.

2) 보상금 청구권과의 관계

중국어로 국제공개된 경우에는 국제공개일로부터 보상금 청구권의 발생 요건으로서의 공개가 이루어진 것으로 인정되나, 중국어 이외의 언어로 출원된 국제출원에 대해 보상금 청구권을 행사하기 위해서는 중국 국내공개가 이루어져야 한다.

‖ 제2장 국내단계에 진입한 PCT 출원에 대한 실질심사 ‖

이 장에서는 주로 중국 국내단계로 진입하는 PCT출원과 일반적인 출원을 심사하는 데 있어서 차이점에 대해 주로 설명한다.

---

25) 전리법실시세칙 제114조 제1항.

1. 실질심사의 근거가 되는 서류

1) 실질심사의 기초가 될 수 있는 서류

PCT출원이 국내단계 실질심사 이전까지 발생할 수 있는 보정서

단 계	법적 근거	보정 시기	보정 대상
국제단계	PCT조약 제19조	국제검색기관이 출원인 또는 국제조사국에 국제검색보고서를 전송한 날로부터 2월 또는 우선일로부터 16월 중 늦게 만료한 날	청구항
	PCT조약 제34조	출원인이 형식심사 청구서를 제출하는 때 또는 특허성에 관한 국제예비심사보고서 발행 전	청구항, 명세서, 도면
국내단계	PCT조약 제28조 또는 제41조	국내단계 진입시	청구항, 명세서, 도면
	전리법실시세칙 제104조	형식심사 심사관의 보정요구에 대응할 때	요약, 대표도면
	전리법실시세칙 제44조	형식심사 심사관의 보정요구에 대응할 때	청구항, 명세서, 도면
	전리법실시세칙 제51조 제1항 또는 제112조 제2항	출원인이 실질심사를 청구할 때; 또는 실질심사 진입통지서 수령일로부터 3개월 내	청구항, 명세서, 도면, 요약, 대표도면

주: '명세서'에는 뉴클레오시드 및 아미노산 서열표가 포함됨.

실질심사의 기초가 되는 대상이 될 수 있는 서류는 다음과 같다:

a) 최초로 제출한 PCT출원 서류

b) PCT조약 제19조에 따라 제출한 보정서

c) PCT조약 제34조에 따라 제출한 보정서(특허성에 관한 국제예비심사보고서의 첨부서류)

d) PCT조약 제28조 또는 제41조에 따라 제출한 보정서

e) 전리법실시세칙 제104조 또는 제44조에 따라 제출한 보정서

f) 전리법실시세칙 제51조 제1항 또는 제112조 제2항에 따라 제출한 보정서.

이상 실질심사의 기초가 되는 대상이 될 수 있는 서류란, 중국어 서류 또는 외국어 서류의 중국어 번역문을 의미한다.

2) 심사 서류의 확인

국내단계에 진입하는 PCT출원에 대해, 반드시 출원인의 신청을 토대로 그 심사대상 문서의 선언[국제출원의 중국 국내단계 진입선언서(발명) 목록에서의 관련 항목 참조]으로 명시한 서류 및 이후 제출된 관련 규정에 부합하는 서류(추가 제출된 보정서의 번역문 또는 보정서 목록 참조)에 대해 실질심사를 진행한다. 심사 과정에서, 다른 조건들은 모두 만족했으나 추가 제출한 보정서의 번역문 또는 보정서 목록을 함께 제출하지 않은 보정서도 일단 수리된다.

심사서류 확인에 관하여 주의할 사항들은 다음과 같다:

a) 국제단계에서의 보정에 대해, 국내단계 진입 시 국제출원의 중국 국내단계 진입 선언서(발명) 목록에서 심사대상 문서로 명시되지 않은 경우, 또는 명시되었으나 규정에 따라 그 중국어 번역문을 제출하지 않은 경우, 실질심사의 대상으로 삼지 않는다.

b) 만약 출원인이 PCT 출원이 국내단계 진입 이후 여러 차례 보정서를 제출한 경우, 요구사항에 부합하는 최후에 제출된 보정서가 심사의 대상이 되고, 그 일부 내용을 심사대상 문서로 대체한다고 선언서에 명시된 부분이 심사대상 문서의 대응되는 내용이 된다. 전리법실시세칙 제51조 제1항에 반하는 보정서에 대한 처리는 이 책 "제1부 제2장 4. 심사대상 문서 1) 최초 심사대상 문서 (2) 출원인이 제출한 자진보정서 b) 자진보정이 전리법실시세칙 제51조 제1항 규정에 부합하지 않는 경우"의 내용을 참고한다.

c) 중국어로 이루어진 PCT출원이 국내단계에 진입하는 경우, 출원인은 최초 PCT출원 서류에서의 요약과 대표도면(대표도면이 있는 경우)의 부본만 제출하면 되고 명세서, 권리요구서 및 도면의 부본은 제출할 필요가 없다.

d) 심사 서류의 확인은 청구 원칙에 따르고, 보정범위를 초과한 보정서도 심사서류가 된다.

e) 심사 과정에서, 출원인이 실질심사를 청구한 서류에는 특허성에 관한 국제예비심사보고서의 첨부서류에서 보정부분의 중국어 번역문도 포함된다. 또한 대체페이지의 첫 페이지에서 조약 제34조에 따라 제출한 보정서임을 명시한 경우, 형식심사 심사관이 그 보정서가 조약 제34조에 따라 제출한 보정서인지 확인할 수 없으면, 특허성에 관한 국제예비심사보고서 미수령 통지서를 발부하여, 출원인에게 해당 보정이 조약 제41조에 따른 보정으로 간주됨을 통지한다. 이때 만약 심사관이 특허성에 관한 국제예비심사보고서를 획득할 수 있는 경우, 심사관은 이에 대해 확인 조사를 수행한다. 만약

그 보정서가 특허성에 관한 국제예비심사보고서 첨부서류에서 보정 내용의 중국어 번역문으로 확인되는 경우, 조약 제34조에 따라 제출된 보정서로 처리하고, 그렇지 않은 경우, 조약 제41조에 따라 제출된 보정서로 처리한다.

f) 만약 출원인이 국제출원의 중국 국내단계 진입선언서(발명) 목록에서 명시한 심사 서류와 그와 함께 제출한 조약 제28조 또는 제41조에 따른 보정서에 불일치가 존재하는 경우, 실제 제출한 문서를 기준으로 심사서류를 확정한다.

출원인이 국제출원의 중국 국내단계 진입선언서(발명) 목록과 조약 제28조 또는 제41조에 따라 제출한 보정서를 PCT 출원 국내단계 진입 절차 시 함께 제출하였는데, 양자가 불일치하는 경우, 심사관은 출원인의 진정한 의도를 파악할 수 없으므로, 이때 절차의 촉진을 위해 심사관은 출원인이 실제로 제출한 서류를 토대로 심사를 진행하고, 국제출원의 중국 국내단계 진입선언서(발명) 목록의 기재와 실제 제출된 내용이 서로 부합하지 않음을 지적한다.

3) 최초 제출한 출원서류의 법률적 효력

최초 제출한 국제출원서류는 법적 효력을 가지며 출원서류에 대한 보정의 근거가 된다. 국제출원에 있어서, 전리법 제33조에 기재된 '최초 명세서 및 권리요구서'란, 최초 제출한 국제출원의 명세서, 권리요구서 및 그 도면을 의미한다.

출원 언어가 중국어 이외의 다른 언어인 PCT출원에 대해, 반드시 그 중국어 번역문으로 심사를 진행하며, 원문과 대조 확인하지 않는 것이 원칙이다.[26] 다만, 아래의 경우 심사관은 원문과의 대조 확인작업을 거친다.

a) 심사과정에서, 만약 심사대상 문서에 존재하는 흠결이 번역의 오류로 발생했을 가능성이 있는 경우(예를 들어, 명세서의 전후 내용이 명백하게 모순되는 경우; 중간에 일부 내용이 누락되었다고 의심되는 경우), 원문과의 대조 확인을 거쳐 출원인이 번역 오류를 수정할 필요가 있는지 확인한다(구체적인 내용은 이후 기술하는 '6) 번역문 착오의 정정에 대한 심사' 부분 참조).

b) 만약 보정서가 중국어 번역문의 기재범위를 초과한 경우, 최초 제출한 외국어 PCT 출원 서류를 토대로 보정이 범위를 초과했는지 여부를 판단한다.

---

26) 2010년 〈전리심사지침〉 제3부 제2장 3.3절.

2. 실질심사에 대한 특수 규정

PCT 조약 제27조 제1항 및 동조 제5항 규정에 따라, (1) 출원의 형식이나 내용에 대해서는 전리법, 전리법실시세칙 및 심사지침서의 규정을 적용하나, 이들 규정에 PCT 조약 및 그 시행규칙의 규정과 다른 경우에는 PCT조약 및 그 시행규칙의 규정을 우선하여 적용하고 (2) 전리권 등록 여부에 관한 실질적 요건에 대해서는 전리법, 전리법실시세칙 및 심사지침서의 규정을 적용한다.[27] 이 중 규정 (1)은 주로 아래 상황에서 적용된다.

1) 요약서

요약서에 아래와 같은 흠결이 존재하는 경우, 심사관은 직권으로 보정하거나 출원인에게 보정을 요구할 수 없다.

a) 작성된 문자의 개수가 300자를 초과하는 경우

b) 두 개 이상의 대표도면이 존재하는 경우

c) 도표를 이용한 경우.

다만, 어떠한 원인(예: 번역 오류)으로 인해 요약의 문자적 내용이 불명확하여, 기술적 내용을 이해하기 어려운 경우에는, 심사관이 직권으로 보정하거나 출원인에게 보정을 요구할 수 있다.

2) 명세서 부본

명세서에 아래와 같은 흠결이 존재하는 경우, 심사관은 직권으로 보정하거나 출원인에게 보정을 요구할 수 없다.

a) 소제목이 없거나, 소제목이 전리법실시세칙 제17조 제1항의 규정에 반하는 경우

b) 발명의 명칭의 글자수가 25자를 초과하는 경우, 또는 화학발명의 발명의 명칭이 40자를 초과하는 경우

c) 중국의 법정계량단위를 사용하지 않았으나, 그 계량단위의 표기방식은 조약 세칙 제10조 제1항(a), (b) 규정[28]에 부합하는 경우.

다만, 발명의 명칭의 문자적 기재가 불명확하여 기술내용을 이해하기 어려운 경우, 심사관은 직권으로 보정하거나 출원인에게 보정을 요구할 수 있다.

---

27) 2010년 〈전리심사지침〉 제3부 제2장 2.1절.

28) 조약 세칙 제10조 제1항 (a), (b) 규정: "계량단위는 미터법으로 표시해야 한다. 다른 방식으로 표기하는 경우에는 미터 단위를 주석으로 달아야 한다; 온도는 섭씨 온도로 표시해야 한다. 다른 방식으로 표시하는 경우에는 섭씨 온도를 주석으로 달아야 한다."

3. 서면 의견 또는 특허성에 관한 국제예비심사보고서의 이용

출원인이 국제예비심사를 청구한 경우, 특허성에 관한 국제예비심사보고서가 작성된다. 국제예비심사를 청구하지 않은 경우 특허성에 관한 국제예비심사보고서가 작성되지는 않으나, 국제조사국의 홈페이지(www.wipo.int)로부터 서면 의견을 획득할 수 있다. 심사관은 이 서면 의견 또는 특허성에 관한 국제예비심사보고서를 심사에 참고해야 하는 것으로 되어 있다. 아래는 심사관이 심사에 이용할 수 있는 내용들이다.

1) 신규성, 진보성 및 산업상 이용가능성(실용성)에 대한 의견

서면 의견 또는 특허성에 관한 국제예비심사보고서에서의 신규성, 진보성 및 산업상 이용가능성에 대한 의견은 심사관이 중요하게 고려하는 내용이다. 이들 내용은 서면 의견 또는 특허성에 관한 국제예비심사보고서에서의 제V란에서 볼 수 있다.

한편, 심사 대상 서류가 서면 의견 또는 특허성에 관한 국제예비심사보고서의 대상이 되는 서류에 대해 보정이 이루어진 서류인지 여부와 상관 없이, 이들 심사 의견에서 제공되는 정보는 모두 발명의 신규성, 진보성 및 산업상 이용가능성의 평가에 이용되거나, 또는 심사관이 청구발명 자체 및 종래기술을 이해하는 데 활용될 수 있다.

특허성에 관한 국제예비심사보고서의 심사의견에서 국제검색보고서에서 언급하지 않은 종래기술을 인용한 경우에도, 심사관은 그 인용문헌이 신규성, 진보성 및 산업상 이용가능성의 심사에 활용될 수 있는지 고려한다.

2) 인용 문헌

여기에서의 "인용 문헌"이란, 서면 의견 또는 특허성에 관한 국제예비심사보고서의 제VI란에서 열거되었으나, PCT 조약에서 정의한 종래기술문헌에는 해당하지 않는, 즉 비(非)서면의 형식으로 공개된 문헌 등을 의미한다. 심사관은 PCT출원이 신규성, 진보성 및 중복등록 가능성을 심사할 때 이를 고려한다.

3) 그 외 흠결에 대한 평가

서면 의견 또는 특허성에 관한 국제예비심사보고서에서는 PCT출원에 대한 그 외 다른 흠결에 대해서 평가를 내렸을 수 있다. 구체적으로, 심사관은 우선권에 대한 확인 결과(제II란); 발명에 단일성이 없다는 의견(제IV란); 및 PCT출원에서의 그 외 문제(제VII란 및 제VIII란. 예: 명세서 또는 청구항 표현의 불명확) 등에 대한 평가를 고려할 수 있다.

4. 단일성 심사

전리법실시세칙 제115조 규정에 따라 국내단계로 진입하는 PCT 출원의 단일성 문제를 처리하게 된다. 단일성을 갖추었는지에 대한 판단은 전리법 제31조 제1항 및 전리법실시세칙 제34조 규정에 따른다.

1) 단일성 회복료 납부 통지서가 발부되는 경우

심사관은 우선 국내단계에 진입한 PCT출원의 국제검색보고서의 제Ⅲ란에 발명의 단일성 결여의 의견이 표시되었는지 또는 서면 의견 또는 특허성에 관한 국제예비심사보고서의 제Ⅳ란에 발명의 단일성 결함 표시가 되었는지 확인한다. 만약 전술한 목록란에 발명의 단일성이 결여되었다고 표시된 경우, 심사관은 아래 두 가지 사항을 확인한다.

a) 국제단계에서 심사관의 요구에 따라 출원인이 단일성 결여로 인한 추가 검색비 또는 추가 심사비를 납부하지 않아, 국제조사 또는 국제예비조사를 수행하지 않은 발명이 포함되었는지 여부

b) 출원인이 단일성이 결여된 다수의 발명에 대해 국제단계에서 추가 검색비 또는 추가 심사비를 납부하지 않음으로써 포기 의사를 표시하였으나, 국내단계 진입하면서 재차 권리요구서에 기입한 발명이 포함되었는지 여부.

만약 전술한 a) 또는 b)의 상황이 존재하면, 심사관은 국제기관이 내린 단일성 흠결의 결론이 적절한지 판단한다.

국제기관이 내린 단일성 흠결의 결론이 적절하다고 판단한 경우, 심사관은 단일성 회복료 납부 통지서를 발부하여, 출원인에게 2개월 내에 단일성 회복료를 납부하라고 통지한다. 한편, 국제기관이 내린 결론이 적절하다고 판단한 경우, 심사관은 국제기관이 단일성이 없는 여러 발명에 대해 나눈 그룹이 적절한지에 대해서는 고려하지 않는다. 예를 들어, 국제기관이 청구 발명을 세 개의 그룹으로 나누어 각각의 그룹이 단일성이 있는 것으로 판단했더라도, 심사관은 청구 발명을 두 개의 그룹으로 나눌 수 있다.

반면에, 국제기관이 내린 단일성 흠결의 결론이 적절하지 않다고 판단한 경우, 즉 출원인이 청구하는 발명에 단일성 흠결의 문제가 없는 경우에는 모든 청구 발명에 대해 심사를 진행한다.

심사관이 단일성 흠결이 존재한다고 판단했으나, 국제기관은 해당 출원에 대해 단일성이 없다고 지적하지 않은 경우; 또는 발명에 단일성이 없다고 지적했으나 추가료 납부를 요구하지 않은 경우; 또는 출원인이 이미 국제단계에서 규정된 액수를 납부한 경우에는, 출원인에게 단일성 회복료를 납부하라는 요구를 할 수 없고, 통상의 국내출

원에 대해 적용되는 단일성 심사 규정에 따라 심사를 진행한다.

2) 단일성 회복료 납부 통지서 발부 이후의 처리

단일성 회복료 납부 통지서 발부 이후에는 출원인의 대응에 따라 아래와 같이 처리한다.

a) 출원인이 규정에 따라 단일성 회복료를 납부한 경우, 단일성 흠결로 인해 국제검색이나 예비심사를 거치지 않은 부분이 유효한 PCT출원의 내용으로 인정되고, 통상의 국내출원에 대해 적용되는 단일성 심사 규정에 따라 심사를 진행한다. 한편, 단일성 회복료를 납부했다고 하여 단일성 흠결이 치유된 것은 아니며, 단지 단일성이 없는 부분이 PCT 출원의 유효한 부분이 될 뿐임을 주의할 필요가 있다.

b) 출원인이 2개월의 기간 내에 단일성 회복료를 납부하지 않았거나 부족 납부한 상황에서 단일성이 없는 발명을 삭제하지도 않은 경우, 심사관은 심사의견통지서를 발부하여 출원인에게 아래 사항을 고지한다:

① PCT출원 중에서 국제검색이 이루어지지 않았고, 통지서에 따라 비용을 납부하지도 않은 부분은 철회된 것으로 간주되고 이에 대해 분할출원을 할 수도 없다.

② 출원인은 해당 부분이 삭제된 보정서를 제출해야 하고, 심사관은 해당 부분이 삭제된 보정서에 대해 심사를 계속한다.

③ 만약 출원인이 상술한 보정서를 제출하지도 않았고, 의견을 진술하지도 않은 경우, 출원은 철회 간주된다.

④ 만약 출원인이 제출한 보정서에 삭제보정되어야 할 부분이 여전히 존재하는 경우, 또는 출원인이 의견서만으로 반박하고 해당 부분을 삭제하지 않은 경우, 심사관은 단일성 흠결을 이유로 출원을 거절한다.

전술한 심사의견통지서를 발부했고 이에 대해 출원인이 의견진술 또는 보정을 한 이후에도, 여전히 단일성 회복료가 미납 또는 부족 납부되었으며, 단일성이 결여된 청구항을 삭제하지도 않은 경우, 심사관은 다음과 같이 처리한다:

a) 단일성 흠결을 이유로 거절결정을 내릴 수 있는 경우, 거절결정서를 발부한다.

b) 권리요구서에 삭제되어야 할 청구항만 남은 경우, 실질심사 심사관은 형식심사 부서로 사건을 이관하며, 형식심사 부서의 관리팀에서 철회 간주통지서를 발부한다.

5. 번역문 착오의 정정에 대한 심사

국내단계에 진입한 PCT출원에 대해, 번역문 착오의 정정은 전리법실시세칙 제113

조 규정에 따라 처리된다. 이하 구체적으로 검토한다.

1) 번역문 착오

(1) 번역문 착오의 개념

번역문 착오란, 중국어 번역문과 원문을 비교하여, 일부 용어, 일부 문장 또는 일부 단락이 누락되거나 부정확한 경우를 의미하고, 중국어 번역문과 원문이 명백하게 대응되지 않는 경우는 번역문 착오에 해당하지 않는다. 번역문 착오에 해당하는 경우여야만 '번역문 착오의 정정'의 방식으로 수정하는 것이 허용된다.

통상적으로 볼 수 있는, "중국어 번역문과 원문이 명백하게 대응되지 않는 경우"는 다음과 같다.

① 번역문의 내용이 원문과 명백하게 무관한 경우(예: 번역문에 기재된 것은 기계장치에 대한 기술방안인데, 원문은 생물 제약에 관한 것인 경우)

② 번역문의 지면이 원문과 명백히 다른 경우(예: 번역문 명세서는 3페이지에 불과한데, 원문 명세서는 10페이지인 경우).

③ 번역문과 원문 내용이 비록 유사한 기술방안에 관한 것이고, 지면도 대체로 대응되나, 번역문의 전체 또는 대부분(예: 명세서 전체)이 원문과 다른 경우.

(2) 번역문 착오와 용어 규범성

번역문 착오와 용어가 규범에 부합하는지 여부는 다른 경우로서, 적용 법률도 각각 전리법실시세칙 제113조와 제17조 제3항으로 서로 다르다.

┃ 사례 1 ┃

최초 출원된 PCT 출원에는 "passive antenna"라는 용어가 사용되었고, 출원인은 이를 "被动天线(수동 안테나)"로 번역했다.

분석: 해당 기술분야에서 "被动天线"은 매우 드물게 사용되는 표현으로서 규범에 부합하지 않은 용어이며, 보다 자주 사용되는 규범성 용어는 "无源天线(비여진 안테나)"이다. 이러한 상황에서 심사관은 출원인에게 전리법실시세칙 제17조 제3항에 따라 "被动天线"를 "无源天线"로 보정할 것을 요구한다.

만약 해당 기술분야에서 "被动天线"라는 표현을 전혀 사용하지 않는다고 가정한다면, 출원인은 "passive antenna"를 착오로 번역한 것으로서, 심사관은 전리법실시세칙 제113조를 적용하여 출원인에게 번역문 착오의 정정을 요구한다.

┃ 사례 2 ┃

최초 출원된 PCT출원에는 "phenol"이라는 표현을 사용했고, 출원인은 이를 "酚"으로 번역했다.

분석: 해당 기술분야에서 "phenol"은 "酚"으로 표현될 수도 있고, "苯酚"으로 표현될 수도 있으나, "酚"는 "苯酚"의 상위개념이며, 두 용어 모두 규범성 용어이다. 만약 심사관이 권리요구서 및 명세서에 공개된 전체적인 내용으로부터 청구항의 기술방안에 사용된 물질이 "苯酚"일 수밖에 없고, 다른 "酚"이 될 수는 없음을 발견했다면, 이는 출원인이 "phenol"에 대한 번역을 정확하게 하지 않은 것으로서, 심사관은 출원인에게 번역문 착오의 정정을 요구한다.

2) 번역문 착오의 정정 청구

출원인은 자신이 제출한 명세서, 권리요구서 또는 도면의 설명의 중국어 번역문에 번역 착오가 있음을 발견한 경우, 전리국이 공개 준비작업을 마치기 전(통상적으로 PCT 출원의 국내단계 진입일로부터 2개월이 경과된 시점), 또는 전리국이 발송한 실질심사 진입 통지서를 수령한 날로부터 3개월 내에 정정 청구를 할 수 있다. 실질심사 과정에서는 출원인이 자진하여 번역문 착오의 정정을 청구하는 것이 허용되지 않는 것이 원칙이나, 그 번역문 착오의 정정 청구가 심사에 유리하다고 심사관이 판단한 경우에는 이를 받아들여 심사를 진행할 수 있다.

심사관은 PCT출원의 중국어 번역문에 대해 심사를 진행하면서 원문과 대조확인 작업을 하지 않는 것이 일반적이다. 그러나 심사관이 중국어 번역문에 존재하는 어떠한 흠결(예: 명세서의 공개 불충분)이 번역문 착오에서 기인한 것임을 발견했고, 그러한 흠결이 최초 PCT출원 서류 또는 출원인이 국제단계에서 수행한 보정서에는 존재하지 않음을 발견한 경우에는, 심사의견통지서에서 상기 흠결을 지적하여 출원인에게 이를 바로잡게 하거나 번역문 착오의 정정 절차를 밟을 것을 요구한다.

한편, 출원인이 번역문 착오의 정정 절차를 밟을 필요 없이 "바로잡을" 수 있는 상황이란 다음과 같다: 중국어 번역문에 존재하는 결함이 번역문 착오에 기인한 것이라고 심사관이 잘못 판단했고, 이에 대해 출원인이 보정 없이 의견진술만으로 번역문 착오의 문제가 존재하지 않음을 지적했으며, 심사관도 이러한 출원인의 진술이 타당하다고 인정하는 경우, 심사관은 출원인에게 번역문 착오의 정정 절차를 밟을 것을 요구할 수 없다.

만약 전술한 "바로잡을" 수 있는 상황에 해당하지 않는 경우, 심사관은 출원인에게 번역문 착오의 정정 절차를 밟을 것을 요구한다. 출원인이 답변 시 제출한 보정서가 중국어 번역문의 기재 범위는 벗어났으나 최초 제출된 PCT출원의 기재 범위를 벗어나지는 않았으며, 출원인이 번역문 착오의 정정 절차를 밟지 않은 경우, 심사관은 번역문 착오의 정정 통지서를 발부한다. 출원인이 규정된 기간 내에 번역문 착오의 정정 절차를 밟지 않는 경우, 해당 출원은 철회 간주된다.

3) 번역문 착오의 정정에 대한 심사

출원인이 번역문 착오의 정정 페이지를 제출하면, 심사관은 우선 번역문 착오의 정정이 필요한 상황인지 판단한다.

만약 번역문 착오의 정정을 해야 하는 상황에 해당하지 않는 경우, 심사관은 번역문 착오의 정정 청구를 거절한다. 즉 제출된 번역문 착오의 정정 페이지를 고려하지 않고 심사를 진행하고, 심사의견통지서에서 그 번역문 착오의 정정 청구를 거절했음을 출원인에게 고지한다.

만약 번역문 착오의 정정을 해야 하는 상황에 해당하는 경우, 정정된 번역문이 정확한지 대조확인 작업을 거친다. 정정된 번역문의 정확성이 확인되면, 그 정정된 서류를 기초로 심사를 진행한다. 만약 정정된 번역문이 여전히 최초 제출한 PCT출원 서류와 부합하지 않는 경우, 심사관은 출원인에게 정확한 번역문을 제출할 것을 재차 통지한다.

4) 등록 결정된 서류에 번역문 착오가 존재하는 경우

간혹 출원 서류에는 심사관이 원문을 대조확인 하게끔 할 흠결이 존재하지 않는 것으로 판단했다가, 등록 결정된 서류에서 번역문 착오가 발견되는 경우가 발생할 수 있다. 이에 대해, 전리법실시세칙 제117조에서는 "번역문의 착오로 인해 전리법 제59조 규정에 의해 확정되는 보호범위가 국제출원의 원문에 기재된 범위를 벗어나는 경우, 원문에 의해 한정되는 보호범위를 기준으로 한다. 보호범위가 국제출원의 원문에 기재된 범위보다 축소된 경우에는 전리권 등록 시의 보호범위를 기준으로 한다"라고 규정한다. 즉, PCT출원으로 등록된 전리권의 보호범위를 어떻게 확정하는지 명확하게 규정하고 있으므로, 등록 결정된 서류에 번역문 착오가 존재하는 경우 심사관은 번역문 착오를 해소하기 위한 대조확인 작업을 할 필요가 없다.

제5부

실용신안출원의 형식심사

1. 서 언

전리법 제40조의 규정에 따라 전리국은 실용신안출원을 수리, 심사하여 형식심사 결과 거절이유를 발견하지 못한 경우 등록 결정한다. 따라서 형식심사는 실용신안권을 등록받기 전의 필수적인 절차이다. 실용신안출원에서 형식심사가 이루어지는 범위는 주로 (1) 출원서류에 대한 형식심사; (2) 출원서류의 명백한 실질적 흠결에 대한 심사; (3) 기타 서류에 대한 형식심사; (4) 관납료 납부에 대한 심사이다.

2. 출원서류에 대한 심사

본 절은 고안의 명칭, 고안자, 출원인, 연락담당자, 대리인, 주소 및 인장이나 날인에 대한 심사에 대해 다룬다.

1) 고안의 명칭

고안의 명칭은 간명하고 정확하게 실용신안출원이 청구하고자 하는 주제와 유형을 표현해야 한다. 심사 내용은 아래와 같다:

(1) 주 제

실용신안은 물건만을 보호하고 방법이나 용도는 보호하지 않는다. 따라서 고안의 명칭에서는 방법이나 용도를 주제로 표현할 수 없다. 예를 들어, "무선통신장치 및 그 방법"과 같이 방법이 포함될 수 없다. 한편, 고안의 명칭에서 공지된 방법으로 물건의 구조를 한정하는 경우는 보통 허용된다. 예를 들어, "용접된 금속배전함"에서 용접은 공지된 연결방법으로 명칭에서 공지된 방법으로 금속배전함을 한정했으나, 그 주제는 여전히 물건으로서 이러한 작성은 허용된다.

(2) 일치성

실용신안출원서에서의 고안의 명칭은 명세서, 위임장, 기타 증명서에서의 고안의 명칭과 모두 일치해야 한다. 특히 출원서에서의 고안의 명칭과 명세서에서의 고안의 명칭의 일치성에 유의해야 한다. 실무적으로 나타나는 불일치의 통상적인 예로서, "일종의", "~의"와 같은 표현이 어느 한쪽에서 기재되었으나 다른 한쪽에서는 기재되지 않은 경우라거나, 한자의 모양이 유사하여 일어나는 오류(예: "鸟"와"乌", "拨"와 "拔") 등이 있다.

(3) 전면성

고안의 명칭은 전면적이고 분명하게 청구하고자 하는 실용신안의 주제를 반영해야 하고, 해당 기술영역에서 통용되는 기술용어를 사용해야 한다. 예를 들어, 두 개의 독립항을 포함하는 실용신안 출원에 신호를 발신하는 리모콘과 리모콘의 신호를 수신하는 신호수신기가 포함된 경우, 고안의 명칭은 "리모콘" 또는 "신호수신기"만이어서는 안 되고, "리모콘 및 그 신호수신기"여야 한다.

(4) 비기술적 용어

고안의 명칭에 인명, 회사명, 상표, 모델번호, 코드번호 등과 같은 비기술적 용어가 포함될 수 없다. 예를 들어, "이씨네 안마기", "L-46형 전기계량기"와 같은 명칭은 인정되지 않는다. 다만, 종래 모델의 제품을 개량하여 출원한 경우, 종래 제품의 모델번호를 고안의 명칭에 기입하는 것은 가능한다. 예를 들어, "노키아 N73휴대폰에 적용되는 오디오 무선전송장치"는 인정된다.

고안의 명칭에 과장 혹은 광고성 표현을 사용할 수 없다. 예를 들어, 전동 지구본에 대한 실용신안출원에서 고안의 명칭을 "신기한 자전 지구"로 하는 경우, 약재 캡슐층에 대한 실용신안출원에서 고안의 명칭을 "초인적 원기 캡슐"로 하는 경우 허용되지 않는다.

(5) 모호하거나 개괄적 표현

고안의 명칭으로 의미가 모호한 표현(예: "및 기타", "및 기타 유사물")을 사용할 수 없다. 또한 개괄적 표현으로 고안에 대해 어떠한 정보도 제공하지 않게 되는 경우(예: "장치", "기술", "조합물" 등의 표현만을 고안의 명칭으로 하는 경우)도 인정되지 않는다.

(6) 글자수 및 문장부호

고안의 명칭은 40자를 넘을 수 없다. 자모음, 숫자 및 문장부호는 반 글자로 계산된다. 고안의 명칭에 마침표를 사용하면 안 된다. 모점(、), 쉼표, 괄호, 따옴표, 책이름표(《 》, 〈 〉), 슬레시, 백슬레시, 대시, 말줄임표 등의 문장부호들을 사용하여 의미가 불명확해지는 경우, 허용되지 않는다.

2) 고안자

심사관은 출원서에 기재된 고안자가 고안의 실질적인 특징에 창조적인 공언을 한 자인지에 대해 심사하지 않고, 기재 형식이 규정에 부합한지에 대해서만 심사한다.

고안자의 성명은 중국어로 기재되어야 한다. 영문으로 전체 명칭을 기재하거나 번체자를 이용하여 기재할 수 없다. 중국인 고안자 성명에 사용된 번체자 또는 일본인 고안자 명칭에 사용된 일본식 한자에 대해 심사관은 보정통지서를 발부하지 않을 수 있다. 외국인 고안자의 중국어 번역명에 번체자를 사용할 수 없으나, 외국어 약어를 사용할 수 있고, 성과 이름 사이에 점을 찍어 분리할 수 있다. 심사관은 이 점이 성과 이름 사이에 찍힌 것인지에 대해 심사하지 않는다.

고안자의 성명을 기재하지 않은 경우, 고안자의 성명을 영문 전체명으로 기재한 경우, 고안자가 자연인이 아닌 경우 또는 고안자 기재에 오류가 있는 경우, 심사관은 보정통지서를 발부한다. 출원인이 출원서에 기재한 고안자 성명을 수정하고자 하는 경우, 당사자의 선언 및 증명서류를 제출해야 한다. 이때 대리사무소의 잘못으로 고안자 성명에 오류가 생긴 경우, 대리사무소의 오류 수정 선언을 당사자의 선언으로 간주할 수 있다.

심사관이 출원인의 답변에 대해 심사할 때, 출원인이 제출한 보정서류 또는 서지사항 변경신청서는 모두 보정서류로 처리하며, 출원인에게 서지사항변경 관납료 납부를 요구하지 않고, 절차합격통지서를 발부하지도 않는다. 출원인이 자진하여 서류를 제출하여 전술한 흠결을 제거한 경우, 심사관은 전술한 내용에 따라 처리한다.

제1 고안자의 국적을 기재하지 않은 경우, 심사관은 보정통지서를 발부한다. 심사관은 기재된 국적에 대해 심사하지 않으나 홍콩, 마카오, 대만의 고안자 국적이 "중국"으로 작성되었는지에 대해서는 확인한다.

3) 출원인

심사관은 발명출원에서의 출원인에 대한 심사 규정을 참고하여 심사를 진행한다.

(1) 출원인은 자연인, 법인 또는 그 외 조직일 수 있다.

(2) 심사관이 전리법 제18조에 따라 외국 출원인의 자격에 대해 심사할 때, 중국과 협정을 맺지 않은 파리조약 비동맹국의 출원인의 경우, 실무적으로 중국 출원인의 해당 국가 또는 지역으로의 출원이 배제되지 않는다면, 상호주의 원칙에 따라 처리된다. 예를 들어, 케이맨 제도, 버뮤다 제도, 버진 아일랜드 및 사모아 등의 출원인은 출원 자격이 인정된다.

(3) 개인 출원인의 명칭 전체가 영문으로 작성된 경우, 심사관은 보정통지서를 발부한다. 중국인 고안자 성명에 사용된 번체자 또는 일본인 고안자 명칭에 사용된 일본식 한자에 대해 심사관은 보정통지서를 발부하지 않을 수 있다. 외국인 고안자의 중국어 번역명에 번체자를 사용할 수 없으나, 외국어 약어를 사용할 수 있고, 성과 이름 사이에 점을 찍어 분리할 수 있다. 심사관은 이 점이 성과 이름 사이에 찍힌 것인지에 대해 심사하지 않는다.

(4) 단위 출원인의 명칭에 그 서명날인과 일치하는 번체자가 포함된 경우, 심사관은 보정통지서를 발부하지 않을 수 있다.

(5) 출원서에서의 출원인 성명 또는 명칭이 그 서명날인과 일치하지 않은 경우, 심사관은 보정통지서를 발부한다. 출원인이 출원서에 기재한 출원인의 성명 또는 명칭을 수정하고자 하는 경우, 당사자의 선언 및 증명서류를 제출해야 한다. 이때 대리사무소

의 잘못으로 출원인 성명 또는 명칭에 오류가 생긴 경우, 대리사무소의 오류 수정 선언을 당사자의 선언으로 간주할 수 있다.

(6) 심사관이 출원인의 답변에 대해 심사할 때, 출원인이 제출한 보정서류 또는 서지사항 변경신청서는 모두 보정서류로 처리하며, 출원인에게 서지사항변경 관납료 납부를 요구하지 않고, 수속합격통지서를 발부하지도 않는다. 출원인이 자진하여 서류를 제출하여 전술한 흠결을 제거한 경우, 심사관은 전술한 내용에 따라 처리한다.

4) 연락 담당자

연락 담당자는 단위나 개인을 대신하여 전리국이 발송한 문서를 수신하는 자로서, 1인만 기재될 수 있다.

출원인이 단위이고 대리사무소에 위임하지 않은 경우, 반드시 연락 담당자를 기재해야 한다. 연락 담당자는 출원인을 대신하여 전리국이 발부한 문서를 수신하는 수신인으로서 해당 단위의 직원이어야 한다. 심사관이 그 자격에 대해 의문이 생기는 경우, 예를 들어 연락 담당자의 주소가 출원인의 주소와 명백히 일치하지 않는 경우, 출원인에게 단위의 인장이 날인된 증명서(예: 회사 소개자료, 출원인이 연락 담당자를 법률 고문으로 지정했음을 입증할 증거자료 등)를 제출할 것을 요구할 수 있다.

출원인이 단위이고 대리사무소를 위임한 경우, 연락 담당자를 지정하지 않을 수 있다; 대리사무소가 위임되지 않은 것으로 간주된 경우, 위임이 해제 또는 사임된 상황에서 연락 담당자를 지정하지 않은 경우, 심사관은 보정통지서를 발부하여 출원인에게 연락 담당자 정보를 추가할 것을 요구한다.

연락 담당자의 기재가 규정에 반하는 경우, 심사관은 보정통지서를 발부한다. 출원인이 보정의 방식으로 답변(예: 보정서, 보정서와 출원서 대체 페이지, 또는 보정서와 서지사항 변경신고서)하는 경우, 심사관은 이를 보정서류로 처리한다.

출원인이 대리사무소를 위임한 경우, 심사관은 중국 내 주소가 아닌 연락 담당자가 기재되었는지에 대해 심사하지 않는다.

5) 대표자

심사관은 발명출원에서의 대표자에 대한 심사 규정을 참고하여 심사를 진행한다. 한편, 대리사무소가 위임되지 않은 경우, 지정된 대표자는 중국내 주소가 없는 출원인이 될 수 없다. 그렇지 않은 경우 제1 서명 출원인이 대표자로 간주된다.

6) 주 소

청구서에서의 제1 서명 출원인, 대리사무소, 연락 담당자 및 대표자의 주소는 우편의 신속, 정확한 도달이라는 요구사항에 부합해야 한다.[1] 심사관은 제1 서명 출원인, 연락 담당자 및 대표자가 심사지침서의 규정에 부합하는지만 심사하고, 그 외 출원인의 주소는 기재 여부만 심사한다. 주소의 기재가 규정에 반하는 경우, 심사관은 보정통지서를 발부하고, 출원인은 보정 방식(예: 보정서, 출원서의 대체 페이지, 또는 서지사항 변경신고서)으로 흠결을 해소할 수 있다.

3. 요약에 대한 심사

요약은 명세서에 기재된 내용의 개괄로서, 기술적 정보를 담을 뿐, 법률적 효력이 없다. 실용신안출원의 요약은 문자부분과 대표도면으로 이루어진다.

1) 문자부분

요약은 실용신안출원의 주제명칭 및 기술방안의 요점을 기술해야 하고, 명백한 과장 또는 상업적 홍보의 표현을 사용할 수 없다. 문자는 300자를 넘을 수 없다. 기술방안이 복잡한 경우, 문자부분은 350자를 초과할 수 없다.

2) 대표도면

대표도면은 도면에서 하나를 선택해야 하되, 종래기술을 나타내는 도면이어서는 안 된다. 대표도면이 도면에서 선택된 것이 아닌 경우, 만약 출원일에 제출된 명세서에 이 대표도면에 대해 설명되어 있다면, 출원인은 이 대표도면을 도면으로 다시 제출할 수 있으나, 도면을 다시 제출한 날이 출원일이 된다.

대표도면에 최초 출원명세서에서의 도면 일련번호를 남겨둘 수 있다. 대표도면이 둘 이상인 경우 하나로 보정해야 한다.

4. 권리요구서에 대한 심사

실용신안에서 청구하는 대상은 물품의 형상, 구조에 대한 기술방안이어야 하고, 방법 또는 재료 자체의 개선은 포함되어서는 안 된다. 권리요구서는 명세서에 의해 뒷받

---

[1] 외국에 상주하는 중국 출원인이면서 대리사무소를 위임하지 않았고 연락 담당자도 기재하지 않은 경우, 출원서에 중국 주소를 기재해야 한다.

침되어야 하고, 청구하는 기술방안은 명확하고 간결해야 하며 형상, 구조적 특징을 이용하여 물건에 대해 한정해야 한다. 청구항에서 사용된 어휘의 의미는 명확하고 확정적이어야 한다.

청구항이 전리법 제5조, 제25조 규정에 해당하는지 여부에 대한 심사는 뒤의 제7절과 제9절을 참고한다. 청구항이 전리법 제9조 규정에 반하는지에 대한 심사는 뒤의 제9절을 참고하며, 전리법 제31조 제1항 규정에 반하는지 여부에 대한 심사는 제13절을 참고한다.

1) 전리법 제2조 제3항에 따른 심사

전리법 제2조 제3항에 따르면 "고안은 물품의 형상, 구조 또는 그 조합에 대한 실용적인 새로운 기술방안"을 의미한다. 이 규정은 실용신안으로 보호받을 수 있는 고안에 대한 일반적 정의이고, 신규성, 진보성 및 실용성에 대한 구체적 심사기준은 아니다.

실용신안의 보호 객체에 대한 심사는 "물건, 형상 또는 구조, 기술방안"의 세 가지 방면에 치중하여 이루어진다. 실용신안의 보호 객체에 대한 심사에서는 독립항과 종속항에 대해 동일한 비중을 두고 심사가 진행된다. 독립항이 실용신안의 보호 객체이나 종속항은 아닌 경우에도 실용산안권을 받을 수 없다.

(1) 물 건

실용신안은 물건만 보호한다. 물건은 산업적으로 생산되는 것으로서, 일정한 형상, 구조를 갖추어 일정한 공간을 차지하는 실체이다. 예를 들어, 각종 도구, 부품, 모형, 기기, 장치, 설비, 전기소자 등뿐만 아니라, 회로, 통신시스템, 화공시스템, 유체압력시스템, 건축물 등도 포함된다.

실용신안은 방법을 보호하지 않는다. 물건의 이용 또는 용도 자체는 방법에 해당하므로 실용신안의 보호객체가 아니다.

청구항이 형상, 구조적 특징을 포함하면서도 방법 자체에 대한 개량을 포함하는 경우, 예를 들어 생산방법, 이용방법 또는 컴퓨터 프로그램을 한정하는 기술특징이 포함된 경우, 실용신안이 보호하는 객체에 해당하지 않는다.[2] 다만, 청구항에 이미 알려진 방법 명칭(용접, 리베트결합 등)으로 한정된 특징을 포함하는 경우는 허용된다. 한편, 아래 사항에 유의한다.

a) 실용신안의 보호 객체로서의 물건은 넓은 의미로 이해됨

물건은 공업, 수공업적 방법 등의 산업적 방법으로 생산된 것으로서, 완전히 독립적

---

2) 예를 들어, "원기둥형의 본체와 원추형의 단부를 갖춘 목재 이쑤시개에 있어서, 상기 이쑤시개를 가공성형한 후 의학용 살충제에 5~20분간 담근 다음 건조시키는 것을 특징으로 하는 이쑤시개"의 경우, 방법 자체에 대한 개량을 포함하고 있으므로 실용신안의 보호 객체가 아니다.

인 물건일 수도 있고, 물건의 일부일 수도 있다. 조개, 산호 등 자연적으로 존재하는 물건이 산업적 방법으로 제조되는 과정을 거치지 않았다면, 실용신안의 보호객체가 될 수 없다.

b) 이미 공지된 방법 명칭으로 한정한 물건은 허용됨

실용신안의 청구항에 기재된 방법 특징은 반드시 이미 공지된 방법이어야 하고, 이렇게 공지된 방법은 물건의 형상, 구조를 한정해야 하며, 방법 자체를 한정해서는 안 된다.

형식심사 과정에서, 심사관은 청구항에 기재된 방법 특징이 새로운 방법인지 여부에 대해 일반적으로 판단할 필요가 없다. 다만, 명세서 등에 그 방법 특징이 새로운 것일 수 있다는 정보가 명확히 기재된 경우, 심사관은 이를 확인 조사한다. 예를 들어 명세서에 그 방법을 설명하는 문헌번호를 기재한 경우, 만약 심사관이 그 실용신안출원에 대해 등록 결정을 준비하는 시점에 그 문헌이 아직 공개되지 않았다면, 그 방법은 새로운 방법이다.

공지된 공정, 단계 등에 대해 통용되는 명칭이 없는 경우, 출원인이 규범적 기술용어를 사용하여 스스로 명명하여 청구항에 기재하는 것이 허용된다.

┃사 례┃

청구항: 목재바닥, 목피, 산화알루미늄층으로 이루어진 내마모성 목재바닥으로서, 상기 목재바닥상에 우레아포름알데히드 수지층을 칠하고, 멜라민수지에 담근 목피를 상기 우레아포름알데히드 수지층상에 붙이고, 상기 목피상에 산화알루미늄층을 가열압축한, 내마모성 목재바닥.

분석: 청구항에 포함된 가공방법 특징인 "바르다", "붙이다", "담그다", "가열압축하다"는 모두 해당 기술분야에서 공지된 가공방법일 뿐만 아니라, 이 공지된 방법 명칭이 한정하는 것은 바닥의 구조이지 방법 자체가 아니다. 따라서 실용신안의 보호 객체에 해당한다.

---

c) 청구항에 방법 자체에 대한 한정은 포함될 수 없음

청구항에 방법 자체에 대한 한정을 포함하는 경우, 예를 들어 물건의 가공단계, 공정 조건, 컴퓨터프로그램 자체 등은 모두 방법 자체에 대한 한정으로 간주되어, 실용신안의 보호객체에 해당하지 않는다.

┃사 례┃

청구항: 네 층으로 이루어지는 내마모성 바닥으로서, 위에서 아래로 순차적으로 내마모층, 장식층, 중간층 및 저층으로 이루어지고, …, 가열압축 강도는 2.0~2.2MPa, 가열압축 온도

는 180~200℃로 5~10분 압력을 유지하여 형성되는, 내마모성 바닥.

분석: 청구항의 주제 명칭은 물건으로서, 청구항에서는 바닥의 구조적 특징을 설명하면서도, 동시에 바닥의 가공공정 및 단계도 포함한다. 즉, 청구항에 방법 자체에 대한 한정을 포함한다. 따라서 실용신안의 보호객체에 속하지 않는다.

(2) 물건의 형상

물건의 형상은 물건이 갖춘, 외부에서 관찰 가능한 확정된 공간 형상을 의미한다. 물건의 형상에 대한 개량은 물건의 3차원 형태에 대한 개량뿐만 아니라 2차원 형상에 대한 개량도 포함된다. 그러나 불확정 형상, 예를 들어 기체상, 액상, 분말상, 과립상 물질 또는 재료의 형상은 고안의 형상 특징이 될 수 없다. 또한 아래 사항에 주의한다.

a) 생물학적 또는 자연적으로 이루어진 형상을 물건의 형상 특징으로 할 수 없다.[3]

b) 배열, 적층 등의 방법으로 얻은 불확정 형상은 물건의 형상 특징으로 할 수 없다.

c) 물품 중 어떠한 기술특징이 불확정 형상인 물질인 경우는 허용된다. 예를 들어 기체상, 액상, 분말상, 과립상 물질이 물건의 구조적 특징으로 한정되면 가능하다.[4]

d) 물건의 형상은 새로운 형상의 얼음컵, 낙하산 등과 같이 어떠한 특정한 상황에서 갖는 확정된 공간형상일 수 있다.[5]

┃사 례┃

청구항: 상자의 측벽 이형재(异型材)로서, 상기 이형재의 횡단면은 'F' 모양을 띠고, 측벽의 정상부에 삼각의 강화줄이 설치되고, … 상기 측벽의 저부에는 강화줄 판이 설치된, 측벽 이형재.

분석: 이형재의 2차원 단면 형상을 개량한 것이므로, 실용신안이 보호하는 객체에 해당한다.

---

(3) 물건의 구조

물건의 구조는 물건의 각 구성부분의 배치, 조직 및 상호관계를 의미한다. 물품의 구조는 기계적 구조이거나 선로 구조일 수 있다. 기계적 구조는 물건을 구성하는 부품

---

3) 예를 들어, 식물 화분의 식물이 성장하여 이루어진 형상, 자연적으로 형성된 산의 형상을 물건의 형상 특징으로 할 수 없다.

4) 예를 들어, 온도계의 형상에 대한 기술방안에 불확정 형상인 알콜을 기재하는 것이 허용된다.

5) 또 다른 예로서, 내부 링, 외부 링 묶음띠, 외부 보호판 및 방수 복합지로 구성되는 철강벨트를 운반, 보관하는 데 이용되는 철강벨트의 포장케이스에서, 만약 상기 각 구성부분이 기술방이 확정한 상호관계에 따라 철강벨트를 포장한 후, 확정된 공간형상을 형성한다면, 이러한 공간형상은 임의성이 없으므로 포장케이스는 실용신안이 보호하는 객체에 해당한다.

의 상대적 위치관계, 연결관계 및 기계적 배치관계 등을 의미한다. 선로 구조는 물건을 구성하는 소자간의 확정된 연결관계를 의미한다.

물질의 분자 구조, 조성, 금속상 구조 등은 실용신안의 보호 객체가 아니다.[6] 한편, 청구항에 종래 기술에서의 재료 명칭을 형상 및 구조를 갖춘 물건에 사용할 수 있다.[7] 청구항에 형상, 구조적 특징 이외에도, 재료 자체에 대한 개량을 포함하는 경우, 실용신안의 보호 객체에 속하지 않는다.[8] 이하, 더 구체적으로 살펴본다.

a) 층상 구조는 물건의 구조에 해당

물건의 코팅층, 도금층 등 층상구조는 물건의 구조에 해당하며, 층의 두께, 층이 균일한지 등은 층상 구조에 대한 판단 기준이 아니다. 다만, 물건의 인쇄층은 물건의 구조에 속하지 않는데, 예를 들어 인쇄 또는 제도로 물건의 표면에 형성된 도안, 문자, 부호 등의 인쇄층은 물건의 구조가 아니다. 한편, 이와 관련하여 고안이 기술적 과제를 해결하는 기술방안인지에 대한 판단이 함께 결부되기도 한다.

┃ 사례 1 ┃

청구항: 펌프 본체, 펌프 커버, 펌프 본체의 회전자 및 롤러를 포함하는 세라믹 분무코팅 롤러펌프로서, 상기 펌프 커버의 단면 및 펌프 본체의 내벽에 0.4~0.7mm 두께의 세라믹층이 분무코팅된, 세라믹 분무코팅 롤러펌프.

분석: 펌프 커버의 단면 및 펌프 본체의 내벽에 세라믹층이 형성됨으로 인해 일종의 층상구조를 형성했으므로, 물건의 구조에 속한다.

┃ 사례 2 ┃

청구항: 봉지체 및 상기 봉지체 표면에 인쇄되어 광고작용을 일으키는 광고층을 포함하는, 광고기능을 가진 비닐봉지.

분석: 본 사례는 실질적으로 공지된 비닐봉지 표면에 광고를 제작하는 것으로서, 그 광고의 내용이 인쇄 또는 제도의 방식으로 비닐봉지 표면에 형성된 정보층은 물건의 구조에 해당하지 않는다. 또한 봉지체 표면에 인쇄된 광고는 기술적 과제를 해결하지도 않고 기술 방안도 아니다. 따라서 이 청구항의 청구 대상은 실용신안의 보호객체가 될 수 없다.

---

6) 예를 들어, 용접봉 외피의 성분만을 변화시킨 전기 용접봉은 실용신안의 보호객체가 아니다.

7) 예를 들어, 복합 목재마루, 플라스틱 컵, 기억합금으로 제조된 심장 유도관 프레임.

8) 예를 들어, "20%의 A성분, 40%의 B성분, 40%의 C성분으로 구성되는 다이아몬드형 알약"의 경우, 재료 자체에 대한 개량이 포함되어 실용신안의 보호객체가 아니다.

b) 물건 표면의 눈금은 구조에 해당

예를 들어, 의사가 수술을 편리하게 진행하도록 표면에 눈금을 형성한 수술메스는 의사의 집도에 도움을 주는데, 이는 기술적 과제를 해결하는 것으로서 눈금이 평면이든 요철이든 상관 없이 물건의 구조에 대한 기술방안이므로, 실용신안의 보호 객체에 해당한다.

c) 물질의 성분, 배합방법 등은 물건의 구조가 아님

물질의 성분, 배합방법 등은 물건의 구조에 속하지 않으며, 청구항에 성분이나 배합방법에 대한 한정이 포함되어서는 안 된다.

┃사 례┃

청구항 제1항: 초콜릿 표면층, 두 개의 튀김 외층 및 소가 채워진 층으로 이루어진 초콜릿 과자.

청구항 제2항: 제1항에 있어서, 상기 튀김 외층은 쌀가루와 옥수수가루에 소금, 향료 및 설탕을 가하여 튀겨 형성하는, 초콜릿 과자.

분석: 청구항 제1항은 실용신안의 보호객체 규정에 부합한다. 제2항에는 물건의 구조적 특징이 있지만 "튀김 외층"은 쌀가루, 옥수수가루, 소금, 향료 및 설탕을 성분으로 포함하고 있다. 따라서 청구항 제2항은 물질의 성분에 대한 기술방안을 포함하고 있으므로 실용신안의 보호객체에 속하지 않는다.

---

d) 재료에 관한 심사

재료 자체에 대한 기술방안은 실용신안의 보호객체가 아니나, 공지된 재료를 형상, 구조를 갖는 물건에 응용하는 것은 재료 자체에 대한 기술방안에 해당하지 않는다.

청구항에 공지된 재료의 명칭이 포함될 수 있다. 만약 청구항에 재료 자체에 대한 한정, 예를 들어 재료에 관한 성분이나 배합 함량에 대한 한정이 포함된 경우, 형식심사 과정에서 그것이 공지된 재료인지 여부는 판단하지 않고, 모두 재료 자체에 대한 한정으로 보아 실용신안의 보호객체에 속하지 않는 것으로 간주한다.

형식심사 과정에서, 심사관은 어떠한 재료가 공지된 재료가 아닌 새로운 것인지 여부는 판단하지 않는 것이 원칙이나, 출원인이 출원서류에 그 재료가 새로운 재료임을 명시한 경우는 예외이다. 또한 출원서류에 새로운 재료일 수도 있다는 정보가 명확히 기재된 경우에도 심사관은 이를 확인한다. 예를 들어, 출원서류에 그 재료에 대해 설명한 문헌번호가 기재된 경우, 심사관은 해당 실용신안출원의 등록 결정을 준비하는 시점에 그 문헌의 공개 여부를 확인하여 만약 공개되지 않았다면 그 재료는 새로운 재료로 취급된다.

┃ 사 례 ┃

청구항: … 포장상자의 바닥층이 WSP형 고분자 방수재료인, 다층 구조의 포장상자

분석: WSP형 고분자 방수재료가 이미 출원된 바 있고, 본 출원의 명세서에 그 출원번호가 기재된 경우, 심사관은 해당 실용신안출원의 등록을 준비하는 시점에 그 출원 전리가 공개되었는지 확인하여, 만약 아직 공개되지 않았다면 상기 "고분자 방수재료"는 새로운 재료에 해당한다.

e) 선로 구조는 물건의 구조에 해당

선로 구조란 물건을 구성하는 각 구성부분 간의 확정된 연결관계를 의미하는 것으로서, 예를 들어, 전기회로, 기체선로, 액체압력선로, 광선로 등이 있다. 회로의 경우 각 구성부분 간 확정된 연결관계는 유선 연결일 수도 있고 무선 연결일 수도 있다.

만약 기술방안에 대한 한정이 보다 분명하고 명료해지는 경우라면, 전기회로, 기체선로, 액체압력선로 또는 광선로에서의 매질이 흐르는 방향을 토대로 선로의 구조를 한정할 수 있다. 예를 들어, 전기회로에서의 신호의 흐름의 방향을 근거로 회로의 구조를 한정할 수 있다.

┃ 사 례 ┃

청구항: 신호 수집부, 신호표본 추출부, 증폭필터회로 및 정류회로를 포함하는 이산화탄소 농도센서로서, 상기 신호 수집부는 공기 중의 이산화탄소의 농도 신호를 수집한 후, 수집된 신호를 신호표본 추출부에 입력한 다음, 증폭필터회로를 거쳐 신호를 증폭하고 필터회로에 의해 상용주파수와 그 외 다른 주파수의 간섭신호를 걸러내어, 유효한 이산화탄소 농도신호를 획득하고, 마지막으로 상기 신호를 정류회로에 통과시켜 방형파 펄스신호를 획득하는, 이산화탄소 농도센서.

분석: 이 사례에서 만약 각 구성요소 간의 정태적 연결관계만을 한정하고, 전체 시스템의 신호흐름과 그 기능에 대한 한정이 없었다면, 회로 각 부분의 기능과 작용이 명확하게 표현될 수 없었을 것이다. 이러한 경우, 회로에서의 신호 흐름을 토대로 선로구조를 한정하여 보다 명확하게 청구범위를 한정할 수 있다.

f) 물건의 형상, 구조에 대한 한정이 보다 명확해지는 경우라면, 파라미터 특징을 사용할 수 있음

물건의 특정 기술특징을 통상적인 형상, 구조로 명확하게 기재할 수 없을 때, 파라미터 특징을 이용하여 한정하는 것이 허용된다.

> **┃ 사 례 ┃**
>
> **청구항:** … 프레임 표면은 미세돌출 구조이고, 그 산술평균 조도는 Ra25인, 유리섬유 세라믹보드.
>
> **분석:** 청구항에서 "산술평균 조도가 Ra25"라는 파라미터 특징을 이용하여 프레임의 구조에 대해 한정했다. 즉, 물품의 구조에 해당한다.

(4) 기술방안

기술방안이란 해결하고자 하는 기술적 과제에 대해 채택한 자연법칙을 이용한 기술수단의 집합을 의미한다. 심사관도 출원 고안이 기술방안인지 여부에 대해 심사할 때, 자연법칙을 이용했는지와 기술적 과제를 해결하는지 여부에 치중한다. 즉, 기술수단으로 자연법칙에 부합하는 기술적 효과를 얻지 못하는 경우, 실용신안의 보호객체에 해당하지 않는다. 또한 물품의 형상 및 표면의 모양, 색채 또는 그 결합이 기술적 과제를 해결하지 못하는 경우, 실용신안의 보호객체에 해당하지 않는다. 한편, 물품 표면의 문자, 부호, 도표 또는 이들의 결합은 실용신안의 보호객체에 속하지 않는다.[9] 이하 더 구체적으로 검토한다.

a) 도안, 색체가 물건의 형상, 구조와 서로 결합하여 기술적 과제를 해결하는 경우, 실용신안의 보호객체에 해당

> **┃ 사례 1 ┃**
>
> **청구항:** 병본체 및 드립 노즐을 포함하는 안약병으로서, 상기 드립 노즐의 전단 외주벽에 흑색 원을 설치한 안약병.
>
> **분석:** 명세서에 기재된 배경기술과 비교하여 청구항의 기술방안은 드립 노즐의 전단 외주벽에 흑색 원을 설치하여, 환자가 약을 투약할 때 정확한 위치를 조준하게 하고, 드립 노즐이 눈을 찌르지 않게 한다. 드립 노즐의 구조와 흑색이 결합했고, 색채의 차이를 통해 환자가 눈에 약을 넣을 때 오조작을 방지하는 기술적 과제를 해결하므로, 본 기술방안은 실용신안의 보호객체에 속한다.
>
> 만약 물건 표면의 도안, 색채가 기술적 과제를 해결하지 않는다면, 기술방안이 아니므로 실용신안의 보호객체에 속하지 않는다.

> **┃ 사례 2 ┃**
>
> **청구항:** 외표면의 특정 위치에 색체 도안이 된, 고무로 만든 레인부츠.

---

9) 예를 들어, 키보드 표면의 문자 또는 부호만 변화시킨 컴퓨터나 휴대폰의 키보드, 십이지 동물을 장식한 깡통따개, 종래기술과의 차이점이 표면의 모양 디자인에만 있는 보드게임 등.

분석: 명세서에 기재된 내용에 따르면, 본 고안은 레인부츠에 색채 도안을 한 목적은 미감을 일으키는 장식작용으로서 기분 전환을 위함이라고 되어 있는데, 이는 기술적 과제를 해결하는 것이 아니므로 실용신안의 보호객체에 해당하지 않는다.

b) 물건 표면의 문자, 부호, 도표 또는 그 결합은 실용신안의 보호객체가 아님

▌사례 1 ▌

청구항: 일본어 자모가 인쇄 제작된, 컴퓨터 키보드.

분석: 출원 고안은 종래의 컴퓨터 키보드에 일본어 자모를 인쇄 제작하여 일본어 입력을 편리하게 한다. 이는 키보드 표면에 문자 및 부호를 변경한 것에 불과하므로, 실용신안의 보호객체에 속하지 않는다.

▌사례 2 ▌

청구항: 점자 문자가 인쇄 제작된, 컴퓨터 키보드.

분석: 출원 고안은 종래의 컴퓨터 키보드에 점자를 인쇄 제작하여 맹인이 컴퓨터 키보드를 편리하게 조작하게 한다. 점자는 그 자체가 일종의 문자이고, 그 문자의 돌출 또는 함몰 구조는 점자 자체가 가진 특성으로서, 키보드에 이를 인쇄 제작한다 하더라도 키보드의 형상, 구조에 변화를 야기한다고 볼 수 없다. 따라서 본 고안은 키보드 표면의 문자 및 부호를 변경한 것에 불과하므로, 실용신안의 보호객체에 속하지 않는다.

c) 건축지구, 공장지구, 교정, 도로 등에 대한 구도 또는 기획의 경우, 기술적 과제를 해결하지 못하면 실용신안의 보호객체가 아님

▌사 례 ▌

청구항 제1항: 하나의 면적에 복수개의 영역을 포함하는 다용도 운동장으로서, 상기 각 영역은 각종 운동을 연습하는 트랙, 구장 또는 운동장을 각각 포함하는, 다용도 운동장.

청구항 제2항: 제1항에 있어서, 상기 각 영역은 모두 하나의 환형 트랙에 의해 각 내부 공간이 한정되고, 상기 각 내부 공간은 적어도 그 외 다른 다수의 영역을 수용하는, 다용도 운동장

분석: 청구항 제1항과 제2항이 한정하는 내용은 평면의 운동영역의 배치, 구획 및 각 운동영역 간의 위치관계이다. 이러한 배치, 구획 및 위치관계는 인위적인 계획에 불과할 뿐, 자연과학을 이용하여 기술적 과제를 해결하는 것이 아니므로, 기술방안이 아니다. 따라서 실용신안의 보호객체가 아니다.

d) 미감만을 목적으로 물건의 형상을 개선한 경우, 실용신안의 보호객체가 아님

물건의 형상에 대한 개선은 기술적 과제를 해결하는 것이 아니므로, 실용신안의 보호객체가 아니다. 미감만을 목적으로 물건의 형상을 개선하는 것은 물건의 구조에 대해 어떠한 실질적 개선이 이루어진 것이 아니고, 그 외부 모양을 변경하여 포장이나 미학적 효과를 달성하는 데 목적이 있을 뿐이므로, 기술적 과제를 해결하지 않고 실용신안의 보호객체도 아니다. 예를 들어, 팬더형 휴지통은 미관을 위해 휴지통의 외형을 팬더형으로 만든 것일 뿐, 휴지통의 구조를 바꾸지 않았고, 기술적 과제를 해결하지도 않으므로, 실용신안의 보호객체가 아니다. 다른 예로, 유선형 승용차는 형상의 개선이 미관뿐만 아니라 자동차의 운행 과정에서 바람의 저항을 극복하는 데 기여한다. 따라서 기술적 과제를 해결하므로, 실용신안의 보호객체에 해당한다.

e) 미감만을 목적으로 물건의 구조를 개선한 경우, 실용신안의 보호객체에 해당

미감을 목적으로 하는 물건이 실용신안이 보호하는 범위에서 배제되는 것은 아니다. 포장 또는 미학적 효과를 목적으로 하는 물건의 구조를 변경한 것으로서, 그 효과가 어떠한 기술적 수단을 통해 달성되는 것이라면, 비록 그 포장 또는 미학적 효과 자체는 보호받지 못하지만, 그 기술적 수단이 구성하는 물건의 기술방안은 실용신안의 보호객체에 속한다.

▎사 례▎

청구항: 우산포를 지지하는 우산대와 우산살 및 상기 우산대의 손지지단과 고정연결되는 우산머리를 포함하되, 상기 우산머리는 기밀 내강을 구비한 투명한 우산머리이고, 상기 우산머리의 내강에는 동결방지 무균 액체가 밀봉되었으며, 상기 액체에 유동하는 소형 장식물이 담긴, 장식 우산머리를 구비한 우산 겸 양산.

명세서에 기재된 해결하고자 하는 기술적 과제: 장식된 우산머리, 미관 및 내구성을 갖춘 휴대용 우산 겸 양산을 제공하는 것이다.

분석: 고안이 해결하고자 하는 기술적 과제를 판단할 때, 출원인이 명세서에 기재한 내용에 구속되는 것이 아니라, 고안 자체가 실제로 자연법칙을 이용하여 기술적 과제를 해결하는지 여부가 중요하다.

사안에서 청구항이 한정하는 것은 우산 겸 양산의 구조에 대한 것으로서, 해결하고자 하는 것은 우산 겸 양산과 장식머리 간의 구조와 조직관계에 대한 설계이고, 이러한 구조 및 조직관계가 객관적으로 존재하며, 미감은 이러한 구조와 조직관계에 의해 실현되는 주관적인 효과이다. 이러한 주관적 효과는 "기밀 내강", "동결방지 무균 액체", "액체에 유동하는 소형 장식물" 등의 기술적 수단으로 실현되는 것이므로, 상기 기술적 수단을 포함하는 우산 겸 양산은 실용신안의 보호객체에 속한다.

2) 전리법 제26조 제4항에 따른 심사

전리법 제26조 제4항은 청구항이 다음 두 가지 요건을 만족해야 함을 규정한다: 첫째, 청구항이 명세서에 의해 뒷받침될 것, 둘째, 청구항이 명확하고 간결할 것.

(1) 청구항이 명세서에 의해 뒷받침될 것

청구항이 청구한 기술방안은 명세서의 문자 기재부분에 동일하거나 대응되는 기재가 존재해야 한다. 동일하거나 대응하는 문자적 기재가 없고, 청구항의 기술방안이 명세서의 문자부분으로부터 명확하게 개괄해 낼 수도 없는 경우, 심사관은 출원인에게 청구항의 기술방안을 명세서의 대응되는 부분에 보충기입할 것을 요구한다.

(2) 청구항이 명확하고 간결할 것

a) 청구항 주제의 유형이 명확할 것

> **┃사 례┃**
>
> 청구항: … 를 특징으로 하는, 내연기관 기술
> 분석: 위 청구항은 그 주제 유형이 불명확하여, 물건일 수도 있고, 방법이 될 수도 있다. 이런 경우 심사관은 출원인에게 "… 를 특징으로 하는 내연기관" 등과 같은 명확한 표현으로 보정할 것을 요구한다.

b) 청구항에 의미가 불명확한 표현이 포함되지 않을 것

청구항에 "두껍다", "얇다", "강하다", "약하다", "고온의", "고압의", "넓은 범위의", "약", "근처의", "등", "또는 그 유사물", "가능한", "…할 필요에 따라…할 수도 있는", "고유의…", "특정 모양의" 등과 같은 표현이 사용된 경우, 만약 이러한 표현이 청구항의 보호범위를 불명확하게 한다면, 심사관은 출원인에게 이러한 표현을 삭제할 것을 요구한다. 만약 이러한 표현에도 청구항이 불명확해지지 않는다면, 사용이 허용된다.

도면 부호를 표시하는 경우 이외에, 청구항에 괄호를 사용할 수 없는 것이 원칙이다.

청구항의 특정 부분에 "임의 형상의", "이형의" 등과 같은 표현이 사용된 경우, 이 표현의 의미는 불명확한 것으로 보는 것이 원칙이다. 한편, "조 크러셔(jaw crusher, 颚式粉碎机)와 같이 해당 기술분야에서 공지된 의미를 갖는 기술적 표현은, 의미가 명확한 것으로 본다.

"가장 바람직하게", "특히", "우선적으로", "예를 들어", "필요한 경우", "A일 수도 있고, A가 아닐 수도 있는" 등의 표현으로 인해 청구항의 보호범위가 여러 개가 생기는 경우가 아니라면 이들 표현은 허용된다; 만약 이러한 표현으로 인해 청구범위가 불명확해진다면, 심사관은 출원인에게 그 표현을 보정하라고 요구한다.

┃ 사례 1 ┃

청구항: 스패너의 본체에 보호대가 설치되되, 상기 보호대는 금속, 특히 알루미늄 포일인 스패너.

분석: "알루미늄 포일"은 "금속"의 하위개념이나, 이 하위개념과 "금속"이라는 상위개념이 병렬적으로 열거되어, 청구항의 보호범위가 중첩되는 상황을 초래한다. 이 경우 심사관은 출원인에게 보정을 통해 "알루미늄 포일"을 부가기술특징으로 하는 종속항을 작성하게 하거나 또는 이 특징을 삭제하라고 요구한다.

청구항에 상대적 의미의 표현이 사용된 경우, 심사관은 구체적인 상황에 따라 불명확한 표현에 해당하는지 판단한다.

┃ 사례 2 ┃

청구항: 펜치 중심축 외측에 얇은 막대가 설치되고, 내측에 두꺼운 막대가 설치되는, 압력 펜치.

분석: "얇은"과 "두꺼운"은 서로 상대적 의미를 가졌지만, 본 사안에서는 그 의미가 불명확하지 않은 것으로 인정된다.

┃ 사례 3 ┃

청구항: 압력 헤드에 대앙각을 구비한, 스패너.

분석: "대앙각"이 해당 기술분야에서 특정한 의미를 갖지 못한 경우라면, 심사관은 "대앙각"이 그 의미가 불명확한 표현으로 판단한다.

┃ 사례 4 ┃

청구항: … 를 특징으로 하는, 건축용 박판.

분석: "박판"은 해당 기술분야에서 통용되는 기술용어이므로, 의미가 불명확하지 않은 것으로 인정된다.

┃ 사례 5 ┃

청구항: 실린더 블록, 실린더, 연결봉 등으로 구성된, … 엔진.

분석: 청구항에서 "등"이라는 표현으로 인해 "실린더 블록, 실린더, 연결봉, …, 으로 구성된 엔진"의 의미를 갖게 되나, 그 의미가 불명확해지지 않은 것으로 인정된다.

c) 청구항이 간결할 것

청구항에 발명의 목적, 원리 등 기술방안에 실질적인 한정작용을 하지 않는 내용이 존재하더라도, 심사관은 이에 대해 "간결하지 않다"는 지적을 하지 않는 것이 일반적이다. 다만, 만약 청구항에 명백한 선전, 광고의 표현이 있는 경우에는 청구인에게 삭제할 것을 요구한다.

청구항에 보호범위가 같은 둘 이상의 기술방안이 존재하면 청구항이 간결하지 않게 된다. 다만, 하나의 청구항에 병렬 선택적으로 개괄한 다수 개의 기술방안이 있고, 이 청구항을 인용하는 다른 청구항에서 그중 하나 이상의 기술방안을 선택하는 경우, 심사관은 이에 대해 간결하지 않다는 심사의견을 내지 않는 것이 일반적이다.

┃ 사례 1 ┃

청구항 제1항: … 고정부재는 나사못 또는 수나사인, 기계장치.
청구항 제2항: 제1항에 있어서, 상기 고정부재는 나사못인, 기계장치.
분석: 제1항은 두 개의 병렬적인 기술방안을 청구하고, 제2항은 청구항 제1항의 기술방안을 청구했다. 이 경우 심사관은 청구항 제2항이 간결하지 않는다는 심사의견을 내지 않는다.

┃ 사례 2 ┃

청구항: 칫솔머리 및 칫솔본체에 나사산 연결구조를 채택하여, 사용시에는 칫솔머리를 회전시켜 칫솔본체에 연결하고, 사용을 마쳤을 때에는 칫솔머리를 회전시켜 칫솔본체로부터 분리하는, 칫솔.
분석: "사용시에는 칫솔머리를 회전시켜 칫솔본체에 연결하고, 사용을 마쳤을 때에는 칫솔머리를 회전시켜 칫솔본체로부터 분리"한다는 내용은 물건 조작과정에 대한 서술에 해당하나, 청구항의 보호범위가 명확하다는 전제하에, 심사관은 청구항이 간결하지 않다는 심사의견을 내지 않는다.

---

d) 청구항에 구성요소의 선택적 특징이 있는 경우, 요소는 동일한 효과의 병렬적 기술특징일 것

┃ 사 례 ┃

청구항: 칫솔머리 및 칫솔본체의 연결 방식이 나사산 연결 또는 플러그식 연결인, 칫솔.
분석: 구성요소의 선택적 특징인 "나사산 연결"과 "플러그식 연결"이 동일한 효과의 병렬적 기술특징이므로 허용된다.

e) 청구항에 도형을 이용하여 표현되는 형상특징이 포함될 수 없으나, 출원인이 컴퓨터가 식별 가능한 문자부호를 이용하여 물건의 형상특징을 표시하는 것은 허용됨

┃ 사례 1 ┃

청구항: 압력헤드를 포함하는 스패너로서, 상기 압력헤드의 형상이 "⌣"인, 스패너.
분석: 청구항에 제도 방식으로 한정한 형상특징은 불명확하므로, 심사관은 출원인에게 문자적 서술 방식으로 압력헤드의 형상특징을 한정할 것을 요구한다.

┃ 사례 2 ┃

청구항: 단면이 "Ω"형을 띠는 철도 레인.
분석: 자모 "Ω"을 이용하여 물건의 형상특징을 한정하는 것은 명확하다.

┃ 사례 3 ┃

청구항: 설치 프레임의 단면이 "井"자 형태인, 케이블 설치 프레임.
분석: 한자를 이용하여 형상특징을 한정하는 것은 명확하다.

┃ 사례 4 ┃

청구항: 충전제의 단면이 "*"형을 띠는, 오수처리 충전재.
분석: 컴퓨터가 인식 가능한 특수부호로 물건의 형상특징을 한정하는 것은 명확하다.

---

f) 종속청구항의 부가기술특징은 인용하는 청구항의 특징과 중복되지 않을 것

┃ 사 례 ┃

청구항 제1항: 칫솔본체에 미끄러짐 방지 꽃문양을 구비한, 칫솔.
청구항 제2항: 제1항에 있어서, 상기 칫솔본체에 미끄러짐 방지 꽃문양을 구비하고, 칫솔본체의 절단면이 삼각형인, 칫솔.
분석: 청구항 제2항에서 "상기 칫솔본체에 미끄러짐 방지 꽃문양을 구비하고"가 인용하는 청구항 제1항의 특징과 중복되므로, 제2항은 간결하지 못하다. 심사관은 출원인에게 이 중복되는 특징을 삭제할 것을 요구한다.

3) 전리법실시세칙 제19조 제1항에 따른 심사

청구항에는 실용신안의 기술특징을 기재해야 한다. 청구항에 기술방안과 무관하거나 기술적 효과를 내지 않는 내용이 기술되면 안 되고, 상업적 광고 표현 및 타인 또는 타인의 제품을 폄하하는 어구를 사용할 수 없다.

┃ 사례 1 ┃

청구항: 점화 시스템 및 전동 시스템을 포함하는 엔진으로서, 상기 점화 시스템에 보쉬 제품의 점화플러그가 설치된 엔진.

분석: "보쉬"라는 상표는 물건의 상업적 특징으로서 기술적 특징이 아니므로, 이 경우 심사관은 출원인에게 이를 삭제하라고 요구한다. 다만, 이러한 표현 방식이 불가피한 경우 또는 상표, 상품의 명칭 등의 표현방식이 해당 기술분야에서 확실한 의미를 가지고 있으면서 유일한 제품 또는 구조를 표현하는 경우에는, 허용된다.

┃ 사례 2 ┃

청구항: CPU로 모토로라사의 MC68HC05C8 마이크로컨트롤러를 사용하는, … 엔진 제어 모듈

분석: 이러한 표현 방식은 전자분야에서 명확한 것으로서 출원인이 회사, 제품 버전으로 기술특징을 한정하는 것이 허용된다.

---

4) 전리법실시세칙 제20조 제2항에 따른 심사

실용신안출원의 독립항은 전리법실시세칙 제20조 제2항의 규정에 부합해야 하고, 형식심사 과정에서 심사관은 이 규정에 명백히 반하는지 심사한다. 실용신안 출원에서 필수기술특징이란, 기술적 과제를 해결하는 데 필수 불가결한 기술특징으로서, 그 총화는 실용신안의 기술방안을 구성하는 데 충분해야 하고, 실용신안 출원명세서에 기재된 배경기술에서 언급된 다른 기술방안과 구별되어야 한다. 하나의 독립항은 그 자체로 하나의 완전한 기술방안을 구성해야 하고, 기술적 과제를 해결하는 모든 필수기술특징을 포함해야 한다.

(1) 필수기술특징의 심사는 독립항에 한함

필수기술특징은 독립항에 관련된 것으로서, 종속항에서의 부가기술특징이 완전하지 않아, 보다 구체적인 기술적 과제를 해결하지 못한다고 하더라도 종속항에 대해 전리법실시세칙 제20조 제2항을 지적하지는 않는다.

독립항에서 구성 부품만을 한정할 뿐, 각 부품 간의 연결관계에 대해서는 언급하지 않은 경우, 심사관은 이 청구항이 필수구성요소를 분명하게 결여하였는지 판단한다. 예를 들어, 로봇의 제어회로에 대한 실용신안출원의 독립항이 "상기 제어회로는 전원회로, 피드백회로, 보상회로, 증폭회로 및 실행회로로 구성된다"라고만 한정된 경우, 각 회로 간의 전기적 연결관계 또는 신호 전달관계도 없고, 피드백신호의 방향에 대한 명확한 설명도 없어, 기술적 과제를 해결하는 필수적 수단이 결여된 것으로서, 청구항에 기재된 기술방안은 완전하지 못하므로 필수구성요소가 명백히 결여되었다.

그렇다고 하여, 모든 단순 구성식 독립항이 필연적으로 필수구성요소를 결여한 것으로 보는 것은 아니다. 만약 당업자의 입장에서 독립항에 기재된 구성 부품 상호 간 연결관계 또는 신호전달관계가 명확한 것으로 인식된다면, 심사관은 출원인에게 그 연결관계 또는 신호전달관계를 한정하라고 요구하지 않는다.

▐ 사 례 ▐

청구항: 외부 케이스 및 내부케이스의 제어회로를 포함하고 USB 포트를 구비한 휴대용 PROM으로서, 상기 제어회로는 USB포트, 플래시 메모리, CPU, 캐시를 포함하고, 상기 외부 케이스에 지시들이 설치된, PROM.

분석: 명세서에 기재된 내용을 토대로 하면 당업자에 있어서 USB포트, 플래시 메모리, CPU, 캐시 등의 기술특징은 해당 기술분야의 공지기술수단이고, 그 상호 연결관계 및 신호 전달관계도 명확하며, 청구항의 고안은 기술적 과제를 해결할 수 있으므로, 본 사안의 경우 심사관은 출원인에게 연결관계 또는 신호 전달관계를 한정하라는 요구를 할 필요가 없다.

만약 독립항에서 명백하게 결여된 필수기술특징이 종속항에 기재된 경우, 심사관은 출원인에게 그 필수기술특징은 독립항에 기재하라고 요구할 수 있다.

(2) 해결하고자 하는 기술적 과제를 토대로 필수구성요소의 결함 여부를 판단

어떠한 기술특징이 필수기술특징인지 판단할 때, 해결하고자 하는 기술적 과제로부터 시작하여, 명세서에 기재된 배경기술, 기술방안 및 달성하고자 하는 기술적 효과를 종합적으로 고려하여, 전체 기술방안에서 필수불가결한 기술특징을 분석하여 "해결하고자 하는 기술적 과제"와 "기술방안"이 서로 부합하는지, 서로 모순되거나 관련이 없는지 판단한다.

필수기술특징이 명백하게 결여된 독립항에 대해, 심사관은 보정통지서를 발부하여 출원인에게 보정을 통해 결함을 해소할 것을 요구한다.

예를 들어, CD 구동장치 구조에 관한 실용신안출원의 명세서에, 해결하고자 하는 기술적 과제가 "CD 구동장치의 진동을 줄이는 것"이라고 기재되었다. 명세서의 기술방안에서는 진동을 줄이기 위해 CD 구동장치의 특정 위치에 감쇠구조를 설치한다고 설명되었고, 이렇게 특정 위치에 감쇠구조를 설치해야만 종래기술에 존재하는 결함을 극복하여 진동을 줄이는 효과가 있다고 기재되었다. 따라서 출원 명세서에 기재된 내용을 토대로 하고 해결하고자 하는 기술적 과제로부터 출발하여 명세서에 기재된 배경기술, 기술방안 및 달성하고자 하는 기술적 효과를 종합적으로 고려하여, 전체 기술방안에서 필수불가결한 기술특징을 분석하면, "특정 위치에 상기 감쇠구조를 설치"하는 특징은 본 출원 고안의 필수기술특징이다. 이 예에서 독립항에 상기 감쇠구조가 한정되지 않았다면, 독립항의 기술적 과제를 해결할 수 없는 필수기술특징이 결여된 기술방안을 청구하는 것이다.

한편, 심사관은 명세서에 기재된 구체적인 실시례에서의 기술특징을 바로 필수기술특징이라고 간단히 단정해 버릴 수는 없다. 위 예에서, 만약 명세서에서의 구체적 실시례에서 CD 구동장치의 외부 케이스 바닥판을 탄성 고무로 제작하여 진동을 더 감쇠할 수 있다는 특징도 설명되어 있었다면, 명세서에 기재된 "해결하고자 하는 기술적 과제"와 "기술방안"을 토대로 종합적으로 판단하여, 이 재료 특징이 기술적 과제를 해결하기 위한 필수적 특징인지 심사해야 하며, CD 구동장치 외부 케이스의 재료 특징인 바로 필수기술특징이라고 간단하게 결론내릴 수는 없다.

(3) 명세서에 해결하고자 하는 기술적 과제가 여러 개 기재된 경우

명세서에 여러 개의 해결하고자 하는 기술적 과제가 기재된 경우, 예를 들어 "본 실용신안에서 해결하고자 하는 기술적 과제는 구조를 강화하고, 단가를 낮추며, 오조작을 줄이는 데 있고, …"라고 기재된 경우, 심사관은 이들 기술적 과제의 중요도에 경중을 두지 않고, 독립항이 이들 기술적 과제 중 어느 하나를 해결할 수 있기만 하면, 필수기술특징을 갖춘 것으로 판단한다.

한편, 아래 두 가지 경우를 참고한다.

① 만약 독립항이 하나뿐인 경우, 심사관은 이 독립항에 대응되는 해결하고자 하는 기술적 과제의 해결에 필요한 필수기술특징을 판단한다.

② 만약 독립항이 여러 개인 경우, 심사관은 각각의 독립항에 대응되는 해결하고자 하는 기술적 과제의 해결에 필요한 필수기술특징을 판단한다.

5) 전리법실시세칙 제20조 제3항에 따른 심사

종속항은 부가기술특징을 이용하여 인용되는 청구항을 한정해야 한다. 부가기술특징은 이미 언급된 기술특징을 보다 더 한정하는 특징일 수도 있고, 새롭게 추가되는 기술특징일 수도 있다. 종속항의 부가기술특징이 기존의 기술특징을 더 한정하는 경우,

그 기술특징은 인용되는 청구항에 반드시 언급되어 인용의 기초가 되어야 한다. 즉, 피 인용 청구항에 인용의 기초가 존재해야만 이러한 한정이 적법해진다.

▌ 사례 1 ▌

청구항 제1항: 스패너 본체에 미끄럼 방지 문양을 구비한, 스패너.
청구항 제2항: 제1항에 있어서, 상기 나사대 중앙에 나사문양 홀을 가공한, 스패너.
분석: 종속항 제2항이 한정한 특징 "나사대"는 인용되는 청구항 제1항에 언급된 바 없으므로 부적법하며, 심사관은 출원인에게 보정을 요구한다.

▌ 사례 2 ▌

청구항 제1항: 스패너 본체에 미끄럼 방지 문양을 구비한, 스패너.
청구항 제2항: 제1항에 있어서, 상기 스패너 본체에 나사문양 홀을 가공한, 스패너.
분석: 종속항 제2항이 한정한 특징 "스패너 본체"는 인용되는 청구항 제1항에 존재하므로 적법하다.

▌ 사례 3 ▌

청구항 제1항: 스패너 본체에 미끄럼 방지 문양을 구비한, 스패너.
청구항 제2항: 제1항에 있어서, 상기 미끄럼 방지 문양은 돌출 구조인, 스패너.
청구항 제3항: 제2항에 있어서, 상기 미끄럼 방지 문양은 함몰 구조인, 스패너.
분석: 종속항 제3항은 청구항 제2항의 특징을 치환한 것으로서, 인용되는 청구항을 한층 더 한정한 것이 아니다. 심사관은 출원인에게 청구항 제3항에 대한 인용관계를 지적하여, 청구항 제1항을 인용하는 것으로 보정하도록 요구한다.

한편, 독립항의 기술특징을 치환하는 청구항은 형식적으로는 종속항이지만, 실질적으로는 독립항이므로, 이 경우 심사관은 전리법실시세칙 제20조 제3항 규정에 따른 지적을 할 수 없다.

▌ 사례 4 ▌

청구항 제1항: 물림부 조절구조를 포함하는 스패너로서, 상기 조절구조는 나선식 물림부 조절구조이고, 상기 스패너 본체에 미끄럼 방지 문양을 구비한, 스패너.
청구항 제2항: 제1항에 있어서, 상기 나선식 물림부 조절구조가 슬라이딩 방식 물림부 조절구조로 대체된, 스패너.
분석: 제2항의 기술특징 "슬라이딩 방식 물림부 조절구조"는 독립항 제1항에서의 "나선식

물림부 조절구조"를 치환하였는데, 형식적으로는 종속항이지만 실질적으로는 독립항으로서, 그 청구범위가 명확하기만 하면 인정된다. 다만 이 경우 청구항 제1항과 제2항 간에 단일성 요건을 갖추었는지 주의할 필요가 있다.

6) 전리법실시세칙 제19조 제2항 내지 제4항, 제20조 제1항, 제21조 및 제22조에 따른 심사

본 규정들은 청구항의 형식적인 면에 관한 심사 규정들이다.

(1) 청구항에 대한 일반적인 형식심사

a) 청구항에 사용된 기술용어는 명세서와 일치해야 한다.

b) 청구항에 문자적 오기가 존재하면 안 된다.

c) 청구항에는 마침표가 하나뿐이어야 하고, 이 마침표는 청구항의 말미에 위치해야 한다.

d) 여러 청구항에 아라비아숫자로 순번을 붙여야 한다.

e) 청구항에 화학식이나 수학식이 있을 수 있으나, 삽화를 사용할 수는 없다. 청구항에 도표를 사용하는 것은 원칙적으로 허용되지 않으나, 도표를 사용하여 보다 명확하고 간결해지는 경우는 예외이다. 청구항 말미에 도표를 사용하는 경우, 도표 말미에 마침표를 찍을 필요는 없다.

┃사 례┃

청구항: 아래와 같은 파라미터를 갖는, …볼베어링:

안지름	바깥지름	안쪽코스 너비	바깥쪽코스 너비
20(mm)	52(mm)	27(mm)	15(mm)

분석: 도표를 사용하여 기술특징을 한정했는데, 문자로 한정하는 경우보다 명확하고 간결하므로, 사례의 청구항은 인정된다.

---

f) 청구항에 "도…에서 도시하는 바와 같은", "명세서…에 기재된 바와 같은" 또는 이와 유사하게 다른 문헌을 인용하는 표현을 사용할 수 없다.

<u>예 1</u> "압력헤드의 형상이 도 2에서 도시하는 바와 같은, 스패너."

<u>예 2</u> "압력헤드의 개폐범위가 명세서의 구체적 실시례에서 설명된 바와 같은, 스패너."

g) 청구항에서의 도면부호는 괄호를 사용하여 표기되어야 하고, 도면부호 이외의 다

른 내용에 괄호를 사용할 수 없다. 다만 그 의미를 받아들일 수 있는 괄호는 허용된다.

예 "(메틸) 아크릴산 에스테르"는 인정됨

한편, 전기공학 분야에서 통용되는 부품명칭과 번호(예: R1, R2, C1, C2, L1, L2 등)를 괄호 없이 청구항에 사용하는 것이 허용된다.

(2) 독립항에 대한 형식심사

a) 독립항의 주제는 출원서에 기재한 고안의 명칭의 주제와 일치해야 하나, 완전히 일치해야 하는 것은 아니다. 예를 들어, 출원서에 기재한 고안의 명칭이 "결합장치"인데, 청구항에는 명칭으로 "베어링을 구비한 결합장치"라고 기재한 경우; 또는 출원서에는 고안의 명칭으로 "베어링을 구비한 결합장치"라고 기재했으나 청구항에는 "결합장치"라고만 기재한 경우, 양자의 주제는 모두 "결합장치"로서 동일하므로 주제가 일치하는 것으로 인정된다.

b) 독립항에 "…를 특징으로 하는"과 같은 표현[10]을 기재하여 전제부와 특징부를 구분해야 한다.

c) 하나의 독립항에는 "…를 특징으로 하는"과 같은 표현이 하나만 있어야 하고, 여러 개 존재해서는 안 된다.

(3) 종속항에 대한 형식심사

a) 종속항은 앞서 존재하는 청구항을 인용하고, 인용하는 청구항 번호를 기재해야 한다.

b) 종속항의 주제는 인용하는 청구항의 주제와 일치해야 하나, 완전히 일치해야 하는 것은 아니다.

c) 종속항이 여러 개의 청구항을 인용하는 경우, 선택적으로 인용하거나 "또는" 등과 같은 선택적 표현을 사용해야 한다.[11]

d) 둘 이상의 청구항을 인용하는 청구항은 둘 이상의 청구항을 인용하는 다른 청구항의 인용 기초가 될 수 없다.[12]

e) 종속항은 "… 를 특징으로 하는"과 같은 표현을 사용하여 인용부와 한정부를 구분할 수 있다.

f) 종속항은 인용하는 청구항의 뒤에 기재되어야 한다.

g) 어떠한 독립항을 인용하는 모든 종속항은 그 독립항의 뒤, 다른 독립항의 앞에 기

---

10) "…를 특징으로 하는"에 대응되는 중문 표현으로, "其特征是…", "其特征在于…", "发明点在于…", "特点在于…", "发明点是…", "特点是…", "改进之处…", "其中…" 등이 있다.

11) 예: "제1항 또는 제2항에 있어서, …", "청구항 제1항 내지 제6항 중 어느 한 항에 있어서, …"

12) 예를 들어, 청구항 제3항이 "제1항 또는 제2항에 있어서, …"인 경우, 만약 청구항 제4항이 "제1항 또는 제3항에 있어서, …"인 경우, 청구항 제4항의 인용관계는 인정되지 않는다.

재되어야 한다. 다만, 인용의 논리관계 및 보호범위가 명확하다면, 종속항이 여러 개의 독립항을 인용하는 것이 허용되되, 인용하는 최후의 독립항 뒤에 작성해야 한다.[13]

5. 명세서에 대한 심사

실용신안출원 명세서에 대한 심사는 명백한 실질적 흠결과 방식심사로 나뉜다. 심사관은 아래 사항에 대해 심사한다:

① 명세서가 전리법 제26조 제3항 규정에 명백하게 반하는지 여부

② 명세서 작성 형식이 전리법실시세칙 제17조 규정에 부합하는지 여부: 명세서에는 기술분야, 배경기술, 실용신안의 내용, 도면의 간단한 설명 및 구체적 실시방식의 다섯 가지 부분을 반드시 포함해야 하는 것이 원칙이다. 다만, 실용신안의 성격상 다른 방식 또는 순서로 작성할 경우 명세서의 쪽수를 절약하고 타인이 정확히 이해할 수 있을 경우는 예외이다.

③ 명세서가 전리법 제5조 규정에 명백하게 해당하는지 여부.

1) 전리법 제26조 제3항에 따른 심사

(1) 심사 원칙

명세서가 전리법 제26조 제3항에 명백히 반하는지 심사하며, 심사관은 기술방안을 토대로 하면서도 출원인이 명세서에 기재한 배경기술, 해결하고자 하는 기술적 과제, 기술적 효과, 구체적 실시방안 및 도면을 결합하여 판단한다.

┃ 사 례 ┃

유지 색채 및 광택 자동측정장치에 대한 실용신안출원에서, 명세서에 기재된 배경기술에 따르면 인공적으로 지방의 색채와 광택을 측정하면 효율이 낮다. 본 실용신안출원이 해결하고자 하는 기술적 과제는 효율이 높은 유지 색채 및 광택 자동특정을 실현하는 것이다. 명세서에서는 이 장치가 케이스, 시료 저장실 및 자동측정모듈로 구성되었다는 점과 이들 구성요소들의 위치관계에 대해서만 기재되어 있을 뿐, 자동측정모듈의 구성부분 및 구조에 대해서는 공개하지 않았고, 도면은 물건의 외관에 대한 것이어서, 측정장치의 구조를 분명하게 반영하지 않았다.

---

13) 예를 들어, 청구항 제1항과 제3항이 독립항이고, 종속항이 "제1항 내지 제3항 중 하나의 상기…"과 같이 기재된 경우, 이 종속항은 비록 독립항 제3항 뒤에 기재되었지만, 청구범위가 명확하고 논리관계를 해치지 않으므로, 허용된다.

명세서에 기재된 내용을 토대로는 당업자가 출원 고안을 실시할 수 없어, 자동측정이라는 기술적 과제를 해결할 수도 없고, 의도하는 고효율의 기술적 효과를 낼 수도 없다. 다시 말해, 본 출원 명세서에서는 기술적 과제를 해결하기 위해 필요한 물건의 구조에 대한 기술적 내용을 충분히 공개하지 않았으므로, 전리법 제26조 제3항 규정에 반한다.

심사관은 명세서의 내용을 이해할 수 없는 경우, 검색 등의 방법으로 자료를 열람하여 배경기술에 대한 이해를 높일 수 있다. 만약 해당 기술영역의 기술적 상식, 자료 열람을 통해 얻은 지식을 토대로 하여도 여전히 명세서에 기재된 기술방안을 어떻게 실현할지 합리적인 결론을 낼 수 없는 경우, 심사관은 심사의견통지서를 발부하여, 그 기술방안이 명확하고 완전한지에 대해 합리적 질의를 제기하는 심사의견을 낼 수 있다.

심사관이 발부한 심사의견통지서에 대해 출원인이 만약 다른 의견을 가진 경우 출원인은 ① 종래기술을 통한 입증; 또는 ② 해당 기술방안의 내용에 대한 추가적인 설명의 두 가지 방식으로 진술할 수 있다.

심사관은 출원인의 진술을 토대로 명세서가 전리법 제26조 제3항에 부합하는지 다시 심사를 진행한다. 만약 심사관이 의견제출통지서에서 제기한 질의 내용이 당업자의 공지된 상식이나 내용에 해당된다는 점이 입증내용 또는 의견진술을 통해 충분히 설명된 경우, 심사관은 출원 명세서에 전리법 제26조 제3항의 흠결이 존재하지 않는다고 인정해야 한다. 만약 입증내용 또는 의견진술을 통해서도 심사관이 질의한 내용이 종래기술임을 충분히 설명하지 못한 경우, 심사관은 출원 명세서가 전리법 제26조 제3항에 명백히 반하는 것으로 인정해야 한다.

한편, 도면에 블록도만 존재하는 경우, 심사관은 전리법 제26조 제3항 규정에 명백히 반하는지 여부를 심사한다. 전기, 기계공학 또는 그 외 다른 분야에서 도면에 블록도만 존재하는 경우가 있을 수 있다. 특히 전기분야에서 자주 볼 수 있는데, 도면은 회로 블록도만을 제시하고 구체적인 회로도는 제시하지 않는 경우가 많다. 이렇게 회로 블록도만 제시된 출원이 전리법 제26조 제3항 규정에 부합하는지 심사할 때, 심사관은 아래 두 가지 단계를 통해 판단한다:

제1 단계: 회로 블록도에서의 각 블록이 표시하는 회로 자체가 종래기술에 속하는지 판단한다. 만약 그렇다면 아래 제2 단계로 넘어가고; 그렇지 않다면 회로 블록도로 표시되는 기술방안은 전리법 제26조 제3항에 명백히 반하는 것으로 인정할 수 있다.

제2 단계: 각 블록에서 표시되는 회로 간의 연결관계 또는 신호흐름의 방향, 전송관계에 대한 설명이 명확한지 판단한다. 만약 그렇다면 그 회로 블록도로 표시된 기술방안은 전리법 제26조 제3항에 명백히 반하는 경우가 아니고; 만약 그렇지 않다면 회로 블록도로 표시되는 기술방안이 전리법 제26조 제3항에 명백히 반하는 것으로 인정할 수 있다.

  기계공학 분야에서의 액체압력선로 전송 블록도 또는 그 외 다른 분야에서의 블록도가 전리법 제26조 제3항에 반하는지 판단하는 방식도 전술한 판단 방식과 동일하다.

┃ 사 례 ┃

웹캠 시스템에 관한 실용신안출원에서, 명세서의 구제적 실시방안에 기재된 내용은 다음과 같다: 본 출원 고안에서의 웹캠은 CMOS 영상센서, 영상신호 압축회로, 중앙처리회로, 네트워크 인터페이스 회로, 출력 인터페이스 회로가 연결되어 구성된다.

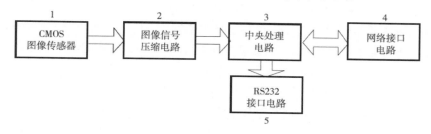

이 회로 구조에 대한 도면은 위와 같고, 구체적인 연결관계에 대해 명세서의 기재 내용은 다음과 같다:

"CMOS 영상센서(1)은 광학시스템 신호를 수신하여 물체의 영상을 획득하고, CCIR601 표준에 부합하는 YUV 디지털 영상신호, 이미지 클럭신호 및 선장동기신호를 출력한다. 이 신호들은 영상신호 압축회로(2)로 전송된다.

영상신호 압축회로(2)는 각 프레임 이미지 신호를 실시간으로 압축하여 JPEG 데이터로 만들고, M-JPEG 데이터 스트림을 형성하여 실시간으로 이를 중앙처리회로(3)로 전송한다.

중앙처리회로(3)는 DS80C400을 사용하고, 네트워크 인터페이스 회로(4)와 연결된다. 또한 중앙처리회로(3)는 RS232 인터페이스 회로(5)와 연결된다. 영상신호 압축회로(2)가 전송한 M-JPEG 데이터 스트림을 수신하고, 이를 UDP 데이터 패킷으로 만들어 이를 네트워크 인터페이스 회로(4)로 전송한다. 또한 네트워크 인터페이스 회로로부터 제어신호를 수신하여 분석한다. 만약 영상센서를 제어하는 경우라면 CMOS 영상센서(1)로 제어명령을 전송한다. 만약 영상신호 압축회로를 제어하는 경우라면 영상신호 압축회로(2)로 제어명령을 전송한다. 만약 제어신호가 카메라 이외의 설비에 대한 것이면, RS232 인터페이스 회로(5)를 통해 제어신호를 카메라 이외의 설비로 전송한다.

네트워크 인터페이스 회로(4)는 중앙처리회로로부터 전송된 UDP 데이터 패킷을 펄스전류신호로 변환하고, 이를 네트워크로 출력하여 내보낸다."

이하에서는 본 사안의 명세서가 명확하고 완전한지 여부를 판단한다:

제1단계: 회로 블록도에서의 각 블록이 표시하는 회로 자체가 종래기술에 속하는지 판단한다. 본 사안이 명세서 기재 내용과 도면의 회로 블록도를 결합하여 분석하면, 도면에서의 CMOS 영상센서(1), 영상신호 압축회로(2), 네트워크 인터페이스 회로(4) 및 RS232 인터페이스 회로(5)는 모두 당업자에게 익히 알려진 전자부품 또는 회로이나, 중앙처리회로(3)은 도면에서 상세하게 설명되지 않았다. 이에 대한 명세서에서의 구체적 실시방안에서는 중앙처리회로(3)이 DS80C400라고 기재되었는데, 이 제품은 DALLAS 반도체 회사의 마이크로 컨트롤러로서, 웹데이터 수집분야에서 광범위하게 이용되는, 당업자에게 익히 알려진 전자부품이다.

제2 단계: 각 블록에서 표시되는 회로 간의 연결관계 또는 신호흐름의 방향, 전송관계에 대한 설명이 명확한지 판단한다. 본 사안이 명세서 기재 내용과 도면으로부터 다섯 가지 구성요소 간의 신호전달관계를 명확하게 알 수 있는데, CMOS 영상센서(1), 영상신호 압축회로(2), 네트워크 인터페이스 회로(4) 및 RS232 인터페이스 회로(5)의 출력, 입력연결은 모두 종래기술이다. 중앙처리회로(3)에 대해서는 명세서의 문자적 기재 및 도면에서 비록 구체적인 핀 연결방식을 제시하지는 않았으나, 구체적 실시방안 부분에서 다른 부품과의 사이에서 신호전달 및 작동방식을 상세히 설명하고 있다. 또한 DS80C400의 핀 연결방식은 제품설명서 및 여러 공지된 자료에 기재된 것으로서, 당업자는 출원 명세서의 기재 내용을 토대로 DS80C400과 영상신호 압축회로(2), 네트워크 인터페이스 회로(4) 및 RS232 인터페이스 회로(5) 간의 연결을 용이하게 완성할 수 있다.

전술한 바와 같은 판단에 따르면, 본 사례의 출원 명세서는 전리법 제26조 제3항 규정에 부합한다.

(2) 실무적으로 자주 볼 수 있는 제26조 제3항 규정에 반하는 상황

a) 구체적 기술수단이 제시되지 않은 경우

명세서에서 임무나 구상만을 제시하거나, 희망이나 결과만을 기재했을 뿐, 당업자가 실시할 수 있게 할 어떠한 기술수단도 제시하지 않아 어떠한 구상을 실현할 구체적 실시방안이 결여되었고, 도면에서도 기술적 과제를 해결할 구체적 구조가 표현되지 않은 경우; 또는 명세서에서 기술방안에 대한 개괄, 전반적인 설명만을 제시하고, 공개된 기술수단이 애매모호하여 기술방안을 실현할 구체적인 구조적 특징이 결여되었고, 도면에서도 추상적인 원리도만 존재하여 그 방안을 실시할 구체적인 구조가 결여되어 당업자가 구체적으로 실시할 수 없는 경우, 명세서 및 도면에 기재된 내용은 명확하고 완전한 기술방안을 구성할 수 없다.

▌사 례▐

태공혜[14]에 대한 실용신안출원에서, 인체가 지면에서 격리되어 보행이 이루어지도록 하는 기술적 과제를 해결하기 위해, 명세서에는 깔창 통기를 통해 지면과 격리된 보행을 실현한 다고 기재되었고, 도면에서는 태공혜의 외관만 도시되었다.

분석: 태공혜에 대한 간단한 구상만을 제시했을 뿐, 태공혜가 어떻게 연속적으로 통기가 이루어지는지, 균형을 맞추는 문제를 어떻게 해결하는지에 대해 구체적인 기술적 수단을 제시하지 않았다. 당업자는 명세서의 기재 내용을 토대로 이를 실현할 수 없으므로, 본 출원 명세서는 기술적 과제를 해결하는 기술수단을 공개하지 않았고, 따라서 전리법 제26조 제3항 규정에 반한다.

b) 일부 기술수단이 공개되지 않은 경우

출원 고안이 여러 개의 기술수단으로 구성된 기술방안인데, 이 중에서 한 기술수단에 대해 명세서에서 명확하고 완전한 설명을 하지 않은 것이 명백하고, 도면에서도 해당 부분에 대한 구체적 구조를 제시하지 않은 경우이다. 해당 부분에 대한 내용이 전체적인 기술방안을 구성하는 데 필수불가결한 경우, 전술한 바와 같은 흠결로 인해 당업자는 명세서의 기재 내용에 따라 그 기술방안을 실현할 수 없다.

▌사례 1▐

전력누수 경보 전력계량기에 대한 실용신안 출원에서, 해결하고자 하는 기술적 과제는 전력누수에 대한 식별 및 경보신호를 내는 것이다. 그러나 출원 명세서에서는 종래의 계량기에 식별모듈과 경보모듈을 부가하여 기술적 과제를 해결한다고만 기재되어 있었고, 도면에서도 블록도만 제시하고 있을 뿐이다. 또한 식별 및 경보 기능을 실현하는 전자부품의 성능, 신호전달 및 회로연결 등의 기술적 수단에 대해서는 설명되어 있지 않았다.

분석: 공개된 기술수단이 완전하지 못하므로, 당업자가 명세서의 기재 내용을 토대로 출원 고안을 정확하게 이해하여 실시할 수 없다.

▌사례 2▐

네트워크 케이블 테스트기에 대한 출원 고안이 해결하고자 하는 기술적 과제는 네트워크 케이블 온-오프 테스트를 진행하는 것이다. 명세서에는 이 테스트기가 발송회로와 수신회로를 포함하고, 상기 발송회로는 고주파 발송회로, 제어회로, 구동회로로 이루어진다는 점 및 그 원리에 대해 설명되었다. 도면에서는 구체적인 회로작동 원리도가 제시되었다. 한편, 수신회로에 대해서는 저항, 커페시터, 인덕터 및 IC 칩으로 이루어진다고만 설명되어

---

14) 태공혜(太空鞋): 가죽신발과 운동화를 하나로 결합하여 바닥의 탄성과 내마모성을 높인 신발.

있을 뿐, 수신회로가 어떻게 피드백 신호를 수신하여 처리, 판단하는지 및 구체적인 칩의 모델 번호 또는 회로 연결에 대해 설명되지 않았고, 이에 대한 도면도 없었다.

분석: 이 사례에서 수신회로의 구성부품 및 연결관계에 대한 명확한 설명이 없어 명세서가 공개하는 기술적 수단이 완전하지 못하므로, 당업자는 명세서의 기재 내용을 토대로 하여 출원 고안을 이해하여 실시할 수가 없다.

c) 기술수단으로 해결하고자 하는 기술적 과제를 해결할 수 없는 경우

명세서에 기술적 수단을 제시했으나, 당업자가 그 수단을 이용하더라도 고안이 해결하고자 하는 기술적 과제를 해결할 수 없는 경우이다.

▌사 례▐

전동제수 대걸레에 대한 실용신안 출원에서, 명세서의 기재 내용에 따르면 종래의 대걸레가 전동으로 물을 짜낼 수 없다는 기술적 과제를 해결하고자, 두 개의 제수축을 손잡이와 연결하여, 손잡이에 압력을 가할 때 제수축이 함께 작용하도록 하여 물 짜내기를 완료하는 것을 기술적 수단으로 한다.

분석: 명세서의 기재 내용을 토대로 제조한 물걸레로는 수동으로 손잡이에 압력을 가하여 물을 짜낼 수 있을 뿐, 전동으로 물을 짜내겠다는 기술적 과제를 해결할 수는 없다.

한편, 명세서에서 기술수단을 설명하는 데 오류가 존재함으로 인해, 출원 명세서가 전리법 제26조 제3항 규정에 반하게 되는 상황도 발생할 수 있다.

▌사 례▐

광학시연교재에 대한 실용신안 출원에서, 정확한 기술수단은 장방체의 상자 내에서 순서대로 프리즘, 볼록렌즈, 오목렌즈가 배열되고, 투광홀, 시연 스크린 등을 구비하여 빛의 굴절반사를 시연하는 장치인데, 명세서에서는 볼록렌즈와 오목렌즈의 순서가 뒤바뀌어 기재되어 있었다.

분석: 볼록렌즈와 오목렌즈의 순서가 뒤바뀌어 기재한 잘못으로 인해, 기술수단에 대한 설명에 오류가 존재하게 되었고, 이에 따라 기술방안을 실현할 수 없어 본 출원 명세서는 전리법 제26조 제3항 규정에 명백하게 반한다.

2) 고안의 명칭과 기술분야

고안의 명칭은 명세서 첫 페이지 윗부분 중앙에 위치하고, 출원서에서의 고안의 명칭과 완전히 일치해야 한다. 기술분야는 청구하는 고안이 속하는 분야 또는 직접적으로 응용되는 분야를 기재한다.

3) 배경기술

배경기술 부분은 출원 고안에 대한 이해와 심사에 유용한 배경기술을 기재하되, 그 배경기술을 반영하는 문헌[15]을 인용할 수도 있다. 만약 출원 명세서에 배경기술의 도면을 사용한 경우, 그 도면과 함께 배경기술을 설명할 수 있다.

4) 고안의 내용

고안의 내용 부분에는 해결하고자 하는 기술적 과제, 기술적 과제를 해결하기 위해 채택한 기술방안, 배경기술과 비교하여 본 고안이 갖는 유익한 효과의 세 가지 부분이 서로 대응되도록 작성한다.

(1) 해결하고자 하는 기술적 과제

고안의 내용 부분은 고안이 해결하고자 하는 기술적 과제를 하나 또는 여러 개를 기재한다. 한편, 해결하고자 하는 기술적 과제를 배경기술 부분에 기재하는 것도 인정된다.

(2) 기술방안

기술방안은 독립항이 한정한 기술방안과 표현상 일치해야 한다. 만약 한 건의 출원에 여러 개의 실용신안이 존재하는 경우, 각각의 기술방안을 작성해야 한다.

(3) 유익한 효과

유익한 효과는 종래기술과 비교하여 출원 고안이 종래기술과 구별되는 점을 지적해야 한다. 생산성, 품질, 효율성의 제고, 에너지 소모, 재료, 공정상의 절약, 가공, 사용상의 간단편리성, 환경보호 및 유용성 등의 관점에서 언급할 수 있다.

한편, 유익한 효과를 단독으로 작성하지 않고, 고안의 내용 또는 기술방안과 결합하여 설명하거나, 구체적 실시방안에서 도면과 함께 설명하는 것도 인정된다.

5) 도면의 설명

실용신안 출원에서 도면의 설명은 아래 규정들에 부합해야 한다.

(1) 내용 및 격식에 대한 요구사항

도면의 설명 부분은 도면의 번호, 명칭 및 도면의 내용에 대한 간단한 설명을 기재한다(예: 도 1은 …도이다. 도 2는 …도이다. …).

---

15) 한편 배경기술을 반영하는 문헌으로서 대만 출원을 인용하는 경우, 인용 시 "중국 대만", "중국 대만성/대만지역", "대만지역" 또는 "TW"라는 칭호를 사용해야 하며, 이에 따르지 않을 경우 심사관은 전리법실시세칙 제17조 제1항 규정에 따라 보정통지서를 발부한다.

(2) 전리법실시세칙 제40조 규정에 따른 도면의 설명은 있으나 도면이 없는 경우의 처리

출원일에 제출한 명세서에 도면의 설명을 기재했으나 대응되는 도면이 없는 경우, 심사관은 출원인에게 통지하여 명세서에서의 도면의 설명을 삭제하거나, 또는 기한 내에 대응되는 도면을 보충 제출할 것을 요구한다. 출원인이 심사관의 의견에 따라 도면을 보충 제출한 경우, 전리국에 제출한 날 또는 우편으로 도면을 보충 제출한 날을 출원일로 하고, 심사관은 출원일 확정 통지서를 발부한다. 출원인이 도면의 설명을 삭제하는 경우, 원출원일이 유지된다. 다만, 이때 심사관은 전리법 제26조 제3항 규정에 부합하는지에 주목하여 보정된 명세서가 명백하게 불명확한지 불완전한지 여부를 판단한다. 만약 흠결이 존재하는 경우 심사의견통지서를 발부하여 출원인에게 그 흠결을 통지한다. 한편, 아래 사항들에 더 주의한다.

a) 출원인이 자진하여 새로운 도면을 보충 제출했는데 출원일에 제출한 명세서에 대응되는 도면의 설명이 존재하는 경우, 심사관의 의견에 따라 출원인이 도면을 보충 제출한 경우로 간주되어 처리된다. 즉, 전리국에 제출한 날 또는 우편으로 도면을 보충 제출한 날을 출원일로 하고, 심사관은 출원일 확정 통지서를 발부한다.

b) "도면의 설명의 작성"은 출원 명세서의 도면의 설명 부분(즉, 도 1은 …도이다. 도 2는 …도이다. …)에 한정되지 않는다. 만약 도면의 설명 부분에서 어떤 도면에 대해 기재하지는 않았으나 명세서의 다른 부분에서 그 도면을 언급하면서, 그 도면의 명칭 등에 대해 설명한 경우에도, "도면의 설명이 작성"된 것으로 간주되어, 해당 도면을 보충 제출하는 것이 인정된다. 물론 출원일은 도면을 보충 제출한 날로 재확정된다.

c) 두 건 이상의 출원의 도면이 서로 바뀌었음을 증거로써 입증한 경우, 출원인이 도면을 보충 제출하는 것이 허용된다. 출원일은 도면을 보충 제출한 날로 재확정된다.

d) 도면을 보정할 때에는 출원일 재확정 규정이 적용되지 않는다. 예를 들어, 원래의 도면(사진 포함)이 명확하거나 온전하지 않은 흠결이 있어, 출원인이 명확한 도면을 새로 제출했다. 그러나 이 과정에서 보정범위 초과의 흠결이 발생한 경우, 출원일 재확정의 방식으로 도면을 보충하는 것이 허용되지 않고, 전리법 제33조 규정에 따라 심사가 이루어진다.

┃ 사례 1 ┃

출원 명세서의 도면의 설명 부분에서 도 1은 본 출원 고안의 전체 구조도이고, 도 2는 그중 벨브 플러그의 구조도라고 기재되었다. 그러나 출원일에 제출한 도면에는 제도가 온전하게 이루어지지 않아(아래 도 1과 도 2) 출원인이 보정된 도면(아래 도 1'과 도 2')을 다시 제출했다.

출원일에 제출한 도면

보정된 도면

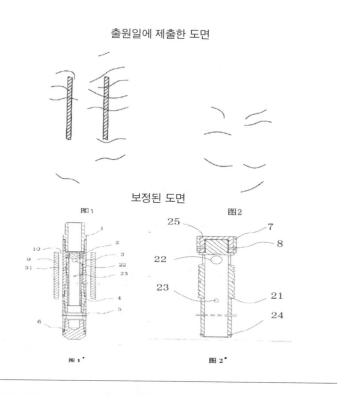

┃ 사례 2 ┃

출원 명세서의 도면은 원래 사진이었으나, 물건의 형상, 구조를 명확하기 표시하지 못하여 (아래 왼쪽 도면), 출원인이 명확하게 제도한 도면(아래 오른쪽 도면)을 다시 제출했다.

사례 1 및 사례 2에 대한 분석: 위 두 가지 사례 모두 도면의 보정에 관한 것일 뿐, 도면이 제출되지 않은 경우에 해당하지 않는다. 따라서 전리법실시세칙 제40조 규정이 적용되지

않는다.

(3) 도면 및 도면의 설명을 추가하는 것이 허용되는 경우

가장 근접한 종래기술을 보다 분명하게 설명하기 위해 배경기술에 관한 도면을 추가하는 경우; 문자부분의 설명이 명확한 상황에서 국부 구조를 명확하게 하기 위해 국부 확대도를 추가하면서 도면의 설명 부분에도 도면의 설명을 추가기재하는 경우; 또는 규범에 부합하지 않거나 손으로 그린 도면을 규범에 부합하며 내용이 일치하는 기계 제도로 바꾸는 경우는 도면 또는 도면의 설명을 추가하는 것이 허용되고, 이때에는 출원일이 도면의 추가 제출일로 변경되지 않는다.

6) 구체적 실시방식

구체적 실시방식 부분은 고안을 실시할 적어도 하나의 바람직한 실시례를 제시하며 도면과 함께 설명해야 한다. 도면과 결합하여 고안의 구체적 실시방식을 설명할 때, 도면부호는 도면에 표시된 것과 일치해야 하고, 도면부호는 그 명칭의 뒷부분에 기재한다. 구체적 실시방안은 출원인이 기술적 과제를 해결하기 위해 채용한 기술방안을 구체화하고, 청구항의 기술특징에 대해 상세히 설명해야 한다. 구체적 실시방안 부분에서, 가장 근접한 종래기술 또는 가장 근접한 종래기술과 출원 고안 간의 공통된 기술특징에 대해서는 상세하게 설명하지 않을 수 있다. 그러나 종래기술과 구별되는 출원 고안의 기술특징 및 종속항에 한정한 부가기술특징에 대해서는 명확하게 설명해야 한다. 출원 고안의 기술방안이 간단한 경우, 만약 '고안의 내용' 부분에서 이미 상세히 설명했다면, 구체적 실시방식 부분은 생략할 수 있다.

7) 기타 주의 사항

a) 방법, 재료에 대한 특징을 명세서에 기재할 수 있고, 삭제할 필요가 없다.

b) 지적활동의 규칙 및 방법에 대한 내용을 명세서에 기재할 수 있고, 삭제할 필요가 없다.

c) 명세서는 전리국이 제정한 표준 규격을 사용하여 작성해야 한다. 표준 규격은 서면 형식으로 제출하는 실용신안 명세서 규격과 전자출원 형식으로 제출하는 실용신안 명세서 규격의 두 가지가 있다.

d) 명세서는 중국어로 기재해야 하고, 외국어로 된 기술용어는 규정에 따라 중국어로 번역하여 기재해야 한다. 외국어로 된 기술용어에 대해 통일된 중국어 번역용어가 없는 경우, 관례에 따라 번역된 중국어를 사용할 수 있고, 번역 후에 괄호 표기를 사용하여 외국어 표현을 부기할 수 있다. 의미가 불분명해지지 않는다면, 중국어 이외의 다

른 언어를 사용할 수도 있다. 예를 들어, 당업자에게 잘 알려진 기술용어, 계량단위, 수학부호, 수학공식, 각종 프로그래밍 언어, 컴퓨터 프로그램, 특정 의미를 갖는 부호, 인명, 지명 등이다. 그 외에 해당 기술분야에서 확실한 의미를 갖는 통용되는 영문 축약어(예: LED, DVD, USB, CDMA 등)를 사용할 수도 있다.

e) 명세서에 "청구항 … 에서 한정한 … 처럼", "첨부자료 참조", "첨부 페이지 참조"와 같은 인용표현은 사용할 수 없다. 첨부자료, 첨부 페이지의 내용은 반드시 명세서에 기재되거나 삭제되어야 한다. 이때 심사관은 전리법 제33조 규정 및 전리법 제26조 제3항 규정에 부합하는지 심사한다. 또한 상업적 홍보 용어 또는 타인이나 타인의 제품을 폄하하는 표현을 사용할 수 없다.

f) 명세서에 잘못 쓴 글자, 번체자, 스스로 만든 용어, 이체자를 사용할 수 없다.

g) 명세서에 계량단위를 사용할 경우 중국이 법으로 정한 계량단위, 국제기구가 제정한 계량단위 또는 중국이 선정한 기타 계량단위를 사용해야 한다.

h) 명세서의 문자부분에 화학식, 수학식 또는 도표를 사용할 수 있다. 그러나 삽화, 흐름도, 블록도, 곡선도, 상평형도 등은 사용할 수 없으며, 이들은 도면에만 기재할 수 있다.

6. 도면에 대한 심사

도면에 대한 심사는 방식심사와 명백한 실질적 흠결에 대한 심사로 나뉜다. 방식심사는 전리법실시세칙 제17조 제5항 및 제18조 규정에 따른 심사[16]로서, "고안의 도면이 여러 개인 경우 순번을 붙여야 하며; 고안의 명세서의 문자부분에 기재되지 않은 도면부호는 도면에 표시할 수 없고 도면에 표시되지 않은 도면부호는 명세서의 문자부분에 기재할 수 없다. 동일한 구성부분을 표시하는 도면부호는 일치해야 한다; 도면에는 필요한 용어 이외에는 다른 주석을 포함할 수 없다"는 등의 형식적 규정에 부합되어야 한다. 또한 도면은 제품의 형상, 구성 또는 그 결합을 표시한 도면이 있어야 하고, 종래 기술을 나타내는 도면만 있어서는 안 되며, 물건의 효과, 성능만을 보여 주는 도면(예: 온도변화 그래프 등)만 있는 경우 전리법실시세칙 제17조 제5항 규정에 반한다.

명백한 실질적 흠결에 대한 심사는 전리법 제26조 제3항 및 전리법 제5조 규정에 따른 심사를 의미한다. 전리법 제26조 제3항에 따른 심사는 앞의 5. 1)을 참고할 수 있고, 전리법 제5조에 따른 심사는 뒤의 7.의 규정을 참고할 수 있다.

---

16) 2010년 〈전리심사지침〉 제1부 제2장 7.3절에 세부적으로 규정되어 있다.

▌사 례 ▌

청구항 제1항: 외부장치, 찻잎 포장장치, 건조 또는 흡착장치를 포함하는, 찻잎 저장장치로서, 상기 건조 또는 흡착장치와 찻잎 포장장치는 서로 직접 연결되지 않았으나, 모두 상기 외부장치 내에 위치하는, 찻잎 저장장치.

아래 도는 본 출원 고안의 찻잎 저장장치(■로 표시)와 종래의 찻잎 저장장치(▲로 표시)가 6개월간 찻잎을 저장한 경우 차의 폴리페놀 함량 변화량을 보여 준다:

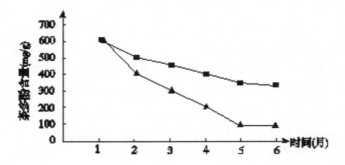

분석: 청구항에서 찻잎 저장장치 및 건조 또는 흡착장치의 형상, 구조에 대해 특별히 한정하지 않았고, 도면에서는 물건 성능에 대한 곡선도만 제시할 뿐 다른 도면은 존재하지 않는다. 위 도면은 물건의 형상, 구조도가 아니어서 청구 대상 물건의 형상 및 구조를 반영할 수 없으므로, 전리법실시세칙 제17조 제5항 규정에 반한다. 심사관은 이 경우 심사의견통지서를 발부하는데, 이러한 흠결은 일반적으로 보정으로는 극복할 수가 없다. 만약 출원인이 도면을 추가하는 보정을 하려는 경우, 그 보정 범위를 초과하는지 판단해야 한다.

7. 전리법 제5조에 따른 심사

전리법 제5조의 심사 대상은 모든 출원서류, 즉 권리요구서, 명세서, 도면, 요약, 대표도면 등을 모두 포함한다. 출원서류에 전리법 제5조에 명백하게 해당하는 내용이 존재하는 경우, 심사관은 심사의견통지서를 발부하여, 출원서류에 대한 보정 또는 의견진술을 요구한다. 본 규정에 대한 구체적인 심사는 특허출원의 실질심사부분의 전리법 제5조에 대한 심사부분을 참고할 수 있다.

8. 전리법 제25조에 따른 심사

본 규정에 대한 구체적인 심사는 특허출원의 실질심사부분의 전리법 제5조에 대한 심사부분을 참고할 수 있다. 특히 제25조 제2호의 지적 활동의 규칙 및 방법에 관하여 아래 원칙에 따른다.

1) 만약 하나의 청구항이 지적 활동의 규칙 및 방법에 관한 것일 뿐이면, 전리권을 받지 못한다. 하나의 청구항의 주제 명칭 이외에, 그 한정한 모든 내용이 지적 활동의 규칙 및 방법인 경우, 해당 청구항은 실질적으로 지적 활동의 규칙 및 방법에 대한 것으로서, 전리권을 받을 수 없다.

2) 위 (1)의 경우 이외에, 만약 하나의 청구항에 지적 활동의 규칙 및 방법에 관한 내용 이외에도, 형상 또는 구조를 포함하는 기술특징도 포함하는 경우, 전체적으로 볼 때 지적활동의 규칙 및 방법이 아니므로, 전리권 수여 가능성을 배재할 수 없다.

┃ 사 례 ┃

청구항: 2인이 대국을 진행하는 우주대전기로서, 장기알은 각 귀퉁이에 배치된 네 개의 위성 장기알, 네 개의 비행 장기알, 네 개의 탄도 장기알, …, 및 하나의 왕 장기알로 구성되고; 장기판의 점선부분에는 우주가 표현되고, 실선부분은 행성의 육지가 표시되며; 위성 장기알은 임의의 거리를 직진하여 이동하고, 탄도 장기알은 직진 또는 사선으로 1보 내지 5보 이동하며, …, 상대방의 왕 장기알을 제거하는 것을 목표로 우주전을 전개하되, 상대방의 왕 장기알을 먼저 제거한 자가 승자가 되는, 우주대전기.

분석: 청구항의 주제명칭이 비록 물건이지만, 한정하는 내용은 장기알의 배치, 장기알의 이동규칙 및 승패 판정의 규칙에 대한 것으로서, 놀이 규칙에 불과하므로, 전리법 제25조에 규정된 지적 활동의 규칙 및 방법에 해당하여 전리권을 받을 수 없다.

만약 이 사안의 청구항에 위와 같은 한정 이외에도, "장기판은 타원형의 평면판이고, 장기알은 각 종류를 표시하는 원추형을 띠고, 장기판상에 장기알이 놓여지는 곳에 홈이 파여 있으며, 장기판에 형성된 상기 홈의 깊이는 장기알의 높이보다 작고, 너비는 장기알의 크기에 상응한다"는 형상, 구조적 기술특징을 포함한다고 가정한다면, 이 청구항은 지적 활동의 규칙 및 방법을 포함하지만 또한 형상, 구조적 기술특징도 포함한다. 따라서 전체적으로 보아 지적 활동의 규칙 및 방법이 아니므로, 전리법 제25조에 의해 전리권 등록 가능성이 완전히 배제되는 것은 아니다. 심사관은 심사의견통지서를 발부하여 이 청구항이 전리법 제2조 제3항의 실용신안의 보호객체 규정에 부합하지 않음을 지적한다. 만약 출원인이 청구항에서 규칙 및 놀이 방법에 대한 한정을 삭제하고 형상, 구조적 기술특징은 남겨둔다면, 청구항은 실용신안의 보호객체 규정에 부합한다.

9. 전리법 제9조에 따른 심사

형식심사에서 실용신안 출원이 전리법 제9조의 규정에 따라 전리권을 획득할 수 있을지 심사한다. 심사관은 동일한 발명창조에 대한 출원 또는 등록전리를 토대로 실용신안 출원이 전리법 제9조 규정에 부합하는지 심사할 수 있다.[17]

전리법 제9조 제1항 후문에서는 "동일 출원인이 동일자에 동일한 발명창조에 대해 특허와 실용신안을 출원하고 먼저 등록된 실용신안권이 아직 소멸되지 않았고 또한 출원인이 그 실용신안권을 포기한다는 선언을 한 경우, 특허권을 수여받을 수 있다"라고 규정하는데, 이 경우 이외에, 출원인이 이미 등록된 전리권을 포기하는 방식으로 중복 수권을 피하는 것은 허용되지 않는다. 동일인이 동일 일자에 동일한 발명창조를 특허와 실용신안으로 출원하면서 진행한 동일 일자 출원(즉, 이중출원) 선언은 형식심사 과정에서 심사 및 처리되지 않는다.

출원 시에 동일 일자 출원선언을 하지 않고 출원일 이후에 제출한 동일 일자 출원선언은 심사관이 수리하지 않는다. 만약 출원일에 제출한 서류가 등록 요건에 부합하는 경우, 심사관은 등록결정을 내려야 하며, 이와 함께 미제출간주통지서를 발부하여 제출된 동일 일자 출원선언을 수리하지 않았음을 고지한다. 만약 출원에 흠결이 존재하여 심사관이 통지서를 발부할 필요가 있는 경우, 심사관은 통지서에서 이 성명을 수리하지 않았음을 함께 지적할 수 있고, 미제출간주통지서를 따로 발부할 필요는 없다.

전리법 제9조 제1항의 적용 대상은 동일 일자에 이루어진 출원이고, 동일 일자가 아닌 출원의 경우, 선행 출원이 저촉 출원(확대된 선원) 또는 종래기술이(즉, 공개) 된 경우, 후행 출원이 신규성 규정[18]에 명백히 반하는지 심사한다. 이에 대해서는 이 부 11절의 내용을 참고한다.

동일한 발명창조에 해당하는지에 대한 판단은 두 건 또는 그 이상의 출원에서의 청구항의 청구범위가 동일한지 비교한다. 즉, 둘 이상의 출원에서의 권리요구서 내용을 비교하며, 권리요구서와 출원의 전체 내용을 비교하지 않는다. 만약 한 건의 전리출원 또는 등록 전리의 한 청구항이 다른 전리출원 또는 등록 전리의 어떠한 청구항과 권리범위가 동일하다면 이들은 동일한 발명창조로 인정된다. 두 건의 출원에서의 청구항이 문자적 표현만 다를 뿐 실질적인 내용이 일치하는 경우에도 동일한 발명창조에 해당한다.

심사관은 아래 표에 열거되는 상황에 따라 두 건의 동일한 발명창조의 실용신안출

---

17) 《国家知识产权局关于修改专利审查指南的决定》(第67号)의 二, 2013년 10월 15일부터 시행.

18) 중국 전리법 규정상 저촉출원, 즉 확대된 선원은 신규성 심사에 포함된다. 법조문상으로도 전리법 제22조 제2항에 함께 규정하고 있다.

원을 처리할 수 있다.

중복수권의 처리 방식

종 류	상 태	처리방법
출원인 동일, 출원일 동일	두 건의 출원 모두 미등록	두 건의 출원에 각각 심사의견통지서를 발부하여 출원인에게 하나를 선택하거나 또는 보정할 것을 요구한다. 출원인이 기한 내에 답변하지 않은 신청은 철회 간주한다. 출원인이 의견진술 또는 보정을 했음에도 여전히 전리법 제9조 제1항 규정에 반하는 경우, 두 건의 출원 모두 거절한다.
	한 건은 등록, 다른 한 건은 미등록	미등록된 출원에 대해 심사의견통지서를 발부하여, 출원인에게 전리법 제9조 제1항 규정에 반하여 등록받을 수 없으나, 출원인은 보정을 할 수 있음을 고지한다. 출원인이 기한 내에 답변하지 않은 경우, 미등록된 출원은 철회 간주된다. 출원인이 의견진술 또는 보정을 했음에도 여전히 전리법 제9조 제1항 규정에 반하는 경우, 미등록된 출원을 거절한다.
출원인 상이, 출원일 동일	두 건의 출원 모두 미등록	심사관은 전리법실시세칙 제41조 제1항 규정에 따라 심사의견통지서를 발부하여 출원인들이 스스로 협상하여 출원인을 확정할 것을 요구한다. 출원인이 기한 내에 답변하지 않은 경우 그 출원은 철회 간주한다. 출원인이 의견진술 또는 보정을 했음에도 여전히 전리법 제9조 제1항 규정에 반하는 경우, 두 건의 출원 모두 거절한다.
	한 건은 등록, 다른 한 건은 미등록	미등록된 출원이 전리권 등록 요건에 부합하는 경우 등록을 허여한다. 심사관은 등록통지서를 발부할 때, 심사 업무전용서신을 이용하여 출원인에게 다른 중복출원에 관한 출원번호, 출원일 및 연락처를 고지하고, 출원인은 전리권자와 협상을 통해 전리권 귀속을 확정할 수 있음을 통지한다.

10. 전리법 제20조 제1항에 따른 심사

전리법 제20조 제1항에 대한 형식심사 과정에서, 심사관은 출원 발명이 중국에서 완성되었고 외국에 출원되기 전에 전리국에 비밀보호심사를 신청하지 않았다고 판단할 만한 이유가 있는 경우, 심사의견통지서를 발부한다. 예를 들어, 중국에 출원하면서 조약 우선권을 요구한 출원에서, 조약 우선권의 기초가 되는 선출원에 기재된 발명자 국적이 모두 중국인 경우, 심사관은 심사의견통지서를 발부한다.

11. 전리법 제22조 제2항에 따른 심사

형식심사에서, 심사관은 실용신안 출원이 전리법 제22조 제2항 규정의 신규성을 명백히 결여하였는지 심사한다. 명백한 신규성 흠결에 대한 심사란, 원칙적으로 신규성을 평가하는 인용문헌에 대한 검색을 거치지 않고 이루어지는 신규성 심사를 의미한다. 고안에 대한 신규성 심사기준은 특허출원에 실질심사 과정에서의 신규성 심사 기준과 동일하므로, 특허출원의 신규성 심사 부분의 내용을 참고할 수 있다.

1) 명백한 신규성 흠결에 대한 심사의 몇 가지 양태

통상적으로, 심사관은 명세서의 배경기술에 기재된 종래기술(주로 특허문헌을 가리킴)을 토대로 신규성 심사를 진행한다. 다만, 심사관이 검색을 거치지 않고서도 종래기술 또는 저촉출원 정보를 획득한 경우, 이들 정보를 토대로 신규성 심사를 진행한다. 비정상으로 인정된 전리출원으로 인정된 경우, 심사관은 검색을 수행하고 검색된 인용문헌을 토대로 신규성 심사를 진행한다.

(1) 명세서의 배경기술을 토대로 한 심사

명세서의 배경기술부분에 기재된 종래기술은 아래 세 가지 경우를 포함할 수 있다.

a) 배경기술 기재란에서 종래기술인 특허문헌을 제시했는데, 만약 그 특허문헌이 중국특허이고 본 출원의 기술방안과 명백하게 관련된 경우, 심사관은 이를 인용문헌으로 하여 본 출원의 신규성을 심사해야 한다; 만약 특허문헌이 중국특허가 아닌 경우, 심사관은 이를 인용문헌으로 하여 본 출원의 신규성을 심사할 수 있다.

b) 배경기술에서 비특허문헌의 상세한 출처를 제공한 경우, 심사관은 이를 인용문헌으로 하여 본 출원의 신규성을 심사할 수 있다.

c) 배경기술에서 선공개가 의심되는 관련 정보를 노출한 경우, 예를 들어 출원인이 명세서에서 출원일 전에 이미 공개 사용 또는 판매 등의 행위를 했다고 선언한 경우, 심사관은 그 관련 정보를 토대로 신규성 심사를 진행할 필요가 없다.

(2) 검색 없이 지득한 종래기술 또는 저촉출원 정보를 토대로 한 심사

명세서의 배경기술을 토대로 한 신규성 심사 이외에도, 심사관은 검색 없이 종래기술 또는 저촉출원 정보를 획득한 경우, 이들 정보를 토대로 신규성을 심사해야 한다. 또한 심사관은 통지서 발부 시 이들 정보의 출처를 출원인에게 고지한다.

a) 출원인이 전리법 제24조의 "신규성을 상실하지 않는 공개" 규정의 적용을 주장했으나 규정에 부합하지 않았고, 본 출원의 신규성을 부정할 증거자료가 제출된 경우

▌사 례 ▐

출원인은 2010년 2월 27일자로 전기 도금 생산장치라는 실용신안을 출원하면서, 신규성을 상실하지 않는 공개 규정의 적용을 주장했다. 2010년 5월 4일 출원인은 그 증명자료로 공개발표된 논문집을 제출했다.

이 사례에서, 출원인은 출원일로부터 2개월 내에 증명자료를 제출하지 않았으므로, 신규성을 상실하지 않는 공개 규정 적용을 주장하지 않은 것으로 간주되고, 심사관은 출원인이 제출한 논문집을 인용문헌으로 하여 신규성 심사를 진행할 수 있다.

---

b) 출원인이 우선권을 주장했으나 우선권이 성립하지 않았고, 선행 출원이 후행 출원의 신규성을 부정하기에 충분한 경우

심사관이 국내우선권을 주장하지 않은 것으로 간주하는 결정을 내릴 때, 만약 선출원이 이미 출원공개 또는 등록공고되었다면, 이는 후출원의 저촉출원을 구성하고, 심사관은 선출원을 토대로 후출원에 대한 신규성 심사를 진행한다; 만약 선출원이 아직 출원공개 또는 등록공고되지 않았다면, 이는 후출원의 저촉출원을 구성하지 않는데, 이 경우 심사관은 선출원의 공개 또는 공고를 기다리지 않고, 일단 후출원에 대한 심사를 계속한다.

▌사 례 ▐

후출원인 실용신안출원은 선출원인 특허출원에 대한 우선권을 주장했으나, 후출원의 출원인과 선출원의 출원인 성명이 서로 불일치했고, 출원인은 규정 기간 내에 우선권 이전증명서를 제출하지 않아, 심사관은 우선권을 주장하지 않은 것으로 간주하는 결정을 내렸다.

이 사례에서, 심사관이 우선권을 주장하지 않은 것으로 간주하는 결정을 내릴 때, 선출원이 이미 공개되었다면 이는 후출원의 저촉출원을 구성하므로, 심사관은 선출원을 토대로 후출원에 대해 신규성 심사를 진행한다.

---

c) 제3자가 심사중인 실용신안 출원에 대한 검색보고서를 제출했고, 검색보고서에 열거된 인용문헌이 본 출원의 신규성을 부정하기에 충분한 경우

심사관은 검색보고서에 제시된 인용문헌이 확실히 본 출원의 신규성을 부정하는지 조사해야 하며, 만약 검색보고서의 결론을 인정한다면, 보고서에 제시된 인용문헌을 토대로 신규성을 심사해야 한다.

> ▌사 례 ▐
>
> 실용신안출원이 형식심사에 진입할 때 검색보고서가 첨부되었고, 이 검색보고서에서는 청구항 제1항과 제3항은 신규성이 없고, 청구항 제2항과 제4항은 진보성이 없다고 표시되었다.
>
> 이 사례에서, 심사관은 검색보고서에 제시된 인용문헌이 청구항 제1항과 제3항을 확실히 부정하는지 조사하고, 그 인용문헌으로 신규성 심사를 진행해야 한다. 청구항 제2항과 제4항은 진보성이 없으나, 진보성은 실용신안의 형식심사 범위에 속하지 않으므로, 심사관은 진보성 심사는 하지 않는다.

d) 국내단계로 진입한 국제실용신안출원의 국제검색보고서 또는 전리성에 대한 국제예비심사보고서에 열거된 인용문헌이 본 출원의 신규성을 부정하기에 충분한 경우

이 경우는 위 c)의 처리 방식과 동일하다.

e) 제3자가 심사중인 실용신안 출원에 대한 저촉출원정보를 제출했거나, 또는 심사관이 심사 과정에서 본인이 종전에 심사했던 실용신안이 본 출원의 저촉출원을 구성함을 발견한 경우

> ▌사 례 ▐
>
> 심사관은 명칭이 "그루브를 구비한 인주갑"이고, 출원일이 2010년 8월 1일인 실용신안출원 B를 심사하던 중에, 자신이 종전에 심사했던 명칭이 "인주갑"이고 출원일이 2010년 6월 1일인 실용신안출원 A가 동일한 고안에 대한 것임을 발견했다.
>
> 이 사례에서, 심사관은 출원 A를 검색하여 출원 A와 출원 B가 동일한 고안임을 확인한 경우, 만약 출원 A가 아직 공고되지 않았다면, 출원 A는 출원 B의 저촉출원을 구성하지 않는다. 이 경우 심사관은 일단 출원 B에 대한 심사를 계속한다; 만약 A가 공고되었다면, 출원 A는 출원 B의 저촉출원을 구성하므로, 심사관은 출원 A를 근거로 출원 B의 신규성을 심사한다.

f) 제3자가 심사중인 실용신안 출원에 대한 종래기술을 제출한 경우, 또는 심사관이 심사 과정에서 본인이 종전에 심사했던 실용신안이 본 출원의 종래기술을 구성함을 발견했고, 그 종래기술이 본 출원의 신규성을 부정하기에 충분한 경우

> ▌사 례 ▐
>
> 출원인은 2010년 2월 13일 "셀프 서적대여 시스템"을 실용신안 출원하면서, "발명출원공개 실질심사진입통지서"의 증명서류를 제출했다. 이 통지서에는 출원인의 다른 특허출원

인 "셀프 서적대여 시스템 및 방법"이 2008년 10월 31일에 공개되어 실질심사에 진입했다고 기재되어 있었다.

이 사례에서, "셀프 서적대여 시스템 및 방법"이라는 특허출원은 본 실용신안 출원의 주제와 명백하게 관련되었고, 실용신안출원일 전에 공개되었다. 심사관은 이 증명서류로 제공된 출원번호를 토대로 발명출원 서류를 조사하여 신규성을 심사한다.

한편, 위 c), e) 및 f)에서, 심사관은 제3자가 제공한 의견의 수용 여부와 무관하게, 그 의견에 대한 처리 상황을 제3자에게 통지할 필요가 없다.

(3) 비정상으로 인정된 출원의 심사

비정상으로 인정된 출원이 자진 철회 또는 철회 간주되지 않고 형식심사에 진입한 경우, 심사관은 출원 고안의 신규성을 부정할 인용문헌을 검색하여 신규성 심사를 진행한다. 한편 아래 사항을 참고한다.

a) 비록 비정상 출원으로 인정되지 않았지만, 만약 그 신규성을 부정할 만한 인용문헌을 검색해 낸 경우, 심사관은 신규성 심사를 진행한다.

b) 비정상으로 인정된 출원인지 조사하는 과정에서 검색을 통해 그 신규성을 부정할 만한 인용문헌이 검색된 경우, 비록 비정상 출원에 속하지 않게 된 경우라고 하더라도 심사관은 신규성 심사를 진행한다.

2) 통지서 발부 및 보충 검색

심사관은 출원이 신규성이 없다고 판단한 경우, 심사의견통지서를 발부하여 인용문헌을 토대로 하여 출원 고안이 신규성이 없는 이유를 상세히 분석하여 고지한다. 심사관은 출원인이 인용문헌을 입수할 수 없을 여지가 있다고 판단되면, 인용문헌을 첨부해야 한다.

출원인이 보정 또는 의견진술을 한 이후, 심사관은 보충 검색을 진행할 수 있다.

12. 전리법 제22조 제4항에 따른 심사

형식심사에서, 심사관은 실용신안 출원이 전리법 제22조 제4항의 실용성 규정에 명백히 부합하는지 여부를 심사한다. 명백한 실용성 흠결에 대한 심사는 권리요구서와 명세서에 기재된 모든 내용을 분석하여 이루어지되, 특히 명세서에 기재된 해결하고자 하는 기술적 과제 및 기술적 효과에 주로 주목하며, 청구항의 기재 내용에 국한하여 판단하지 않는다. 다만, 청구항 기재 내용만으로도 출원 고안의 기술방안이 명백하게 실용성을 결여되었음을 확정할 수 있는 경우, 심사관은 명세서의 내용에 대해 분석하지 않을 수도 있다. 실용성에 대한 판단 방식은 특허출원의 실질심사에서 이루어지는 실용성 심사를 참고하도록 한다. 특히 고안의 실용성 판단에 있어서는, 자연법칙에 명백히 반하는 경우, 유일무이한 자연조건을 이용한 물건, 유익한 효과가 명백히 결여된 경우에 보다 더 주목할 필요가 있다.

13. 단일성에 대한 심사

실용신안의 단일성이란, 하나의 실용신안 출원에는 하나의 실용신안만 출원할 수 있음을 의미한다. 또한 하나의 총괄적 발명사상에 속하는 2 이상의 실용신안은 하나의 출원으로 할 수 있다. 단일성 판단의 구체적인 내용에 대해서는 특허출원의 실질심사에서 이루어지는 단일성 판단 방식 중 '명백하게 단일성을 결여한 경우' 부분을 함께 참고할 수도 있다.

1) 심사 원칙 및 판단 대상

실용산안출원의 단일성 심사 시에는 단일성을 명백하게 결여했는지 여부를 판단하는 것이 원칙이다.

우선, 한 건의 출원에서의 여러 고안이 하나의 총괄적 발명사상에 속하지 않는 경우, 바로 단일성을 명백하게 결여했다고 판단할 수 있다. 예를 들어, 하나의 출원에 옷걸이와 거울에 대한 독립항이 각각 존재하는 경우, 양자 간 동일하거나 상응하는 기술특징이 존재하지 않고, 동일하거나 상응하는 특정 기술특징은 더더욱 존재할 수 없을 것이므로, 단일성이 명백하게 결여되었다.

다음으로, 해결하고자 하는 기술적 과제를 결합하여, 청구항의 기술방안과 명세서에 기재된 배경기술을 비교하여, 상이한 청구항 사이에 동일하거나 상응하는 특정 기술특징이 존재하는지 여부를 확정한다.[19)]

단일성 심사는 독립항에서 청구하는 고안 간에 이루어진다. 형식상 종속항이지만

---

19) 특허 출원의 경우 단일성 판단 시 종래기술에 대해 기여한 공통된 특정 기술특징이 있어야만 단일성이 인정된다. 따라서 특허 출원의 실질심사 과정에서 이루어지는 단일성 심사는 검색된 종래기술이 필요하므로 신규성 또는 진보성에 대한 심사와 함께 이루어진다. 그러나 실용신안 출원은 심사 과정에서 진보성 심사는 이루어지지 않고, 신규성 심사에서도 종래기술에 대한 검색을 하지 않는 것이 통상적이므로, 실용신안 출원의 단일성 심사 시 비교 대상이 되는 종래기술은 출원 명세서의 배경기술란에 기재된 내용이 될 수밖에 없다.

실질적으로 독립항인 청구항은 독립항으로 보고 심사가 이루어진다. 독립항에 대해 단일성 결여가 없으면, 그 독립항을 인용하는 종속항도 단일성 결여 사유가 없다.

2) 심사 예시

┃ 사례 1 ┃

청구항 제1항: 칫솔 상부막대 및 손잡이 하부막대 및 상기 상부막대와 하부막대를 연결하는 연결부를 포함하는 휴대용 칫솔로서, 상기 연결부위는 나사산으로 연결되는 방식인, 휴대용 칫솔.

청구항 제2항: 칫솔 상부막대 및 손잡이 하부막대 및 상기 상부막대와 하부막대를 연결하는 연결부를 포함하는 휴대용 칫솔로서, 상기 연결부위는 끼움 막대와 슬롯으로 연결되는 방식인, 휴대용 칫솔.

분석: 명세서의 배경기술부분의 기재에 따르면, 종래기술의 칫솔과 칫솔 손잡이는 분리될 수 없다. 이러한 기술적 과제를 해결하기 위해 출원 고안은 칫솔 상부막대와 손잡이 하부막대를 연결하는 연결부를 구성함으로써, 칫솔을 분리할 수 있게 했다. 연결부는 나사산 연결방식일 수도 있고, 끼움 막대와 슬롯으로 연결되는 방식일 수도 있다. 청구항의 기술 방안을 명세서의 배경기술 부분과 비교하면 칫솔 상부막대와 손잡이 하부막대를 연결하는 연결부가 종래기술에 기여하는 특정 기술특징이 되므로, 청구항 제1항과 제2항은 동일한 특정 기술특징을 구비하여 단일성이 있다.

┃ 사례 2 ┃

청구항 제1항: 본체 및 받침을 포함하는 대걸레 세척기로서, 상기 받침과 상기 본체는 연결되어 일체를 형성하고, 전동 세척봉이 상기 본체 내에 설치되고, 전동장치가 상기 받침에 설치되는, 대걸레 세척기.

청구항 제2항: 대걸레 자루, 연결 자루, 대걸레 머리를 포함하고 대걸레 세척기와 서로 결합되는 대걸레로서, 상기 대걸레 자루 하단의 나사축은 상기 연결 자루의 상부에 개방된 나사산 홀 내에 회전연결되고, 섬유조각이 상기 대걸레 머리에 고정되는, 대걸레.

분석: 비록 청구항에서 대걸레와 대걸레 세척기가 서로 결합될 수 있다고 설명되었으나, 명세서 기재 내용을 토대로 해결하고자 하는 기술적 과제를 결합하면 상기 대걸레 세척기와 대걸레는 각각 배경기술을 개선한 것으로서, 독립항 제1항의 대걸레 세척기와 독립항 제2항의 대걸레의 특징 간에는 동일한 기술특징이 존재하지 않는다. 또한 필연적으로 서로 연결되거나 서로 호응하는 기술특징이 있지도 않은데, 실질적으로 양자가 서로 필수적으로 "결합"되어야 하는 관계는 아니다. 따라서 독립항 제1항과 제2항은 단일성이 없다.

만약 독립항 제1항에서 "대걸레 세척기의 받침 일측에 설치된 연결 홈"을 더 한정했고, 이와 대응하여 제2항에서 "대걸레의 연결 자루에 연결 헤드를 설치하고, 상기 연결 헤드는 상기 대걸레 세척기의 연결 홈과 서로 연결되어 고정"된다는 특징이 한정되었다면, 청구항 제1항과 제2항의 특징 간에 서로 관련되는 기술특징이 존재하여 단일성을 구비한다.

3) 단일성에 반하는 경우의 처리

실용신안출원이 아래와 같이 단일성에 반하는 경우, 심사관은 출원인에게 단일성 요건에 부합하도록 출원서류에 대한 보정을 요구한다.

(1) 출원일에 제출한 청구항에 단일성 흠결이 존재하는 경우

출원일에 제출한 청구항에 하나의 총괄적인 발명사상에 속하지 않는 둘 이상의 고안이 존재하는 경우, 심사관은 그중 어느 하나의 고안 또는 하나의 총괄적 발명사상에 속하는 둘 이상의 고안으로 한정할 것을 출원인에게 요구한다. 그 외 다른 고안에 대해 출원인은 분할출원을 할 수 있다.

(2) 보정된 청구항에 단일성 흠결이 존재하는 경우

출원인이 보정한 청구항에 대해 심사관은 단일성을 심사한다. 심사 과정에서, 출원인이 청구항을 보정하면서, 명세서에만 기재된 기술방안을 독립항으로 추가하였으나, 이 추가된 독립항과 원래의 청구항 사이에 단일성이 결여된 경우, 심사관은 단일성 흠결을 지적하여 출원인에게 선택할 것을 요구한다. 출원인은 원래의 청구항을 남긴채 추가한 독립항을 삭제할 수도 있고, 추가한 독립항을 남기고 원래의 청구항을 삭제할 수도 있다. 출원인은 삭제한 청구항을 분할출원 할 수 있다.

한 건의 출원에서 둘 이상의 고안의 주제가 명백히 단일성을 결여한 경우, 심사관은 출원인에게 심사의견통지서를 발부하여, 청구항을 단일성 요건에 부합하게 둘 또는 그 이상의 그룹으로 나누어 지정기간 내에 선택하여 그중 한 그룹의 청구항을 남기고, 다른 청구항은 삭제하라고 요구한다.

기한 내에 출원인이 답변하지 않는 경우, 전리국은 해당 출원을 철회 간주한다는 결정을 내린다.

출원인 답변 시 충분한 이유 없이 보정을 거부한 경우, 심사관은 거절결정을 내린다.

출원인이 출원서류를 보정하면서 단일성 요건에 반하는 청구항을 삭제한 경우, 그 보정이 범위를 초과했는지에 대해서는 뒤의 18. 4)의 내용을 참고한다.

14. 분할출원에 대한 심사

한 건의 출원에 둘 이상의 실용신안이 있는 경우, 출원인이 자진하여 또는 심사관의 심사의견에 따라 분할출원을 할 수 있다. 분할출원은 원출원(최초의 출원)을 기초로 하여야 한다. 분할출원은 원출원과 출원의 유형이 같아야 한다. 분할출원 시 유형을 달리하는 경우, 심사관은 분할출원 미제출간주통지서를 발부하고 사안을 종결한다.

분할출원에 대한 설명은 특허출원의 심사절차 부분의 내용과 함께 참고할 수 있다.

1) 분할출원의 출원서

분할출원은 출원서에 원출원의 출원번호와 출원일을 기재해야 한다.

(1) 원출원번호

최초 분할출원이든 분할출원에 대한 재분할출원이든, 원출원번호는 원출원의 출원번호를 기재해야 한다. 분할출원을 한 후 이 분할출원에 대해 재차 분할출원하는 경우, 분할출원의 출원번호도 기재해야 한다. 분할출원의 출원번호를 기재하지 않았거나 잘못 기재한 경우, 심사관은 보정통지서를 발부하여 출원인에게 보정할 것을 통지한다.

원출원이 국제출원인 경우 출원인은 기재한 원출원 출원번호 뒤에 국제 출원번호를 괄호 안에 표기해야 한다. 원출원번호는 정확히 기재했어도, 국제출원번호를 부기하지 않았거나 잘못 기재한 경우, 심사관은 보정통지서를 발부하여 출원인에게 보정할 것을 통지한다.

출원서에 기재한 원출원번호에 오류가 있어 일반 출원으로 수리된 경우, 심사관은 일반 출원으로 심사를 진행한다. 출원인은 보정의 형식으로 이 출원을 분할출원으로 변경할 수 없다.

출원서에 원출원번호를 기재했으나 이 번호가 정확한 번호가 아니었던 경우, 심사관은 분할출원으로 심사를 진행한다. 출원인은 보정의 형식으로 원출원번호를 삭제하여 분할출원을 일반 출원으로 변경할 수 없다. 출원인은 자진보정 기간 내 또는 답변통지서에 대한 지정기간 내의 보정으로 원출원번호를 수정할 수 없다.

(2) 원출원월일

출원서에 원출원의 출원일을 정확히 기재해야 한다. 분할출원의 출원서에 원출원번호는 정확히 기재했으나 원출원일을 잘못 기재한 경우, 심사관은 보정통지서를 발부하여 보정할 것을 통지한다.

2) 분할출원 가능 기간

(1) 최초 분할

최초 분할 가능 기간에 대해 전리법실시세칙 제42조가 규정하는 내용을 구체적으로 정리하면 아래 표와 같다.

최초 분할출원 가능 시기

전리법실시세칙 제42조	구체적 설명
출원인은 늦어도 전리국이 원출원에 내린 전리권수여통지서를 받은 날로부터 2개월 내에 분할출원 가능	출원일로부터 등록수속처리통지서에 규정한 기간 만료 전까지, 분할출원을 할 수 있다.
원출원이 거절된 경우	심사관이 원출원에 대해 거절결정서를 이미 발송한 경우, 출원인은 거절결정서를 받은 날로부터 3개월 내에, 복심청구 여부와 무관하게 분할출원을 할 수 있다. 복심을 제기한 이후 및 복심결정에 대해 불복하여 행정소송을 제기하는 기간에 출원인은 분할출원을 할 수 있다. 복심위원회가 복심 단계에서 거절결정을 유지하는 심결을 내린 경우, 출원인은 심결문을 받은 날로부터 3개월 내에, 상소 제기 여부와 무관하게 분할출원을 할 수 있다. 인민법원이 복심위원회가 내린 심결을 유지하는 판결을 내린 경우, 출원인은 1심 행정판결문을 받을 날로부터 15일 내에, 상소 제기 여부와 무관하게 분할출원을 할 수 있다. 인민법원이 종심판결로서 복심위원회가 내린 심결을 유지하는 2심판결을 내린 경우, 출원인은 2심 행정판결문을 받기 전부터 분할출원을 할 수 있다.
원출원이 철회 또는 철회간주된 경우	출원인이 이미 원출원에 대해 출원철회선언서를 제출한 경우, 출원 철회선언이 효력을 발생(즉, 절차합격통지서의 발송)하기 전에, 분할출원을 할 수 있다. 원출원이 철회 간주된 경우, 회복기간 내에 분할출원할 수 있다.

형식심사에서, 분할출원의 제출일이 위 규정에 반하는 경우, 심사관은 분할출원 미제출간주통지서를 발부하고, 사건을 종결한다.

(2) 분할출원에 대한 재분할

분할출원에 대해 재차 분할출원하려는 경우, 이 재분할출원의 제출 시점도 원출원을 토대로 하여 심사한다. 재분할출원의 제출일이 전술한 규정에 반하면 분할출원할 수 없다. 다만, 분할출원에 단일성의 흠결이 존재하여 심사관의 심사의견에 따라 분할출원을 하게 된 경우는 예외이다. 이때 출원인은 단일성 흠결을 지적하는 통지서의 사본을 제출하고, 심사관은 이를 심사한다. 출원인이 규정에 부합하는 통지서 사본을 제출하지 않은 경우, 심사관은 보정통지서를 발부하여 출원인에게 보정할 것을 통지한다. 출원인이 기간 내에 보정하지 안은 경우, 심사관은 철회간주통지서를 발부한다. 보정 시에도 여전히 규정에 반하는 경우, 심사관은 분할출원 미제출간주통지서를 발부하고, 사건을 종결한다.

3) 분할출원의 출원인과 발명자

분할출원의 출원인은 원출원의 출원인과 일치해야 하고, 일치하지 않은 경우 출원인은 출원인 변경에 관한 증명서류를 제출해야 한다. 분할출원의 발명자는 원출원의 발명자 또는 그중 일부여야 한다. 이에 대한 상세한 내용은 이 책 특허출원의 분할출원 부분의 내용을 참고할 수 있다.

4) 분할출원의 명세서

분할출원은 명세서의 첫 페이지, 즉 기술분야 기재란의 이전 부분에 본 출원이 어떠한 출원의 분할출원인지 설명해야 하고, 원출원의 출원일, 출원번호 및 고안의 명칭을 기재해야 한다.

원출원과 분할출원의 청구항은 각각 다른 고안을 청구해야 한다. 다만 명세서 기재 내용에 대해서는 이러한 제한이 없다.

5) 분할출원의 내용

심사관은 분할출원의 내용이 원출원의 기재 범위를 명백히 벗어나는지 심사한다. 분할출원의 기술방안은 원출원에 온전하고 정확히 기재된 것이어야 하되, 원출원의 하나 또는 한 그룹의 청구항일 수 있고, 원출원 고안에서의 어떠한 기술방안일 수도 있으며, 원출원에서의 어떠한 구체적인 실시례일 수도 있으나, 원출원으로부터 새롭게 개괄, 종합 또는 조합하여 이루어진 새로운 기술방안이어서는 안 된다. 분할출원이 원출원의 범위를 명백히 벗어나지 않는다면, 분할출원의 출원일은 원출원의 출원일로 소급된다.

(1) 원출원의 기재 범위를 명백히 벗어나는지 여부의 심사

실용신안의 분할출원은 원출원 명세서, 도면 및 권리요구서의 기재범위를 명백히 초과할 수 없다. 심사관은 원출원 명세서를 대조하며 심사를 진행하는데, 만약 분할출원의 내용이 원출원의 기재범위를 명백히 초과하는 경우, 전리법실시세칙 제43조 제1항 규정에 반함을 이유로 심사의견통지서를 발부하여 출원인에게 그 초과되는 부분에 대한 삭제 보정을 요구한다. 출원인이 정당한 이유 없이 보정을 거부하는 경우, 심사관은 전리법실시세칙 제43조 제1항 규정에 반함을 근거로 분할출원에 대해 거절결정을 내린다.

만약 분할출원을 하는 시점에는 전리법실시세칙 제43조 제1항 규정에 부합했으나, 분할출원 심사 과정에서 출원인이 보정한 내용이 원출원 기재범위를 초과한 경우, 심사관은 전리법 제33조 규정에 반함을 이유로 심사의견통지서를 발부하여 출원인에게 그 초과되는 부분에 대한 삭제 보정을 요구한다. 출원인이 정당한 이유 없이 보정을 거부하는 경우, 심사관은 전리법 제33조 규정에 반함을 근거로 분할출원에 대해 거절결정을 내린다.

(2) 분할출원과 원출원 권리요구서의 완전히 동일한 경우의 처리

만약 원출원에 단일성 흠결이 없고, 분할출원과 원출원의 권리요구서 내용이 완전히 동일한 경우, 심사관은 전리법실시세칙 제42조 제1항 규정에 따라 분할출원의 요건에 부합하지 않는다는 이유로 분할출원 미제출간주 결정을 내린다. 한편, 분할출원과 원출원의 권리요구서가 완전히 동일하지는 않은 경우에는 이 규정을 적용하지 않는다. 다만, 만약 권리범위가 동일한 청구항이 존재하는 경우, 전리법 제9조 규정을 토대로 심사를 진행하며, 이에 대해서는 앞의 제9절의 내용을 참고할 수 있다.

6) 분할출원과 우선권 주장

분할출원의 원출원이 우선권을 향유한 경우, 그 분할출원도 그 원출원의 우선권을 향유할 수 있다. 그 외 다른 경우 분할출원은 우선권을 향유할 수 없다.

분할출원 시 우선권을 주장하지 않았으나, 그 원출원은 우선권을 주장한 경우, 전리법실시세칙 제6조의 권리회복청구 규정에 따라 분할출원의 우선권 주장의 회복을 청구할 수 있다. 출원인은 분할출원일로부터 2개월 내 또는 수리통지서를 받은 날로부터 15일 내에, 우선권 주장의 회복을 청구할 수 있다.

분할출원에서의 우선권 선언과 원출원 기재가 불일치하는 경우, 심사관은 이 우선권에 대해 절차보정통지서를 발부한다. 출원인이 보정하지 않거나 보정에도 흠결이 치유되지 않은 경우, 심사관은 우선권미주장 간주통지서를 발부한다. 출원인은 우선권 주장의 회복을 청구할 수 있다.

한편, 분할출원이 그 원출원을 우선권 주장의 기초로 주장한 경우, 즉 선출원과 원출원 번호가 동일하 경우, 심사관은 전리법실시세칙 제43조 제1항 규정에 반함을 이유로 우선권미주장 간주결정을 내린다.

15. 대리사무소의 위임 등

대리사무소, 대리인의 위임 등에 대한 내용은 이 책 특허출원의 심사절차 부분 "4. 대리사무소의 위임 및 변경" 부분의 내용을 참고할 수 있다. 이 절에서는 아래와 같이 정리한 표로서 대신하도록 한다.

전리대리사항에 대한 심사

제1서명 출원인	위임 필요 여부	요구사항	심사 방식
(중국 내에 상시 거주지나 영업소가 없는) 외국 출원인	위임필요	대리사무소에 반드시 위임할 것 출원서에 기재한 대리사무소의 명칭이 인장 날인과 일치할 것 위임장을 제출할 것	대리사무소를 위임하지 않은 경우, 심사의견통지서가 발부된다. 출원인이 지정기간 내에 답변하지 않은 경우, 철회간주통지서가 발부된다. 출원인의 의견진술로도 그 흠결을 치유하지 못했거나 보정이 불합격인 경우, 출원은 거절결정된다. 위임장이 규정에 반하는 경우 보정통지서가 발부된다.
(중국 내에 상시 거주지나 영업소가 없는) 홍콩, 마카오, 대만 출원인			
중국 내륙지역의 출원인	위임 불필요	대리사무소에 위임할 수 있음 위임한 경우에, 출원서에 기재한 대리사무소의 명칭이 인장 날인과 일치할 것 위임한 경우, 위임장 제출할 것	위임장이 규정에 반하는 경우, 절차보정통지서를 발부한다. 기간 내에 보정하지 않았거나, 보정에도 흠결이 치유되지 않은 경우, 출원인과 대리사무소에 미위임간주통지서를 발부한다.
(중국 내에 상시 거주지나 영업소가 있는) 외국 출원인			
(중국 내에 상시 거주지나 영업소가 있는) 홍콩, 마카오,			

대만 출원인			심사관이 미위임간주통지서를 발부할 때, 만약 출원서에 출원인의 인장 날인이 없는 경우, 보정통지서도 발부하여 흠결을 지적한다. 출원인이 단위이고 연락담당자를 기재하지 않은 경우, 출원인에게 연락담당자 정보의 추가도 함께 요구한다.

16. 우선권 주장

실용신안을 출원하면서 조약우선권(외국우선권) 또는 국내우선권을 주장할 수 있다.

조약우선권은 외국에서 이루어진 최초 출원을 기초로 하는 우선권을 의미하고, 국내우선권은 중국에서 이루어진 최초 출원을 기초로 하는 우선권을 의미한다. 우선권은 중국 출원을 할 때 출원서에 우선권 주장을 선언해야 한다. 우선권이 수반된 출원에 대해 심사관은 우선권 주장 관납료 납부 여부, 선출원과 후출원의 출원인 변경 여부 등의 요건을 심사하고, 심사 결과에 따른 후속 조치를 취한다.

실용신안 출원에서의 우선권 주장에 대한 내용은 이 책 특허출원 심사절차에서의 "우선권 주장의 형식심사" 부분을 참고하도록 한다.

17. 신규성을 상실하지 않는 공개에 대한 심사

1) 전리법 제24조[20] (1)호과 (2)호의 경우에 해당하여 본 조항 규정의 적용을 받으려는 경우, 출원인은 출원과 함께 출원서에서 이를 주장해야 한다. 출원 시에 이를 주장하지 않고 추후에 주장하는 경우, 심사관은 신규성불상실 미주장간주통지서를 발부한

---

20) 전리법 제24조: 출원된 발명창조가 출원일 이전 6개월 내에 (1) 중국정부가 주관하거나 승인한 국제전시회에서 최초로 전시한 경우 (2) 규정된 학술회의나 기술회의에서 최초로 발표한 경우 (3) 타인이 출원인의 동의 없이 그 내용을 누설한 경우에 해당하는 경우 신규성을 상실하지 않는다.

다. 출원인이 출원일로부터 2개월 내에 전리법실시세칙 제30조 규정에 따른 증명서류를 제출하지 않은 경우에도, 심사관은 신규성불상실 미주장간주통지서를 발부한다.

　2) 전리법 제24조 (3)호의 경우에 해당하나 출원인이 증명서류를 제출하지 않은 경우, 심사관은 수속보정통지서를 발부한다. 기간 내에 보정하지 않았거나 보정으로 흠결을 치유하지 못한 경우, 심사관은 신규성불상실 미주장간주통지서를 발부한다. 출원인이 출원일 전에 본 사유가 발생한 사실을 알고 있었다면 출원 시에 출원서에 이를 선언하고 출원일로부터 2개월 내에 증명자료를 제출해야 하고, 출원일 후에 알게 된 경우에는 이를 알게 된 날로부터 2개월 내에 본 사유 적용을 요구하는 선언서와 함께 증명자료를 제출해야 한다. 이에 반하는 경우, 심사관은 신규성불상실 미주장간주통지서를 발부한다.

　3) 보다 구체적인 내용은 특허출원에서 "신규성을 상실하지 않은 공개" 부분을 참고할 수 있다.

18. 통지서에 대한 대응, 보정 및 전리법 제33조에 따른 심사

1) 자진보정 법정기간 준수 여부에 따른 심사

실용신안 출원에서 출원인은 출원일로부터 2개월 내에 자진보정을 할 수 있다. 출원인의 자진보정이 있는 경우 심사관은 보정서 제출일이 전술한 법정기간을 준수했는지 심사한다.

(1) 법정기간 내에 제출된 자진보정서에 대한 심사

심사관은 출원일로부터 2개월 내에 제출된 자진보정서를 수리해야 하고, 보정서 및 출원일에 제출한 원명세서를 함께 심사의 대상으로 삼는다. 법정기간 내에 제출된 자진보정서에 대해, 심사관은 그 보정이 원명세서, 도면, 권리요구서의 기재범위를 초과하는지 심사한다. 이에 대해 이하 4)절의 내용을 참고한다.

(2) 법정기간을 경과하여 제출된 자진보정서에 대한 심사

출원일로부터 2개월 경과 후 및 심사관이 제1차 통지서를 발부하기 전에 출원인이 제출한 자진보정서의 경우, 만약 그 보정에 의해 원출원서류에 존재하는 흠결이 치유되었고, 등록 가능성이 존재하는 경우라면, 심사관은 그 보정을 수리할 수 있다. 수리할 수 없는 자진보정의 경우, 심사관은 미제출간주통지서를 발부한다.

여기에서 "출원서류에 존재하는 흠결이 치유"된다는 것은, 원출원서류에 존재하는 모든 흠결을 해소해야만 함을 의미하는 것은 아니다. 만약 보정에 의해 원출원서류 또는 앞서 수리한 보정서에 존재하는 대부분의 흠결, 주요한 흠결 또는 명백한 실질적 흠결을 해소했고, 새로운 형식적 흠결 또는 명백한 실질적 흠결(예: 보정범위 초과)이 생기는 경우가 아니라면, 심사관은 이를 수리한다.

┃사 례┃

한 건의 출원에 동시에 여러 개의 흠결이 존재했는데, 독립항 제1항은 필수구성요소가 결여되었고, 종속항 제3항은 명세서에 의해 뒷받침되지 않았으며, 도면은 도면부호가 여러 곳에서 일치하지 않았고, 도 1에서의 선은 흐릿했다.
출원일로부터 2개월 경과 후 및 심사관이 제1차 통지서를 발부하기 전에 출원인이 제출한 자진보정서는 이 중 둘 이상의 흠결을 해소했다. 보정으로 인해 형식적 흠결 한 가지가 새로 발생했으나, 새로운 명백한 실질적 흠결이 생기지는 않았다. 이 경우 심사관은 이 자진보정서를 수리할 수 있다.

---

2) 답변서제출 지정기간 준수 여부에 따른 심사

지정기간이란 심사관이 통지서에 출원인의 답변기한으로 설정한 기간을 의미한다.

(1) 출원인의 답변서가 통지서에서 지정한 기간 내에 제출된 경우, 심사관은 그 문서를 수리하여 심사해야 한다.

(2) 답변서가 통지서에서 지정한 기간을 경과하여 제출된 경우, 심사관은 이를 수리하지 않으며 답변서는 제출되지 않은 것으로 간주하고, 통지서 내용에 따라 처리한다.

(3) 통지서에서 지정한 기간 내에 제출된 답변서 A가 등록 요건에 부합하지 않았는데, 출원인이 지정기간 경과 후 재차 등록요건에 부합하는 답변서 B를 제출한 경우, 심사관은 답변서 B를 수리하여 등록 결정을 내릴 수 있다. 만약 답변서 B가 여전히 등록요건에 부합하지 못한다면, 위 (2)에 따라 처리한다.

3) 통지서에서 지적한 흠결에 대해 답변했는지 여부에 따른 심사

출원인이 통지서에 지정된 기한 내에 답변서를 제출한 경우, 심사관은 그 답변이 통지서에서 지적한 흠결에 대한 답변인지 판단한다.

(1) 만약 통지서에서 지적한 흠결에 대한 답변인 경우, 심사관은 지적한 흠결이 치유되었는지 심사한다. 지적한 흠결에 대한 답변이 아닌 경우 아래 (2)의 내용에 따라 처리한다. 지적한 흠결이 치유되었는지 심사한 결과, 흠결이 치유되었다고 판단되는 경우, 새로운 흠결이 발생했는지 심사한다. 만약 치유되지 않았다고 판단되는 경우 아래 5)의 (3)의 내용에 따라 처리한다. 새로운 흠결이 발생하지 않은 경우 등록결정을 내리고, 새로운 흠결이 발생한 경우 심사관이 직권으로 보정할 수 있는 경우로 판단되면,

직권 보정 후 등록 결정을 내리며 직권으로 보정한 내용을 출원인에게 고지한다.

한편, 아래 사항들을 추가적으로 주의할 필요가 있다.

① 심사관이 발부한 N차 통지서에 대해 출원인이 지정기간 내에 답변서 A와 답변서 B를 제출했으나, 심사관이 심사하는 시점에 답변서 A만 받은 상태였고, 답변서 A가 지적된 흠결을 치유하지 못한 경우, 심사관은 답변서 A에 대해 N+1차 통지서를 발부한다. N+1차 통지서를 발부한 이후에 심사관이 답변서 B를 받았고, 답변서 B가 지적된 흠결을 치유한 경우, 심사관은 등록 결정을 내릴 수 있다. 만약 답변서 B도 흠결을 치유하지 못한 경우, 심사관은 답변서 B에 대해 N+2차 통지서를 발부할 수도 있고; 심사업무전용서신을 통해 출원인에게 답변서 B로는 등록이 불가하다는 사실 및 N+1차 통지서에 대한 답변으로 보정서를 다시 제출해야 한다는 사실을 고지할 수도 있다.

② 심사관이 발부한 N차 통지서에 대해 출원인이 지정기간 내에 답변서 A와 답변서 B를 제출했으나, 심사관이 심사하는 시점에 답변서 A만 받은 상태였으나, 답변서 A가 지적된 흠결을 치유하여 등록결정을 내렸다. 그 후 심사관이 답변서 B를 받은 경우, 심사관은 답변서 B에 대한 어떠한 처리도 하지 않을 수 있다. 그러나 전리국이 등록공고 준비를 마치기 전에 만약 출원인이 답변서 B로 등록받고자 계속 주장하는 경우, 심사관은 경정(更正) 후 회안(回案) 절차를 개시하여 등록 결정을 유지할지 아니면 변경할지에 대한 심사를 계속한다.

③ 동일한 날에 여러 건의 답변서가 제출되었는데 그 내용이 서로 일치하지 않고, 모두 흠결이 여전히 존재하는 경우, 심사관은 출원인에게 통지서를 발부하여 선택할 것을 고지한다; 동일한 날에 여러 건의 답변서가 제출되었는데 그 내용이 서로 일치하지 않고, 둘 이상의 답변서가 흠결을 치유하는 경우, 심사관은 출원인에게 통지서를 발부하여 선택할 것을 고지한다; 동일한 날에 여러 건의 답변서가 제출되었는데 그 내용이 서로 일치하지 않고, 그중 하나가 흠결을 치유하는 경우, 심사관은 흠결을 치유하는 답변서를 채택한다.

④ 동일하지 않은 날에 여러 건의 답변서가 제출되었는데 그 내용이 서로 일치하지 않은 경우, 심사관은 마지막에 제출된 답변서로 심사를 진행한다.

(2) 만약 통지서에서 지적하지 않은 흠결에 대한 답변인 경우, 답변서의 구체적 내용에 따라 처리한다.

① ① 답변서의 내용이 전리국의 타 부서에서 처리해야 할 사무인 경우(예: 권리회복 청구), 심사관은 이를 해당 부서로 이송한다.

② ② 출원인 또는 대리사무소 이외의 제3자가 제출한 문서의 경우, 심사관은 이를 수리하지 않는 것이 원칙이다. 다만, 만약 그 내용이 명백한 신규성 위배에 관한 경우, 심사관은 명백한 신규성 위배 여부에 대한 심사를 진행한다(이에 대해서는 앞의 11절 내

용 참조). 심사관이 의견을 제공한 제3자에게 처리 결과에 대한 통지를 할 필요는 없다.

예를 들어, 제3자가 실용신안 출원일 이전에 이미 존재하는 동일한 기술내용에 대한 특허문헌이 존재한다고 지적하면서 그 출원번호를 제공한 경우, 만약 본 실용신안출원에 명백한 신규성 위배 사유가 존재하면, 심사관은 심사의견통지서를 발부하여 그 흠결을 지적한다.

4) 보정이 내용적 범위를 초과했는지 여부에 대한 심사

출원인은 실용신안 출원서류에 대해 보정할 수 있으나, 그 보정은 최초 명세서 및 권리요구서의 기재범위를 초과할 수 없다. 출원인이 출원서류를 보정할 때, 최초 명세서, 도면 및 권리요구서로부터 직접적이고도 아무런 의심 없이 확정할 수 없는 내용을 부가한 경우, 이러한 보정은 최초 명세서, 도면 및 권리요구서의 기재범위를 초과한 것으로서, 전리법 제33조 규정에 반한다. 이 경우 심사관은 심사의견통지서를 발부한다. 이에 대해 만약 출원인이 보정 없이 의견서만으로 대응했으나, 의견진술이 받아들여지지 않은 경우, 심사관은 거절결정을 내릴 수 있다. 만약 이전의 두 차례에 걸친 심사의견통지서에서 지적된 흠결이 모두 "보정범위 초과"인 경우, 그 범위 초과에 관한 사실이 상이하더라도, 심사관은 전리법 제33조 규정에 반한다는 이유로 거절결정을 내릴 수 있다.

전리법실시세칙 제44조 제1항 (2)호에서 실용신안출원의 보정범위 초과에 대한 심사를 규정하고 있는데, 이는 전리법 제33조 규정에 명백히 반하는지 여부를 판단 기준으로 한다. 따라서 심사관은 보정된 내용에 대해 심사할 때, "명백히 반하는" 정도가 어느 정도인지 확실히 파악해야 하는데, 이에 대해 2010년 〈전리심사지침〉에서 추가적으로 규정하는 내용들은 다음과 같다:

- 출원인이 출원서류에서 일부 특징을 삭제하는 경우에도, 최초 명세서 및 권리요구서의 기재범위를 초과할 수 있다.
- 최초 권리요구서에는 기재되어 있으나 최초 명세서에는 기재되지 않은 기술특징을 명세서에 추가하고 그 내용을 확대 서술한 경우, 그 보정은 최초 명세서 및 권리요구서의 기재범위를 초과한 것으로 인정된다.
- 도면에 명확하게 표시되어 있고 달리 해석할 여지가 없는 구성에 대해, 명세서에 추가하고 권리요구서에 기재하는 보정은 인정된다.
- 명백한 착오에 대한 정정은 최초 명세서 및 권리요구서의 기재범위를 초과한 것으로 인정되지 않는다. 명백한 착오란, 최초 명세서와 권리요구서의 전후 문맥을 통해 부정확한 내용임을 명료하게 판단할 수 있어 다른 해석이나 보정의 가능성이 없는 경우를 의미한다.

그 외에, 출원인이 권리요구서를 보정할 때, 기술내용이 최초 명세서, 도면에 명확하게 기재되어 있기만 하면, 권리요구서에 기재할 수 있다. 이에 관하여 이하에서 몇 가지 상황을 더 검토한다.

(1) 출원인이 명세서에만 기재된 것으로서 원래의 청구항과 단일성이 결여된 기술내용을 보정된 청구항의 주제로 하는 보정을 수행한 경우, 심사관은 전리법 제33조 규정을 근거로 하여 이 출원의 등록 가능성을 배제하지 않는다.

(2) 심사관이 새로운 독립항을 추가했고, 이 독립항이 한정하는 기술방안은 원래의 권리요구서에 기재되어 있지는 않았다. 그러나 이 기술방안이 최초 명세서에 명확히 기재되어 있기만 하다면, 심사관은 이를 허용되는 보정으로 본다.

┃ 사 례 ┃

청구항 제1항: 칫솔 머리와 칫솔 손잡이를 포함하는 칫솔로서, 상기 칫솔 머리와 칫솔 손잡이는 접이식 연결부재로 연결되고, 상기 칫솔 손잡이에는 상기 칫솔 머리를 수용하는 요홈을 포함하는, 칫솔.

명세서에는 이러한 기술방안 이외에, 구체적 실시방식으로 다른 형태의 칫솔이 설명되어 있었는데, 이에 따르면 칫솔 머리와 칫솔 손잡이가 접이식 연결부재로 연결되고, 칫솔 손잡이에는 칫솔 머리를 수용하는 요홈이 설치되며, 칫솔 머리 내부에 진동장치가 설치되고, 칫솔 손잡이에 전지가 구비되어 진동장치와 연결되어 전기를 공급하여, 잇몸을 안마하는 작용을 할 수 있다.

출원인은 보정서에서 아래와 같은 청구항 제2항을 추가했다.

청구항 제2항: 칫솔 머리와 칫솔 손잡이를 포함하는 칫솔로서, 상기 칫솔 머리와 칫솔 손잡이는 접이식 연결부재로 연결되고, 상기 칫솔 손잡이에는 상기 칫솔 머리를 수용하는 요홈을 포함하며, 상기 칫솔 머리 내부에 진동장치가 설치되고, 상기 칫솔 손잡이에 전지가 구비되어 상기 진동장치와 연결되는, 안마 작용을 갖춘 칫솔.

분석: 이 사례에서 심사관은 출원인이 위와 같이 청구항을 추가하는 보정을 허용해야 한다. 청구항에 대한 보정에 있어서의 심사 원칙은 최초 명세서, 도면 또는 권리요구서에 형식상 명확하게 기재되어 있기만 하다면, 그 보정은 허용된다.

---

(3) 기술수단에 대한 설명에 오류가 있는 실용신안 출원에서, 만약 출원서류에 정확한 기술수단의 보정 근거를 찾을 수 있다면, 출원인이 그 오류를 정확한 기술수단으로 보정하는 것이 허용된다.

예를 들어, 명세서의 문자부분과 도면부분의 묘사가 일치하지 않는 상황 중, 명세서에서의 기술수단의 설명에 오류가 있으나, 도면의 묘사는 정확한 경우, 출원인이 도면을 근거로 명세서를 보정하는 것이 허용된다. 출원인이 보정한 후, 그 보정이 보정범위를 초과했는지 판단할 때 그 기준은 도면이 된다.

반대로, 명세서의 문자 부분의 기재가 정확하나, 도면에 오류가 있는 경우, 도면에 대한 보정은 신중할 필요가 있다. 명세서의 문자 부분이 직접적이고도 아무런 의심 없이 확정할 수 있는 내용이어야 하고, 그렇지 않을 경우 명세서의 문자 부분의 내용을 토대로 임의로 도면을 보정할 수 없다.

┃ 사 례 ┃

출원 고안은 때밀이 장치에 대한 것으로서, 아래 도 1은 최초 출원 명세서의 도면이며, 손잡이(2)의 구조는 속이 찬 구조로 그려졌다. 도 2는 출원인이 보정한 도면으로서, 손잡이(2)의 구조는 속이 빈 구조이다.

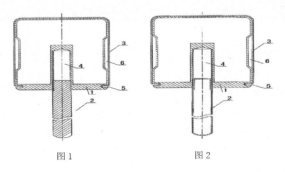

이 사례에서, 도 2를 도 1과 비교하면, 손잡이(2)를 속이 빈 구조로 변경되었고 그 외 다른 부분은 바뀌지 않았다. 최초 명세서의 문자부분에서는 손잡이(2)를 비움으로써 때밀이 장치의 무게를 줄인다고 명확하게 설명되었고, 최초 출원서류에서는 손잡이(2)의 속이 채워졌다는 구체적 실시방식이 기재되지 않았다. 따라서 손잡이(2)가 속이 빈 구조라는 것은 출원일에 제출된 명세서의 문자부분으로부터 직접적이고 아무런 의심 없이 확정될 수 있는 것이므로, 본 사례에서 출원인의 도면에 대한 보정은 허용된다.

---

5) 심사관이 지적했던 흠결이 여전히 존재하는 경우의 처리

흠결이 나타난 상황을 아래 몇 가지 상황으로 나눌 수 있다.

(1) 출원인이 답변서를 제출하여 앞선 통지서에서 지적된 흠결을 해소했고 새로운 흠결이 생기지도 않은 경우, 심사관은 실용신안출원의 등록 결정을 내리고, 등록 통지서를 발부한다.

(2) 출원인이 답변서를 제출하여 앞선 통지서에서 지적된 흠결을 해소했으나, 새로운 흠결이 생긴 경우, 심사관은 흠결의 종류에 따라 보정통지서 또는 심사의견통지서

를 발부한다.

(3) 출원인이 제출한 답변서에서, 바로 전 통지서에서 지적한 흠결을 해소하지 못한 경우, 원래 존재했던 흠결의 종류에 따라 아래와 같이 처리한다:

a) 원래 존재했던 흠결이 보정으로 극복될 수 없는 명백한 실질적 흠결이고, 이미 심사의견통지서를 발부한 바 있음에도, 이번 차수에서 출원인이 그 명백한 실질적 흠결을 해소하지 못했고 보정도 하지 않은 경우라면, 심사관은 거절결정을 내릴 수 있다.

b) 원래 존재하던 흠결이 보정으로 극복될 수 있는 형식적인 흠결이었음에도 이번 차수에서 여전히 그 형식적 흠결이 해소되지 않은 경우, 만약 그 형식적 흠결에 대해 이미 두 차례의 통지서가 발부된 바 있고, 사실과 이유가 의견 청취의 원칙에 부합한다면, 심사관은 거절결정을 내릴 수 있다; 만약 그 흠결에 대해 한 차례의 통지서를 발부했을 뿐이라면, 심사관은 통지서를 재차 발부해야 하며, 통지서에는 그 흠결의 구체적 사실을 지적하면서 그 출원이 거절될 수 있음을 출원인에게 고지한다.

출원인이 출원서류를 보정한 경우, 비록 앞선 통지서에서 지적했던 이유와 증거로 거절결정을 내릴 수 있는 흠결이 보정된 출원서류에 여전히 존재한다 하더라도, 만약 거절에 관련된 사실이 변경된 경우라면, 심사관은 출원인에게 의견진술 또는 보정의 기회를 한 번 더 제공한다. 이후에 그 '동일한 종류의 흠결'에 대해 출원인이 재차 수정했음에도, 앞선 통지서에서 지적했던 이유와 증거로 거절결정을 내릴 수 있는 흠결이 보정된 중간서류에 여전히 존재하는 경우, 심사관은 재차 통지서를 발부할 필요 없이 바로 거절결정을 내릴 수 있다. 여기에서 '동일한 종류의 흠결'은 거절의 근거가 되는 법률의 조, 항, 호가 동일한 흠결을 의미하는 것으로서, 거절의 근거가 되는 법률 조항이 변경된 경우, '동일한 종류의 흠결'에 해당하지 않는다. 만약 출원인이 보정한 이후 새로운 흠결이 생겼고 그 흠결이 종전과 다른 거절의 근거가 되는 법조항인 경우라면, 심사관은 의견 청취의 원칙에 부합하는 상황이어야만 바로 거절결정을 내릴 수 있다. 다만, 전리법 제26조 제4항은 "청구항이 명세서에 의해 뒷받침될 것"과 "명확하고 간결하게 청구범위를 한정할 것"이라는 두 가지 다른 거절이유를 규정하고 있는데, 이 두 가지 이유는 동일한 종류의 흠결이 아니다. 즉, 청구항이 명세서에 의해 뒷받침되지 않는다는 흠결과, 청구범위를 명확하고 간결하게 한정하지 않았다는 흠결은 별개의 흠결이므로, '동일한 종류의 흠결'에 관한 전술한 내용은 전리법 제26조 제4항에는 적용되지 않는다.

(4) 출원인이 답변서를 제출했으나, 앞선 통지서에서 지적된 흠결을 해소하지 못했으면서 새로운 흠결도 생긴 경우, 심사관은 전술한 방법에 따라 처리하면서도, 통지서에 새로운 흠결에 대해서도 지적한다.

┃ 사 례 ┃

최초 출원 청구항은 다음과 같다:

청구항 제1항: 컵 본체와 컵 뚜껑을 포함하는 자화컵으로서, 상기 컵 본체의 내벽에 자성체를 설치한, 자화컵 기술.

청구항 제2항: 제1항에 있어서, 상기 컵 본체에서의 자성체는 환형인, 자화컵.

청구항 제3항: 제1항에 있어서, 상기 자성체는 영구 자성체인, 자화컵.

심사관은 제1차 보정통지서에서, "청구항 제1항의 주제인 '자화컵 기술'은 그 종류가 명확하지 않아 물건일 수도 있고 방법이 될 수도 있으므로, 전리법 제26조 제4항 규정에 반한다"라고 지적했다. 출원인은 이에 대응하여 청구항을 다음과 같이 보정했다:

청구항 제1항: 컵 본체와 컵 뚜껑을 포함하는 자화컵으로서, 상기 컵 본체의 내벽에 자성체를 설치한, 자화컵.

청구항 제2항: 제1항에 있어서, 상기 컵 본체에서의 자성체는 가장 바람직하게는 환형인, 자화컵.

청구항 제3항: 제1항에 있어서, 상기 자성체는 영구 자성체인, 자화컵.

한편, 이 보정은 최초 출원의 기재 범위를 벗어나지 않은 보정이었다. 심사관은 제2차 보정통지서에서 청구항 제2항의 "가장 바람직하게는"의 의미가 명확하지 않아 청구범위가 불명확하므로 전리법 제26조 제4항 규정에 반한다고 재차 지적했다. 출원인은 이에 대응하여 청구항을 다음과 같이 보정했다:

청구항 제1항: 컵 본체와 컵 뚜껑을 포함하는 자화컵으로서, 상기 컵 본체의 내벽에 자성체를 설치한, 자화컵.

청구항 제2항: 제1항에 있어서, 상기 컵 본체에서의 자성체는 환형인, 자화컵.

청구항 제3항: 제1항에 있어서, 상기 자성체의 자력은 화려하게 장식된 물을 자화시키는, 자화컵.

분석: 출원인의 두 번째 보정에서 청구항 제3항은 물건의 작동 원리에 대한 한정을 한 것으로서, 청구항을 간명하지 못하게 하여 전리법 제26조 제4항 규정에 반한다. 출원서류에 형식적인 흠결이 존재하는 경우, 일반적으로 심사관은 한 가지 흠결에 대해 적어도 두 번의 보정통지서를 발부한 후에야 거절결정을 내릴 수 있다. 그러나 이 사례에서는 앞선 두 차례의 보정통지에서 모두 청구항이 전리법 제26조 제4항에 반하는 흠결을 지적했다. 비록 지적 사실은 다르지만, 관련된 법조항은 동일하다. 출원인이 재자 보정했지만 여전히 전리법 제26조 제4항의 흠결이 또다시 나타났는데, 이 경우 심사관은 절차 촉진의 원칙을 고려하여 제3차 보정통지 없이 바로 거절결정을 내릴 수 있다.

19. 실용신안 형식심사의 종료 및 종료 이후의 심사

1) 형식심사의 종료

(1) 심사관은 출원서류 및 기타 관련 서류에 대한 형식심사를 통해 거절이유를 발견하지 못한 경우, 등록 통지서를 발부하고 사안을 종료한다.

(2) 출원서류에 보정으로 극복할 수 없는 명백한 실질적 흠결이 존재하여 의견제출 통지서를 발부한 후 지정기간 내에 출원인이 설득력 있는 의견진술 또는 증거의 제출 없이, 지적된 흠결에 대해 보정을 하지 않은 경우; 출원서류에 보정으로 극복할 수 있는 흠결에 대해 심사관이 두 번의 보정통지서를 발부했고, 지정기간 내에 출원인이 의견진술 또는 보정을 했으나 흠결을 해소하지 못한 경우, 심사관은 거절결정서를 발부하고 사안을 종료한다.

(3) 그 외, 규정에 반하는 분할출원에 내려지는 분할출원 미제출간주; 통지서에 대한 답변 기간을 도과한 결과로 내려지는 기간도과 철회간주; 국내우선권의 선출원에 대해 내려지는 철회간주; 출원인의 의사에 따른 자진 철회에 따라 사안이 종결될 수도 있다.

2) 사안 종료 후에 이루어지는 심사

사안 종료 후의 심사에는 기간을 도과하여 철회 간주된 사안이 권리회복절차를 거쳐 회복된 후 이루어지는 심사, 경정 이후의 심사 및 복심절차 이후의 심사가 포함된다.

(1) 기간도과로 철회간주된 사안이 회복된 이후의 심사

a) 출원인이 회복절차를 밟으면서 이전 통지서에서 지적한 흠결에 대한 보정서를 함께 제출한 경우, 심사관은 통상적인 심사절차에 따라 처리한다.

b) 출원인이 회복절차를 밟으면서 보정서를 제출하지 않은 경우, 보정서를 제출했으나 철회간주 이전의 통지서에서 지적된 모든 흠결을 해소하지 못한 경우, 심사관은 통지서를 발부하여 출원서류 또는 보정서에 존재하는 모든 흠결을 지적한다. 만약 회복절차를 밟으면서 함께 제출한 보정서에 여전히 흠결이 존재하고 그 흠결에 대해 바로 거절결정을 내릴 수 있는 조건이 만족되었다면, 심사관은 바로 거절결정을 내릴 수 있다.

(2) 경정 이후의 심사

여기에서의 '경정'이란, 심사관이 등록 결정을 내린 후에 심사관이 통지서의 내용을 철회하거나 경정하는 것을 의미하며, 필요한 경우 공고 내용을 경정하기도 한다. 경정이 가능한 내용에는 등록문서, 실용신안의 명칭, 우선권 정보, 서지사항, 등록 결정 등에 존재하는 오류가 포함된다.

(3) 복심 이후의 심사

복심단계를 거친 이후의 심사는 일반적인 심사와 내용 및 절차가 동일하다. 다만, 심사관은 복심위원회가 내린 심결에 따라야 하며, 동일한 사실, 이유 및 증거로 심결에 반하는 결정을 내릴 수 없다.

20. 전치심사

출원인이 거절결정에 불복하는 경우, 규정된 기간 내에 전리복심위원회에 복심을 제기할 수 있다. 전리복심위원회는 복심을 진행하기 전에 방식심사를 거친 복심청구서(증명문서 및 보정서 포함)를 거절결정을 내린 원심사부서에 발송한다. 거절결정을 내린 원심사관이 전치심사를 맡아 전치심사의견서를 작성하는 경우가 일반적이다. 심사관은 근무일 기준 10일 내에 전치심사의견서를 작성하여 처장에게 제출해야 하고, 처장은 5일 내에 검토하여 원심사관에게 돌려보내야 한다.

심사관이 "동의하지 않음"이라는 검토 결과를 받은 경우, 3일 내에 전치심사의견서를 수정하여 다지 처장에게 제출하고, "동의함"이라는 검토 결과를 받은 경우, 3일 내에 전치심사의견서를 출원인에게 발송한다. 한편, 심사관은 정당한 이유가 없는 한, 총 처리기간이 15일을 넘지 않도록 해야 한다.

21. 중국 국내단계로 진입한 PCT출원에 대한 심사[21]

1) 서 언

중국 국내단계로 진입하는 출원에 대해, 우선 중국 전리국의 국제출원 제2처에서 진입절차의 방식심사가 이루어지고, 이를 통과하면 형식심사 대기상태가 된다. 국제출원 제2처에서는 해당 PCT출원이 중국 국내단계에 진입을 위한 요건을 만족했는지 심사하는데, 심사 내용은 국내단계 진입 시 제출하는 문서, 관납료, 보호의 유형, 출원인, 발명자, 출원인 자격 및 관련 증명자료 등이다.

실용신안출원의 심사관은 PCT출원에 대해 형식심사를 진행하는데, 중국 전리법 및 전리법실시세칙을 토대로 해당 PCT출원이 실용신안 등록 요건에 부합하는지 심사한다.

---

21) 본 절은 실용신안으로 보호를 받고자 신청한 PCT출원에 적용되는 특수 사항들에 대해 설명하는 부분으로서, 통상적인 출원과 동일한 사항에 대해서는 설명을 생략한다.

2) 심사의 근거가 되는 서류의 확인

PCT출원에서 출원인은 국제단계 및 국내단계에서 출원서류에 대해 보정할 수 있다. 국내단계에 진입한 출원서류에는 최초 출원서류 이외에, 여러 개의 보정서가 존재할 수도 있다. 국내단계 진입 시, 일정 기간 내에 자진하여 또는 국제출원 제2처 심사관의 요구에 대응하면서 출원 서류를 보정할 수도 있다.

(1) 심사의 근거가 되는 서류

a) 최초 출원서류

PCT출원이 중국어 이외의 언어로 이루어진 경우, 최초 제출한 PCT출원의 번역문에 대한 방식심사가 이루어진 후 실용신안의 형식심사 단계로 넘어가는데, 심사관은 번역문의 내용을 토대로 심사를 진행한다.

PCT출원이 중국어로 이루어진 경우, 중국어로 국제공개가 이루어진 경우, 이 PCT출원이 중국 국내단계로 진입할 때 최초 출원서류에서의 요약과 대표도면만 제출하면 된다.

b) 국제단계의 보정서

국제단계에서의 보정서 및 그 번역문이 방식심사(국제단계에서 실제 보정이 이루어졌는지, 번역문이 제출되었는지 등)를 거친 후, 실용신안의 형식심사 단계로 진입하며, 심사관은 번역문을 토대로 심사를 진행한다.

(a) 특허협력조약 제19조에 따른 보정

특허협력조약 제19조 규정에 따라, 출원인은 국제조사보고서를 수령한 후, 규정된 기간 내에 청구항을 보정할 수 있다.

(b) 특허협력조약 제34조에 따른 보정

특허협력조약 제34조 규정에 따라, 국제형식심사 과정 중, 국제예비심사보고서의 작성 전에, 출원인은 규정된 기간 내에 청구항, 명세서 및 도면을 보정할 수 있다.

c) 국내단계의 보정서

(a) 특허협력조약 제28조, 제41조 및 전리법실시세칙 제112조 규정에 따라, 실용신안권으로 등록받고자 청구한 국제출원에 대해 출원인은 국내단계진입 절차를 밟으면서, 또는 국내단계 진입 후 2개월 내에 청구항, 명세서 및 도면에 대한 보정서를 제출할 수 있다.

(b) 국내단계 진입절차 심사 중에, 전리법실시세칙 제44조 또는 제104조 규정에 따라, 출원인이 제출한 보정서를 제출할 수 있다. 전리법실시세칙 제44조에 따라 방식심사 심사관의 요구에 대응하여 출원인은 청구항, 명세서, 도면 및 요약서를 보정한다. 또한 전리법실시세칙 제104조에 따라 방식심사 심사관의 요구에 대응하여 출원인은

요약과 대표도면을 보정한다.

(2) 심사대상 서류의 확인

국내진입단계에서, 출원인은 국내진입단계 서면선언서에서 심사대상 서류를 확인할 필요가 있다. 심사관은 출원인의 요구에 따라, 서면선언서에서 확인된 서류 및 이후 제출된 규정에 부합하는 서류에 대해 심사를 진행한다.

국제단계 및 국내단계 진입 이후 출원에 대한 보정이 이루어지지 않은 경우, 심사의 대상은 최초 출원서류이다. 국제단계 또는 국내단계에서 보정이 이루어진 바 있고, 서면선언서에서 이를 명시한 경우, 심사관이 심사 대상으로 하는 문서는 최초 출원서류와 보정서이다. 국제단계에서 보정이 이루어졌으나 서면선언서에서 이를 명시하지 않은 경우, 보정은 포기한 것으로 인정되어 심사 과정에서 고려되지 않는다.

심사대상이 되는 문서는 심사대상으로 명시된 것을 기준으로 한다. 여기에서의 명시에는 국내단계 진입 시에 진입선언서에 규정된 항목에의 명시 및 국내단계 진입 이후 규정된 기간 내에 보충선언의 형식으로 심사대상에 대한 보충 명시가 포함된다.

출원인이 명시한 심사대상 이외에, 심사관은 심사대상서류의 보정에 대해 내린 국제출원 제2처 심사관의 심사 결론을 확인한다. 예를 들어, 출원인이 진입성명서에 심사대상을 명시했으나, 국제출원 제2처 심사관이 심사 과정에서 요약서가 국제공개된 내용과 일치하지 않는다는 사실을 발견하여 출원인에게 보정을 요구한 경우, 심사관은 보정된 요약서를 심사대상 문서로 삼는다.

(3) 인용 방식으로 추가하는 경우

PCT실시세칙에서는, 출원인이 PCT출원 시 누락된 항목 또는 부분에 대해 선출원에서 대응되는 부분을 인용하는 방식으로 누락 항목 또는 부분을 추가하면서도, 원래의 국제출원일을 유지할 수 있다고 규정한다. 여기에서 "항목"이란 명세서 전체 또는 모든 청구항을 의미하고, "부분"이란 일부 명세서, 일부 청구항, 일부 또는 모든 도면을 의미한다. 그러나 중국은 이 규정에 대한 실행을 보류하고 있기 때문에, PCT출원이 중국 국내단계에 진입할 때 선출원에서 대응되는 부분을 인용하는 방식으로 누락 항목 또는 부분을 추가하면서도 원래의 국제출원일을 유지하려는 경우, 전리국은 이를 받아들이지 않는다.

만약 PCT출원에 인용 방식으로 추가된 내용이 있고, 출원인이 국내단계 진입 시 인용 방식으로 추가된 내용이 있다는 사실을 진입선언서에 명시한 경우, 국내단계 진입 절차를 밟을 때 중국에 대한 국제출원일이 새롭게 확정되어야 인용 방식으로 추가된 내용을 유지할 수 있다. 이때 인용 방식으로 추가된 내용은 최초 출원서류에 존재했던 것으로 인정된다. 출원인이 인용 방식으로 추가된 내용이 있다는 사실을 진입선언서에 명시하지 않았는데, 형식심사 심사관이 인용 방식으로 추가된 내용이 존재한다는 사실을 발견한 경우, 출원인은 출원일을 변경하는 방식으로 인용 추가된 내용을 유지할 수 없으며, 그 내용을 삭제해야만 한다.

출원인이 인용 방식으로 추가된 내용이 있다는 사실을 진입선언서에 명시한 경우, 형식심사 심사관은 국제출원 제2처 심사관이 발부한 출원일 재확정통지서를 확인하고, 그 재확정된 출원일을 토대로 심사해야 한다. 또한 인용 방식으로 추가된 내용은 최초 출원 시 포함된 내용으로 간주해야 한다.

(4) 최초로 제출한 PCT 출원서류의 법률적 효력

PCT출원의 심사대상에 보정이 이루어진 경우 전리법 제33조 규정에 따른 심사가 이루어진다. PCT 출원에서, 전리법 제33조에 기재된 '최초 명세서 및 권리요구서'란, 최초 제출한 국제출원의 명세서, 권리요구서 및 그 도면을 의미한다.

3) PCT출원 심사에서의 특수상황

PCT출원의 특수 절차로 인해, 심사 과정에서 심사관은 아래 사항에 대해 확인한다.

(1) PCT 출원서류의 형식적 흠결

a) 심사관은 전리법실시세칙 제23조 제2항의 요약서 글자수에 대한 규정에 부합하지 않음을 이유로 출원인에게 보정 또는 자진 삭제를 요구할 수 없다.

b) 심사관은 전리법실시세칙 제17조 제1항 및 제2항의 명세서 작성방식, 순서 및 소제목에 대한 규정에 부합하지 않음을 이유로 출원인에게 보정 또는 자진 삭제를 요구할 수 없다.

(2) 선출원이 중국출원인 경우

선출원이 중국에서 이루어졌고 우선권을 수반한 국제출원이 국내단계에 진입한 경우, 이를 국내우선권으로 간주한다.

PCT출원 시 이미 선출원이 등록된 경우, 심사관은 우선권이 주장되지 않은 것으로 간주하고, 우선권미주장 간주통지서를 발부한다.

PCT출원이 국내단계 진입 시 선출원이 아직 등록되지 않았고 우선권이 규정에 부합하는 경우, 국제출원의 특수성으로 인해 선출원에 대해 취하간주 처리를 하지 않는다.

PCT출원 후, 국내단계 진입 전에, 선출원이 등록되었고 우선권이 규정에 부합하는 경우, 선출원과 후출원이 중복하여 등록될 수 있으므로, 심사관은 전리법 제9조에 따른 심사를 진행한다.

한편, 후출원 시점에, 만약 전리국이 선출원에 대해 전리권등록통지서 및 등기절차처리통지서를 발부했고, 출원인이 이미 등록 관납료를 납부하고 등기절차를 마친 상황이라면, 선출원이 등록된 것으로 간주한다. 후출원 시점에, 만약 전리국이 선출원에 대해 전리권등록통지서 및 등기절차처리통지서를 발부했으나, 출원인이 아직 등록 관납료를 납부 및 등기절차를 밟지 않은 상황이라면, 선출원이 아직 등록되지 않은 것으로 간주한다.

우선권을 주장하지 않은 것으로 간주되는 경우, 선출원은 PCT출원의 신규성을 부정할 종래기술 또는 저촉출원이 될 수 있다(예: 후출원이 선출원일로부터 12개월 경과 후 이루어진 경우). 신규성 심사에 대해서는 앞의 제11절을 참조한다.

(3) 번역문 오류의 수정

전리법실시세칙 제113조 규정에 따라 출원인은 명세서, 청구항 또는 도면의 문자부분의 중국어 번역문에 오류가 존재하는 경우, 전리국이 등록공고의 준비를 마치기 전에, 관납료 납부와 함께 경정청구를 신청하여 번역문을 경정할 수 있다. PCT출원의 실용신안 형식심사단계에서 출원인은 번역문 오류의 경정을 청구할 수 있으나, 이때 아래 요건을 만족해야 한다.

a) 번역문 경정 신청의 시점

번역문 오류의 경정은 전리권 등록공고의 준비를 마치기 전에 신청해야 한다. 전리국이 전리권등록통지서 및 등기절차처리통지서를 발부했고, 출원인이 이미 등록 관납료를 납부하고 등기절차를 마친 상황이라면, 전리국이 전리권 등록공고의 준비를 마친 것으로 간주한다.

b) 관납료

출원인은 번역문 경정 신청 시 소정의 관납료를 납부해야 한다.

심사관은 위 두 가지 요건을 만족하는 번역문 경정신청을 수리하고, 경정된 서류에 대해 심사를 진행한다. 위 두 가지 요건 중 어느 하나라도 만족되지 않은 경우, 심사관은 이를 수리하지 않고 미제출통지서를 발부한다.

(4) 출원인, 발명자의 중국어 번역명

출원인은 PCT출원의 국내단계 진입선언서에 기재한 출원인, 발명자의 중국어 번역명이 부정확하다고 판단한 경우, 전리국이 등록공고의 준비를 마치기 전에, 자진보정의 방식으로 번역명을 보정할 수도 있고, 서지사항 변경의 방식으로 보정할 수도 있다.

(5) 국제검색보고 및 특허성에 대한 국제예비심사보고서의 이용

만약 국제검색보고 및 특허성에 대한 국제예비심사보고서에서 PCT출원의 신규성에 영향을 미칠 정보가 있는 경우, 심사관은 명확한 신규성 흠결 여부에 대해 심사한다. 신규성 심사에 대해서는 앞의 제11절을 참조한다.

22. 실용신안 평가보고서[22]

1) 평가보고서의 의의 및 용도

전리법 제61조 제2항에 따라 침해분쟁이 등록실용신안 또는 등록디자인에 관련된 경우, 인민법원 또는 전리업무관리부문은 전리권자 또는 이해관계인에게 국가지식산권국이 행한 전리권 평가보고서를 제출하라고 요구할 수 있다. 이에 따라 국가지식산권국은 전리권자 또는 이해관계인의 청구가 있으면 등록실용신안 또는 등록디자인에 대해 검색하여 전리법 및 전리법실시세칙의 등록조건에 부합하는지 분석 및 평가하여 전리권 평가보고서를 작성한다.

전리권 평가보고서는 인민법원 또는 전리업무관리부서에서 침해분쟁을 심리, 처리하는 데 이용되는 증거이자, 인민법원 또는 전리업무관리부서가 절차를 중지할 필요가 있는지 판단하는 데 활용된다.

2) 평가보고청구에 대한 형식심사

(1) 평가보고청구의 객체

평가보고청구의 객체는 이미 등록공고된 실용신안 또는 디자인으로서, 이미 소멸되거나 포기된 실용신안 또는 디자인도 포함된다. 반면에 등록공고되지 않은 실용신안 또는 디자인출원; 전리복심위원회가 전부무효 선고한 실용신안 또는 디자인; 국가지식산권국이 이미 전리권 평가보고서를 작성한 실용신안 또는 디자인에 대해서는 평가보고청구를 할 수 없다.

(2) 청구인 적격

전리권자 또는 이해관계인이 청구할 수 있다(전리법실시세칙 제56조 제1항). 여기에서 이해관계인이란, 침해분쟁으로 인민법원에 소를 제기했거나 전리업무관리부서에 처리를 청구한 자를 의미한다(전리법 제60조).[23] 실용신안권을 여러 전리권자가 공유한 경우, 일부 전리권자가 청구할 수도 있다. 청구 적격이 없는 경우 평가보고를 청구하지 않은 것으로 간주된다.

(3) 평가보고청구서의 제출

중국의 지식산권국이 정한 평가보고청구서 양식에 실용신안 등록 번호 등 각종 서

---

22) 실용신안 평가보고서(이하 평가보고서로 약칭)는 출원일이 2009년 10월 1일 이후인 실용신안에 대해 작성되고, 출원일이 2009년 9월 30일 이전인 실용신안 검색청구에 대해서는 실용신안 검색보고서를 작성한다.

23) 예를 들어, 독점실시권자의 피허가인, 전리권자로부터 제소권을 부여받은 통상실시권자 등이다.

지사항을 기재하고, 등록 실용신안 서류 또는 무효심판의 심결에서 유효 유지된 실용
신안 서류를 평가의 대상이 되는 서류로 명시한다. 청구인이 이해관계인인 경우, 평가
보고청구서 이외에 이해관계를 입증할 증명서류를 함께 제출해야 한다.[24] 전술한 규
정에 부합하지 않는 경우 국가지식산권국은 청구인에게 기간을 지정하여 보정할 것을
통지한다.

(4) 비용 및 위임

청구인은 평가보고를 청구한 후 1개월 내에 관납료를 납부해야 하고, 미납 또는 부
족납부한 경우 평가보고를 청구하지 않은 것으로 간주한다.

평가보고 청구는 청구인 또는 대리사무소에서 처리할 수 있으며, 중국에 주소 또는
영업소가 없는 외국인, 외국기업 또는 외국의 기타 조직의 경우 대리사무소에 위임하
여 처리해야 하며, 그렇지 않은 경우 국가지식산권국은 청구인에게 기간을 지정하여
보정할 것을 통지한다.

(5) 형식심사 이후의 처리

형식심사 결과 청구가 규정에 반하는 경우 국가지식산권국은 통지서 수령일로부터
15일 내에 보정할 것을 통지한다. 기간 내에 보정하지 않은 경우 또는 보정했으나 2회
보정을 거쳐도 여전히 동일한 흠결이 존재하는 경우, 평가보고를 청구하지 않은 것으
로 간주하고, 청구인에게 미제출 간주통지서를 발송한다.

하나의 실용신안에 대해 복수의 평가보고 청구가 이루어진 경우, 이들 청구를 모두
수리하되, 평가보고서는 하나만 작성한다.

3) 검색 및 실용신안 평가의 내용

(1) 실용신안 평가 대상

실용신안권의 평가에 적용되는 내용은 아래 열거된 11가지 사항이다. 검색을 거친
청구항 또는 청구항에서의 기술방안에 대해, 심사관은 11가지 사항에 대해 모두 심사
해야 한다.

ⓐ 전리법 제5조 또는 제25조(절대적 부등록사유); ⓑ 전리법 제2조 제3항(고안의 대
상); ⓒ 전리법 제22조 제4항(실용성); ⓓ 전리법 제26조 제3항(명세서 충분공개); ⓔ 전
리법 제22조 제2항(신규성); ⓕ 전리법 제22조 제3항(진보성); ⓖ 전리법 제26조 제4항

---

24) 예를 들어, 청구인이 독점실시권자인 경우 전리권자와 체결한 독점실시계약서 또는 그 사본, 청
구인이 전리권자로부터 제소권을 부여받은 통상실시권자인 경우 전리권자와 체결한 통상실시계
약서 또는 그 사본과 전리권자가 제소권을 부여했음을 입증할 증명서류를 제출해야 한다. 한편,
전술한 실시계약이 국가지식산권국에 등기된 경우, 청구서에 명시하면 족하고 실시계약서를 제
출할 필요는 없다.

(청구항 기재요건); ⓗ 전리법실시세칙 제20조 제2항(필수기술특징 기재); ⓘ 전리법 제33 조(보정의 내용적 범위); ⓙ 전리법실시세칙 제43조 제1항(분할출원의 내용적 범위); ⓚ 전리법 제9조(선원주의).

한편, 검색을 요하지 않는 청구항 또는 청구항에서의 기술방안에 대해, 심사관은 신규성 및 진보성을 심사할 필요는 없으나, 나머지 9가지 사항에 대해서는 심사를 해야 한다.

(2) 검 색

a) 검색을 요하지 않는 경우

실용신안 평가보고서 작성 전, 실용신안의 모든 청구항에 대해 검색을 진행해야 한다. 다만, 실용신안의 보호 주제가 아래에 해당하는 경우 심사관은 검색하지 않을 수 있다.

ⓐ 전리법 제5조 또는 제25조(절대적 부등록사유); ⓑ 전리법 제2조 제3항(고안의 대상); ⓒ 전리법 제22조 제4항(실용성); ⓓ 명세서와 청구항에서 그 주제에 대해 명확하고 완전한 설명을 하지 않아 당업자가 기술을 구현할 수 없음

b) 흠결이 있는 청구항의 처리 방식

(a) 위 ⓓ에 관하여, 청구항이 전리법 제26조 제4항 후단(청구항의 명확성) 규정에 반하나, 명세서의 기재를 통해 청구항을 이해할 수 있고, 그 청구범위도 확정할 수 있는 경우, 심사관은 해당 청구항에 대한 검색을 진행해야 한다.

(b) 청구항이 명확하지 못하여 심사관이 의미 있는 검색을 수행할 수 없는 정도에 이른 경우, 심사관은 검색을 진행할 필요가 없다.

(c) 하나의 청구항에 여러 개의 병렬선택적 기술방안이 존재하고, 그중 일부 기술방안이 불명확하여 의미 있는 검색을 수행할 수 없는 경우, 심사관은 명확한 기술방안에 대해 검색을 진행해야 한다.

(d) 청구항이 전리법 제26조 제4항 전단(청구항의 명세서에 의한 뒷받침) 규정 또는 전리법실시세칙 제20조 제2항 규정에 반하는 경우라고 하더라도, 심사관은 검색을 진행해야 한다.

(e) 청구항이 전리법 제33조 또는 전리법실시세칙 제43조 제1항 규정에 반하는 경우라고 하더라도, 등록공고 전리문헌 또는 무효심판에서 유효라고 판단된 전리문헌을 토대로 검색을 진행해야 한다.

4) 평가보고서의 내용

평가보고의 청구 및 관납료 납부 후 2개월 내에 국가지식산권국에 의해 평가보고서가 작성된다. 평가보고서는 양식부분과 설명부분으로 구성된다. 양식부분에서는 몇

가지 부호로 인용참증과 평가대상 전리의 관련 정도가 표시된다.[25] 설명부분에서는 등록요건에 부합하지 않는 평가대상 전리에 대해 구체적인 평가의견 및 결론이 명확히 적시되며, 필요한 경우 참증이 인용된다.

5) 평가보고서의 경정

평가보고서를 작성한 부서에서 평가보고서에 오류가 있음을 발견한 경우 자발적으로 경정할 수 있다. 또한 청구인이 평가보고서에 오류가 있다고 판단한 경우 평가보고서를 받은 날로부터 2개월 내에 경정을 청구할 수 있다. 경정할 수 있는 경우는 아래와 같다:

① 서지사항정보 또는 문자적 오류
② 평가보고서 작성 과정에서의 절차적 오류
③ 법률 적용상의 명백한 오류
④ 결론의 근거가 되는 사실의 인정에 대한 명백한 오류
⑤ 기타 경정해야 할 오류.

청구인이 경정을 청구하는 경우 의견서의 형식으로 제출해야 하며, 경정할 필요가 있는 내용과 경정 이유를 명시해야 하나, 전리서류를 수정할 수는 없다.

경정 청구가 있으면, 평가보고서를 작성한 부서는 평가보고서를 작성한 심사관 등이 배제된 3인의 재확인부를 구성하여 경정이유의 성립 여부를 판단한다.

재확인부가 경정할 필요가 없다고 판단한 경우, 통지서를 통해 경정하지 않는 이유를 설명하고 경정절차를 종료한다. 경정할 필요가 있다고 판단한 경우, 경정된 평가보고서로 종전의 평가보고서를 대체하고 경정절차를 종료한다.

재확인부는 사실 인정에 변화가 있어 기존 검색이 완전하지 않았거나 정확하지 않은 경우를 제외하고는 추가검색을 진행하지 않는다. 평가보고서에 대해 1회에 한하여 경정청구가 허용되나, 재확인부가 추가검색을 한 후 재작성한 평가보고서에 대해서는 재차 경정을 청구할 수 있다.

---

[25] X: 단독으로 청구항의 신규성 또는 진보성에 영향을 미치는 서류

　Y: 검색보고서 중 다른 Y유형의 서류와 결합하여 청구항의 진보성에 영향을 미치는 서류

　A: 배경기술 서류로서, 청구항의 일부 기술특징 또는 관련되는 종래기술을 나타내는 서류

　R: 어떠한 단위나 개인이 출원일에 전리국에 출원한 동일한 발명창조에 해당하는 전리 또는 전리출원 서류

　P: 중간서류로서, 그 공개일이 출원의 원출원과 우선권주장일 사이인 서류, 또는 그 출원의 우선권의 확인이 필요함을 나타내는 서류

　E: 단독으로 청구항의 신규성에 영향을 미치는 저촉출원 서류.

제6부

디자인에 대한 심사

1. 서 언

디자인출원은 수리, 출원인의 관납료 납부 및 디자인분류번호의 확정을 거친 후 형식심사에 진입한다. 심사관은 출원에 보정이 필요한 결함 및 명백한 실질적 결함이 있는지 심사한다. 거절 이유가 발견되지 않는 출원에 전리권 수여 결정을 내리고, 거절 이유가 있는 출원에 대해 보정통지서 또는 심사의견통지서를 발부한다. 출원인이 보정하거나 또는 의견을 진술한 경우, 출원에 대해 다시 심사를 진행한다. 그럼에도 결함을 해소하지 못했거나, 동일한 결함이 두 차례 보정을 거쳤으나 여전히 존재하는 출원은 거절결정된다. 심사관은 이미 심사를 마쳐 결론을 내린 출원에 대해 일정한 요건이 만족되는 경우 재차 심사를 진행하기도 한다.

형식 심사에 관련된 사무(예: 우선권의 회복 등)는 심사관에 의해 처리되고, 그 외 법률적 수속에 관련된 사무(관납료의 환급 등)는 형식심사절차부서에서 처리된다.

2. 출원서에 대한 심사

출원서에 대한 심사에는 물품의 명칭, 디자인 설계자, 출원인, 연락담당자, 대표자, 대리사무소, 대리인, 주소, 디자인 개수 등 기본적인 서지사항 및 서명날인 정보에 대한 심사가 포함된다.

1) 물품의 명칭

물품의 명칭은 도면 또는 사진에 표현된 디자인을 사용하는 물품의 종류에 대한 설명의 기능을 갖는다. 만약 물품의 명칭에 존재하는 결함이 보호 객체, 단일성 등의 명백한 실질적 결함에 대한 것인 경우(예: '표지' 등), 그 심사 및 처리 방식은 본 장의 5~11절을 참고한다.

(1) 물품의 명칭에 대한 심사

물품의 명칭은 도면 또는 사진에 표시된, 디자인을 사용하는 물품에 부합해야 하고, 청구하고자 하는 디자인이 적용되는 물품을 정확하고 간명하게 기재해야 한다. 물품의 명칭은 국제 디자인 분류표 중에서 소분류 명칭에 부합해야 하는 것이 일반적이다. 구체적인 형식심사 사항은 다음과 같다.

a) 물품의 명칭은 청구하고자 하는 디자인이 적용되는 물품을 정확하게 나타내야 한다.

(a) 물품의 명칭은 디자인의 도면 또는 사진에 표현된 물품에 부합해야 한다. 물품의

명칭에는 물품의 형상, 도안 또는 색채를 포함할 수 있으나, 반드시 도시하는 형상, 도안 또는 색채와 일치해야 한다(예: "둥근 의자"; "붉은 상의" 등).

(b) 지나치게 개괄적이거나 추상적인 명칭은 사용할 수 없다(예: "문구", "취사도구", "악기", "건축용 물품" 등). 다만, 확정적인 명칭을 부여할 수 없는 물품에 대해 만약 명칭 앞에 관형어를 부가하는 경우(예: "창구신분식별 및 네트워크조사 전용 도형장치")에는 명칭을 부당하게 개괄한 물품에 해당하지 않는다.

물품의 명칭에 대한 개괄이 적절한지 여부는 주로 도면 또는 사진을 결합하여 판단한다. 예를 들어, 물품의 명칭이 "다기"이고, 제출된 도면 또는 사진이 아래 도 1-1과 같이 주전자, 찻잔, 쟁반을 포함하는 다기 세트라면, 전술한 물품의 명칭은 적절하므로, "지나치게 개괄적이거나 추상적인 명칭"에 해당하지 않는다. 그러나 제출된 도면 또는 사진이 아래 도 1-2와 같이 주전자라면, "다기"는 주전자의 상위 개념으로서, 물품의 디자인을 명확하게 설명하지 못하므로 "지나치게 개괄적이거나 추상적인 명칭"에 해당한다.

도 1-1

도 1-2

(c) 생략하기에 적절하지 않은 명칭은 사용할 수 없다(예: "바둑판"을 "바둑"으로 기재할 수 없고, "장난감 자동차"를 "자동차"로 작성할 수 없다).

b) 물품의 명칭은 간명해야 하며, 보통 20자를 넘을 수 없다.

c) 물품의 명칭은 규범에 부합한 것이어야 한다.

물품의 명칭은 〈분류표〉에서의 소분류 명칭에 부합해야 하고, 아래와 같은 물품의 명칭을 사용하는 것은 허용되지 않는다:

(a) 인명, 지명, 국명, 단체명칭, 상표, 부호, 사이즈 또는 역사시대에 명명한 물품 명칭을 함유하는 경우. 다만, 관용적이면서 특정한 의미를 갖는 용어는 사용할 수 있다(예: "중국 장기" 등).

(b) 기술적 효과, 내부 구조를 설명하는 명칭(예: "연료 절약 모터", "인체 키높이 깔창",

"신형 모터를 장착한 자동차" 등). 다만, 관용적인 물품 명칭은 사용할 수 있다(예: "절전등", "연료 절약기").

"기술적 효과"란 물품이 어떠한 기술특징을 가짐으로써 물품의 기능에 생기는 효과를 의미한다(예: "연료 절약 모터"에서의 "연료 절약"). "다기능", "전자동" 등은 물품의 기능 효과에 대한 구체적인 묘사가 아니므로 사용할 수 있다(예: "다기능 배낭").

(c) 물품의 규격, 크기 규모, 수량의 단위를 포함하는 명칭(예: "21인치 TV", "중형 책장", "한 켤레 장갑" 등). 다만, 관용적인 물품의 명칭은 사용할 수 있다.[1]

(d) 외국문자 또는 중국어의 의미가 확정되지 않은 문자로 명명한 명칭(예: "크래스 술병"). 다만 이미 공지되었고 확정된 의미를 갖는 문자로 명명한 명칭은 사용할 수 있다(예: "DVD 플레이어", "LED 램프", "USB 집선기" 등). 주의할 점으로서, 약칭은 물품의 명칭을 대체할 수 없다. 예를 들어, "DVD 플레이어"를 "DVD"로, "MP3 플레이어"를 "MP3"로 대체할 수 없다. "DVD", "MP3"는 파일 형식일 뿐 물품의 명칭이 아니다.

(2) 처리 방식

물품의 명칭에 흠결이 존재하는 경우, 심사관은 상황에 따라 처리 방식을 선택한다.

a) 보정통지서 또는 심사의견통지서의 발부

심사관이 물품의 명칭을 확정할 수 없는 경우에는 직권으로 보정할 수 없고, 반드시 보정통지서를 발부한다. 물품의 명칭에 대한 보정이 전리권 보호범위 등 실질적 문제와 관련된 경우라면, 심사관은 직권으로 보정할 수 없다. 예를 들어, 물품의 명칭 "꽃무늬"를 "천"으로 보정할 수 없고, 상황에 따라 보정통지서 또는 심사의견통지서를 발부한다.

b) 직권 보정

물품의 명칭에 명백한 오류가 있는 경우, 만약 심사관이 정확한 물품의 명칭을 확정할 수 있고, 해당 출원에 다른 보정을 요하는 흠결이 존재하지 않는다면, 절차 절약의 원칙에 따라 심사관이 직권으로 보정할 수 있다.

c) 분류번호에 대한 보정

심사 과정에서, 카테고리에 명백한 오류가 있는 경우 및 물품 명칭의 보정이나 분할 등의 이유로 발생한 물품 카테고리의 변경이 있는 경우, 심사관은 분류번호를 직접 보정할 수 있다. 분류 번호의 기입 형식은 "대분류-소분류"이다(예: "25-01"). 심사 시스템상, 보정된 기록은 분류 담당자에게 피드백 되고, 분류 담당자가 이를 확인해야만, 심사관은 등록통지서를 발부할 수 있다.

---

1) 예를 들어, "小擺設"(탁자 등에 놓고 보는 미술품이나 장식품)은 가능하다.

2) 디자인 설계자

심사관은 출원서에 기재된 디자인 설계자가 디자인의 실질적인 특징에 창조적 공헌을 했는지에 대해 심사하지 않으며, 형식적 기재가 규정에 부합하는지에 대해서만 심사한다.

디자인 설계자의 명칭은 중국어로 작성되어야 하고, 병음을 사용하거나 영문으로 전체 성명을 기재할 수 없으며, 번체자를 사용할 수 없는 것이 원칙이다. 중국인 디자인 설계자 명칭을 번체자로 기입하거나, 외국인 디자인 설계자 명칭에 중국 정부가 공식적으로 반포한 국가표준 한자를 사용하지 않은 경우, 심사관은 보정통지서를 발부하지 않을 수 있다. 외국인 디자인 설계자 중문 번역명에 번체자를 사용할 수 없으나, 외국어 축약 알파벳을 사용할 수 있는데 이때 성과 이름 사이를 원점으로 나눈다. 심사관은 원점이 중간 지점에 위치하는지에 대해 심사하지 않는다.

디자인 설계자의 성명을 기재하지 않았거나, 디자인 설계자의 성명에 병음이나 영문 전체 성명을 기재하거나, 디자인 설계자가 자연인이 아닌 경우, 심사관은 보정통지서를 발부한다. 출원인은 보정통지서가 지적한 흠결을 해소하기 위해 보정서, 당사자의 성명서 및 그 증명서류를 제출해야 한다. 대리사무소의 실수로 디자인 설계자 성명을 잘못 기재한 경우에는, 대리사무소의 오류정정성명서를 당사자의 성명서로 간주한다.

심사관은 출원인의 답변에 대해 심사할 때, 출원인이 제출한 보정서 또는 서지사항 변경신고서는 모두 보정서로 처리하고, 출원인에게 서지사항 변경료의 납부를 요구하지 않으며, 절차 합격통지서도 발부할 필요가 없다.

출원인이 전술한 흠결을 해소하고자 자진하여 서류를 제출한 경우, 심사관은 전술한 규정에 따라 처리한다.

제1 디자인 설계자가 외국인임이 명백한 경우 국적을 기입해야 하고, 만약 기입하지 않은 경우 심사관은 보정통지서를 발부한다. 심사관은 기입된 국적의 정확성 여부를 심사하지는 않으나 홍콩, 마카오, 대만 디자인 설계자의 국적이 "중국"으로 기재되었는지에 대해서는 확인한다.

3) 출원인

심사관은 〈전리심사지침〉 제1부 제1장 4.1.3절 규정에 따라 심사를 진행한다. 이에 대해서는 이 책 제1부 심사절차/제1장 형식심사 절차/2. 출원서에 대한 형식심사/3) 출원인 부분의 내용을 참조한다. 그 외 심사관은 아래 사항들에 대해 확인한다.

(1) 출원인은 자연인, 법인 및 기타 조직일 수 있다(예: XX회사 지사, 출입국 검역국, 질량감독소, XX황하강 관리국 및 군, 사, 여, 단을 편제로 하는 부대).

(2) 심사관이 전리법 제18조에 따라 외국 출원인의 자격을 심사할 때, 중국과 관련 협약을 맺지 않은 파리협약의 비동맹국의 출원인인 경우, 중국 출원인의 해당 국가로의 출원을 실무적으로 금하지 않는다면 상호주의 원칙에 따라 처리한다. 예를 들어 캐이맨 제도, 버뮤다, 버진 아일랜드 및 사모아("미국령 사모아"로 칭하는 동사모아와 "사모아 독립국"으로 칭하는 서사모아를 포함) 등의 경우, 심사관은 신청 자격을 갖춘 것으로 인정한다.

(3) 개인 출원인의 성명에 병음이나 영문명을 사용한 경우, 심사관은 보정통지서를 발부한다. 중국 출원인 명칭을 번체자로 기입하거나, 외국 출원인 명칭에 중국 정부가 공식적으로 반포한 국가표준 한자를 사용하지 않은 경우, 심사관은 보정통지서를 발부하지 않을 수 있다. 외국인 디자인 설계자 중문 번역명에 번체자를 사용할 수 없으나, 외국어 축약 알파벳을 사용할 수 있는데 이때 성과 이름 사이를 원점으로 나눈다. 심사관은 원점이 중간 지점에 위치하는지에 대해 심사하지 않는다. 출원인이 기업, 기관이고 명칭에 서명날인과 일치하는 번체자가 포함된 경우, 심사관은 보정통지서를 발부하지 않을 수 있다.

(4) 출원서의 출원인 성명이나 명칭이 서명날인과 일치하지 않는 경우, 심사관은 보정통지서를 발부해야 한다. 출원인이 출원서에 잘못 기입한 성명이나 명칭을 보정하려면 보정서, 당사자의 성명서 및 그 증명서류를 제출해야 한다. 대리사무소의 실수로 디자인 설계자 성명을 잘못 기재한 경우에는, 대리사무소의 오류정정성명서를 당사자의 성명서로 간주한다.

심사관은 출원인의 답변에 대해 심사할 때, 출원인이 제출한 보정서 또는 서지사항 변경신고서는 모두 보정서로 처리하고, 출원인에게 서지사항 변경료의 납부를 요구하지 않으며, 절차 합격통지서도 발부할 필요가 없다.

출원인이 전술한 흠결을 해소하고자 자진하여 서류를 제출한 경우, 심사관은 전술한 규정에 따라 처리한다.

4) 연락담당자, 대표자, 대리사무소와 대리인

이에 대해서는 이 책 제1부 심사절차/제1장 형식심사 절차/2. 출원서에 대한 형식심사/4) 연락 담당자, 대표자 및 대리사무소와 대리인 부분의 내용을 참조한다.

5) 주 소

이에 대해서는 이 책 제1부 심사절차/제1장 형식심사 절차/2. 출원서에 대한 형식심사/5) 주소 부분의 내용을 참조한다.

6) 서명 날인

대리사무소에 위임하지 않은 출원은, 출원서에서의 서명 날인이 출원인의 성명 또는 명칭과 일치해야 한다. 출원서에는 출원인의 서명 날인 이외에, 다른 사람의 서명 날인이 있을 수도 있다(예: 디자인 설계자 또는 연락관계인의 서명날인).

중국 출원인이 제1 출원인으로서 외국 출원인과 함께 출원하는 경우, 만약 대리사무소에 위임하지 않았고, 외국 출원인이 인장을 찍지 않았다면 그 대표자가 서명할 수 있다. 출원서의 서명 날인이 규정에 반하는 경우, 심사관은 보정통지서를 발부해야 한다.

7) 병합출원에서의 디자인 개수

동일한 물품에 대해 여러 개의 유사한 디자인 또는 한벌 물품의 여러 개의 디자인에 대한 병합출원의 경우, 출원서에 병합출원의 개수를 기입했는지 심사한다. 만약 출원서에 해당 개수를 기입하지 않은 경우, 심사관은 그 개수를 보충하여 기재해야 한다. 출원서에 그 개수가 기재된 경우, 심사관은 그 개수가 정확한지 확인한다. 한벌 물품에 "건(件)"이라는 표시가 병용된 경우, 심사관은 한벌 물품에 따라 디자인의 개수를 확인하여 정확한 개수를 기재한다.

병합출원에서의 디자인 개수 심사에 있어서, 심사관은 개수에 대한 오류를 직권으로 보정할 수 있고, 출원인에게 이를 통지하지 않을 수 있다.

3. 디자인 도면 또는 사진에 대한 심사

전리법 제27조 제2항 규정에 따라, 출원인이 제출한 도면이나 사진은 청구하는 물품의 디자인을 명확하게 표현해야 한다.

"청구하는 물품의 디자인을 명확하게 표현"해야 한다는 것은 도면 또는 사진에 대한 심사 원칙이다. "명확하게 표현"한다는 것은 도면 또는 사진이 디자인의 형상, 도안 또는 그 결합 및 색채와 형상, 도안의 결합을 명확하고 분명하게 표현해야 함을 의미한다.

주의할 점으로, 2014년 5월 1일자로 시행된 전리심사지침 개정안[2]에서는 그래픽 유저 인터페이스(GUI)에 대한 디자인 출원이 가능하도록 개정되었다. 개정 내용에 따르면, 그래픽 유저 인터페이스를 동태적 도안으로 하는 경우, 출원인은 1개 상태의 물품 전체 디자인의 도면을 제출해야 하고, 다른 상태에 대해서는 중요한 도면만 제출할 수

---

2) 《国家知识产权局关于修改〈专利审查指南〉的决定》, (第68号); 2014년 3월 12일 공포.

있으며, 제출하는 도면은 반드시 유일하게 확정된 동태적 도안에서의 영상 변화 추세를 확정할 수 있어야 한다.

1) 도면의 명칭과 그 표기

각 도면의 명칭에 대한 표기는 아래 표 3-1을 참조한다.

표 3-1

	도면의 명칭	표기 시 주의사항
기본 도면	정투영도 및 입체도	6면 정투영도란 정면도, 배면도, 좌측면도, 우측면도, 저면도 및 평면도를 의미한다. 입체도가 여러 개 있는 경우, 아라비아 숫자로 순서를 붙여야 한다(예: 입체도 1", "입체도 2")
	단면도	일반적으로 "X-X 단면도"로 표기된다(예: A-A 단면도", "B-B 단면도") 중심부로부터 절단하는 도면을 표시할 때, 명확하게 표현할 수 있다면 절단 부호를 표시하지 않을 수 있고, 도면의 명칭은 "단면도" 또는 "정면 단면도" 등과 같이 할 수 있다.
	확대도, 부분 확대도	확대도의 도면 명칭은 "XX 확대도" 또는 "확대 XX도"라고 표기해야 한다(예: "좌측 확대도", "확대 정면도"). 부분 확대도의 도면 명칭은 확대한 부위를 포함하여, "X부분 확대도"로 표기해야 한다(예: "A부분 확대도"). 확대 부위를 명확하게 볼 수 있는 확대도의 경우, 확대된 도면에 확대부위를 표시하지 않는 것이 허용되고, 도면의 명칭은 "부분 확대도"라고 표기할 수 있다.
기타 도면	전개도	일반적으로 "전개도" 또는 "X부 전개도"라고 표기한다.
	사용상태도, 변화상태도	각 상태가 한 가지 모습인 경우 변화상태를 나타내는 도면의 명칭 뒤에 아라비아 숫자로 번호를 붙여야 한다(예: "사용상태도 1", "사용상태도 2") 각 상태에 여러 모습이 존재하는 경우 변화상태를 나타내는 도면의 명칭 뒤, 다른 도면의 명칭 앞에 아라비아 숫자로 번호를 붙여야 한다(예: "사용상태 1 정면도", "사용상태 2 정면도") 어떠한 변화상태에 여러 입체도가 존재하는 경우 변화상태를 나타내는 도면의 명칭 뒤 및 입체도 명칭 뒤

		에 아라비아 숫자로 번호를 붙인다(예: "사용상태 1 입체도 1", "사용상태 1 입체도 2")
	참고도	참고도의 도면 명칭에 사용상태를 간략하게 설명하는 문자를 기입하는 것이 허용된다(예: "충전상태를 나타내는 참고도", "조작 부위를 설명하는 참고도", "투명 부분을 표시하는 참고도" 등)

조립식 물품, 한벌 물품 및 유사 디자인 물품에 대한 도면 명칭 표기에 대해서는 아래 표 3-2를 참조한다.

표 3-2

물품의 유형		도면의 명칭	표기 시 주의사항
조립식 물품	조립관계가 유일한 경우(예: "전기포트")	정투영도 및 입체도	조립관계가 유일한 조립식 물품은 조립상태에서의 모습을 기본 도면으로 표기해야 한다(예: 정면도, 입체도 등)
	조립관계가 없는 경우 (예: "트럼프 카드") 조립관계가 유일하지 않은 경우 (예: "블록쌓기 장난감")	조립품 N 개별 도면	그중 각 조립품 도면의 명칭 앞에 아라비아 숫자로 번호를 표기하고, 번호 앞에 "조립품"이라고 표기해야 한다. 예를 들어, 조립식 물품에서의 제3 조립품의 좌측면도는, 도면의 명칭을 "조립품 3 좌측면도"라고 해야 한다. 조립품에 조립품이 포함된 물품에 대해, 조립품 명칭 뒤, 도면의 명칭 앞에 "( )"와 함께 아라비아 숫자로 번호를 표기해야 한다. 예를 들어, 조립식 물품에서의 제3 조립품의 제1 조립품의 좌측면도의 경우, 도면의 명칭은 "조립품 3(1) 좌측면도"이다.
한벌 물품	(예: "한벌 커피세트")	한벌품 N 개별 도면	각 물품의 도면 명칭 앞에 아라비아 숫자로 번호를 표기하고, 번호 앞에 "한벌품"이라고 표기해야 한다. 예를 들어, 한벌 물품에서의 제4 한벌품의 정면도는, 도면의 명칭을 "한벌품 4 정면도"라고 해야 한다. 한벌품에 조립품이 포함된 물품에 대해, 한벌품 명칭 뒤 도면의 명칭 앞에 아라비아 숫자로 번호를 붙이고, 번호 앞에 "조립품"이라고 표기해야 한다. 예를 들어, 한벌

			품 1에서의 제3 조립품의 우측면도의 경우, 도면의 명칭은 "한벌품 1 조립품 3 우측면도"라고 해야 한다.
유사디자인 물품		디자인 N 개별도면	각 디자인의 도면 명칭 앞에 아라비아 숫자로 번호를 붙이고, 번호 앞에 "디자인"이라고 표기해야 한다(예: "디자인 1 정면도"). 유사 디자인 출원에 여러 개의 조립품을 포함한 물품의 경우, 유사 디자인 명칭 뒤 도면의 명칭 앞에 아라비아 숫자로 번호를 붙이고, 본호 앞에 "조립품"이라고 표기해야 한다. 예를 들어, 디자인 1에서의 조립품 1의 정면도에 대해, 도면의 명칭은 "디자인 1 조립품 1 정면도"라고 해야 한다.
특수한 경우	(예: "자동차 바닥매트, 형재")	건 N 개별도면	"한벌 물품"에 속하는지 아니면 "조립식 물품"에 속하는지 확정하기 어려운 특수한 물건의 경우, 만약 출원인이 원출원서에 "한벌" 또는 "조립품"이라고 표기했다면, 출원인의 의사를 존중해야 한다. 다만, 출원인의 의사가 불명확한 경우에는, 출원인이 각 도면의 명칭 앞에 "건(件)"과 아라비아 숫자로 번호를 표기하는 것이 허용된다(예: "건 1 정면도")

한편, 조립식 물품 또는 한벌 물품임이 명확한 경우, 만약 출원인이 한 표기가 부적절하면, 심사관이 직권으로 적절한 도면의 명칭으로 수정할 수 있다.

(1) 정투영도

a) 동일한 물품의 하나의 디자인의 정투영도는 동일한 표현 방식으로 제작되어야 한다. 즉, 전체가 제도된 도면이거나 전체가 선염(渲染) 그림 도면이거나 또는 전체가 사진이어야 하고, 서로 다른 방식의 표현 방식을 혼용하는 것은 허용되지 않는다.

b) 정면도에 대응되는 면은 사용시에 통상적으로 소비자를 향하는 면이거나 물품의 전체 디자인을 최대한 반영하는 면이어야 한다. 예를 들어, 손잡이가 달린 컵의 정면도는 손잡이가 측면에 위치한 도면이다. 일반적인 경우, 정면도에 대한 선택은 출원인의 의사에 따른다.

c) 각 정투영도는 정투영 규칙에 부합하고, 투영관계가 대응되며 비율이 일치해야

한다.

▌사례 1 ▌

도 3-1에 도시된 것처럼, 정면도와 우측면도에서 표시하는 냉장고의 밑동이 저면도에는 표시되지 않았으며, 이로 인해 저면도와 평면도, 우측면도 간에 투영관계가 대응되지 않는다. 따라서 심사관은 출원인에게 보정할 것을 요구한다.

도 3-1

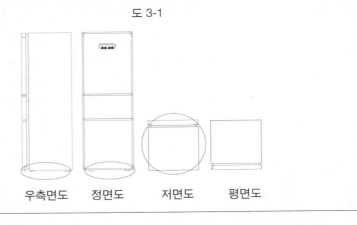

우측면도　　　정면도　　　저면도　　　평면도

▌사례 2 ▌

도 3-2에 도시된 것처럼, 좌측면도와 평면도의 대응되는 길이-너비의 비가 불일치하여, 좌측면도와 평면도 간 투영관계가 대응되지 않는다. 따라서 심사관은 출원인에게 보정할 것을 요구한다.

도 3-2

정면도　　　　　　　좌측면도

평면도

┃ 사례 3 ┃

도 3-3에 도시된 것처럼, 비록 우측면도와 저면도의 대응되는 길이-너비 비가 불일치하지만, 물품이 해당 방향에서 길이를 생략하는 제도법을 적용하여 길이가 확정되지 않은 물품에 해당한다. 모호성을 일으키지 않는 한 명확한 표현으로서, 도면에 흠결이 존재하지 않는 것으로 간주된다.

도 3-3

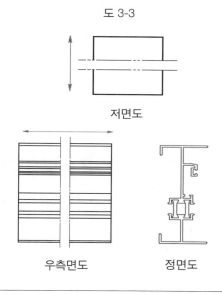

저면도

우측면도   정면도

(2) 입체도

a) 청구하고자 하는 물품의 입체적 형상을 명확하게 나타내기 위해, 정투영도와 다른 표현방식으로 제작한 입체도를 사용하는 것이 허용된다(예: 정투영도는 선 그림으로 제작되었고, 입체도는 선염 그림 또는 사진인 경우).

b) 입체도가 표현하는 내용은 정투영도와 일치해야 한다. 만약 일치하지 않는 경우 심사관은 보정통지서를 발부한다.

c) 입체도에 곡면 과도(過渡)를 표현하는 효과선을 사용하는 것은 허용된다. 다만, 음영선, 점선 등 그 외 다른 선들은 사용할 수 없다.

d) 정투영도로 물품 전체가 3차원 형상임을 판단할 수 없는 경우, 입체도가 물품의 3개 면을 표현하여, 물건의 3차원 형상을 나타내야 한다.

도 3-4에서 도시된 테이블 디자인과 같이, 제출된 정투영도가 물품의 2차원 형상만을 표현한 경우, 3차원 형상을 나타내는 입체도를 토대로 물품의 전체 형상을 판단해야 한다.

도 3-4

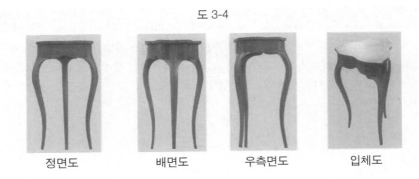

| 정면도 | 배면도 | 우측면도 | 입체도 |

(3) 단면도

단면도는 주로 물품의 디자인을 보조적으로 표현하기 위한 것으로서(예: 물품의 요철 형상 등), 구체적인 심사 기준은 아래와 같다.

a) 단면도의 제작은 기계제도의 표준에 부합해야 하고, 규정된 절단선을 사용해야 한다.

b) 중심부로부터 절단하는 도면을 표시하는 경우를 제외하고, 대응되는 도면에 절단 부호로 절단 위치를 표시하고, 화살표로 절단 방향을 표시하며, 영문 알파벳으로 표기 해야 한다. 절단 부호는 물품의 윤곽선과 교차해서는 안 된다.

c) 단면도의 표현은 정투영도에서의 절단 방향과 일치해야 한다.

도 3-5에서 도시하는 것처럼, 정면도와 저면도를 근거로 판단하면, A-A 단면도와 정 면도에 표기된 A-A 절단 방향이 일치하지 않아, 디자인의 표현에 영향을 미친다. A-A 단면도는 180도 회전되어야 한다.

도 3-5

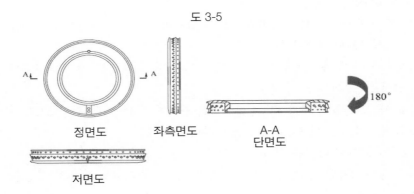

(4) 확대도, 부분 확대도

확대도는 원도면을 일정한 비율로 확대한 도면으로서, 확대도는 원도면의 내용과 일치해야 한다.

부분 확대도는 원도면에서의 일정 부분을 일정한 비율로 확대한 도면이다. 대응되는 도면에 확대된 부분을 표시해야 하고, 부분 확대도는 대응되는 도면에서 확대된 부분의 내용과 일치해야 한다.

도면에서 확대된 부분을 명확하게 판단할 수 있는 경우, 대응되는 도면에 확대된 부분을 표시하지 않는 것이 허용된다.

(5) 전개도

전개도는 물품의 곡면 또는 접힌 부분의 표면도안을 명확하게 나타내는 데 이용된다(예: 원통형, 원추형 물품 또는 포장상자 등과 같은 물품의 표면 도안).

전개도는 물품의 전체를 표현할 수도 있고, 물품의 일부를 표현할 수도 있다. 물품의 일부를 표현하는 전개도의 경우, 도면의 명칭에 전개된 부분을 명확히 기재할 수도 있고(예: "측면 전개도", 도 3-6 참조), 대응되는 도면에 전개 부분을 표시할 수도 있다(예: "A부분 전개도"). 전개 부분에 대한 표기는 디자인의 명확한 표현에 영향을 미쳐서는 안된다.

도 3-6

| 평면도 | 정면도 | 측면
전개도 |

다만, 09류에 해당하는 포장물품은 그 사용 상태에서의 형상과 도안을 청구하고자 하는 물품의 디자인으로 해야 하고, 포장주머니 재료시트(sheet), 포장함 재료시트, 포장상자 재료시트, 포장관 재료시트를 물품의 명칭으로 할 수 없다. 또한 전개 상태를 표현하는 도면 또는 사진을 해당 물품의 기본 도면으로 하는 것도 허용되지 않는다.

도 3-7은 포장함을 도시하는데, 사용상태에서의 도면이 아닌 전개 상태의 도면을 기본 도면(정면도)으로 삼았으므로, 심사관은 출원인에게 보정하도록 요구한다.

도 3-7

정면도   사용상태 참고도

(6) 사용상태도, 변화상태도 등

a) 정투영도와 다른 표현 방법의 제도법으로 제작한 사용상태도, 변화상태도 등이 허용된다. 예를 들어, 정투영도는 선 그림으로 도면을 제작했는데 사용상태도는 선염 효과 또는 사진을 사용할 수 있다. 한편, 표현된 내용은 정투영도와 일치해야 한다. 일 치하지 않는 경우 심사관은 보정통지서를 발부한다.

b) 곡면 과도(過渡)를 표현하는 효과선을 사용하는 것은 허용된다. 다만, 음영선, 점 선 등 그 외 다른 선들은 사용할 수 없다.

c) 그 외 다른 물품을 표시해서는 안 된다.

(7) 참고도

참고도는 보통 디자인이 적용된 물품의 용도, 사용 방법 또는 사용 장소 등을 나타내 어, 물품의 유형을 확정할 수 있도록 하는 데 이용된다. 예를 들어, 내용물을 넣는 참고 도, 충전 상태를 나타내는 참고도, 조작 부위를 설명하는 참고도, 사용 상태 참고도 등 이 있다.

참고도에는 음영선, 점선, 지시선 및 문자표기를 하는 것이 허용되고, 청구하고자 하 는 디자인 이외에 다른 내용을 표기하는 것도 허용된다(예: 다른 물품 및 배경 등).

참고도에서 청구하고자 하는 물품의 디자인은 기본 도면과 표현이 일치해야 한다. 명 백하게 불일치하는 경우, 심사관은 출원인에게 보정 또는 삭제할 것을 요구한다. 도 3-8 에서 도시하는 바와 같이, 사용상태 참고도는 정면도에서의 물품 자체의 디자인과 명백 하게 불일치하므로, 이 경우 심사관은 출원인에게 보정 또는 삭제할 것을 요구한다.

도 3-8

정면도   사용상태 참고도

2) 도 면

도면은 선 그림 도면과 선염 그림 도면을 포함한다.

(1) 선 그림 도면

a) 선은 균일하고 또렷해야 하고, 지우고 다시 그린 것이어서는 안 되며, 연필, 크레용, 볼펜으로 그려서는 안 되고, 청사진, 스케치, 등사물을 사용할 수 없다.

b) 굵기가 균일한 실선으로 디자인의 형상을 표현해야 하고 음영선, 지시선, 점선, 중심선, 치수선, 쇄선 등으로 디자인의 형상을 표현해서는 안 된다.

c) 도면상에 지시선을 이용하여 절단 위치 및 방향, 확대 부위, 투명 부위 등을 표시할 수 있으나, 불필요한 선 또는 표기가 있어서는 안 된다.

d) 나사산 등 표준 규격품을 간소화하여 표현할 수 없고, 모든 물품은 실제 형상에 따라 제도되어야 한다.

┃ 사례 1 ┃

도 3-9에서 도시된 바와 같이, 정면도에 기계제도에서 사용되는 수치선 및 표기가 사용되었으므로, 이 경우 심사관은 출원인에게 이를 삭제할 것을 요구한다.

도 3-9

30mm

┃ 사례 2 ┃

도 3-10에서는 기계제도에서 이용하는 간소화된 제도법으로 나사산을 표현했다. 이 물품의 실제 외형은 도 3-11에서 도시하는 바와 같다. 나사산에 대한 간소화된 제도법으로 인해 디자인에 영향을 미쳤으므로, 이 경우 심사관은 출원인에게 보정할 것을 요구한다.

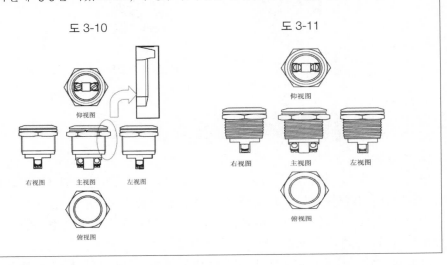

도 3-10   도 3-11

(2) 선염(渲染) 그림 도면

a) 도면은 선명성에 대한 요구에 부합해야 한다.

도 3-12는 도면의 해상도가 상당히 낮아, 청구하고자 하는 물품의 디자인이 명확하게 표시되지 않는다.

도 3-12

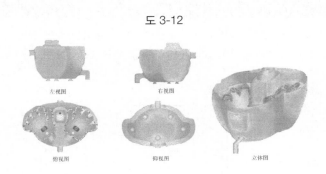

b) 물품의 형상, 도안은 물품의 세세한 부분을 뚜렷하게 나타낼 수 있도록 선명해야 한다.

도 3-13은 제도 과정에서 광원 설치가 부적절하는 등의 원인으로 인해, 좌측면도, 우측면도에서 물품의 일부가 모호하게 표현되어, 청구하고자 하는 물품의 디자인을 명확하게 나타내지 못한다. 이 경우 심사관은 출원인에게 보정할 것을 요구한다.

도 3-13

c) 물품의 외부 윤곽선은 매끈하고 연속적이어야 하며, 톱니 도안이 나타나서는 안된다.

d) 그 외 다른 요구사항은 이어지는 3) 사진 도면에서의 (2), (3), (4), (5) 내용의 심사 기준을 참고한다.

3) 사 진

사진에 대한 심사는 이하의 요구사항에 부합해야 한다.

(1) 사진은 선명해야 하고, 초점 맞추기 등의 원인으로 인해 물품의 디자인이 불명확하게 표현되어서는 안 된다.

(2) 배경은 단일해야 하고, 사진에 디자인 이외의 다른 내용이 나타나면 안 된다. 물품과 배경은 적절한 명도 차이를 둠으로써, 흑백 공개 시 물품의 윤곽과 배경을 구분할 수 있도록 해야 하고, 청구하고자 하는 물품의 디자인을 명확하게 나타낼 수 있어야 한다.

도 3-14에서는 색채 조합을 보여주는데, 색상의 차이가 크더라도, 명도의 차이가 적기 때문에, 흑백 도면으로 변환했을 때 쉽게 혼동할 염려가 있다. 이 경우 심사관은 출원인에게 배경색을 바꿀 것을 요구해야 한다.

도 3-14

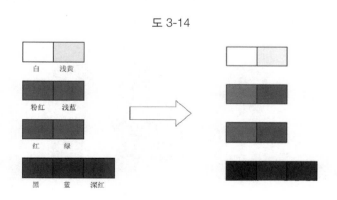

(3) 정투영 규칙에 부합해야 하고, 투시로 인한 변형이 청구하고자 하는 디자인에 영향을 미쳐서는 안 된다.

여러 개의 사진이 투시 원리로 인해 시각적으로 오차가 있는 경우, 다른 도면을 결합하여 물품의 디자인을 확정할 수 있다면, 디자인에 영향을 미치지 않는 투시현상이 존재하더라도 허용된다.

(4) 강한 빛, 반사된 빛, 음영, 도립상 등이 디자인에 영향을 주어서는 안 된다.

도 3-15에서는, 물품 표면에 빛이 반사되는 정도가 심하여 사진상에 나타나는 반사광과 비쳐진 도안으로 인해 디자인 물품의 정확한 표현에 영향을 미쳤다.

도 3-15

(5) 일반적인 경우 사진상의 물품은 내용물이나 보완물을 포함해서는 안 된다. 다만, 일부 물품의 경우 내장물이나 보완물이 있어야만 청구하고자 하는 물건의 디자인을 명확하게 표현할 수 있는데, 이 경우에는 내장물이나 보완물을 남겨 둔 채 촬영하는 것이 허용되나, 내장물 또는 보완물이 디자인에 영향을 미치게 해서는 안 된다.

▌사례 1 ▌

도 3-16은 거들을 도시하는데, 마네킹을 사용함으로써 거들의 형상, 도안 등을 명확하게 표현할 수 있게 된다. 따라서 이 경우 청구하고자 하는 디자인을 명확하게 표현하고자 보완물을 사용하는 것이 허용된다.

도 3-16

▌사례 2 ▐

도 3-17은 포장병을 도시하는데, 내장물을 이용하면, 포장병 표면의 무늬를 보다 명확하게 표현할 수 있다. 이러한 종류의 디자인 출원의 경우 내장물을 남겨 두는 것이 허용되나, 내장물은 반드시 가득 채워야 하고, 물품 디자인에 영향을 미쳐서는 안 된다.

도 3-17

(6) 사진은 부착 등의 상황으로 인해 파손된 것이어서는 안 된다.

도 3-18의 사진은 부착으로 인한 파손이 존재하여 청구하고자 하는 물품의 디자인을 명확하게 나타내지 못한다.

도 3-18

4) 특수형상 물품의 도면

(1) 가늘고 긴 물품

횡단면이 일정한 규칙에 따라 변화하는 가늘고 긴 물품에 대해서는, 정투영도에서 길이를 생략하는 방식의 제도법이 허용되며, 주요 표현 방식은 다음과 같다.

a) 중간 길이를 생략하는 제도법

횡단면이 완전히 동일하고 일정한 규칙에 따라 변화하는 가늘고 긴 물품의 경우, 양단 윤곽선을 완전하게 제도하고, 두 줄의 평행한 양점쇄선 또는 균열선을 이용하여 중간단의 길이를 잘라낼 수 있다.

현재 중국의 기술제도 및 기계제도 표준에서는 모두 입체도의 생략 화법(畫法)에 대해 규정하지 않고 있다. 따라서 길이가 확정적이지 않은 입체도의 경우, 심사관은 생략된 길이에 따라 제도할 것을 출원인에게 요구하지 않을 수 있다(도 3-22 참조).

▌ 사례 1 ▌

도 3-19는 형재(型材)를 도시하는데, 그 횡단면의 형상 및 크기가 완전히 동일하므로, 중간 길이를 생략하는 방식을 적용할 수 있다.

도 3-19

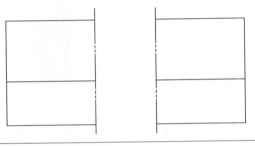

▌ 사례 2 ▌

도 3-20은 가로등을 도시하는데, 그 횡단면의 형상은 동일하나, 크기는 일정한 규칙에 따라 변화한다. 이러한 종류의 물품은 중간 길이를 생략하는 방식의 제도법이 허용된다.

도 3-20

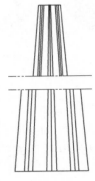

저면도   정면도   평면도

┃ 사례 3 ┃

도 3-21이 도시하는 쇠사슬은 단위구성이 반복되는 가늘고 긴 물품에 해당하므로, 중간 길이를 생략하는 방식의 제도법이 허용된다.

도 3-21

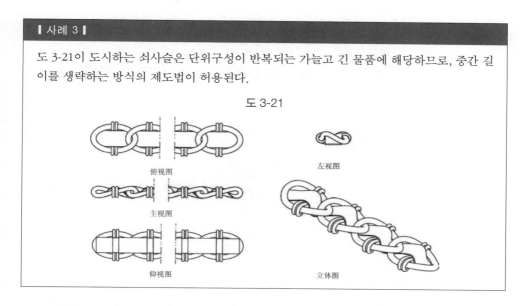

b) 단위체 도면 표시법

단위체로 구성된 가늘고 긴 물품의 경우, 단위체 도면 표시법이 허용된다. 즉, 도면에서 물품의 일부분을 표시하면서, 간단한 설명에서 물품의 길이가 확정적이지 않음을 기재한다.

예를 들어, 동일한 단위체가 서로 맞물려 형성된 사슬의 경우, 도 3-22의 도면에서 도시하는 형식 또는 도 3-23의 사진에서 도시하는 형식으로 일정 개수의 단위체를 표현하고, 간단한 설명에서 물품의 길이가 확정적이지 않음을 기재한다.

도 3-22

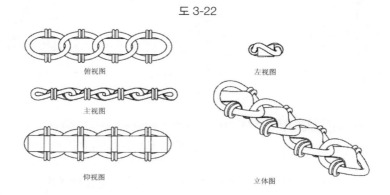

도 3-23

좌측면도   정면도

입체도

넥타이와 같은 물품의 경우, 물품 디자인이 명확하게 표현된다는 전제에서, 출원인
은 도 3-24에서 도시된 표현 방식 중 임의의 한 방식으로 도면을 제출하는 것이 허용된
다.

도 3-24

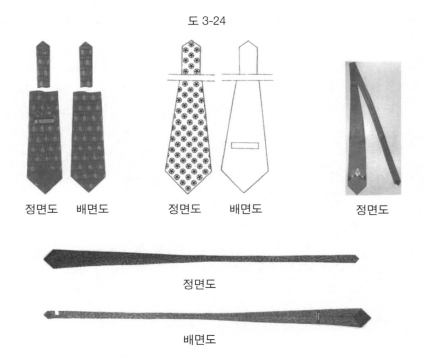

정면도   배면도   정면도   배면도   정면도

정면도

배면도

(2) 투명한 부분을 포함하는 물품

투명한 물품에 대해 일반적으로 출원인은 투명한 상태에 다른 도면을 제출해야 하나, 아래와 같은 특수한 상황이 있을 수 있다.

a) 투명한 물품 안팎에 모두 도안이 없는 경우, 출원인은 불투명 화법에 따라 물품의 외형을 제도하는 것이 허용된다.

b) 투명한 물품의 외층과 내층에 두 가지 이상의 형상, 도안 및 색채가 존재하여, 보호하고자 하는 디자인을 명확하게 나타낼 수 없는 경우, 심사관은 출원인에게 별개로 표시할 것을 요구해야 한다.

c) 투명한 물품 앞, 뒤에 모두 도안이 있거나 또는 형상과 도안을 표시하는 선이 비교적 복잡하여, 디자인 표현에 영향을 미치는 경우(도 3-25 참조), 심사관은 출원인에게 투명하지 않은 화법으로 제도한 정투영도를 제출할 것을 요구해야 한다. 다만, 입체도 등 다른 도면은 투명 화법에 따라 제도하여 투명한 상황을 표현할 수 있다.

도 3-25

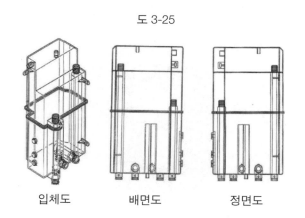

입체도   배면도   정면도

투명한 부위의 일반적인 표시 방법은 아래와 같다:
a) 사진으로 투명 재질을 표시(도 3-26)

도 3-26

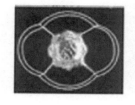

평면도   저면도

좌측면도

정면도

우측면도

배면도

b) 투명 부호로 물품의 투명 부위를 표시

c) 물품에서의 투명 부위를 안내선과 영문 알파벳으로 표시

도 3-27에서는 도면에서 A, B로 투명 부위를 표시하고, 간단한 설명에 "A, B 부분이 투명하다"고 설명

도 3-27

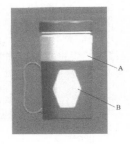

d) 다른 부호로 물품에서의 투명 부위를 표시

도 3-28에서는 평행선으로 투명 부위를 표시하고, 간단한 설명에서 참고도에서의 사선 표시영역이 투명하다고 설명

도 3-28

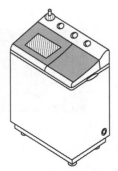

투명 부위 표시 참고도

(3) 단위 도안이 연속되는 물품

단위 도안이 연속되는 물품이란 꽃무늬 천, 레이스, 포장지, 벽지 등과 같이 단위 도안이 일정한 방향으로(상, 하, 좌, 우) 경계가 없이 무한정으로 연속되는 물품을 의미한다.

단위 도안이 연속되는 물품에 대해 심사관은 단위 도안 전체를 포함하는 도면을 제출하고, 간단한 설명에 단위 도안이 연속되는 방향에 대한 묘사와 설명을 할 것을 요구한다(도 3-29 참조).

도 3-29

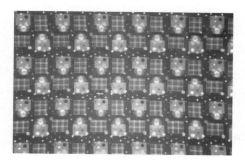

(4) 조립식 물품

a) 조립관계가 유일한 조립식 물품

조립관계가 유일한 조립식 물품은 조립되는 각 구성부품 간에 고정적인 조립관계를 가지므로(예: 주전자와 가열 받침대로 이루어진 전열 주전자), 조립된 상태의 물품 도면을 제출해야 한다.

도 3-30은 커피 주전자를 구비한 커피머신을 도시한다. 출원인은 청구하고자 하는 디자인을 명확히 표현하기 위해 조립된 상태의 도면을 제출해야 한다. 출원인은 각 구성부품의 도면은 제출하지 않을 수 있다.

도 3-30

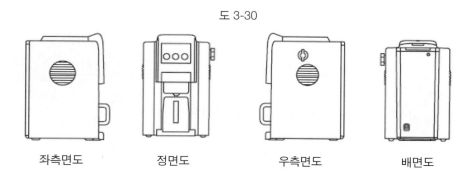

좌측면도   정면도   우측면도   배면도

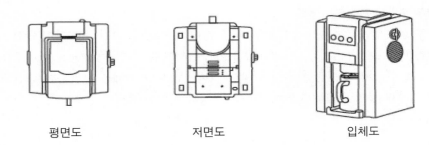

평면도   저면도   입체도

b) 조립관계가 유일하지 않은 조립식 물품

조립관계가 유일하지 않은 조립식 물품(예: 블록쌓기 장난감)은 각 구성부품의 도면을 제출해야 하고, 각 구성부품은 모두 도면에 대한 기본적인 요구사항에 부합해야 하며, "조립품 N 모 도면"과 같이 명확히 표기해야 한다.

도 3-31에서 도시하는 조립식 완구와 같이, 각 조립품의 도면을 제출하여 청구하고자 하는 디자인을 명확하게 표현해야 한다.

도 3-31

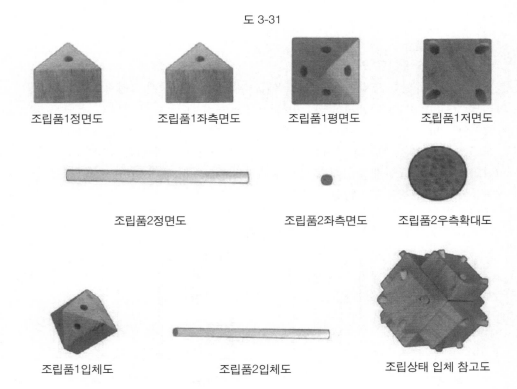

조립품1정면도   조립품1좌측면도   조립품1평면도   조립품1저면도

조립품2정면도   조립품2좌측면도   조립품2우측확대도

조립품1입체도   조립품2입체도   조립상태 입체 참고도

c) 조립관계가 없는 조립식 물품

조립관계가 없는 조립식 물품(예: 트럼프 카드, 장기알)의 경우, 각 구성부품의 도면을 제출해야 하고, 각 구성부품은 모두 도면에 대한 기본적인 요구사항에 부합해야 하며, "조립품 N 모 도면"과 같이 명확히 표기해야 한다.

각 구성부품 간에 조립관계가 없는 조립식 물품에서 만약 출원인이 각 구성부품의 도면만 제출한 경우, 심사관은 출원인에게 조합된 상태의 도면을 제출하라고 요구하지 않을 수 있다.

| 사례 1 |

도 3-32는 마늘찧기용 절구공이와 절구통을 도시한다. 출원인이 절구공이와 절구통의 각 도면만 제출한 경우, 심사관은 조합된 상태의 도면 제출을 요구하지 않을 수 있다.

도 3-32

| 사례 2 |

도 3-33

조합 상태도   테이블   거울

도 3-33에 도시되는 화장대는 화장대 상부의 거울과 하부의 테이블이 분리되었고, 서로 고
정적으로 연결되지 않았으나, 화장대의 두 부분 간에 서로 고정된 위치관계가 존재하므로,
조립식 물품으로 간주한다. 출원인이 테이블과 거울에 대한 각각의 도면만 제출한 경우,
심사관은 조합 상태의 도면 제출을 요구하지 않을 수 있다.

(5) 한벌 물품

한벌 물품에 해당하지 않는 것이 명백한 경우, 심사관은 출원인에게 각 한벌품에 대
한 기본 도면을 제출할 것을 요구해야 한다. 도 3-34는 운동복 세트를 도시하는데, 만
약 출원인이 상의와 바지가 조합된 정투영도만 제출했다면, 심사관은 출원인에게 두
구성품 각각에 대한 정투영도를 제출할 것을 요구한다.

도 3-34

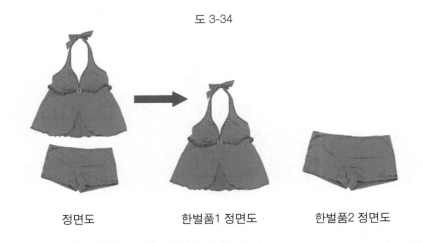

| 정면도 | 한벌품1 정면도 | 한벌품2 정면도 |

(6) 동일한 물품에 둘 이상의 유사한 디자인

동일한 물품에 대한 둘 이상의 유사 디자인의 경우, 심사관은 일반적으로 출원인에
게 각 디자인의 도면을 제출할 것을 요구해야 한다. 각 디자인의 도면에 대한 요구사항
은 한 건의 디자인 도면에 대한 요구사항과 동일하다.

(7) 사용 시 외부는 보여지지 않으나 내부 공간이 보여지는 물품

사용 시 내부 공간이 보여지는 물품이란 사용 시에 보여지는 부분이 주로 내부이고,
외부의 형상은 통상적으로 보여지지 않는 물품을 의미한다(예: 승강장치의 승강기). 이
러한 종류의 물품에 대해서는 내부를 나타내는 정투영도와 입체도를 제출하되, 도면은
사람이 있는 위치를 중심으로 해야 한다.

도 3-35는 물품 내부의 정투영도와 입체도를 제출함으로써 승강기의 내부 디자인을
명확하게 나타냈다.

도 3-35

| 정면도 | 배면도 | 좌측면도 |
| 평면도 | 저면도 | 입체도 |

5) 도면 또는 사진이 명확하게 물품을 표현한 디자인인지 여부

출원인은 심사지침에 규정된 바에 따른 도면을 제출함으로써, 청구하고자 하는 물품의 디자인의 모든 특징을 표현해야 한다.

도면이나 사진이 물품의 디자인을 명확하게 표현하고 있다는 전제에서, 심사관은 출원인이 보호를 청구하지 않은 물품 디자인의 다른 특징에 대해 심사하지 않는다. 예를 들어, 입체 물품에서 출원인이 관련 면의 정투영도와 입체도만을 제출한 경우, 심사관은 다른 면의 도면을 제출할 것을 출원인에게 요구할 필요가 없다.

한편, 출원인이 제출한 도면이 심사지침의 도면 개수에 대한 규정에는 부합하지만 청구하고자 하는 물품 디자인의 특징을 여전히 확정할 수 없는 경우라면, 청구하고자 하는 물품 디자인을 명확하게 표현하지 못하는 경우에 해당하여, 전리법 제27조 제2항 규정에 반한다. 특히 출원인이 출원 시에 제출한 디자인 도면 또는 사진이 전리법 제

27조 제2항 규정에 반하여 다른 도면을 보충하여 제출할 필요가 있었던 경우, 심사관은 출원인이 추가 제출한 디자인 도면 또는 사진이 전리법 제33조 규정에 부합하는지도 심사한다.

(1) 평면 물품

평면 물품의 디자인에서, 디자인의 요부가 한 면에만 존재하는 경우 해당 면의 정투영도만 제출할 수 있다. 디자인의 요부가 두 면에 존재하는 경우 두 면의 정투영도를 제출해야 한다.

a) 두 면의 정투영도를 통해서도 평면 물품을 명확하게 표현할 수 없는 경우(예: 물건을 담았을 때 입체형상을 띠는 평면 포장백, 입체적으로 마름질된 복장 등), 물품 디자인의 특징을 보다 명확하게 나타내기 위해, 출원인은 입체 물품의 도면 기준에 따라 도면을 제출할 수 있다.

┃사 례┃

도 3-36의 평면 포장백은, 디자인 특징을 보다 명확하게 나타내기 위해, 출원인은 입체 물품의 도면 기준에 따라 입체도를 제출할 수 있다.

도 3-36

| 정면도 | 배면도 | 입체도 |

---

b) 단위 도안이 연속된 평면물품의 경우, 출원인은 하나의 단위 도안 전체를 포함하는 도면을 제출해야 하고, 간단한 설명에서 그 연속 배열되는 방식을 설명해야 한다. 단위 도안을 나타내는 도면의 테두리 윤곽선은 확실해야 하는 것이 원칙이다. 테두리 윤곽선이 확실하지 않은 경우 만약 단위 도안만 제출했다면, 간단한 설명에 그 연속 배열 방식을 설명하더라도, 물품 디자인을 명확히 표현해야 한다는 요구조건을 만족시키지 못한 것으로 인정된다.

┃ 사 례 ┃

도 3-37에 도시된 꽃무늬 천은 그 테두리 윤곽선이 불규칙적이어서, 도안이 양방향으로 연속될 수 있고 네 방향으로 연속될 수도 있는 등 배열 방식이 여러 가지가 될 수 있다. 이로 인해 꽃무늬 천과 같은 물품의 테두리 윤곽선이 확정되지 못하여, 단위 도안이 물품의 디자인을 명확하게 표현하지 못하는 것으로 인정된다.

도 3-37

정면도

(2) 입체 물품

입체 물품의 디자인 요부가 6면에 존재하는 경우, 6면의 정투영도를 제출해야 한다. 물품 디자인의 요부가 하나 또는 두 면에 존재하는 경우, 적어도 관련된 면의 정투영도와 입체도를 제출해야 하고, 간단한 설명에서 도면을 생략한 이유를 설명해야 한다.

도면을 생략한 경우, 출원인은 도면을 생략한 이유를 구체적으로 설명해야 한다. 디자인 도면의 생략이 물품 디자인의 명확한 표현에 영향을 미쳐서는 안 된다. 입체 물품은 3차원 형상을 갖는 것으로서, 제출된 도면을 통해 입체 물품의 2차원 형상만을 확정할 수 있는 경우, 해당 도면은 청구하고자 하는 물품 디자인을 명확하게 표현하는 도면 또는 사진에 해당하지 않는 것이므로, 출원인은 전리법 제33조 규정에 부합하는 조건에서 다른 6면 도면 또는 입체도를 보충하여 제출해야 한다.

a) 입체도를 제출할 필요가 있는 경우

입체 물품에서, 한 개의 정투영도 또는 2차원 방향의 여러 정투영도만 제출한 경우, 그 3차원 형상을 구체적으로 표현할 수 없다. 따라서 다른 정투영도를 제출하지 않았다면, 반드시 입체도를 제출해야만 청구하고자 하는 물품의 디자인을 명확하게 표현할 수 있다.

┃ 사례 1 ┃

도 3-38은 애완동물집을 도시하는데, 출원인은 정면도만을 제출하면서 간단한 설명에서 도면을 생략한 상황에 대해 설명했다. 입체 물품의 경우 정면도만으로는 물품의 디자인을 명확하고 완전하게 표현할 수 없다. 만약 출원인이 출원일 이후 입체도를 보충 제출한다면, 보정 범위를 초과하여 등록을 받을 수 없게 될 수 있다. 따라서 출원인은 출원 시에 적어도 정면도와 물품의 3차원 형상 전체를 나타내는 입체도를 제출해야 한다.

도 3-38

정면도

┃ 사례 2 ┃

도 3-39는 컵을 도시하는데, 출원인은 네 개의 도면을 제출했고 간단한 설명에서 도면을 생략한 상황을 설명했다. 이 사안은 입체 물품의 디자인에 대한 것으로서, 2차원 방향의 도면 네 개만으로는 물품의 디자인을 명확하고 완전하게 표현할 수 없다. 컵 본체의 횡단면에 여러 가지 가능한 윤곽 형상이 존재할 수 있으므로, 컵 자체의 형상이 불명확하게 표현된 것이다. 만약 출원인이 출원일 이후 입체도를 보충 제출한다면, 보정 범위를 초과하여 등록을 받을 수 없게 될 수 있다. 따라서 출원인은 출원 시에 적어도 정면도와 물품의 3차원 형상 전체를 나타내는 입체도를 제출해야 한다.

도 3-39

정면도   배면도   좌측면도   우측면도

본 사안의 컵은 컵 본체 횡단면의 윤곽선이 대체적으로 원형의 형상을 띠는 경우 뿐만 아니라, 도 3-40에 도시된 형상을 띨 수도 있다. 따라서 도 3-39의 2차원 방향의 정투영도만

을 제출한 경우 입체 물품의 디자인을 명확하게 표현할 수 없다.

도 3-40

입체도

b) 입체도를 제출하지 않을 수 있는 경우

(a) 만약 제출된 정투영도만으로 3차원 형상을 확정할 수 있다면, 심사관은 입체도 제출을 요구하지 않을 수 있다.

▌사 례▐

도 3-41은 자기 접시를 도시하는데, 출원인은 정면도, 평면도, 좌측면도를 제출했고, 간단한 설명에 도면을 생략한 상황을 설명했다. 세 가지 도면만으로 입체 물품의 3차원 형상을 명확하게 표현하였으므로, 출원인은 입체도를 제출하지 않을 수 있다.

도 3-41

정면도

좌측면도

평면도

만약 출원인의 의사에 따라 출원일 이후 입체도를 보충 제출하려는 경우, 보정 범위를 초과하지 않는다면, 도 3-42와 같은 입체도를 제출할 수 있다.

도 3-42

입체도

(b) 얇은 형태의 물품(예: 두께가 균일한 타일, 문 등)은 비록 일정한 두께를 갖지만, 두께와 너비 사이트의 상대적 비율 차이가 상당히 크고, 두께의 균일도에 변화가 없으며, 두께면 상에 설계된 디자인도 없다면, 이러한 유형의 물품에 요구되는 도면의 개수는 평면 물품과 동일하다. 다만, 두께면 상에 설계 변화가 명확히 존재하는 물품은 예외이다.

▌사 례▐

도 3-43에서 도시하는 타일은 확연한 두께의 변화가 없어, 정면도만 제출되더라도 물품의 디자인을 명확하게 표시한 것으로 인정된다.

도 3-43

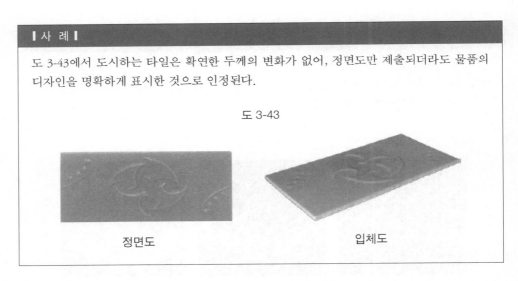

정면도   입체도

(c) 회전체 형상의 물품 디자인의 경우, 회전면 도면 하나만 제출해도 회전 형상 전체를 추정할 수 있다. 따라서 다른 비회전면의 디자인을 나타내는 정투영도를 함께 제출한다면, 입체도가 없는 예외적인 경우에 해당하여, 심사관은 출원인에게 입체도를 보충 제출할 것을 요구하지 않을 수 있다. 다만, 출원인은 간단한 설명에서 물품이 회전체이므로 다른 도면을 생략했음을 설명해야 한다.

▌사례 1 ▌

도 3-44에 도시된 꽃병에 대해 출원인은 간단한 설명에서 물품이 회전체임을 설명했고, 정면도와 평면도를 제출했다면, 입체도를 제출하지 않더라도 물품의 디자인이 명확하게 표현될 수 있다.

도 3-44

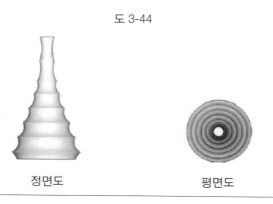

정면도   평면도

▌사례 2 ▌

도 3-45가 도시하는 발광다이오드에 대해 출원인은 램프에 대해 정면도와 저면도만을 제출했고, 입체도는 제출하지 않았으나, 하부 나사산 부분은 국가 표준이 정한 형상에 해당하므로, 제출된 도면만으로 물품의 디자인이 명확히 표현될 수 있다.

도 3-45

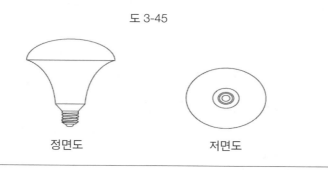

정면도   저면도

(3) 명확하게 물품의 디자인을 표현했는가에 대한 심사 기준

물품의 디자인을 명확히 나타내기 위해, 도면의 품질, 개수 등 기본적인 요구사항에 부합해야 한다. 본 장에서 제시하는 구체적인 기준은 전리심사지침 제1부 제3장 4.2절의 디자인 도면 또는 사진에 대한 규정을 근거로 한다.

형식심사 절차에서, 출원인이 제출한 도면이 심사지침에 규정된 도면의 개수에 대한 요구사항에 부합하는 경우, 심사관은 출원인이 제출한 도면 또는 사진만을 기초로 하여 심사하고, 출원인이 제출하지 않은 도면 또는 사진에서 청구하는 물품의 디자인의 다른 특징에 대해서는 심사하지 않는다.

전리심사지침 제1부 제3장 4.2절은 디자인출원에서 반드시 제출해야 하는 도면 또는 사진의 개수에 대한 기본적인 요구사항에 대한 내용이다. 심사지침에 규정된 도면의 개수보다 적은 경우, 물품의 디자인을 명확하게 표현해야 한다는 요구조건에 부합하지 못한 것으로 인정되는 것이 일반적이다. 그러나 심사지침에 규정된 도면의 개수에 따른 출원이라 하더라도, 심사관은 도면 또는 사진에 표현된 디자인의 구체적인 특징을 근거로 하여 물건의 디자인을 명확하게 표현했는지 판단해야 한다. 도면을 생략한 입체 물품(얇은 형태의 물품은 제외)의 경우, 제출된 도면만으로는 물품의 3차원 입체 디자인의 특징을 명확하게 표현할 수 없는 경우(예: 디자인 도면 또는 사진이 입체 물품의 2차원 형상만을 표현하는 경우), 전리법 제27조 제2항 규정에 반하는 것으로 인정된다.

┃ 사례 1 ┃

액세서리 케이스에 대한 출원에서, 도 3-46과 같이 정면도, 좌측면도 및 배면도만 제출하고, 간단한 설명에서 우측면도는 좌측면도와 대칭이므로 생략했고, 저면도와 평면도는 별다른 디자인 요점이 없어 생략했다고 기재한 경우, 이 출원에서의 도면은 액세서리 케이스의 2차원 형상만을 표현한 것이다. 따라서 이 액세서리 케이스의 3차원 형상이 확정되지 않아 물품의 디자인을 명확하게 표현할 수 없으므로, 3차원 형상을 명확하게 표현하면서 전리법 제33조 규정에도 부합하는 다른 도면을 제출해야 한다.

도 3-46

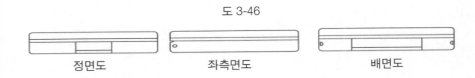

정면도　　　　　　　좌측면도　　　　　　　배면도

실제로, 위 3개의 도면만으로는 액세서리 케이스의 평면도는 적어도 도 3-47에 도시된 두 가지 형상을 띨 수 있다.

도 3-47

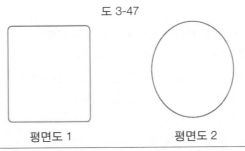

평면도 1　　　　　　　　평면도 2

　그 외, 형태가 복잡하여 표현하기 어려운 입체 물품은 필요한 경우 단면도나 참고도 등을 제출함으로써 디자인의 특징을 명확하게 표현할 수 있다.

▌사례 2 ▌

도 3-48에 도시된 재떨이는 단면도를 제출함으로써 물품 디자인을 보다 분명하게 표현했다.

도 3-48

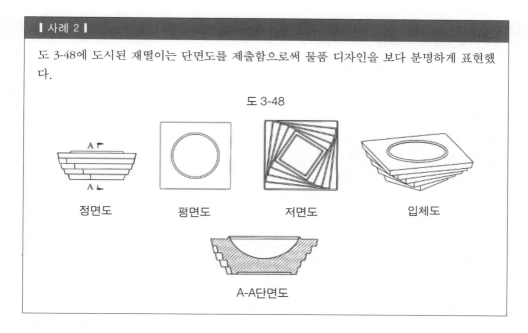

정면도　　　　　평면도　　　　　저면도　　　　　입체도

A-A단면도

　물론 제도 형식으로 제출된 도면에서, 만약 물품에 복잡한 전환구조나 요철형상이 존재하면, 과도(過渡)선을 적절히 사용할 수 있으나, 매우 복잡한 과도선은 부적절하다. 한편 점선, 중심선, 수치선 또는 쇄선을 사용하면 안 된다.

▌사례 3 ▌

도 3-49

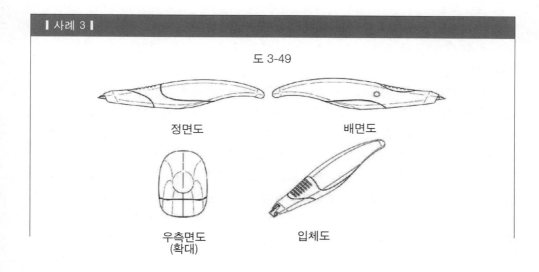

정면도　　　　　　　　　배면도

우측면도
(확대)　　　　　　입체도

> 도 3-49에서 도시된 수정팬은 도면에 과도선을 사용하지 않으면 물품의 전환구조면 형상을 명확하게 표현하기가 쉽지 않으므로, 도면에 과도선을 적절히 사용할 수 있다.

6) 심사관의 처리 방식

도면 또는 사진에 흠결이 존재하는 경우, 심사관은 흠결 상황에 따라 처리 방식을 선택한다.

(1) 보정통지서 발부

출원인이 제출한 도면 또는 사진에, 직권 보정을 할 수는 없으나 보정은 가능한 흠결이 존재하여, 청구하고자 하는 물품의 디자인을 명확하게 표현할 수 없는 경우, 심사관은 전리법 제27조 제2항을 근거로 보정통지서를 발부하여 출원인에게 보정을 요구하는 것이 일반적이다. 직권 보정이 가능한 흠결과 가능하지 않는 흠결이 동시에 존재하는 경우, 심사관은 보정통지서에서 모든 흠결을 한꺼번에 지적한다.

(2) 심사의견통지서 발부

출원인이 제출한 도면 또는 사진이 식별이 어렵거나 훼손이 심하거나 필요한 도면이 없는 등 엄중한 흠결이 존재하여, 청구하고자 하는 물품의 디자인을 명확하게 표현할 수 없게 된 경우, 만약 그 흠결로 인해 출원이 등록받을 가능성이 없는 것이 명백히 예상되면, 심사관은 바로 심사의견통지서를 발부할 수 있다. 예를 들어, 입체 물품에서 출원인이 출원 시 정면도 하나만 제출한 경우(예: 본 장 도 3-38이 도시하는 애완동물집), 심사관은 바로 심사의견통지서를 발부하여, 실질적 흠결이 존재하여 해당 출원이 등록받을 수 없음을 고지한다.

(3) 직권 보정

도면의 명칭, 도면의 방향 등에 명확한 오류가 존재할 뿐인 경우, 심사관은 직권으로 보정할 수 있고, 보정 후 서면으로 출원인에게 보정 내용을 고지한다.

(4) 거절결정

출원인이 제출한 도면 또는 사진에 투영관계가 대응되지 않는 등의 결함이 존재하여, 1차 보정통지서를 발부했으나, 출원인이 제출한 보정서로는 결함이 해소되지 않은 경우, 심사관은 재차 보정통지서를 발부한다. 출원인이 재차 답변한 문서로도 여전히 흠결이 치유되지 않은 경우, 전리법 제27조 제2항에 따라 거절결정을 내릴 수 있다.

출원인이 제출한 도면 또는 사진에 필요한 도면이 결여되는 등의 결함이 존재하여 심사관이 통지서를 발부했는데, 출원인의 답변서가 원도면 또는 사진이 나타내는 범위를 초과한 경우, 전리법 제33조 규정에 따라 심사한다. 출원인이 재차 제출한 답변서에서 전리법 제33조의 흠결을 극복했으나, 원출원에 존재하는 도면의 흠결을 해소하지 못한 경우, 심사관은 전리법 제27조 제2항에 따라 거절결정을 내릴 수 있다.

4. 간단한 설명에 대한 심사

심사관은 전리심사지침 제1부 제3장 4.3절 규정에 따라 간단한 설명에 대해 심사한다. 간단한 설명의 대한 기본적인 심사 원칙은 다음과 같다:

a) 간단한 설명에 포함된 내용은 심사지침서의 규정에 부합해야 한다.

b) 간단한 설명의 기재는 도면 또는 사진의 내용과 일치해야 하고, 도면 또는 사진이 표현하는 범위를 초과할 수 없다.

c) 간단한 설명의 각 항 내용은 간명하게 요점을 전달해야 한다.

d) 간단한 설명은 문자로 기술해야 하고, 도면이나 사진을 사용하여 전체 혹은 일부 문자적 설명을 대체할 수 없다.

1) 간단한 설명에 작성해야 할 내용

(1) 물품의 명칭

간단한 설명에 기재한 물품의 명칭은 출원서의 기재와 완전히 일치해야 한다.

출원인이 간단한 설명에 물품의 명칭을 기재하지 않았거나, 기재한 물품의 명칭이 출원서와 일치하지 않는 경우, 아래 두 가지 처리방식에 따른다.

a) 심사관이 도면을 결합하여 출원서에 기재된 물품의 명칭이 정확한 것으로 확정할 수 있는 경우, 출원서에 기재된 명칭을 토대로 직권으로 간단한 설명에 기재된 물품의 명칭을 수정하거나 증가할 수 있다.

b) 심사관이 도면을 결합하여 출원서에 기재된 물품의 명칭이 정확한지 확정할 수 없는 경우, 심사관은 보정통지서를 발부하여 출원인에게 간단한 설명을 보정하라고 요구한다.

(2) 디자인이 적용된 물품의 용도

간단한 설명에는 물품의 종류를 확정하는 데 도움이 되도록 그 용도를 기재해야 한다. 용도에 대한 작성은 간단 명료해야 하고, 용도에 대한 설명은 물품과 불일치하는 부분이 존재해서는 안 된다.

물품의 용도는 물품이 속하는 영역, 사용 방법 또는 사용 장소를 통해 설명할 수 있다. 물품의 용도에 대한 설명은 분류번호로 직접 대체할 수 없다. 용도가 여러개인 물품의 경우 간단한 설명에서 물품이 갖는 여러 용도를 설명해야 한다.

물품의 용도를 작성하지 않았거나 작성한 용도에 명백한 오류가 있거나 분류번호로

물품 용도에 대한 설명을 대체한 경우, 심사관은 보정통지서를 발부하여 출원인에게
보정을 요구한다. 물품의 용도를 작성했으나 출원인이 분류번호도 함께 명기한 경우,
심사관은 직권으로 그 분류번호를 삭제할 수 있다.

▌사례 1 ▐

도 4-1은 포장곽을 도시하는데, 간단한 설명에 물품의 용도로, "수면 개선에 이용되는 캡슐
약품으로서, 수면의 질을 높인다"고 기재되었다.

도 4-1

정면도

그러나 간단한 설명에 기재된 용도는 포장곽 내에 포장된 약품의 용도이고, 포장곽
의 용도가 아니므로, 물품 용도에 대한 설명에 명백한 오류가 존재하는 경우에 해당한
다. 심사관은 출원인에게 보정을 요구한다.

(3) 디자인 요점

디자인 요점이란 종래기술과 구별되는 디자인 요소를 가리키는 것으로서 형상, 도
안이나 그 결합, 또는 색채와 형상, 도안의 결합, 또는 디자인 요점이 있는 부위에 대한
것이지, 디자인 자체의 구체적 형상, 구조, 디자인의 착안점이나 관념 등에 대한 상세
한 설명을 하는 것이 아니다. 디자인 요점에 대한 설명은 간단 명료해야 한다.

디자인 요점의 기술 방식은 "디자인 요점이 어느 도면에 있는지", "디자인 요점이 물
품의 어느 부위에 있는지" 또는 "디자인 요점이 물품의 어떠한 디자인 요소나 몇 개의
디자인 요소의 결합에 있는지(예: 디자인 요점이 형상에 있는 경우)"가 될 수 있다.

만약 간단한 설명에 디자인 요점이 색채 요소를 포함한다고 되어 있다면, 색채에 대
한 보호를 청구하는 것임을 성명해야 한다. 그렇지 않을 경우 심사관은 출원인에게 간
단한 설명에 색채 보호에 대한 청구를 성명할 것을 요구하거나, 디자인 요점에서 색채
에 대한 기술을 삭제할 것을 요구한다. 예를 들어, 출원 디자인의 요점이 색채와 도안

의 결합에 있는 경우, 간단한 설명에 "청구하고자 하는 디자인은 색채를 포함한다"고 기재해야 한다.

간단한 설명에 디자인 요점을 기재하지 않았거나, 기재한 디자인 요점에 명백한 오류가 있거나, 디자인 요점의 기재 내용이 도면에 표현되지 않았거나 도면 표시와 불일치하는 경우, 또는 디자인 요점에 물품의 형상, 도안, 색채의 구체적인 내용이나 세부사항들을 지나치게 상세하게 기재한 경우, 심사관은 출원인에게 보정을 요구한다.

┃사 례┃

도 4-2는 자동차 램프로서, 간단한 설명에 작성된 디자인 요점은 다음과 같다:
A: 본 디자인의 착안점은 심해의 날치와 암기(暗器)[3] 사어(梭鱼)를 생체공학적 대상으로 삼은 것으로서, "암(暗)"은 광속처럼 빠르다는 의미를 함축한다.
B: 본 디자인은 종전에 흑색, 백색, 회색, 은색의 네 가지 색채에 한정된 것을 탈피하여, 시류에 따라 반짝이고 생동감 있는 배색, 즉 푸른하늘색, 라임 그린, 복숭아색, 호박금색, 진주색, 블루 크리스털, 보석색, 홍색, 은색, 자색, 흑색, 백색, 회색 등 여러 종의 아름다운 색채를 적용하여 매력적이고 유행에 부합한다.

본 출원의 간략한 설명에는 디자인 요점으로 디자인의 착안점을 상세히 기술하면서, 도면에 표현되지 않은 색채들도 설명하였는데, 이는 디자인 요점 작성에 명백한 오류가 있는 경우에 해당한다. 심사관은 출원인에게 보정을 요구하면서 색채에 대한 설명을 삭제할 것을 요구한다.

도 4-2

입체도

(4) 디자인의 요점을 가장 잘 보여 주는 도면 또는 사진의 지정

일반적인 경우 출원인이 지정한 도면을 공고할 도면으로 확정하며, 지정된 도면은

---

3) 불시에 혹은 암암리에 사용하는 암살무기.

물품의 디자인 또는 디자인 요점을 가장 잘 표현할 수 있는 것이어야 한다.

도면을 지정하지 않았거나, 지정된 도면이 명백하게 부적절하거나, 여러 개의 도면을 지정했거나, 간단한 설명에 도면을 사용하여 지정한 경우, 심사관은 상황에 따라 직권으로 보정할 수 있다.

(5) 그래픽 유저 인터페이스를 포함하는 물품 디자인 출원의 경우

2014년 5월 1일자로 시행된 전리심사지침 개정안[4])에서는 그래픽 유저 인터페이스(GUI)에 대한 디자인 출원이 가능하도록 개정되었는데, 이에 따르면, 그래픽 유저 인터페이스를 포함하는 물품 디자인 출원에서, 필요한 경우 그래픽 유저 인터페이스의 용도, 그래픽 유저 인터페이스가 물품에 위치하는 영역, 사용자와 기기 간의 상호작용 방식 및 변화 상태 등을 설명한다.

2) 간단한 설명에 작성할 수 없는 내용

(1) 상업적 광고 표현(예: "편리한", "안락한"과 같은 형용어구)
(2) 물품의 성능과 내부구조를 설명하는 내용

간단한 설명에 광고성 표현이나 내부구조, 기술효과, 기술 파라미터, 디자인 기풍이나 의미, 디자인 수단 및 도면에 표현되지 않은 시각적 효과 등을 설명한 경우, 심사관은 직권으로 삭제하거나 출원인에게 삭제할 것을 요구할 수 있다.

"본 디자인은 종래 디자인과 명백히 구별된다", "동일한 종류의 물품에 유사한 디자인이 발견된 바 없으며, 본 디자인은 독창적이다"와 같은 내용이 작성된 경우 역시 광고성 표현으로 간주된다.

3) 필요한 경우 간단한 설명에 작성해야 할 내용

(1) 전리심사지침에 규정된 6가지 경우

a) 색채를 보호범위로 청구한 경우 또는 도면을 생략한 경우

색채를 보호범위로 청구한 경우 간단한 설명에 이를 선언해야 한다. 이 선언은 일반적으로 "청구하고자 하는 디자인은 색채를 포함한다"라거나 "색채를 보호범위로 청구한다" 등과 같이 문자적으로 기재한다. 색채는 도면에 표현된 색채를 기준으로 하며, 구체적인 색채 수치값을 사용하여 물품의 색채를 설명해서는 안 된다.

어떠한 도면을 생략한 경우, 이를 생략한 구체적인 원인을 설명해야 한다(예: 대칭 또는 동일하여 생략). 명시하기 어려운 경우에는 어떤 도면을 생략했다고만 기재할 수도 있다. 예를 들어, 대형 설비에 대한 저면도가 없는 경우, "저면도를 생략함"이라고만 기

---

4) 《国家知识产权局关于修改〈专利审查指南〉的决定》, (第68号); 2014년 3월 12일 공포.

재할 수 있다.

b) 동일한 물품에 대한 복수개의 유사디자인이 한 건의 디자인출원으로 이루어진 경우, 간단한 설명에서 그중 하나를 기본디자인으로 지정해야 한다. 기본 도면을 지정하지 않은 경우, 심사관은 출원인에게 보정을 요구한다. 기본디자인의 지정에 명백한 오류가 있어 병합 출원을 할 수 없는 경우, 심사관은 심사의견통지서를 발부해야 한다.

c) 꽃무늬 천, 벽지 등 평면 물품에 있어서, 필요한 경우 평면 품품에서의 단위도안이 양방향으로 또는 네 방향으로 무한정 연속되는지 기재해야 한다.

d) 가늘고 긴 물품에 있어서, 필요한 경우 가늘고 긴 물품의 길이에 생략 화법을 적용했음을 기재해야 한다. 생략된 길이에 대해 생략된 구체적 길이를 기재해서는 안 되나, 비율로 기재할 수는 있다(예: "생략된 길이는 테이블면 전체 길이의 2/3이다").

e) 물품의 디자인이 투명한 재료 또는 특수한 시각적 효과를 갖는 신재료로 제작되었다면, 필요한 경우 간단한 설명에 설명해야 한다.

f) 디자인 물품이 한벌 물품에 해당하는 경우, 필요하면 각 물품에 대응되는 물품의 명칭을 기재해야 한다. 도면을 통해 각 한벌 물품의 명칭을 명확히 한 경우, 간략한 설명에는 기재하지 않을 수 있다.

(2) 그 외 특수한 상황

어떠한 물품에 내장물이나 보완물이 있어야만 청구하고자 하는 물품의 디자인을 명확히 표현할 수 있는 경우, 간단한 설명에서 내장물 또는 보완물은 청구하고자 하는 내용에 속하지 않음을 설명할 수 있다(예: "마네킹은 보완물로서 필요하지만, 청구하고자 하는 내용에는 해당하지 않는다").

4) 처리 방식

간단한 설명에 흠결이 존재하는 경우, 심사관은 상황에 따라 처리 방식을 선택한다.

(1) 보정통지서의 발부

간단한 설명에 기재한 내용에 명백한 흠결이 존재하는 경우, 일반적으로 심사관은 보정통지서를 발부하여 출원인에게 보정할 것을 통지한다. 예를 들어, 간단한 설명에 물품의 용도, 디자인 요점을 기재하지 않은 경우, 심사관은 보정통지서를 발부하여 출원인에게 보정할 것을 통지하며, 직권으로 보정할 수 없다.

(2) 직권 보정

간단한 설명에 물품의 명칭을 기재하지 않은 경우, 기재한 물품의 명칭이 출원서와 일치하지 않은 경우, 도면의 지정이 부적합한 경우, 명백한 문자적 오류가 있는 경우, 간단한 설명에 기재할 수 없는 내용을 작성한 경우, 예를 들어 디자인의 도면 또는 사진 이외의 내용에 대한 기재, 물품의 내부구조, 기술적 효과, 광고성 표현 또는 불필요한 표현(예: "무색채 보호", "그 외 설명이 필요한 상황: 없음" 등)이 기재된 경우, 심사관은 직권으로 보정할 수 있고, 보정 후 서면으로 출원인에게 고지한다.

5. 전리법 제5조 제1항5)에 따른 심사

전리법 제5조 제1항 규정에 따라 법률, 사회공중도덕에 반하거나 공공의 이익을 해하는 디자인은 전리권을 수여받을 수 없다.

1) 법률 위반

법률은 전국인민대표대회 또는 전국인민대표대회 상무위원회가 입법 절차를 거쳐 반포한 법률을 의미한다. 예를 들어, 중국인민은행법 등이 포함되나, 행정법규 및 규칙은 포함되지 않는다. 디자인이 법률을 명백히 위반하여 등록받을 수 없을지 여부는 이하 심사기준에 따른다.

(1) 디자인 자체가 법률에 반하여 등록받을 수 없는 경우

예를 들어, 마약 흡입기구, 도박 설비에 대한 디자인은 등록받을 수 없다. 디자인 물품이 마약 흡입기구나 도박 설비에 해당하는지 여부는 물품의 명칭 및 간단한 설명을 결합하여 종합적으로 판단한다. 예를 들어, 명칭이 "슬롯 머신"인 물품은 일반적으로 도박 설비로 인정된다.

다른 예로서, 중국인민은행법 제18조는 광고품, 출판물 또는 그 외 상품에 인민폐 도안을 사용하지 못하도록 규정한다. 따라서 도 5-1에 도시된 것처럼 인민폐로 도안된 침대 커버는 등록받을 수 없다.

도 5-1

---

5) 법률, 사회공중도덕에 위반되거나 공공의 이익을 해치는 발명창조는 전리권을 수여받지 못한다.

(2) 디자인 자체는 법률에 반하지 않고 단지 남용되면 법률에 반하게 되는 경우에는 등록 받을 수 있다.

예를 들어, 의료용 각종 약품, 마취용품의 디자인 등

(3) 디자인 자체는 법률에 반하지 않고, 단지 그 실시를 법률이 금하는 경우, 즉 디자인 물품의 생산, 판매 또는 사용이 법률로 제한되는 경우에는, 등록받을 수 있다.

예를 들어, 국방상 이용되는 각종 무기의 생산, 판매 및 사용은 법률의 제한을 받지만, 무기 자체의 디자인은 전리권 보호 대상이 될 수 있다.

2) 사회공중도덕 위배

사회공중도덕이란, 공중이 보편적으로 정당하다고 인정하고 받아들이는 윤리도덕 관념 및 행위준칙을 의미한다.

(1) 심사 기준

사회공중도덕의 의미는 일정한 사회 및 문화 배경과 관련되고, 시간의 흐름과 사회의 진보에 따라 지속적으로 변화하며, 지역에 따라서도 달라진다. 따라서 중국 전리법에서 말하는 사회공중도덕은 중국 국내로 한정된다. 아래 두 가지 유형의 디자인은 등록받을 수 없다:

a) 폭력적이고 잔인한 내용을 담은 디자인

디자인에 해골 형상, 도안 또는 기타 관련 디자인은 사람에게 공포감과 반감을 갖게 하여 사회공중도덕에 명백히 반하므로, 등록받을 수 없다.

아래 도 5-2에 도시된 문신기의 디자인은 해골형상이 험악하고, 단검과 권총의 형상도 포함하고 있어, 전체적인 디자인이 사람에게 공포감과 반감을 갖게 하여 사회공중도덕에 명백히 반하므로, 등록받을 수 없다.

b) 음란한 내용을 담은 디자인

인체를 내용으로 하는 디자인이 음란한 내용을 담은 디자인에 해당하는지 판단할 때, 청소년과 사회 풍속에 영향을 미치는지를 고려한다. 단지 노출된 인체라 하여 음란한 내용에 해당하는 것은 아니며, 또한 표현이 함축적이라 하여 음란한 내용에 해당하지 않는 것도 아니다.

도 5-3은 목욕베개를 도시하는데, 비록 완전히 노출된 인체는 아니지만 공중이 받아들이기 어렵고 청소년을 잘못 인도하거나 사회 풍속에 건전하지 못한 영향을 미칠 것이므로, 사회 공중도덕에 반하여 등록받을 수 없다.

도 5-2   도 5-3

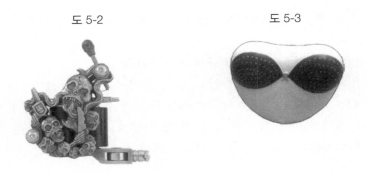

(2) 특수한 경우의 처리

해골 형상 또는 도안을 내용으로 하는 디자인이 사회공중도덕에 반하는지에 대해, 일률적으로 논할 수 없으며, 아래 유형의 해골 형상 또는 도안을 갖는 다지인은 등록이 가능하다.

a) 장식성 디자인

해골 형상 또는 도안이 디자인의 장식성 요소를 띠고, 디자인 자체가 폭력이나 잔혹성을 권장하지 않는다면, 공중이 받아들이는 것은 반감이 아닌 미감일 것이므로 사회공중도덕에 반하지 않아 등록이 가능하다.

도 5-4에서 도시하는 물품은 각각 부츠와 휴대폰 고리이다. 이들이 채용한 해골 형상 또는 도안은 모두 장식성 요소를 띠면서도, 매력적이고 세련된 시각적 효과를 형성하여 공중에 반감을 일으키지 않으므로, 등록이 가능하다.

도 5-4

b) 경고성 디자인

농약이나 기타 화학제제의 포장품 상의 해골 도안은 해당 물품의 독성을 표현하는 경고성 도안이므로 사회공중도덕에 반하지 않아 등록이 가능하다.

c) 교육적 목적으로 이용되는 디자인

교육적 필요에 따라 디자인에 해골 형상이나 도안을 포함한 경우, 해당 해골 형상이나 도안은 객관적 필요에 의한 것으로서, 사회공중도덕에 반하지 않아 등록이 가능하다.

3) 공공 이익에 대한 위해

공공 이익에 대한 위해란, 디자인을 실시하거나 사용하면 공중 또는 사회에 위해를 가하거나 국가와 사회의 정상적 질서에 영향을 미치는 것을 의미한다.

(1) 심사 기준

a) 디자인의 문자 또는 도안이 국가의 중대한 정치적 사건, 경제적 사건, 문화적 사건에 관한 것이거나, 종교적 신앙에 관련되어 공공 이익을 해하거나 국민의 감정, 민족 감정에 상처를 주는 것, 또는 봉건적 미신 숭배, 부적절한 정치적 영향을 초래하는 것은 등록받을 수 없다.

올림픽 표지에 관한 디자인은 그 디자인이 올림픽 표지와 동일하든 유사하든 국가의 중대한 문화적 사건에 관련되고 공공의 이익을 해하는 출원에 해당하므로 등록을 받을 수 없다.

도 5-5는 장난감 인형 디자인을 도시하는데, 올림픽 표장의 마스코트를 직접적으로 채용한 것은 아니지만, 전체적이고 종합적인 관찰 및 분석을 통해, 이 디자인 물품의 형상, 도안, 색채가 올림픽 표장의 마스코트의 형상, 도안, 색채와 유사함을 알 수 있다. 따라서 이 디자인은 공공 이익을 해하는 출원으로서 등록을 받을 수 없다.

도 5-5

한편, 출원인이 표장의 권리자라거나 신청허가 증명자료를 제출할 수 있는 경우라면, 올림픽 표장 등에 대한 디자인은 등록받을 수 있다. 다만, 출원인이 사용허가 증명서만을 제출할 수 있는 경우에는 등록받을 수 없다.

b) 유명 건축물(예: 천안문)과 지도자의 초상화 등을 내용으로 하는 디자인은 등록받을 수 없다.

c) 중국 국기 또는 국장을 도안의 내용으로 하는 디자인은 모두 공공의 이익을 해하는 출원에 해당하므로 등록받을 수 없다.

(2) 특수한 경우의 처리

a) 디자인의 주제가 비록 공공 이익을 해하는 것이 아니더라도, 그 표현 방식이 일으키는 부작용이 공공의 이익을 해한다면 등록받을 수 없다.

도 5-6에 도시된 디자인의 주제는 비록 "반파시즘"이지만, "파시즘"이라는 글자가 유난히 돋보이고, 도안상의 비행기가 만리장성에 상당한 폭탄을 투여하고 있어 국민 감정을 해하므로, 공공 이익을 해하는 디자인에 해당한다.

도 5-6

b) 디자인이 봉건적 미신을 미화하는 내용을 포함하는지 판단할 때, 봉건적 미신과 민속, 종교신앙의 구별에 주의해야 한다. 민속과 종교신앙 내용을 포함하는 디자인은 등록이 가능하다. 예를 들어, "조왕신" 도안을 포함하는 디자인은 중국 민속에 관련된 디자인으로서 등록이 가능하다. "관음", "석가모니" 형상 또는 도안을 포함하는 디자인은 종교신앙에 대한 것으로서 역시 등록 가능하다.

c) 도면 또는 사진에 표현된 물품에 전리법 제5조 제1항에 명백히 해당하는 내용이 있으나, 그 내용이 해당 물품에 사용하는 것이 합법적이고, 그 디자인의 주제가 긍정적이라면, 공공의 이익을 해하는 디자인에 해당하지 않아 등록이 가능하다.

도 5-7

도 5-7에 도시된 트럼프 카드 디자인 표지에는 국장이 인쇄된 노동법 서적이 포함되어 있다. 노동법 서적에 국장이 인쇄되는 것은 명백히 합법이고, 트럼프 카드의 디자인 주제는 노동법을 선전하는 것이므로, 이러한 유형의 디자인 출원은 등록이 가능하다.

4) 처리 방식

디자인이 전리법 제5조 제1항 규정에 반하는 경우, 심사관은 전리법 제5조 제1항을 근거로 심사의견통지서를 발부하여 존재하는 문제와 그 결과에 대해 고지한다. 증명서류 제출로 흠결을 해소할 수 있는 출원이라면 출원인에게 처리 방식도 함께 고지한다. 예를 들어, 올림픽 로고에 관한 출원의 경우 심사관은 출원인에게 전리출원허가 증명서류를 제출하라고 고지할 수 있다.

전리법 제5조 제1항에 관련된 내용이 삭제 가능하고, 삭제로 인해 보정범위가 초과되지 않는다면, 심사관은 출원인에게 전리법 제5조 제1항에 관련된 부분을 삭제하라고 통지할 수 있다.

출원인이 제출한 의견진술 또는 관련 증거자료로 흠결을 극복할 수 있는 경우, 또는 출원인이 전리법 제5조 제1항에 관련된 내용을 삭제했고, 또한 그러한 보정이 보정범위를 초과하지 않는 경우, 심사관은 등록 결정을 내릴 수 있다. 출원인의 의견진술 또는 보정 후에도 여전히 흠결이 해소되지 않은 경우, 심사관은 거절결정을 내릴 수 있다.

6. 전리법 제31조 제2항⁶⁾에 따른 심사

전리법 제31조 제2항 규정에 부합하는 디자인은 한 종류의 물품에 적용되는 하나의 디자인, 한벌 물품의 여러 디자인 또는 한 물품의 둘 이상의 유사디자인의 3가지가 있다.

심사관은 우선 디자인이 적용된 물품이 한 개의 물품인지 아니면 여러 개의 물품인지 판단한다. 만약 한 개의 물품이면 그 디자인은 한 종류의 물품에 적용되는 하나의 디자인에 해당한다. 만약 여러 개의 물품인 경우 그 디자인이 전리법 제31조 제2항 규정에 부합하는지 여부는 한벌 물품 및 유사디자인의 정의 및 각 구성요건을 토대로 판단한다.

심사관은 어떠한 물품이 한 개의 물품인지 아니면 여러 개의 물품인지 판단할 때, 물품의 명칭, 물품이 실제로 판매되는 관행 및 소비자의 사용 관행을 고려하여 종합적으로 판단해야 한다.

▌사례 1 ▌

도 6-1에 도시된 장난감 세트와 같이, 출원일에 제출한 도면에는 인형, 우유병 등 장난감 세트가 포장 상자에 들어 있는 상태로 표현되었고, 장난감 인형, 장난감 우유병 및 그 포장물 등 여러 개의 물품이 포함되었다. 이 여러 개의 물품은 분류표 중에서 동일한 대분류에 속하지 않고, 장난감 인형과 장난감 우유병은 관행상 포장물과 동시에 사용되는 것이 아니라, 사용 시에 장난감 인형과 우유병은 포장물에서 꺼낼 필요가 있다. 따라서 본 출원은 전리법 제31조 제2항 규정에 반하므로, 병합하여 출원할 수 없다.

도 6-1

| 좌측면도 | 정면도 | 우측면도 | 배면도 |

---

6) 하나의 디자인출원은 하나의 디자인에 한정되어야 한다. 동일 물품에 대한 2 이상의 유사 디자인 또는 동일 분류에 속하며 한 벌로 판매되거나 사용되는 물품에 사용되는 2 이상의 디자인은 하나의 출원으로 할 수 있다.

┃ 사례 2 ┃

도 6-2에서 도시하는 전기다리미는 본체와 받침대의 두 가지 조립품을 포함한다. 이 두 가지 조립품은 구조상 내적 연관된 관계일 뿐만 아니라, 조립품들 모두 이 물품에서 필수불가결한 구성부분이다. 전기다리미를 사용할 때 반드시 이 두 구성품을 사용해야 하고, 판매할 때 역시 본체와 받침대가 포함된 전기다리미를 판매한다. 따라서 만약 이 디자인 물품의 명칭을 "전기다리미"로 한다면, 각 조립품의 도면을 함께 제출하더라도 여전히 조립식 물품의 디자인에 해당한다.

도 6-2

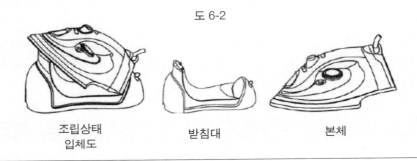

| 조립상태 | 받침대 | 본체 |
| 입체도 | | |

┃ 사례 3 ┃

도 6-3에 도시된 사무용 책걸상은 동일한 구상의 디자인으로 만들어졌으나 서로 독립된, 완전한 두 개의 물품이다. 사람들이 사무용 책상을 사용할 때 일반적으로 의자를 필요로 하므로 양자는 사용상 밀접한 관계가 있다. 따라서 사무용 책상과 사무용 의자는 관행적으로 함께 판매되고 함께 사용되지만, 반드시 함께 사용, 판매되어야 하는 것은 아니다. 사무용 책상과 사무용 의자는 한벌 물품의 정의 및 구성요건에 부합하므로, 한벌 물품에 해당한다.

도 6-3

┃ 사례 4 ┃

도 6-4에 도시된 가위에 대해 간단한 설명에서는 디자인 1을 기본디자인으로 지정했다. 디자인 2와 디자인 1의 전체적 형상은 유사하고, 손잡이 등 각 부분에 여러 동일한 디자인 특징이 존재한다. 양자는 헤드부, 칼날, 및 우측 개구부 및 우측 하단부의 일부 색채가 다르지만, 디자인 전체적으로 미세한 차이에 불과하므로, 동일한 물품의 유사한 디자인에 해당한다.

도 6-4

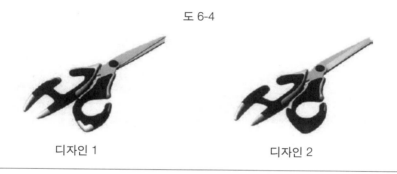

디자인 1   디자인 2

1) 조립식 물품

조립식 물품이란, 여러 구성부품이 서로 결합되어 이루어진 하나의 물품을 의미한다.

조립식 물품은 조립관계가 없는 조립식 물품, 조립관계가 유일한 조립식 물품 및 조립관계가 유일하지 않은 조립식 물품으로 나뉠 수 있다. 이러한 세 가지 분류는 심사관이 조립식 물품의 개념을 보다 잘 이해하고, 조립식 물품과 여러 건의 물품 간의 명확한 구별을 돕기 위해서이다. 조립식 물품의 각 구성품 간에는 형태 구성상 또는 사용 과정 중에 밀접한 관계를 갖고, 함께 결합되어야만 그 물품의 용도를 발휘하고 그 사용 가치를 실현한다.

주전자와 가열받침대 두 부분으로 이루어진 전기포트(도 6-5 참조), 솥 본체, 솥 뚜껑, 찜솥 그릇으로 이루어진 찜솥(도 6-6 참조), 거울과 테이블이 분리된 화장대(도 6-7 참조), 세 부분으로 이루어진 마스크(도 6-8 참조), 고정대를 구비한 차량용 공기청향제병(도 6-9 참조), 펜뚜껑을 구비한 만년필(도 6-10 참조), 한쌍의 운동화, 모자이크 타일, 멀티헤드 파마기, 조립관계가 있는 형재(型材) 및 착즙컵, 빙수컵 및 받침대로 이루어진 착즙빙수기 등은 모두 조립식 물품이다.

도 6-5

도 6-6

도 6-7

도 6-8

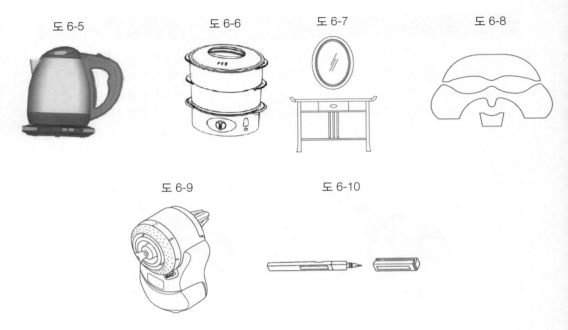

도 6-9

도 6-10

도 6-11에 도시된 소파상의 쿠션은 소파의 형태를 구성하는 데 필요한 구성부분이고, 전체 디자인에서 필수불가결한 부분이며, 만약 쿠션이 없는 경우 소파의 전체적인 형태가 달라지고, 소파와 쿠션의 디자인 스타일이 일치하므로, 소파와 쿠션은 조립식 물품으로 본다.

도 6-11

그러나 여러 물품이 만약 임의의 조합 또는 함께 진열한 것에 불과하여 사용 과정에서 서로 밀접한 관계가 없다면, 이는 조립식 물품에 해당하지 않는다. 명백히 다른 용도를 갖는 여러 물품은 조립식 물품에 해당하지 않는다.

▌사례 1 ▌

도 6-12는 묘지 진열품 디자인 출원의 도면으로서, 출원인은 간단한 설명에 다음과 같이 기재했다: 본 디자인은 조립식 물품으로서, 조립품 1은 꽃병, 조립품 2는 전등 소켓(개구부에 전구 장착 가능), 조립품 3은 액자, 조립품 4는 십자가이다.

조립품 1은 묘지에서 제사를 지낼 때 꽃을 넣기 위한 꽃병이고, 조립품 2는 전등 소켓으로서, 소켓에 전구를 장착할 수 있으며, 조립품 3은 고인의 사진을 넣는 액자이고, 조립품 4는 십자가이다. 본 조립식 물품의 디자인 착안점, 재질, 용도가 동일하고, 관행적으로 함께 판매, 사용된다. 그러나 꽃병, 전등 소켓, 액자 및 십자가는 동일한 디자인적 구상을 갖는 네 가지 물품으로서, 용도가 완전히 다르고, 서로 구조상 연관되지 않아, 조립식 물품이 아니라, 여러 물품의 디자인에 해당한다. 본 디자인은 조립식 물품으로 출원할 수 없다.

도 6-12

조립품 1   조립품 2

조립품 3   조립품 4   사용상태
참고도

▌사례 2 ▌

도 6-13은 나사 드라이버 공구세트함으로서, 아래 두 장의 도면을 통해 알 수 있듯이, 본 출원은 공구함과 나사 드라이버 공구 전체를 포함한다. 공구함과 나사 드라이버 공구는 용도가 다른 여러 개의 물품으로서, 조립식 물품에 해당하지 않는다.

도 6-13

▍사례 3 ▍

도 6-14는 다기가 도시되었다. 도면을 통해 알 수 있듯이, 본 출원은 차 주전자, 찻잔 및 차 접시의 3가지 물품을 포함한다. 이들은 사용에 있어서 일정한 조합 관계가 있으나, 차 주 전자는 차를 우려내는 데 사용하고, 찻잔은 차를 마시는 데 이용되며, 차 접시는 찻잔을 두 기 위한 것으로서, 세 가지 물품의 용도가 명백히 달라 조립식 물품에 해당하지 않는다. 본 출원은 한벌 물품에 해당하며, 한벌 물품의 출원요건에 따라 도면을 제출해야 한다.

도 6-14

(1) 조립관계가 유일한 조립식 물품

조립관계가 유일한 조립식 물품이란 분리 가능한 여러 개의 구성부품으로 이루어지 고, 각 구성부품 간의 조립관계가 유일하고 확정적인 물품을 의미한다. 예를 들어 착즙 컵, 빙수컵 및 받침대로 이루어진 착즙빙수기, 도 6-5에 도시된 전기 포트, 도 6-9에 도 시된 고정대를 구비한 차량용 공기청향제병 등이 조립관계가 유일한 조립식 물품에 해 당한다.

(2) 조립관계가 유일하지 않은 조립식 물품

조립관계가 유일하지 않은 조립식 물품이란, 분리 가능한 여러 개의 구성부품으로 이루어지고, 각 구성부품 간의 조립관계가 여러 가지이며, 관행상 각 구성부품이 단독으로 판매되거나 사용될 수 없고, 일체로 조합되어야 정상적인 사용이 가능한 조립식 물품을 의미한다. 각 구성부품은 디자인전리의 보호 객체가 될 수 없다. 블록쌓기 장난감이 대표적인 예이다.

(3) 조립관계가 없는 조립식 물품

조립관계가 없는 조립식 물품이란, 각 구성부품 간에 조립관계가 없고, 각 구성부품은 단독으로 판매되거나 사용될 수 없으며, 일체로 조합되어야 사용 가능한 물품을 의미한다. 각 구성부품은 디자인전리의 보호 객체가 될 수 없다. 트럼프 카드, 마작, 장기알, 체스의 말 등이 대표적인 예이다.

2) 동일한 물품에 대한 둘 이상의 유사디자인

형식심사 단계에서, 동일한 물품에 대한 둘 이상의 유사디자인(이하, '유사디자인'으로 약칭함)을 심사할 때, 심사관은 아래와 같은 기준에 따라 심사한다.

① 유사디자인에 대한 출원의 경우, 전리법 제31조 제2항 규정에 명백히 반하는지 심사한다. 만약 전리법 제31조 제2항 규정에 반함을 입증할 충분한 근거가 없다면, 해당 출원을 유사디자인의 병합출원으로 인정해야 한다.

② 유사디자인의 판단 기준은 디자인의 실질적 동일성 판단 기준과는 다르다. 심사관은 출원 서류의 구체적 내용을 토대로 유사디자인 출원요건에 부합하는지 종합적으로 판단해야 하고, 실질적 동일성 판단기준으로 판단해서는 안 된다. 한편, 동일한 물품의 기타 디자인과 기본디자인의 디자인 구성이 실질적으로 동일한 경우, 해당 출원의 여러 디자인을 유사디자인 병합출원으로 할 수 있다. 즉, 유사디자인을 구성하는 상황은 디자인이 실질적으로 동일한 상황으로 한정되지 않는다.

③ 심사관은 기타 디자인과 기본디자인을 단독 비교해야 하고, 기타 디자인 간에 유사디자인 해당 여부를 판단하지 않는다.

④ 한 건의 유시디자인 출원에서의 디자인 개수는 최대 10개이다.

심사관은 출원서, 도면 또는 사진 및 간단한 설명의 내용을 종합적으로 판단하되, 구체적으로 아래 단계에 따라 심사를 진행한다.

- 제1단계: 동일 물품에 대한 판단

심사관은 우선 해당 디자인 출원에서의 여러 디자인이 적용된 물품이 동일한 물품인지 판단한다. 만약 동일한 물품이 아니면, 동일한 물품에 대한 여러 개의 디자인을 병합출원할 수 없는 것으로 판단한다.

- 제2단계: 기본디자인의 판단

심사관은 출원인이 간단한 설명에서 기본디자인을 지정했는지 확인한다. 기본디자인의 지정은 기타 디자인과 기본디자인이 유사한지 판단하기 위한 전제조건이다. 출원인이 간단한 설명에 기본디자인을 지정하지 않은 경우, 심사관은 보정통지서를 발부하여 출원인에게 기본디자인을 지정하도록 요구한다.

- 제3단계: 기타 디자인과 기본디자인의 디자인 특징 관찰 및 판단

도면 또는 사진에 표현된 물품의 디자인에 대해 전체적으로 관찰하고, 간단한 설명에서의 디자인 요점 및 색채를 보호범위로 청구하는지 여부를 고려하여, 기타 디자인에 기본디자인과 동일 또는 유사한 디자인 특징이 있는지 판단한다.

- 제4단계: 유사디자인 여부 결론

만약 기타 디자인과 기본디자인이 적용된 물품이 동일한 물품이고, 기타 디자인이 기본디자인과 동일 또는 유사한 디자인 특징을 갖는 경우, 양자의 차이가 국부적인 미세한 변화, 해당 물품의 관용디자인, 디자인 단위의 중복 배열 또는 색채 요소의 변화일 뿐인 경우에 해당하는지 판단한다. 만약 해당한다면 유사디자인으로 인정하고, 그렇지 않으면 물품의 해당 분야를 고려하여 양자의 차이가 디자인 전체적인 시각 효과에 미치는 비중을 분석한다(예: 디자인 요점에 해당하는지 여부 등). 종합적인 고려에도 여전히 기타 디자인과 기본디자인이 명백하게 유사하지 않다고 판단할 수 없다면, 양자는 유사디자인에 해당하는 것으로 인정한다.

(1) 동일 물품에 대한 판단

전리법 제31조 제2항 규정에 따라, 유사디자인 출원에서의 각 디자인은 동일한 물품에 대한 디자인이어야 한다. 동일한 물품이란 기타 디자인과 기본디자인을 사용하는 물품의 명칭이 동일하고 양자가 동일한 용도를 갖는 물품을 의미한다. 주의할 점으로, 물품 분류와 동일한 물품의 인정은 직접적인 관계가 없다. 예를 들어, 각 디자인이 식사용 쟁반, 접시, 컵, 그릇의 디자인으로 나뉘었다면, 비록 각 물품이 〈분류표〉상의 동일한 대분류에 속하지만, 이들이 동일한 물품에 해당하는 것은 아니다.

유사디자인 출원에서의 여러 디자인이 적용되는 물품은 동일한 물품의 명칭을 사용하되, 간단하고 정확해야 한다. 여러 용도를 갖는 물품의 경우, 일반적인 관행상의 상위 물품의 명칭을 사용하여 개괄할 수 있다. 다만, 상위 개념으로의 지나친 개괄이어서는 안 된다.

▎사례 1▎

도 6-15에서 도시하는 용기는, 디자인 1이 쟁반이고, 디자인 2가 그릇이며, 디자인 3은 접

시이다. 이들은 물품의 명칭이 다르므로 동일한 물품에 속하지 않는다.

도 6-15

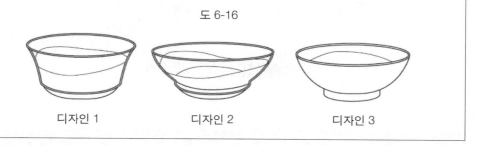

디자인 1   디자인 2   디자인 3

┃ 사례 2 ┃

도 6-16에서 도시된 세 가지 디자인이 적용된 물품의 명칭으로 출원일에 제출된 출원서에는 그릇이라고 되어 있었다. 이들 물품의 명칭은 동일하고 동일한 용도를 가지므로, 동일한 물품으로 인정된다.

도 6-16

디자인 1   디자인 2   디자인 3

동일한 물품은 용도가 하나인 물품과 용도가 여러 개인 물품으로 나뉠 수 있다.
a) 단일 용도의 동일 물품이란 용도가 완전히 동일한 물품을 의미한다.

┃ 사 례 ┃

도 6-17

도 6-17에서 도시하는 디자인 1과 디자인 2는 포장 병으로서, 과즙을 담는 데 이용된다. 용도가 하나이고 완전히 동일하므로 동일한 물품으로 볼 수 있다.

b) 여러 용도의 물품이란, 비록 용도는 여러 개이지만 용도가 기본적으로 동일한 물품을 의미한다. 용도가 기본적으로 동일하다는 것은 물품의 여러 용도 중에서 일부 용도가 동일함을 의미한다.

┃ 사례 1 ┃

도 6-18은 다기능 팬으로서, 간단한 설명에 따르면 디자인 1이 기본디자인으로 지정되었다. 디자인 1은 녹음 기능을 갖는 팬이고, 디자인 2는 USB 기능을 갖는 팬이며, 디자인 3은 MP3 기능을 갖는 팬이다. 이들 디자인은 모두 글을 작성하는 기능을 가지므로 여러 용도를 갖는 동일한 물품으로 볼 수 있다.

도 6-18

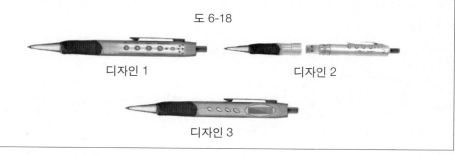

디자인 1   디자인 2

디자인 3

┃ 사례 2 ┃

도 6-19

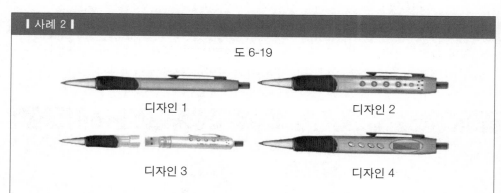

디자인 1   디자인 2

디자인 3   디자인 4

도 6-19에 도시된 것은 MP3 플레이어로서, 간단한 설명에 따르면 디자인 1이 기본디자인으로 지정되었다. 물품의 명칭 및 도면을 통해 알 수 있듯이, 디자인 1의 물품의 명칭은 MP3 플레이어지만, 디자인 1의 각 도면(여기에서는 지면의 공간을 고려하여 다른 도면들은 제시하지 않았음)에서는 플레이어가 갖춰야 할 조작버튼이나 디스플레이 화면이 표현되지 않았다. 디자인 1은 실제 일반적인 팬이지만, 디자인 2, 디자인 3, 디자인 4는 MP3 플레이어로 인정될 수 있다. 따라서 디자인 1과 기타 디자인은 동일한 물품에 속하지 않음이 명백하다. 심사관은 이 출원이 동일한 물품의 여러 유사디자인에 해당하지 않음을 이유로 심사의견통지서를 발부한다.

(2) 디자인 유사 여부에 대한 판단

a) 심사 방식

(a) 디자인 특징에 대한 이해 및 판단

디자인 특징이란, 디자인 요소의 전체, 일부 또는 그 결합을 의미한다. 예를 들어, 형상 디자인의 특징은 물품의 전체 또는 일부의 조형 특징을 포함한다. 도안 디자인의 특징은 물품 표면의 전체 또는 일부 도안의 특징을 포함하고, 색채 특징은 물품의 전체 또는 일부의 표면 색채 또는 그 결합을 특징으로 한다.

동일하거나 유사한 디자인 특징을 갖는다란, 기타 디자인과 기본디자인의 형태를 만들 때 동일한 디자인 착안점에서 기인하여, 형상, 도안 및 색채의 전체, 일부 또는 그 결합에 있어서 서로 분명한 동일점을 갖는 것을 의미한다. 예를 들어, 물품의 전체 형상이 동일하거나 일부 형상이 동일한 경우, 전체 도안이 동일하거나 일부 도안이 동일한 경우, 전체 형상이 동일하고 일부 도인이 동일한 경우, 일부 형상이 동일하고 일부 도안이 동일한 경우, 전체 형상 및 도안이 동일하고 일부 색채가 동일한 경우 등이다.

(b) 전체적 관찰 및 차이점에 대한 판단

전리심사지침에 따르면 일반적인 경우 전체 관찰을 거치되, 만약 기타 디자인과 기본디자인에 동일하거나 유사한 디자인 특징이 있고, 양자 간의 차이점이 국부적인 미세한 변화, 해당 물품의 관용디자인, 디자인 단위의 중복 배열 또는 색채 요소의 변화일 뿐인 경우, 양자는 유사한 디자인에 속하는 것으로 인정되는 것이 일반적이다.

따라서 기타 디자인과 기본디자인이 유사디자인에 해당하는지에 대한 판단은, 전체 관찰과 디자인 특징과 차이점에 대한 종합적 판단을 거쳐야 하고, 물품의 특정 부위나 간단한 설명에 기재된 디자인 요점만 고려할 수는 없다.

b) 유사디자인에 해당하는 경우

(a) 심사지침 제1부 제3장 9.1.2에 규정된 네 가지 유사디자인에 명백히 해당되는 경우

ㄱ) 기타 디자인과 기본디자인이 동일하거나 유사한 디자인 특징을 가지고, 양자의 차이가 국부적인 미세한 변화에 있는 경우

국부적인 미세한 변화에는 형상의 국부적 미세 변화, 도안의 국부적 미세 변화 및 색채의 국부적 미세 변화가 포함된다. 여기에서 형상의변화는 윤곽, 외부구조 등의 변화

일 수 있고, 도안의 변화는 문양, 문자, 알파벳 등의 변화일 수 있으며, 디자인 재료의
미세한 변화 또는 단위 도안의 중복 배열, 증감 등일 수도 있다.

▌사례 1 ▌

도 6-20은 플러그로서, 간단한 설명에 따르면 디자인 4가 기본디자인으로 지정되었다. 기
타 디자인과 기본디자인을 비교한 결과는 다음과 같다: 디자인 1과 기본디자인은 전체적
인 형상이 유사한데, 기본디자인 물품의 앞부분 돌기구조는 5각형이고, 우측 하단의 모서
리가 안쪽으로 함몰되었고, 아랫변에 돌기가 없음에 반하여, 디자인 1에서 대응되는 부분
은 4각형이고, 아랫변 중간에 작은 돌기가 있다. 플러그 중심 형상에서 국부적인 미세한
차이가 있을 뿐이므로, 디자인 1과 기본디자인은 유사하여, 유사디자인 병합출원이 가능
하다. 마찬가지로, 디자인 2와 기본디자인의 차이점은 아랫변 중간에 작은 돌기를 추가한
것이고, 디자인 3과 기본디자인의 차이점은 앞부분 돌기구조가 6각형이고, 좌측 하단의 모
서리도 대칭으로 안으로 함몰되었으며, 아랫변 중간에 작은 돌기가 있는 것인데 이들 모두
형상의 국부적 미세 변화에 해당한다. 디자인 2, 디자인 3은 각각 기본디자인과 유사하므
로 유사디자인 병합출원이 가능하다.

도 6-20

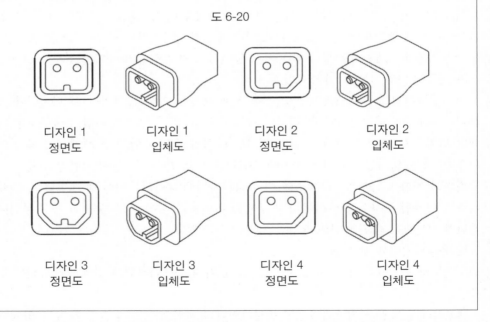

디자인 1   디자인 1   디자인 2   디자인 2
정면도   입체도   정면도   입체도

디자인 3   디자인 3   디자인 4   디자인 4
정면도   입체도   정면도   입체도

▌사례 2 ▌

도 6-21은 지폐분리 계수기로서, 간단한 설명에 따르면 디자인 1을 기본디자인으로 지정

했다. 디자인 2와 기본디자인을 비교하면, 전체적인 형상이 유사하다. 디자인 1의 뒷부분 1/3 구조가 전체적으로 하나의 유닛 구조라면, 양자의 차이점은 디자인 2의 뒤쪽에 약간 다른 유닛 구조가 추가되었고, 양자의 좌측과 아랫부분이 일부 미세하게 다르다는 점에 있다. 따라서 디자인 2와 기본디자인은 유사하여 유사디자인 병합출원이 가능하다.

도 6-21

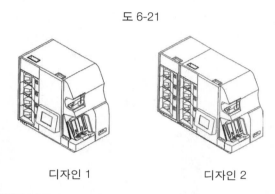

디자인 1   디자인 2

┃ 사례 3 ┃

도 6-22

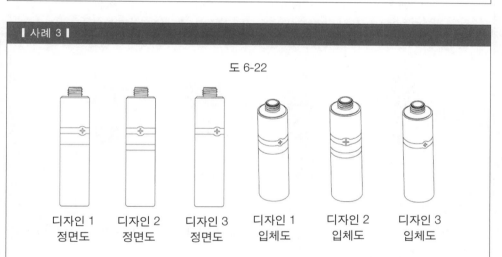

| 디자인 1
정면도 | 디자인 2
정면도 | 디자인 3
정면도 | 디자인 1
입체도 | 디자인 2
입체도 | 디자인 3
입체도 |

도 6-22에 도시된 병에 대해 간단한 설명에 따르면 디자인 1이 기본디자인으로 지정되었다. 디자인 2와 기본디자인을 비교하면, 형상이 동일하고, 병 표면 중간 하부의 횡선 개수만 다르다. 디자인 1은 선이 1개, 디자인 2는 두 개의 선이 있어, 도안상의 국부적 미세 변화에 해당한다. 디자인 2와 기본디자인은 유사하므로 유사디자인 병합출원이 가능하다. 같은 이유로, 디자인 3과 기본디자인은 형상이 동일하고, 병 표면 중간 하부의 횡선 개수만 다르다. 디자인 1은 선이 1개, 디자인 3는 선이 없어, 도안상의 국부적 미세 변화에 해당한다. 디자인 3과 기본디자인은 유사하므로 유사디자인 병합출원이 가능하다.

▌사례 4 ▌

도 6-23은 부채(경극 얼굴분장)을 도시하는데, 간단한 설명에 따르면 디자인 6이 기본디자인으로 지정되었다. 기타 디자인들을 각각 기본디자인과 비교해 보면, 부채의 전체 형상이 완전 동일하고, 물품 표면의 주요 도안 위치, 구도 형식 및 표현 수법이 유사하다. 기본디자인과의 차이점은 주로 인물 분장의 케릭터 표정의 미세한 변화로 인해 도안과 색채의 국부적 변화가 생긴다는 점이다. 이는 부채의 전체 디자인에서 도안의 국부적 미세 변화에 해당한다. 결국 디자인 1~5, 디자인 7은 각각 기본디자인과 유사하므로 유사디자인 병합출원이 가능하다.

도 6-23

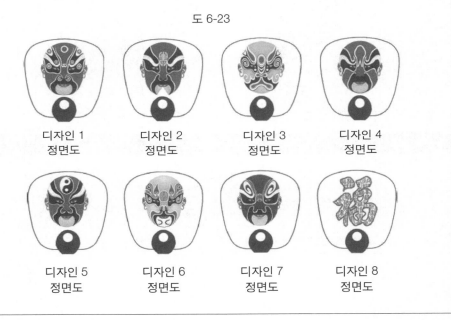

디자인 1 정면도 · 디자인 2 정면도 · 디자인 3 정면도 · 디자인 4 정면도

디자인 5 정면도 · 디자인 6 정면도 · 디자인 7 정면도 · 디자인 8 정면도

ㄴ) 기타 디자인과 기본디자인이 동일하거나 유사한 디자인 특징을 가지고, 양자의 차이가 해당 물품의 관용디자인에 있는 경우

▌사례 1 ▌

도 6-24에 도시된 주머니에 대해, 간단한 설명에 따르면 디자인 1을 기본디자인으로 지정되었고, 색채를 보호범위로 청구한다고 기재되었다. 기타 디자인과 기본디자인을 각각 비교해 보면, 도안과 색채가 동일하고, 차이점은 형상이 디자인 1은 장방형, 디자인 2는 하부 곡선형으로서 장방형에 가깝다. 이들 형상은 해당 물품 분야에서 관용디자인에 해당하므로, 디자인 2와 기본디자인은 유사하여 유사디자인 병합출원이 가능하다.

도 6-24

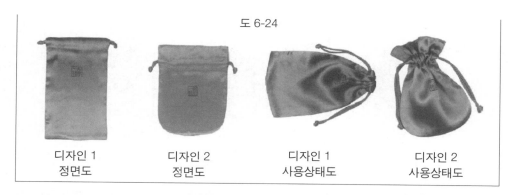

| 디자인 1
정면도 | 디자인 2
정면도 | 디자인 1
사용상태도 | 디자인 2
사용상태도 |

┃ 사례 2 ┃

도 6-25는 포장상자로서, 간단한 설명에 따르면 디자인 1이 기본디자인으로 지정되었으며, 색채를 보호범위로 청구한다고 기재되었다. 기타 디자인과 기본디자인을 각각 비교해 보면, 도안과 색채가 동일하나, 형상이 디자인 1은 하트형이고 디자인 2는 장방형으로 다르다. 본 디자인의 형상은 초콜릿 포장 분야에서 관용 디자인에 속하므로, 디자인 2와 기본디자인은 유사하여 유사디자인 병합출원이 가능하다.

도 6-25

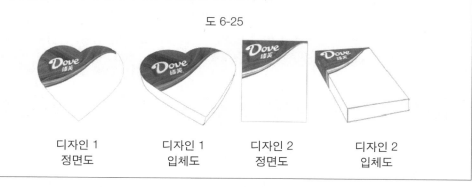

| 디자인 1
정면도 | 디자인 1
입체도 | 디자인 2
정면도 | 디자인 2
입체도 |

ㄷ) 기타 디자인과 기본디자인이 동일하거나 유사한 디자인 특징을 가지고, 양자의 차이가 디자인 단위의 중복 배열에 있는 경우

┃ 사례 1 ┃

도 6-26은 회로차단기로서, 간단한 설명에 따르면 디자인 1이 기본디자인으로 지정되었다. 기타 디자인과 기본디자인을 각각 비교해 보면, 디자인 1 전체가 단위체이고, 디자인 2 측면 형상의 변화는 두 개의 단위체의 중복배열에 기인하고, 이는 단위체 전체의 중복에 해당한다. 따라서 디자인 2와 기본디자인은 유사하다. 같은 이유로, 디자인 3과 디자인 4도 기본디자인과 유사하다. 따라서 디자인 1~4는 유사디자인 병합출원이 가능하다.

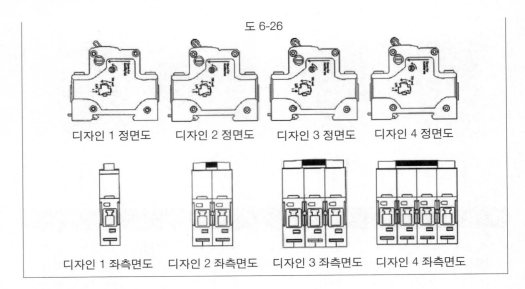

도 6-26

디자인 1 정면도　디자인 2 정면도　디자인 3 정면도　디자인 4 정면도

디자인 1 좌측면도　디자인 2 좌측면도　디자인 3 좌측면도　디자인 4 좌측면도

그 외, 입체물품에서 기본디자인의 물품 일부구조를 디자인 단위로 하고, 기타 디자인은 이 디자인 단위가 특정 방식으로 중복 배열 또는 조합된 것이면, 기타 디자인과 기본디자인이 유사한 것으로 인정할 수 있다. 전체 관찰을 기초로 할 때, 디자인 단위가 되는 물품 일부구조에서 국부의 미세 변화가 약간 있어도 허용되며, 완전히 동일할 것을 요구하지 않는다.

▌사례 2▐

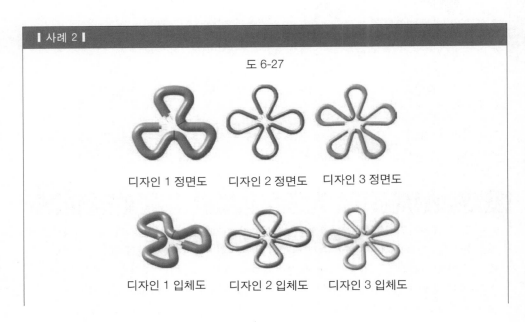

도 6-27

디자인 1 정면도　디자인 2 정면도　디자인 3 정면도

디자인 1 입체도　디자인 2 입체도　디자인 3 입체도

도 6-27은 형광등이고, 간단한 설명에 따르면, 디자인 2가 기본디자인으로 지정되었다. 기타 디자인을 기본디자인과 비교하면, 형광등을 이루는 각 단위 튜브구조의 형상이 유사하고, 두께와 길이의 국부적 미세한 변화가 있을 뿐이며, 개수는 다르다. 또한 모든 단위 튜브구조는 동일한 평면상에 구성되었다. 디자인 1을 기본디자인과 비교하면, 물품 전체적으로 단위 튜브구조가 줄어든 중복 배열에 해당하므로, 디자인 1은 기본디자인과 유사하다. 디자인 3을 기본디자인과 비교하면, 디자인 3 물품 전체적으로 단위 튜브구조가 늘어난 중복 배열에 해당하므로, 디자인 3은 기본디자인과 유사하다. 따라서 디자인 1~3은 유사디자인 병합출원이 가능하다.

ㄹ) 기타 디자인과 기본디자인이 동일하거나 유사한 디자인 특징을 가지고, 양자의 차이가 색채 요소의 변화에 있는 경우

이러한 유형은 기타 디자인과 기본디자인을 비교했을 때, 형상과 도안이 모두 동일하고, 차이점은 색채가 전체적 또는 부분적으로 변화한 경우를 의미한다. 색채의 변화는 색상, 무늬의 변화 또는 색채의 그라데이션 효과 등일 수 있다.

▌사례 1 ▌

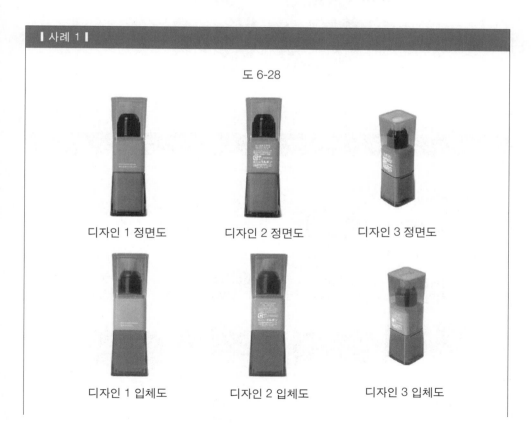

도 6-28

디자인 1 정면도   디자인 2 정면도   디자인 3 정면도

디자인 1 입체도   디자인 2 입체도   디자인 3 입체도

도 6-28은 화장품 용기로서, 간단한 설명에 따르면 디자인 1이 기본디자인으로 지정되었고, 디자인 2는 색채를 보호범위로 청구한다고 기재되었다. 디자인 2와 기본디자인을 비교하면, 디자인 2와 기본디자인의 형상과 도안은 동일하다. 기본디자인은 무색채이고, 디자인 2는 색채이며 보호범위로서 색채를 포함하나, 양자는 유사디자인으로서, 유사디자인 병합출원이 가능하다.

▌사례 2▐

도 6-29 식기용 용지로서, 간단한 설명에 따르면 디자인 1이 기본디자인으로 지정되었고, 디자인 2는 색채를 보호범위로 청구한다고 기재되었다. 디자인 2와 기본디자인을 비교하면 형상, 도안 및 색채가 모두 동일하고, 차이점은 디자인 1은 색채를 보호범위로 청구하지 않았고, 디자인 2는 청구했다는 점에 불과하다. 따라서 양자는 유사디자인으로서, 유사디자인 병합출원이 가능하다.

도 6-29

디자인 1   디자인 2

▌사례 3▐

도 6-30

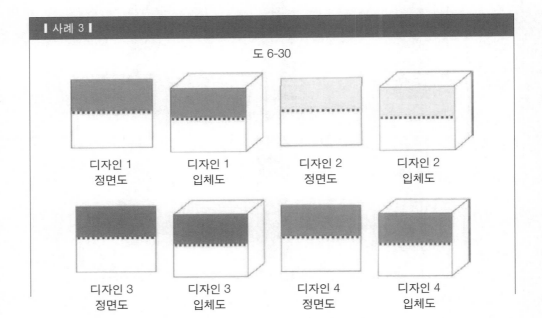

디자인 1
정면도

디자인 1
입체도

디자인 2
정면도

디자인 2
입체도

디자인 3
정면도

디자인 3
입체도

디자인 4
정면도

디자인 4
입체도

도 6-30은 포장상자로서, 간단한 설명에 따르면 디자인 1이 기본디자인으로 지정되었고, 디자인의 요점이 물품의 형상, 표면도안 및 색채에 있다고 기재되었지만, 간단한 설명에는 색채를 보호범위로 청구한다는 기재가 없었다. 디자인 2~4를 각각 기본디자인과 비교해 보면, 기타 디자인과 기본디자인의 형상과 도안은 동일하고, 물품 윗부분 색채는 다르다. 그러나 색채를 보호범위로 청구하지 않았기 때문에, 출원인이 디자인의 요점이 물품의 형상, 표면도안 및 색채에 있다고 기재했다 하더라도, 양자는 동일한 디자인이지 유사디자인에 해당하지 않는다. 따라서 병합출원이 불가능하다.

▌사례 4 ▌

도 6-31은 운동화로서, 간단한 설명에 따르면 디자인 1이 기본디자인으로 지정되었고, 디자인 1과 디자인 2 모두 색채를 보호범위로 청구한다고 기재되었다. 디자인 2와 기본디자인을 비교하면, 형상과 도안이 동일하나, 디자인 1의 주요 색채는 황색, 디자인 2는 홍색으로서 전체적인 색채가 다르다. 그러나 색채를 보호범위로 청구했으므로 양자는 유사디자인에 해당하여 유사디자인 병합출원이 가능하다.

도 6-31

디자인 1   디자인 2

▌사례 5 ▌

도 6-32는 즉석밥 포장비닐로서, 간단한 설명에 따르면 디자인 1이 기본디자인으로 지정되었고, 디자인 1~4가 모두 색채를 보호범위로 청구한다고 기재되었다. 기타 디자인을 기본디자인과 각각 비교하면, 각 물품의 형상과 도안이 동일하고, 차이는 "金谷棒"이라는 글자 주변에 원형블록 부분의 색채가 분홍색, 녹색, 황색 및 홍색이라는 점이므로, 이들 디자인은 유사디자인 병합출원이 가능하다.

도 6-32

디자인 1   디자인 2

디자인 3   디자인 4

(b) 그 외 유사디자인에 해당하는 경우

ㄱ) 기타 디자인과 기본디자인이 전체적으로 형상, 도안 및 그 결합이 동일하거나 유사하고, 양자가 투명, 반투명 및 불투명의 변화만 있는 경우, 또는 재료의 차이로 인해 전체적인 시각 효과에 변화가 생기는 경우에는 기타 디자인과 기본디자인이 유사하여 유사디자인 병합출원이 가능하다. 기타 디자인과 기본디자인이 물품 재료의 차이로 인해 전체적인 시각 효과에 변화가 생길 수 없는 경우에는 유사디자인으로 인정될 수 없으므로 유사디자인 병합출원을 할 수 없다.

▌ 사례 1 ▌

도 6-33은 전자 저울로서, 간단한 설명에 따르면 디자인 1이 기본디자인으로 지정되었다. 디자인 2와 디자인 1은 형상이 완전히 동일하고, 양자의 차이는 기본디자인의 표면이 투명한 부분인지 여부에 있을 뿐이다. 디자인 2의 표면은 투명 부분으로서 이로 인해 전체적인 시각 효과에 변화가 생긴다. 따라서 양자는 유사디자인이고, 유사디자인 병합출원을 할 수 있다.

도 6-33

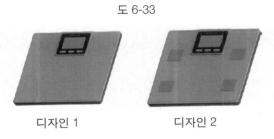

디자인 1   디자인 2

▌ 사례 2 ▌

도 6-34는 손전등으로서, 간단한 설명에 따르면 디자인 1이 기본디자인으로 지정되었다. 디자인 2와 디자인 1은 형상이 완전히 동일하나, 디자인 1의 스위치부위와 디자인 2의 손잡이 부위의 재료가 달라서 전체적인 시각 효과에 변화가 생긴다. 따라서 양자는 유사디자인이고, 유사디자인 병합출원을 할 수 있다.

도 6-34

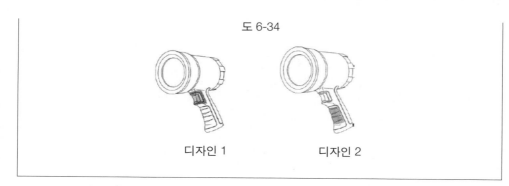

디자인 1   디자인 2

ㄴ) 기타 디자인과 기본디자인 간에 전체적인 형상, 도안 및 그 결합이 동일하거나
유사하고 길이, 너비, 높이만 다르거나 전체적인 비율에 변화가 생긴 경우, 양자는 유
사디자인으로 인정되어 유사디자인 병합출원을 할 수 있다.

▌사례 1▐

도 6-35는 벽난로이고, 간단한 설명에 따르면 디자인 1이 기본디자인으로 지정되었다. 디
자인 2과 기본디자인을 비교해 보면, 양자 모두 장방체이고, 물품의 두께가 동일하다. 디
자인 1과 디자인 2는 길이와 너비가 명백히 달라 물품의 비율이 달라진다. 통상적으로 양
자는 유사디자인으로 인정된다.

도 6-35

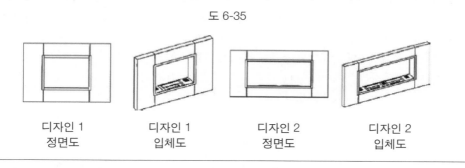

디자인 1   디자인 1   디자인 2   디자인 2
정면도   입체도   정면도   입체도

▌사례 2▐

도 6-36은 컵이고, 간단한 설명에 따르면 디자인 1이 기본디자인으로 지정되었다. 기타 디
자인을 각각 기본디자인과 비교해 보면, 각 물품의 형상이 모두 위가 넓고 아래가 좁은 원
기둥형이고, 표면 도안이 동일하다. 차이점은 용기의 길이, 너비, 높이의 사이즈가 달라 물
품 전체의 비율이 다르다. 따라서 유사디자인 병합출원을 할 수 있다.

도 6-36

디자인 1   디자인 2   디자인 3

ㄷ) 입체 물품에서의 부품의 추가, 감소 또는 치환이란, 기타 디자인이 기본디자인에서 기인하거나, 기본디자인의 형상, 도안 또는 그 결합이 주가 되어 파생한 것으로서, 주요 부분의 형상, 도안 및 그 결합이 동일하거나 유사하고, 물품 일부의 부품만 다를 뿐이어서, 기타 디자인과 기본디자인의 전체적인 형상, 도안 또는 그 결합이 밀접히 관련되어, 유사디자인 병합출원이 가능하다. 주의할 점으로, 기타 디자인과 기본디자인이 부품의 차이로 인해 전체적인 시각 효과에 큰 변화가 발행하여 명백히 다른 시각 효과를 내는 경우는 양자를 유사디자인이라 인정할 수 없으므로, 유사디자인 병합출원이 불가능하다.

■ 사례 1 ■

도 6-37은 근육 단련기로서, 간단한 설명에 따르면 디자인 1이 기본디자인으로 지정되었다. 기타 디자인을 기본디자인과 비교해 보면, 전체적인 형상이 유사하고, 차이점은 단련기 구름판 꼭대기부의 막대기형 구조에 미세한 변화가 있는 것인데, 이는 부품의 치환 또는 변화에 해당하고, 국부의 미세한 변화로 인정할 수 있다. 따라서 기타 디자인과 기본디자인은 유사하여, 유사디자인 병합출원이 가능하다.

도 6-37

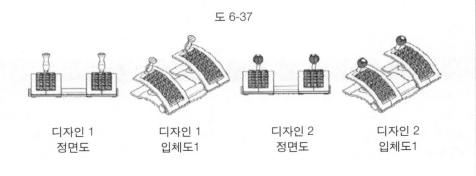

디자인 1   디자인 1   디자인 2   디자인 2
정면도   입체도1   정면도   입체도1

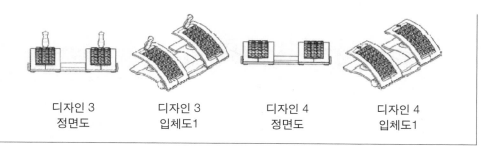

디자인 3
정면도

디자인 3
입체도1

디자인 4
정면도

디자인 4
입체도1

▌사례 2 ▌

도 6-38은 컵으로서, 간단한 설명에 따르면 디자인 1이 기본디자인으로 지정되었다. 기타 디자인을 기본디자인과 비교해 보면, 형상이 동일하나, 손잡이가 다르다. 디자인 2는 손잡이가 없고, 디자인 1은 디자인 2에 손잡이를 부가한 디자인으로서, 부품을 추가한 경우에 해당한다. 컵의 주요 형상이 디자인 요점에 해당하고, 손잡이는 물품 전체 디자인에서 차지하는 비중이 작아, 국부적인 미세한 변화에 해당하는 것으로 판단될 수 있다. 따라서 디자인 2와 기본디자인은 유사하여 유사디자인 병합출원이 가능하다.

도 6-38

디자인 1
정면도

디자인 1
입체도

디자인 2
정면도

디자인 2
입체도

▌사례 3 ▌

도 6-39는 스트리머이고, 간단한 설명에 따르면 디자인 1이 기본디자인으로 지정되었다. 기타 디자인을 기본디자인과 비교해 보면, 전체적인 형상이 유사하고, 스트리머 헤드부 구조에 일부 변화가 있다는 점이 다른데, 이는 다른 종류의 식물을 깎아내기 편하게 하기 위함으로서, 부품의 치환 또는 변화에 해당한다. 이러한 변화는 보통 관용적인 설계에 해당하지는 않으나, 스트리머의 주요 부분이 완전히 동일하다는 점을 고려하면, 전체적인 시각 효과에 미치는 영향이 두드러지지는 않는다. 따라서 기타 디자인과 기본디자인은 유사하다고 볼 수 있어, 유사디자인 병합출원이 가능하다.

도 6-39

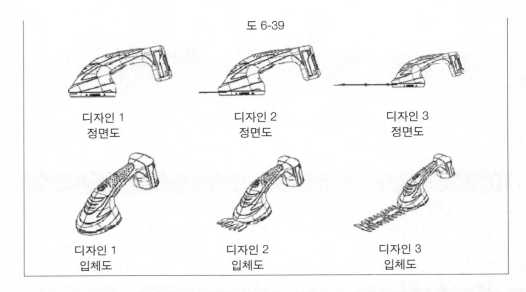

디자인 1
정면도

디자인 2
정면도

디자인 3
정면도

디자인 1
입체도

디자인 2
입체도

디자인 3
입체도

▌ 사례 4 ▌

도 6-40은 냄비이고, 간단한 설명에 따르면 디자인 1이 기본디자인으로 지정되었다. 디자인 2와 기본디자인을 비교하면, 냄비 본체는 완전히 동일하나, 뚜껑이 다르다. 상식적으로 판단하면 디자인 1은 일반적인 냄비이고, 디자인 2는 고압 냄비이다. 가정용 냄비에 있어서 냄비 뚜껑의 치환은 물품의 전체적인 시각 효과에 뚜렷한 차이를 일으키므로, 디자인 2와 기본다지안은 전체적인 형상이 유사하지 않다. 즉, 양자의 차이를 국부의 미세한 변화로 인정할 수 없으므로, 디자인 2와 기본디자인은 유사하지 않고, 유사디자인 병합출원도 불가능하다.

도 6-40

디자인 1
입체도

디자인 2
입체도

ㄹ) 입체 물품의 유사 디자인 판단에 있어서, 우선적인 고려 대상은 형상이다. 만약 형상이 완전이 동일하고, 주요 차이점이 표면 도안의 추가 또는 삭제에 있다면, 기타 디자인과 기본디자인은 유사한 것으로 인정되어, 유사디자인 병합출원이 가능하다. 다만, 기타 디자인과 기본디자인의 전체적인 형상이 명백하게 다르면, 물품 일부의 도

안이 동일하더라도 입체 물품에서는 유사디자인으로 인정되지 않는 것이 일반적이며, 이에 따라 유사디자인 병합출원도 불가능하다.

▌사례 1 ▐

도 6-41은 스케이트 보드이며, 간단한 설명에 따르면 디자인 1이 기본디자인으로 지정되었다. 디자인 2와 기본디자인을 비교하면, 입체적 형상이 동일하고, 차이점은 기본디자인의 표면에는 도안이 없으나, 디자인 2는 물품 표면에 도안을 추가했다는 점이다. 입체 물품의 유사디자인 판단 시 형상을 우선적으로 고려하는데, 두 형상이 완전 동일하고, 디자인 2는 물품 표면에 부분적인 도안을 추가했을 뿐이므로, 디자인 2와 기본디자인은 유사하여, 유사디자인 병합출원이 가능하다.

도 6-41

디자인 1
입체도1

디자인 2
입체도1

▌사례 2 ▐

도 6-42

디자인 1
정면도

디자인 1
입체도

디자인 2
정면도

디자인 2
입체도

도 6-42는 전등갓이고, 간단한 설명에 따르면 디자인 1이 기본디자인으로 지정되었다. 디자인 2와 기본디자인을 비교하면, 입체적 형상이 동일하고, 차이점은 물품 중심부의 도안 유무이다. 디자인 2에서 물품 중심부에 추가한 도안이 비록 국부적인 미세한 변화에 해당하지는 않으나, 양자의 형상이 완전 동일하고, 추가된 도안이 물품 상하부의 스타일과 일치하므로, 디자인 2와 기본디자인은 유사한 것으로 인정되어, 유사디자인 병합출원이 가능하다.

▌ 사례 3 ▐

도 6-43은 발광 완구이고, 간단한 설명에 따르면 디자인 1이 기본디자인으로 지정되었으며, 디자인의 요점은 형상과 도안의 결합이라고 기재되었다. 디자인 2와 기본디자인을 비교하면, 입체 물품으로서 양자의 형상은 동일하나, 표면 도안과 색채가 유사하지 않다. 본 사안의 간단한 설명에서는 "디자인의 요점은 형상과 도안의 결합"이라고 기재되었으므로, 유사디자인 판단 시 형상뿐만 아니라 도안과 색채도 마찬가지로 고려해야 한다. 디자인 2와 기본디자인은 표면 도안과 색채가 상당히 다르고, 도안이 물품 전체를 차지하고 있어, 시각적 효과에 분명한 차이가 발생한다. 따라서 디자인 2와 기본디자인은 유사하지 않고, 유사디자인 병합출원도 불가능하다.

도 6-43

| 디자인 1 우측면도 | 디자인 1 정면도 | 디자인 1 좌측면도 |

| 디자인 2 우측면도 | 디자인 2 정면도 | 디자인 2 좌측면도 |

| 디자인 1 저면도 | 디자인 1 평면도 | 디자인 1 배면도 |

디자인 2 저면도　　　　디자인 2 평면도　　　　디자인 2 배면도

c) 유사디자인에 해당하지 않는 것이 명백한 경우

(a) 기타 디자인과 기본디자인이 동일한 물품에 해당하지 않는 것이 명백한 경우, 유사디자인 병합출원을 할 수 없다.

┃사 례┃

도 6-44는 포장곽을 도시하고, 간단한 설명에 따르면 디자인 1이 기본디자인으로 지정되었으며, 디자인 1, 디자인 2는 색채를 보호범위로 청구했다. 도면으로부터 알 수 있듯이, 디자인 1은 포장곽이고 디자인 2는 포장 봉지로서, 물품의 명칭이 다르므로 양자는 동일한 물품이 아님이 명백하고, 따라서 유사디자인 병합출원을 할 수 없다.

도 6-44

디자인1　　　　　　　디자인 2　　　　　　　디자인 2
입체도　　　　　　　　정면도　　　　　　　　배면도

(b) 기타 디자인과 기본디자인이 동일하거나 유사한 디자인 특징을 갖지 않은 경우

도면에 표현된 디자인에 대해 전체적인 관찰을 통해 기타 디자인과 기본디자인이 동일하거나 유사한 디자인 특징을 갖지 않는 것으로 판단되면 유사디자인 병합출원을 할 수 없다. 다시 말해, 기타 디자인과 기본디자인이 비록 동일한 디자인 착안점을 갖더라도, 기타 디자인과 기본디자인의 3요소가 완전히 다르면, 양자는 유사디자인 병합출원을 할 수 없다.

┃사 례┃

도 6-45는 알람 시계로서, 간단한 설명에 따르면 디자인 1이 기본디자인으로 지정되었으며, 디자인 1, 디자인 2는 색채를 보호범위로 청구했다. 전체 관찰에 따라 비교해 보면, 디자인 2와 디자인 1은 형상과 색채가 상당히 달라 동일하거나 유사한 디자인 특징을 갖지 않고, 공통적인 시각적 효과도 없다. 따라서 유사디자인에 해당하지 않으므로, 유사디자인 병합출원을 할 수 없다.

도 6-45

디자인 1   디자인 2

(c) 기타 디자인과 기본디자인이 동일하거나 유사한 디자인 특징을 가졌으나, 그 동일하거나 유사한 디자인 특징이 각 디자인에서 차지하는 비중이 작은 경우, 또는 해당 종류의 물품에서의 관용적인 디자인에 해당하는 경우에는 유사디자인 병합출원을 할 수 없다.

입체 물품의 경우 기타 디자인과 기본디자인이 유사디자인인지 판단할 때 우선적인 고려 대상은 전체적인 형상이므로, 만약 입체 형상이 완전히 달라 차이가 크다면, 유사디자인으로 인정되지 않는 것이 일반적이다. 다만 그 형상이 해당 물품의 관용적인 디자인인 경우는 예외이다.

평면 물품의 경우 기타 디자인과 기본디자인이 유사디자인인지 판단할 때, 디자인 요점은 일반적으로 도안이므로 우선적으로 도안을 고려해야 한다. 만약 평면 물품의 도안이 완전히 달라 차이가 크다면 유사디자인으로 인정되지 않는 것이 일반적이다.

┃사례 1┃

도 6-46은 텔레비전 장으로서, 간단한 설명에 따르면 디자인 3이 기본디자인으로 지정되었으며, 디자인 2와 기본디자인을 전체 관찰에 따라 비교해 보면, 입체 물품으로서 양자는 일부 도안이 동일하나, 전체적인 형상이 달라 유사디자인 병합출원을 할 수 없다. 마찬가지로, 디자인 1과 기본디자인도 형상이 다르므로 유사디자인 병합출원이 불가능하다.

도 6-46

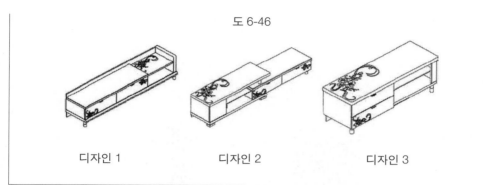

디자인 1   디자인 2   디자인 3

▌사례 2▌

도 6-47은 카펫으로서, 간단한 설명에 따르면 디자인 1이 기본디자인으로 지정되었으며, 디자인 1, 디자인 2는 색채를 보호범위로 청구했다. 전체 관찰에 따라 비교해 보면, 디자인 2와 디자인 1은 전체적인 도안의 구도, 주제의 차이가 크다. 디자인 2와 디자인 1의 전체적인 색채가 유사하나, 통일된 시각적 효과가 생기지는 않는다. 카펫류의 평면 물품은 디자인 요점이 보통 도안에 있는데, 도안 구성이 완전히 다르므로 유사디자인 병합출원을 할 수 없다.

도 6-47

디자인 1   디자인 2

▌사례 3▌

도 6-48은 열쇠고리 손전등으로서, 간단한 설명에 따르면 디자인 2가 기본디자인으로 지정되었으며, 디자인 1, 디자인 2는 형상, 도안, 색채가 상당히 다르고, 열쇠고리 부분의 디자인 특징만 동일할 뿐이다. 그러나 해당 물품 분야에서, 이 동일한 부분의 디자인은 통상적으로 사용되는 디자인이고, 물품 전체에서 차지하는 비중이 작으며, 전체적인 시각효과에 미치는 영향도 매우 작다. 따라서 양자 간 공통되는 시각적 효과가 없어 유사디자인에 해당하지 않으므로, 유사디자인 병합출원을 할 수 없다.

도 6-48

디자인 1   디자인 2

▌사례 4 ▌

도 6-49는 가로등(12간지)으로서, 간단한 설명에 따르면 디자인 1이 기본디자인으로 지정되었으며, 디자인의 요점은 등 본체 상부의 12간지 형상의 조각이었다. 디자인 2와 기본디자인을 비교하면, 양자는 물품 하부에만 동일하거나 유사한 디자인 특징을 가지고 있고, 이 부분이 차지하는 비중이 작다. 그러나 디자인 요점이자 비중이 큰 본체 상부의 12간지 조각이 달라 물품 전체의 형태가 달라 보이며, 이로 인해 디자인 2와 기본디자인의 전체적인 시각 효과의 차이가 커서, 유사디자인 병합출원을 할 수 없다. 마찬가지 이유로, 디자인 3~5도 기본디자인과 유사하지 않으므로, 유사디자인 병합출원을 할 수 없다.

도 6-49

디자인 1   디자인 2   디자인 3
좌측면도   좌측면도   좌측면도

디자인 4   디자인 5
좌측면도   좌측면도

d) 유사디자인에 조립식 물품은 포함될 수 있으나, 한벌 물품은 포함되지 않음

ⓐ 동일 물품에 대한 복수의 유사디자인에 조립식 물품이 포함될 수 있음

"동일 물품"이라는 요건이 만족된다면, 여러 조립식 물품을 포함하는 유사디자인 출원이 허용된다. 이 경우 심사관은 조립식 물품의 기타 디자인과 기본디자인이 유사디자인인지 판단해야 하고, 기타 디자인의 각 조립품과 대응되는 기본디자인의 조립품이 유사한지 판단해서는 안 된다. 물론 조립식 물품의 각 조립품 간에 조립관계가 없다면(예: 트럼프 카드, 병의 전후 라벨 등), 조립식 물품의 기타 디자인의 조립품과 기본디자인의 조립품을 비교하여 판단할 수 있다.

▌사 례▐

도 6-50은 병의 라벨로서, 간단한 설명에 따르면 디자인 1이 기본디자인으로 지정되었으며, 색채를 보호범위로 청구했다. 병 라벨은 조립식 물품으로서, 조립품 1과 조립품 2의 두 가지 조립품을 포함한다. 사용상태 참고도를 보면 알 수 있듯, 두 조립품 간에 비록 고정적인 조립 관계는 없지만, 상대적으로 고정된 부착 위치가 있는데, 조립품 1은 병의 몸체 표면에, 조립품 2는 병 뚜껑 표면에 부착된다. 전체 관찰을 통해 비교해 보면, 디자인 2의 조립품 1과 디자인 1의 조립품 1, 디자인 2의 조립품 2와 디자인 1의 조립품 2의 형상, 도안이 각각 동일한 뿐만 아니라, 물품 전체의 디자인 2와 기본디자인의 형상, 도안도 동일하고, 색채만 다를 뿐이다. 따라서 디자인 2와 기본디자인은 유사한 것으로 인정될 수 있다.

도 6-50

디자인 1 조립품 1
정면도

디자인 1 조립품 2
정면도

사용상태 참고도

디자인 2 조립품 1
정면도

디자인 2 조립품 2
정면도

(b) 동일 물품에 대한 복수의 유사디자인에 한벌 물품은 포함될 수 없음

유사디자인과 한벌 물품은 완전히 다른 병합출원의 유형에 해당하고, 그 개념과 구성요건이 완전히 다르다는 점을 고려하여, 유사디자인과 한벌 물품의 개념에 있어서의 혼동을 피하기 위해, 동일 물품의 유사디자인에 한벌 물품을 포함하는 것이 허용되지 않는다.

┃ 사 례 ┃

도 6-51은 로고컵을 도시한다. 출원인이 간단한 설명에서 진술한 내용에 따르면, 본 출원에 모두 4개 시리즈의 유사디자인이 있는데, 이 중 숫자 시리즈는 디자인 1로서, 6개의 한벌 물품을 포함하고, 대문자 알파벳 시리즈는 디자인 2이고 2개의 한벌 물품을 포함한다. 소문자 알파벳 시리즈는 디자인 3으로서 2개의 한벌 물품을 포함하고, 별자리 시리즈는 디자인 4로서 2개의 한벌 물품을 포함한다. 간단한 설명에 따르면 숫자 시리즈인 디자인 1 한벌품 1(즉, 숫자가 0인 컵)을 기본디자인으로 지정했다.

도 6-51

1. 숫자시리즈도1   1. 숫자시리즈도2   1. 숫자시리즈도3

1. 숫자시리즈도4   1. 숫자시리즈도5   1. 숫자시리즈도6

디자인1 한벌품 1~6

2. 대문자알파벳도1 2. 대문자알파벳도2   3. 대문자알파벳도1   3. 대문자알파벳도2

디자인2 한벌품 1~2   디자인3 한벌품 1~2

4. 별자리시리즈1   4. 별자리시리즈2

디자인4 한벌품 1~2

심사관은 본 출원이 전리법 제31조 제2항 규정에 반한다는 이유로 심사의견통지서를 발부하여 동일한 물품의 유사디자인에 한벌 물품이 포함될 수 없다는 점을 지적한다. 출원인은 숫자 0 디자인을 기본디자인으로 지정했고, 디자인 3이든 디자인 2이든 기본디자인의 컵 본체와 동일하고, 다른 부분은 손잡이 뿐인데, 손잡이는 물품 전체에서 차지하는 비중이 작아, 형상의 국부적인 미세한 차이에 해당한다. 즉, 기타 디자인과 기본디자인은 유사한 것으로 인정될 수 있고, 유사디자인으로 병합출원할 수 있다. 따라서 심사관은 출원인에게 유사디자인으로 출원할 것을 제안할 수 있다. 다만, 유사디자인 개수는 10개를 넘을 수 없다.

3) 한벌 물품

(1) 한벌 물품의 정의

한벌 물품이란 2 이상의 물품이 동일한 대분류에 속하고 각자가 독립한 물품으로 이루어지되, 각 물품 디자인의 착안점이 동일하고, 물품 각각이 독립적인 사용가치를 가지며, 각 물품이 함께해도 그 사용가치를 발휘할 수 있는 물품을 의미한다.

도 6-52는 식기 세트로서 그릇, 쟁반, 수저 등을 포함한다. 물품은 동일한 대분류(07류)에 속하고, 각 한벌 물품은 단독으로 사용 가능하며, 각 한벌품이 조합되어도 그 사용가치를 발휘할 수 있다.

도 6-52

(2) 한벌 물품의 성립요건

한벌 물품이 되기 위해서는 a) 동일한 대분류에 속할 것, b) 한벌로 판매 또는 사용될 것, c) 각 물품의 디자인 착안점이 동일할 것을 요한다. 이 세 가지 요건 중 어느 하나라도 만족되지 않으면 한벌 물품으로 인정되지 않는다. 심사관은 a)에 대해 먼저 확인한 후 b)와 c) 요건을 심사한다.

a) 각 물품은 동일한 대분류에 속할 것

도 6-53

둘 이상의 물품이 국제 디자인 분류표에서의 동일한 대분류에 속해야 한다. 도 6-53은 술 포장박스와 술병으로서, 술 포장박스는 분류표에서 09-03, 술병은 09-01에 속하여, 대분류가 동일하다. 또한 술 포장박스와 술병은 술을 포장하는 용도를 가지며 한벌로 판매되거나 사용되며, 디자인의 착안점이 동일하므로 한벌 물품으로 인정될 수 있다.

b) 한벌로 판매 또는 사용될 것

한벌로 판매 또는 사용된다는 것은 관행적으로 함께 판매되거나 함께 사용되고 조합(組合) 사용가치가 있음을 의미한다. 한벌로 판매 또는 한벌로 사용 중 어느 하나만 만족하면 된다.

(a) 함께 판매된다는 것은 관행적으로 함께 판매됨을 의미하고, 반드시 함께 판매되어야 함을 의미하는 것은 아니다(예: 침대 커버, 침대 시트, 베갯잇 등으로 이루어진 여러 침상용 물품; 내복 셔츠와 내복 바지로 이루어진 면 내의세트 등).

한편 제조, 판매자가 제품의 판매를 촉진하기 위해 임의로 결합하여 함께 판매하거나 증정하는 물품은 관행상 함께 판매되는 것으로 인정되지 않는다.

(b) 함께 사용된다는 것은 관행적으로 함께 사용됨을 의미한다. 즉 그중 한 물품을 사용할 때 사용이 연상되어 다른 부품(들)의 존재를 생각하게 되는 경우로서, 동일한 시점에 이들 물품들이 함께 사용되어야 함을 의미하는 것은 아니다. 식탁 세트를 예로 들면, 사람들이 식사를 할 때 테이블과 의자를 모두 사용할 필요가 있다. 즉, 음식을 두기 위해 식탁이 필요하고 이때 사람이 앉아서 먹을 수 있도록 의자가 필요하므로, 식탁이 제공되면 자연스레 의자를 떠올리게 될 것이다.

12간지 과일포크의 경우, 공통된 디자인 착안점을 가지고 있고 관행적으로 동시에 판매된다. 사람들도 상품 전체를 구입하여 그중 하나를 사용할 때 다른 물품들을 연상하게 되어, 관행적으로 함께 사용하기도 한다. 따라서 성립 요건을 모두 만족하므로 한벌 물품으로 출원할 수 있다.

그러나 12간지 휴대폰, 12간지 의복 등은 이들이 공통된 디자인 착안점을 가지고 있지만 관행적으로 함께 판매되지 않는다. 또한 사람들은 일반적으로 이 중 하나 또는 몇 개의 물품만을 필요에 따라 구매할 뿐, 사용이 연상되지 않고, 관행적으로 함께 사용되지도 않는다. 이러한 물품은 관행적으로 함께 판매되지도 않고 함께 사용되지도 않으므로, 한벌로 판매 또는 사용되어야 한다는 요건을 만족시키지 않아 한벌 물품으로 출원할 수 없다.

ⓒ 조합 사용가치란, 여러 물품이 단독으로 사용될 수 있을 뿐만 아니라 함께 사용될 수도 있음을 의미한다. 여러 물품의 조합 사용은 기능상 밀접한 관련성, 문화 풍속상의 필요 또는 장식성 등의 필요에서 기인할 수 있다.

탁자와 의자의 경우 둘 다 단독의 사용가치가 있고, 탁자는 학용품, 사무용품 등을 두거나 학습, 필기 등에 사용되고, 의자는 등받이가 달린 앉을 수 있는 도구이다. 이들은 함께 사용되었을 때 각자의 사용가치를 실현할 뿐만 아니라, 사용 시 보다 편리하고 편안하다. 디자인의 착안점이 동일하여 통일성이 있다면, 함께 사용되었을 때 보다 더 미감을 발휘하여 생활이나 업무 환경을 미적으로 개선한다. 설계 의도와 조합 사용의 목적을 달성하기 위해 탁자와 의자는 함께 판매될 수 있다.

다른 예로, 소파와 찻상의 경우 휴식에 기여하여 인간의 생활을 편리하게 하고, 통상적으로 함께 사용될 수 있다. 또한 설계 의도와 조합 사용의 목적을 실현하기 위해 소파와 찻상이 함께 판매될 수 있다. 그러나 자동차와 오토바이의 경우 분류표상의 대분류가 같고, 양자 모두 교통수단으로서 용도가 동일하나, 보통 자신의 상황에 따라 하나를 선택하여 사용하는 것이 일반적이지 자동차와 오토바이를 함께 사용하지는 않으므로, 이들은 조합 사용가치가 없다.

c) 한벌 물품에 유사디자인은 포함될 수 없음

한벌 물품의 디자인 출원에 하나 이상의 물품에 대한 유사디자인이 포함되면 안 된다. 한벌 물품에 이미 여러 물품의 디자인이 있는데, 하나 이상의 물품에 대한 유사디자인을 재차 포함시킬 경우 개념의 혼동을 초래할 수 있기 때문이다.

도 6-54는 커피도구 세트로서, 7개의 한벌 물품으로 구성된다(커피 주전자, 슈거포트, 밀크포트, 커피잔 및 접시 3개). 또한 각 한벌품은 두 개의 유사디자인을 갖는데, 이는 한벌 물품 디자인 출원에 여러 물품의 유사디자인이 포함되는 상황에 해당한다. 이 경우 심사관은 전리법 제31조 제2항 규정을 이유로 심사의견통지서를 발부한다. 도면에서 볼 수 있듯이, 본 출원은 실제 두 세트의 색채가 상이한 커피도구 세트(디자인 1과 디자인 2)를 포함하는데, 커피 주전자를 예로 들면, 색채만 다를 뿐 두 커피 주전자 전체적인 형상과 표면 도안이 동일하여, 전체적인 시각 효과의 차이가 적어 동일 물품의 유사디자인에 해당한다.

도 6-54

디자인 1 디자인 2

본 사안에서 심사관은 다음과 같은 방식으로 출원인에 제안할 수 있다. 첫째, 다른 물품을 삭제하고 한 물품의 디자인(예: 커피 주전자)만 남기고, 도면 명칭을 보정하여 유사디자인의 방식으로 출원하게 한다. 삭제된 다른 물품(슈거포트, 밀크포트, 커피잔 및 접시)들은 각각 분할하여 유사디자인 출원할 수 있다. 둘째, 출원인은 디자인 1 또는 디자인 2 중 하나의 커피도구 세트를 남기고, 다른 한벌 물품은 삭제한다. 삭제된 한벌 물품은 동일한 디자인에 해당하므로 심사관은 분할출원을 제안할 수 없다.

(3) 한벌 물품의 예

종류	대분류 번호	구체적 물품(예시적 규정)
커피도구	07	커피잔, 커피 주전자, 슈거포트, 밀크포트
다기세트	07	차 주전자, 찻잔, 접시
식기세트	07	식사용 나이프, 포크, 스푼
주기세트	07	술 주전자, 술잔
침상용품세트	06	침대보, 베갯잇, 침대커버, 이불커버, 쿠션커버
겉옷세트	02	상의, 바지
속옷세트	02	브레지어, 팬티
소파세트	06	1인용 소파, 2인용 소파, 3인용 소파, 발판
찻상세트	06	메인 테이블, 보조 테이블
스피커세트	14	센터 스피커, 라운드 스피커 등
라벨세트	19	물품의 다른 위치의 라벨. 예를 들어, 병의 다른 위치에 붙이는 라벨, 자동차의 다른 위치에 붙이는 장식도안 등
침실용가구세트	06	침대, 침대 머릿장, 매트리스, 옷장
사무용가구세트	06	사무용 책상, 의자, 서류함
식탁용가구세트	06	식탁, 의자, 접시걸이

가구세트	06	화장대, 화장대 걸상
식기세트	07	그릇, 접시, 쟁반, 국자
머플러, 장갑세트	02	머플러, 장갑
공구세트	08	니퍼, 드라이버, 망치

표에서 열거되지 않은 물품이 한벌 물품에 해당하는지 여부는 한벌 물품의 정의와 요건에 따라 엄격한 심사가 이루어진다. 표에 열거된 물품은 한벌 물품에 속하는 것으로 인정된다. 한편, 구체적인 물품의 개수에는 제한이 없다.

4) 병합출원 디자인은 각각 등록 요건을 갖춰야 함

동일 물품에 대한 둘 이상의 유사디자인이든 한벌 물품의 디자인 출원이든, 그중 각 디자인 또는 각 물품의 디자인은 전술한 병합출원에 관한 규정 이외에, 등록 요건들도 만족해야 한다. 만약 어느 한 디자인 또는 한 물품의 디자인이 등록 요건에 부합하지 않으면 해당 디자인 또는 해당 물품의 디자인을 삭제해야 하며, 그렇지 않으면 해당 출원은 등록받을 수 없다. "등록 요건에 부합하지 않는다"란 출원에서 어느 한 개 또는 몇 개 물품의 디자인에 실질적 결함이 존재하는 것을 의미한다.

5) 특수한 경우의 처리

(1) "한벌 물품"인지 "조립식 물품"인지 확정하기 어려운 특수한 물품의 경우, 심사관은 출원인의 의사를 존중하여 출원서에 기재된 바에 따른다. 출원인의 의사가 명확하지 않은 경우, "건 1" "건 2" 등 각 단품에 순서를 붙여 기재할 수 있다. 이런 부류에 속하는 물품으로 보통 소파, 자동차용 깔개 및 동일 물품의 다른 위치에 부착하는 라벨, 장식도안 등이 있다.

┃ 사례 1 ┃

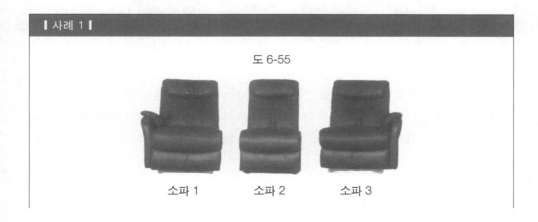

도 6-55

소파 1   소파 2   소파 3

조합 사용상태의 입체도

도 6-55에 도시된 소파는 세 개의 독립적인 소파로 구성된다. 각 소파는 독립적인 사용 가치를 가지지만, 한벌 물품의 요건에 부합하여 한벌 물품으로 볼 수 있다. 또한 소파들 간의 조립관계가 명확하여 3인용 소파로 조립될 수 있어서 조립식 물품으로 볼 수도 있다.

▌사례 2 ▐

도 6-56는 술 보온 주전자로서, 술주전자, 술잔 및 물컵으로 이루어졌다. 술주전자는 술을 담는 데 이용되고, 물컵은 뜨거운 물을 담기 위한 것으로서 술주전자를 물컵에 꽂아 컵 안의 뜨거운 물로 술을 따뜻하게 유지한다. 또한 술잔은 조립품의 덮개가 될 수도 있고, 각 단품 간에는 사용상 밀접한 관계가 있어, 조립식 물품으로 볼 수 있다. 한편 술주전자, 술잔 및 물컵은 독립적인 사용가치가 있고 한벌 물품의 요건도 만족하므로 한벌 물품으로 볼 수도 있다.

도 6-56

술잔   물컵   술주전자   조합 사용상태

(2) "한벌 물품"으로 볼 수도 있고, "동일 물품의 유사디자인"으로 볼 수도 있는 특수한 물품의 경우, 심사관은 출원인의 의사를 존중하여 출원서에 기재된 바에 따른다. 출원인의 의사가 명확하지 않은 경우, 심사관은 보정통지서를 발부하여 출원인 스스로 확정하게 한다.

▌사 례▌

도 6-57에 도시되는 가위는 디자인 착안점이 동일한 네 가지 디자인으로서, 다른 상황에 이용되도록 관행적으로 함께 판매되거나 사용된다. 따라서 한벌 물품의 요건에 부합하여 한벌 물품으로 볼 수 있다. 또한 제1 디자인을 기본디자인으로 하고 기타 세 건의 디자인을 각각 기본디자인과 비교해 보면, 전체적으로 형상이 유사하고, 상부와 중간부의 형상이 약간 다를 뿐이고, 표면에 모두 도안이 없어 국부적 미세 변화에 해당한다. 따라서 동일 물품에 대한 유사디자인으로 보아 병합출원할 수도 있다. 출원인은 둘 중 어느 한 방식을 선택하여 출원할 수 있다.

도 6-57

디자인 1   디자인 2   디자인 3   디자인 4

(3) "조립식 물품"으로 볼 수도 있고, "동일 물품의 유사디자인"으로 볼 수도 있는 특수한 물품의 경우, 심사관은 출원인의 의사를 존중하여 출원서에 기재된 바에 따른다. 출원인의 의사가 명확하지 않은 경우, 심사관은 보정통지서를 발부하여 출원인 스스로 확정하게 한다.

▌사 례▌

도 6-58은 도자기 컵으로서, 한 개의 컵과 세 개의 컵 홀더로 이루어졌다. 출원인이 각 조립품의 도면을 제출한 경우, 이를 조립식 물품으로 볼 수 있어 조립식 물품에 따라 병합출원할 수 있다(아래 방식 1 참조).
본 출원이 만약 컵 홀더가 조립되어 만들어진 세 가지 컵에 대한 것이고 출원인이 디자인 1을 기본디자인으로 지정한 경우, 디자인 2와 디자인 3은 디자인 1과 형상이 동일하고 도안이 유사하다. 따라서 동일 물품의 유사디자인에 해당하여 유사디자인 병합출원을 할 수도 있다(아래 방식 2 참조).
컵 홀더가 조립되어 만들어진 세 종류의 컵은 각각 두 개의 조립품으로 이루어져 있다. 즉, 컵과 컵 홀더로 이루어져 동일 물품의 유사디자인에 조립식 물품이 포함되는 경우에 해당한다. 따라서 동일 물품의 유사디자인이 조립식 물품을 포함하는 방식으로 병합출원할 수도 있다(아래 방식 3 참조). 이때 간단한 설명에 "디자인 1을 기본디자인으로 지정한다. 디자인2조립품1, 디자인3조립품1은 각각 디자인1조립품 1과 동일하므로, 디자인2조립품1, 디자인3조립품1에 대한 도면은 생략한다"라고 기재해야 한다.

도 6-58

조립품1 입체도   조립품2 입체도   조립품3 입체도   조립품4 입체도

방식 1 – 조립식 물품

디자인1 입체도   디자인2 입체도   디자인3 입체도

방식 2 – 동일물품의 유사디자인

디자인1 조립품1   디자인1 조립품2   디자인2 조립품2   디자인3 조립품2
입체도   입체도   입체도   입체도

방식 3 – 동일 물품의 유사디자인에 조립식 물품을 포함

6) 처리 방식

조립식 물품, 한벌 물품 및 동일 물품의 유사디자인에 해당하는 경우, 관련 도면 명칭의 기재에 대해서는 본 장 3.1의 표 3-2를 참조한다. 전리법 제31조 제2항에 대한 심사를 함에 있어서 흠결의 성질이 다를 것이므로, 심사관은 사안의 구체적 상황에 따라 적용 조항을 선택하여 아래와 같이 처리한다.

(1) 전리법 제31조 제2항 또는 전리법실시세칙 제35조 제1항에 반하는 경우
a) 병합출원에서의 여러 디자인이 한벌 물품의 디자인에 해당하지 않는 경우
b) 병합출원에서의 한벌 물품의 여러 디자인에 동일 물품의 유사디자인이 포함되거나 또는 동일 물품의 여러 유사디자인에 한벌 물품이 포함되는 경우
c) 병합출원에 사용된 여러 디자인 물품이 동일 물품에 속하지 않아서 유사디자인을 구성하지 않는 경우
d) 병합출원에서의 여러 디자인이 완전히 동일한 디자인인 경우
e) 병합출원에서 동일 물품의 여러 디자인 중 하나 또는 그 이상의 디자인이 기본디자인과 유사하지 않는 것이 명백하여 유사디자인을 구성하지 않는 경우
f) 병합출원에서 동일 물품의 여러 유사디자인의 개수가 10개를 초과하는 경우

전술한 바와 같은 실질적 흠결이 존재하는 출원에 대해 심사관은 전리법 제31조 제2항 또는 전리법실시세칙 제35조 제1항에 반함을 이유로 심사의견통지서를 발부하여 출원인에게 지정 기간 내에 보정할 것을 명한다. 출원인이 의견을 진술하거나 보정한 후에도 여전히 규정에 반하는 경우 심사관은 거절결정을 내릴 수 있다.

▌사례 1▌

도 6-59는 책가방과 필통으로서, 책가방과 필통의 디자인 착안점이 동일하고, 도안이 모두 미키마우스이며, 디자인의 주제, 분위기 및 색채 구성이 동일하다. 책가방과 필통은 일반적으로 함께 사용되고 일정한 조합 사용가치를 가져 한벌 사용의 조건에 부합한다. 그러나 책가방은 03류, 필통은 19류로서 대분류가 다르다. 따라서 본 출원은 전리법 제31조 제2항 규정에 반하여, 두 물품의 디자인은 병합출원을 할 수 없다. 심사관은 심사의견통지서를 발부하여 흠결을 지적하면서, 한 개 물품의 디자인만 남길 수 있고 다른 물품의 디자인은 분할출원할 수 있음을 통지한다.

도 6-59

▌사례 2 ▌

도 6-60은 테두리 프레임을 구비한 콘센트와 스위치로서, 간단한 설명에 따르면 "디자인 1
은 콘센트로서 플러그를 끼울 수 있게 되어 다른 회로와 연결을 쉽게 하고, 디자인 2는 스위
치로서 회로 개폐에 이용된다. 디자인 1을 기본디자인으로 지정한다"라고 기재되었다. 간
단한 설명으로부터 디자인 1과 디자인 2가 종류가 다른 물품이고 명칭이 다르며 용도도 다
름을 알 수 있다. 따라서 동일 물품의 유사디자인에 해당하지 않는다. 본 출원은 전리법 제
31조 제2항 규정에 반하므로 심사관은 심사의견통지서를 발부하여 흠결을 지적하면서, 한
개 물품의 디자인만 남길 수 있고 다른 물품의 디자인은 분할출원할 수 있음을 통지한다.

도 6-60

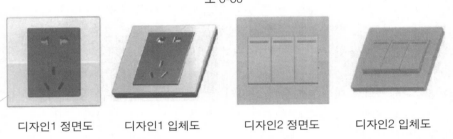

| 디자인1 정면도 | 디자인1 입체도 | 디자인2 정면도 | 디자인2 입체도 |

▌사례 3 ▌

도 6-61은 식기용 스티커로서, 간단한 설명에 따르면 디자인 1이 기본디자인으로 지정되
었고, 동일 물품에 대한 유사디자인에 따라 병합출원되었다. 디자인 1과 디자인 2의 형상
과 도안은 동일하나, 간단한 설명에 색채를 보호범위로 청구하지 않았으므로, 양자는 동일
한 디자인이지 유사디자인에 해당하지 않는다. 본 출원은 전리법 제31조 제2항 규정에 반
하므로, 심사관은 심사의견통지서를 발부하여 흠결을 지적하면서, 보정하거나 의견을 진
술할 것을 요구한다. 만약 보정하거나 의견을 진술한 이후에도 여전히 흠결을 해소하지 못
한 경우 심사관은 거절결정을 내린다.

도 6-61

| 디자인 1 | 디자인 2 |

▌ 사례 4 ▐

도 6-62는 에어컨으로서, 간단한 설명에 따르면 디자인 1이 기본디자인으로 지정되었고, 형상과 표면 도안에 디자인의 요점이 있으며, 디자인 2는 색채를 보호범위로 청구한다고 기재되었다. 에어컨 등 가정용 전기용품에 대한 유사디자인 판단 시 전체적인 형상을 우선 적으로 고려한다. 전체 관찰을 통해 비교하면 디자인 3과 기본디자인의 형상은 동일하나, 표면의 꽃송이 개수와 위치가 다르고 도안이 유사하지 않아 공통된 시각적 효과가 없다. 따라서 디자인 3은 기본디자인과 유사하지 않아 전리법 제31조 제2항 규정에 반한다. 심사관은 심사의견통지서를 발부하여 디자인 3이 기본디자인과 유사하지 않아 유사디자인 병합출원을 할 수 없음을 지적한다. 기본디자인과 유사하지 않은 디자인은 분할출원할 수 있다.

도 6-62

| 디자인1 정면도 | 디자인1 입체도 | 디자인2 정면도 | 디자인2 입체도 | 디자인3 정면도 | 디자인3 입체도 |

▌ 사례 5 ▐

도 6-63은 포장봉지로서, 간단한 설명에 따르면 디자인 1이 기본디자인으로 지정되었다. 전체관찰을 통해 비교해 보면 디자인 2와 디자인 1은 비록 형상이 동일하지만, 해당 분야 에서 흔히 볼 수 있는 기하학적 형상에 해당한다. 즉, 디자인의 요점은 도안에 있는데, 도 안상의 일치점은 정면도의 표지 부분에 불과하고 그 비중은 매우 작다. 반면에 다른 부분 의 도안을 구성하는 요소들 및 색채는 명백하게 다르다. 따라서 디자인 2와 기본디자인은 유사하지 않아 유사디자인 병합출원을 할 수 없다. 본 출원은 전리법 제31조 제2항 규정에 반하므로, 심사관은 심사의견통지서를 발부하여 디자인 2와 기본디자인이 유사하지 않아 유사디자인 병합출원이 불가능함을 지적한다. 심사관은 한 개 물품에 대한 디자인만 남기 고 다른 물품의 디자인은 분할출원할 수 있음을 출원인에게 통지해야 한다.

도 6-63

디자인 1   디자인 2

▌사례 6 ▌

도 6-64는 12간지 접시로서, 간단한 설명에 따르면 디자인 1이 기본디자인으로 지정되었다. 전체관찰을 통해 비교해 보면 디자인 2와 디자인 1은 디자인 착안점, 형상, 전체적인 도안의 구도, 주제가 동일하다. 차이점은 물품 중심부의 도안만 약간 다른 점에 있을 뿐이므로 도안이 유사하여 통일적인 시각적 효과를 갖는다. 따라서 디자인 2와 기본디자인은 유사하다고 인정할 수 있다. 같은 이유로 디자인 3~12도 각각 기본디자인과 유사하다. 다만 본 출원의 유사디자인 개수가 12개이므로 전리법실시세칙 제35조 제1항 규정에 반한다. 심사관은 심사의견통지서를 발부하여 동일 물품의 여러 유사디자인이 10개를 초과하는 경우 병합출원을 할 수 없음을 지적해야 한다. 심사관은 출원인에게 디자인을 10개만 남겨 둘 것을 통지해야 하나, 다른 디자인에 대해 분할출원할 것을 제안할 필요는 없다.

도 6-64

디자인 1~12 정면도

(2) 병합출원에 동일 물품의 여러 디자인 중 하나 이상이 등록 요건에 부합하지 않는 경우 또는 한벌 물품에서 하나 이상의 물품이 등록 요건에 부합하지 않는 경우

심사관은 통지서를 발부하여 출원인이 보정하거나 의견을 진술하게 한다. 만약 보정이나 의견 진술 이후에도 여전히 흠결을 해소하지 못한 경우, 심사관은 해당 출원에 대해 거절결정해야 한다. 출원인이 등록 요건에 부합하지 않는 물품을 삭제한 경우 심사관은 등록결정을 내릴 수 있다.

▮사 례▮

도 6-65는 침상용품세트로서, 한벌품1 침대시트, 한벌품2 이불커버, 한벌품3 베갯잇, 한벌품4 쿠션커버를 포함한다. 이들은 한벌 물품으로 성립되기 위한 네 가지 요건에 부합하나, 한벌품1 침대시트에 명백한 실질적 흠결이 존재한다. 즉, 물품의 형상이 해당 물품의 영역에서 흔히 볼 수 있는 형상에 불과하고 도안이 없으며, 색채가 단일 색채로서 디자인전리권의 보호 객체에 해당하지 않아, 전리법 제2조 제4항 규정에 반한다. 이 물품의 디자인을 삭제하지 않는 한, 본 출원은 등록받을 수 없다.

도 6-65

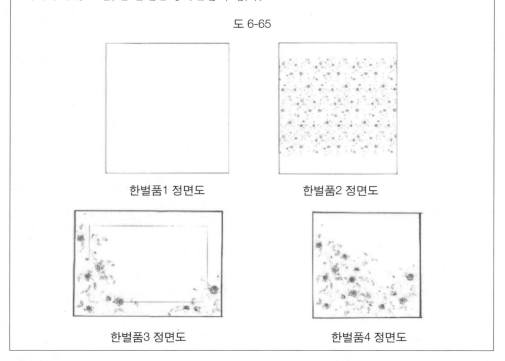

한벌품1 정면도 한벌품2 정면도

한벌품3 정면도 한벌품4 정면도

---

(3) 디자인 출원에 동일 물품의 여러 유사디자인이 포함된 경우, 간단한 설명에서 기본디자인을 지정하지 않았거나 둘 이상의 기본디자인을 지정한 경우, 심사관은 전리법

실시세칙 제28조 제2항을 근거로 보정통지서를 발부하여, 출원인에게 간단한 설명에 하나의 기본디자인을 지정할 것을 요구하여 규정에 부합하는 간단한 설명을 제출할 것을 명해야 한다.

7. 전리법 제33조에 따른 심사

전리법 제33조에 따라 출원인은 출원 서류를 보정할 수 있으나, 원도면 또는 사진이 나타내는 범위를 초과할 수 없다. 출원인이 출원 서류를 보정할 수 있게 한 것은 존재하는 흠결을 해소하여 보호범위로 청구하는 디자인을 명확하게 표시하게 하기 위함이다. 그러나 출원 문서에 대한 보정을 일정한 범위로 제한함으로써 등록된 디자인이 출원 시 이미 완성된 것임을 보장하고, 출원일 이후 디자인을 변경, 개선하는 것을 방지하기 위함이다.

심사지침에 따르면, "원도면 또는 사진이 나타내는 범위를 초과했다"는 것은 보정된 디자인과 출원일에 제출한 도면 또는 사진에 나타나는 대응되는 디자인을 비교했을 때 동일한 디자인에 해당하지 않음을 의미한다. 구체적인 판단 기준은 다음과 같다.

① 출원일에 제출한 도면 또는 사진에 표현되는 범위는 보정범위 초과 여부의 판단 기준이다.

출원일에 제출한 우선권 서류의 내용은 판단 기준이 될 수 없다. 중간서류도 판단기준이 될 수 없다. 예를 들어, 출원일에 제출된 도면에는 빨간색 전화기가 표시되었고, 간단할 설명에 따르면 보호범위로 색채를 청구했다. 출원인은 제1차 보정을 하면서 녹색 전화기가 표시된 도면을 제출하면서 간단한 설명에서 색채를 보호범위로 청구한다는 기재를 삭제했다. 이후 출원인은 2차 보정을 하면서 녹색의 전화기가 표현된 도면은 그대로 둔 채 간단한 설명에 색채를 보호범위로 청구한다는 기재를 추가하였다. 이 때, 2차 보정의 간단한 설명과 결합하여, 2차 보정된 도면을 출원일에 제출된 도면과 비교하여야 하지, 1차 보정에서의 도면과 비교하는 것이 아니다.

② 보정된 내용이 원도면 또는 사진에 이미 표현되었거나, 물품이 속하는 분야의 설계상식을 토대로 직접적이고도 아무런 의심 없이 확정할 수 있는 경우, 원도면 또는 사진에 표현된 범위 내의 보정에 해당한다.

③ 출원 서류에 대한 미세한 보정은 전리법 제33조에 명백히 반하는 보정이 아니다. 미세한 보정에는 미세한 추가, 변경 및 삭제가 포함된다. 미세한 보정이 되기 위해서는 다음 요건을 만족해야 한다: ⅰ) 보정된 내용이 전체 디자인에서 차지하는 비중이 작고, 디자인의 주요 내용이 아닐 것. ⅱ) 그 외의 디자인 내용이 해당 물품이 속하는 분

야에서 흔한 형상 또는 도안일 것

┃ 사례 1 ┃

도 7-1

도 7-2

도 7-1는 일회용 종이컵으로서, 정면에 올림픽 로고 외에 다른 도안이 없다. 이 컵의 형상은 해당 물품이 속하는 분야에서 흔한 형상이므로, 올림픽 로고 문양이 전체 물품에서 차지하는 비중이 작더라도 이 로고를 삭제하는 것은 미세한 보정에 해당하지 않는다.

반면에, 도 7-2는 포스터로서, 우측 하단에 올림픽 로고가 인쇄되어 있다. 이 로고가 차지하는 비중이 작고 디자인의 주요 내용이 아니며, 포스터의 다른 디자인 내용이 해당 물품이 속하는 분야에서 관용적인 디자인이 아니므로, 올림픽 로고를 삭제하는 것은 미세한 보정에 해당한다.

심사관은 전술한 판단 기준을 물품의 명칭, 도면 또는 사진 및 간단한 설명에 대한 보정에 적용하여 심사한다.

1) 물품의 명칭에 대한 보정

보정된 물품의 명칭과 도면 또는 사진에 표현된 물품이 서로 부합하면, 원도면 또는 사진이 표현하는 범위 내의 보정에 해당한다. 만약 도면 또는 사진에 나타난 디자인이 여러 물품에 적용될 수 있다면, 출원인이 물품의 명칭을 다른 종류의 물품의 명칭으로 보정하는 것은 범위를 초과하는 보정에 해당하지 않는다.

도 7-3은 건물 디자인으로서, 이 디자인은 사람이 거주하는 집, 동물의 거처에 적용될 수 있고, 장난감 집에 적용될 수도 있다. 집이나 마굿간이든 장난감 집이든 도면에 표현된 물품과 부합하므로 등록 결정이 내려지기 전에 이루어진 보정이라면 심사관은 이를 받아들여야 한다.

도 7-3

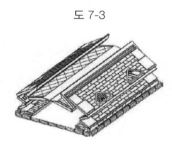

2) 도면 또는 사진에 대한 보정

도면 또는 사진에 대한 보정은 보통 추가, 변경 및 삭제의 세 가지 상황이 존재한다.

(1) 추 가

추가에는 도면 또는 사진의 추가와 디자인 내용의 추가가 포함된다.

a) 보정범위를 초과하는 추가

(a) 추가된 도면 또는 사진에 표현된 디자인 내용이 원도면 도는 사진에 표시되지 않았고, 해당 물품이 속하는 분야의 설계 상식을 토대로 직접적이고도 아무런 의심 없이 확정할 수 없는 경우, 원도면 또는 사진이 나타내는 범위를 초과하는 보정이다.

도 7-4는 자동차 디자인으로서, 원사진에는 해당 물품의 정면과 우측 디자인만 표현되었으나, 출원인이 물품의 다른 면의 디자인 내용을 나타내는 사진을 보충했다. 그러나 추가된 내용은 해당 분야의 설계 상식을 토대로 직접적이고도 아무런 의심 없이 확정할 수 없으므로, 이 보정은 원사진에 표현된 범위를 초과하는 보정이다.

도 7-4

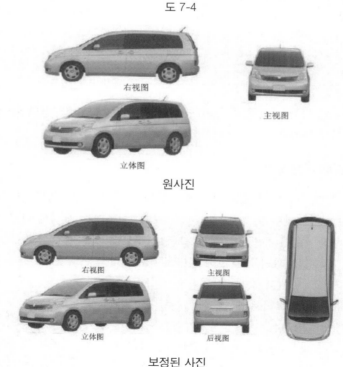

원사진

보정된 사진

(b) 추가된 디자인 내용이 원도면 도는 사진에 표시되지 않았고, 해당 물품이 속하는

분야의 설계 상식을 토대로 직접적이고도 아무런 의심 없이 확정할 수 없다면, 이는 원도면 또는 사진이 나타내는 범위를 초과하는 보정이다.

(c) 추가된 도안이 원도면 또는 사진에 표현된 물품에 대응되는 면에 존재하지 않는 경우, 이는 원도면 또는 사진에 표현된 범위를 초과하는 보정에 해당한다.

도 7-5에 도시된 컵의 원사진에는 물품의 각 면에 도안이 없으나, 보정된 사진에는 도안이 추가되었으므로, 이 보정은 원사진에 표현된 범위를 초과하는 보정이다.

(d) 원도면 또는 사진에 표현된 물품의 형상 또는 도안이 완전하지 못했고, 보정된 도면 또는 사진은 형상 또는 도안을 완전하게 표현하는 경우, 만약 추가된 내용이 해당 물품이 속하는 분야의 설계 상식을 토대로 직접적이고도 아무런 의심 없이 확정할 수 없다면, 그 보정은 원도면 또는 사진이 나타내는 범위를 초과하는 보정이다.

도 7-6은 티슈 디자인으로서, 원사진에는 티슈가 접혀 일부의 도안만 표현되었고, 보정된 사진에는 펼쳐진 티슈의 전체 도안이 표현되었다. 그러나 이 보정은 원사진에 표현된 범위를 초과하는 보정이다.

도 7-5

원 사진   보정된 사진

도 7-6

원사진   보정된 사진

(e) 물품이 투명하여 볼 수 있는 디자인 내용이 원도면 또는 사진에 표현되지 않았고, 보정된 도면 또는 사진에는 그 디자인 내용이 표현된 경우, 만약 그 디자인 내용이 해당 물품이 속하는 분야의 설계 상식을 토대로 직접적이고도 아무런 의심 없이 확정할 수 없다면, 그 보정은 원도면 또는 사진이 나타내는 범위를 초과하는 보정이다.

도 7-7은 공구상자로서, 원사진에는 상자 케이스의 형상만 표현되었으나, 보정된 사진은 투명한 상자 덮개를 통해 보여지는 내부 디자인이 표현되었다. 이 보정은 원도면 또는 사진이 나타내는 범위를 초과하는 보정이다.

도 7-7

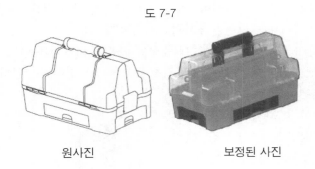

원사진   보정된 사진

b) 보정범위를 초과하지 않는 추가

(a) 도면 또는 사진을 추가했으나, 만약 그 도면 또는 사진에 표현된 디자인 내용이 원사진 또는 도면에 표현된 것이면, 그 보정은 원도면 또는 사진의 범위 내의 보정에 해당한다. 예를 들어, 원도면 또는 사진에는 좌측면도가 없었고, 출원인은 좌측면도를 보충했다. 만약 좌측면도에 표현된 내용이 원입체도에 표현된 것이면, 그 보정은 원도면 또는 사진에 표현된 범위를 초과하지 않은 보정에 해당한다.

(b) 도면 또는 사진을 추가했으나, 만약 해당 물품이 속하는 분야의 설계 상식을 토대로 직접적이고도 아무런 의심 없이 확정할 수 있다면, 그 보정은 원도면 또는 사진에 표현된 범위를 초과하지 않은 보정에 해당한다.

▌사례 1 ▌

추가된 도면 또는 사진에 표현된 내용이 이미 제출된 상대면의 디자인과 동일하거나 대칭인 경우, 만약 아무런 의심 없이 그 물품이 대칭으로 설계됨을 확정할 수 있다면(예를 들어 자동차와 수세식 변기의 양측면은 대칭으로 설계되는 것이 일반적이다), 그 대칭면의 도면 또는 사진을 추가하는 것은 원도면 또는 사진에 표현된 범위 내의 보정에 해당한다.

▌사례 2 ▌

도 7-8에 도시된 것은 포장곽으로서, 원사진에는 정면도와 우측면도만 존재했고, 출원인은 이후 입체도를 보충했다. 이 입체도는 물품의 전체적 형상 및 원사진에 표현되지 않았던 곽의 상면을 도시한다. 전리심사지침 제1부 제3장 4.2절에 따르면, 이미 제출된 도면과 동일하거나 대칭이거나 또는 디자인 요점이 없는 경우에는 도면을 생략할 수 있다고 되어 있는데, 상식적으로 포장곽의 형상이 다른 형태가 아닌 장방형임을 직접적이고도 아무런 의심 없이 확정할 수 있고, 그 너비와 높이의 비율도 정면도와 우측면도로부터 도출될 수 있다. 또한 보정된 도면에는 곽 상면에 도안이 없어, 어떠한 디자인 내용도 부가되지 않았다.

따라서 이 보정은 원사진에 표현된 범위를 초과하지 않았다.

도 7-8

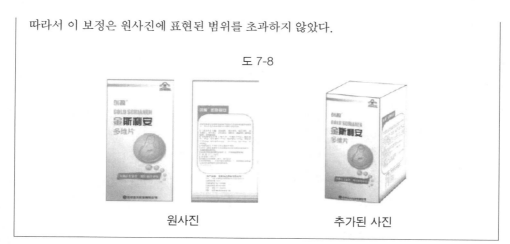

원사진   추가된 사진

(c) 보정된 도면 또는 사진에 미세한 디자인 내용을 추가한 경우에는, 비록 그 디자인 내용이 원도면 또는 사진에 표현되지 않았더라도, 원도면 또는 사진의 표현 범위를 넘는 보정에 해당하지 않는다.

▌사례 1▐

도 7-9는 네트워크 메모리 박스로서, 보정된 저면도에 작은 원들이 추가되었는데, 이는 극히 미세한 디자인 내용의 추가로서 범위를 초과한 보정이 아니다.

도 7-9

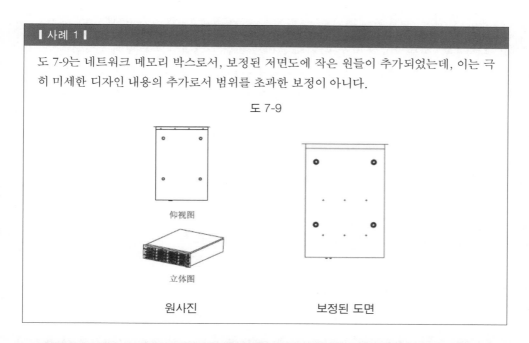

仰視圖

立体圖

원사진   보정된 도면

▌사례 2▐

도 7-10에 도시된 것은 신발의 갑피로서, 보정된 도면에는 신발끈 위치 상단에 작은 클레비스가 추가되었다. 이러한 디자인 내용은 물품에 대한 극히 미세한 변화에 불과하므로 범위를 명백하게 초과한 보정에 해당하지 않는다.

도 7-10

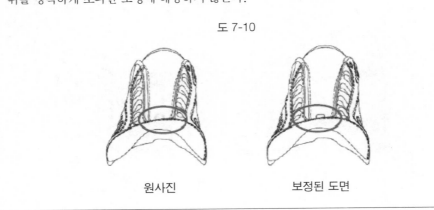

원사진   보정된 도면

(2) 변 경

형상, 도안 또는 색채의 구체적 내용이 변화한 경우 이를 변경이라 한다.

a) 보정범위를 초과하는 변경

(a) 보정된 물품의 형상(전체적 형상 및 국부적 형상을 포함)이 원도면 또는 사진과 명백히 다른 경우, 이는 원도면 또는 사진에 표현된 범위를 초과하는 보정에 해당한다.

도 7-11은 포장 봉지로서, 보정된 도면에 표현된 물품 상부의 형상이 원도면과 명백히 다르므로, 이는 원도면 또는 사진에 표현된 범위를 초과하는 보정에 해당한다.

도 7-11

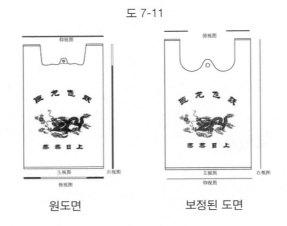

원도면   보정된 도면

(b) 보정된 도안이 원도면 또는 사진 표현과 명백히 다른 경우, 원도면 또는 사진에 표현된 범위를 초과하는 보정에 해당한다.

도 7-12는 세 가지 라벨 디자인으로서, 도안이 서로 명백히 다르다. 이 중 임의의 한 도면을 보정하여 다른 두 가지 도안으로 보정했다면 이는 원도면 또는 사진에 표현된 범위를 초과하는 보정에 해당한다.

도 7-12

(c) 색채를 보호범위로 청구한 상황에서, 도면 또는 사진에서의 디자인 색채에 큰 변화가 생긴 경우, 이는 원도면 또는 사진에 표현된 범위를 초과하는 보정에 해당한다.

도 7-13은 세 가지 인테리어 매트로서, 색채가 명백히 다르다. 이 중 임의의 한 도면을 다른 두 가지 색채로 보정했다면 이는 원도면 또는 사진에 표현된 범위를 초과하는 보정에 해당한다.

도 7-13

b) 보정범위를 초과하지 않는 변경

(a) 원도면 또는 사진에 대응되지 않는 등의 형식적 흠결이 존재하여 그 흠결을 보정하는 경우, 만약 보정된 디자인 내용이 해당 물품이 속하는 분야의 설계 상식을 토대로 직접적이고도 아무런 의심 없이 확정할 수 있다면, 그 보정은 범위를 초과하지 않은 보정에 해당한다.

▌사례 1▐

도 7-14는 체중계로서, 원도면의 여러 곳에 흠결이 존재한다. 배면도 좌측이 정면도 우측과 대응되지 않았고, 평면도와 저면도의 명칭에 오류가 있으며, 좌측면도, 우측면도 및 저면도의 방향이 잘못되었다. 출원인은 이러한 흠결을 보정하여 정확한 도면을 제출했는데, 그 보정된 내용은 원도면을 토대로 하여 직접적이고도 아무런 의심 없이 확정할 수 있는 것으로서, 범위를 초과하는 보정이 아니다.

도 7-14

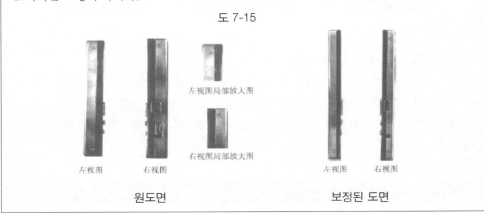

사례 2

도 7-15는 재생장치를 도시한다. 보정된 사진은 원사진에 표현된 물품과 길이, 너비, 높이의 비율이 명백히 다르다. 그러나 원사진에서의 좌측면도와 우측면도 상단의 나사로부터, 원사진이 잘못 연신되어 비율이 사실과 다름을 알 수 있으므로, 보정된 내용은 해당 분야의 설계 상식을 토대로 직접적이고도 아무런 의심 없이 확정할 수 있는 것으로서, 범위를 초과하는 보정이 아니다.

도 7-15

(b) 도면의 명칭을 보정하는 것은 원도면 또는 사진이 표현하는 범위 내의 보정에 해당한다.

┃ 사례 1 ┃

도 7-16이 도시하는 것은 음향감소 지시계로서, 원도면은 지시계 부분을 보호범위로 청구하는 부분디자인을 제시하면서, 해당 물품의 전체 디자인을 표현하는 도면을 사용상태 참고도로 제시했다. 출원인은 전체 디자인을 도시하는 도면을 기본도면(정면도)으로 바꾸고, 국부 디자인의 도면을 국부 확대도로 바꾸었다. 원래 보호 대상이 아닌 객채(분할될 수 없는 물품의 부분)를 보호 대상이 되는 객채(전체 물품)로 변경한 것이지만, 해당 전치 물품 디자인은 원도면에 이미 표현된 것이므로, 이는 범위를 초과하는 보정이 아니다.

도 7-16

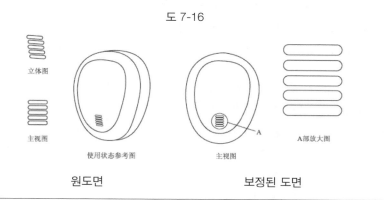

원도면

보정된 도면

┃ 사례 2 ┃

도 7-17은 휴대폰으로서, 원도면은 정면도와 사용상태 참고도를 제시했다. 출원인은 "사용상태 참고도"를 "입체도"로 변경하였다. 보정된 도면이 나타내는 내용은 원도면이 표현하는 범위를 벗어나지 않았으므로, 보정범위 초과가 아니다.

도 7-17

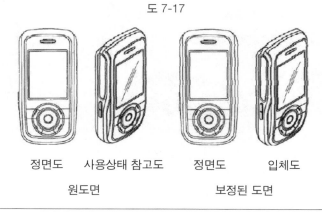

정면도 사용상태 참고도 정면도 입체도

원도면 보정된 도면

┃ 사례 3 ┃

출원인이 제출한 정투영도는 라벨이 없는 포장병을 도시했으나, 사용상태 참고도는 라벨을 붙인 포장병을 도시했다. 출원인이 보정한 정투영도가 라벨을 붙인 포장병이라면, 원 사용상태 참고도가 나타내는 범위를 벗어나지 않았으므로, 범위를 초과하는 보정이 아니다.

(c) 보정된 도면 또는 사진에 디자인 내용의 변화가 미세한 경우, 원도면 또는 사진이 표현하는 범위를 벗어나는 보정에 해당하지 않는다.

(d) 색채를 보호범위로 청구한 상황에서, 인쇄상의 문제로 색채에 작은 변화가 생긴 경우, 이는 원도면 또는 사진이 표현하는 범위를 벗어나는 보정에 해당하지 않는다.

(3) 삭 제

삭제에는 도면 또는 사진의 삭제 및 디자인 내용의 삭제가 포함된다.

a) 보정범위를 초과하는 삭제

(a) 도면 또는 사진 일부를 삭제하는 경우, 삭제된 도면 또는 사진에 의해 표현되는 부분이 쉽게 보여지지 않는 면 또는 동일하거나 대칭인 면인 경우를 제외하고는, 원도면 또는 사진이 표현하는 범위를 벗어나는 보정에 해당한다.

도 7-18에 도시된 자동차에서, 배면도와 평면도를 삭제하면 명확하게 표현된 디자인이 불명확해지므로, 이러한 보정은 원도면 또는 사진이 표현하는 범위를 벗어나는 보정에 해당한다.

도 7-18

右视图　主视图

后视图　立体图　俯视图

원사진

右視图

主視图

보정된 사진

(b) 물품이 투명하여 볼 수 있는 디자인 내용이 원도면 또는 사진에 표현되었으나, 보정된 도면 또는 사진에는 그 디자인 내용이 표현되지 않게 된 경우, 그 보정은 원도면 또는 사진이 나타내는 범위를 초과하는 보정이다.

도 7-19는 공구상자로서, 원사진에는 투명한 상자 덮개를 통해 보여지는 내부 디자인이 표현되었으나, 보정된 사진에서는 상자 케이스 형상만 표현되었다. 이 보정은 원도면 또는 사진이 나타내는 범위를 초과하는 보정이다.

도 7-19

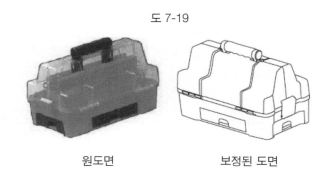

원도면   보정된 도면

b) 보정범위를 초과하지 않는 삭제

(a) 쉽게 보여지지 않는 면 또는 항상 보여지지 않는 면의 도면 또는 사진을 삭제하거나, 또는 동일하거나 대칭인 면의 도면 또는 사진을 삭제하는 것은 범위를 초과하지 않는 보정에 해당한다.

도 7-20은 냉장고로서, 배면도와 저면도는 냉장고의 쉽게 보여지지 않는 후면과 저면을 도시하므로, 배면도와 저면도를 삭제하는 것은 범위를 초과하지 않는 보정이다.

도 7-20

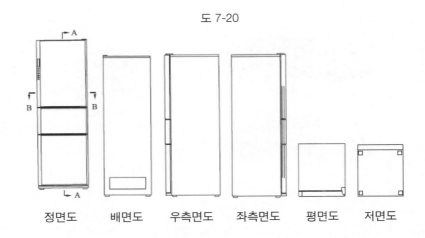

정면도　　배면도　　우측면도　　좌측면도　　평면도　　저면도

(b) 내부 구조를 표현하는 점선 및 곡면 과도(過渡) 효과선, 음영선 등 불필요한 선을 삭제하는 것은 원도면 또는 사진 범위 내의 보정에 해당한다.

도 7-21에 도시된 점선은 내부 구조를 표현하는 선으로서 삭제할 수 있다.

도 7-21

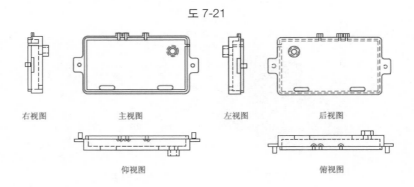

(c) 디자인 물품 이외의 다른 물품을 삭제하는 경우, 그 물품의 삭제로 인해 노출되는 부분의 디자인이 해당 분야의 설계 상식을 토대로 직접적이고도 아무런 의심 없이 확정할 수 있는 것이면, 그 삭제는 원도면 또는 사진 범위 내의 보정에 해당한다.

도 7-22는 분배기를 구비한 스탬플러로서, 원도면에는 접착 테이프가 포함되었다. 접착 테이프를 삭제하는 경우 테이프에 의해 가려진 부분의 디자인이 노출되나, 노출된 내용은 해당 분야의 설계 상식을 토대로 직접적이고도 아무런 의심 없이 확정할 수 있으므로, 이 보정은 원도면 또는 사진 범위 내의 보정에 해당한다.

도 7-22

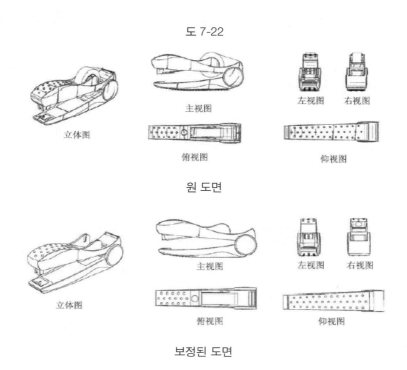

원 도면

보정된 도면

(d) 삭제된 디자인 내용이 미세한 경우, 원도면 또는 사진이 나타내는 범위를 명백하게 초과하는 보정에 해당하지 않는다.

┃ 사례 1 ┃

도 7-23에서 원사진의 칼날 부위에 물품의 상표를 표현하는 문자가 있으나, 보정된 사진에는 이들 문자가 삭제되었다. 삭제된 디자인 내용은 물품의 미세한 부분에 불과하므로, 이 보정은 원 도면 또는 사진이 나타내는 범위를 초과하는 보정이 아니다.

도 7-23

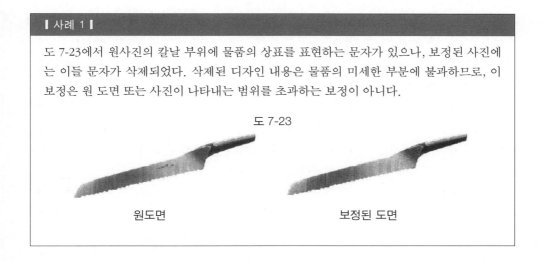

원도면   보정된 도면

▌사례 2 ▌

도 7-24에 도시된 것은 신발의 갑피로서, 원도면에는 신발끈 위치 상단에 작은 클레비스가 달려있으나, 보정된 도면에는 이 클레비스가 삭제되었다. 이러한 디자인 내용은 물품에 대한 극히 미세한 변화에 불과하므로 원도면 또는 사진의 범위를 명백하게 초과한 보정에 해당하지 않는다.

도 7-24

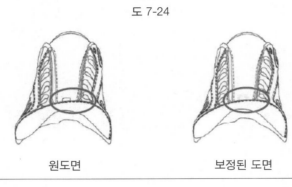

원도면   보정된 도면

3) 간단한 설명에 대한 보정

간단한 설명의 보정이 범위를 초과했는지 여부는 도면 또는 사진과 결합하여 판단한다. 간단한 설명에 기재된 내용은 제출된 도면이나 사진의 내용을 설명하는 내용과 도면이나 사진을 생략한 이유를 설명하는 내용으로 나눌 수 있다.

(1) 제출된 도면이나 사진의 내용을 설명하는 내용

도면 또는 사진에 대해 설명하는 내용은 주로 다음 내용들이다: 물품의 명칭, 용도, 디자인 요점, 디자인 요점을 가장 잘 표현할 수 있는 도면 또는 사진, 및 한 건의 디자인 출원으로 동일 물품에 대한 여러 유사디자인을 출원을 하는 경우 그중 하나를 기본 디자인으로 지정한다는 내용이 포함된다.

그 외에도 물품의 투명한 부분, 단위 도안이 연속된 방식에 대한 설명, 가늘고 긴 물품에서 길이를 생략하는 화법의 적용 여부, 물품이 투명한 재료 또는 특수한 시각적 효과를 갖는 새로운 재료로 제작되었는지 여부, 색채를 보호범위로 청구하는지 여부, 디자인 물품이 한벌 물품에 해당하는지에 대한 설명 등도 포함된다.

만약 전술한 내용이 완전하게 원도면 또는 사진에서 기인한 것이라면, 추가, 변경 또는 삭제하더라도 원도면 또는 사진에 표현된 범위 내의 보정으로 인정되는 것이 일반적이다. 예를 들어, 원도면 또는 사진이 컬러인 경우, 색채를 보호범위로 청구한다는 간단한 설명의 추가 또는 삭제는 모두 범위를 초과하는 보정이 아니다. 그러나 보정된 도면 또는 사진이 색채를 변경하면서, 색채를 보호범위로 청구한다는 간단한 설명을 추가하는 것은 범위를 초과한 보정이다. 다른 예로서, 원래의 간단한 설명에서 디자인 1을 기본디자인으로 지정했고, 보정된 간단한 설명에서는 디자인 2를 기본디자인으로 지정한 경우도 범위를 초과하지 않은 보정이다.

(2) 도면이나 사진을 생략한 이유를 설명하는 내용

a) 원도면 또는 사진을 근거로 직접적이고도 아무런 의심 없이 간단한 설명에 오류가 존재함을 알 수 있는 경우, 오류를 바로잡는 보정은 범위를 초과하지 않은 보정에 해당한다.

▌ 사례 1 ▌

원도면에 좌측면도가 존재하나 간단한 설명에는 "좌측면도와 우측면도가 대칭이므로 좌측면도를 생략한다"라고 기재되었다면, 도면에 표현된 내용과 명백하게 불일치하므로, 이 부분의 간단한 설명을 생략하는 것은 범위를 초과하는 보정이 아니다.

▌ 사례 2 ▌

원도면 또는 사진을 근거로 하면 도면을 생략한 원인이 "대칭"이 아닌 "동일"임을 알 수 있었다. 이 경우 간단한 설명에서 "대칭"을 "동일"로 변경하는 것은 범위를 초과하는 보정이 아니다.

또는, 원도면 또는 사진을 근거로 하면 도면을 생략한 원인이 "대칭"이 아닌 "동일"임을 알 수 있었다. 이 경우 원래의 간단한 설명에서 도면을 생략한 원인을 삭제하거나, 또는 "다른 도면에 디자인 요점이 없어, 다른 도면을 생략했다"라고 변경하는 것은 범위를 초과하는 보정이 아니다.

b) 원도면 또는 사진을 근거로 직접적이고 아무런 의심 없이 간단한 설명에 오류가 존재함을 알 수 있는 경우, 간단한 설명에 대한 보정이 보정범위를 초과했는지에 대한 판단은 본 장 2)절의 '도면 또는 사진에 대한 보정'부분에서 설명된 기준이 적용한다. 즉, 간단한 설명에 대한 보정의 판단 기준은 도면 또는 사진에 대한 보정의 판단 기준과 동일하다.

▌ 사례 1 ▌

도 7-25는 포장곽으로서, 원도면에는 좌측면도가 빠져 있었고, 원래의 간단한 설명에서는 도면을 생략한 원인을 기재하지 않았거나, 또는 "디자인 요점이 없어 도면을 생략했다"라고 기재되어 있었다. 출원인은 간단한 설명을 "좌측면도와 우측면도가 동일하여 좌측면도를 생략했다"라고 보정했다. 그러나 해당 물품이 속하는 분야의 설계 상식을 근거로 하여 직접적이고도 아무런 의심 없이 추가된 도면이 나타내는 내용을 확정할 수 없으므로, 간단한 설명에 대한 이러한 보정은 범위를 초과한 보정에 해당한다.

도 7-25

저면도

우측면도 정면도 배면도

▍사례 2 ▍

동일하거나 대칭임을 이유로 도면을 생략했다는 간단한 설명을 삭제한 경우, 또는 이를 디자인 요점이 없어서 도면을 생략했다는 간단한 설명으로 변경한 경우, 동일하거나 대칭인 도면 또는 사진을 삭제하는 것과 동일한 유형의 보정에 해당하므로, 범위를 초과하지 않는 보정에 해당한다.

4) 특수한 경우의 처리

(1) 평면 물품의 디자인에서 원도면 또는 사진에 윤곽선이 부족했으나, 보정된 도면에서 윤곽선이 추가되었다. 평면 물품은 디자인의 요점이 물품의 윤곽선이 아닌 도안에 있으므로, 추가된 윤곽선이 해당 분야에서 흔한 기하학적 형상이거나 또는 내부 도안의 가장자리를 따라 형성되는 경우라면 원도면 또는 사진에 나타난 범위 내의 보정에 해당한다.

도 7-26에 도시된 라벨은 원도면에는 외곽선이 없었으나, 보정된 도면에는 장방형의 외곽선이 추가되었다. 이러한 보정은 원도면 또는 사진에 표현되는 범위 내의 보정이다.

도 7-26

정면도   정면도

원도면   보정된 도면

   (2) 얇은 형태의 물품에 대해, 원도면 또는 사진은 물품의 정면만을 표현했고, 보정된 도면 또는 사진은 물품의 측면을 표현했다. 이러한 유형의 물품이 속하는 분야에서는 두께가 일반적으로 디자인 내용이라 할 수 없다. 따라서 보정된 도면 또는 사진에 원도면 또는 사진에 나타나지 않은 물품의 두께를 표현한 경우, 물품 측면에 디자인 내용이 없는 한, 원도면 또는 사진이 나타내는 범위를 초과하지 않는 보정이다.

   도 7-27에 도시된 문의 원도면에는 정면도만 존재했으나, 출원인이 입체도를 추가했다. 입체도에 표현된 문의 측면에는 디자인 내용이 없으므로, 이러한 보정은 원도면이 나타내는 범위를 초과하지 않는다.

도 7-27

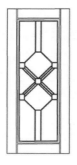

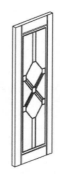

원도면   추가된 도면

5) 처리 방식

보정이 범위를 초과했는지 여부는 물품이 속하는 분야의 설계 상식을 근거로 판단하지만, 디자인 형식심사에서는 분야에 따른 심사를 진행하지 않는다. 즉, 심사관은 각 유형의 물품이 속하는 분야의 설계 상식을 파악할 것을 요구받지 않는다. 이로 인해 물품이 속하는 분야의 설계 상식을 갖추지 않음으로 인해 보정이 범위를 초과했는지를 직접적이고 아무런 의심 없이 확정할 수 없는 경우, 심사관은 비교적 엄격한 기준을 적용할 수 있다. 심사의견통지서를 발부하는 방식으로 출원인과 소통하고, 출원인이 답변한 의견을 근거로 종합적으로 분석하여 그 보정이 범위를 초과한 것인지 판단한다.

원도면 또는 사진이 나타내는 범위를 초과한 보정에 대해, 심사관은 보정문서의 유형과 제출 시기에 따라 처리 방식을 정한다.

(1) 자진보정 기간 내의 보정 및 통지서에 대한 답변 시 이루어진 보정의 경우

심사관은 그 보정이 전리법 제33조 규정에 반함을 이유로 심사의견통지서를 발부한다. 출원인이 보정을 유지하는 경우 심사관은 전리법실시세칙 제44조에 따라 거절결정을 내린다.

(2) 자진보정 이외의 기간에 이루어진 자진보정의 경우

심사관은 그 보정의 제출이 전리법실시세칙 제51조 규정에 반함을 이유로 미제출간주통지서를 발부한다.

8. 전리법 제25조 제1항[7] 제6호에 따른 심사

1) 판단 방식

도면 또는 사진 및 간단한 설명과 물품의 명칭을 근거로 하여, 디자인이 적용된 물품이 평면 인쇄품인지, 디자인이 도안, 색채 또는 이들의 결합으로 이루어진 것인지, 디자인이 주로 표시기능을 하는지 여부를 판단한다.

위 세 가지 요건을 모두 만족하는 경우, 그 출원은 전리법 제25조 제1항 제6호 규정

---

7) 전리법 제25조 제1항: 다음 각 호에 해당하는 경우 전리권을 수여하지 않는다.
　　① 과학 발견
　　② 지적 활동의 규칙 및 방법
　　③ 질병의 진단 및 치료방법
　　④ 동물 및 식물의 품종
　　⑤ 원자핵 변환방법으로 획득한 물질
　　⑥ 평면 인쇄물의 모양, 색상 또는 양자의 결합으로서 주로 표시기능을 갖는 디자인

의 부등록 사유에 해당하는 것으로 인정된다.

(1) 디자인이 적용된 물품이 평면 인쇄품일 것

도면 또는 사진 및 간단한 설명과 물품의 명칭을 근거로 하여, 디자인이 적용된 물품이 평면 인쇄품에 해당하는지 판단한다. 인쇄품에는 보통 출판물, 포장장식류 인쇄품 및 증서, 명함 등 기타 인쇄품이 포함된다.

전리법 제25조 제1항 제6호가 규정하는 평면 인쇄품은 주로 포장·장식류 인쇄품 중에서의 평면물품을 의미하는데, 예를 들어, 평면 포장봉지, 포장지, 병 라벨, 평면 표지 및 테그 등이다. 이들은 상품을 포장하는 포장물이거나, 또는 포장물이나 물품에 부착되는 것으로서, 소비자에게 단독으로 판매되지 않는 것이 일반적인 평면 물품이다.

아래 물품은 전리법 제25조 제1항 제6호가 규정하는 부등록 사유에 해당하지 않는 평면 인쇄품이다.

a) 명함, 공공표시가 인쇄된 표지 및 경고표시가 인쇄된 표지 등의 평면물품

예를 들어, 도 8-1에 도시된 흡연금지표시가 인쇄된 표지, 도로교통안전 경고표시가 인쇄된 표지판 및 공공서비스 정보표시가 인쇄된 표지판은 본 조항이 배제하는 객체에 해당하지 않는다.

도 8-1

b) 입체 포장봉지, 포장곽 등 입체물품

예를 들어, 도 8-2에 도시된 포장봉지는 입체도로서 포장봉지 측면 구조를 나타내고 있다. 즉, 입체 포장봉지이므로 본 조항이 배제하는 객체에 해당하지 않는다.

도 8-2

c) 방직품, 유리제품, 자기제품 등의 평면물품

방직품, 유리제품, 자기제품에 도안, 문자가 인쇄될 수 있으나, 이들은 포장물로 이용되지도 않고 인쇄품에 해당하지도 않는다. 예를 들어 도 8-3에 도시된 티셔츠, 컬러인쇄된 유리는 인쇄품에 속하지 않으므로, 본 조항이 배제하는 객체에 해당하지 않는다.

도 8-3

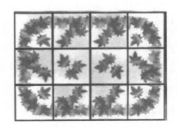

(2) 디자인이 도안, 색채 또는 이들의 결합으로 이루어질 것

형상을 고려하지 않기 때문에, 어떠한 형상의 2차원 물품 디자인이든 모두 도안, 색채 또는 이들의 결합으로 이루어진 것으로 인정될 수 있다.

2차원 병 라벨은 비록 별 도안, 나비 도안 등 특정한 형상을 지니고 있지만, 만약 다른 요건들이 만족된다면 전리법 제25조 제1항 제6호가 규정하는 부등록 사유를 구성할 수 있다. 도 8-4에 도시된 라벨은 비록 일반적인 직사각형 라벨과는 다르더라도 여전히 평면 인쇄물이다. 따라서 본 조항이 규정한 부등록 사유에 해당하는지 판단할 때, 그 형상이 독특한 디자인 특징을 갖는지 여부는 고려 대상이 아니다. 결국 도안, 색채 또는 이들의 결합으로 이루어진 디자인에 해당하는 것으로 인정된다.

도 8-4

(3) 디자인이 주로 표시기능을 할 것

디자인의 표시기능이란, 그 디자인이 구비한 표시 및 식별정보의 작용을 의미한다. 물품의 디자인에 표현된 상표, 표지 등의 도안이나 색채의 시각정보 및 물품의 명칭, 브랜드, 제조자 명칭 및 주소 등의 문자정보는 모두 표시기능을 한다.

디자인이 주로 표시기능을 한다는 것은, 그 디자인이 관련 물품, 서비스의 출처 등을 일반 공중이 식별하게 하는 데 주로 이용됨을 의미한다.

디자인이 주로 표시기능을 하는지 여부를 판단하는 경우, 디자인의 도안, 색채 및 이들의 결합에 대해 전체적으로 판단할 필요가 있으며, 이와 함께 물품의 디자인에 표현된 상표, 표지 등 도안이나 색채의 시각정보 및 물품의 명칭, 브랜드, 제조자 명칭 및 주소 등의 문자정보가 나타내는 물품 제조자 또는 서비스 제공자 정보를 고려해야 한다.

이하는 '주로 표시기능을 하는 디자인'에 해당하는 경우이다.

a) 평면 인쇄품에 도안, 색채 또는 이들의 결합으로 이루어진 디자인이, 상표 또는 표식을 위주로 하는 것이 명백하다고 판단할 수 있는 경우, 주로 표시기능을 하는 디자인으로 인정된다.

도 8-5에 도시된 라벨과 상표는, 물품의 명칭 및 도면 또는 사진을 결합하여, 상표 또는 표시를 위주로 하는 디자인임이 명확하다고 판단할 수 있다: 라벨("激活" 및 도안 상표)는 상표를 디자인으로 함이 명백하고, 라벨(특정 문양은 엔지니어링 회사를 나타냄)은 모 회사의 표시임을 명확히 알 수 있으며, 표지상표(전국 건축재료 1등 브랜드)도 물품에 관련된 상표임을 명확하게 판단할 수 있다. 따라서 도 8-5에 도시된 라벨과 상표는 주로 표시기능을 하는 평면 인쇄품에 해당한다.

도 8-5

라벨
("激活" 및 도안 상표)

라벨
(특정 문양은 엔지니어링
회사를 나타냄)

표지상표
(전국 건축재료 1등 브랜드)

도 8-6에 도시된 라벨(康之源)은, 건강식품기업 또는 그 물품의 상표 또는 표식으로서, 주로 표시기능을 하는 평면 인쇄품에 해당함을 도면을 통해 알 수 있다. 도 8-7에 도시된 간판(泰鑫达)은 중국 전통기업의 표식 또는 간판임을 도면으로부터 파악할 수 있고, 또한 도면이 한 개 뿐이라는 점으로부터 주로 표시기능을 하는 평면 인쇄품이라고 판단할 수 있다.

도 8-6 라벨(康之源)

도 8-7 간판(泰鑫达)

b) 평면 인쇄품에 도안, 색채 또는 이들의 결합으로 이루어진 디자인이 상표, 표식, 물품의 명칭, 제조자 명칭 및 주소 등의 도안 및 문자정보로만 이루어졌고, 명백한 장식성 도안이 없는 경우, 그 디자인은 주로 표시기능을 하는 것으로 인정해야 한다.

도 8-8에 도시된 포장봉지, 의복용 네임테그, 포장지는 그 디자인 내용이 상표, 표식, 물품의 명칭, 제조자 명칭 및 주소 등의 도안 및 문자정보로만 이루어졌고, 명백한 장식성 도안이 없음을 도면 또는 사진을 토대로 파악할 수 있다.

도 8-8

| 포장봉지 | 포장봉지 | 의복용 네임테그 | 포장지 |

이하는 '주로 표시기능을 하는 디자인'에 해당하지 않는 경우이다.

a) 평면 인쇄품에 도안, 색채 또는 이들의 결합으로 이루어진 디자인이 장식 기능을 일으키는 것이 명백한 경우, '주로 표시기능을 하는 디자인'에 해당하지 않는다. 예를 들어 벽지, 인화지, 오토바이 장식도안 등은 통상적으로 장식 기능을 일으키는 것이 명백한 디자인으로 인정되어, 본 조항이 배제하는 객체에 해당하지 않는다.

도 8-9에 도시된 날염지, 오토바이 장식도안은 장식 기능을 일으키는 디자인임이 매우 명백하므로, 전리권 등록이 가능하다.

도 8-9

날염지   오토바이 장식도안

b) 평면 인쇄품에 표시기능을 하는 정보를 포함하고 있으나, 장식기능을 갖는 도안도 포함한 디자인인 경우, 만약 장식기능이 강력한 시각적 효과를 발휘하여 장식적 효과가 뚜렷하다면, 그 디자인은 본 조항이 배제하는 객체에 해당하지 않는다.

도 8-10에 도시된 포장봉지, 라벨을 통해, 소비자는 포장봉지에 담긴 상품 또는 라벨이 부착된 물품의 출처나 제조자를 식별할 수 있다. 그러나 이들 디자인은 색채로 이루어진 폭발형 도안을 포함하여 장식적 효과가 강하므로, '주로 표시기능을 하는 디자인'으로 인정할 수 없다.

도 8-10

포장봉지   라벨

2) 처리 방식

평면 인쇄품에 도안, 색채 또는 이들의 결합으로 이루어졌고 주로 표시기능을 하는 것이 명백한 디자인에 대해, 심사관은 전리법 제25조 제1항 제6호를 근거로 심사의견통지서를 발부하여, 해당 디자인 출원에 존재하는 흠결을 명확히 지적해야 한다. 출원인의 의견진술 이후에도 그 흠결을 해소하지 못한 경우 심사관은 거절결정을 내린다.

9. 전리법 제2조 제4항[8])에 따른 심사

전리법상의 디자인은, 물품의 형상, 도안 또는 그 결합 및 색채와 형상, 도안의 결합에 대한 미감이 풍부하고 산업상 이용에 적합한 새로운 디자인을 의미한다. 디자인의 정의에는 다음과 같은 5가지 내용이 포함된다: ① 물품일 것, ② 산업상 이용에 적합할

---

8) 전리법 제2조 제4항: 디자인이란 물품의 형상, 도안 또는 그 결합 및 색상과 형상, 도안의 결합에 대한 미감이 있고 산업상 이용에 적합한 새로운 디자인을 의미한다.

것, ③ 형상, 도안 또는 그 결합 및 색채와 형상, 도안의 결합일 것, ④ 미감이 풍부할 것, ⑤ 새로운 디자인일 것. 심사관은 이 5가지 내용으로부터 보호를 청구하고자 하는 디자인을 종합적으로 판단해야 한다.

전리심사지침 제1부 제3장 7.4절에서는 전리법 제2조 제4항에 반하여 등록을 받을 수 없는 11가지 경우를 제시하는데, 이는 전리권을 부여하지 않는 객체에 대한 예시적 규정에 불과하다. 따라서 심사관은 보호 객체에 대한 심사를 할 때 이 규정에 구속되어 심사하지 않으며, 전리법 제2조 제4항 규정에 따라 엄격한 심사를 진행한다.

1) 심사 내용

(1) 물 품

디자인은 물품의 디자인이고, 디자인의 매개체는 물품이다. 물품이란, 산업적 방법으로 생산된 완전한 것으로서 독립적으로 판매되거나 사용될 수 있는 물품을 의미한다.

a) 반드시 물품을 매개체로 할 것

(a) 디자인은 물품으로부터 이탈하여 단독으로 존재할 수 없다. 도 9-1은 스티커 도안이고, 도 9-2는 표지 디자인으로서, 디자인이 구체적인 물품에 적용되지 않아, 물품이 디자인의 매개체가 되지 못하였으므로, 전리권의 보호 객체에 해당하지 않는다.

도 9-1　　　　　도 9-2

(b) 순수한 미술, 서예, 사진작품은 물품이 아니므로 전리권의 보호 객체에 해당하지 않는다.

순수한 미술의 범주인 회화, 서예, 사진 등의 작품을 기초로 하여, 모사, 인쇄 등의 방식으로 제작한 인테리어 그림도 미술, 서예 사진 등의 작품에 포함된다(예: 도 9-3에 도시된 인테리어 그림 및 도 9-4의 공예화).

도 9-3

도 9-4

한편 자수 그림(도 9-5), 밀짚 그림(도 9-6), 대나무 그림 등은 중복 생산이 가능한 공예품으로서 미술, 서예, 사진작품에 해당하지 않아 전리권의 보호 객체이다.

도 9-5

도 9-6

b) 물품은 반드시 완전한 물품일 것

(a) 물품에서 분할할 수 없거나 단독으로 판매할 수 없으며, 단독으로 사용할 수 없는 부분디자인(예: 양말 뒤꿈치, 모자챙, 컵 손잡이 등)은 전리권의 보호 객체가 될 수 없다.

도 9-7에 도시된 컵 손잡이는 컵의 고정된 부분으로서 일반적으로 컵과 분리가 불가능하다. 컵 손잡이는 완전한 물품이 아니고, 컵의 일부로서 분리할 수 없고 단독으로 사용할 수 없는 부분디자인이므로, 좌측의 손잡이는 전리권의 보호 객체가 될 수 없다.

도 9-7

 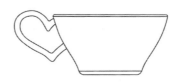

(b) 형상 또는 도안이 다른 여러 구성부품으로 이루어진 물품에
서, 구성부품 단독으로 판매 및 사용할 수 없으면, 구성부품은 전리
권의 보호 객체가 될 수 없다(예: 도 9-8의 마작패, 레고 블록).

도 9-8

도 9-9는 다른 형상의 삽입연결 블록으로 이루어진 퍼즐 완구로
서, 그 중 단일의 블록은 단독으로 판매, 사용될 수 없고, 모든 블록
이 함께 하나의 물품을 이루어야만 전리권의 보호 객체가 될 수 있
다.

도 9-9

▌사례 1 ▌

도 9-10은 트럼프 카드로서, 출원인은 한 장의 트럼프 카드 정면도만을 제
출했다. 트럼프 카드는 조립식 물품으로서 54장의 카드로 이루어져 있으
므로, 54개의 '부품'이 반드시 함께 판매, 사용되어야 한다. 한 장의 트럼프
카드는 단독으로 판매되지도 않고 사용될 수도 없으므로, 전리권의 보호
객체가 될 수 없다.

도 9-10

▌사례 2 ▌

도 9-11은 트럼프 카드의 뒷면으로서, 출원인이 제출한 정면도에 카
드의 뒷면이 도시되었다. 간단한 설명에는 "본 디자인 물품은 54장
의 카드로 이루어졌고, 디자인 요점은 트럼프 카드의 뒷면에 있으며,
다른 도면은 디자인 요점이 없어 생략했다"라고 기재되었다. 조립식
물품인 트럼프 카드는 54장의 카드가 반드시 함께 판매, 사용되어야
하고, 한 장의 카드만으로는 단독으로 판매, 사용될 수 없다. 다만,
트럼프 카드의 뒷면은 동일한 것이 일반적이고, 디자인 요점이 카드
뒷면의 도안에 있는 디자인인 경우 각 부품의 디자인 요점에 대한 도
면을 제출한 것으로 간주할 수 있다. 따라서 제출된 정면도에 나타

도 9-11

난 것은 트럼프 카드의 뒷면이고, 디자인 요점이 카드 뒷면의 도안에 존재하는 디자인이므로 전리권의 보호 객체가 될 수 있다.

c) 물품은 산업적 방법으로 생산된 물품일 것

식물, 동물, 자연상태의 우화석[9] 등의 자연물은 전리권의 보호 객체가 될 수 없다. 다만, 자연물을 물품의 일부 또는 전체의 원재료로 하는 것은 가능하다.

(a) 전리권의 보호 객체에 해당하는 경우

자연물을 물품의 일부 또는 전부의 원재료로 하여, 공업적 방법으로 형성한 결과물이 원시 상태의 자연물과 다른 물품의 디자인은 전리권의 보호 객체가 될 수 있다[예: 깃털을 주재료로 하는 가면(도 9-12 참고), 조개껍데기로 만든 공예품(도 9-13 참고)].

도 9-12

도 9-13

도 9-14에 도시된 찻잎은 찻잎을 재료로 삼아 공업적 방법으로 특별히 가공해 만든 물품이다. 이 물품은 자연물을 재료로 삼았으나 공업적으로 가공했고, 디자인은 버섯형을 띠어 찻잎의 원래 형태를 변형하였으므로, 전리권의 보호 객체가 될 수 있다.

도 9-14

정면도   좌측면도   평면도   저면도

---

9) 雨花石, 아름다운 무늬가 있는 매끄러운 조약돌.

(b) 전리권의 보호 객체에 해당하지 않는 경우

ㄱ) 자연물을 물품의 일부 또는 전체의 재료로 삼았으나, 자연물 원래의 형상, 도안 및 색채를 그대로 디자인의 주요 부분으로 한 물품 디자인은 전리권의 보호 객체가 될 수 없다.

┃ 사례 1 ┃

도 9-15에 도시된 찻잎은 간단한 가공을 거친 자연물의 원래 형태를 디자인의 주요 부분으로 삼았으므로, 전리권의 보호 객체가 될 수 없다.

도 9-15

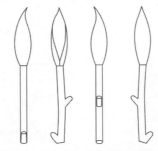

좌측면도 정면도 우측면도 배면도

┃ 사례 2 ┃

도 9-16에 도시된 햄은 축산물의 퇴부를 재료로 삼아 절임 등의 공정을 거쳐 만들어진 것으로서, 원재료의 외형을 그대로 유지하고 있어, 자연물 원래의 형상, 도안 및 색채를 그대로 디자인의 주요 부분으로 한 디자인에 해당하여, 전리권의 보호 객체가 될 수 없다.

도 9-16

우측면도   정면도   좌측면도

ㄴ) 자연물의 생장 과정 중 사람이 개입, 모형 제어 등의 방법으로 형성되어 독특한 조형을 갖는 자연물[예: 분재(도 9-17 참고), 사각형 수박]은 전리권의 보호 객체가 될 수 없다.

도 9-17

(2) 산업상 이용에 적합할 것

산업상 이용에 적합하다는 것은, 디자인이 산업상 이용되어 공업적 생산수단으로 대량 생산될 수 있음을 의미한다. 공업적 생산수단에는 기계적 생산수단과 수공업적 생산수단이 포함된다.

a) 수공업품

도 9-18

수공업품이 보호 객체에 해당하는지 여부는 대량생산이 가능한지 여부를 판단 기준으로 한다. 대량 생산이 가능한 수공업품 디자인은 전리권의 보호 객체가 될 수 있다(예: 꽃바구니, 장식성 도안이 있는 대나무 돗자리 등). 중복 생산이 불가능한 수공업품 디자인은 전리권의 보호 객체가 될 수 없다(예: 도 9-18에 도시된 뿌리조각 공예품).

b) 건축물

중복 재현이 가능한 건축물, 이동 가능한 조립식 가옥 등은 전리권의 보호 객체에 해당한다(예: 별장, 아파트, 조립식 간행물판매 가게 등).

특정 지리적 조건에 의해 결정되거나, 중복 재현이 불가능한 고정 건축물, 교량 등은 전리권의 보호객체가 될 수 없다(예: 도 9-19에 도시된 바와 같은 특정 풍경을 포함하는 "낙수별장").

도 9-19

(3) 미감이 풍부할 것

전리심사지침 제1부 제3장 7.3절에 따르면, 미감이 풍부하다는 것은 전리권의 보호객체에 해당하는지를 판단할 때, 물품의 기능과 특성 또는 기술적 효과가 아닌, 물품의 외관이 사람들에게 주는 시각적 느낌에 주목함을 의미한다. 따라서 디자인의 미감이 풍부한지에 대한 판단은 주관적 요소가 강하므로, 일반적으로는 디자인이 극히 흉측하지 않고, 디자인의 형상, 도안이 사회 풍속에 명백히 반하지 않아 혐오감이나 반감을 일으키지 않는 한, 해당 디자인은 본 요건에 부합하는 것으로 인정될 수 있다. 혐오감이나 반감을 일으키는 디자인은 전리법 제5조 제1항이 적용되며, 이에 대해서는 본 장 5절을 참고할 수 있다.

(4) 새로운 디자인일 것

형식심사 과정 중에는 명백하게 새로운 디자인이 아닌 경우에만 심사가 이루어진다. 일반적으로 심사관은 출원서류의 내용과 일반 소비자의 상식을 근거로 이에 대해 판단하며, 검색은 하지 않는다. 한편, 출원일 또는 우선일에 이미 동일한 디자인이 중국 전리공개공보에 공개되었음을 검색 없이 지득한 경우(예: 정보 제공자가 증거를 제공하여 알게 된 경우), 심사관은 전리법 제23조 제1항을 근거로 처리한다.

a) 흔한 기하학적 형상 및 도안

물품이 속하는 분야에서 흔한 기하학적 형상 및 도안으로만 구성된 디자인은 전리권의 보호객체가 될 수 없다. 흔하고 간단한 기하학적 형상에는 장방형, 정방형, 원형, 타원형, 장방체, 정방체, 원주체 등이 포함된다. 흔한 기하학적 형상 및 도안에 대해 심사관은 물품이 속하는 분야를 토대로 종합적으로 판단한다.

도 9-20에 도시된 각설탕의 형상인 장방체는 해당 부품이 속하는 분야에서 흔한 기하학적 형상이고, 물품에 도안 디자인도 없다. 따라서 새로운 디자인이 아니므로 전리권의 보호 객체가 아니다.

도 9-20

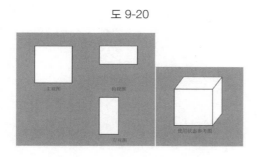

b) 모방디자인

자연물의 원래 형태를 모방한 디자인은 모방디자인에 해당한다. 자연물의 원래 형태를 그대로 모방하거나 진짜같은 모방디자인은 새로운 디자인이 아닌 것으로 판단할 수 있다.

새로운 디자인에 해당하지 않는 모방디자인에는 주로 아래 두 종류가 있다.

ⓐ 자연물의 원래 형태를 그대로 모방한 완구, 공예품, 진열품 등의 디자인

예를 들어, 야채의 형상과 색채를 그대로 모방한 플라스틱 완구(도 9-21 참고), 앵무새의 형상과 색채를 그대로 모방한 공예품(도 9-22 참고)은 자연물을 중복 재현한 것으로서 새로운 디자인이 아니다.

ⓑ 자연물의 원래 형태를 그대로 모방했고, 자연물의 원래 용도를 대체한 물품의 디자인

예를 들어 자연계의 풀의 형상과 색채를 그대로 모방한 인공풀(도 9-23 참고)은 자연계에 존재하는 풀의 중복 재현한 것으로서, 자연계의 진짜 풀을 대체하는데 이용되므로, 새로운 디자인에 해당하지 않는다.

도 9-21	도 9-22	도 9-23

자연물의 원래 형태를 그대로 모방하지 않았거나 자연물 원래 형태의 일부 또는 전

체를 변형한 디자인은, 자연물의 원래 형태를 그대로 모방한 물품의 디자인과 구별되
어, 전리권의 보호 객체에 해당한다(예: 도 9-24에 도시된 진열품 디자인).

도 9-24

(5) 형상, 도안과 색채 및 그 결합

디자인의 3 요소란, 형상, 도안 및 색채를 의미한다. 디자인을 구성할 수 있는 조합
은 다음 6가지이다: ① 물품의 형상, ② 물품의 도안, ③ 물품의 형상과 도안, ④ 물품의
형상과 색채, ⑤ 물품의 도안과 색채, ⑥ 물품의 형상, 도안 및 색채.

a) 형상, 도안 및 색채는 평소의 형태일 것

형상, 도안 및 색채의 평소 형태란, 물품의 평소상태 또는 정상 사용 시의 형상, 도안
및 색채를 의미한다. 예를 들어, 폴더식 휴대폰의 평소상태는 보통 폴더가 닫힌 상태이
고, 정상 사용 시는 열린 상태와 닫힌 상태이다. 따라서 열린 상태와 닫힌 상태 모두 폴
더식 휴대폰의 평소상태이다. 다른 예로, 공기 충전 완구는 공기 충전상태가 정상 사용
상태이다. 접거나, 압축하거나 선, 밧줄 등의 물체를 이용하여 물품을 묶어서 만든 운
반이 편리한 상태는 물품의 평소 상태가 아니다. 보호를 청구하는 디자인이 물품 자체
의 평소 형태가 아닌 경우, 전리권 보호의 객체가 될 수 없다.

┃사례 1┃

포장곽류의 물품은 포장지 보드가 접혀 만들어진 포장곽 형태가 물품 정상 사용시의 형태,
즉 평소 형태이고, 포장곽의 시트 형태는 평소 형태가 아니다.

┃사례 2┃

머플러 등과 같은 평면물품의 평소 형태는 평면으로 펼쳐진 상태이고, 접혀져 만들어진 꽃
봉오리 형태의 머플러(도 9-25 참고), 접혀진 3각형 형태의 머플러, 접혀져 만들어진 무 형
태의 티셔츠 및 매듭져 만들어진 손수건은 물품의 평소 형태가 아니다.

도 9-25

b) 형상, 도안 및 색채는 고정적일 것(2014년 5월 1일 이전까지 적용)

물품의 형상은 고정적이어야 한다. 물품의 형상에 여러 가지 변화 상태가 있을 수 있으나, 어떠한 변화 상태에서의 물품 형상은 고정되어야 한다(예: 접이식 의자, 변형 로봇 등). 물품의 도안 및 색채는 고정된 것이어야 하고, 시시각각 있다가 사라지거나, 수시로 변화하여 예측이 불가능해서는 안 된다. 물품의 도안 및 색채에도 여러 가지 변화 상태가 있을 수 있으나, 각 변화 상태에서 도안 및 색채는 고정적이어야 한다. 예를 들어, 변색 의복은 실내에서 어떠한 도안과 색채를 띠다가 실외에서는 다른 도안과 색채로 변화하지만, 두 가지 상태에서의 도안과 색채는 고정된 것이어야 한다.

기체, 액체 및 분말 등 고정적 형상이 없는 물질을 포함하여 형상, 도안, 색채가 고정되지 않는 물품은 전리권의 보호 객체가 될 수 없다. 예를 들어, 도 9-26에 도시된 모래 그림 공예품의 디자인 요점이 도안에 있으나, 그 도안의 형성은 온전히 모래의 움직임에 의해 결정되므로, 임의적이고 고정적이지 않아 전리권의 보호객체가 아니다. 그러나 기체, 액체 또는 분말 등 고정적 형상이 없는 물질을 포함하는 물품이 모두 전리권의 보호객체가 될 수 없는 것은 아니다. 전술한 물질들이 존재하더라도 물품의 형상, 도안, 색채가 고정적이라면, 그 물품은 전리권의 보호 객체에 해당한다.

도 9-26

┃ 사례 1 ┃

도 9-27에 도시된 모래시계는 분말형 물질이 포함되었지만, 그 물질의 존재로 인해 물품의 형상, 도안, 색채가 고정되지 않는 것은 아니므로, 전리권의 보호 객체에 해당한다.

도 9-27

┃ 사례 2 ┃

도 9-28에 도시된 펜던트는 내부에 많은 쇠구슬을 포함하고 회구슬은 굴러 이동할 수 있으나, 그러한 이동 궤적이 비교적 확정적이어서, 물품의 전체적 형상, 도안의 확정에 영향이 없고, 쇠구슬의 이동에 의해 형성되는 도안에 디자인 요점이 있는 것도 아니므로, 이 물품은 전리권의 보호 객체에 해당한다.

도 9-28

정면도   배면도

　　주의할 점으로, 본 요건에 관하여 2014년 5월 1일자로 시행된 전리심사지침 개정안[10])에서는 그래픽 유저 인터페이스(GUI)에 대한 디자인 출원이 가능하도록 개정되었다. 이에 따라, 전리심사지침 제1부 제3장 7.2절에서 "물품의 도안은 고정적이고 가시적이어야 하며, 시시각각 있다가 사라지거나, 특정 조건에서만 볼 수 있어서는 안 된

---

10) 《国家知识产权局关于修改〈专利审查指南〉的决定》, (第68号); 2014년 3월 12일 공포.

다"라는 규정이 삭제되었다. 이에 따라, 본 절(형상, 도안 및 색채는 고정적일 것)의 내용
은 2014년 5월 1일자부터는 적용되지 않는다는 점에 주의해야 한다.

c) 전력 공급 후 나타나는 도안 및 색채(2014년 5월 1일 이전까지 적용)

물품에 전기가 흐른 후 나타나는 도안 및 색체는 물품 자체의 도안 및 색채가 아니므
로, 전리권의 보호 객체가 될 수 없다. 예를 들어, 휴대폰 화면상에 표시된 도안(도 9-29
참조), 컴퓨터 사용자 인터페이스(도 9-30 참조), 전자시계판에 표시되는 도안 등이다.

도 9-29	도 9-30

다만, 본 절의 요건도 그래픽 유저 인터페이스(GUI)에 대한 디자인 출원이 가능하도
록 개정한 전리심사지침 개정안에 따라 2014년 5월 1일부터는 적용되지 않는다.

개정 이전의 전리심사지침 제1부 제3장 7.4절의 (11)항에서는 "물품에 전기가 흐른
후 나타나는 도안. 예를 들어 전자시계판에 표시되는 도안, 휴대폰 화면상에 표시된 도
안, 소프트웨어의 인터페이스 등"은 디자인 전리권을 수여하지 않는 객체로 규정되어
있었다. 그러나 개정된 전리심사지침에 따르면, 전술한 (11)항의 내용이 삭제되는 대
신, "게임 인터페이스 및 사용자와 기기 간 상호작용과 무관하거나 또는 물품의 기능
실현과 무관한 물품표시장치가 표현하는 도안. 예를 들어, 전자스크린 벽지, 스위치화
면, 인터넷 페이지 레이아웃"에 전리권을 수여하지 않는다는 내용이 추가되었다.

d) 단일 색채 디자인

물품의 색채는 단독으로 디자인을 구성할 수 없다.

도 9-31은 미세 결정 아연판(녹색 도료면)의 디자인
으로서, 그 형상은 물품이 속하는 분야에서 흔한 장
방형이고, 색채는 전체가 녹색으로서 단일 색채 디자
인이므로, 전리권의 보호 객체가 될 수 없다.

도 9-31

e) 시각 혹은 육안으로 확정하기 어려운 디자인이
아닐 것

특정한 도구나 장비가 있어야만 형상, 도안, 색채를 분별할 수 있는 디자인은 전리권
의 보호 객체가 될 수 없다(예: 자외선 전등을 비추어야만 도안이 나타나는 물품 디자인, 돋

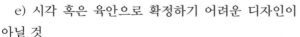

보기로 관찰해야 명확히 보이는 초소형 조각 디자인 등).

  f) 문자 및 숫자의 자음(字音), 자의(字義)

  문자 및 숫자의 자음, 자의는 전리권의 보호 객체가 아니다. 다만, 문자나 숫자의 위치 및 배열 방식은 전리권의 보호 대상이 될 수 있다.

2) 처리 방법

  전리법 제2조 제4항 규정에 반하는 디자인 출원에 대해 심사관은 심사의견통지서를 발부한다. 출원인의 의견진술 또는 보정을 통해 흠결이 해소된 경우, 심사관은 등록 결정을 내릴 수 있다. 출원인의 의견진술 또는 보정이 있었음에도 흠결이 해소되지 않은 경우 심사관은 거절결정을 내려야 한다.

  전리법 제2조 제4항에는 보호 객체에 대한 여러 가지 요건이 규정되었고, 이에 따라 전리법 제2조 제4항 규정에 반하는 구체적인 흠결 사유도 상이할 수 있으므로, 심사관은 아래와 같이 처리한다.

  (1) 한 건의 디자인 출원에 전리법 제2조 제4항 규정에 반하는 실질적 흠결사유가 여러 개 존재하는 경우, 심사관은 가능하면 모든 실질적 흠결에 대해 심사의견통지서를 작성한다. 만약 이전에 이미 실질적 흠결에 대해 심사의견통지서를 발부했고, 출원인이 의견진술 또는 보정으로 그 흠결을 해소했으나, 전리법 제2조 제4항 규정에 반하는 다른 실질적 흠결이 여전히 존재하는 경우 심사관은 그 흠결에 대해 재차 심사의견통지서를 발부해야 한다.

  (2) 출원인이 의견진술 또는 보정으로 지적받은 실질적 흠결을 해소했으나, 그 과정에서 새로운 실질적 흠결이 발생했고, 그 흠결 역시 전리법 제2조 제4항 규정에 반하는 흠결인 경우, 사실 또는 구체적 이유가 다르다면 심사관은 그 흠결에 대해 재차 심사의견통지서를 발부해야 한다. 예를 들어, 절전 장식판에 대한 디자인 출원에서 심사관은 "물품 표면에 도안이 없고, 형상은 해당 물품이 속하는 분야에서 흔한 기하학적 형상에 불과하다"는 이유로 심사의견통지서를 발부했다. 출원인은 "물품 표면에 도안이 없으나, 디자인 요점은 물품 표면의 색채에 있다"라고 의견을 진술했다. 그러나 간단한 설명에서는 색채를 보호범위로 청구한다는 설명이 기재되어 있지 않았기에, 전술한 의견진술로 인해 사실에 변경이 생겼으므로, 심사관은 새로운 사실에 대해 재차 심사의견통지서를 발부하면서, "물품 표면에 도안이 없고, 형상은 해당 물품이 속하는 분야에서 흔한 기하학적 형상에 불과하므로, 단일 색채 디자인에 해당한다. 단일 색채 디자인은 디자인 전리권의 보호 객체가 될 수 없다"라고 출원인에게 고지해야 한다.

10. 전리법 제9조에 따른 심사

형식심사 단계에서, 디자인 출원이 전리법 제9조에 반하는지 여부에 대한 심사가 이루어진다. 심사관은 자신이 획득한 동일한 디자인출원 또는 디자인권을 토대로 디자인출원이 전리법 제9조에 부합하는지 여부를 심사할 수 있다.[11]

한편, 선출원이 이미 등록공고 되어 종래디자인 또는 저촉디자인을 구성하는 경우, 이는 전리법 제9조가 아니라 전리법 제23조 제1항 규정의 적용 대상이다.

1) 심사 내용

전리법 제9조에 규정된 "동일한 발명창조"에 해당하는지 판단할 때, 두 건의 디자인 출원 또는 등록전리의 도면 또는 사진에 표현된 디자인을 기준으로 한다. 디자인에 있어서의 동일한 발명창조란 동일한 디자인을 의미하며, 동일한 디자인이란 동일하거나 실질적으로 동일한 디자인을 의미한다.

형식심사 단계에서, 동일하거나 명백하게 실질적으로 동일한 디자인은 동일한 것으로 인정되는데, 구체적으로 이하 내용을 참고한다.

(1) 두 디자인의 형상의 차이가 분명하지 않고, 도안은 동일한 경우에는 동일한 디자인에 해당한다.

도 10-1은 두 측정기기의 전면 패널을 도시하는데, 도안이 서로 동일하고, 전체적 형상은 장방형 박판이며, 좌측 중간에 직사각형의 홀이 존재하고, 좌측 하단은 함몰되었다. 유일한 차이점으로 물품 좌측 하단 함몰부위의 길이가 다르나, 이러한 차이는 국부의 미세한 차이에 불과하다. 따라서 양자는 명백하게 실질적으로 동일한 디자인으로서, 동일한 디자인에 해당한다.

도 10-1

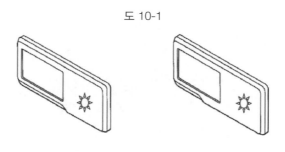

---

11) 《国家知识产权局关于修改专利审查指南的决定》(第67号)의 四, 2013년 10월 15일부터 시행.

(2) 두 디자인의 형상이 동일하고, 일부 색채가 다른 경우에는 동일한 디자인에 해당한다.

도 10-2에 도시된 두 가지 손잡이는 형상이 동일하고, 주요 부분의 색채가 검정색으로 동일하며, 좌측 중심부와 전후 고정홀 위치의 색채만 다르다. 따라서 양자는 명백하게 실질적으로 동일한 디자인으로서, 동일한 디자인에 해당한다.

도 10-2

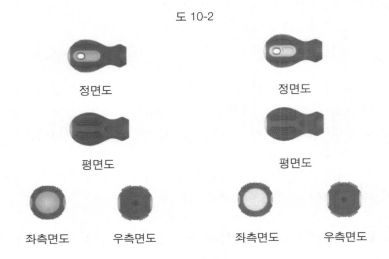

(3) 두 디자인의 형상, 도안이 모두 동일하면, 색채를 보호범위로 청구했는지 여부와 무관하게 동일한 디자인에 해당하는 것으로 인정되는 것이 일반적이다.

도 10-3은 테이블 패드로서, 만약 두 디자인 출원의 정면도가 완전히 동일하면, 즉 형상, 도안 및 색채가 모두 동일하면, 그중 한 출원의 간단한 설명에 "색채를 보호범위로 청구한다"고 기재되었고, 다른 한 출원에는 이러한 기재가 없다 하더라도, 두 디자인은 동일한 디자인에 해당한다.

도 10-3

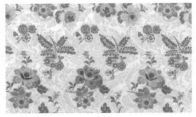

2) 처리 방법

(1) 두 건이 모두 출원된 상태인 경우
a) 출원인이 같은 경우
(a) 출원일이 같은 경우(우선권이 있는 경우 우선일 기준)

동일 출원인이 동일한 디자인을 같은 날에 출원했고 둘 다 등록되지 않은 상태이며, 두 건의 출원 모두 다른 등록 요건들을 만족한 경우, 심사관은 두 건의 출원에 대해 출원인에게 선택 또는 보정할 것을 각각 통지한다. 출원인이 기간 내에 답변하지 않은 경우 상응하는 출원은 취하 간주된다. 출원인이 의견진술 또는 보정한 후에도 여전히 전리법 제9조 제1항 규정에 반하는 경우, 두 건의 출원이 모두 거절된다.

(b) 출원일이 다른 경우(우선권이 있는 경우 우선일 기준)

동일 출원인이 동일한 디자인을 다른 날에 각각 출원했고 둘 다 등록되지 않은 상태이며, 두 건의 출원 모두 다른 등록 요건들을 만족한 경우, 심사관은 전리법 제9조 제1항 규정에 따라 후출원에 대해 심사의견통지서를 발부하여, 동일한 디자인이 본인에 의해 이미 출원되어 곧 등록될 것임을 출원인에게 통지한다. 출원인이 기간 내에 답변하지 않은 경우 후출원은 취하 간주된다. 출원인이 의견진술 또는 보정한 후에도 여전히 전리법 제9조 제1항 규정에 반하는 경우, 후출원이 거절된다.

b) 출원인이 다른 경우
(a) 출원일이 같은 경우(우선권이 있는 경우 우선일 기준)

다른 출원인이 같은 날에 동일한 디자인을 각각 출원했고 둘 다 등록되지 않은 상태이며, 두 건의 출원 모두 다른 등록 요건들을 만족한 경우, 전리법실시세칙 제41조 제1항 규정에 따라 협의하여 출원일을 확정할 것을 출원인에게 통지한다. 출원인이 기간 내에 답변하지 않은 경우 그 출원을 취하한 것으로 보며, 협의가 이루어지지 않은 경우 또는 출원인이 의견진술 또는 보정한 후에도 여전히 전리법 제9조 제1항 규정에 반하는 경우, 두 건의 출원이 모두 거절된다.

(b) 출원일이 다른 경우(우선권이 있는 경우 우선일 기준)

다른 출원인이 다른 날에 동일한 디자인을 각각 출원했고 둘 다 등록되지 않은 상태이며, 두 건의 출원 모두 다른 등록 요건들을 만족한 경우, 전리법 제9조 제2항에 따라 후출원에 대해 심사의견통지서를 발부하여, 동일한 디자인이 타인에 의해 이미 출원되어 곧 등록될 것임을 출원인에게 통지한다. 출원인이 기간 내에 답변하지 않은 경우 후출원은 취하 간주된다. 출원인이 의견진술 또는 보정한 후에도 여전히 전리법 제9조 제2항 규정에 반하는 경우, 후출원이 거절된다.

(2) 한 건은 출원된 상태이고 다른 한 건은 등록된 상태인 경우

a) 출원인 동일, 출원일 동일인 경우(우선권이 있는 경우 우선일 기준)

심사 중에 동일 출원인이 동일한 날(출원일. 우선권 주장 출원의 경우 우선일)에 동일한 디자인에 대해 출원한 다른 출원이 이미 등록되었고, 아직 등록되지 않은 출원이 다른 등록 요건들을 모두 만족하는 경우, 출원인에게 보정하도록 통지한다. 출원인이 기간 내에 답변하지 않은 경우 그 출원을 취하한 것으로 간주한다. 출원인이 의견진술 또는 보정을 한 후에도 여전히 전리법 제9조 제1항 규정에 부합하지 않으면 전리 출원을 거절한다.

b) 출원인이 다른 경우

다른 출원인이 동일한 디자인을 동일한 날에 각각 디자인 출원했고, 그중 하나가 이미 등록된 경우, 아직 등록되지 않은 출원에 대해서도 등록을 허여한다.

두 건의 동일한 디자인 출원의 처리는 아래 표 10-1로 정리할 수 있다.

표 10-1 두 건의 동일한 디자인 출원에 대한 처리

종류	상황	출원인 동일	출원인 상이
두 건의 디자인 출원	출원일 동일	출원인에게 선택 또는 보정을 통지함; 의견진술 또는 보정 후에도 여전히 전리법 제9조 제1항에 반하는 경우 두 출원 모두 거절	출원인들에게 자체 협의하여 출원인을 확정하라고 통지함; 협의가 불성립된 경우, 의견진술 또는 보정한 후에도 여전히 전리법 제9조 제1항에 반하면, 두 건 모두 거절
	출원일 상이	출원인에게 선택 또는 보정을 통지함; 의견진술 또는 보정 후에도 여전히 전리법 제9조 제1항에 반하는 경우, 선출원 등록, 후출원 거절	선출원 등록; 후출원에 심사의견통지서 발부하고, 의견진술 또는 보정한 후에도 여전히 전리법 제9조 제2항에 반하는 경우, 후출원 거절
한 건의 출원과 한 건의 등록디자인	출원일 동일	아직 등록되지 않은 출원의 출원인에게 보정할 것을 통지. 의견진술 또는 보정을 한 후에도 여전히 전리법 제9조 제1항 규정에 반하면 출원을 거절	등록되지 않은 출원에 등록을 허여

11. 전리법 제23조 제1항에 따른 심사

전리법 실시세칙 제44조에 따라, 형식심사 단계에서 심사관은 디자인 출원인 전리법 제23조 제1항 규정에 명백히 반하는지 여부를 심사한다.

　형식심사에서, 디자인 출원이 전리법 제23조 제1항 규정에 명백히 반하는지에 대한 판단시 심사관은 자체적인 검색을 진행하지 않는 것이 원칙이다. 한편 전리법 제23조 제1항에 대한 심사는 출원이 전리법 제2조 제4항 심사가 먼저 이루어진 이후에 진행된다.

1) 전리법 제23조 제1항에 명백히 반하는 경우

　통상적으로, 형식심사 심사관은 출원서류의 내용 및 일반소비자의 상식만을 근거하여, 출원 디자인이 전리법 제23조 제1항 규정에 명백히 반하는지 판단한다. 다만, 심사관이 검색을 거치지 않고 지득한 선행디자인 또는 저촉출원에 대한 정보가 있는 경우, 이들 정보를 토대로 전리법 제23조 제1항 규정에 명백히 반하는지 판단할 수 있다.

　비정상적으로 인정된 출원, 예를 들어, 종래 디자인을 표절한 것이 명백하거나 내용이 실질적으로 동일한 출원에 대해 심사관은 자체적으로 검색을 진행하여, 검색된 인용문헌 또는 다른 경로를 통해 획득한 정보를 근거로 출원 디자인이 전리법 제23조 제1항 규정에 명백히 반하는지 판단한다.

(1) 출원서류의 내용 및 일반소비자의 상식을 근거로 심사

　형식심사 단계에서, 일반소비자에게 숙지된 도안 또는 문자 등의 상식적 내용을 디자인의 주요 내용으로 한 경우, 심사관은 출원서류의 내용 및 "일반소비자의 상식"만을 근거로 출원 디자인이 전리법 제23조 제1항 규정에 명백히 반하는지 심사한다.

　여기에서 "일반소비자의 상식"이란, 직관적이고 명백하며 광범위하게 인지된 상식으로서, 예를 들어 중국의 전통 도안, 또는 중국 사회에서 잘 알려진 시사(詩詞), 성어 또는 광범위하게 퍼진 관용어 등이다. 소수의 특정한 소비자 집단에만 잘 알려진 특정 영역의 상식은 "일반소비자의 상식"에 해당하지 않는다. "일반소비자의 상식"의 범위를 심사관이 임의로 확장할 수 없다.

도 11-1

　도 11-1에 도시된 세 가지 디자인은 각각 음양팔괘태극도, 중국사회에서 잘 알려진

시사, 성어 또는 광범위하게 퍼진 관용어를 디자인의 주요 내용으로 한 것으로서, 벽보나 현판에 사용되는 글자체 역시 통상적인 것이고, 전체적으로 보아 다른 디자인 내용이 없다. 이러한 디자인은 각종 물품에 광범위하게 존재하는 것이므로, 전리법 제23조 제1항 규정에 명백히 반하는 디자인 출원에 해당한다.

(2) 검색을 거치지 않고 지득한 선행디자인 또는 저촉출원 정보를 근거로 심사

출원서류의 내용 및 일반소비자의 상식을 근거로 심사하는 경우 이외에, 검색을 거치지 않고 지득한 선행디자인 또는 저촉출원 정보가 있는 경우, 심사관은 이들 정보를 토대로 심사할 수 있다. 구체적으로 아래와 같은 경우이다.

a)형식심사 과정에서, 제3자가 디자인 전리 문헌정보를 제공했는데, 만약 그 전리문헌이 중국 전리이고 본 출원 디자인과 동일하거나 명백하게 실질적으로 동일한 경우, 심사관은 이를 인용문헌으로 삼아 심사할 수 있다. 다만, 그 전리문헌이 중국 전리가 아닌 경우, 심사관은 구체적 상황에 따라 이를 인용문헌으로 하여 심사할지 결정할 수 있다.

b) 제3자가 심사 대상인 디자인출원에 대해 관련된 종래디자인을 제공했고, 그 종래디자인을 근거로 그 출원이 전리법 제23조 제1항 규정에 명백히 반한다고 인정하는데 충분한 경우

c) 제3자가 심사 대상인 디자인출원에 대해 관련된 저촉출원 정보를 제공했거나, 또는 심사시 심사관 본인이 이전에 심사한 적이 있던 디자인이 해당 출원의 저촉출원을 구성한다는 사실을 알게 된 경우

한편, 출원인이 전리법 제24조에 따른 '신규성을 상실하지 않은 공개'를 주장했으나, 관련 요건에 부합하지 못한 경우, 출원인이 제출한 관련 증명자료에 전람회 부스 도면정보 등이 포함되어 있더라도, 출원인이 해당 전람회에서 전시한 물품 디자인의 도면 또는 사진을 제출하지 않았다면, 심사관은 이를 증거로 삼아 해당 출원이 전리법 제23조 제1항 규정에 명백히 반하는지 여부를 심사할 필요가 없다.

(3) 비정상적인 전리출원에 대한 심사

비정상적인 출원임이 예비적으로 인정된 출원에 대해, 만약 해당 출원이 자진 취하 또는 취하간주되지 않고, 디자인 심사부에서 심사가 계속되게 되면, 심사관은 자체적으로 검색을 진행하여 검색된 인용문헌으로 해당 출원이 전리법 제23조 제1항 규정에 명백히 반하는지 여부를 심사한다. 그러나 만약 비정상적인 출원이라고 예비적으로 인정되지 않은 경우에는, 해당 출원이 전리법 제23조 제1항 규정에 명백히 반한다는 근거가 될 인용문헌을 심사관이 자체적으로 검색해 냈다고 하더라도, 심사관은 이를 근거로 심사를 진행할 수 없다.

2) 처리 방식

심사관은 어떠한 출원이 전리법 제23조 제1항 규정에 명백히 반한다고 판단한 경우, 그 이유를 분석하여 심사의견통지서를 발부한다. 출원인이 인용문헌을 구할 수 없을 것으로 판단되는 경우, 심사관은 심사의견통지서 뒷부분에 인용문헌을 첨부할 수 있다.

(1) 출원서류의 내용 및 일반소비자의 상식을 근거로 판단한 경우, 심사관은 심사의견통지서를 통해 해당 출원이 일반소비자가 잘 알고 있는 상식적인 내용을 디자인의 주된 내용을 하고 있음을 출원인에게 고지한다. 필요한 경우 관련된 자료를 첨부하여 지칭한 일반소비자의 상식에 대해 입증할 수 있다.

(2) 검색을 거치지 않고 지득한 선행디자인 또는 저촉출원 정보를 근거로 판단한 경우, 심사관은 심사의견통지서를 통해 선행디자인 또는 저촉출원 정보를 고지한다. 한편, 제3자가 제공한 종래디자인을 심사관이 증거로 채택했는지 여부와 상관 없이, 심사관은 종래디자인을 제공한 제3자에게 통지서를 발부하여 고지할 필요는 없다.

심사관이 심사의견통지서를 발부한 이후에 출원인이 출원서류를 보정함으로써 출원 디자인이 종래디자인 또는 저촉출원과 비교하여 전리법 제23조 제1항 규정에 부합해진 경우, 또는 출원인이 의견을 진술한 이후에 종래디자인 또는 저촉출원으로는 출원 디자인이 전리법 제23조 제1항 규정에 명백히 반함을 입증하기에 충분하지 않다고 심사관이 판단한 경우, 심사관은 자체적으로 보충 검색을 수행할 수 없다.

(3) 비정상적인 전리출원에 대해 전면적인 검색을 수행하여 종래디자인 또는 저촉출원 등의 인용문헌을 획득한 경우, 심사의견통지서를 통해 해당 출원이 비정상적인 출원이고 인용문헌은 검색을 거쳐 획득한 것임을 통지한다.

심사관이 심사의견통지서를 발부한 이후에 출원인이 출원서류를 보정함으로써 출원 디자인이 심사관에 의해 검색된 인용문헌과 비교하여 전리법 제23조 제1항 규정에 부합해진 경우, 또는 출원인이 의견을 진술한 이후에 종래디자인 또는 저촉출원으로는 출원 디자인이 전리법 제23조 제1항 규정에 명백히 반함을 입증하기에 충분하지 않다고 심사관이 판단한 경우, 심사관은 보충 검색을 수행할 수 있다. 이때 전리법 제23조 제1항 규정에 반한다는 새로운 인용문헌을 검색한 경우 이를 전리국의 비정상출원 처리팀에 제출하여 비정상출원 관련 업무를 다시 진행한다.

12. 분할출원에 대한 심사

분할출원은 출원인이 자진하여 이루어질 수 있고, 심사관의 심사의견에 따라 이루어질 수도 있다. 분할출원의 형식은 원출원 형식과 일치해야 한다. 분할출원의 출원형식이 바뀐 경우, 심사관은 분할출원미제출 간주통지서를 발부하고 사안 종결처리를 한다.

1) 분할출원 가능 시기

(1) 최초 분할출원

전리법 실시세칙 제42조는 최초 분할출원 가능 시기를 규정하는데 구체적인 내용은 아래 표를 참고한다.

표 12-1 최초 분할출원 가능 시기

전리법 실시세칙 제42조	구체적 내용
늦어도 원출원에 대한 등록통지서를 받은 날로부터 2월내에 분할출원 해야 한다.	출원일로부터 등기수속통지서에 규정된 기간 만료일까지 분할출원할 수 있다.
원출원이 거절된 경우	심사관이 원출원을 거절결정한 경우, 출원인이 거절결정서를 받은 날로부터 3월내에, 복심청구 여부와 상관없이 분할출원 할 수 있다. 복심 청구 이후 및 복심결정에 불복하여 행정소송 제기 기간에도 출원인은 분할출원을 할 수 있다. 복심이 거절결정을 유지하는 결정을 내린 경우, 출원인이 복심 결정서를 받은 날로부터 3월 내에, 상소 제기 여부와 상관없이 분할출원을 할 수 있다. 인민법원에서 전리복심위원회가 내린 결정을 유지하는 경우, 출원인이 1심 행정판결서를 받은 날로부터 15일 내에 상소 제기 여부와 상관없이 분할출원 할 수 있다. 인민법원에서 전리복심위원회가 내린 결정을 유지하는 2심판결이 종심판결인 경우, 출원인은 2심 행정판결서를 받기 전까지 분할출원할 수 있다.
원출원이 취하 또는 취하간주된 경우	출원인이 원출원에 대해 자진취하를 청구한 경우, 자진취하 효력발생(절차합격통지서가 발송된 경우, 발송일 포함) 전에 분할출원을 할 수 있다.

분할출원일이 규정에 반하는 경우, 심사관은 분할출원미제출 간주통지서를 발부하고 사안을 종결한다.

(2) 분할출원의 분할출원

분할출원에 대해 재차 분할출원하고자 하는 경우, 그 기간은 원출원을 근거로 결정된다. 다만, 분할출원에 단일성 흠결사유가 존재하여 심사관의 심사의견에 따라 재차 분할출원하는 경우는 예외이다.

심사관의 심사의견에 따라 재차 분할출원하는 경우, 출원인은 심사관이 단일성 흠결을 지적한 심사의견통지서 사본을 제출하지 않을 수 있다.

2) 원출원 번호

출원서에 원출원의 출원번호를 정확히 기재해야 한다. 분할출원의 분할출원을 하는 경우에는 분할출원의 출원번호도 기재해야 한다.

분할출원서에 기재한 원출원 번호가 잘못되어 일반출원으로 수리된 경우, 심사관은 일반출원으로 심사해야 한다. 출원인은 보정의 형식으로 해당 출원을 분할출원으로 변경할 수 없다.

출원서에 실제 존재하는 출원번호를 기재했으나, 그 출원번호가 원출원번호는 아닌 경우, 심사관은 분할출원으로 심사를 진행하되, 분할출원이 원출원의 공개범위를 초과했다는 이유로 심사의견통지서를 발부한다. 출원인은 심사의견통지서에 답변하는 방식으로 잘못 기재한 원출원번호를 보정할 수 있으나, 원출원번호를 삭제하여 분할출원을 일반출원으로 변경하는 것은 허용되지 않는다.

3) 원출원일

출원서에 원출원일을 정확히 기재해야 한다. 분할출원의 출원서에 원출원 번호는 정확히 기재했으나, 원출원일을 잘못 기재한 경우, 심사관은 보정통지서를 발부하여 출원인에게 보정할 것을 통지한다. 기간 내에 보정하지 않은 경우, 심사관은 취하간주통지서를 발부하며, 보정이 규정에 부합하는 경우 출원일 재확정 통지서를 발부한다.

4) 분할출원의 출원인과 디자인 설계자

분할출원에 출원인이 변경되어서는 안 된다. 즉 분할출원의 출원인과 원출원의 출원인은 동일해야 한다. 동일하지 않은 경우에는 출원인 변경 관련 증명서류를 제출해야 한다. 분할출원시 원출원의 출원인이 이미 변경된 경우(즉, 절차합격통지서가 발부된 경우), 분할출원의 출원인은 원출원의 변경 후 출원인과 동일해야 한다. 원출원의 출원인 변경수속의 효력이 아직 발생하지 않은 경우(즉, 절차합격통지서가 아직 발부되지 않은 경우), 분할출원의 출원인은 원출원의 변경 전 출원인과 동일해야 한다. 규정에 반하는 경우, 심사관은 보정통지서를 발부한다.

분할출원의 디자인 설계자는 원출원의 디자인 설계자 또는 그중 일부와 동일해야 한다. 분할출원 시, 원출원의 디자인 설계자가 이미 변경된 경우(즉, 절차합격통지서가 발부된 경우), 분할출원의 디자인 설계자는 원출원 변경 후의 디자인 설계자 또는 그 중 일부여야 한다. 원출원 디자인 설계자 변경절차의 효력이 아직 발생하지 않은 경우(즉, 절차합격통지서가 아직 발부되지 않은 경우), 분할출원의 디자인 설계자는 원출원의 변경 전 디자인 설계자 또는 그중 일부여야 한다. 규정에 반하는 경우, 심사관은 보정통지서를 발부한다.

5) 우선권 주장

분할출원에서 주장하는 우선권은 원출원에 기재된 것이어야 한다. 원출원이 어떠한 우선권을 주장하고 분할출원도 그 우선권을 주장하는 경우, 심사관은 원출원에 대한 최종적인 심사 결론을 내린 후에 그 심사 결론을 토대로 분할출원의 우선권을 심사한다.

원출원에 어떠한 우선권을 주장했으나 분할출원에는 기재하지 않은 경우, 심사관은 분할출원이 그 우선권을 주장하지 않은 것으로 처리한다. 출원인은 분할출원일로부터 2월 내 또는 수리통지서를 받은 날로부터 15일 내에 우선권의 회복을 청구할 수 있다.

분할출원에서 주장한 우선권과 원출원에 기재된 내용이 일치하지 않는 경우, 심사관은 그 우선권에 대해 절차보정통지서를 발부한다. 출원인이 보정하지 않거나 보정이 불합격된 경우, 심사관은 우선권미주장 간주통지서를 발부하고, 출원인은 해당 우선권의 회복을 청구할 수 있다.

원출원이 우선권을 주장하지 않았는데 분할출원에서 우선권을 주장하는 경우, 심사관은 우선권미주장 간주통지서를 발부하고, 출원인이 우선권 회복을 청구하는 경우 심사관은 이를 받아들이지 않는다.

6) 기타 요구사항

(1) 원출원에 디자인이 하나뿐인 경우, 출원인은 이 디자인에 대해 분할출원할 수 없다. 출원인이 분할출원하는 경우 심사관은 분할출원미제출 간주통지서를 발부하고 사안을 종결한다.

원출원에서 점선과 실선을 결합한 형식으로 표현한 디자인에 대한 보정 방식은 두 가지로서, 점선을 삭제하거나 점선을 실선으로 보정하는 것이다. 그러나 이것이 원출원에 두 가지 디자인이 포함됨을 의미하는 것은 아니다. 만약 출원인이 그중 한 방식으로 원출원을 보정하고, 다른 방식으로 보정한 디자인을 분할출원한 경우, 심사관은 분할출원미제출 간주통지서를 발부하고 사건을 종결한다.

(2) 전리심사지침 제1부 제3장 9.4.2절 (2) 규정에 따르면, 원출원이 물품 전체의 디자인이고, 그 물품의 부품에 대한 도면을 함께 제출하지 않은 경우, 그 부품의 디자인을 분할출원하는 것은 인정되지 않는다. 출원인이 분할출원하는 경우 심사관은 심사의견통지서를 발부한다.

다만, 원출원이 물품 전체 디자인이고, 전체 물품의 도면 및 그 물품의 부품에 대한 도면을 함께 제출한 경우에는, 그 부품의 디자인을 분할출원할 수 있다. 이때 분할출원한 부품에 대한 도면을 원출원에서 삭제하지 않아도 된다.

(3) 한 건의 디자인이 여러 물품에 적용됨을 출원서류를 통해 확인할 수 있는 경우, 예를 들어, 물품의 명칭, 물품 종류 및 간단한 설명을 통해 디자인이 여러 물품에 적용될 수 있음을 알 수 있는 경우, 출원인은 그 출원에 대해 분할출원을 할 수 있다. 만약 출원서류에 여러 물품의 디자인임이 명확하게 표시되지 않았음에도 출원인이 그 출원에 대해 분할출원하는 경우, 심사관은 분할출원미제출 간주통지서를 발부하고 사안을 종결한다.

(4) 원출원에 둘 이상의 디자인이 있는 경우, 한벌 물품의 요건에 부합하더라도 출원인은 원출원에서의 하나 또는 그 이상의 디자인에 대해 분할출원할 수 있다. 출원인이 원출원에서의 하나 또는 그 이상의 디자인을 분할출원하면서, 원출원에서 그 대응되는 디자인의 삭제를 요구한 경우, 심사관은 분할출원 접수 시점에 원 출원이 등록이 이루어졌는지 여부에 따라 아래와 같은 방식으로 심사를 진행한다.

a) 심사관이 등록 결정을 내리기 전에 분할출원이 접수된 경우

심사관은 출원인의 요구에 따라 원출원에서 대응되는 디자인을 원출원에서 삭제한다. 분할출원에 대해서는 규정에 따라 심사를 진행한다.

b) 심사관이 등록 결정을 내린 후에 분할출원이 접수된 경우

원출원에 대해, 심사관은 전리법실시세칙 제51조 규정에 따라 보정서 제출일이 자진보정기간(출원일로부터 2월)을 도과했음을 이유로 미제출간주통지서를 발부한다. 분할출원에 대해서는, 해당 분할출원의 디자인이 원출원에 포함되었고, 원출원은 이미 등록이 이루어졌으므로, 심사관은 전리법 제9조 제1항에 따라 심사의견통지서를 발부한다.

(5) 분할출원은 원출원의 범위를 초과할 수 없다. 분할출원이 원출원의 범위를 초과했는지에 관한 심사 기준과 방식은 본 장 제7절(전리법 제33조에 따른 심사) 부분의 내용을 참고한다.

13. 대리사항에 대한 심사

출원인이 대리사무소에 위임하려는 경우, 출원서에 대리사무소의 명칭, 대리사무소 코드와 같은 대리사무소에 대한 정보와 대리인(2인을 초과할 수 없음)의 성명, 대리인 연락처 등의 대리인 정보를 기재해야 한다. 출원서에 대리인 정보를 기재하지 않은 경우 심사관은 보정통지서를 발부한다.

위임 수속에 관련된 사항은 아래 표 13-1을 참고할 수 있다.

표 13-1

출원인 국적	위임 필수 여부	요구사항	심사 방식
중국내 출원인 홍콩, 마카오, 대만 출원인 (중국 내 거소 또는 영업소가 있는 경우) 외국 출원인 (중국 내 거소 또는 영업소가 있는 경우)	필수 아님	대리사무소에 위임한 경우, ① 출원서에 기재한 대리사무소 명칭이 서명 날인과 일치할 것 ② 위임장을 제출할 것	위임장이 규정에 반하는 경우 절차보정통지서를 발부한다. 기간 내에 답변하지 않았거나 보정 후에도 여전히 규정에 반하는 경우, 출원인과 대리사무소 측에 위임불간주통지서를 발부한다. 위임불간주통지서를 발부할 때, 만약 출원서에 출원인의 서명날인이 없다면 보정통지서를 함께 발부하여 서명날인된 출원서 제출을 요구하고, 만약 출원인이 단체임에도 연락담당자를 지정하지 않은 경우 연락담당자를 기재할 것을 보정통지서를 통해 요구한다.
홍콩, 마카오, 대만 출원인 (중국 내 거소 또는 영업소가 없는 경우) 외국 출원인 (중국 내 거소 또는 영업소가 없는 경우)	필수	① 출원서에 기재한 대리사무소 명칭이 서명날인과 일치할 것 ② 위임장을 제출할 것	반드시 대리사무소에 위임해야 한다. 위임하지 않았거나 위임이 규정에 반하는 경우 심사의견통지서를 발부한다. 출원인이 의견을 진술했음에도 흠결을 해소하지 못했거나 보정

			불합격인 경우 출원을 거절한다. 위임장에 불합격사유가 있는 경우 보정통지서를 발부한다. 보정 불합격인 경우 출원을 거절한다.

14. 우선권에 대한 심사

1) 선출원 및 우선권 주장 후출원

(1) 선출원이 파리조약이 정의하는 최초 출원인지에 대해서는 심사하지 않는다. 다만 최초 출원이 파리조약의 관련 규정에 명백히 반하는 경우는 예외이다.

(2) 선출원의 유형은 디자인 또는 실용신안에 한정된다. 선출원이 발명인 경우 심사관은 우선권미주장 간주통지서를 발부한다.

(3) 전리법 제29조 제1항에 따라 디자인 출원의 우선권은 조약 우선권으로 제한된다. 선출원이 (중국)국내출원인 경우, 심사관은 우선권미주장 간주통지서를 발부한다.

(4) 실질적 내용에 대해서는 심사하지 않고, 선출원과 후출원의 주제가 명백히 관련성이 없는지 여부만 심사한다. 물품의 명칭 및 도면 또는 사진을 토대로 판단하여 선출원과 후출원이 명백히 관련성 없는 물품에 해당하는 경우, 우선권 주제가 명백히 관련성이 없는 것으로 간주한다.

도 14-1에 도시된 그릇과 재떨이는 물품의 명칭 및 사진을 통해 판단할 때 명백히 다른 물품 유형에 해당하므로, 양자의 주제는 관련성이 없는 것이 명백하다.

도 14-1

후출원(재떨이)   선출원(그릇)

후출원과 선출원의 주제가 명백하게 관련성이 없는 경우, 심사관은 우선권미주장 간주통지서를 발부한다.

(5) 전리법실시세칙 제31조 제4항 규정에 따라 선출원에 디자인에 대한 간단한 설명이 없는 경우, 출원인은 후출원에 대한 우선권을 주장하면서 간단한 설명을 제출할 수 있으나, 이 간단한 설명이 선출원의 도면 또는 사진에 표현된 범위를 초과하지 않아야 우선권 향유에 영향이 없다. 예를 들어, 선출원 디자인이 색채를 포함하나 선출원에 간단한 설명이 없었다. 후출원 시 제출한 간단한 설명에서 색채를 보호범위로 청구한다고 기재하더라도, 이는 우선권 향유에 영향이 없다.

2) 우선권의 주장

출원인은 우선권 주장 시 우선권의 기초가 되는 선출원의 출원일, 출원 번호 및 원수리기관의 명칭을 기재해야 한다. 원수리기관의 명칭은 중국어 또는 국가 코드를 사용한다. 예를 들어 홍콩지식산권소는 '中国香港'(중국홍콩) 또는 HK로 기재할 수 있다.

출원일, 출원번호 또는 원수리기관 중 하나 또는 두 가지 내용을 기재하지 않았거나 잘못 기재했으나, 출원인이 규정된 기간 내에 선출원서류 부본을 제출했다면, 심사관은 절차보정통지서를 발부해야 한다. 기간 내에 답변하지 않거나 보정 후에도 여전히 규정에 반하는 경우 심사관은 우선권미주장 간주통지서를 발부한다.

우선권 주장 시 기재가 미비하고, 규정 기간 내에 선출원서류 부본을 제출하지도 않은 경우, 심사관은 우선권미주장 간주통지서를 발부한다.

심사관은 아래의 경우 직권으로 보정할 수 있다.

(1) '우선권주장'란에서 우선권 주장에 명백히 해당하지 않는 내용의 삭제

(2) 부정확한 원수리기관의 명칭의 정정

3) 선출원서류 부본

선출원서류 부본의 중문 번역문을 기준으로 심사가 이루어지며, 심사관은 원문에 대해 심사하지 않을 수 있다. 선출원서류 부본의 중국어 번역문에는 적어도 원수리기관의 명칭, 출원인, 출원일, 선출원번호가 기재되어 있어야 한다. 중국어 번역문의 내용이 불충분한 경우, 예를 들어 출원인의 명칭이 기재되지 않은 경우, 심사관은 대응되는 정보를 원문으로부터 정확이 알아낼 수 있는 경우를 제외하고, 절차보정통지서를 발부한다.

(1) 선출원서류 부본의 선출원인 정보가 미비한 경우, 예를 들어 선출원서류 부본에 제1출원인만 기재한 다음 "등등"과 같은 표현이 기재된 경우, 심사관은 절차보정통지서를 발부한다.

(2) 출원인이 두 건의 미국우선권을 함께 주장했는데, 그중 하나가 임시출원이고 다른 하나는 그 임시출원의 정식출원인 경우, 만약 선출원서류 부본에 임시출원과 그 임

시출원의 정식 출원의 출원번호를 함께 기재하면, 규정에 부합한 것으로 간주된다.

(3) 전리국에 선출원서류 부본을 이미 제출한 바 있는데 이를 다시 제출할 필요가 있는 경우, 그 부본의 중국어 번역문만 제출하면서 선출원서류 부본의 원본 관련건의 출원번호를 기재할 수 있다.

4) 우선권 양도증명서

우선권 양도증명서의 중국어 번역문을 기준으로 심사가 이루어지며, 심사관은 원문에 대해 심사하지 않을 수 있다. 우선권 양도증명서의 중국어 번역문에는 적어도 양도인, 양수인, 선출원번호가 기재되어야 한다. 중국어 번역문의 내용이 불충분한 경우, 심사관은 대응되는 정보를 원문으로부터 정확히 알아낼 수 있는 경우를 제외하고, 절차보정통지서를 발부한다.

선출원 양도증명서의 양도인과 선출원서류 부본의 출원인이 불일치하는 경우, 심사관은 우선권미주장 간주통지서를 발부한다.

아래 네 가지 경우에는 우선권 양도증명서가 적법한 것으로 간주된다.

(1) 선출원서류 부본에 규정에 부합하는 양도증명서가 포함된 경우

(2) 선출원인이 서명 날인한 고용계약서에서 근무기간에 발명한 모든 이익이 후출원인에게 귀속됨을 표명한 경우

(3) 우선권 양도증명서에 선출원번호를 기재하지 않았으나, 다른 정보를 통해 선출원인이 선출원의 모든 권리(우선권 포함)를 후출원인에게 양도했음을 확인할 수 있는 경우

(4) 후출원의 모든 출원인에게 양도하기로 하고 선출원의 모든 출원인이 공동으로 서명 날인한 우선권 양도증명서, 또는 후출원인에게 양도하기로 하고 선출원인이 각각 서명 날인한 우선권 양도증명서

예를 들어, 선출원인이 A와 B이고, 후출원인이 C와 D인 경우, 증명서는 다음과 같을 수 있다:

a) C와 D에게 양도하기로 하고 A와 B가 공동으로 서명한 우선권 양도증명서(A+BàC+D)

b) C에게 양도하기로 하고 A가 서명한 우선권 양도증명서 및 D에게 양도하기로 하고 B가 서명한 우선권 양도증명서(AàC 및 BàD)

c) C와 D에게 각각 양도하기로 하고 A와 B가 공동으로 서명한 우선권 양도증명서(A+BàC 및 A+BàD)

d) C와 D에게 양도하기로 하고 A와 B가 각각 서명한 우선권 양도증명서(AàC+D 및 BàC+D)

(5) 전리국에 우선권 양도증명서를 이미 제출한 바 있는데 이를 다시 제출할 필요가 있는 경우, 그 양도증명서의 중국어 번역문만 제출하면서 우선권 양도증명서의 원본 관련건의 출원번호를 기재할 수 있다.

5) 우선권 주장료

우선권을 주장하려는 경우 규정 기간 내에 우선권 주장료를 납부해야 한다. 각 1건의 우선권 주장 시 80위안(元)을 납부해야 하며, 기간 내 납부하지 않았거나 부족 납부한 경우, 심사관은 우선권미주장 간주통지서를 발부한다. 우선권을 주장하지 않은 것으로 간주되거나 우선권 주장을 철회한 경우, 이미 납부한 우선권 주장료는 반환되지 않는다.

6) 조약 우선권 주장의 회복

심사관은 전리심사지침 제1부 제1장 6.2.5절에 따라 조약우선권 주장의 회복[12] 여부에 대해 심사한다. 우선권이 성립되지 않았으나 그 회복이 가능한 경우, 심사관은 먼저 우선권미주장 간주통지서를 발부하고, 우선권 회복청구기간이 만료된 후 디자인전리권 등록통지서를 발부하는데, 통상적으로 우선권미주장 간주통지서를 발부한 날로부터 2개월 반 이후 디자인전리권 등록통지서를 발부한다.

심사관이 우선권미주장 간주통지서의 발부 결정을 내리기 전에, 출원인이 권리회복청구를 한 경우, 심사관은 우선 "우선권이 성립되지 않는다"는 결론을 기재한 우선권미주장 간주통지서를 발부하고 난 다음에, "회복에 동의한다"는 결론을 기재한 권리회복청구 비준통지서를 발부하며, 두 가지 통지서를 함께 발부하지 않는다.

출원인이 규정된 기간 내에 우선권 회복청구서를 제출하고 관납료를 납부했으나,

---

12) 우선권을 주장하지 않은 것으로 간주된 경우로서, 아래 각 호에 속하는 경우에만, 출원인은 전리법실시세칙 제6조 규정에 따라 우선권 주장에 대한 권리회복을 청구할 수 있다.
　　① 지정 기간 내에 절차보정통지서에 대해 답변하지 않아 우선권을 주장하지 않은 것으로 간주된 경우
　　② 우선권 주장 선언서에서 적어도 한 가지 사항을 정확하게 기재했으나, 규정된 기간 내에 선출원 서류의 부본 또는 우선권 양도증명서를 제출하지 않은 경우
　　③ 우선권 주장 선언서에서 적어도 한 가지 사항을 정확하게 기재했으나, 규정된 기간 내에 우선권 주장 관납료를 납부하지 않았거나 부족 납부한 경우
　　④ 분할출원의 원출원이 우선권을 주장한 경우
　위 경우를 제외하고 다른 원인으로 우선권을 주장하지 않은 것으로 간주된 경우에는 우선권 주장에 대한 권리회복청구가 인정되지 않는다. 예를 들어, 출원 당시 출원서에 우선권 주장을 선언하지 않아 우선권을 주장하지 않은 것으로 간주하는 경우에는 우선권 주장에 대한 권리회복청구가 인정되지 않는다.

아래와 같은 흠결이 존재하는 경우, 심사관은 회복절차 보정통지서를 발부한다.

(1) 권리회복청구서의 서명 날인이 규정에 반하는 경우

(2) 출원인이 권리회복을 청구했으나 선출원서류 부본 또는 우선권 양도증명서를 제출하지 않은 경우

(3) 우선권 주장료를 여전히 미납한 경우

15. 신규성을 상실하지 않는 공개에 대한 심사

타인이 출원인의 동의 없이 그 내용을 누설하고 출원인이 출원일 이후에 그 사실을 알게 된 경우를 제외하고, 만약 출원인이 출원 시에 신규성을 상실하지 않는 공개임을 주장하지 않았다가 이후에 주장하며 그 증명서류를 제출한 경우, 심사관은 신규성불상실유예기간 미주장간주통지서를 발부한다.

증명자료에 대해, 출원인의 동의 없이 그 내용을 누설하고 출원인이 출원일 이후에 그 사실을 알게 된 경우를 제외하고, 심사관은 그 자료가 출원일로부터 2월 내에 제출되었는지 및 전리심사지침 제1부 제1장 6.3절의 규정13)에 부합하는지 심사해야 한다. 증명자료가 출원일로부터 2월내에 제출되지 않았거나 심사지침의 규정에 부합하지 않는 경우(예를 들어, 전람회 주관단체의 직인이 없는 등), 심사관은 신규성불상실유예기간 미주장간주통지서를 발부한다. 이 경우 출원인은 권리회복을 청구할 수 있다.

16. 보정서 및 답변서에 대한 심사

보정서 및 답변서는 그 제출 형식에 따라 출원인이 자진하여 제출한 보정서와 심사관의 제출 요구에 대응한 보정 및 답변서로 나뉜다.

1) 격식 심사

보정서 및 답변서 류의 문서는 보정서 또는 의견진술서에 한한 것일 수 있고, 보정된 출원서류를 포함한 것일 수도 있다.

---

13) 전리법 제24조에 따라, 출원된 발명창조가 출원일(우선권 향유 시 우선일) 전 6개월 내에 (1) 중국정부가 주관하거나 승인한 국제전시회에서 최초로 전시한 경우 (2) 규정된 학술회의나 기술회의에서 최초로 발표한 경우 (3) 타인이 출원인의 동의 없이 그 내용을 누설한 경우에 해당하는 경우 신규성을 상실하지 않는다.

(1) 기본 서지사항에 대한 심사

출원인은 전리국이 규정한 의견진술서 또는 보정서를 사용해야 한다. 출원인이 표준 규격을 사용하지 않았으나 출원번호를 기재했고, 출원서류에 대한 보정임을 밝힌 경우 심사관은 이를 수리할 수 있다.

(2) 서명 날인에 대한 심사

출원인이 대리사무소에 위임하지 않은 경우, 의견진술서 또는 보정서에 출원인이 서명하거나 날인해야 한다. 출원인이 단체인 경우 직인을 찍어야 한다. 출원인이 2인 이상인 경우 그 대표자가 서명하거나 날인해야 한다.

출원인이 대리사무소에 위임한 경우, 답변서는 대리사무소가 날인해야 한다.

서명 날인이 요구사항에 부합하지 않은 경우, 심사관은 해당 문서를 수리하지 않고 새로운 답변기한을 지정하여 재차 보정통지서 또는 심사의견통지서를 발부하여 불수리된 원인을 출원인에게 고지한다. 그 문서에 다른 흠결이 없는 경우, 심사관은 보정 시에 요구사항에 부합하는 의견진술서 또는 보정서를 제출할 것을 출원인에게 요구한다. 그 문서에 다른 흠결이 있는 경우, 심사관은 절차 촉진의 원칙에 따라 통지서에 이를 한꺼번에 지적해야 한다. 재차 제출된 의견진술서 또는 보정서의 서명 날인이 여전히 부적합한 경우, 심사관은 미제출간주통지서를 발부한다.

2) 내용 심사

(1) 자진보정서

전리법 제33조 규정에 따라 출원서류에 존재하는 흠결에 대해 출원일로부터 2월 내에 출원인은 자진보정을 할 수 있다.

a) 규정기한 내에 제출된 자진보정서

심사관은 출원일로부터 2월 내에 제출된 자진보정서를 수리하여, 보정된 출원서류와 출원 시 제출된 원출원서류를 심사대상 문서로 삼아 심사한다.

심사관은 자진보정이 원도면 또는 사진이 나타내는 범위를 초과했는지 심사한다. 원도면 또는 사진에 표현된 범위를 초과하는 보정이 이루어진 경우 심사관은 심사의견통지서를 발부한다. 출원인의 의견진술 또는 보정이 있었음에도 여전히 규정에 반하는 경우, 심사관은 거절결정을 내려야 한다.

b) 규정기한을 도과하여 제출된 자진보정서

출원일로부터 2월을 경과한 이후에 제출된 자진보정서에 대해 심사관은 보정서의 내용 및 제출시기에 따라 이를 수리할지 판단한다.

(a) 등록 결정을 내리기 전에 받은 자진보정서

자진보정서가 원출원서류에 존재하는 흠결을 해소했고, 등록 가능성이 있는 경우,

심사관은 보정서를 수리할 수 있다. 보정서를 불수리하려는 경우 심사관은 보정서의 제출 시기가 전리법실시세칙 제51조 규정에 반한다는 이유로 미제출간주통지서를 발부한다.

(b) 등록 결정을 내린 후에 받은 자진보성서

등록 결정을 내린 후에 출원인이 제출한 자진보정서는 수리되지 않는 것이 일반적이다. 심사관은 보정서의 제출 시기가 전리법실시세칙 제51조 규정에 반한다는 이유로 미제출간주통지서를 발부한다.

(2) 심사관의 요구에 따른 답변서

심사관이 보정통지서 또는 심사의견통지서를 발부한 후, 출원인은 통지서에 지적된 내용에 따라 보정을 수행한다.

a) 지정기간 내 답변 여부에 따른 처리

지정기간이란 심사관이 통지서에서 지정한 답변기한을 의미한다.

(a) 답변서 제출일이 통지서에서 지정한 기한 내에 제출된 경우, 심사관은 이 답변서에 대해 심사를 진행한다.

(b) 답변서 제출일이 통지서에서 지정한 기간을 도과한 경우, 시스템상 기간이 도과했다는 사실이 심사관에게 표시되며, 심사관은 해당 답변서를 불수리한다. 앞서 발부했던 통지서가 보정통지서였다면, 시스템상 자동으로 취하간주 처리된다. 앞서 발부했던 통지서가 절차보정통지서였다면, 시스템상 해당 건은 심사관에게 다시 배당되고, 심사관은 심사를 계속한다.

예를 들어, 앞서 발부한 절차보정통지서에서 국내(중국)출원인의 위임서에 흠결이 존재함을 지적했고, 이에 대한 중간서류 제출일이 지정기한을 도과한 경우, 심사관은 출원인과 대리사무소에 각각 대리사무소 미위임간주통지서를 발부한다. 만약 그 출원이 등록 요건에 부합한 경우, 대리사무소 미위임간주통지서를 발부한 이후, 등록결정을 내린다. 이때 만약 출원인이 단위(기관, 기업 등)임에도 연락 담당자를 지정하지 않은 경우, 심사관은 보정통지서를 발부하여 출원인에게 연락 담당자를 기재할 것을 요구한다.

다른 예로, 수속보정통지서에서 우선권 흠결만을 지적했고, 이에 대한 중간서류의 제출일이 지정기관을 도과한 경우, 심사관은 우선권미주장 간주통지서를 발부한다.

(c) 앞선 통지서에서 지정한 기간 내에 제출된 답변서 A가 등록 요건에 부합하지 않았고, 출원인이 앞선 통지서에서 지정한 기간을 도과하여 등록 요건에 부합하는 답변서 B를 제출한 경우, 심사관은 답변서 B를 수리하여 등록결정을 내릴 수 있다. 만약 답변서 B도 등록 요건에 부합하지 않은 경우 전술한 (b)의 규정에 따라 처리된다. 다만 답변서 B에 명백한 등록 가능성이 있는 경우, 심사관은 답변서 B에 대해 심사를 계속할

수 있다.

b) 통지서에 지적된 흠결에 대한 답변 여부에 따른 처리

심사관은 출원인이 통지서에서 지적한 흠결에 대해 답변했는지 판단한다.

(a) 통지서에서 지적한 흠결에 대한 답변인 경우, 심사관은 그 내용에 대해 심사를 진행해야 하고, 흠결에 따라 처리하되, 처리 방식은 아래 ㄷ)을 참고한다.

통지서에서 지적한 흠결에 대해 답변했으나 제출된 답변서가 둘 이상인 경우, 출원인의 명확한 의사표시가 있지 않는 한, 심사관은 제출된 순서에 따라 처리하며, 구체적인 방식은 아래와 같다.

ㄱ) 동일한 흠결에 대해 동일 날짜에 여러 번 답변서가 제출되었고, 그 내용이 완전히 일치하지 않은 경우, 심사관은 통지서를 발부하여 출원인에게 선택할 것을 요구한다.

ㄴ) 동일한 흠결에 대해 다른 날짜에 여러 번 답변서가 제출되었고, 그 내용의 일치 여부와 상관 없이, 심사관은 가장 마지막에 제출된 문서를 기준으로 심사한다.

(b) 통지서에서 지적한 흠결에 대한 답변이 아닌 경우, 심사관은 답변서의 구체적인 내용에 따라 처리 방식을 달리하며, 구체적으로 아래와 같다.

ㄱ) 답변서에 실질적인 내용이 부가되었으나(예: 디자인 도면 또는 사진). 출원에 존재하는 흠결을 극복하지 못한 경우, 심사관은 앞선 통지서에서 지적한 흠결에 대해 재차 보정통지서 또는 심사의견통지서를 발부한다.

통지서에서 지적하지 않은 흠결에 대해 보정했으나, 그 보정이 전리법 제33조 규정에 부합하고, 출원에 존재하는 흠결을 해소하여 등록 가능성을 갖춘 경우, 그 보정은 통지서에서 지적한 흠결에 대해 이루어진 보정으로 간주할 수 있고, 심사관은 제출된 출원서류를 수리한다.

ㄴ) 답변서에 실질적이지 않은 내용이 부가된 경우(예: 기간 내에 답변할 수 없는 상황에 대한 설명), 심사관은 이에 대해 미제출 간주처리를 할 수 있다.

c) 흠결이 여전히 존재하는지 여부에 따른 처리

심사관은 답변서가 출원에 존재하는 흠결을 해소했는지를 판단하고, 그에 따른 처리 방식을 선택한다.

(a) 답변서가 앞선 통지서에서 지적한 흠결을 해소하여 등록 요건에 부합하는 경우, 심사관은 등록 결정을 내린다.

답변서가 앞서 통지서에서 지적한 흠결을 해소했으나, 직권 보정이 가능한 새로운 흠결이 생긴 경우, 심사관은 등록 준비서류들에 대해 직권 보정할 수 있고, 직권 보정 사실을 출원인에게 통지한 후 등록 결정을 내린다.

(b) 답변서에 의해서도 여전히 흠결이 존재하는 경우, 심사관은 흠결의 유형에 따라

처리 방식을 정한다.

새로운 흠결 원래의 흠결	실질적 흠결	형식적 흠결	새로운 흠결 없음
원래의 실질적 흠결을 극복하지 못함	심사의견통지서(①)	심사의견통지서 또는 거절결정(②) 보정통지서(③)	심사의견통지서 또는 거절결정(②) 보정통지서 또는 거절 결정(④)
원래의 형식적 흠결을 극복하지 못함	심사의견통지서(①)		
원래의 흠결을 극복	심사의견통지서(⑤)	보정통지서(⑤)	등록

① 원래 존재하던 흠결을 극복하지 못했고, 명백한 실질적 흠결도 새로 발생한 경우

심사관은 심사의견통지서를 발부하여 새롭게 발생한 명백한 실질적 흠결을 지적해야 하며, 출원인에게 이전 흠결에 대해 보정할 것을 요구한다. 예를 들어, 원래 존재하던 실질적 흠결이 보호 객체에 대한 것이었고, 출원인은 그 흠결을 해소하기 위해 출원서류를 보정했으나, 흠결을 해소하지 못했고, 그 보정은 원도면 또는 사진의 표현 범위를 초과한 경우, 심사관은 재차 심사의견통지서를 발부한다.

② 원래 존재하던 명백한 실질적 흠결을 극복하지 못한 상황에서, 형식적 흠결이 새로 발생했거나 또는 새로운 흠결이 발생하지 않은 경우

심사관은 재차 심사의견통지서를 발부할 수 있다. 의견 청취의 원칙에 부합한 상황이라면 심사관은 원래 존재하던 실질적 흠결에 대해 바로 거절결정을 내릴 수도 있다.

③ 원래 존재하던 형식적 흠결을 극복하지 못하고, 또다른 새로운 형식적 흠결도 발생한 경우

심사관은 재차 보정통지서를 발부하면서 모든 흠결을 한꺼번에 출원인에게 고지한다.

④ 원래 존재하던 형식적 흠결을 극복하지 못했으나, 새로운 흠결이 발행하지 않은 경우

만약 심사관이 형식적 흠결에 대해 보정통지서를 한 차례만 발부했다면, 보정통지서를 한 번 더 발부하여 통지서에서 흠결을 상세히 지적하며, "이번 보정을 통해서도 흠결을 해소하지 못하면 본 출원을 거절"할 것임을 출원인에게 고지한다. 심사관이 형식적 흠결에 대해 두 차례의 통지서를 발부했음에도 여전히 흠결이 존재하는 경우, 의견청취의 원칙에 부합한다는 전제에서 심사관은 거절결정을 내릴 수 있다.

⑤ 원래 존재하던 흠결을 극복했으나, 직권 보정이 가능한 새로운 흠결이 발생한 경우

심사관은 새로 발생한 흠결에 대해 재차 통지서를 발부한다. 만약 새로운 흠결이 보

정으로 극복될 수 있는 흠결이면 심사관은 보정통지서를 발부한다. 새로운 흠결이 명백한 실질적 결함에 해당하는 경우(예: 보정범위 초과), 심사관은 심사의견통지서를 발부한다.

d) 제출된 답변서에 물품 견본 또는 모형이 포함된 경우

전리법실시세칙 제29조에 따르면, 국무원전리행정부문은 필요한 경우 디자인 출원인에게 디자인이 적용된 물품의 샘플 또는 모형을 제출하라고 요구할 수 있다. 견본 또는 모형의 부피는 30cm × 30cm × 30cm를 넘을 수 없으며, 무게는 15kg을 넘을 수 없다. 쉽게 부패, 손상되거나 위험품은 견본 또는 모형으로 제출할 수 없다.

제출된 답변서에 물품 견본 또는 모형이 포함된 경우, 견본 또는 모형은 참고용으로 활용될 뿐, 심사관은 도면 또는 사진을 기초로 심사한다. 만약 필요한 도면 또는 사진이 없는 경우, 심사관은 보정통지서를 발부하여 출원인에게 보정하도록 한다. 견본 또는 모형은 관련 부서에서 보관한다.

(3) 제3자가 제출한 문서

출원인 또는 대리인이 제출한 문서가 아닌 경우, 받아들이지 않고 보관해 두는 것이 원칙이다. 다만, 그 내용이 전리법 제9조 또는 제23조 제1항에 대한 것이면, 심사관은 본 장 10절과 11절 규정에 따라 심사한다. 예를 들어, 본 디자인 출원일 이전에 이미 동일한 디자인이 등록되었음을 입증하고, 등록 번호를 제공한 경우, 심사관은 이를 확인할 수 있다. 만약 두 디자인이 확실히 동일하다면 심사관은 본 디자인출원이 전리법 제23조 제1항 규정에 반함을 이유로 심사의견통지서를 발부한다.

3) 권리등록 후 제출된 문서

(1) 등록 통지서 발부 이후 출원인이 문서를 제출했으나, 이 문서가 심사의 결론에 영향을 미치지 않을 것으로 판단되는 경우, 심사관은 심사 의견을 수정할 필요가 없다(예: 심사관의 직권 보정에 대해 출원인이 의견진술로 동의한 경우).

(2) 만약 출원인이 제출한 문서가 등록문서 또는 공고된 서지사항의 오류를 해소할 수 있는 것으로 심사관이 판단하여 심사 의견을 수정할 필요가 있는 경우, 심사관은 '등록 후 경정' 절차를 밟는다. '등록 후 경정' 절차는 등록절차통지서 발부 이전과 이후에 따라 처리 절차가 다르다. 전리국에서 등록절차통지서를 발부하기 전에 심사관이 등록 결론을 경정하거나 포대 정보를 수정할 필요가 있는 경우, 심사관은 처장의 비준을 거친 후 후속 심사를 계속한다. 전리국에서 등록절차통지서를 발부한 이후의 경정 절차는 심사관이 처장의 비준을 받아 경정이 필요한 내용을 경정하고, '디자인전리권 수여통지서 정정통지서'를 작성하여 발송한다.

(3) 만약 출원 문서 자체가 등록 요건에 부합함에도 불구하고, 문서가 제출되어 이를

수리하면 전리국의 정상적인 심사업무에 방해가 될 것으로 여겨지는 경우, 심사관은 해당 보정이 전리법실시세칙 제51조 규정에 반함을 이유로, 심사 의견을 수정하지 않는다. 예를 들어, 전리국이 디자인전리 등록통지서를 발송한 이후, 출원인으로부터 물품의 명칭을 '완구용 자동차'에서 '원격 제어 자동차'로 보정한다는 보정서를 받은 경우, 이 보정이 원 도면 또는 사진에 표현된 범위를 초과하지 않았다고 하더라도, 심사관은 이를 불수리한다.

한편, 분류번호에 대해 출원인이 이의를 제기하는 경우, 심사관은 서류를 분류업무 담당자에게 전달한다.

17. 직권 보정

절차 촉진의 원칙에 따라 심사관은 디자인 전리권 등록결정을 내리기 전, 출원서류에 존재하는 명백한 오류를 보정할 수 있다. 직권 보정된 내용은 출원인에게 통지된다.

1) 심사 내용

(1) 물품의 명칭, 도면 및 간단한 설명에 대한 직권보정은 규정된 범위를 초과할 수 없다. 전리심사지침에 규정된 직권 보정의 내용은 아래와 같다.

a) 물품의 명칭에 대한 명백한 오류

b) 도면의 명칭에 대한 명백한 오류

c) 도면의 방향에 대한 명백한 오류

d) 도면에서의 물품 제도선에 삭제되어야할 선이 있는 경우(예: 음영선, 지시선, 중심선, 치수선, 쇄선 등)

e) 간단한 설명에 작성할 수 없는 내용이 간단한 설명에 기재된 경우(예: 물품의 내부 구조, 기술적 효과에 대한 설명, 물품에 대한 광고표현 등)

f) 디자인 요점을 가장 잘 나타내는 것으로 출원인이 간단한 설명에 지정한 도면 또는 사진이 명백히 부적합한 경우. 예를 들어 출원인이 디자인 요점을 가장 잘 나타내는 도면 또는 사진을 지정하지 않은 경우, 디자인 요점을 가장 잘 나타내는 도면 또는 사진을 여러 개 지정한 경우, 도면으로 문자를 대체하여 지정한 경우 등)

g) 출원서에 출원인의 주소 또는 연락담당자 주소를 누락하거나 잘못 기재하거나 중복 기재한 성(자치구, 직할시), 시, 우편번호 등의 정보

h) 출원서에 유사디자인 개수 또는 한벌 물품의 디자인 개수를 누락했거나 잘못 기

재한 경우.

(2) 심사관은 권리범위에 영향을 미칠 수 있는 내용을 직권 보정할 수 없으며, 출원인에게 보정통지서 또는 심사의견통지서를 발부하여 출원인이 보정하도록 한다(예: 도면의 명칭 "입체도"를 "입체 참고도"로 보정).

심사관은 출원서류에 불명확하게 기재된 내용을 직권 보정할 수 없다. 예를 들어, 간단한 설명에 "형상을 보호범위로 청구한다"라는 기재를 직권으로 "디자인 요점은 형상에 있다"라고 보정하거나, 또는 직권으로 이를 삭제하려는 경우, 심사관은 통지서를 발부하여 출원인이 보정하도록 해야 한다.

(3) 위 (1)에서 열거된 흠결 이외에도, 보정통지서를 발부하여 출원인이 보정하도록 해야 하는 다른 흠결이 함께 존재하는 경우, 심사관은 보정통지서에 (1)의 흠결을 포함하여 모든 흠결을 함께 지적한다.

2) 특수한 경우의 처리

직권 보정되는 내용은 출원인에게 통지되어야 하고, 통지서로 출원인에게 고지할 필요가 없는 경우는 아래에 한한다.

(1) 물품의 명칭에서의 번호를 명칭 다음의 괄호로 이동하는 경우

(2) 도면의 명칭에 명백한 오기가 있는 경우

(3) 출원인, 대표자 및 연락담당자의 주소정보에 성, 우편번호가 누락된 경우 또는 성(자치구, 직할시), 시, 우편번호를 잘못 기재한 경우, 그 명백한 오기를 보정하는 경우

(4) 출원서에서의 디자인 개수를 보정하는 경우.

18. 형식심사의 종결

1) 종결 절차

(1) 등록결정

심사관은 출원서류 등에 대한 심사를 마치고, 각 기본적인 서지사항 및 등록 문서에 오류가 없음을 확인한 후, 디자인전리권 등록통지서를 작성하여 송부한다.

(2) 거절결정

출원 문서에 명백한 실질적 결함이 존재하여 심사관이 심사의견통지서를 발부한 후, 출원인의 의견진술 또는 보정이 있었음에도 흠결이 해소되지 않은 경우 또는 출원서류에 존재하는 형식적 흠결에 대해 심사관이 이미 두 번의 보정통지서를 발부했고 이에 대한 출원인의 의견진술 또는 보정이 있었음에도 흠결이 해소되지 않은 경우, 심

사관은 거절결정을 내릴 수 있다.

거절결정서는 즉시 발송되며, 사안 종결처리가 이루어진다.

(3) 자진취하

자진취하된 출원은 전리국의 형식심사 절차부서에서 관리, 처리한다.

(4) 취하간주

답변이 없거나 기간을 도과하여 답변이 이루어져 취하간주된 출원, 또는 취하간주 이후 출원이 회복되었으나 회복 불합격인 출원은 형식심사 절차부서에서 관리, 처리한다.

(5) 분할출원 미제출간주

전리법실시세칙 제42조 제1항 및 제42조 제3항 규정에 반하는 분할출원에 대해 심사관은 분할출원미제출 간주통지서를 발부하고 사안 종결처리 한다.

미제출 간주된 분할출원에 대해서는 이후 회복 절차가 없다.

2) 등록 문서의 확정

도면 또는 사진 및 간단한 설명이 보정되지 않은 경우, 등록 문서는 출원일에 제출된 서류를 기초로 한다.

도면 또는 사진 및 간단한 설명에 보정이 이루어진 경우, 심사관은 구체적 상황에 따라 문서를 대체하는 형식으로 등록 문서를 확정한다.

19. 통지서 및 결정서

심사관이 작성하는 통지서 또는 결정서는 다음과 같다:

보정통지서, 심사의견통지서, 거절결정서, 디자인전리권 등록통지서, 디자인전리권 등록통지경정통지서, 미제출 간주통지서, 권리회복청구심사통지서, 절차합격통지서, 절차보정통지서, 권리회복절차 보정통지서, 보정경정통지서, 분할출원미제출 간주통지서, 신규성불상실유예기간 미주장간주통지서, 대리사무소 미위임간주통지서, 우선권미주장 간주통지서, 출원일재확정통지서, 심사업무 전용서한, 환급승인통지서

이들 통지서 중, 보정통지서, 심사의견통지서, 수속보정통지서 및 우선권미주장 간주통지서에 대해서는 답변기한 준수 여부를 관리감독한다.

디자인출원의 형식심사 범위는 출원 서류에 대한 형식심사, 출원 서류에 존재하는 명백한 실질적 흠결, 기타 서류에 대한 형식심사, 관납료에 대한 심사의 네 가지 부분

에서 이루어진다. 여기에서 출원 서류에 대한 형식심사가 적용되는 통지서 또는 결정
서는 심사의견통지서와 거절결정서이다. 기타 서류에 대한 형식심사가 적용되는 통지
서에는 절차합격통지서, 미제출간주통지서, 권리회복청구심사통지서, 절차보정통지
서, 분할출원미제출 간주통지서, 신규성불상실유예기간 미주장간주통지서, 대리사무
소 미위임간주통지서, 우선권미주장 간주통지서, 출원일재확정통지서, 심사업무 전용
서한이 포함된다. 관납료에 대한 심사가 적용되는 통지서에는 미제출간주통지서, 권
리회복청구심사통지서, 우선권미주장 간주통지서, 환급승인통지서가 포함된다.

통지서 또는 결정서가 발부되는 구체적인 상황은 아래와 같다.

1) 디자인전리권 등록통지서

출원이 등록 요건에 부합하는 경우;
출원이 보정 또는 의견진술을 거쳐 흠결을 해소하여 등록 요건에 부합한 경우.

2) 보정통지서

출원에 보정을 통해 극복할 수 있는 흠결이 존재하는 경우;
출원이 보정 또는 의견진술을 거친 이후 여전히 보정을 통해 극복할 수 있는 흠결이
존재하는 경우.

3) 절차보정통지서

출원인이 우선권을 주장했으나, 우선권 주장 또는 선출원 관련 서류에 보정 가능한
흠결이 존재하는 경우;
출원인이 신규성을 상실하지 않는 공개를 주장하였으나, 증명자료에 보정으로 극복
가능한 흠결이 존재하는 경우;
국내출원인의 위임 절차에 흠결이 존재하는 경우.

한편, 심사관은 위 세 가지 흠결 이외의 다른 흠결이 존재하는 경우, 보정통지서 또
는 심사의견통지서에 모든 흠결을 함께 지적해야 한다.

4) 심사의견통지서

출원이 전리법실시세칙 제44조 제1항 제(3)[14]호 규정하는 경우에 해당할 때

---

14) 전리법실시세칙 제44조 제1항 제(3)호: 디자인출원이 전리법 제5조, 제25조 제1항 제6호가 규정
한 경우에 명백하게 해당하는지, 전리법 제18조, 제19조 제1항 또는 본 세칙 제16조, 제27조, 제
28조의 규정에 반하는지, 전리법 제2조 제4항, 제23조 제1항, 제27조 제2항, 제31조 제2항, 제33
조 또는 본 세칙 제43조 제1항 규정에 명백히 반하는지, 전리법 제9조 규정에 따라 전리권을 수

5) 거절결정서

출원서류에 명백한 실질적 흠결이 있어 심사관이 심사의견통지서를 발부했고, 출원인이 의견진술 또는 보정을 했으나 여전히 흠결이 해소되지 않은 경우;

출원서류에 형식적 흠결이 존재하여 심사관이 그 흠결에 대해 두 차례 보정통지서를 발부했고, 출원인이 의견진술 또는 보정을 했으나 여전히 흠결이 해소되지 않은 경우.

한편 홍콩, 마카오 또는 대만의 개인, 기업 또는 기타 조직이 전리를 출원하거나 제1출원인으로 전리를 출원하는 경우, 위임된 대리사무소가 규정에 부합하지 않으면, 심사관은 심사의견통지서를 발부하고, 출원인의 의견진술 또는 보정 후에도 여전히 규정에 반하면 해당 출원은 거절결정된다.

6) 절차합격통지서

서지사항 변경절차가 규정에 부합하는 경우.

한편, 서지사항 변경이 권리 변경에 대한 것이면(예: 출원인 변경 또는 대리사무소의 변경), 양 당사자에게 절차합격통지서를 발송한다.

7) 우선권미주장 간주통지서

우선권주장이 규정에 반하는 경우

8) 미제출 간주통지서

자진보정서가 자진보정 기한을 도과하여 제출된 경우;

증명서류가 규정에 반하는 경우;

서지사항 변경수속이 규정에 반하는 경우;

출원인이 제출한 오류경정청구가 관련 규정에 반하는 경우;

출원인이 제출한 권리회복청구가 관련 규정에 반하는 경우;

출원인이 제출한 서류가 심사관이 발송한 통지서에 지적된 흠결에 대한 답변이 명백히 아닌 경우

9) 대리사무소 미위임간주통지서

중국의 단위 또는 개인의 위임이 규정에 반하여 심사관이 수속보정통지서를 발부했

여받을 수 없는지 여부.

으나, 기간 내에 답변이 없거나 보정에도 여전히 규정에 반하는 경우.

한편, 심사관은 이 경우 양 당사자에게 대리사무소 미위임간주통지서를 발송해야 한다.

10) 신규성불상실유예기간 미주장간주통지서

신규성을 상실하지 않는 공개 규정을 적용받고자 청구했으나 규정에 반하는 경우.

11) 분할출원미제출 간주통지서

분할출원이 관련 규정에 반하는 경우

12) 출원일재확정통지서

분할출원서에 원출원일을 잘못 기재하여 심사관이 보정통지서를 발부한 이후, 출원인이 문서를 제출하여 출원일을 재확정할 필요가 있음을 표명한 경우

13) 권리회복절차 보정통지서(우선권 회복 청구에 대한 것임)

출원인 또는 전리권자가 청구한 권리회복에 대해 심사해 보니, 전리법실시세칙 제6조 규정에는 부합하나 다른 규정에는 부합하지 못하여 절차 보정을 해야 할 필요가 있는 경우

14) 권리회복청구심사통지서

출원인의 권리회복청구가 관련 규정에 부합하여 회복을 인정해야 하는 경우;

출원인의 권리회복청구가 관련 규정에 반하여 회복을 인정하지 않는 경우;

출원인이 권리회복을 청구했고, 심사관이 권리회복절차 보정통지서를 발부했으나, 기간 내에 보정하지 않았거나 보정에도 여전히 규정에 반하여 회복을 인정하지 않는 경우

15) 보정경정통지서

전리국이 발송한 각종 통지서(디자인전리권 등록통지서는 제외)에 오류가 있음을 발견한 경우

16) 디자인전리권 등록통지경정통지서

디자인전리권 등록통지서의 내용에 오류가 있어서 그 내용은 경정해야 하나, 등록결정은 그대로 유지할 필요가 있는 경우

17) 심사업무 전용서한

출원인에게 적절한 제안 또는 설명을 할 경우;

출원인이 제출한 보정서 또는 경정청구를 수리하지 않는 경우

출원인 또는 다른 당사자가 제출한 의견진술에 대해 답변할 필요가 있으나, 다른 통지서를 발부할 필요는 없는 경우

20. 전치심사

1) 처리 절차

우선 거절결정을 내린 심사관이 전치심사를 진행한 후 처장급 심리를 거친다. 처장급 심리를 통과하지 못한 경우 심사관에게 반려되어 수정된다. 처장급 심리를 통과한 경우 부장급 재심리 과정을 거친다. 부장급 재심리를 통과하지 못한 경우 부장급 관리자는 처장급 관리자에게 반려하며, 처장급 관리자는 심사관에게 반려하여 심사관에 의해 수정이 이루어진다. 부장급 재심리를 통과한 경우 부장급 관리자가 전치심사의견을 전리복심위원회에 직접 전달한다.

복심결정에서 거절결정을 유지하는 경우 심사관은 후속 처리를 진행할 필요가 없으나, 복심결정에서 거절결정을 철회하는 경우 심사관은 해당 사안에 대한 심사를 계속한다.

2) 처리 기한

심사관은 시스템상에서 전치심사 안건을 받은 날로부터 10 근무일 내에 전치심사 답변의견을 작성하여 처장급 관리자에게 제출한다. 처장급 관리자는 심사관이 제출한 전치심사 안건을 접수한 후 5 근무일 내에 처장급 심사를 마쳐 부장급 관리자에게 제출한다. 부장급 관리자는 처장급 관리자가 제출한 전치심사 안건을 접수한 후 5 근무일 내에 부장급 재심리결정을 내려 전리복심위원회에 제출한다.

3) 전치심사의견서

전치심사의견은 아래 세 가지로 나뉜다.

① 거절결정의 철회에 동의함

② 보정서를 토대로 거절결정을 철회하는 데 동의함

③ 복심청구인이 진술한 의견서 및 제출된 보정서만으로는 거절결정을 철회하기에

부족하여 거절결정을 유지함.

전치심사 의견이 이 중 어느 것에 해당하든, 심사관은 전치심사의견서를 전리복심위원회에 제출해야 하며, 전리복심위원회의 복심결정을 거치지 않은 채 바로 비준절차에 들어갈 수 없다.

(1) 전치심사에서 거절결정을 유지하려는 경우, 심사관은 거절의 이유 및 그에 연관된 흠결에 대해 상세한 의견을 기재해야 한다. 다만, 그 의견이 거절결정과 동일한 경우에는 중복을 피해 간단히 설명할 수 있다.

(2) 만약 복심청구인이 보정서를 제출했는데 그 보정이 여전히 규정에 반하는 것으로 인정되어 거절결정이 유지된 경우, 그 보정이 규정에 반한다는 의견을 상세히 설명해야 하고, 거절결정의 근거가 된 거절이유에 대한 흠결도 함께 설명해야 한다.

제7부

| 복심 및 무효심판청구 |

한국의 심판원에 대응되는 기관이 중국의 전리복심위원회이다. 한국 특허법상 거절결정불복심판, 무효심판 이외에도 다양한 종류의 심판이 존재하나, 중국 전리복심위원회는 주로 거절계 심판으로서의 복심(한국의 거절결정불복심판에 대응됨) 및 당사자계 심판으로서의 무효심판청구에 대한 심리만을 담당한다.

1. 총 칙

1) 서 언

전리법 제41조 규정에 따라 국가지식산권국은 전리복심위원회[1]를 두어 복심청구를 수리, 심리하여 결정을 내린다. 복심청구 사건에는 형식심사 및 실질심사 과정에서 내려진 거절결정에 불복하여 복심을 청구한 사건들이 포함된다. 또한 전리법 제45조 및 제46조 제1항 규정에 따라 전리복심위원회는 전리권 무효심판청구를 수리, 심리하여 결정을 내린다. 당사자가 전리복심위원회의 결정에 불복하여 인민법원에 제소하는 경우, 전리복심위원회는 출정하여 응소할 수 있다.

2) 심리 원칙

복심절차 및 무효심판절차에서 적용되는 원칙에는 합법 원칙, 법 공정 집행 원칙, 청구 원칙, 직권심리 원칙, 청취 원칙 및 공개 원칙이 포함된다.

(1) 합법 원칙

전리복심위원회는 법에 의거하여 업무를 수행해야 하고, 복심 사건 및 무효심판 사건의 심리 절차 및 심결은 법률, 법규 규칙 등에 부합해야 한다.

(2) 법 공정 집행 원칙

전리복심위원회는 객관, 공정, 정확, 적시를 원칙으로 하고, 사실에 근거하여 법률에 따라 독립적으로 심리업무를 수행하며, 개인적 사정을 배제한 전면적, 객관적, 과학적 분석 판단으로 공정한 결정을 내린다.

(3) 청구 원칙

복심 및 무효심판의 절차는 당사자의 청구에 의해 개시되어야 한다.

청구인이 전리복심위원회가 복심 또는 무효심판의 심결을 내리기 전에 청구를 취하

---

1) 전리복심위원회는 주임위원, 부주임위원, 복심위원, 겸직복심위원, 복심원 및 겸직복심원을 둔다. 주임위원은 전리국 국장이 겸임하고, 부주임위원, 복심위원 및 겸직복심위원은 국장이 지식산권국 안에서 경력 있는 기술전문가 및 법률전문가 중에서 임명하고, 복심원 및 겸직복심원은 국장이 지식산권국 안에서 경력 있는 심사관 및 법률인력 중에서 초빙하여 임용한다.

한 경우, 심리 절차는 종료된다. 그러나 무효심판에 있어서 전리복심위원회가 이미 진행한 심리를 통해 전리권의 무효 또는 일부 무효의 결정을 내릴 수 있다고 인정되는 경우는 예외이다.

심결의 결론이 선포된 후 또는 서면 결정서가 이미 발송된 후에 청구인이 청구를 취하한 경우, 심결의 유효성에 영향을 미치지 않는다.

(4) 직권심리 원칙

전리복심위원회는 직권으로 심리를 진행할 수 있으며, 당사자의 청구 범위, 제출한 이유와 증거에 제한을 받지 않는다.

(5) 청취 원칙

심결을 내리기 전에 당사자에게 심결의 근거가 되는 이유, 증거 및 인정된 사실에 대해 의견진술의 기회를 부여해야 한다. 즉, 당사자는 통지서, 전달 서류 또는 구술 심리를 통해 심결의 근거가 된 이유, 증거 및 인정된 사실을 통지받고, 의견진술의 기회를 갖는다.

심결을 내리기 전에 인민법원 또는 지방의 지식산권 관리부문의 확정 판결 또는 조정 결정으로 인해 이미 출원인 또는 전리권자가 변경된 경우에는 변경된 당사자에게 의견진술의 기회를 부여해야 한다.

(6) 공개 원칙

법률, 법규 등의 규정에 따라 비밀을 유지해야 하는 사건(출원인이 형식심사 과정에서 거절결정을 받고 이에 불복하여 복심을 청구한 사건 포함)을 제외한 사건의 구술심리는 공개적으로 이루어져야 하며, 심결은 공개적으로 출판, 발행되어야 한다.

3) 합의부

합의부는 3인 또는 5인으로 구성되는데, 구체적으로 조장 1명, 주심원 1명, 참심원 1명 또는 3명으로 구성된다. 전리복심위원회의 각 제소처 책임자 및 복심위원은 합의부 조장이 될 자격이 있으며, 그 외의 경우 주임위원 또는 부주임위원의 동의를 거쳐야 합의부 조장이 될 자격이 생긴다. 복심위원, 복심원, 겸직 복심위원 또는 겸직 복심원은 주심원 또는 참심원이 될 수 있다. 개별사건에 따라 심사부가 초빙한 심사관은 참심원이 될 수 있다.

(1) 합의부의 구성

전리복심위원회는 전공, 사건의 상황 및 동일한 출원이나 사건의 선행절차 참여 여부를 토대로 합의부 구성원을 결정하거나 변경한다.

전리복심위원회가 전리권의 유효성을 유지하거나 전리권의 일부 무효를 선고하는 심결을 내린 후, 동일 청구인이 다른 이유 또는 증거를 토대로 그 심결에 관련된 전리권에 대해 새로운 무효심판을 청구한 경우, 원심결을 한 주심원은 새로운 무효심판의 심사업무를 맡지 않는다.

심결이 인민법원의 판결에 의해 취소된 후 재심사하는 사건의 경우, 합의부가 다시 구성된다.

(2) 합의부 구성에 대한 규정

아래 사항에 해당되는 경우 5인의 합의부가 구성된다

국내 또는 국외에 중대한 영향을 미치는 사건

중요하고 어려운 법률적 문제에 관련된 사건

중대한 경제적 이익에 관련된 사건

5인의 합의부를 구성할 필요가 있는 경우, 주임위원 또는 부주임위원이 결정하거나, 관련 부서의 책임자나 합의부 구성원이 규정된 절차에 따라 주임위원 또는 부주임위원에게 보고하여 승인을 받는다.

5인의 합의부를 구성하여 심사하는 사건이 5인의 합의부를 구성하기 전에 구술심리를 한 적이 없는 경우, 반드시 구술심리를 진행해야 한다.

(3) 합의부 구성원의 업무 분담

조장은 복심 또는 무효심판의 전면심리, 구술심리, 합의회의 및 표결을 주관하고, 합의부 심결을 주임위원이나 부주임위원에게 보고하여 승인을 받을지 여부를 정한다.

주심원은 사건의 전면심리, 파일보관, 합의부와 당사자 간의 업무 연락을 책임지고, 심사통지서와 심결을 작성하며, 무효심판의 심결이 전리권의 일부 무효를 선고하는 경우 공고서류를 준비한다.

참심원은 심사에 참여하여 조장과 주심원의 업무를 돕는다.

(4) 합의부 심사의견의 형성

합의부는 다수결에 따라 복심 또는 무효심판의 증거의 채부, 사실의 인정 및 이유의 성립 등에 대해 표결로 심결한다.

4) 단독심사

간단한 사건은 1인이 단독으로 심리를 맡을 수 있다.

5) 회피제도

복심 또는 무효심판 사안의 합의부 구성원이 전리법실시세칙 제37조에 규정된 사항 중 어느 하나에 해당하는 경우 스스로 회피해야 하며, 회피하지 않은 경우 당사자는 그에 대한 회피를 신청할 수 있다.[2]

주임위원 또는 부주임위원의 재직기간에 그의 가까운 친척은 복심 또는 무효심판사건을 대리할 수 없다. 각 부처의 책임자의 재직기간에 그의 가까운 친척은 해당 부처에서 담당하는 복심 또는 무효심판을 대리할 수 없다. 여기에서 가까운 친척에는 배우자, 부모, 자녀, 형제자매, 조부모, 외조부모, 손자손녀, 외손자손녀 및 그 외 부양관계가 있는 친척이 포함된다.

주임위원 또는 부주임위원이 퇴직한 후 3년 내, 그 외 인력은 퇴직 후 2년 내에 복심 또는 무효심판을 대리할 수 없다.

당사자가 회피신청을 하는 경우, 서면으로 신청하며 이유를 설명해야 하며 필요한 경우 증거를 첨부해야 한다. 전리복심위원회는 회피신청에 대해 서면형식으로 결정을 내려 청구인에게 통지해야 한다.

6) 심 결

(1) 심결의 심사

합의부는 심결의 사실인정, 법률적용, 결론 및 결정서의 형식과 내용에 대해 전면적인 책임을 진다.

합의부가 내린 심결이 ① 5인의 합의부가 심리한 사건 ② 합의부의 표결 의견이 일치하지 않는 사건 ③ 전리복심위원회의 심결이 법원의 판결에 의해 취소된 후 다시 결정을 내리는 사건에 해당하면, 주임위원 또는 부주임위원의 심사를 받는다. 주임위원 또는 부주임위원이 합의부가 내린 심결에 동의하지 않는 경우, 합의부에게 다시 합의할 것을 지시할 수 있다.

(2) 심결의 구성

심결문에는 아래 사항들이 기재된다.

a) 서지 사항

복심청구의 경우, 결정번호, 결정일자, 발명의 명칭, 국제분류번호, 복심청구인, 출원번호, 출원일, 출원공개일 및 합의부 구성원이 기재되고, 무효심판청구의 경우 결정번호, 결정일자, 발명의 명칭, 국제분류번호, 무효심판청구인, 전리권자, 등록번호, 출원일, 등록공고일 및 합의부 구성원이 기재된다.

---

2) 전리법실시세칙 제37조: 형식심사, 실질심사, 복심 및 무효심판 절차에서 심사 및 심리를 맡은 자가 아래 각호 중 1에 해당하는 경우 스스로 회피해야 하며, 당사자 또는 기타 이해관계인은 회피신청을 할 수 있다.
   (1) 당사자 또는 대리인의 가까운 친인척인 경우
   (2) 출원 또는 전리권에 이해관계가 있는 경우
   (3) 당사자 또는 대리인과 그 외 관계로 인한 공정한 심사 및 심리에 영향을 미칠 우려가 있는 경우
   (4) 전리복심위원회의 구성원이 원출원의 심사에 참여한 적이 있는 경우

b) 법률적 근거

법률적 근거란, 심결의 이유와 관련되는 법률 및 법규의 조항을 의미한다.

c) 결정의 요지

결정의 요지란, 결정 본문 중 이유부분의 개괄 및 핵심에 대한 기재를 의미한다.

d) 사건의 개요

시간 순서에 따라 복심 또는 무효심판의 제기, 범위, 이유, 증거, 수리, 서류의 제출, 전달, 심사 과정 및 주요한 쟁점 등이 기재된다.

e) 결정의 이유

심결의 근거가 되는 법률 및 법규의 규정, 심리의 결론을 도출하는 근거가 되는 사실이 기재되며, 사건에 대한 조항의 적용이 구체적으로 설명된다.

f) 결론

구체적인 심사의 결론, 후속 절차의 개시, 시효 및 수리기관 등이 기재된다.

(3) 심결의 공개

전리복심위원회는 사안과 관련된 출원이 공개되지 않은 경우를 제외하고 심결문을 모두 공개해야 한다. 공개해야 하는 심결에 대해 당사자가 불복하여 법원에 제소했고, 법원이 이를 수리한 경우, 인민법원의 판결이 확정된 이후에 심결문과 판결서가 함께 공개된다.

7) 경 정

(1) 수리의 경정

청구를 수리해야 하는데 수리하지 않았거나, 수리하지 않아야 하는데 수리한 경우, 주임위원 또는 부주임위원의 승인을 받아 경정하고 당사자에게 통지한다.

(2) 통지서의 경정

발송된 각종 통지서에 오류가 있음이 발견되면, 전리복심위원회는 주임위원 또는 부주임위원의 승인을 받아 경정하고 당사자에게 통지한다.

(3) 심결의 경정

심결에 명확한 문자적 오류가 있음이 발견되면, 전리복심위원회는 주임위원 또는 부주임위원의 승인을 받아 경정하고, 통지서에 교체페이지를 첨부하여 당사자에게 통지한다.

(4) 취하간주의 경정

취하간주로 처리하지 않아야 하는데 취하간주 처리한 경우, 주임위원 또는 부주임위원의 승인을 받아 경정하고, 당사자에게 통지하여 복심 또는 무효심판 절차를 계속한다.

(5) 그 외 결정의 경정

전리복심위원회가 내린 그 외 결정에 대해 경정이 필요한 경우, 주임위원 또는 부주임위원의 승인을 받아 경정한다.

2. 복심 및 무효심판 청구에 대한 방식심사 및 복심 청구에 대한 전치심사

1) 복심청구에 대한 방식 심사

(1) 복심청구의 객체 및 청구인 적격

전리국의 거절결정에 불복하는 경우, 출원인이 전리복심위원회에 복심을 청구할 수 있다. 복심 청구가 전리국의 거절결정을 대상으로 하지 않는 경우 또는 청구인이 거절된 출원의 출원인이 아닌 경우, 복심 청구는 수리되지 않는다.

거절된 출원의 출원인이 공동출원인인 경우, 모든 출원인이 청구인이 되어야 한다. 그렇지 않은 경우 전리복심위원회는 청구인에게 통지하여 지정기간 내에 보정하도록 하고, 청구인이 기간 내에 보정하지 않으면 복심은 청구되지 않은 것으로 간주된다.

(2) 기한 및 비용

a) 전리국으로부터 거절결정을 받은 날로부터 3개월 내에 청구해야 하며, 이 기간을 도과하면 수리되지 않는다. 다만, 청구 기간을 도과하였으나 청구인이 권리회복을 청구한 경우, 전리법실시세칙 제6조 및 제99조 제1항의 권리회복에 관한 규정에 부합하면 회복이 허가되어 복심 청구가 수리된다.

b) 청구인이 거절결정을 받은 날로부터 3개월 내에 복심을 청구했으나, 복심 청구료를 납부하지 않았거나 부족 납부한 경우, 복심이 청구되지 않은 것으로 간주된다. 다만, 청구인이 권리회복을 청구했고, 그 청구가 전리법실시세칙 제6조 및 제99조 제1항의 권리회복에 관한 규정에 부합하면 회복이 허가되어 복심 청구가 수리된다.

(3) 청구서류의 형식

a) 청구인은 복심 청구서를 제출하고 이유를 설명해야 하며 필요한 경우 증거를 첨부해야 한다.

b) 복심 청구서는 규정된 격식에 부합해야 하고, 그렇지 않은 경우 전리복심위원회는 청구인에게 통지하여 지정기간 내에 보정하게 한다. 기간 내에 보정하지 않았거나, 지정기간 내에 2회의 보정을 거친 후에도 여전히 동일한 흠결이 존재하는 경우, 복심을 청구하지 않은 것으로 간주된다.

(4) 방식심사 통지서

a) 방식심사에서 복심청구가 전리법, 전리법실시세칙 또는 심사지침서의 관련 규정에 부합하지 않는 경우, 전리복심위원회는 보정통지서를 발부한다. 청구인은 보정통지서를 받은 날로부터 15일 내에 보정해야 한다.

b) 복심을 청구하지 않은 것으로 간주되는 경우 또는 수리되지 않은 경우에 전리복심위원회는 복심청구 미제출 간주통지서 또는 복심청구 불수리 통지서를 청구인에게 발송한다.

c) 방식심사에서 복심청구가 전리법, 전리법실시세칙 또는 심사지침서의 관련 규정에 부합하는 경우, 전리복심위원회는 복심청구 수리통지서를 청구인에게 발송한다.

(5) 위임에 대한 심사

복심 청구인이 출원 단계부터 이미 대리사무소에 위임하여 전리권 존속기간 내의 모든 사무를 처리하게 한 경우, 전리복심위원회는 복심 청구인에게 복심 절차에 대한 위임장을 재차 제출하라고 요구하지 않는다.

그러나 복심 청구인이 복심 절차 중에 대리사무소에 위임하는 경우에는, 복심 절차에 대한 위임장을 전리복심위원회에 제출해야 한다. 이때 위임장은 아래 사항들을 만족해야 한다.

a) 위임장은 전리행정부문이 통일적으로 제정한 표준 규격을 사용할 것

b) 위임장은 대리인을 지정하고 위임 권한은 복심절차 관련 사무에만 한정함을 명시할 것

c) 출원 번호, 사건 번호, 발명의 명칭, 복심 청구인의 명칭 등의 정보가 사건의 관련 정보들과 서로 일치할 것

d) 위임인이 서명 날인하되, 복심 청구인의 명칭과 일치할 것

e) 수임인이 서명 날인하되, 대리사무소의 명칭과 일치할 것

f) 당사자와 대리사무소의 서명 날인은 고쳐진 바 없이 한 번에 서명 날인될 것.

한편, 위 b)에서, 제출한 위임장에 위임 권한을 복심절차 관련 사무의 처리에만 한정함을 명시하지 않은 경우, 지정기간 내에 보정해야 한다. 기간 내에 보정하지 않은 경우에는 위임하지 않은 것으로 간주된다. 복심 청구인이 복심절차에서 대리사무소에 위임했으며 위임장에 위임 권한을 복심절차 관련 사무의 처리에만 한정함을 명시한 경우에는 그 위임, 해임 또는 사임절차는 전리복심위원회에 대해 처리하며 서지사항 변경절차를 밟을 필요가 없다.

복심 청구인이 복심 절차 진행 중에 위임의 변경을 청구하며 위임 사항을 복심절차 관련 사무로만 한정함을 명시한 경우에도, 전술한 규정에 따라야 한다. 위임 또는 위임

의 변경이 합의부 심리 과정에서 이루어진 경우에는, 합의부가 이를 심리한다.

중국에 주소 또는 영업소가 없는 외국인, 외국기업 또는 외국의 기타 조직인 복심 청구인이 복심절차에 대한 대리를 대리사무소에 위임하지 않은 경우, 그 복심청구는 수리되지 않는다.

(6) 보 정

복심 청구서 및 위임장이 규정에 부합하지 않는 경우, 보정통지서가 발부되어 지정기간 내에 보정을 해야 한다. 보정이 필요한 경우는 보통 다음과 같다:

a) 전리행정부문이 통일적으로 제정한 표준 규격을 사용하지 않은 경우

b) 복심 청구인의 명칭, 주소가 출원 시 또는 적법하게 변경된 후의 명칭, 주소와 일치하지 않는 경우

c) 출원 번호가 잘못 작성된 경우

d) 발명의 명칭이 출원 시 또는 적법하게 변경된 후의 명칭과 불일치하는 경우

e) 복심 절차 과정에서 대리사무소를 새롭게 위임하지는 않았으나, 대리사무소의 명칭, 코드, 대리인의 명칭이 출원 시 또는 적법하게 변경된 후의 명칭과 불일치하는 경우

f) 대리사무소에 위임하지 않았고, 모든 복심청구인의 서명 날인도 없는 경우

g) 대리사무소에 위임했으나, 대리사무소의 서명 날인이 없는 경우

h) 복심 청구인 또는 대리사무소의 서명 날인에 고쳐진 흔적이 있는 경우

i) 복심 청구서에서의 대리사무소 서명 날인과 위임장에서의 수임인 서명 날인이 불일치하는 경우

j) 대리사무소의 명칭이 서명 날인과 불일치하는 경우

k) 제출된 서류의 명칭, 페이지수 및 부수가 첨부 목록에 연결된 내용과 불일치하는 경우.

(7) 수신인의 확정 및 수리통지서, 전치심사통지서의 발송

복심 청구서가 방식 심사를 통과하면, 수신인이 확정되어야 한다. 복심 절차 과정에서 대리사무소에 위임한 경우, 그 대리사무소가 수신인이 된다.[3] 출원 단계의 모든 절

---

3) 복심 청구인이 동시에 다수의 대리사무소와 위임관계를 가진 경우, 서면형식으로 그중 하나의 대리사무소를 수신인으로 지정해야 한다. 지정하지 않은 경우, 전리복심위원회는 복심 절차에서 최초로 위임한 대리사무소를 수신인으로 간주하고, 최초로 위임한 대리사무소가 다수인 경우, 먼저 서명한 대리사무소를 수신인으로 보며, 서명 순서에 전후가 없는 경우(동일한 날에 위임한 경우), 전리복심위원회는 복심 청구인에게 지정기간 내에 수신인을 지정할 것을 통지한다. 지정기간 내에 지정하지 않은 경우, 위임하지 않은 것으로 간주된다.

차의 대리를 위임받았으나, 복심 절차 과정에서 복심 절차에 대한 위임장을 새롭게 제출한 경우에는 원래의 대리사무소가 수신인이 된다. 출원 단계 및 복심 절차 모두 대리사무소를 위임하지 않은 경우, 복심청구서에 수신인으로 지정된 자가 수신인이 된다. 지정되지 않은 경우 출원 단계의 수신인이 수신인이 된다.

수신인이 확정된 이후, 복심 청구인에게 복심청구수리통지서가 발부되고, 이와 함께 거절결정을 내린 심사부로 전치심사통지서가 발송된다.

2) 복심 청구에 대한 전치심사

(1) 전치심사의 절차 및 유형

전리복심위원회는 방식심사를 통과한 복심 청구서(첨부된 증명서류 및 보정된 출원서류 포함)를 출원 포대와 함께 거절결정을 내린 원심사부에 이송하여 전치심사를 진행한다. 원심사부는 포대를 받은 후 1월 내에 전치심사를 완료하고, 아래 세 가지 유형 중 어느 하나의 전치심사의견서를 작성해야 한다.

a) 복심청구의 성립 및 거절결정의 취소

b) 복심 청구 시 제출한 보정서에 의해 거절의 흠결이 극복되어 거절결정을 취소

c) 복심 청구인의 의견진술 및 보정에도 불구하고 거절결정을 취소하기에 부족하여 거절결정을 유지.

(2) 전치심사의견

a) 원심사부는 전치심사의견이 어느 유형에 해당하는지 설명해야 한다. 거절결정을 유지하는 경우, 각 거절이유 및 그와 관련된 각 흠결에 대한 의견을 설명하며, 의견과 거절결정이 동일한 경우에는 간략하게 설명한다.

b) 복심 청구인이 보정서를 제출한 경우, 보정이 2010년 〈전리심사지침〉 제4부 제2장 4.2절의 규정에 부합하는지 심사[4]하며, 부합하는 경우 보정서를 토대로 전치심사를 진행한다. 보정이 규정에 부합하지 않는 경우, 거절결정을 유지하면서 보정이 규정에 부합하지 않는다는 의견 및 출원 발명이 극복하지 못한 각 거절이유에 관한 흠결을 설명한다.

c) 청구인이 새로운 증거 또는 새로운 이유를 진술하는 경우, 원심사부는 그 증거 또는 이유를 심사해야 한다.

d) 원심사부는 전치심사의견에서 새로운 거절이유 또는 증거를 추가할 수 없다. 다만, 아래의 경우는 예외이다.

---

4) 이에 관하여 이 책의 제7부 복심 및 무효심판청구/4. 복심청구의 합의심리/3) 복심 절차에서 이루어진 보정에 대한 심사 부분의 내용을 참조.

(a) 거절결정 및 전치심사의견에서 주장한 공지상식에 대응되는 기술사전, 기술 매뉴얼, 교과서 등 해당 기술분야에서 공지상식으로 인정되는 증거를 추가하는 경우

(b) 거절결정에서 지적하지는 않았으나, 출원인에게 통지한 적이 있는 사실, 이유 및 증거를 토대로 거절할 수 있는 흠결이 심사서류에 존재하는 경우[5](전치심사의견에서 그 흠결을 지적해야 함)

(c) 거절결정에서 지적한 흠결이 여전히 존재하는 것으로 판단하는 경우, 만약 심사서류에 기타 명백한 실질적 흠결 또는 거절결정에서 지적한 흠결과 동일한 성질의 흠결이 존재하는 경우(함께 지적할 수 있음).

(3) 전치심사의견에 대한 전리복심위원회의 처리

전치심사 이후, 전리복심위원회는 전치심사의견의 유형에 따라 각각 아래와 같이 처리한다.

a) 원심사부가 거절결정을 철회하는 경우(즉, 전치심사의견의 유형 중 첫 번째와 두 번째에 해당하는 경우), 전리복심위원회는 합의심리를 진행하지 않으며, 바로 결정을 내려 복심 청구인에게 통지한다. 원심사부는 심사 절차를 계속한다.

b) 원심사부가 거절결정을 유지하는 경우, 사건은 합의부로 배분되어 심리를 진행한다.

3) 무효심판청구에 대한 방식 심사

(1) 무효심판청구의 객체 및 청구인 적격

a) 무효심판청구의 객체는 등록 공고된 전리여야 하고, 소멸 또는 포기(출원일부터 포기한 전리는 제외)된 전리도 포함된다. 무효심판청구가 등록 공고된 전리가 아닌 경우에는 수리되지 않는다. 전리복심위원회가 전부 또는 일부 무효 심결을 내렸고, 당사자가 그 심결 송달일로부터 3개월 내에 인민법원에 소를 제기하지 않았거나 또는 인민법원이 그 심결을 유지하는 판결을 내려 확정된 경우, 그 결정에 의해 무효된 전리권에 대한 무효심판청구는 수리되지 않는다.

b) ① 민사소송의 적격이 없는 자가 무효심판을 청구하는 경우; ② 전리권자가 자신의 전리권에 대해 무효심판을 청구하면서 전리권 전체에 대해 무효심판을 청구하거나, 제출한 증거가 공개출판물이 아니거나 또는 청구인이 전리권을 공유하는 전체 전리권자가 아닌 경우; ③ 복수의 청구인이 공동으로 1건의 무효심판을 청구하는 경우(다만,

---

5) 예를 들어, 심사 과정에서 청구항 제1항이 진보성 흠결을 지적했고, 최종 거절결정의 이유는 보정범위 위배였다. 출원인이 복심을 청구하면서 원래의 청구항 제1항으로 보정한 경우, 원심사부에서 진보성 흠결의 거절이유가 여전히 존재한다고 판단하면 전치심사의견에서 그 흠결을 지적해야 한다.

2. 복심 및 무효심판 청구에 대한 방식심사 및 복심 청구에 대한 전치심사 627

하나의 전리권을 공유하는 복수의 전리권자가 자신들의 전리권에 대해 무효심판을 제기하는 경우는 예외), 무효심판청구는 수리되지 않는다.[6]

(2) 무효심판청구의 범위와 이유 및 증거

a) 심판 청구서에서 무효를 청구하는 범위를 명확히 해야 하며, 명확하지 않은 경우 전리복심위원회는 출원인에게 통지하여 지정기간 내에 보정하게 한다. 기간 내에 보정하지 않은 경우, 무표심판을 청구하지 않은 것으로 간주한다.

b) 심판 청구의 이유는 전리법실시세칙 제65조 제2항에 규정된 이유로 한정되며, 전리법 및 전리법실시세칙의 관련 조, 항, 호가 단독의 청구 이유가 된다. 청구의 이유가 전리법실시세칙 제65조 제2항에 규정된 사유가 아닌 경우 수리되지 않는다.

c) 이미 심결을 내린 전리권에 대해 재차 무효심판이 제기된 경우, 일사부재리 원칙에 따라 처리된다. 즉, 전리복심위원회가 무효심결을 한 전리권에 대해 재차 동일한 이유와 증거로 무효심판을 청구한 경우 수리되지 않는다. 그러나 이미 심리 종결된 무효심판에서 고려된 바 없는 이유 또는 증거에 관한 것인지 심리하여, 만약 고려된 바 없는 이유 또는 증거에 관한 것이면 수리된다.

d) 청구인은 청구의 이유에 대해 구체적으로 설명해야 하고, 증거를 제출하는 경우 그 증거와 결합하여 구체적으로 설명해야 한다. 등록 특허 또는 실용신안과 인용문헌의 기술방안을 구체적으로 서술하고 비교 분석해야 한다(이에 대해서는 아래 "(3) 전리법실시세칙 제65조 제1항에 대한 심사" 부분의 내용을 더 참고한다).

e) 청구인이 심판 청구의 이유를 구체적으로 설명하지 않았거나, 증거를 제출했으나 제출한 모든 증거를 결부시켜 청구의 이유를 구체적으로 설명하지 않았거나, 각 이유의 근거가 되는 증거를 명시하지 않은 경우, 심판청구는 수리되지 않는다.

(3) 전리법실시세칙 제65조 제1항에 대한 심사

전리법실시세칙 제65조 제1항에서는 "무효심판 청구서는 제출할 모든 증거와 결합하여 심판청구의 이유를 상세하게 설명하고 각 이유의 근거가 되는 증거를 명시해야 한다"라고 규정한다. 이에 따라 무효심판 청구서의 "구체적 의견진술"부분에 제출할 증거를 결합하여 사안의 사실을 구체적으로 언급하고, 전리법 및 전리법실시세칙의 조항을 언급하면서 무효심판청구의 이유를 상세히 설명해야 한다.

진보성을 청구 이유로 하면서 여러 인용문헌을 증거로 제출하는 경우, 등록 전리와 가장 가까운 인용문헌을 명시해야 하고, 결합 방식이 단독 대비인지 결합 대비인지 명시해야 하며, 등록 전리와 인용문헌의 기술방안을 구체적으로 설명하고 비교 분석해야 한다. 결합 대비에서 2가지 이상의 결합 방식이 존재하는 경우, 구체적인 결합 방식을

---

6) 무효심판의 청구인 적격의 요건으로, 청구인이 이해관계인일 것을 요하지 않는다.

기재해야 한다. 다른 독립항에 대해 가장 가까운 인용문헌을 각각 명시할 수 있다.

발명 또는 실용신안에 대해 기술방안의 대비가 필요한 경우, 심판대상 전리와 인용문헌을 상세히 설명하여 비교 분석해야 한다. 예를 들어, "구체적 의견진술" 부분에서 다음과 같이 기재되었을 뿐이라면 전리법실시세칙 제65조 제1항 규정에 반한다.

a) "본 사안 전리는 해당 업계의 공지기술로서 구조, 효과가 동일할 뿐만 아니라 유사 산업분야에서 광범위하게 이용되고 있으므로, 본 사안 전리는 전리권으로 등록될 수 없다."

b) "본 사안 전리는 출원번호가 XXXXX이고, 발명의 명칭이 … 인 발명과 내용이 완전히 동일하여 신규성이 없으므로, 전리법 제22조 제2항 규정에 반하여 무효되어야 한다."

c) "본 사안 전리 청구항 제1항의 청구범위가 불명확하여 전리법 제26조 제4항에 반하므로 무효되어야 한다."

(4) 서류의 형식 및 비용

a) 심판청구서 및 첨부서류는 2부를 준비해야 하며, 규정된 격식에 따라야 한다. 규정된 격식에 따르지 않은 경우, 전리복심위원회는 청구인에게 지정기간 내에 보정하게 하며, 기간 내에 보정하지 않았거나 2회 보정한 후에도 여전히 같은 흠결이 존재하는 경우, 심판을 청구하지 않은 것으로 간주한다.

b) 심판 청구일로부터 1개월 내에 청구 수수료를 납부하지 않았거나 부족 납부한 경우, 심판을 청구하지 않은 것으로 간주한다.

(5) 방식심사 통지서

a) 방식심사에서 무효심판청구가 전리법, 전리법실시세칙 또는 심사지침서의 관련 규정에 부합하지 않는 경우, 전리복심위원회는 보정통지서를 발부한다. 청구인은 보정통지서를 받은 날로부터 15일 내에 보정해야 한다.

b) 무효심판을 청구하지 않은 것으로 간주되는 경우 또는 수리되지 않은 경우에 전리복심위원회는 무효심판청구 미제출 간주통지서 또는 무효심판청구 불수리 통지서를 청구인에게 발송한다.

c) 방식심사에서 무효심판청구가 전리법, 전리법실시세칙 또는 심사지침서의 관련 규정에 부합하는 경우, 전리복심위원회는 청구인에게 무효심판청구 수리통지서를, 전리권자에게는 무효심판청구 수리통지서, 무효심판청구서 및 관련서류 부본을 발송한다.[7] 전리권자는 통지서를 받은 날로부터 1월 내에 답변해야 한다.

---

7) 전리권자가 해당 전리권 존속기간 내의 모든 과정을 대리사무소에 위임한 경우, 무효심판청구서 및 관련서류 사본은 대리사무소에 전달된다.

d) 심판청구가 수리되었으나 앞서 진행중인 전리권 무효 또는 일부 무효의 심결이 확정될 때까지 심리를 진행할 수 없는 경우, 전리복심위원회는 청구인과 전리권자에게 이를 통지하고 앞서 진행중인 심결이 확정되거나 인민법원의 확정 판결에 의해 취소된 이후에 심리를 다시 시작한다.

e) 침해사건과 관련된 전리권에 대해 무효심판이 제기된 경우, 전리복심위원회는 인민법원, 지방 지식재산권 관리부서 또는 당사자가 신청하면 그 전리권 침해사건을 담당하는 인민법원 또는 지방 지식재산권 관리부서에 무효심판 심사상태 통지서를 발송한다.

(6) 위임 절차에 대한 심사

무효심판 청구인 또는 전리권자가 무효심판 절차에서 대리사무소에 위임한 경우, 무효심판절차에 대한 위임장을 제출해야 하며, 전리권자는 그 위임장에 위임의 권한을 무효심판절차의 관련 업무에만 한정함을 명시해야 한다. 한편, 전리권자가 무효심판 절차 이전에 자신의 전리에 대해 전리권 존속기간 내의 모든 절차의 대리를 위임한 대리사무소에 무효심판절차를 계속 위임하는 경우에도, 무효심판절차에 대한 위임장을 제출해야 한다. 위임장은 아래 사항들을 만족해야 한다.

a) 위임장은 전리행정부문이 통일적으로 제정한 표준 규격을 사용할 것

b) 위임장은 대리인을 지정하고 위임 권한은 무효심판절차 관련 사무에만 한정함을 명시할 것

c) 등록 번호, 사건 번호, 발명의 명칭, 전리권자의 명칭 등의 정보가 사건의 관련 정보들과 서로 일치할 것

d) 위임인이 서명 날인하되, 당사자의 명칭과 일치할 것

e) 수임인이 서명 날인하되, 대리사무소의 명칭과 일치할 것

f) 당사자와 대리사무소의 서명 날인은 고쳐진 바 없이 한번에 서명 날인될 것.

청구인 또는 전리권자가 대리사무소에 위임했으나 전리복심위원회에 위임장을 제출하지 않았거나 위임장에 위임 권한을 명시하지 않은 경우, 또는 위 b)에서, 제출한 위임장에 위임 권한을 무효심판절차 관련 사무의 처리에만 한정함을 명시하지 않은 경우, 전리복심위원회는 청구인 또는 전리권자에게 통지하여 지정기간 내에 보정하게 한다. 기간 내에 보정하지 않은 경우에는 위임하지 않은 것으로 간주된다. 청구인이 무효심판절차에서 대리사무소에 위임했거나 전리권자가 대리사무소에 위임하고 위임장에 그 위임권한을 무효심판절차에만 한정한다고 명시한 경우에는 그 위임, 해임 또는 사임절차는 전리복심위원회에 대해 처리하며 서지사항 변경절차를 밟을 필요가 없다.

무효심판 청구인 또는 전리권자가 복심 절차 진행 중에 위임의 변경을 청구하며 위

임 사항을 무효심판절차 관련 사무로만 한정함을 명시한 경우에도, 전술한 규정에 따라야 한다. 위임 또는 위임의 변경이 합의부 심리 과정에서 이루어진 경우에는, 합의부가 이를 심리한다.

청구인과 전리권자가 동일한 대리사무소에 위임한 경우, 전리복심위원회는 양 당사자에게 통지하여 지정기간 내에 위임을 변경하도록 한다. 지정기간 내에 위임을 변경하지 않은 경우, 나중에 위임한 당사자가 위임하지 않은 것으로 보며, 동일한 날에 위임한 경우에는 양 당사자가 모두 위임하지 않은 것으로 본다.

중국에 주소 또는 영업소가 없는 외국인, 외국기업 또는 외국의 기타 조직인 복심 청구인이 복심절차에 대한 대리를 대리사무소에 위임하지 않은 경우, 그 복심청구는 수리되지 않는다.

(7) 특별 수권을 받은 위임장을 필요로 하는 경우

아래 사항에 대해 대리인은 특별 수권을 받은 위임장을 제출해야 한다.

a) 전리권자의 대리인이 전리권자를 대신하여 청구인의 청구를 인낙하는 경우

b) 전리권자의 대리인이 전리권자를 대신하여 청구항을 정정하는 경우

c) 대리인이 대신하여 화해하는 경우

d) 청구인의 대리인이 청구인을 대신하여 청구를 취하하는 경우.

(8) 보 정

무효심판 청구서 및 위임장이 규정에 부합하지 않는 경우, 보정통지서가 발부되어 지정기간 내에 보정을 해야 한다. 보정이 필요한 경우는 보통 다음과 같다:

a) 전리행정부문이 통일적으로 제정한 표준 규격을 사용하지 않은 경우

b) 무효심판 청구서에 다수의 청구인이 있는 경우

c) 발명의 명칭이 출원 시 또는 적법하게 변경된 후의 명칭과 불일치하는 경우

d) 전리권자의 성명 또는 명칭이 등록공고 시 또는 적법하게 변경된 후의 성명 또는 명칭과 불일치하는 경우

e) 전리 등록번호가 잘못 작성된 경우

f) 무효심판 청구인이 대리사무소에 위임했으나, 대리사무소의 서명 날인이 없는 경우

g) 무효심판 청구인 또는 대리사무소의 서명 날인에 고쳐진 흔적이 있는 경우

h) 대리사무소에 위임하지 않았고, 무효심판 청구인의 서명 날인도 없는 경우

i) 무효심판 청구인의 성명 또는 명칭이 위임장에서의 위임인의 서명 날인과 불일치하는 경우

j) 무효심판 청구서에서의 대리사무소 서명 날인과 위임장에서의 수임인 서명 날인이 불일치하는 경우

k) 대리사무소의 명칭이 서명 날인과 불일치하는 경우

l) 제출된 서류의 명칭, 페이지수 및 부수가 첨부 목록에 연결된 내용과 불일치하는 경우.

(9) 수신인의 확정 및 수리통지서의 발송

무효심판 청구서가 방식 심사를 통과하면, 수신인이 확정되어야 한다. 청구인이 무효심판 절차 과정에서 대리사무소에 위임한 경우, 그 대리사무소가 수신인이 된다.[8] 대리사무소에 위임하지 않은 경우, 무효심판청구서에 수신인으로 지정된 자가 수신인이 된다. 지정되지 않은 경우 무효심판 청구인이 수신인이 된다. 전리권자의 수신인은 그 출원 단계의 수신인이다. 수신인이 확정된 이후, 무효심판 청구인과 전리권자에게 무효심판청구수리통지서가 발부된다. 전리권자에게 무효심판청구수리통지서가 발부될 때, 방식심사를 통과한 무효심판 청구서와 그 첨부문서 및 보충의견 등의 문서도 발송되며, 무효심판청구 위임장 표준격식도 첨부된다.

4) 자문 사건에 대한 방식 심사

자문 사건에는 전리침해 기술자문 및 전리권 확인자문 사건 등이 포함된다. 전리복심위원회의 입안/절차관리부서에서 자문사건을 수리한 후 아래 요건의 만족 여부를 심사한다.

(1) 자문의뢰를 청구하는 기관이 아래에 해당할 것:

① 전리법실시세칙 제79조에서 규정하는 전리업무관리부문

② 전리침해사건을 심리할 권한이 있는 각급 인민법원

③ 전리복심위원회가 의뢰를 수리해야 할 그 외 기관

(2) 전리행정부서가 통일적으로 제정한 표준규격을 사용하여, 완전하고 정확하게 각 항목의 정보를 기입할 것

(3) 자문의뢰에 관련된 전리권이 전부 무효되지 않을 것

(4) 권리확인 자문을 청구하는 시점에서 심리중인 관련 무효심판이 존재하지 않을 것

(5) 권리침해 기술자문을 청구하는 경우, 제출된 증거자료에 전리권 침해분쟁사건

---

8) 무효심판 청구인이 동시에 다수의 대리사무소와 위임관계를 가진 경우, 서면형식으로 그중 하나의 대리사무소를 수신인으로 지정해야 한다. 지정하지 않은 경우, 전리복심위원회는 무효심판 절차에서 최초로 위임한 대리사무소를 수신인으로 간주하고, 최초로 위임한 대리사무소가 다수인 경우, 먼저 서명한 대리사무소를 수신인으로 보며, 서명 순서에 전후가 없는 경우(동일한 날에 위임한 경우), 전리복심위원회는 무효심판 청구인에게 지정기간 내에 수신인을 지정할 것을 통지한다. 지정기간 내에 지정하지 않은 경우, 위임하지 않은 것으로 간주된다.

수리통지서, 전리권 등록공고서류, 피소 침해기술이나 제품 및 이에 관한 설명자료 등이 포함될 것; 권리확인 자문을 청구하는 경우, 제출된 증거자료에는 전리권 침해분쟁 사건 수리통지서, 전리권 등록공고서류, 종래기술로서 공개된 출판물 등이 포함될 것.

3. 합의심리 절차

전리복심위원회는 3인 또는 5인의 합의부를 구성하여 복심 및 무효심판 청구에 대한 합의심리를 진행한다. 본 장에서는 합의심리가 이루어지는 과정에 대해 살펴본다.

1) 합의심리의 진행

(1) 개 설

합의심리는 청구요건 등의 검토, 서류 조사, 합의, 합의결과를 토대로 한 심리방식의 확정 및 심리 결론의 과정을 거친다.

합의심리에 있어서, 합의부는 구술심리에 대한 심사원칙 이외에도 절차 촉진의 원칙에 따라 가능하면 심리 주기를 단축시키려 한다. 예를 들어, 복심청구에 대해 복심통지서를 발부하려는 경우, 사안의 심리 방향을 예측하고 복심 청구인이 가능한 답변의견을 고려하여 최선의 처리 방식을 선택함으로써 복심 청구인과 통지서를 주고받는 횟수를 최대한 줄이려 하고, 무효심판에서 구술심리를 진행하려는 경우, 구술심리 이전에 사안의 주요 쟁점을 확정하고 구술심리에서는 충분한 조사가 이루어지도록 하여 구술심리 종결 후 바로 결정을 내리려 한다.

a) 복심청구

복심 과정에서, 합의부는 청구요건 등을 검토한 다음, 합의를 통해 심리 의견과 처리 방식을 확정한다. 합의 결과를 토대로 바로 거절결정을 철회하는 결정을 내리거나, 복심통지서를 발부하거나 또는 구술심리를 배정한다. 복심통지서를 발부하거나 구술심리를 배정하는 경우에는 당사자 답변 또는 구술심리 이후에 다시 합의하고, 합의 결과에 따라 사안의 사실을 분명히 하여 결정을 내릴 수 있을 때까지 심리를 계속한다.

복심 청구인이 지정 기한 내에 복심통지서에 답변하지 않는 경우, 그 복심청구는 철회 간주된다; 구술심리통지서를 통해 출원 발명이 전리법, 전리법실시세칙 또는 심사지침에서의 관련 규정에 반한다는 구체적 사실, 이유 및 증거를 고지한 상황에서, 복심 청구인이 지정기간 내에 구술심리통지서에 서면 답변하지도 않고 구술심리에 출석하지도 않는 경우, 복심청구는 철회 간주된다. 또한 복심 청구인이 지정기간 내에 구술심리통지서에 서면 답변하지도 않고 구술심리에 출석하지도 않은 채 구술심리통지서 수령증만 제출한 경우에도, 복심청구는 철회 간주된다. 전술한 상황들에 대해, 합의부는 합의 후 사안종결통지서를 발부한다.

심결을 내리기 전에 복심 청구인이 청구를 철회하는 경우, 합의부는 합의 후 사안종결통지서를 발부한다. 이미 수리된 복심청구에 대해, 합의부에서 수리 요건에 부합하지 않는 것으로 판단한 경우, 주임 위원 또는 부주임 위원에게 보고하여 승인을 받은 후, 사안종결통지서를 발부하여 복심 청구를 각하한다.

b) 무효심판청구

복심 과정에서, 합의부는 청구요건 등을 검토한 다음, 합의를 통해 심리 의견과 처리 방식을 확정한다. 합의 결과를 토대로 바로 심결을 내리거나, 무효심판청구심리통지서, 문서전송통지서를 발부하거나 또는 구술심리를 배정한다. 바로 심결을 내리는 경우에는 심결을 내리기 전에 합의부 구성원이 양방 당사자에게 고지해야 한다; 통지서를 발부하거나 구술심리를 배정하는 경우에는, 당사자 답변 또는 구술심리 이후 재차 합의를 하고, 합의 결과에 따라 사안의 사실을 분명히 하여 결정을 내릴 수 있을 때까지 심리를 계속한다.

청구인이 지정기간 내에 구술심리통지서에 대한 수령증을 제출하지도 않고 구술심리에 출석하지도 않은 경우, 무효심판청구는 철회 간주되고, 합의부는 합의 후 사안종결통지서를 발부한다; 다만, 합의부가 이미 이루어진 심리를 토대로 전리권의 전부무효 또는 일부무효 선고결정을 내릴 수 있는 경우는 예외이다.

심결을 내리기 전에, 청구인이 무효심판청구를 철회하는 경우, 합의부는 합의 후 사안종결통지서를 발부한다; 다만, 합의부가 이미 이루어진 심리를 토대로 전리권의 전부무효 또는 일부무효 선고결정을 내릴 수 있는 경우는 예외이다.

이미 수리된 무효심판청구에 대해, 합의부에서 수리 요건에 부합하지 않는 것으로 판단한 경우, 주임 위원 또는 부주임 위원에 보고하여 승인을 받은 후, 사안종결통지서를 발부하여 복심 청구를 각하한다.

(2) 청구요건 등의 검토

일반적으로 합의부는 사안 수리일 및 심리 기한을 토대로 사안의 심리 순서를 확정하며, 신속 심리를 요하는 사안에 대해 우선적으로 심리를 진행한다.

a) 복심청구의 청구요건 등에 대한 검토

주심원은 복심청구를 수리한 후, 즉시 아래 경우에 해당하는지를 검토한다:

(a) 합의부 구성원이 전리법실시세칙 제37조 규정[9]의 회피사유에 해당하는지 여부

---

9) 전리법실시세칙 제37조: 형식심사, 실질심사, 복심 및 무효심판 절차에서 심사 및 심리를 맡은 자가 아래 각호 중 1에 해당하는 경우 스스로 회피해야 하며, 당사자 또는 기타 이해관계인은 회피신청을 할 수 있다.

(b) 2010년 〈전리심사지침〉 제4부 제1장 3.1절 규정에 따라 합의부를 다시 구성해야 하는 경우에 해당하는지 여부[10]

(c) 복심 청구의 객체가 규정에 부합하지 않는 경우

(d) 복심 청구인이 복심 청구의 자격이 없는 경우

(e) 규정된 복심 청구기한을 도과하여 복심을 제기한 경우

(f) 그 외 수리하지 않아야 할 상황에 해당하는 경우.

위 (a)와 (b)에 해당하는 경우 주심원은 즉시 합의부 변경 절차를 밟는다; 위 (c)~(f)에 해당하는 경우 주심원은 합의를 거친 후 주임위원 또는 부주임위원에게 보고하여 승인을 받은 후, 복심 청구를 각하한다.

b) 무효심판청구의 청구요건 등에 대한 검토

주심원은 무효심판청구를 수리한 후, 즉시 아래 경우에 해당하는지를 검토한다:

(a) 합의부 구성원이 전리법실시세칙 제37조 규정[11]의 회피사유에 해당하는지 여부

(b) 2010년 〈전리심사지침〉 제4부 제1장 3.1절 규정에 따라 합의부를 다시 구성해야 하는 경우에 해당하는지 여부

(c) 이미 일부 무효된 청구항에 대해 무효심판이 제기된 경우

(d) 무효심판청구의 객체가 규정에 부합하지 않는 경우

(e) 무효심판 청구인이 무효 청구의 자격이 없는 경우

(f) "일사부재리"에 해당하는 경우

(g) 전리법실시세칙 제65조 규정에 부합하지 않는 경우

(h) 그 외 수리하지 않아야 할 상황에 해당하는 경우.

---

(1) 당사자 또는 대리인의 가까운 친인척인 경우

(2) 출원 또는 전리권에 이해관계가 있는 경우

(3) 당사자 또는 대리인과 그 외 관계로 인한 공정한 심사 및 심리에 영향을 미칠 우려가 있는 경우

(4) 전리복심위원회의 구성원이 원출원의 심사에 참여한 적이 있는 경우.

10) 이 책 "제7부 복심 및 무효심판청구/1.총칙/5) 회피제도" 부분 참조.

11) 전리법실시세칙 제37조: 형식심사, 실질심사, 복심 및 무효심판 절차에서 심사 및 심리를 맡은 자가 아래 각호 중 1에 해당하는 경우 스스로 회피해야 하며, 당사자 또는 기타 이해관계인은 회피신청을 할 수 있다.

(5) 당사자 또는 대리인의 가까운 친인척인 경우

(6) 출원 또는 전리권에 이해관계가 있는 경우

(7) 당사자 또는 대리인과 그 외 관계로 인한 공정한 심사 및 심리에 영향을 미칠 우려가 있는 경우

(8) 전리복심위원회의 구성원이 원출원의 심사에 참여한 적이 있는 경우.

위 (a)와 (b)에 해당하는 경우 주심원은 즉시 합의부 변경 절차를 밟는다; 위 (d), (e), (h)에 해당하는 경우 또는 무효심판청구의 이유 및 증거가 모두 (f), (g)에 해당하는 경우, 주심원은 합의를 거친 후 주임위원 또는 부주임위원에게 보고하여 승인을 받은 후, 무표심판 청구를 각하한다; 위 (c)에 대항하는 경우, 주심원은 합의를 거친 후 사안에 따라 바로 무효심판청구 심리통지서를 발부하거나, 또는 구술심리 통지서나 구술심리를 진행하면서 이를 지적한다.

(3) 서류 조사

심리 과정에서, 합의부의 모든 구성원들은 회의에 앞서 서류 조사를 통해 사안을 전면적으로 파악한다. 혹은 주심원이 회의 전에 사안을 파악한 후 참심원, 조장에게 설명해 주는 방식으로 서류 조사가 이루어질 수도 있다.

a) 복심 청구

합의부는 복심청구서, 거절결정서 및 전치심사의견을 토대로 사안의 쟁점을 파악하고, 특히 본안 전리의 출원서류, 거절결정에서 인용한 증거, 당사자의 의견진술, 전치심사관의 심사의견통지서를 읽고 아래 사항들을 심리한다.

(a) 복심 청구인이 복심 과정에서 수행한 보정이 전리법실시세칙 제61조 제1항[12] 및 전리법 제33조 규정에 부합하는지 여부

(b) 법정 절차를 위배하여 거절결정이 이루어졌는지 여부(예: 청구원칙, 청취원칙에 반했는지)

(c) 이전 심급에서의 증거인정, 사실인정 및 법률적용 등이 정확했는지 여부

(d) 2010년 〈전리심사지침〉 제4부 제2장 4.1절에 언급된 흠결[13]이 출원 서류에 존재하는지 여부.

b) 무효심판 청구

합의부는 무효심판청구서, 양방 당사자의 의견진술서를 토대로 사안의 쟁점을 파악하고, 특히 본안 전리서류, 양방 당사자가 사용한 증거 및 구체적 의견을 읽고 아래 사항들을 심리한다.

(a) 무효심판 청구인이 제기한 무효의 이유가 구체적으로 설명된 사실 또는 근거가 되는 증거와 서로 부합하는지, 무효 이유, 증거 및 무효 이유에 증거를 결합한 구체적

---

12) 전리법실시세칙 제61조 제1항: 청구인은 복심을 청구하면서 또는 전리복심위원회의 복심통지서에 대응하며 답변할 때 출원 서류를 보정할 수 있다. 다만, 그 보정은 거절결정 또는 복심통지서에서 지적한 흠결을 해소하는 데 한정되어야 한다.

13) (1) 거절결정을 내리기 전에 출원인에게 통지한 적이 있는 다른 이유 및 증거를 이용하여 거절할 수 있는 흠결; (2) 거절결정에서 지적되지 않은 명확한 실질적 흠결 또는 거절결정에서 지적된 흠결과 동일한 성질의 흠결

설명이 규정된 기한 내에 제출되었는지 여부

(b) 전리권자가 제출한 청구항 정정안이 전리법실시세칙 제69조[14] 및 전리법 제33조 규정에 부합하는지 여부

(c) 전리권자의 주장 및 무효심판 청구인의 무효의 이유가 합리적인지 간단히 검토하고, 사안에 대한 심리 방식 및 심층적으로 조사할 필요가 있는 내용을 확정함

(d) 당사자가 제기하지 않은 범위, 이유 및 증거에 대해 직권으로 심리할 필요가 있는지 여부.

(4) 합 의

합의심리 과정에서 합의부는 매번의 조치를 취할 때마다, 예를 들어 복심통지서, 무효심판청구 심리통지서, 구술심리통지서, 사안종결통지서를 발부하고 심결을 내리는 등, 모든 과정에서 합의를 거쳐야 한다. 주심원은 사안의 구체적 상황에 따라 합의 전에 합의 자료를 준비하여 합의 시 소개하면서 간단한 심리 의견과 처리 방식을 제안할 수 있으며, 합의부 구성원에 의해 심의 및 표결이 이루어진다.

(5) 통지서 및 심결문의 작성

주심원이 합의 결과를 토대로 통지서 초안을 작성한 후 참심원, 조장이 이에 대해 검토하여 초안을 대폭 수정할 필요가 없는 경우로 판단되면, 초안에 직접 수정 의견을 기재하는 식으로 진행된다. 통지서가 대폭 수정될 필요가 있는 경우로 판단되면 초안을 반송하고 주심원은 합의부 구성원이 모두 동의할 때까지 통지서를 재작성한다.

심결문의 작성도 이와 유사한 과정을 거치는데, 주심원이 초안을 작성하고, 합심원과 조장이 각각 이에 대해 수정 의견을 내면, 주심원이 이를 토대로 1차 교정안을 작성한 후, 참심원과 조장을 거치며 이후 2차, 3차 교정이 이루어진다. 심결문이 대폭 수정될 필요가 있는 경우로 판단되면 주심원과 의견을 교환한 후 초안을 반송한다. 주심원은 합의부 구성원이 모두 동의할 때까지 심결문을 재작성한다.

2) 위임 및 당사자 변경에 대한 규정

(1) 위임 수속

합의심리 과정에서, 당사자가 대리인을 선임하거나 변경하는 경우, 합의부는 위임 수속이 적법하게 이루어졌는지 심사한다.[15]

---

14) 전리법실시세칙 제69조: 무효심판 심리 중에 특허권자 또는 실용신안권자는 권리요구서를 정정할 수 있으나, 원전리의 보호범위를 확장할 수 없다. 특허권자 또는 실용신안권자는 명세서 및 도면을 정정할 수 없고, 디자인권자는 도면, 사진 및 요약설명을 정정할 수 없다.

15) 이에 대해 이 책 "제7부 복심 및 무효심판청구/2. 복심 및 무효심판 청구에 대한 방식심사 및 복심 청구에 대한 전치심사 1) 복심청구에 대한 방식 심사 (5) 위임에 대한 심사" 부분 및 "2. 복심

전리권자가 심사단계에서 대리사무소를 선임한 경우, 이 대리사무소는 무효심판 과정에서 전리복심위원회와 전리권자 간의 통지서나 문건을 수신, 전송할 권리와 의무가 있으나, 전리권자를 대리하여 무효심판 과정에서 의견을 진술할 권리는 없다. 무효심판 과정에서 전리권자가 본인이 서명한 중간문서를 제출한 경우, 전리권자가 심사단계의 업무를 위임한 대리사무소와 무효심판절차에 대한 위임장에도 서명했는지 여부와 상관 없이, 합의부는 이 중간문서를 수리해야 한다. 다만, 전리법 제19조 제1항에 따라 전리권자가 중국에 주소 또는 영업소가 없는 외국인, 외국기업 또는 외국의 기타 조직에 해당하는 경우에는 그러하지 아니하다.

합의부는 전리권자가 심사단계에서 선임한 대리사무소를 수신인으로 해야 한다. 다만, 전리권자가 그 대리사무소와의 위임 관계를 해제하거나, 서면 방식으로 새로운 수신인을 지정한 경우는 예외이다.

전리권자가 심사단계에서 선임한 대리사무소가 무효심판절차에 대한 위임장을 제출하지 않았으나 전리권자를 대리하여 의견을 진술하거나 구술심리에 출석한 경우, 합의부는 지정기간 내에 무효심판절차에 대한 위임장을 제출할 것을 요구한다.

합의심리 과정에서 당사자가 대리인을 위임하거나 변경하면서 지정기간 내에 적법한 위임장을 제출한 경우, 대리인의 대리권한이 추인된 것으로 간주되어, 합의부는 그 대리인이 종전에 제출했던 의견진술서나 구술심리 과정에서 진술한 의견을 고려해야 한다. 그렇지 않은 경우 대리인의 종전의 행위는 무권대리로 간주되며, 합의부는 그 대리인이 종전에 제출했던 의견진술서나 구술심리 과정에서 진술한 의견은 검토하지 않는다.

(2) 당사자 변경

복심 청구인 및 전리권자의 변경청구에 대해서는 전리국에 의해 심사가 이루어진다. 합의심리 과정에서 중간문건에 복심 청구인이나 전리권자의 변경청구가 포함된 경우, 주심원은 전리국 내 자체 시스템상의 서지정보가 갱신되었는지 확인한다. 갱신되지 않은 경우 합의부는 즉시 당사자에게 통지하여 전리국에 서지정보 갱신청구서를 제출할 것을 요구하며, 재량으로 심리를 연기할 수 있다.

무효심판 과정에서, 무효심판 청구인이 당사자를 변경하려 하는 경우, 합의부는 이를 받아들이지 않는다.

및 무효심판 청구에 대한 방식심사 및 복심 청구에 대한 전치심사 3) 무효심판청구에 대한 방식심사 (6) 위임 절차에 대한 심사" 부분의 내용 참조.

3) 심결이 법원의 확정 판결에 의해 취소된 후의 심사 절차

(1) 복심 또는 무효심판의 심결이 인민법원의 확정 판결에 의해 취소된 경우, 전리복심위원회는 합의부를 새롭게 구성하여 다시 심결을 내려야 한다.[16]

(2) 주요한 증거가 부족하거나 법률을 정확히 적용하지 않아 심결이 취소된 경우, 동일한 이유와 증거로 원결정과 동일한 결정을 내릴 수 없다.

(3) 법정 절차에 반하여 심결이 취소된 경우, 인민법원의 판결을 토대로 절차적 오류를 시정한 상황에서 다시 심결을 내려야 한다.

(4) 구술심리

재차 심리해야 하는 사안에서 구술심리를 진행할 필요가 있는 경우, 합의부는 당사자에게 구술심리통지서를 발부하여 해당 사안이 법원에 의해 파기 환송되어 재차 심리해야 할 사안임을 고지한다. 무효심판 청구인이 지정 기간 내에 구술심리통지서에 대한 수령증을 제출하지도 않았고 구술심리에 참여하지도 않은 경우, 그 무효심판청구는 철회 간주되고, 절차가 종료된다. 다만, 이미 진행된 심리를 토대로 전리권의 전부무효 또는 일부무효를 선고할 수 있는 것으로 합의부가 판단한 경우는 예외이다.

4. 복심청구의 합의심리

1) 이유 및 증거의 심사

복심은 거절결정에 대한 출원인의 불복으로 시작되는 구제 절차이자, 심사의 계속이다. 전리복심위원회는 거절결정의 근거가 되는 이유 및 증거에 대해 심리할 뿐, 출원발명에 대한 전면적인 심사의 의무를 지지 않는 것이 원칙이다. 다만, 합의부가 아래와 같은 흠결이 존재함을 발견한 경우, 그와 관련되는 이유 및 증거에 대해 심사할 수 있으며, 심사 결과 그 이유 및 증거가 인정되면 거절결정을 유지하는 심결을 해야 한다.

(1) 거절결정을 내리기 전에 출원인에게 통지한 적이 있는 다른 이유 및 증거를 이용하여 거절할 수 있는 흠결

(2) 거절결정에서 지적되지 않은 명확한 실질적 흠결 또는 거절결정에서 지적된 흠결과 동일한 성질의 흠결[17]

---

16) 다만, (1) 청구인 적격이 없어 심결이 취소된 경우, (2) 심결문의 송달 오류로 인해 심결이 취소된 경우, (3) 그 외 원합의부가 심결을 다시 내릴 수 있는 사안으로 주임위원이나 부주임위원의 승인을 받은 경우에는 합의부를 새롭게 구성하지 않고 원합의부가 바로 심결할 수 있다.

17) 예를 들어, 청구항 제1항에 의미가 불명확한 용어가 존재하여 보호범위 불명확으로 거절결정된

한편, 합의심리 과정에서 합의부는 해당 기술분야의 공지상식을 도입하거나, 기술사전, 기술 매뉴얼, 교과서 등 기술분야에서 공지상식으로 인정되는 증거를 추가할 수 있다.

2) 거절결정에서 지적되지 않은 명확한 실질적 흠결에 대한 심사

전술한 (2)에서 특히 "거절결정에서 지적되지 않은 명확한 실질적 흠결에 대한 심사"는 아래 몇 가지 사항에 대해 이루어진다.

(1) 전리 보호객체에 명백히 해당하지 않는 경우, 실용성을 명백히 갖추지 않은 경우,[18] 공개 내용이 명백하게 불충분한 경우 및 보정 범위가 명백하게 벗어난 경우

(2) 복심 청구에 대한 심리를 진행할 수 없는 흠결이 명확하게 존재하는 경우[19]

(3) 거절결정에서 청구항들 간에 인용관계가 있는 어떠한 청구항에 존재하는 흠결만을 지적했고 다른 청구항에 존재하는 동일한 흠결은 지적하지 않았는데, 만약 복심절차에서 그 다른 청구항에 존재하는 흠결을 심리하지 않으면 불합리한 결론이 도출되는 경우.[20]

3) 복심 절차에서 이루어진 보정에 대한 심사

복심 청구인은 복심청구서 제출 시, 복심통지서(구술심리통지서 포함)에 대한 답변 시 또는 구술심리 참가 시에 출원 서류를 보정할 수 있다. 다만, 복심 단계에서 이루어지는 보정은 전리법 제33조 및 전리법실시세칙 제61조 제1항 규정에 부합해야 한다.

상황에서, 합의부가 청구항 제2항에도 그러한 용어가 존재하여 보호범위가 불명확함을 발견한 경우, 복심절차에서 이에 대해서도 복심청구인에게 고지한다. 복심 청구인이 답변 과정에서 청구항 제2항의 흠결을 해소하지 못한 경우, 합의부는 전리법 제26조 제4항 규정에 반함을 이유로 거절결정을 유지하는 심결을 내린다.

18) 예를 들어, 청구항이 진보성이 없어 거절결정된 상황에서, 복심 심리과정에서 합의부가 해당 청구항의 청구 대상이 영구기관임을 발견한 경우, 전리법 제22조 제4항 규정에 반한다는 이유로 거절결정을 유지하는 심결을 내린다.

19) 예를 들어, 청구항이 진보성이 없어 거절결정된 상황에서, 복심 심리과정에서 합의부가 해당 청구항의 청구범위가 불명확하여 보호범위를 확정할 수 없어 진보성 판단의 기초로 삼을 수 없는 경우, 합의부는 해당 청구항에 대해 전리법 제26조 제4항의 흠결을 지적할 수 있다.

20) 예를 들어, 청구항 제1항이 인용문헌 1에 대해 신규성이 없고, 청구항 제2항은 인용문헌 1에 대해 진보성이 없다는 이유로 거절결정되었다. 복심 심리과정에서 합의부는 청구항 제1항이 인용문헌 1에 대해 신규성이 있다고 판단했고, 청구항 제2항은 인용문헌 1에 대해 여전히 진보성이 없는 것으로 판단했다. 이때 합의부는 청구항 제1항에 인용문헌 1에 대해 진보성을 갖추었는지 심사해야 한다.

(1) 전리법 제33조 규정 부합 여부에 대한 심사

복심 절차에서 합의부는 복심 청구인이 복심단계에서 행한 보정이 전리법 제33조 규정에 부합하는지 심사한다. 복심 청구인이 전치심사 과정에서 행한 보정이 전리법 제33조에 명백히 반함에도 거절결정에서 지적되지 않은 경우, 합의부가 이를 지적해야 한다.

예를 들어, 복심 청구인이 복심을 청구하면서 청구항만을 보정한 경우, 합의부는 이 보정이 전리법 제33조에 부합하는지 심사하고, 심결문에 그 보정이 인정됨을 명시해야 한다. 만약 복심 청구인이 전치심사 과정에서 명세서에 행한 보정이 보정 범위를 명백히 벗어났으나 거절결정에서 지적되지 않은 경우, 합의부가 이를 지적해야 한다.

(2) 전리법실시세칙 제61조 제1항 규정 부합 여부에 대한 심사

전리법실시세칙 제61조 제1항 규정에 따라 복심 청구인이 행할 수 있는 보정의 내용적 범위는 거절결정 또는 합의부가 지적한 흠결을 해소하기 위한 것에 한한다. 2010년 〈전리심사지침〉 제4부 제2장 4.2절에 따르면, 아래의 경우는 이 규정에 부합하지 않는다.

a) 보정된 청구항이 거절결정의 대상이 된 청구항에 비해 보호범위가 확장된 경우

b) 거절결정의 대상이 된 청구항과 단일성이 없는 기술방안을 보정 후의 청구항으로 한 경우

c) 청구항의 유형을 변경하거나 청구항을 증가시킨 경우

d) 거절결정에서 지적된 흠결과 관련이 없는 청구항 또는 명세서를 보정한 경우. 다만, 명백한 표기상 오류를 보정하거나, 거절결정에서 지적된 흠결과 동일한 성질의 흠결을 보정하는 경우는 가능.

복심절차에서 복심 청구인이 행한 보정이 전리법실시세칙 제61조 제1항 규정에 반하는 경우 수리되지 않는다. 합의부는 복심통지서에서 보정이 받아들여지지 않는 이유를 설명하고, 보정 전 서류, 즉 거절결정의 대상이 된 서류에 대해 심리를 진행한다. 만약 보정 내용 중 일부만이 전리법실시세칙 제61조 제1항 규정에 부합하는 경우, 합의부는 보정이 적법한 부분에 대해서만 먼저 심리한 후, 복심통지서에서는 보정이 규정에 반함을 지적하면서, 규정에 부합하는 부분에 대한 심리의견을 제공하고, 규정에 반하는 부분에 대해 보정해야 한다는 점과 보정하지 않을 경우 보정이 수리되지 않을 것임을 복심청구인에게 고지할 수 있다. 복심 청구인이 보정을 하지 않거나, 보정 후에도 여전히 본 규정에 반하는 경우, 합의부는 보정 전 서류를 기초로 심리하되, 청취 원칙을 준수하여 심결을 내려야 한다. 예를 들어, 청구항 제1항이 진보성이 없어 거절결정되었고, 복심 청구인은 복심을 제기하면서 새로운 독립청구항을 추가하는 보정을 수행했다. 합의부는 보정통지서에서 독립항을 부가하는 보정은 전리법실시세칙 제61조

제1항 규정에 반함을 지적하면서, 청구항 제1항에 여전히 진보성이 없음을 지적했다. 만약 복심 청구인이 이에 대해 보정 없이 의견만으로 대응한 경우, 합의부는 거절결정의 대상이 된 서류를 기초로 하여 청구항 제1항에 진보성이 없음을 이유로 거절결정을 유지하는 심결을 내릴 수 있다.

4) 심리 방식

합의부는 서면심리, 구술심리 또는 서면심리와 구술심리의 결합 방식으로 심리를 진행할 수 있다. 전리법실시세칙 제63조 제1항의 규정에 따라 아래 각 항 중 하나에 해당하는 경우, 합의부는 복심통지서(구술심리통지서 포함)를 발부하거나 구술심리를 진행해야 한다.

(1) 심결로서 거절결정을 유지하는 경우

(2) 복심 청구인이 전리법, 전리법실시세칙 또는 심사지침의 관련 규정에 따라 출원 서류를 보정해야만 거절결정이 취소될 수 있는 경우

(3) 복심 청구인이 증거를 추가로 제출하거나 관련 문제에 대해 설명해야 하는 경우

(4) 거절결정에서 제시되지 않은 이유 또는 증거를 적용해야 하는 경우.

합의부가 발송한 복심통지서에 대해 복심 청구인은 통지서를 받을 날로부터 1월 내에 통지서에서 지적한 흠결에 대해 서면으로 답변해야 한다. 기간 내에 답변하지 않으면 복심청구는 취하 간주된다. 복심 청구인이 구체적인 답변 내용이 없는 의견서를 제출한 경우, 복심통지서상의 심사 의견에 대해 이의하지 않는 것으로 간주된다.

합의부가 발송한 구술심리통지서에 대해 복심 청구인은 구술심리에 참여하거나 또는 통지서를 받은 날로부터 1월 내에 통지서에서 지적한 흠결에 대해 서면으로 답변해야 한다. 통지서에서 출원 발명이 전리법, 전리법실시세칙 또는 심사지침의 관련 규정에 부합하지 않는다는 사실, 이유 및 증거를 지적한 경우, 복심 청구인이 구술심리에 불참하거나 기간 내에 서면으로 답변하지 않으면 복심청구는 취하 간주된다.

5) 전화 인터뷰

전화 인터뷰는 복심 절차에서 보조적인 심리 수단으로 이용된다. 일반적으로는 합의부가 거절결정이 철회될 가능성이 있다고 판단하는 경우 전화 인터뷰 방식으로 복심 청구인과 소통한다.

(1) 전화 인터뷰의 내용

전화 인터뷰에 관한 내용은 사안의 부차적이고도 오해를 일으키지 않을 흠결에 관한 문제에 한한다. 전화 인터뷰의 내용에 법적인 효력은 없으며, 합의부는 관련 진술

내용은 서면의 의견으로 제출된 것을 기준으로 할 것임을 복심 청구인에게 고지한다.

(2) 전화 인터뷰에 대한 기록

전화 인터뷰를 마친 후, 주심원은 전화 인터뷰 날짜, 통화 상대방의 신분, 대화의 주요 의제 및 기본적인 결론에 대해 기록해 둔다. 복심 청구인이 보정을 하겠다고 동의한 경우, 주심원은 이를 서면으로 제출할 것을 요구한다.

전화 인터뷰 내용은 복심 청구인에게 불리한 직접적인 증거가 될 수 없다.

(3) 구술심리 사항의 전화 통지

필요한 경우 합의부는 구술심리에 관련된 사항을 복심 청구인에게 전화로 통지할 수 있다. 구술심리가 예정대로 열리는 경우, 합의부는 법정에서 구두심리통지서를 복심 청구인에게 전달하고 구술심리 기록표에 기록하며, 복심청구인은 이를 서명 확인한다.

6) 복심청구 심결의 유형

복심청구에 대한 심결에는 아래 3가지 유형이 있다.

(1) 복심청구가 성립하지 않으므로 거절결정을 유지함.

(2) 복심청구가 성립되므로 거절결정을 취소함.

(3) 복심 청구인이 출원 서류를 보정하여 거절결정에서 지적된 흠결이 해소되었으므로 거절결정을 취소함.

한편, 위 (2) 유형은 아래의 경우를 포함한다.

① 거절결정의 법률 적용이 정확하지 않은 경우

② 거절 이유가 증거에 의해 뒷받침되지 않은 경우

③ 심사가 법정 절차에 반한 경우[21]

④ 거절이유가 성립되지 않는 그 외의 경우.

7) 복심 결정의 구속력

심결에서 원심사부가 내린 결정을 취소한 경우, 전리복심위원회는 관련 서류를 원심사부에 반송하고, 원심사부는 심사를 계속한다. 원심사부는 전리복심위원회의 결정에 따라야 하고, 동일한 사실, 이유 및 증거로 심결의 내용에 반하는 결정을 내릴 수 없다.

---

21) 예를 들어, 출원인이 포기한 청구항에 대해 거절결정을 내린 경우, 심사 절차에서 출원인에게 거절결정의 근거가 되는 사실, 이유 및 증거에 대해 의견을 진술할 기회를 주지 않은 경우, 거절결정 과정에서 출원인이 제출한 거절 이유에 관한 증거를 평가하지 않아 공정한 심리에 영향을 미친 경우.

8) 심결문의 송달

전리법 제41조 제1항 규정에 따라 전리복심위원회는 심결문을 복심 청구인에게 송달해야 한다.

9) 복심의 종료

(1) 기간 내에 답변하지 않아 복심청구가 취하 간주된 경우, 복심 절차는 종료된다.

(2) 심결 전에 복심 청구인이 청구를 취하한 경우, 복심 절차는 종료된다.

(3) 이미 수리된 복심 청구가 요건에 부합하지 않아 청구가 각하된 경우, 복심 절차는 종료된다.

(4) 복심 청구인은 심결에 불복하여 심결문을 받은 날로부터 3월 내에 인민법원에 제소할 수 있다. 규정된 기간 내에 제소하지 않았거나, 인민법원의 확정 판결이 심결을 유지하는 경우, 복심 절차는 종료된다.

5. 무효심판청구의 합의심리

1) 심리 원칙

무효심판에서는 총칙에 규정된 원칙 이외에도, 일사부재리 원칙, 당사자 처리원칙 및 비밀유지 원칙을 준수해야 한다.

a) 일사부재리 원칙

무효심판에서 이미 심결이 내려진 전리권에 대해 동일한 이유 및 증거로 재차 무효심판을 제기하는 경우, 수리 및 심리하지 않는다. 그러나 재차 청구한 무효심판의 청구의 이유 또는 증거가 이미 심리 종결된 무효심판에서 고려된 바 없는 경우, 그 청구는 상기 수리 및 심리하지 않는 대상에 속하지 않는다.

b) 당사자 처분원칙

(a) 청구인은 전부무효 또는 일부무효를 청구하는 심판의 이유 또는 증거를 포기할 수 있다. 청구인이 포기한 무효심판의 범위, 이유 및 증거에 대해 전리복심위원회는 심사하지 않는 것이 원칙이다.

(b) 무효심판 과정에서 당사자는 상대방과 화해할 수 있다. 청구인과 전리권자가 전리복심위원회에 화해 의사를 표시한 경우, 전리복심위원회는 양 당사자에게 일정한 기간을 지정하여 화해하도록 할 수 있고, 일방 당사자가 전리복심위원회에 심결할 것을 요구하거나 전리복심위원회가 지정한 기간이 만료될 때까지 심리를 중지해야 한다.

(c) 무효심판 과정에서 전리권자가 등록 청구항의 보호범위를 축소하는 정정 또는 일부 청구항을 삭제하는 정정을 했고 전리복심위원회가 이를 받아들인 경우, 그보다 넓은 보호범위 또는 삭제된 청구항에 대해서는 처음부터 전리법 등의 규정에 부합하지 않음을 전리권자가 인정한 것으로 간주되며, 이로써 심판 청구인은 해당 청구항이 무효라는 주장에 대한 입증책임을 지지 않는다.

c) 비밀유지 원칙

합의부의 구성원은 심결 전에 사건에 대한 본인, 다른 합의부 구성원, 심사를 맡은 주임위원 또는 부주임위원의 견해를 어느 일방 당사자에게 사사로이 명시하거나 암시할 수 없다. 법집행의 공정성 및 비밀유지를 위해 합의부 구성원은 일방 당사자와 만날 수 없는 것이 원칙이다.

2) 심리 범위

무효심판절차에서 전리복심위원회는 당사자가 제기한 무효심판청구의 범위, 이유 및 증거에 대해서만 심사하며, 전리의 유효성에 대한 전면적인 심사 의무를 지지 않는 것이 원칙이다. 다만, 아래의 경우는 예외이다.

(1) 청구인이 제출한 청구의 이유가 제출된 증거와 명백하게 대응되지 않는 경우, 전리복심위원회는 청구인에게 관련 법규의 의미를 알려 주어 무효심판 이유를 적절하게 변경하게 하거나, 또는 직권으로 청구의 이유를 변경할 수 있다.[22]

(2) 청구인이 청구의 이유로 제기하지는 않았으나, 등록 전리권이 명백하게 전리권 보호의 대상에 속하지 않는 경우, 전리복심위원회는 관련 무효 이유에 대해 심리할 수 있다.

(3) 전리권에 청구인이 제기하지 않은 흠결이 존재하여 청구인이 제기한 청구의 이유를 심리할 수 없는 경우, 전리복심위원회는 직권으로 그 흠결에 대한 무효 이유에 대해 심리할 수 있다.[23]

(4) 청구인이 청구항 간에 인용관계가 있는 일부 청구항에 무효심판을 제기했으나, 그 외 다른 청구항에 대해서는 동일한 이유로 무효심판을 청구하지 않은 상황에서, 상

---

22) 예를 들어, 청구인이 제출한 증거는 동일한 전리권자가 본안 전리 출원일 전에 출원했고 본안 출원일 후에 공개된 중국특허서류이나(저촉출원, 즉 확대된 선원), 청구의 이유는 전리법 제9조 제1항(선출원주의)인 경우, 전리복심위원회는 청구인에게 전리법 제22조 제2항과 제9조 제1항의 의미를 알려 주어, 출원인 스스로 청구의 이유를 전리법 제22조 제2항으로 변경하게 하거나 또는 전리복심위원회가 직권으로 변경할 수 있다.

23) 예를 들어, 청구의 이유는 청구항 제1항의 진보성 흠결이었으나, 청구항 표현이 불명확하여 보호범위를 확정할 수 없어 진보성 구비 여부를 판단할 수 없는 경우, 전리복심위원회는 전리법 제26조 제4항의 무효 이유를 심리할 수 있다.

기 동일한 이유로 '그 외 다른 청구항'에 대해서도 심리하지 않으면 합리적인 심결을 얻을 수 없는 경우, 전리복심위원회는 직권으로 그 외 다른 청구항에 대해 동일한 이유를 적용하여 심리할 수 있다.[24]

(5) 청구인이 청구항 간에 인용관계가 없는 일부 청구항에 무효심판을 제기했으나, 그 외 다른 청구항에 대해서는 동일한 성질의 흠결이 있음을 지적하지 않은 경우, 전리복심위원회는 직권으로 그 외 다른 청구항에 대해 그 흠결에 관한 무효 이유를 심리할 수 있다.[25]

(6) 청구인이 전리법 제33조 또는 전리법실시세칙 제43조 제1항에 반함을 이유로 무효심판을 제기하면서 보정이 원출원서류의 기재범위를 벗어난 사실에 대해 구체적인 분석 및 설명을 하였으나 원출원서류를 제출하지 않은 경우, 전리복심위원회는 그 원출원서류를 채택하여 증거로 삼을 수 있다.

(7) 전리복심위원회는 기술수단이 공지상식에 해당하는지를 직권으로 판단할 수 있고, 기술사전, 기술매뉴얼, 교과서 등 해당 기술분야에서 공지상식으로 인정되는 증거를 채택할 수 있다.

한편, 전리복심위원회가 전리권의 일부 무효를 심결한 후 당사자가 이에 불복하지 않아 확정되었거나, 인민법원의 확정 판결에 의해 그 심결이 유지된 경우, 전리권에 대한 다른 무효심판에 대한 심리는 유효성이 유지된 전리권을 기초로 한다.

3) 무효심판 청구 이유의 추가

(1) 청구인이 무효심판 청구일로부터 1월 내에 청구의 이유를 추가하는 경우, 그 추가한 청구 이유에 대해 구체적으로 설명해야 하고, 그렇지 않은 경우 전리복심위원회는 이를 고려하지 않는다.

(2) 청구인이 무효심판 청구일로부터 1월을 경과하여 청구의 이유를 추가하는 경우, 전리복심위원회는 이를 고려하지 않는 것이 원칙이다. 다만, 아래의 경우는 예외이다.

a) 전리권자가 삭제 이외의 방식으로[26] 청구항을 정정한 경우, 전리복심위원회가 지

---

24) 예를 들어, 청구항 제1항에 대해서는 신규성 흠결을, 종속항인 제2항에 대해서는 진보성 흠결을 이유로 무효심판이 제기되었고, 전리복심위원회는 제1항은 신규성이 있으나, 제2항에 진보성이 없다고 판단한 경우, 전리복심위원회는 제1항의 진보성에 대해서도 직권으로 심리할 수 있다.

25) 예를 들어, 청구항 제1항에 대한 보정범위 초과를 이유로 무효심판이 제기하면서, 종속항 제2항에 동일한 흠결이 있음을 지적하지 않은 경우, 전리복심위원회는 제2항에 대한 전리법 제33조의 무효 이유를 심리할 수 있다.

26) 2010년 〈전리심사지침〉 제4부 제3장 4.2절의 (2)에서는 이 부분이 "병합 방식으로"라고 규정되었으나, 이후 2017년 2월 28일 공표된 《国家知识产权局关于修改专利审查指南的决定》에 따라 이

정한 기간 내에 청구인이 그 정정된 청구항에 대한 청구의 이유를 추가하면서 그 청구의 이유에 대해 구체적으로 설명한 경우

b) 제출한 증거와 명백하게 대응되지 않는 청구의 이유를 변경하는 경우

4) 심판청구의 범위의 확장, 변경 또는 감축

무효심판청구가 일단 수리되면, 청구인은 원칙적으로 심판청구의 범위의 감축만 가능하다. 여기에서 '심판청구의 범위'란, 무효심판이 청구된 청구항을 의미한다.

▍사례 1 ▍

등록 공고된 청구항은 1~3항이고, 청구인은 청구항 제1항에 대해서만 무효심판을 제기했다. 무효심판청구가 수리된 후 청구인이 청구항 제2항에 대한 무효심판청구를 추가한 경우, 합의부는 청구항 제2항에 대한 심판청구는 받아들이지 않는다.

▍사례 2 ▍

등록 공고된 청구항은 1~3항이고, 청구인은 청구항 제1항에 대해서만 무효심판을 제기했다. 무효심판청구가 수리된 후 청구인이 청구항 제1항에 대한 무효심판청구를 청구항 제2항에 대한 무효심판청구로 변경한 경우, 합의부는 이러한 청구의 변경을 받아들이지 않는다.

무효심판청구가 일단 수리되었으나, 청구인이 제기한 '모든' 무효의 이유가 전리법실시세칙 제65조 제1항 규정에 명백히 반하여, 제출한 증거를 결합하여 청구의 이유를 구체적으로 설명[27]하지 않고, 각 이유의 근거가 되는 증거를 명시하지도 않은 경우, 또는 청구인이 제기한 모든 무효의 이유가 전리법실시세칙 제65조 제2항 규정에 반하는 경우, 합의부는 주임위원이나 부주임위원의 승인을 받은 후 무효심판청구를 각하하고, 당사자 및 통지해야 할 기관에 사안종결통지서를 발부한다.

무효심판청구가 일단 수리되었으나, 청구인이 제기한 '일부' 무효의 이유가 전리법실시세칙 제65조 제1항 규정에 명백히 반하여, 제출한 증거를 결합하여 청구의 이유를 구체적으로 설명하지 않고, 각 이유의 근거가 되는 증거를 명시하지도 않은 경우, 또는 청구인이 제기한 모든 무효의 이유가 전리법실시세칙 제65조 제2항 규정에 반하는 경

표현이 "삭제 이외의 방식으로"라고 수정되었다. 이는 2017년 4월 1일부터 시행된다.

27) 전리법실시세칙 제65조 제1항에서의 "구체적인 설명"에 대해서는 "2. 복심 및 무효심판 청구에 대한 방식심사 및 복심 청구에 대한 전치심사 3) 무효심판청구에 대한 방식 심사 (3) 전리법실시세칙 제65조 제1항에 대한 심사" 부분 참조

우, 합의부는 그 '일부' 무효의 이유에 대해 심리하지 않는다.

5) 입 증

(1) 청구인의 입증

a) 청구인이 심판 청구일로부터 1월 내에 증거를 추가하는 경우, 그 기간 내에 그 증거와 결부된 청구의 이유를 구체적으로 설명해야 하고, 그렇지 않은 경우 전리복심위원회는 이를 고려하지 않는다.

b) 청구인이 무효심판 청구일로부터 1월을 경과하여 증거를 추가하는 경우, 전리복심위원회는 이를 고려하지 않는 것이 원칙이다. 다만, 아래의 경우는 예외이다.

(a) 전리권자가 제출한 반증에 대해 청구인이 전리복심위원회가 지정한 기간 내에 증거를 추가하면서 그 기간 내에 그 증거와 결부된 청구의 이유를 구체적으로 설명한 경우

(b) 구술심리 변론종결 전에 기술사전, 기술매뉴얼 및 교과서 등 해당 기술분야에서 공지상식으로 인정되는 증거 또는 증거의 법정 형식을 갖추게 하는 공증서, 원본 등의 증거를 제출하고, 구술심리 변론종결 전까지 그 증거와 결부된 청구의 이유를 구체적으로 설명한 경우.

c) 청구인이 제출한 증거가 외국어로 된 경우, 중국어 번역문의 제출 기간은 그 증거의 입증 기간을 적용한다.

(2) 전리권자의 입증

전리권자는 전리복심위원회가 지정한 답변 기간 내에 증거를 제출해야 한다. 다만, 기술사전, 기술매뉴얼 및 교과서 등 해당 기술분야에서 공지상식으로 인정되는 증거 또는 증거의 법정 형식을 갖추게 하는 공증서, 원본 등의 증거는 구술심리 변론종결 전까지 추가할 수 있다. 전리권자가 증거를 제출하거나 추가하는 경우, 제출 또는 추가하는 증거에 대해 전술한 기간 내에 구체적으로 설명해야 한다.

전리권자가 제출한 증거가 외국어로 된 경우, 중국어 번역문의 제출 기간은 그 증거의 입증 기간을 적용한다.

전리권자가 기간을 경과하여 증거를 제출 또는 추가한 경우, 또는 기간 내에 제출 또는 추가한 증거에 대해 구체적으로 설명하지 않은 경우, 전리복심위원회는 그 증거를 고려하지 않는다.

(3) 입증의 연기

불가피한 사유로 인해 위 (1) 및 (2)에 언급된 기간 내에 증거를 제출할 수 없고, 또한 이를 입증할 증거가 있는 경우, 당사자는 그 기간 내에 서면으로 제출 연기를 신청할 수 있다. 제출 연기를 인정하지 않는 것이 명백히 형평성에 어긋나는 경우, 전리복

심위원회는 제출 연기를 허용한다.

6) 당사자가 기한을 도과하여 증거를 제출하거나 청구 이유를 추가 또는 변경한 경우의 처리

(1) 당사자가 구술심리 시 증거를 제출하거나, 청구 이유를 추가 또는 변경한 경우의 처리

구술심리를 진행하는 과정에서, 당사자가 이전에 제출된 바 없는 증거를 제출하거나 청구의 이유를 추가 또는 변경했고, 합의부가 그 증거나 이유를 고려하려는 경우, 합의부는 그 증거나 이유를 처음으로 지득하게 되는 상대방 당사자에게 ① 법정에서의 구술 답변 또는 ② 출정 이후 합의부가 지정한 기간 내에 서면 답변 중에서 선택할 수 있는 권리가 있음을 고지한다. 이때 상기 사항은 구두심리기록표 첨부페이지에 기재되고, 당사자는 이에 서명한다.

(2) 전리법 제33조 또는 전리법실시세칙 제43조 제1항에 관한 증거의 제출

청구인이 전리법 제33조 또는 전리법실시세칙 제43조 제1항을 이유로 무효심판을 청구한 상황에서, 구술심리 변론종결 전에 무효심판 청구 대상인 전리권의 최초 출원 서류 또는 발명출원의 공개 명세서가 증거로 제출된 경우, 합의부는 이를 수리한다.

(3) 전리법 제5조에 관한 증거의 제출

청구인이 전리법 제5조를 이유로 무효심판을 청구한 상황에서, 구술심리 변론종결 전에 관련된 법률적 근거가 제출된 경우, 합의부는 이를 수리한다.

(4) 전리 공개서류를 증거로 제출하는 경우의 처리

청구인이 무효심판 청구 시에 전리권 등록공고 서류를 증거로서 제출했고, 구두심리 변론종결 전에 해당 전리의 공개서류를 재차 보충하여 제출하는 경우, 그 공개서류에 대해 만약 청구인이 사용한 구체적인 내용이 등록공고 서류의 관련 내용과 실질적으로 동일하다면, 합의부는 그 공개서류를 수리한다. 그렇지 않은 경우에는 수리하지 않는다.

7) 법률 적용문제에 관한 규정

(1) 전리법 제33조 또는 전리법 제43조 제1항의 심리 및 적용

출원 서류에 대한 보정이 전리법 제33조 또는 전리법실시세칙 제43조 제1항 규정에 반한다는 이유로 무효심판이 제기된 상황에서, 최초 명세서 및 권리요구서의 기재 범위를 벗어나는 보정이 일부 청구항의 보호범위에만 영향을 미치는 경우, 합의부는 그 영향이 미친 일부 청구항에 대해서만 무효를 선고하고, 다른 청구항은 유효로 유지한다.

(2) 전리법 제26조 제3항의 심리 및 적용

명세서의 기재가 전리법 제26조 제3항 규정에 반한다는 이유로 무효심판이 제기된

상황에서, 불충분 공개된 내용이 일부 청구항의 보호범위에만 관련된 경우, 합의부는 관련된 일부 청구항에 대해서만 무효를 선고하고, 다른 청구항은 유효로 유지한다.

청구인이 요약서가 발명 또는 실용신안의 기술적 요점을 간명하게 설명하지 않아 전리법 제26조 제3항 규정에 반한다는 이유로 무효심판을 제기한 경우, 합의부는 이를 받아들이지 않는다.

(3) 전리법 제26조 제4항의 심리 및 적용

청구항이 전리법 제26조 제4항 규정에 반한다는 이유로 무효심판이 제기된 상황에서, 명세서에 의해 뒷받침되지 않는 내용이 청구항 중에서 하나 또는 다수의 기술방안에만 해당하는 경우, 합의부는 그 청구항 중에서 명세서에 의해 뒷받침되지 않는 기술방안에 한하여 무효로 선고하고, 다른 기술방안은 유효로 유지한다.

청구항이 전리법 제26조 제4항 규정에 반한다는 이유로 무효심판이 제기된 상황에서, 해당 청구항에 존재하는 흠결로 인해 그 보호범위가 불명확해지고, 명세서를 통해 해석하더라도 그 보호범위를 명확하게 확정할 수 없는 경우, 합의부는 청구인의 주장을 인용하고, 그렇지 않은 경우 기각한다.

예를 들어, 청구항에 "두꺼운", "고온", "넓은 범위", "예를 들어", "최적의", "필요한 경우", "약", "등", "… 또는 유사물" 등과 같은 표현이 사용되었음을 이유로, 청구항이 전리법 제26조 제4항 규정에 반하여 무효심판이 제기된 상황에서, 합의부가 구체적 상황 및 명세서를 통한 해석을 고려하여 전술한 표현의 사용으로 인해 청구항의 보호범위가 불명확해졌다고 판단한 경우, 청구를 인용한다. 그렇지 않은 경우 해당 청구항을 유효로 유지한다.

8) 심리 방식

(1) 서류의 송달

전리복심위원회는 필요에 따라 관련 서류를 당사자에게 송부한다. 답변기간을 지정할 필요가 있는 경우, 답변기간을 1개월로 지정한다. 당사자가 기간 내에 답변하지 않는 경우, 당사자는 송부된 서류에 관련된 사실, 이유 및 증거를 알고 이의를 제기하지 않은 것으로 간주된다.

(2) 구술심리

전리복심위원회는 당사자의 신청 또는 필요에 따라 구술심리를 진행할 수 있다.[28]

(3) 무효심판청구 심리통지서

전리복심위원회는 심리 과정에서 아래 중 어느 하나에 해당하면, 양 당사자에게 무

---

28) 이 책 제7부 복심 및 무효심판청구/6. 구술심리에 관한 규정 부분 참조.

효심판청구 심리통지서를 발부할 수 있다.

a) 당사자가 주장한 사실 또는 제출한 증거가 명료하지 않거나 의문이 드는 경우

b) 전리권자가 스스로 행한 정정이 전리법, 전리법실시세칙 또는 심사지침의 관련 규정에 부합하지 않는 경우

c) 당사자가 제출하지 않은 이유 또는 증거를 직권으로 채택할 필요가 있는 경우

d) 무효심판청구 심리통지서를 발부할 필요가 있는 그 외의 경우.

심리통지서에서 지적된 당사자는 통지서 수령일로부터 1월 내에 답변해야 한다. 기간 내에 답변하지 않은 경우, 당사자는 송부된 서류에 관련된 사실, 이유 및 증거를 알고 이의를 제기하지 않은 것으로 간주된다.

(4) 심리방식의 선택

a) 전리복심위원회가 무효심판청구서를 전리권자에게 송달했고, 지정 기간 내에 전리권자가 답변했는지 여부와 상관 없이 전리권자가 구술심리를 요청하지 않은 상황에서, 청구인이 제출한 증거가 충분하고 전부무효를 청구한 이유가 성립되는 것으로 판단한 경우, 전리복심위원회는 바로 전부무효의 심결을 내릴 수 있다.

b) 전리복심위원회가 무효심판청구서를 전리권자에게 송달했고, 지정 기간 내에 전리권자가 답변했는지 여부와 상관 없이 청구인이 청구가 일부 성립되어 일부무효 심결을 내릴 수 있는 것으로 판단한 경우, 전리복심위원회는 구술심리통지서를 발송하고, 구술심리를 통해 사건을 종결해야 한다. 전리권자가 답변서를 제출한 경우 답변서와 구술심리통지서가 함께 청구인에게 송달된다.

c) 전리복심위원회가 무효심판청구서를 전리권자에게 송달했고, 지정 기간 내에 전리권자가 답변한 상황에서, 전리권자가 답변한 이유가 충분하여 전리권 유지 결정을 내릴 수 있는 것으로 판단한 경우, 사안에 따라 선택적으로 서류송달통지서 또는 무효심판청구 심리통지서를 발송하여 서면심리를 진행하거나, 구술심리통지서에 서류송달통지서를 첨부하여 발송하여 구술심리로 사건을 종결한다.

d) 전리복심위원회가 무효심판청구서를 전리권자에게 송달했고, 지정 기간 내에 전리권자가 답변하지 않은 상황에서, 청구인이 제출한 증거가 불충분하여 전리권 유지 결정을 내릴 수 있는 것으로 판단한 경우, 사안에 따라 선택적으로 무효심판청구 심리통지서를 발송하여 서면심리를 진행하거나, 구술심리통지서를 발송하여 구술심리로 사건을 종결한다.

e) 구술심리통지서를 발송한 후 당사자의 원인으로 예정된 기일에 구술심리를 진행하지 못한 경우, 전리복심위원회는 바로 심결을 내릴 수 있다.

9) 관련 사건의 심리

무효심판 심리 과정에서 관련 사건[29])이 존재하는 경우, 합의부는 그 관련 사건에서 다루어진 사실을 충분히 고려해야 한다.

(1) 확정된 심결의 구속력

동일한 전리권에 대해, 합의부는 동일한 사실 및 이유로 이미 확정된 심결과 상반되는 판단 또는 결정을 자체적으로 내릴 수는 없다. 합의부가 상반되는 판단 또는 결정을 내릴 필요가 있다고 판단한 경우, 주임위원 또는 부주임위원의 의견을 물어야 한다. 의견을 물은 후, 합의부가 상반되는 판단 또는 결정을 내리는 경우, 주임위원 또는 부주임위원에게 서면으로 요청하여 승인을 받아야 한다.

다른 전리권에 대해, 전리복심위원회가 이미 확정 심결을 내렸음을 합의부가 알게 된 경우, 합의부는 동일한 사실 및 이유로 확정 심결과 상반되는 판단을 자체적으로 내릴 수 없다. 합의부가 상반되는 판단을 할 필요가 있다고 판단한 경우, 주임위원 또는 부주임위원의 의견을 물어야 한다. 의견을 물은 후, 합의부가 상반되는 판단을 하려는 경우, 주임위원 또는 부주임위원에게 서면으로 요청하여 승인을 받아야 한다.

(2) 동일한 전리권에 대한 다수 무효심판의 심리

동일한 전리권에 대해 여러 건의 무효심판이 청구된 경우, 합의부는 가능하면 병합하여 심리한다. 전리권이 유효한 것으로 이미 심결을 내린 경우, 그 심결이 확정될 때까지 기다릴 필요 없이, 합의부는 그 전리권에 청구된 다른 무효심판의 심리를 진행할 수 있다. 일부무효 또는 전부무효로 이미 심결이 내려진 경우, 합의부는 그 심결이 확정된 이후에 그 전리권에 청구된 다른 무효심판의 심리를 진행한다.

a) 심리병합의 조건

앞서 제기된 무효심판에서 아직 구술심리통지서를 발부하기 전이라면, 합의부는 전후 제기된 여러 무효심판을 병합하여 구술심리를 진행한다. 앞서 제기된 무효심판에서 이미 구술심리 기일을 잡은 경우라면, 앞서 제기된 무효심판의 구술심리 기일의 변경 없이, 후에 제기된 무효심판의 구술심리를 앞서 제기된 무효심판의 구술심리와 함

---

29) 여기에서의 관련 사건이란 다음과 같다:
   (1) 상이한 청구인이 동일한 전리권에 제기한 다수의 무효심판
   (2) 상이한 청구인이 동일한 전리권자의 다수의 전리권에 제기한 무효심판
   (3) 동일한 청구인이 동일한 전리권에 제기한 다수의 무효심판
   (4) 동일한 청구인이 상이한 전리권에 제기한 다수의 무효심판
   (5) 동일한 전리권에 제기된 자문 사건과 무효심판
   (6) 동일한 전리권에 제기된 다수의 자문 사건
   (7) 사건과 관련된 다른 사건. 예를 들어 증거 또는 사실이 동일한 사건.

께 진행할 수 있다. 당사자가 동의한 경우 또는 주임위원이나 부주임위원이 승인한 경우에는, 앞서 제기된 무효심판의 구술심리 기일을 변경하여, 후에 제기된 무효심판의 구술심리를 앞서 제기된 무효심판의 구술심리와 함께 진행할 수 있다.

아래 경우에는 심리를 병합하지 않을 수 있다.

(a) 앞서 제기된 무효심판에서 이미 전부무효 심결의 의견이 형성되었고, 그 의견이 형성된 이후에 새로운 무효심판이 제기된 경우, 합의부는 심리를 병합하지 않고, 전부무효의 심결이 확정된 이후에, 해당 전리권에 제기된 다른 무효심판의 절차를 종료할 수 있다.

(b) 청구인이 절차 지연의 의도로 하나의 전리권에 대해 악의로 여러 건의 심판을 제기하는 것으로 판단되는 경우, 또는 병합 심리를 진행하면 불합리한 절차 지연이 예상되는 경우, 합의부는 심리를 병합하지 않을 수 있다.

b) 심리병합 이후 심결문의 작성

하나의 전리권에 대한 다수의 무효심판을 병합하여 심리한 이후, 만약 심리의 결론이 전리권의 전부유효인 경우, 하나로 병합하여 또는 여러 개의 심결을 함께 내릴 수 있다. 만약 심리의 결론이 전리권의 일부무효 또는 전부무효인 경우, 하나로 병합하여 심결을 내린다.

(3) 그 외 사건

관련 사건의 심리에서, 합의부(합의부의 동일성 불문)는 동일한 증거, 사실 또는 이유에 대해 상반된 판단을 내릴 수 없는 것이 원칙이다. 합의부가 상반되는 판단을 할 필요가 있다고 판단한 경우, 주임위원 또는 부주임위원의 의견을 물어야 한다. 의견을 물은 후, 합의부가 상반되는 판단을 하려는 경우, 주임위원 또는 부주임위원에게 서면으로 요청하여 승인을 받아야 한다.

예를 들어, 다른 전리권에 대해 제기된 여러 건의 무효심판에서 청구인(청구인의 동일성 불문)이 동일한 증거를 사용한 경우, 합의부(합의부의 동일성 불문)는 해당 증거에 대한 판단이 일치해야 한다.

합의부는 심리 과정에서 앞서 제기된 동일한 전리권에 대한 권리확인[30] 및 권리침해에 대한 자문의견을 고려해야 하고, 필요한 경우 주임위원 또는 부주임위원의 의견을 물어야 한다.

---

30) 주로 권리의 유효성에 대해 다투는 무효심판, 무효소송을 의미한다.

10) 무효심판절차에서의 정정

(1) 정정의 내용적 범위

특허 또는 실용신안에 대한 정정은 청구항에 대한 정정만 가능하며, 아래 요건을 만족해야 한다.

(a) 원청구항의 주제명칭을 변경할 수 없다.

(b) 등록 시의 청구항을 기준으로 보호범위를 확장할 수 없다.

(c) 원명세서 및 권리요구서의 범위를 초과할 수 없다.

(d) 등록 시의 청구항에 포함되지 않은 기술특징을 부가할 수 없다.

위 요건을 만족하는 상황에서, 청구항에 대한 구체적인 정정 방식은 청구항의 삭제, 기술방안의 삭제 및 청구항을 보다 한정하는 경우에만 가능하다.[31]

청구항의 삭제란, 권리요구서에서 하나 또는 여러 청구항을 삭제하는 것을 의미한다.

기술방안의 삭제란, 하나의 청구항에 나열된 2 이상의 기술방안 중 하나 또는 그 이상의 기술방안을 삭제하는 것을 의미한다.

청구항을 보다 한정한다는 것은 다른 청구항에 기재된 하나 또는 다수의 기술특징을 청구항에 추가하여 권리범위를 축소하는 것을 의미한다.

한편, 디자인권자는 등록문서를 정정할 수 없다.

(2) 정정의 시기적 범위

청구항을 삭제하는 정정 또는 청구항의 기술방안을 삭제하는 정정은 전리복심위원회가 심결을 내리기 전까지 할 수 있다. 삭제 이외의 방식의 청구항 정정은 아래 규정된 3가지 기간에 한하여 할 수 있다.

a) 무효심판청구서에 대한 답변기간

b) 청구인이 추가한 무효의 이유 또는 추가한 증거에 대한 답변기간

c) 청구인이 제기하지 않았으나 전리복심위원회가 지적한 무효의 이유 또는 증거에

---

31) 2010년 〈전리심사지침〉 제4부 제3장 4.6.2에서는 "청구항에 대한 구체적인 정정 방식은 청구항의 삭제, 병합 및 기술방안의 삭제에만 한정된다"라고 규정하고 있었다. 이 중에서 "청구항의 병합"이란, 상호 종속관계가 없으나 등록 공고서류에서 동일한 독립항에 종속된 2 이상의 청구항을 병합하는 것을 의미한다. 이 경우 병합되는 종속항의 기술특징이 서로 조합되어 새로운 청구항을 만드는데, 이 새로운 청구항은 병합되는 종속항의 '모든' 기술특징을 포함해야 한다. 그러나 2017년 4월 1일부터 시행되는 〈전리심사지침 개정에 대한 국가지식산권국의 결정〉에 따르면, "청구항의 병합"이 "청구항을 보다 한정하는 경우"로 개정되었다. 이에 따라 병합되는 종속항의 '모든' 기술특징을 포함해야 한다는 제한이 사라지게 되었다.

대한 답변기간.

11) 심리 문서의 확정

(1) 병합 심리 시 정정 서류에 대한 처리

동일한 전리권에 대해 여러 건의 무효심판에 대한 심리가 병합되었고, 전리권자가 전후 여러 차례 청구항에 대해 정정을 수행한 경우, 최후에 제출된 정정서가 심리 대상이 된다. 만약 이 최후의 정정서가 수리될 수 없는 경우, 합의부는 무효심판청구 심리통지서를 발부하거나 구술심리 도중에 그 정정이 받아들여질 수 없는 이유를 고지하고, 수리 가능한 서류 중 심리 대상으로 삼을 서류를 선택할 것을 전리권자에게 요구한다. 전리권자가 선택을 거절하는 경우, 정정서를 제출하지 않은 것으로 간주한다.

전리권자가 동시에 여러 정정서를 제출한 경우, 합의부는 무효심판청구 심리통지서를 발부하거나 구술심리 도중에 전리법, 전리법실시세칙 또는 전리심사지침의 관련 규정에 반하는 정정을 지적하고, 수리 가능한 서류 중 심리 대상으로 삼을 서류를 선택하라고 전리권자에게 요구한다. 전리권자가 선택을 거절하는 경우, 정정서를 제출하지 않은 것으로 간주한다.

합의부는 전리권자가 제출한 정정서를 수리한 후, 그 정정서를 무효심판 청구인에게 송부한다.

전리권자가 청구항 병합 방식으로 권리요구서를 정정한 경우, 그 정정 시기가 규정된 기간[32]에 부합하는지 여부의 판단은 그 청구한 무효심판을 근거로 하여야 한다.

▌사례 1▐

하나의 전리권에 대해, 청구인이 두 건의 무효심판을 제기했다. 그중 한 건의 무효심판에 대해 전리권자가 청구항을 정정했고, 다른 무효심판에 대해 전리권자는 청구항을 정정하지 않았다. 이 두 건의 무효심판의 심리를 병합한 경우, 합의부는 정정된 청구항을 심리 대상으로 삼는다.

▌사례 2▐

하나의 전리권에 대해, 청구인이 두 건의 무효심판을 제기했다. 이 두 건의 무효심판에 대해 전리권자가 각각 한 번씩 정정을 수행했다. 이 두 건의 무효심판의 심리를 병합한 경우, 합의부는 이후에 정정된 청구항을 심리 대상으로 삼는다.

---

32) 2010년 〈전리심사지침〉 제4부 제3장 4.6.3절 참조.

❚ 사례 3 ❚

하나의 전리권에 대해, 청구인이 두 건의 무효심판을 제기했다. 청구인은 동일한 날에 여러 건의 정정서를 제출했다. 이 두 건의 무효심판의 심리를 병합한 경우, 합의부는 무효심판청구 심리통지서를 발부하거나 구술심리 과정에서 심리 대상으로 삼을 서류를 선택하라고 전리권자에게 요구한다. 전리권자가 선택을 거절하는 경우, 정정서를 제출하지 않은 것으로 간주한다.

(2) 일부무효 선고된 전리의 청구항에 대한 정정

확정판결에 의해 일부무효가 선고된 전리에 대해 재차 제기된 무효심판 과정에서, 청구항 정정의 적법성 판단은 등록 공고된 청구항이 아닌, 유효 확정된 부분을 기준으로 하여 판단한다. 다만, 청구항을 병합하는 방식으로 정정한 경우, 청구항이 동일한 독립항에 종속되었는지 여부는 등록 공고된 청구항을 기준으로 판단한다.

예를 들어, 등록 공고된 청구항 제1~4항 중, 제2~4항은 청구항 제1항의 종속항이다. 앞서 제기된 무효심판에서 청구항 제1, 3항이 무효로, 제2, 4항은 유효로 선고 확정되었다. 재차 제기된 무효심판에서, 전리권자는 등록 공고된 청구항을 기준으로 하여 청구항 제2항과 제3항을 병합하여 새로운 독립항 제1항을 만들었고, 청구항 제2항과 제4항을 병합하여 새로운 독립항 제2항을 만들었다. 이때 청구항 제1항과 제3항은 무효 확정되었으므로, 새로운 독립항 제1항은 정정 범위에 대한 규정[33]에 반한다. 그러나 청구항 제2항과 제4항은 등록 공고된 청구항에서 모두 청구항 제1항을 인용하므로, 청구항 제2항과 제4항을 병합하여 새로운 청구항을 만드는 정정은 정정 범위에 대한 규정에 부합한다.

(3) 삭제 이외의 방식의 청구항 정정 시점에 대한 심리

무효심판 청구인이 입증 기한 내에 외국어 증거를 제출했고, 전술한 기한 내에 그 증거에 대한 중국어 번역문을 제출한 경우, 그 중국어 번역문은 입증 기한 내에 보충 제출된 새로운 증거로 간주된다. 전리권자가 그 중국어 번역문에 따라 지정된 답변 기한 내에 삭제 이외의 방식으로 청구항 정정을 수행하여 제출한 경우, 합의부는 그 정정서를 수리해야 한다.

12) 무효심판 심결의 유형

무효심결은 아래 3가지 유형이 존재한다.

(1) 전리권의 전부무효

---

33) 2010년 〈전리심사지침〉 제4부 제3장 4.6.2절 참조.

(2) 전리권의 일부무효

(3) 전리권의 유효 유지.

전리법 제47조 규정에 따라 무효 선고된 전리권은 처음부터 효력이 없었던 것으로 간주된다. 1건의 전리에 대해 일부무효가 선고된 경우, 무효 선고된 부분은 처음부터 효력이 없었던 것으로 간주되고, 유효로 유지된 부분(정정된 청구항 포함)은 처음부터 효력이 있는 것으로 간주된다.

13) 심결의 송달, 등록 및 공고

(1) 심결의 송달

전리복심위원회는 심결문을 양 당사자에게 송달한다.[34] 침해사건에 관련된 무효심판에서, 심리 개시 전에 관련 인민법원 또는 지방의 지식산권국에 통지한 바 있는 경우, 전리복심위원회는 심결을 내린 후 심결문과 무효심판심리종결통지서를 관련 인민법원 또는 지방의 지식산권국에 송달한다.

(2) 등기 및 공고

전리복심위원회가 전리권의 무효(전부무효 및 일부무효 포함) 심결을 내린 후, 당사자가 심결을 송달받은 날로부터 3월 내에 인민법원에 소를 제기하지 않았거나, 인민법원의 확정판결에 의해 그 심결이 유지된 경우, 전리국은 그 심결을 등록, 공고한다.

14) 무효심판절차의 종료

(1) 전리복심위원회가 심결을 내리기 전에 청구인이 청구를 취하하면 심판절차는 종료된다. 다만, 전리복심위원회가 이미 진행된 심리를 토대로 전리권의 무효 또는 일부무효의 심결을 할 수 있는 것으로 판단한 경우는 예외이다.

(2) 청구인이 지정기간 내에 구술심리통지서에 답변하지 않고 구술심리에 참석하지도 않은 경우, 청구를 취하한 것으로 간주되어 심판절차가 종료된다. 다만, 전리복심위원회가 이미 진행된 심리를 토대로 전리권의 무효 또는 일부무효의 심결을 할 수 있는 것으로 판단한 경우는 예외이다.

(3) 청구를 수리하였으나, 요건에 부합하지 않아 청구가 각하된 경우, 심판절차가 종료된다.

(4) 전리복심위원회가 심결을 내린 후 당사자가 심결을 송달받은 날로부터 3월 내에 인민법원에 소를 제기하지 않았거나, 인민법원의 확정판결에 의해 그 심결이 유지된 경우, 심판절차가 종료된다.

---

34) 전리법 제46조 제1항.

(5) 전리복심위원회가 전리권의 전부무효 심결을 내린 후, 당사자가 심결을 송달받은 날로부터 3월 내에 인민법원에 소를 제기하지 않았거나, 인민법원의 확정판결에 의해 그 심결이 유지된 경우, 그 전리권에 대해 제기된 다른 모든 무효심판절차도 종료된다.

6. 구술심리에 관한 규정

1) 서 언

구술심리는 전리법실시세칙 제63조 및 제70조를 근거로, 사실관계를 명확히 하고 당사자에게 법정에서 의견을 진술할 기회를 제공하기 위한 변론절차이다.

2) 구술심리의 확정

무효심판 또는 복심 절차에서 합의부는 필요에 따라 스스로 구술심리의 진행을 결정할 수 있다. 동일한 사건에 대해 구술심리를 이미 한 적이 있더라도 필요한 경우 재차 구술심리를 진행할 수 있다.

(1) 무효심판 절차에서 당사자의 구술심리 청구

무효심판 절차에서 당사자는 전리복심위원회에 구술심리의 진행을 서면으로 청구할 수 있다. 청구 시에는 이유를 설명해야 하는데, 그 이유는 아래와 같을 수 있다.

 a) 당사자 일방이 상대방과 대면하여 증거 심리 및 변론을 하고자 요구하는 경우
 b) 합의부와 대면하여 사실을 설명할 필요가 있는 경우
 c) 실물을 이용하여 설명할 필요가 있는 경우
 d) 증인을 법정에 출석시켜 증언을 들어야 할 필요가 있는 경우.

무효심판에서 아직 구술심리를 진행하지 않았고 전리복심위원회가 심결을 내리기 전에 당사자가 전술한 이유로 구술심리를 청구한 경우, 합의부는 구술심리를 진행해야 한다.

(2) 복심 절차에서 복심 청구인의 구술심리 청구

복심절차에서 복심 청구인은 전리복심위원회에 구술심리의 진행을 서면으로 청구할 수 있다. 청구 시에는 이유를 설명해야 하는데, 그 이유는 아래와 같을 수 있다.

 a) 합의부와 대면하여 사실을 설명하거나 이유를 진술할 필요가 있는 경우
 b) 실물을 이용하여 설명할 필요가 있는 경우.

복심 청구인이 구술심리를 청구한 경우, 합의부는 사건의 상황에 따라 구술심리 진행 여부를 결정한다.

(3) 전리복심위원회의 순회구술심리 진행 여부 확정

전리복심위원회의 부서 책임자가 주임위원 또는 부주임위원에게 서면으로 신청하여 승인을 받아 순회구술심리가 진행될 수 있다. 순회구술심리 진행 여부 결정 시 아래와 같은 요소들이 고려된다.

a) 당사자 간 형평성(예를 들어 당사자가 동일한 행정구역에 속해 있을 것)

b) 당사자 편의성

c) 홍보 가치가 있는지 여부

d) 지방의 전리업무관리부문 또는 법원의 요청이 있는지, 또는 현장 조사가 필요한 사안인지 여부.

합의부는 즉시 구술심리가 이루어질 소재지의 게시판에 공고하고, 필요한 경우 구술심리 전에 전화통화 등의 방식으로 당사자에게 당일 구술심리에 참석할 수 있는지 확인한다.

3) 구술심리의 통지

(1) 무효심판에서의 구술심리 통지

무효심판절차에서 구술심리의 진행을 확정한 경우, 합의부는 당사자에게 구술심리 통지서를 발송하여 구술심리의 기일과 장소를 통지한다. 구술심리의 기일과 장소는 변경되지 않는 것이 원칙이나, 특수한 상황으로 인해 변경하고자 할 경우, 합의부는 양 당사자의 동의 또는 주임위원이나 부주임위원의 승인을 받아야 한다. 당사자는 구술심리통지서를 받은 날로부터 7일 내에 구술심리통지서의 수령증을 전리복심위원회에 제출해야 한다. 청구인이 기간 내에 수령증을 제출하지도 않고, 구술심리에 참석하지도 않은 경우, 무효심판은 취하 간주되어 종료된다. 다만, 전리복심위원회가 이미 진행해 온 심사를 토대로 전리권의 무효 또는 일부 무효의 심결을 할 수 있다고 판단한 경우는 예외이다. 전리권자가 구술심리에 참석하지 않은 경우에는 결석 심리를 진행할 수 있다.

(2) 복심에서의 구술심리 통지

복심절차에서 구술심리의 진행을 확정한 경우, 합의부는 복심 청구인에게 구술심리 통지서를 발송하여 구술심리 기일, 장소 및 구술심리에서 밝히고자 하는 사항을 통지한다. 합의부가 출원 발명이 전리법 및 전리법실시세칙의 관련 규정에 반한다고 판단한 경우, 구술심리통지서와 함께 관련 규정에 반한다는 구체적 사실, 이유 및 증거를 청구인에게 고지한다.

합의부는 구술심리통지서에서 청구인에게 구술심리에 참석하여 구두 진술하거나, 또는 지정 기간 내에 서면 진술할 것을 선택할 수 있음을 고지한다. 청구인은 구술심리

통지서를 받은 날로부터 7일 내에 구술심리통지서의 수령증을 전리복심위원회에 제출해야 하고, 수령증에 구술심리의 참석 여부를 명시해야 한다. 기간 내에 수령증을 제출하지 않은 경우, 구술심리에 참석하지 않는 것으로 간주한다.

구술심리통지서에 전리법, 전리법실시세칙 및 심사지침서의 관련 규정에 반하는 구체적 사실, 이유 및 증거를 고지한 경우, 청구인이 구술심리에 참석하지도 않고, 지정기간 내에 서면진술도 하지 않으면, 복심은 취하 간주된다.

(3) 구술심리통지서의 수령증

무효심판 또는 복심 절차의 구술심리통지서 수령증에 당사자의 서명 또는 날인이 있어야 하고, 구술심리에 참석할 것임을 명시한 경우 구술심리 참석자의 성명을 기재해야 한다. 증인을 내세우고자 할 경우, 수령증에 그 증인의 성명, 근무처(또는 직업) 및 입증하고자 하는 사실을 기재해야 한다.

(4) 구술심리에 참석하는 대리인

구술심리에 참석하는 각 당사자와 대리인의 수는 4명을 넘을 수 없다. 수령증에 기재한 참석자가 4명 미만인 경우, 구술심리 개시 전 다른 사람을 지정하여 참석하게 할 수 있다. 다수인이 구술심리에 참석하는 경우 그중 1인을 제1 대변인으로 하여 주요 발언을 하도록 지정한다.

당사자가 지정된 기일에 참석할 수 없는 경우, 당사자에 의해 위임된 전리대리인 또는 타인이 대신 참가할 수 있다. 당사자가 전리법 제19조에 따라 대리사무소에 위임한 경우, 그 대리사무소는 전리대리인을 구술심리에 참석시켜야 한다.

4) 구술심리의 준비

구술심리 전에 합의부는 아래 업무를 처리한다:
(1) 무효심판의 경우, 당사자가 제출한 서류를 상대방에게 송달
(2) 서류 조사를 통해 사안을 파악하고 쟁점 및 조사, 변론할 사항 파악
(3) 합의부 회의를 소집하여 합의부 구성원이 구술심리에서 담당할 업무, 조사의 순서 및 내용, 중점적으로 밝혀야 할 사항 등을 검토
(4) 필요한 서류의 준비
(5) 구술심리 진행 2일 전에 구술심리 진행에 관한 정보를 공고(구술심리 과정을 공개하지 않는 경우는 제외)
(6) 기타 업무의 준비.

5) 구술심리의 진행

구술심리는 공개적으로 진행하는 것이 원칙이다. 다만 법률, 법규 등의 규정에 따라

비밀을 유지해야 하는 경우는 예외이다.

(1) 1단계

합의부는 구술심리 참석자의 신분증을 확인하고, 구술심리에 참석할 자격이 있는지 확인한다. 구술심리는 합의부 조장이 주관한다. 합의부 조장은 구술심리의 개시 선언; 합의부 구성원 소개; 당사자가 구술심리 참석자를 소개; 양 당사자 참석 시 상대방 참석자의 자격에 이의가 있는지 질의; 양 당사자의 권리와 의무35) 낭독; 합의부 구성원에 대한 기피 신청의 의사 질의; 증인의 증언 또는 물증의 시연을 할 것인지 질의한다.

양 당사자가 참석한 구술심리에서는 당사자에게 화해 의사가 있는지 질의하고, 양 측 모두 화해 의사가 있고 법정에서 협의하고자 하는 경우, 구술심리를 잠정적으로 중지한다. 양 당사자의 화해 조건에 대한 차이가 작은 경우 구술심리를 중지할 수 있으나, 화해 조건에 대한 차이가 커서 단시간 내에 협의를 이룰 수 없거나 또는 일방 당사자에게 화해 의사가 없는 경우에는 구술심리를 진행한다.

(2) 2단계 - 구술심리 조사

필요한 경우 합의부 구성원이 사안을 간략하게 소개한 후 구술심리 조사를 진행한다.

a) 무효심판절차의 구술심리 조사

먼저 무효심판 청구인이 청구의 범위와 이유를 진술하고, 관련 사실과 증거를 간략하게 진술한 후, 전리권자가 답변한다. 다음으로 합의부는 청구의 범위, 이유 및 각 당사자가 제출한 증거를 확인하고 구술심리의 범위를 확정한다. 당사자가 법정에서 이유 또는 증거를 추가하는 경우, 합의부는 규정에 따라 그 이유 또는 증거를 채택할지 판단한다. 채택하기로 한 경우, 합의부는 그 이유 또는 증거에 대해 처음으로 접한 당

---

35) 당사자에게 고지되는 당사자의 권리 및 의무의 내용은 다음과 같다:

　(1) 당사자의 권리

　　당사자는 기피신청을 할 권리, 무효심판의 당사자는 상대방 당사자와 화해할 권리가 있다. 증언을 제공한 적 있는 증인을 출정시켜 증언하게 할 권리, 물증을 이용한 설명을 신청할 권리, 변론할 권리가 있다. 무효심판 청구인은 청구를 취하할 권리, 청구 이유의 일부 및 관련 증거를 포기하거나 청구의 범위를 감축할 권리가 있다. 전리권자는 일부 청구항 및 관련 증거를 포기할 권리가 있다. 복심 청구인은 복심 청구를 취하할 권리, 보정서를 제출할 권리가 있다.

　(2) 당사자의 의무

　　당사자는 구술심리의 규칙과 질서를 지켜야 한다. 발언하고자 할 때 합의부 조장의 동의를 구해야 하고, 당사자는 상대방 당사자의 발언을 가로막을 수 없다. 변론 시 사실을 들어 이치를 설명해야 한다. 발언 및 변론은 합의부가 지정한 사안에 관련된 범위에 한정되어야 한다. 당사자는 자신의 주장을 입증할 책임이 있고, 상대방 주장을 반박하고자 할 때에는 이유를 설명해야 한다. 구술심리 기일에 합의부의 허가 없이 퇴정할 수 없다.

사자에게 법정에서의 구술답변 또는 추후의 서면답변 중에서 선택하게 한다.

그 다음, 청구인이 청구의 이유 및 그 기초가 되는 사실과 증거를 입증하면, 전리권자가 증거 질의를 한다. 청구의 이유, 입증 사실 또는 증거가 여러 개 존재하는 경우, 청구의 이유와 입증 사실에 따라 순차적으로 입증 및 증거 질의를 하게 할 수 있다.

b) 복심절차의 구술심리 조사

합의부가 청구인에게 구술심리 조사 사항을 고지한 후, 청구인이 진술한다. 청구인이 법정에서 보정서를 제출한 경우, 합의부는 보정이 전리법, 전리법실시세칙 및 심사지침서의 규정에 부합하는지 확인한다.

구술심리 과정에서 합의부 구성원은 사실 및 증거에 대해 당사자 또는 증인에게 질문할 수 있고, 당사자 또는 증인의 해석을 요구할 수도 있다.

(3) 3단계 – 변론

a) 무효심판절차의 구술심리 변론

구술심리 조사 후 변론을 진행한다. 양 당사자가 사실 및 증거에 대해 다툼이 없는 경우, 양 당사자가 사실 및 증거를 확인했다는 전제에서 바로 변론을 진행할 수 있다. 당사자는 증거로 입증되는 사실, 쟁점, 적용 법률에 대해 각자 자신의 의견을 진술하고 변론한다. 변론 과정에서 합의부 구성원은 질의할 수 있으나, 자신의 잠정적 의견을 드러내거나 어느 일방 당사자와 변론할 수는 없다. 변론 과정에서 당자사가 이전에 제출한 적 있으나 조사(2단계)를 거치지 않은 사실 또는 증거를 다시 제출한 경우, 합의부 조장은 변론을 중지하고, 구술심리 조사 단계로 돌아가 조사를 마친 후 다시 변론을 계속한다.

양 당사자가 변론을 마친 후, 합의부 조장은 변론의 종결을 선언하고, 양 당사자는 최종의견진술을 한다. 무효심판 청구인은 최종의견진술을 하면서 심판청구를 유지할 수 있으나, 반대로 청구를 취하하거나, 청구의 이유 일부 및 대응되는 증거를 포기하거나, 청구의 범위를 감축할 수 있다. 전리권자는 청구 기각을 요구하거나, 전리권의 보호범위를 축소 또는 청구항 일부를 포기할 수도 있다. 이때 전술한(1단계) 방식에 따라 화해를 진행할 수도 있다.

b) 복심절차의 구술심리 변론

구술심리 조사 후, 합의부는 쟁점 사항에 대해 잠정적인 의견을 밝힐 수 있다. 필요한 경우 출원 발명이 전리법, 전리법실시세칙 또는 심시지침서의 규정에 반하는 것으로 간주하는 구체적 사실, 이유 및 증거를 청구인에게 고지하고, 청구인의 의견을 듣는다.

(4) 4단계

합의부 조장은 필요에 따라 휴정하여 합의를 진행할 수 있다. 그 후 다시 구술심리를 진행하고 합의부 조장이 구술심리의 결론을 선언한다. 구술심리의 결론은 심결일 수도 있고, 그 외 결론일 수도 있다. 예를 들어, 사건의 사실관계가 명확하게 밝혀진 경우, 심결을 내릴 수 있고 이로써 구술심리가 종료된다.

6) 구술심리의 중지

아래 경우에 합의부 조장은 구술심리를 중지할 수 있고, 필요한 경우 구술심리 기일을 다시 확정한다.

(1) 당사자가 합의부 구성원에 대해 기피신청을 한 경우

(2) 화해를 위해 협상이 필요한 경우

(3) 발명 또는 실용신안에 대해 설명이 더 필요한 경우

(4) 합의부가 필요하다고 판단하는 그 외의 경우.

7) 구술심리의 종료

(1) 사실관계가 명확히 밝혀져 심결을 내릴 수 있으며, 주임위원 또는 부주임위원의 승인을 요하지 않는 사건의 경우, 합의부는 그 자리에서 바로 심결의 결론을 선포할 수 있다.

(2) 구술심리 후 그 자리에서 심결의 결론을 선포하고자 하는 사건이 주임위원 또는 부주임위원의 승인을 요하는 경우에는 승인을 받은 후에 심결의 결론을 선포한다.

(3) 합의부가 그 자리에서 심결의 결론을 선포하지 않는 경우, 합의부 조장이 간략하게 설명한다.

위 세 가지 경우 모두 합의부 조장이 구술심리의 종료를 선언한 후, 일정 기간 내에 심결문을 당사자에게 송달한다.

8) 당사자 결석

당사자가 구술심리에 출석하지 않은 경우, 타방 당사자의 출석이 규정에 부합하면 합의부는 규정된 절차에 따라 구술심리를 진행한다.

한편, 합의부는 심결을 내리기 전에 당사자에게 합의부 구성원을 고지한다. 다만, 구술심리 시에 합의부 구성원에 변화가 생긴 경우, 구술심리에 출석하지 않은 당사자에게는 합의부 구성원 고지 통지서를 발송할 필요가 없는 것으로 되어 있다.

9) 당사자의 중도 퇴정

당사자는 구술심리 과정에서 합의부의 허가 없이 중도 퇴정할 수 없다. 당사자가 합의부의 허가 없이 중도 퇴정하거나, 구술심리를 방해하여 합의부가 퇴정 명령을 내린 경우, 합의부는 결석 심리를 진행할 수 있다. 한편, 당사자가 진술한 내용 및 중도 퇴정

또는 퇴정 명령 사실을 기록한 후 당사자 또는 합의부의 서명을 받는다.

10) 증인의 출정

증언을 제출한 적 있고 구술심리통지서의 답변 서신에 기재된 증인은 자신의 증언에 대해 출정하여 입증할 수 있다. 당사자가 구술심리 과정에서 증인의 출정을 신청한 경우, 합의부는 구체적인 상황을 고려하여 허가 여부를 결정한다.

증인이 출정하는 경우 그 신분을 증명할 증명서를 제출해야 한다. 합의부는 진실한 증언을 할 법적 의무와 허위증언 시의 법률적 책임을 증인에게 고지한다. 증인은 심리를 방청할 수 없다. 증인에게 질의할 때 다른 증인은 현장에 있을 수 없으나, 증인의 대면 질의가 필요한 경우는 예외이다.

합의부는 증인에게 질의할 수 있다. 양 당사자가 참석한 구술심리에서 양 당사자는 증인에게 교대로 질문할 수 있다. 증인은 합의부의 질의에 대해서는 명확하게 답변해야 하나, 당사자가 제기한 사건과 무관한 질의에 대해서는 답변하지 않을 수 있다.

11) 구술심리의 기록

구술심리에 대한 기록은 심결을 내리는 데 중요한 근거가 되므로, 그 내용은 구체적이어야 하고 형식은 규범에 부합해야 한다. 구술심리의 기록은 서기가 담당하는 것이 일반적이다. 기록 방식은 기록부 이외에 녹음, 녹화 장비를 이용하여 기록할 수 있다. 순회구술심리 절차에서 녹음, 녹화 장비가 재대로 작동하지 않는 경우, 기록부에 기재하는 방식만 채택할 수 있다.

기록되는 사항들은 다음과 같다:

(1) 무효심판절차의 구술심리에서 당사자가 포기한 청구항, 청구의 범위, 이유, 증거 및 그 사용 방식

(2) 무효심판절차의 구술심리에서 양 당사자가 모두 인정한 중요한 사실

(3) 복심절차의 구술심리에서 합의부가 출원 발명이 전리법, 전리법실시세칙 및 심사지침서의 규정에 반한다고 판단하여 청구인에게 고지한 구체적 사실, 이유 및 증거와 복심청구인이 진술한 주요 사항

(4) 기타 중요한 사항.[36]

---

36) 여기에서의 기타 중요한 사항에는 아래 사항이 포함된다:

(1) 합의부 구성원, 당사자, 증인, 서기

(2) 합의부 구성원에 대한 당사자의 회피신청 여부, 증인 및 상대방 당사자의 신분이나 자격에 대한 이의제기사항

(3) 전리권자가 등록 전리권에 행한 정정사항

합의부는 기록을 마친 후 또는 구술심리 종료 시에 기록을 당사자에게 보여야 한다. 기록에 오류가 있는 경우, 당사자는 경정을 청구할 권한이 있다. 기록의 정확성을 확인한 후 당사자가 서명한다. 서명은 기록부의 마지막 페이지에 하면 족하나, 만약 당사자가 기록부를 경정한 경우, 경정한 부분에 서명하고 설명을 부기한다. 당사자가 서명을 거부하는 경우, 합의부 조장이 이를 기록부에 기재한다.

12) 방 청

구술심리에서 방청이 허용되나, 방청인은 발언권이 없다. 방청인은 허가 없이 사진 촬영, 녹음, 녹화할 수 없으며, 당사자 또는 대리인에게 정보를 전달할 수 없다. 필요한 경우 전리복심위원회는 방청인에게 방청 절차를 밟을 것을 요구할 수 있다.

13) 구술심리에서 기타 상황에 대한 처리

(1) 회피신청에 대한 처리

구술심리 과정에서 당사자가 구성원 또는 서기에 대한 회피를 신청한 경우, 합의부는 심리 중지 또는 잠정적 휴정을 선포하고, 회피 신청에 대한 기초적인 심리를 진행한다.

신청 이유가 전리법실시세칙 제37조에 규정된 사유에 속하지 않거나, 증거가 부족하거나 논리가 불충분한 경우, 합의부는 심판정에서 구술로 당사자의 신청이 받아들여질 수 없는 이유를 설명한다. 당사자가 합의부의 견해에 이의를 제기하지 않고 신청을 철회하는 경우, 구술심리를 계속한다. 당사자가 합의부의 견해에 여전히 이의를 제기하는 경우, 구술심리를 계속하여 중지하거나 휴정하고, 합의부 조장은 즉시 회피신청서를 사안을 배당받은 부서의 책임자 또는 주임위원/부주임위원에게 전달하여 심리하게 한다.

합의부 조장, 주심원, 참심원 및 서기의 회피에 대해, 부서 책임자는 심리하여 결정을 내린다. 부서 책임자가 합의부 구성원인 경우, 회피 신청에 대한 심리 및 결정은 주

---

(4) 당사자가 출정하여 문서를 제출한 정황, 보충된 증거 및 이유

(5) 합의부가 문서를 전달한 정황, 직권으로 추가한 범위, 이유 및 증거

(6) 증거 질의에 관련된 정황

(7) 당사자의 관련 사항에 대한 주관적 견해, 합의부가 중요한 사항에 대해 인정한 의견 및 결론

(8) 당사자가 명확히 기록을 요구한 내용

(9) 합의부가 당사자에게 고지한 후속 절차에 대한 사항 및 지정기한(예: 위임장의 보충, 서면 의견의 제출, 당사자가 제출하는 보충 증거나 의견진술을 더 이상 받아들이지 않겠다고 고지한 사실 등).

임위원 또는 부주임위원에 의해 이루어진다.

회피신청에 대한 처리는 당사자에게 송부된다.

(2) 당사자 또는 그 대리인의 신분 및 자격에 대한 심리

당사자 또는 대리인이 유효한 신분증을 제출할 수 없는 경우, 또는 대리인이 대리인 자격이 없는 경우, 합의부는 구술심리의 참석을 불허한다.

대리인 또는 법정대리인이 유효한 신분증을 제출할 수 있으나, 유효한 위임장이나 법정대리 자격증명서를 제출할 수는 없는 상황에서, 만약 대리인 또는 법정대리인이 구술심리에서 의견 발표 후 경정 또는 추가 제출하는 경우, 합의부는 구술심리의 참석을 허용할 수 있다. 이때 경정 또는 추가제출 기한을 지정하고, 기한 내에 경정 또는 추가제출할 수 없으면 구술심리 불출석으로 간주할 수 있음을 고지한다.

(3) 합의부 구성원 변경에 대한 처리

합의부 구성원을 변경할 필요가 있는 경우, 부서 책임자에게 보고하여 변경한다. 합의부 구성원이 구술심리 과정에서 변경되는 경우, 구술심리에 출석하지 않은 당사자에게는 합의부 구성원 변경통지서를 발송하지 않는다.

(4) 외국인의 증언에 대한 처리

외국인이 구두심리에 참석하여 입증한 증언은, 위탁받은 통역인이 통역한 중국어를 기준으로 삼는다.

7. 무효심판절차에서 증거문제에 관한 규정[37]

1) 당사자의 입증

(1) 입증책임의 분배

당사자는 본인이 주장하는 청구의 근거가 되는 사실 또는 상대방의 청구에 대한 반박의 근거가 되는 사실에 대해 증거로써 입증할 책임이 있다(誰主張, 誰舉證). 이러한 원칙을 토대로 전리복심위원회는 사안의 구체적인 상황을 고려하여, 공평정의의 원칙, 성실신용의 원칙에 따라 당사자와 증거의 거리, 입증능력, 입증사실 발생의 개연성 등의 요소들을 종합하여 당사자 입증책임의 부담을 확정해야 한다. 일반적으로는 증거를 확보하고 있거나 증거에 가까운 당사자 또는 증거를 수집할 조건과 능력이 있는 당

---

37) 이하의 내용은 2010년 〈전리심사지침〉 및 실질심사 매뉴얼의 내용을 토대로 한 것이다. 2010년 〈전리심사지침〉에 따르면 "무효심판절차에서 증거에 관한 사항은 전리심사지침의 규정을 적용하되, 이 지침에 규정되지 않은 경우, 인민법원의 민사소송 관련 규정을 참조할 수 있다"고 규정한다.

사자가 입증 책임을 진다.

예를 들어, 청구인이 전리권자로부터 받은, 전리권자의 계약전용 인장이 날인된 판매계약서의 사본을 제출했고, 그 판매계약서의 기술 첨부문서가 판매된 물건의 구조를 입증하는 데 이용되었다. 또한 청구인은 그 외 다른 증거를 제출하여 그 판매행위가 이미 발생했음을 입증했다. 이러한 상황에서, 전리권자가 판매계약서의 진실성에 대해 이의를 제기하려는 경우, 전리권자가 이를 입증할 책임을 진다.

증거가 없거나 증거가 당사자의 주장을 입증하기에 충분치 않은 경우, 입증책임을 지는 당사자가 불리한 결과를 부담한다.

(2) 증거의 제출

증거의 제출은 본 절의 내용 이외에, 입증 기한에 대한 규정[38])에도 부합해야 한다.

a) 당사자가 증거의 전문(全文)을 제출하지 않는 경우의 처리

무효심판 절차에서, 당자사가 증거가 될 전리문헌의 출원번호, 공개번호, 공고번호 또는 발명의 명칭만을 언급하거나, 또는 그 외 출판물류의 증거의 명칭을 언급하기만 하고, 입증 기한 내에 그 증거의 구체적인 내용을 제출하지 않는 경우, 해당 증거는 제출되지 않은 것으로 간주된다.

당사자가 증거의 일부만을 제출한 경우(예: 전리문헌의 표지만 또는 출판물의 관련 페이지만 제출한 경우 등), 일반적으로 당사자가 제출한 부분을 증거로서 사용한다. 당사자가 무효심판 제기 후 1개월을 경과하여 그 증거의 다른 부분을 추가 제출한 경우, 전리복심위원회는 이를 고려하지 않는 것이 원칙이다. 다만, 구술심리변론종결 전에, 당사자가 전리문헌의 서지정보페이지 또는 서면자료 판권정보 페이지를 제출한 경우, 이는 새로운 증거로 간주되지 않으며, 전리복심위원회는 이를 받아들여야 한다.

b) 외국어 증거의 번역문에 대한 처리

(a) 당사자가 외국어 증거를 제출하려는 경우, 중국어 번역문을 제출해야 한다. 외국어 증거만을 제출하고 입증 기간 내에 중국어 번역문을 제출하지 않은 경우, 그 외국어 증거를 제출하지 않은 것으로 간주한다. 반대로 당사자가 외국어 증거의 중국어 번역문만을 제출하고, 규정된 기간 내에 그 외국어 증거를 제출하지 않은 경우에도, 해당 증거를 제출하지 않은 것으로 간주한다.

(b) 번역문은 서면 형식으로 제출되어야 하고, 서면 형식으로 제출되지 않은 경우, 그 중국어 번역문은 제출되지 않은 것으로 간주한다.

(c) 당사자는 외국어 증거의 일부분에 대한 중국어 번역문을 제출할 수 있다. 이 경우 번역문이 제출되지 않은 다른 부분은 증거로 이용되지 않는다. 다만, 전리복심위원

---

38) 이 책 "제7부 복심 및 무효심판청구/5. 무효심판청구의 합의심리/5) 입증" 부분 참조.

회의 요구에 따라 당사자가 그 외국어 증거의 다른 부분에 대한 중국어 번역문을 추가 제출하는 경우는 예외이다. 당사자가 정식의 번역문을 제출하는 것이 아니라 청구서나 의견진술서 등에서 관련 부분의 번역문을 명확히 언급하거나 기재한 경우, 그 관련 부분의 번역문이 제출된 것으로 간주된다. 이때 전리복심위원회는 청구인에게 기간을 지정하여 해당 부분의 정식 번역문을 제출할 것을 요구할 수 있다.

(d) 상대방 당사자가 중국어 번역문의 내용에 대해 이의를 제기하려는 경우, 지정 기간 내에 이의가 있는 부분의 중국어 번역문을 제출해야 한다. 번역문을 제출하지 않는 경우, 이의하지 않은 것으로 간주된다.

(e) 중국어 번역문에 대해 이의가 있을 때, 양 당사자가 이의 부분에 대해 의견이 일치된 경우, 양측이 최종적으로 인정한 중국어 번역문을 기준으로 삼는다. 양측이 이의 부분에 대해 의견이 일치되지 않은 경우, 전리복심위원회는 번역을 위탁할 수 있다. 양 당사자가 번역의 위탁에 대해 합의한 경우, 전리복심위원회는 양측이 합의한 번역기관에 전문, 사용되는 부분 또는 이의가 있는 부분의 번역을 위탁할 수 있다. 양 당사자가 번역의 위탁에 합의하지 않는 경우, 전리복심위원회는 자체적으로 전문번역기관에 번역을 위탁할 수 있다. 위탁 번역료는 양측이 반씩 부담하되, 번역료를 지불하지 않는 경우, 상대방 당사자가 제출한 중국어 번역문이 정확하다고 인정한 것으로 간주한다.

c) 해외 증거 및 홍콩, 마카오, 대만에서 형성된 증거의 증명절차

(a) 해외 증거란, 중화인민공화국 이외의 지역에서 형성된 증거를 의미한다. 해외 증거는 소재국의 공증기관의 공증을 거쳐야 하며, 그 소재국에 주재하는 중화인민공화국 영사관의 인증을 받거나 또는 중국과 그 소재국 간에 체결된 협약에 규정된 증명절차를 밟아야 한다.

(b) 제공된 증거가 홍콩, 마카오 또는 대만에서 형성된 경우 다음과 같은 증명 절차를 밟아야 한다: (ㄱ) 홍콩에서 형성된 증거는 공증을 요하고, 공증문서에는 "중화인민공화국 사법부의 홍콩대리인에 대한 중국 내 사용 공증문서 전달처리위탁 전용인장"을 날인해야 한다. (ㄴ) 마카오에서 발급된 민사등기류의 문서를 증거로 삼으려는 경우, 공증이나 인증을 요하지 않는다. 마카오의 공증기관이 공증한 그 외 증거는 인증을 요하지 않는다. (ㄷ) 대만에서 형성된 증거로서 공증을 요하는 경우, 공증문서는 중국 공증원 협회 또는 성, 자치구, 직할시 공증원 협회(또는 공증원 협회 준비팀)의 확인조사를 거쳐야 한다. 공증문서에 "중화민국"이라는 문구를 띤 인장이나 철인이 날인된 경우, 증거로 채택되지 않는다.

(c) 당사자는 아래 3가지 경우 위 (a)와 (b)의 증거에 대해 증명절차를 밟지 않아도 된다: (ㄱ) 홍콩, 마카오 및 대만지역을 제외한 중국 내 공증경로를 통해 증거를 획득할 수 있는 경우(예: 전리국으로부터 획득한 외국 전리문헌 또는 도서관에서 획득한 외국 문헌자

료), (ㄴ) 증거의 진위를 충분히 입증할 수 있는 다른 증거가 존재하는 경우, (ㄷ) 상대방
당사자가 그 증거의 진실성을 인정하는 경우

d) 물증의 제출

(a) 당사자가 물증을 제출하려는 경우 입증 기간 내에 제출해야 하며, 그 물증의 객
관적인 상황을 나타내는 사진 및 설명을 통해 그 물증으로 입증하고자 하는 사실을 구
체적으로 설명해야 한다.

(b) 당사자가 정당한 이유로 인해 입증 기간 내에 물증을 제출할 수 없는 경우, 입증
기간 내에 서면으로 제출기한의 연장을 신청해야 한다. 제출기한의 연장을 신청한 경
우라고 하더라도, 상기 입증 기간 내에 그 물증의 객관적인 상황을 나타내는 사진 및
설명을 통해 그 물증으로 입증하고자 하는 사실을 구체적으로 설명해야 한다. 당사자
는 늦어도 구술심리종료 전까지 그 물증을 제출해야 한다.

(c) 공증기관의 공증을 거쳐 보관한 물증의 경우, 당사자는 입증 기간 내에 공증서만
제출하고 그 물증을 제출하지 않아도 된다. 다만, 늦어도 구술심리변론종결 전까지는
그 물증을 제출해야 한다.

2) 증거에 대한 전리복심위원회의 직권 조사 및 수집

전리복심위원회는 심리에 필요한 증거를 스스로 조사, 수집하지 않는 것이 원칙이
다. 다만, 당사자 및 그 대리인이 객관적인 원인으로 인해 스스로 수집할 수 없는 증거
의 경우, 이에 대해 당사자의 입증기간 내의 신청이 있고 전리복심위원회가 필요하다
고 판단하면 직권으로 조사 및 수집할 수 있다. 여기에서 "객관적인 원인으로 인해 스
스로 수집할 수 없는 증거"란 다음과 같다:

① 증거가 국가 행정기관에 의해 보존되어 있어 전리복심위원회가 직권으로 수집,
조사할 필요가 있는 자료

② 증거가 현재 사용 중에 있다거나 운반, 해체가 부적절하는 등의 원인으로 인해 전
리복심위원회에 직접 제출할 수 없는 실물

③ 당사자 및 그 대리인이 객관적인 원인으로 인해 스스로 수집할 수 없는 그 외 다
른 증거.

전리복심위원회는 직권으로 증거를 수집, 조사해 달라는 당사자의 서면 신청을 수
리한 경우, 합의부는 그 서면 신청에 다음 사항들이 기재되었는지를 심리한다: "피조사
인의 성명 또는 단위의 명칭, 주소지 등 기본적 사항, 수집 조사를 요하는 증거의 내용,
전리복심위원회에 의해 증거가 수집, 조사되어야 하는 이유 및 입증 사실"

당사자의 신청 또는 사안 자체의 정황에 따라 합의부가 증거를 수집, 조사할 확실한
필요가 있다고 판단한 경우, 주임위원 또는 부주임위원에게 보고하여 승인을 받아야

한다. 당사자의 신청에 의해 증거를 수집·조사하는 경우, 필요한 비용은 신청한 당사자 또는 전리복심위원회가 부담한다. 전리복심위원회가 스스로 증거의 수집·조사를 결정한 경우, 필요한 비용은 전리복심위원회가 부담한다.

전리복심위원회는 공문에 의한 수집·조사 및 현장 조사 등의 방식으로 증거의 수집 조사를 진행할 수 있다.

(1) 공문을 통한 증거의 수집·조사 또는 확인

전리복심위원회는 당사자의 신청에 의해 공문을 통한 증거의 수집 또는 확인 조사를 할 수 있다.

a) 당사자의 신청에 대한 전리복심위원회의 심리

전리복심위원회는 당사자가 제출한 신청이 절차적으로 적법한지 심리한다. 입증 기한을 경과한 신청 또는 서면 방식으로 이루어지지 않은 신청은 수리되지 않는다. 또한 당사자가 제출한 신청에 아래 사항이 기재되었는지 심리한다.

① 해당 증거가 사안과 밀접한 관련성이 있는지

② 해당 증거가 관련 행정부문에 의해 보존되어, 전리복심위원회에 의해 증거를 수집, 확인 조사할 필요가 있는지

③ 당사자가 확실한 단서를 제공했는지(예: 증거가 위치한 구체적인 부서, 구체적 책임자 및 연락처 등).

b) 공문을 통한 증거의 수집 또는 확인 조사의 이행

당사자의 신청 또는 사안 자체의 정황에 따라, 합의부가 공문을 통한 증거의 수집 또는 확인 조사를 진행할 필요가 있다고 판단한 경우, 우선 주임위원 또는 부주임위원에게 보고하여 승인을 받는다. 승인을 거친 후, 합의부는 2부의 공문증거수집 확인조사 전용 서한에 전리복심위원회의 공식 인장을 날인하여 1부는 보관하고 다른 1부는 관련 행정부문에 송부한다. 필요한 경우 합의부는 최소 2인의 인원을 파견하여 증거자료의 수집, 확인 조사를 진행하게 하고, 그 내용을 기록하게 할 수 있다.

(2) 현장 조사

전리복심위원회는 당사자의 신청에 의해 현장 조사를 진행할 수 있다.

a) 당사자의 신청에 대한 전리복심위원회의 심리

전리복심위원회는 당사자가 제출한 신청이 절차적으로 적법한지 심리한다. 입증 기한을 경과한 신청 또는 서면 방식으로 이루어지지 않은 신청은 수리되지 않는다. 또한 당사자가 제출한 신청에 아래 사항이 기재되었는지 심리한다.

① 실물이 사안과 밀접한 관련성이 있는지

② 실물 증거가 현재 사용 중에 있다거나 운반, 해체가 부적절하는 등의 원인으로 인해 전리복심위원회에 직접 제출할 수 없는 경우에 해당하는지

③ 당사자가 그 실물 증거를 획득할 확실한 단서를 제공했는지(예: 조사 대상물의 소재지, 조사 대상물의 소유자, 연락처 등).

b) 현장 조사의 이행

합의부는 당사자가 제기한 현장조사 신청이 인정될 수 있는 것으로 판단하면, 주임위원 또는 부주임위원에게 보고하여 승인을 받아야 한다. 현장 조사가 인정된 신청의 경우, 전리복심위원회는 현장 조사 일시, 위치, 참여자를 확정하고, 즉시 무효심판의 양 당사자에게 통지한다.

원칙적으로는, 합의부의 모든 구성원이 현장 조사에 참여해야 한다. 현장 조사 진행 시, 조사원은 전리복심위원회의 증명서를 제시해야 한다. 당사자 또는 그 대리인이 현장에 참여하지 않더라도 현장 조사의 진행에 영향을 미치지 않으나, 현장 조사 기록에 이를 기록한다. 필요한 경우, 전리복심위원회는 지방의 전리업무관리부문 또는 인민법원의 도움을 요청할 수 있다.

c) 현장 조사의 기록

합의부는 조사 시간, 위치, 조사 대상, 조사원, 참여자 및 주요 조사 내용을 기록한다. 조사원, 당사자, 참여자가 기록에 서명하고, 필요한 경우 사진, 영상, 도면 등의 방식으로 기록할 수 있다. 현장 검증 시 제작된 현장도에는 제작 일시, 위치, 제작자의 성명 및 신분 등의 내용을 기재한다.

3) 증거에 대한 질의 및 심리

(1) 당사자에 의한 증거 질의

증거는 당사자의 질의를 거쳐야 하고, 당사자의 질의를 거치지 않은 증거는 사실을 인정하는 증거로 삼을 수 없다. 증거 질의를 진행할 때 당사자는 증거의 관련성, 적법성, 진실성을 놓고 증거의 증명력 유무와 증명력의 정도에 대해 질의, 설명 및 반박한다.

a) 증거 질의의 절차

증거 질의는 합의부의 주관하에 진행되며, 통상적으로 청구인의 증거에 대해 먼저 질의를 진행한 후, 전리권자의 증거에 대한 질의가 이루어진다.

증거 질의 시, 증거를 제출한 당사자가 먼저 증거를 제시하고, 그 증거의 출처, 입증 목적 등에 대해 설명한다. 다음으로, 상대방 당사자는 그 증거의 증거 적격 및 증명력에 대해 질의하고, 합의부는 상황에 따라 증거 적격 및 증명력에 대해 조사신문을 진행할 수 있다. 당사자가 인정 및 승인한 경우 재차 질의하지 않을 수 있다. 그러나 합의부가 당사자의 인정 및 승인이 사실과 명백하게 부합하지 않는다고 판단한 경우와 국가 이익, 사회 공공이익 또는 타인의 합법적 권익을 해할 수 있다고 판단한 경우에는 조사신문을 진행해야 한다. 당사자 및 그 대리인은 증거에 대해 질의를 하거나, 합의부의 허가를 받아 증거문제에 대해 서로 질문하거나 증인에게 질문할 수 있으나, 질문의 내용은 사안의 사실과 관련성이 있어야 한다.

합의부는 당사자의 신청에 따라 직권으로 수집·조사가 이루어진 증거를 그 신청한 당사자 측의 증거로 보아 증거 질의를 진행한다. 합의부는 해당 증거를 수집·조사한 상황에 대해 설명할 수 있다. 합의부는 직권으로 수집·조사한 증거를 심판정에서 제시하여 상황을 설명하고, 당사자의 의견을 들어야 한다.

b) 사본 또는 복제품에 대한 증거 질의

서증, 물증 및 시청각자료에 대한 증거 질의 시, 상대방 당사자가 명확하게 인정의 의사를 표한 경우를 제외하고, 증거의 원본 또는 원물에 대한 증거 질의를 진행해야 한다. 서증, 물증 또는 시청각자료가 사본 또는 복제품인 경우, 상대방 당사자가 인정의 의사를 표하지 않고 또한 검증할 다른 증거가 없다면, 합의부는 그 증거에 대한 질의를 더 이상 진행하지 않을 수 있다.

c) 공증 봉인된 증거에 대한 질의

공증 봉인된 증거에 대해 합의부는 먼저 그 봉인이 온전한지 여부에 대해 증거 질의를 진행한 후, 봉인을 해제한 증거 자료에 대해 재차 증거 질의를 진행한다.

d) 물증 및 시청각자료에 대한 증거 질의

물증 및 시청각자료에 대한 증거 질의 시, 심판정에서 분해, 방영해야 하나 진실성, 관련성 및 합법성이 없는 경우 재차 분해, 방영하지 않을 수 있다.

e) 증인의 증언에 대한 증거 질의

증인의 증언에 대해서 제출된 서면 증언과 결합하여 증거 질의가 이루어지되, 증인의 지각, 기억 능력, 증언 내용의 진실성, 증인의 신분 및 증인과 사건 간의 이해관계 등을 고려하여 진행된다.

증인이 출정하여 증언할 때, 합의부는 증인의 성명, 신분, 주소 등의 기본사항을 확인하고, 증인의 신분증 사본을 남겨 보존한다. 또한 증인에게 성실한 증언을 할 법적 의무 및 위증에 대한 법률적 책임을 고지한다. 합의부는 사안의 구체적 상황에 따라, 상이한 신문 방식을 채택함으로써, 증인의 지각, 기억, 표현능력 및 증인이 입증 사실을 직접 겪었는지, 증인과 당사자 또는 그 대리인 간에 이해관계가 있는지, 증언 내용에 모순이 있는지에 대해 조사할 수 있다.

합의부는 증인 신문에서 유도 질문을 할 수 없으며, 당사자에게도 증인에게 유도 질문, 협박, 모욕할 수 없고, 신문 사항은 사안의 사실과 관련성이 있어야 함을 고지한다.

(2) 합의부에 의한 증거 심리

합의부는 당사자가 제출한 증거에 대해 심리하고 모든 증거에 대해 종합적으로 심리한다. 증거와 사안의 사실 간의 입증관계를 명확히 하고 관련성이 없는 증거를 배제한다. 합의부는 아래 사항들을 통해 증거의 적법성을 심리한다.
　① 증거가 법정 형식에 부합하는지 여부
　② 증거의 획득이 법률, 법규의 규정에 부합하는지 여부
　③ 증거의 효력에 영향을 미치는 그 외 다른 위법사항이 있는지 여부.

　합의부는 아래 사항들을 통해 증거의 진실성을 심리한다.
　① 증거가 원본, 원물인지 여부 및 사본, 복제품이 원본, 원물과 일치하는지 여부
　② 증거를 제공한 자가 당사자와 이해관계가 있는지 여부
　③ 증거 발견 시의 객관적 환경
　④ 증거가 형성된 원인과 방식
　⑤ 증거의 내용
　⑥ 증거의 진실성에 영향을 미치는 그 외 다른 요소.

4) 증거의 인정

　일방 당사자가 제출한 증거를 타방 당사자가 인정하는 경우 또는 타방 당사자가 제출한 반증이 반박하기 어려운 경우, 전리복심위원회는 그 증거의 증명력을 인정할 수 있다.
　일방 당사자가 제출한 증거에 대해 타방 당사자가 이의를 제기하며 반증을 제출했고, 이 반증에 대해 상대방이 인정한 경우, 전리복심위원회는 그 증거의 증명력을 인정할 수 있다.
　양 당사자가 동일한 사실에 대해 각각 상반되는 증거를 제출했으나, 모두 상대방의 증거를 부정할 수 있는 충분한 증거가 없는 경우, 전리복심위원회는 일방이 제출한 증거와 타방이 제출한 증거 중에서 증명력이 보다 더 큰 증거를 인정한다.
　증거의 증명력을 판단할 수 없어 다툼이 되는 사실을 인정할 수 없는 경우, 전리복심위원회는 입증책임 분배의 원칙에 따라 판단한다.

(1) 증인의 증언

　증인은 직접 경험한 사실을 구체적으로 진술해야 한다. 증인이 자신의 경험에 기한 판단, 추측, 평가는 사실을 인정하는 근거로 삼을 수 없다.
　전리복심위원회는 증인의 증언을 인정함에 있어서, 증인과 사안 간의 이해관계, 증인의 지력상태, 성품, 지식, 경험, 법률 의식 및 전문 능력 등에 대한 종합적인 분석을 통해 판단할 수 있다.
　증인은 구술심리에 출석하여 증언해야 하고, 질문을 받아야 한다. 구술심리에 출석하여 증언하지 못한 증인이 제공한 서면 증언만으로는 사실관계를 판단하는 근거로 삼

을 수 없다. 다만, 증인이 구술심리에 출석하여 증언하기가 명백하게 곤란한 경우, 전리복심위원회는 예외적으로 증인의 서면 증언을 인정한다.

(2) 당사자의 승인

당사자의 승인 대상에는, 당사자나 그 대리인의 청구서, 의견진술서 등의 문서 또는 구술심리 과정에서 기술 또는 진술된 '사실' 및 '증거'가 포함된다. 그러나 사실에 대한 법률적 관점 또는 법률 적용에 대한 의견은 포함되지 않는다.

a) 사실에 대한 당사자의 승인

일방 당사자가 진술한 사실관계를 타방 당사자가 명백하게 승인한 경우, 전리복심위원회는 그 사실관계를 인정해야 한다. 다만, 사실에 명백히 반하거나, 국가 이익과 사회의 공공이익을 해하거나, 당사자가 번복하고 이를 반증으로 뒤집을 수 있는 경우는 예외이다. 타방 당사자가 승인도 부인도 하지 않는 경우, 합의부가 충분히 설명하고 질문한 후에도 여전히 긍정 또는 부정의 의사를 명확히 표시하지 않는 경우, 그 사실에 대해 승인한 것으로 간주한다.

한편, 무효심판 과정에서 당사자가 화해 협의를 달성하기 위해 또는 화해의 목적으로 타협하는 과정에서 이루어진 사실관계의 인정은, 이후의 무효심판 절차에서 그에게 불리한 증거로 사용될 수 없다.

b) 증거에 대한 당사자의 승인

일방 당사자가 제출한 증거를 타방 당사자가 명백하게 승인한 경우, 전리복심위원회는 그 증거를 인정해야 한다. 다만, 사실에 명백히 반하거나, 국가 이익과 사회의 공공이익을 해하거나, 당사자가 번복하고 이를 반증으로 뒤집을 수 있는 경우는 예외이다.

c) 대리인의 승인

당사자가 무효심판 절차에 대리인을 위임한 경우, 대리인의 승인은 당사자의 승인으로 간주된다. 그러나 특별수권을 받지 못한 대리인이 사실을 승인함으로 인해 상대방 당사자의 청구 자체를 인낙하는 결과가 되는 경우는 예외이다. 당사자가 현장에 있었으나 그 대리인의 증인에 대해 부인하지 않은 경우, 당사자가 승인한 것으로 간주한다.

d) 승인의 철회 등

구술심리가 진행된 사안의 경우 구술심리의 변론종결 전까지, 구술심리가 진행되지 않은 사안의 경우 심결문 작성 전까지, 당사자의 승인 철회 및 이에 대한 상대방 당사자의 동의가 있는 경우; 또는 강박 또는 중대한 오류가 있는 상태에서 승인이 이루어졌고, 그 승인이 사실에 반함을 입증할 충분한 증거가 있는 경우; 전리복심위원회는 그 승인의 효력을 인정하지 않는다.

(3) 공지상식

어떠한 기술특징이 해당 기술분야의 공지상식이라고 주장하는 당사자는 그 주장에 대한 입증책임을 진다. 그 기술특징이 해당 기술분야의 공지상식임을 당사자가 입증하지 못했거나 충분히 설명하지 못했고, 상대방 당사자도 이를 인정하지 않은 경우, 합의부는 그 기술특징이 해당 분야의 공지상식이라는 주장을 인정하지 않는다.

당사자는 교과서, 기술사전, 기술매뉴얼 등의 자료를 이용하여 어떠한 기술특징이 해당 분야의 공지상식임을 입증할 수 있다.

(4) 공증서

당사자가 공증서를 증거로 제출하는 경우, 유효한 공증서에 의해 증명되는 사실은 사실을 인정하는 근거로 해야 한다. 다만, 반증으로 공증서의 증명을 충분히 뒤집을 수 있는 경우는 예외이다. 공증서에 중대한 형식적 흠결이 있는 경우(예: 공증인의 날인이 없는 경우), 그 공증서는 사실을 인정하는 근거가 될 수 없다.

공증서의 내용에 모순이 있거나 공증서의 결론에 근거가 명백히 결여된 경우, 해당 부분의 내용은 사실을 인정하는 근거가 될 수 없다. 예를 들어 공증서가 증인의 진술에만 의존하여 증인의 진술 내용이 진실하다는 결론을 얻은 경우, 그 공증서의 결론은 사실을 인정하는 근거가 될 수 없다.

(5) 출판물

a) 간행물류(類)의 출판물

간행물류의 출판물이란, 국제표준도서번호(ISBN), 국제표준연속간행물번호(ISSN), 중국국내통일간행번호를 가지고, 정규의 판매루트로 출판, 발행된 서적, 정기간행물 및 잡지 등을 의미한다. 당사자가 원본을 제출하거나 또는 증거로써 사본이 원본과 일치함을 입증한 경우, 간행물류의 출판물의 진실성이 인정된다.

간행물류의 출판물의 인쇄일은 공개일로 간주된다. 인쇄일은 없으나 출판일이 명시된 경우, 출판일이 공개일로 간주된다. 같은 판이 여러 차례 인쇄된 경우 또는 여러 판이 여러 차례 인쇄된 간행물류의 출판물의 경우, 해당 인쇄 회차의 인쇄일이 공개일로 간주된다. 다만, 실제 공개일이 증거로써 입증되는 경우, 실제 공개일이 기준이 된다.

┃ 사례 1 ┃

〈서적 A〉는 비록 이미 인쇄가 완료되었으나, 인쇄 오류의 존재로 인해 해당 출판물이 인쇄일에 발행되지 못한 경우, 해당 출판물의 공개일은 실제 발행일이다.

┃ 사례 2 ┃

〈서적 B〉의 판권 페이지에 '1996년 10월 제1판, 1998년 6월 제2차 인쇄'라고 기재되어 있다면, 이 서적의 공개일은 1998년 6월 30일로 인정되는 것이 원칙이다. 그러나 만약 1996

년 10월 제1차 발행된 이후 수정된 내용이 없었다거나 또는 심사관이 인용한 부분의 내용
에 수정이 없었음을 증거로써 입증하였다면 1996년 10월 31일이 공개일로 인정된다.

┃사례 3┃

〈서적 C〉의 판권 페이지에 '1998년 10월 제2판, 1999년 6월 제2차 인쇄'라고 기재되었다
면, 이 서적의 공개일은 1999년 6월 30일로 인정되는 것이 원칙이다. 그러나 만약 1996년
4월에 제1판 제1차 인쇄가 이루어지고 이후 수정된 내용이 없었다거나 또는 심사관이 인
용한 부분의 내용에 수정이 없었음을 증거로써 입증하였다면 1996년 4월 30일이 공개일로
인정된다.

---

b) 제품의 견본품, 제품 설명서류(類)의 증거

제품의 견본품, 제품 설명서류의 증거에는 제품 리스트, 제품의 견본품, 제품 설명
서, 제품 팸플릿, 제품 전단지 등이 포함된다.

국제표준도서번호, 국제표준연속간행물번호, 중국국내통일간행번호가 있는 제품
견본품, 제품 설명서류의 증거의 진실성 및 공개일에 대한 심리는 전술한 '간행물류의
출판물' 부분의 내용을 참조한다. 그 외의 제품의 견본품, 제품 설명서류의 증거는 증
거 자체 및 기타 관련 증거를 종합적으로 고려한다. 제품의 견본품, 제품 설명서류의
증거의 진실성 및 공개 여부를 입증할 증거에는 보통 그 출처를 입증할 수 있는 인쇄
물, 그 공개 여부를 입증할 수 있는 배포 또는 판매 관련 증거가 포함된다.

┃사 례┃

청구인이 모 기업의 제품 팸플릿 및 그 팸플릿에 대한 인쇄 계약서, 영수증 원본을 제출했
다. 이 경우, 이 제품 팸플릿의 진실성을 인정할 수 있다.

주의할 만한 점으로, 제품의 견본품, 제품 설명서류의 증거가 출판물에 의한 공개인지 아
니면 사용에 의한 공개인지는 사안의 구체적 정황을 결합하여 판단한다.

---

c) 판권표지가 있는 출판물

판권표지가 있는 인쇄물은 그 진실성이 확인될 수 있는 상황이라면, 전리법상의 공
개된 출판물로 볼 수 있다. 다만, 보안이 유지되었거나 발생 범위가 한정됨으로 인해
공개성을 갖추지 않은 경우는 예외이다.

이러한 유형의 출판물에 판권표지와 함께 기재된 최초 출판년도가 그 공개일로 인
정되는 것이 원칙이나, 반증으로 이를 뒤집을 수 있는 경우는 예외이다.

예를 들어, 판권 페이지에 "printed in U.S.A, ©Envirex inc. 1989"라는 표지가 있는

미국회사의 제품설명서의 경우, 다른 증거와 결합하여 그 진실성을 인정할 수 있다. 그 제품설명서가 보안을 요하는 자료였다거나 발생 범위가 한정되었음을 입증할 다른 증거가 없다면, 그 공개일은 1989년 12월 31일이 된다.

d) 표 준

의약분야를 제외한 국가표준, 업계표준, 지역표준은 전리법상의 공개된 출판물로 인정된다. 기업표준이 전리법상의 공개된 출판물에 해당하는 것으로 인정되려면, 관련 법규, 규칙 및 기타 증거와 결합되어야 한다.

의약분야에서의 〈중국약전〉, 중국 국무원 산하기관에서 반포한 의약표준총집, 지역의약표준총집은 전리법상의 공개된 출판물로 인정된다. 수입의약품표준은 전리법상 공개된 출판물로 인정되지 않는 것이 원칙이다. 책자로 편집되지 않은 중국 국무원 산하기관에서 반포된 표준, 지역의약표준, 기업의약표준이 전리법상의 공개된 출판물에 해당하는 것으로 인정되려면 관련 법규, 규칙 및 기타 증거와 결합되어야 한다.

e) 음향, 영상 제품류의 출판물

국제표준 음향영상제품 코드가 있는 음향, 영상 제품류의 출판물의 경우, 그 진실성이 인정되는 것이 원칙이다. 국제표준 음향영상제품 코드(ISCR)에서의 제작년도 코드가 공개일로 간주된다.

예를 들어, CD에 국제표준 음향영상제품 코드가 "ISCR-CN-C12-97-21-0/VG4"인 경우, 여기에서의 "CN"은 국가코드로서 국가를 표시하고, "C12"는 출판인 코드, "97"은 제작년도 코드, "21"은 기록코드, "0/VG4"는 기록페이지 코드이다. 이 CD의 공개일은 1997년 12월 31일로 인정된다.

(6) 인터넷 정보에 관한 증거

인터넷 정보 형식의 증거는 웹페이지, 전자공고, 전자우편, 메신저 프로그램, 뉴스그룹에 업로드 또는 다운로드된 문서 및 Ftp 업로드 또는 다운로드된 문서 등을 포함한다.

a) 진실성

정부 기관, 저명한 비정부조직, 대형 과학연구원, 정규의 대학과 전문대학, 저명한 온라인쇼핑몰 등의 웹페이지는 신인도가 높은 웹페이지로서, 이들 사이트에 자신의 명의로 발표한 정보는 공중, 심판정에서의 접속 시연 등의 방식으로 그 출처를 믿을 수 있는 것으로 확인된 경우, 그 진실성이 인정될 수 있다. 다만, 반증이 있는 경우는 예외이다.

전자우편이나 메신저 프로그램에 기재된 정보, 뉴스그룹에 업로드 또는 다운로드된 문서 및 Ftp 업로드 또는 다운로드된 문서는 그 진실성이 인정되지 않는 것이 원칙이다. 다만, 진실성을 입증할 다른 증거가 있는 경우는 예외이다.

b) 인터넷 정보의 공개성 및 공개시점의 인정

웹페이지, 전자공고, 뉴스그룹에 업로드 또는 다운로드된 문서 및 Ftp 업로드 또는 다운로드된 문서에 공개된 정보는 그 진실성이 인정될 수 있는 경우, 그 공개성이 인정될 수 있는 것이 원칙이고, 전자우편, 메신저 프로그램에 기재된 정보는 공개성이 없는 것이 원칙이다. 다만 반대 사실을 입증할 증거가 있는 경우는 예외이다.

일반 공중이 인터넷 정보에 접근 가능한 최초 시점이 그 인터넷 정보의 공개시점으로 인정된다. 인터넷 정보가 공개되거나 입증된 현지 시간이 그 공개시점이 된다. 공개일 확정 시 시간대의 영향을 고려하지 않는다.

인터넷 정보에 포함된 시간 정보가 반드시 그 증거의 공개 시점을 표시하는 것은 아니다. 예를 들어, 웹페이지에 올려진 pdf, word 파일 정보에 포함된 시간 정보는 그 문서에 언급된 정보가 작성되거나 수정된 시점을 표현하는 것일 뿐이다.

c) 증명력

인터넷 정보 증거의 증명력을 판단할 때, 정보공개 출처의 신뢰도, 정보의 생성, 저장, 교환 방식의 신뢰성, 인터넷 정보의 속성 및 품질 등의 요소가 고려된다. 신인도가 높은 웹페이지에서 수집된 인터넷 정보는 일반적으로 강한 증명력을 갖는다. 전자우편, 메신저 프로그램, 뉴스그룹, Ftp 등 텔넷, 광역통신망의 검색으로 획득한 정보 및 개인 홈페이지에 공개된 인터넷 정보의 증명력은 낮다.

5) 기 타

(1) 출원일 이후에 이루어진 사용 또는 구술에 의한 공개

출원일 이후(출원일 포함)에 형성된 사용 또는 구술에 의한 공개 내용이 기재된 서증, 또는 기타 형식의 증거로 전리 출원일 이전에 사용 또는 구술에 의해 공개되었음을 입증할 수 있다. 이때 전리 공개일 이전(공개일 포함)에 형성된 증거는 전리 공개 이후에 형성된 증거보다 증명력이 크다.

(2) 기술 내용에 대한 자문 및 감정

전리복심위원회는 필요한 경우 관련 기관 또는 전문가에게 기술내용 및 문제에 대해 자문을 요청하거나, 관련 기관에 감정을 의뢰할 수 있다. 비용은 사안의 구체적 정황에 따라 전리복심위원회 또는 당사자가 부담한다.

(3) 당사자가 제출한 증거 원본, 실물증거 및 증거로 삼지 않은 견본품의 처리

합의부는 구두심리종결 후 보유하고 있는 증거인 원본, 실물 또는 견본품에 대해, 무효심결을 내린 후 원본 증거는 사안 포대에 보존하고, 실물 증거 또는 견본품은 포대가 입안/절차관리부서로 넘어감에 따라 입안/절차관리부서가 그 진행코드를 관리하게 한다.

무효심결이 내려지기 전에 당사자가 서면으로 원본, 실물 또는 견본품의 회수를 신청한 경우, 합의부는 사안의 구체적 정황 및 후속 절차에서의 필요성을 토대로 회수의 허가 여부를 결정한다.

무효심결이 내려진 후에 당사자가 서면으로 원본, 실물 또는 견본품의 회수를 신청한 경우, 입안/절차관리부서는 당사자의 서면 신청을 합의부에 송부하고, 합의부는 회수의 허가 여부를 결정한다.

회수를 허가한 경우, 합의부 또는 입안/절차관리부서는 서면으로 당사자에게 통지하여, 통지서 수령일로부터 3개월 내에 회수할 것을 고지한다. 기간 내 회수하지 않을 경우, 전리복심위원회는 이를 처분할 권리가 있다. 당사자가 원본, 실물 또는 견본품을 회수하는 경우, 전리복심위원회는 당사자가 이들 증거를 회수했음을 사안 포대에 기록하고 서명 날인한다.

당사자가 무효심판청구를 철회하면서 원본, 실물 또는 견본품의 회수를 신청한 경우, 만약 이들 증거가 다른 심리중인 사안에 관련되지 않았다면, 전리복심위원회는 당사자의 회수를 허가하는 것이 일반적이며, 당사자가 이들 증거를 회수했음을 사안 포대에 기록하고 서명 날인한다.

8. 전리확인 및 전리침해 자문 사건에 대한 합의심리[39]

1) 전리확인 및 전리침해 자문 절차의 성질

전리확인 자문절차는 전리복심위원회가 전리업무관리부문 및 인민법원 등의 의뢰인의 청구에 의해 개시되는 것으로서, 의뢰인이 제공한 의뢰서와 증거자료를 토대로 전리권이 공개된 출판물 형식의 종래기술에 대해 유효한지 여부 등과 같은 의뢰사항에 대해 전리확인 자문의견을 제공하는 절차이다.

전리침해 자문절차는 전리복심위원회가 전리업무관리부문 및 인민법원 등의 의뢰인의 청구에 의해 개시되는 것으로서, 의뢰인이 제공한 의뢰서와 증거자료를 토대로 피소 침해물건이나 방법이 전리권의 보호범위에 속하는지 여부 등과 같은 의뢰사항에 대해 전리침해기술 자문의견을 제공하는 절차이다.

전리확인 자문의견 및 전리침해 자문의견은 의뢰인이 제공한 증거자료가 진실하고 신뢰할 수 있다는 전제에서 내려지는 것으로서, 법적 효력이 없이 의뢰인에게 참고용으로 제공되는 것일 뿐, 전리복심위원회는 전리확인 자문의견 및 전리침해 자문의견에

---

39) 이하의 내용은 전리법실시세칙 제80조 규정 및 국가지식산권국 전리복심위원회 직능에 대한 비복(中央編办复字[2003]156号)을 토대로 한 것이다.

대해 법정에 나가서 입증을 할 의무를 지지 않는다.

2) 심리 범위

전리확인 및 전리침해 자문사안의 심리 범위는 의뢰서에 명시된 의뢰사항 및 관련 증거자료에 한정되는 것이 일반적이다. 예를 들어, 의뢰사항이 전리권 청구항 제1항이 증거자료에 대해 신규성 및 진보성이 있는지 여부라면, 전리복심위원회의 심리는 해당 청구항과 관련 증거자료에 한정된다.

의뢰사항 및 증거자료가 불명확한 경우, 전리복심위원회가 조사 확인한 내용을 기준으로 한다.

3) 심리 방식

전리확인 및 전리침해 자문사안은 3인 또는 5인의 자문팀에 의해 서면심리 방식으로 진행되며, 법 공정집행 원칙, 청구원칙, 합의심리원칙 등의 원칙에 따른다. 필요한 경우, 전리복심위원회는 전화통지, 면담 또는 현장검증 등의 방식으로 심리를 진행할 수 있다.

전리복심위원회가 전리침해기술 자문의견 또는 전리확인 자문의견을 내기 전에 의뢰인이 청구를 철회한 경우, 전리복심위원회는 자문의견을 내지 않고 심리를 종료한다.

이미 수리된 의뢰가 특수한 원인으로 심리를 계속할 수 없는 경우, 예를 들어 의뢰사항이나 증거자료가 불명확하고 조사를 거쳐도 명확히 할 수 없어 자문의견을 낼 수 없는 경우에는, 주임위원이나 부주임위원의 의견을 물어 심리 종결에 동의하면, 전리복심위원회는 자문의견 없이 심리를 종료하고, 의뢰인에게 통지한다.

4) 전리침해 자문 사건의 심리

전리침해 판단은 청구항에 기재된 기술방안의 모든 필수기술특징과 피소 침해물(물건 또는 방법)의 모든 기술특징을 하나씩 대응하여 비교하며 이루어진다. 청구항에 기재된 모든 기술특징은 필수기술특징으로 인정된다. 또한 전리물건은 피소 침해물건과 직접 대비판단의 대상이 되지 않으며, 등록 전리의 기술특징과 기술방안을 이해하는 데 기여할 수 있을 뿐이다.

전리침해 판단은 구성요소 완비의 원칙 및 균등원칙을 적용한다.

구성요건 완비의 원칙에 따라, 피소 침해물(물건 또는 방법)의 기술특징이 전리 청구항에 기재된 모든 필수기술특징을 포함하면, 피소 침해물이 전리권의 보호범위에 속한다. 전리 청구항에 기재된 필수기술특징이 상위개념이고, 피소 침해물(물건 또는 방법)의 기술특징이 하위개념인 경우, 피소 침해물은 전리권의 보호범위에 속한다. 피소 침해물(물건 또는 방법)에 전리 청구항의 모든 필수기술특징을 포함하면서 그 외에 새로운 기술특징이 더 부가된 경우에도, 전리권의 보호범위에 속한다.

구성요소 완비의 원칙을 적용했으나 피소 침해물(물건 또는 방법)이 전리권 침해를 구성하지 않는 경우, 균등원칙을 적용하여 침해 판단을 진행한다.

균등원칙에 따라 피소 침해물(물건 또는 방법) 중에서 하나 또는 그 이상의 기술특징이 전리 청구항에 기재된 기술특징과 문언적으로는 다르나 서로 균등한 경우, 피소 침해물은 전리권의 보호범위에 속한다.

균등원칙은 아래 두 가지 요건을 모두 만족해야 한다:

ⅰ) 피소 침해물(물건 또는 방법)에서의 기술특징을 전리 청구항에서의 대응되는 기술특징과 비교하여, 기본적으로 동일한 수단으로, 기본적으로 동일한 기능을 실현하여, 기본적으로 동일한 효과를 달성할 것.

ⅱ) 당업자의 입장에서, 청구항과 명세서를 읽고 창조적 노력 없이 충분히 생각해 낼 수 있을 것.

5) 관련 사건의 심리

전리확인 자문사건 또는 전리침해 자문사건의 합의 심리에서, 관련 사건[40]이 존재하는 경우, 자문팀은 관련 사건의 포대를 조사하고 심리에 관련 사건의 사실을 충분히 고려한다.

(1) 이미 무효심결이 내려진 경우의 처리

전리확인 자문사건의 증거자료 및 의뢰사항과 이미 심결이 내려진 무효심판사건의 증거자료 및 무효 이유가 서로 동일한 경우, 자문팀은 관련 상황을 의뢰인에게 통지한다. 의뢰인이 자문 청구를 철회하지 않는 경우, 자문팀은 무효심결을 자문의견서에 첨부하여 의뢰인에게 송부한다.

전리확인 자문사건의 증거자료 및 의뢰사항과 무효심판의 증거자료 및 무효의 이유가 서로 동일하지 않거나 완전히 동일하지는 않은 경우, 자문팀은 무효심판 사건의 포대를 조사하여 심결의 결론이 전부무효 또는 일부무효이면, 법률상태에 관한 상황을

---

40) 여기에서의 관련 사건이란 다음과 같다:
  (1) 상이한 청구인이 동일한 전리권에 제기한 다수의 무효심판
  (2) 상이한 청구인이 동일한 전리권자의 다수의 전리권에 제기한 무효심판
  (3) 동일한 청구인이 동일한 전리권에 제기한 다수의 무효심판
  (4) 동일한 청구인이 상이한 전리권에 제기한 다수의 무효심판
  (5) 동일한 전리권에 제기된 자문 사건과 무효심판
  (6) 동일한 전리권에 제기된 다수의 자문 사건
  (7) 사건과 관련된 다른 사건. 예를 들어 증거 또는 사실이 동일한 사건.

의뢰인에게 통지하여, 의뢰인이 의뢰사항을 다시 확정하게 한다. 필요한 경우, 자문팀은 무효심결을 자문의견서에 첨부하여 의뢰인에게 송부한다.

(2) 하나의 전리권에 여러 건의 전리확인 자문의뢰가 청구된 경우의 처리

하나의 전리권에 여러 건의 전리확인 자문의뢰가 청구되었는데 심리의 결론이 서로 다른 경우, 자문팀은 관련 상황을 의뢰인에게 통지하고 주임위원 또는 부주임위원에게 보고하여 승인받은 후, 해당 전리가 무효 또는 일부 무효될 수 있다는 자문의견서를 모든 의뢰인에게 송부할지를 결정한다.

하나의 전리권에 대해 이미 전리확인 자문의견이 내려졌는데 결론이 무효 또는 일부 무효인 경우, 자문팀은 관련 상황을 의뢰인에게 통지한다. 필요한 경우 주임위원 또는 부주임위원의 승인을 받은 후, 이미 내려진 전리확인 자문의견서를 의뢰인에게 송부한다.

6) 자문 의견서

전리확인 및 전리침해 자문사건의 심리 후 의견을 낼 수 있는데, 자문 의견서의 형식으로 최종적인 의견과 결론을 내려 의뢰인에게 송부한다. 자문 의견서는 서지사항들이 기재되는 표준규격; 사안의 개요, 판단 이유 및 결론이 기재된 의견서 본문으로 구성된다. 작성된 자문 의견서는 의뢰인에게 우편 또는 직접교부 방식으로 송달된다.

9. 복심 및 무효절차에서 디자인심리에 대한 규정

1) 전리법 제2조 제4항의 디자인 정의에 대한 이해

물품의 디자인은 물품의 실용적 기능과 장식적 미감의 결합이다. 물품의 외관 디자인은 실용적 기능의 보장과 장식적 미감의 강화 사이의 지속적인 조화와 통일 과정이다.

"미감이 풍부하다"는 것은, 인간의 주관적 의식이 물품에 그 디자인의 시각적 효과로서 표현되어야 함을 의미한다.

"산업상 이용에 적합하다"는 것은, 물품의 기본적인 실용적 기능을 유지하면서 산업적으로 생산될 수 있어야 함을 의미한다.

2) 판단의 주체

디자인이 전리법 제23조 제1항, 제2항 규정에 부합하는지를 판단할 때, 그 물품에 대한 일반 소비자의 지식수준 및 인지능력에 따라 평가한다. 여기에서의 "일반 소비자"는 법적으로 의제된 자로서, 현실에서의 보통사람으로 이루어진 특정 소비자군에

대응되는 것도 아니고, 어떤 물품의 최종 소비자를 의미하는 것도 아니다. 여기에서의
일반 소비자는 아래와 같은 능력을 지닌 자를 의미한다:

　　동일하거나 유사한 물품의 관용 디자인을 이해할 것

　　동일하거나 유사한 물품의 상용 디자인방법을 이해하고 적용할 것

　　동일하거나 유사한 물품의 설계 자유도[41]를 이해할 것

　　동일하거나 유사한 물품의 종래디자인을 획득할 수 있을 것

　　물품 간의 형상, 도안 및 색채를 구별할 일정한 분별력이 있으나, 물품의 형상, 도안
및 색채의 미세한 변화까지 인식해 내지는 않을 것.

3) 인용디자인

상표는 디자인의 인용디자인이 될 수 없는 것이 원칙이나, 아래 상황의 경우 상표로
서 공개된 디자인도 인용디자인이 될 수 있다.

(1) 상표로서 구체적인 물품의 디자인이 공개되었고, 그 용도나 사용 환경이 디자인
과 동일 또는 유사한 경우(예: 등록디자인이 포장병이고, 공개된 상표는 도 9-1에서 도시된
캔인 경우; 등록디자인이 담뱃갑이고 공개된 출원 상표는 도 9-2에서 도시된 담뱃갑의 정면 및
배면도 또는 도 9-3에서 도시된 전개도인 경우)

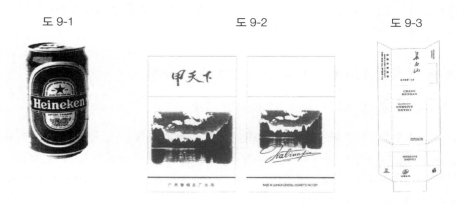

도 9-1　　　　　　　　　　　도 9-2　　　　　　　　　　　도 9-3

(2) 상표가 평면 디자인으로서 라벨로 사용 가능함을 증거로서 입증할 수 있고, 그
용도 또는 사용 환경이 등록디자인과 동일하거나 유사한 경우(예: 등록디자인이 병 라벨
이고, 공개 상표는 도 9-4에 도시된 평면상표 "NIVEA"인 경우, 그 평면 디자인이 라벨로 사용될
수 있음을 증거를 들어 입증한 경우)

---

41) 원문 표현은 "设计空间"으로서, 설계 공간이란 물품 디자인에 대한 디자인 설계자의 설계 자유
　도, 즉 공지 디자인, 관습적 변경, 기능적 디자인 및 비장식성 디자인이 배제된 창작 공간을 의미
　한다(출처: 袁博, "设计空间在外观设计专利相似判定中的作用", 中国法院网上海法院).

(3) 입체상표가 구체적인 물품의 디자인을 반영하였고, 그 용도 또는 사용 환경이 등록디자인과 동일하거나 유사한 경우(예: 등록디자인이 병이고, 입체상표는 도 9-5에 도시된 코카콜라 병인 경우)

도 9-4   도 9-5

4) 전리법 제23조 제1항에 대한 심리

(1) 디자인의 동일

디자인의 동일이란, 등록디자인과 인용디자인이 동일한 물품의 디자인이고 양자 간 상응하는 디자인 요소가 동일한 것을 의미한다. 디자인 요소란 형상, 도안 및 색채를 의미한다. 물품의 종류는 명칭, 국제디자인분류 및 물품판매 시 진열 분류위치를 참고할 수 있으나, 물품의 용도가 동일한지를 기준으로 해야 한다. 동일 종류의 물품은 용도가 완전히 동일한 물품을 의미한다.[42]

ㄱ) 물품의 기능, 내부구조, 기술적 성능의 차이

등록 전리와 인용디자인 간에 물품의 기능, 내부구조, 성능에만 차이가 있고, 물품의 기능, 내부구조, 성능의 차이로 인해 물품 디자인의 전체적 시각 효과에 차이가 발생하지 않는 경우, 등록 전리와 유사 디자인은 동일한 디자인에 속한다.

예를 들어, 도 9-6과 도 9-7에 도시된 스위치는 내부 구조와 스위치 제어방식만 다를 뿐이고, 디자인은 완전히 동일하므로 동일한 디자인이다.

---

42) 예를 들어, 기계시계와 전자시계의 내부구조는 다르지만 용도가 동일하므로 동일 종류의 물품이다.

도 9-6 등록디자인(터치 스위치)   도 9-7 인용디자인(음성제어 스위치)

그러나 물품의 기능, 내부구조, 성능의 차이로 인해 물품 디자인에 변화가 생긴 경우, 그 변화가 전체적인 시각 효과에 미치는 영향을 고려해야 한다.

▎사 례 ▎

도 9-8과 도 9-9에 도시된 면도기에서, 등록디자인은 인용디자인 후면의 관자놀이 면도부가 콘센트로 바뀌었는데, 양자를 비교할 때 그 기능의 변화는 고려하지 않으나, 관자놀이 면도부가 콘센트로 바뀜으로써 발생한 디자인의 변화가 면도기 전체의 시각적 효과에 미치는 영향은 고려되어야 한다.

도 9-8 등록디자인(충전식 면도기)   도 9-9 인용디자인(배터리식 면도기)

 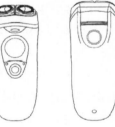

ㄴ) 물품 치수의 차이

등록디자인과 인용디자인이 치수만 다를 뿐, 각 디자인 특징의 비례 배치관계에 변화가 없다면, 등록디자인과 인용디자인은 동일한 디자인에 해당한다.

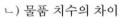

▎사 례 ▎

도 9-10에 도시된 인형들은 치수는 다르지만 각 인형들이 동일한 비율로 변화했을 뿐이므로, 서로 동일한 디자인에 해당한다.

도 9-10

만약 물품의 각 디자인 특징 간 상호 비례관계가 달라 디자인의 전체적 시각 효과에 변화가 생긴 경우, 등록디자인과 인용디자인은 동일한 디자인에 속하는 것으로 인정되지 않는다.

예를 들어, 찻잔과 차 뚜껑의 높이비를 5:1에서 3:1로 바꿈으로써, 전체적인 시각 효과에 변화가 생긴 경우, 양자는 동일한 디자인에 해당하지 않는 것으로 인정된다.

ㄷ) 재료의 치환

등록디자인과 인용디자인의 차이가 재료의 치환에만 있고, 그 치환으로 인해 디자인의 전체적 시각 효과에 변화가 생기지 않는다면, 등록디자인과 인용디자인은 동일한 디자인에 해당한다.

▌사 례▐

도 9-11에 도시된 쇠망치(인용디자인)와 고무망치(등록디자인; 색채를 보호범위로 청구하지 않았음)는, 비록 재료를 금속에서 고무로 치환했으나, 그 치환은 통상적인 재료의 치환이고, 이로 인해 망치 디자인의 전체적 시각 효과에 변화가 생기는 것은 아니므로, 양자는 동일한 디자인에 해당한다.

만약 재료의 치환으로 인해 물품 디자인의 전체적 시각 효과에 변화가 생겼다면, 등록디자인과 인용디자인은 동일한 디자인에 속하는 것으로 인정되지 않는다.

도 9-11

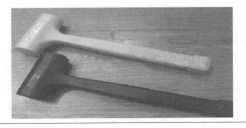

(2) 디자인의 실질적 동일

디자인의 실질적 동일 판단은 물품의 동일, 유사를 전제로 한다. 물품의 종류가 다르거나 유사하지 않은 경우, 실질적 동일 여부의 판단 없이 바로 실질적으로 동일하지 않음을 인정할 수 있다(예: 타월과 카펫).

유사한 종류의 물품이란 용도가 유사한 물품을 의미한다(예: 완구와 작은 진열품). 물품의 용도가 여러 개인 경우, 그중 일부 용도가 동일하고 기타 용도가 다르면 양자는 유사한 종류의 물품이다(예: 손목시계와 MP3를 포함한 손목시계).

일반 소비자가 등록디자인과 인용디자인을 전체적으로 관찰하여 그 차이가 아래 경우에 해당하면 양 디자인은 실질적으로 동일하다.

ㄱ) 일반적인 주의력으로는 감지해 낼 수 없는 미세한 차이인 경우[43]

┃사례 1┃

도 9-12에 도시된 러시아 인형 세트는 일반적인 주의력으로는 세 가지 인형 간의 차이를 감지해 낼 수 없으므로, 이들 디자인은 실질적으로 동일하다고 인정할 수 있다.

도 9-12

┃사례 2┃

도 9-13과 9-14에 도시된 전기밥솥은 제어 패널의 디자인이 다른데, 이 차이는 일반적인 주의력으로는 감지해 낼 수 없는 미세한 차이에 해당하지 않으므로, 양자는 실질적으로 동일한 디자인에 해당하지 않는다.

---

43) 여기에서 "일반적인 주의력으로는 감지해 낼 수 없는 미세한 차이인 경우"와 앞의 2) 판단의 주체에서 일반 소비자가 "물품의 형상, 도안 및 색채의 미세한 변화까지 인식해 내지는 않을 것"에서의 미세한 차이의 정도는 동일하다. 또한 전리법 제23조 제2항에 대한 심사에 대해 규정하는 전리심사지침 6.1절 (4)에서의 "차이점이 국부적인 미세한 변화뿐인 경우"란, 일반 소비자가 "일반적인 주의력으로 알아낼 수 있는 디자인 변화"를 의미한다.

도 9-13   도 9-14

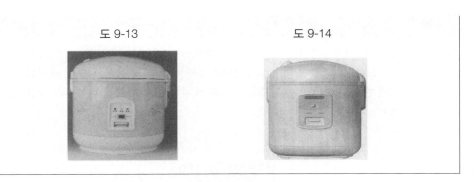

ㄴ) 양 디자인의 차이가 사용 시 눈에 잘 띄지 않는 부분에 있는 경우. 다만, 쉽게 보이지 않는 특정 디자인이 일반 소비자들에게 주목을 끌 수 있는 시각 효과가 있음을 입증할 증거가 있는 경우는 예외이다.

ㄷ) 특정 디자인 요소 전체를 그 물품의 관용 디자인의 대응되는 디자인 요소로 대체한 경우

┃사 례┃

도 9-15와 도 9-16에 도시된 비스킷 포장상자에서 원형, 방형 등의 형상은 비스킷용 포장상자의 관용적인 디자인으로서, 등록디자인은 인용디자인의 방형 디자인 전체가 원형으로 대체되었다. 비록 비스킷 상자의 전체적 외관에 변화가 생겼지만, 등록디자인과 인용디자인은 실질적으로 동일한 디자인에 해당한다.

도 9-15   도 9-16

ㄹ) 인용디자인을 디자인 단위로 하여 해당 물품의 일반적인 배열방식에 따라 중복 배열하거나 그 배열 수량의 증감 변화에 있는 경우

┃사 례┃

도 9-17에 도시된 연속배열된 의자는 한 개의 의자 디자인에 변화가 없이 여러 개의 의자
가 통상의 방식으로 함께 연결되어 있을 뿐이다. 비록 한 개의 의자가 연속 배열됨으로써
전체적인 외관에 변화가 생겼지만, 다른 개수의 의자가 연속 배열된 디자인은 실질적으로
동일한 것으로 인정된다.

도 9-17

ㅁ) 그 차이점이 서로 거울상으로 대칭인 경우

한편, 전리심사지침에서는 전술한 5가지 경우를 실질적 동일로 인정할 수 있는 예로
제시하였으나, 이 5가지 경우 중 어느 한 가지에만 해당되어야 양 디자인이 실질적으
로 동일한 것으로 인정할 수 있음을 의미하는 것은 아니다. 등록디자인과 인용디자인
에 전술한 5가지 중 둘 이상의 차이점이 있는 경우에는, 전체 관찰, 종합 판단의 원
칙[44]에 따라 양자가 실질적으로 동일한지 판단해야 한다.

┃사 례┃

도 9-18과 도 9-19에 도시된 냉장고는, 정면도의 도어 패널에 일반적인 주의력으로는 감지
해 낼 수 없는 미세한 차이가 존재할 뿐만 아니라, 사용 시 눈에 잘 띄지 않는 뒷면, 즉 배
면도에도 차이가 존재한다. 그러나 전체 관찰, 종합 판단의 원칙에 따라 양자는 실질적으
로 동일한 디자인으로 판단할 수 있다.

---

44) 전체관찰 및 종합판단 방식이란 등록디자인과 인용 디자인의 전체에 의해 판단하는 것을 의미
하며, 디자인의 일부 또는 국부로부터 판단의 결론을 이끌어 내는 것이 아니다. 2010년 〈전리심
사지침〉 제4부 제5장 5.2.4절.

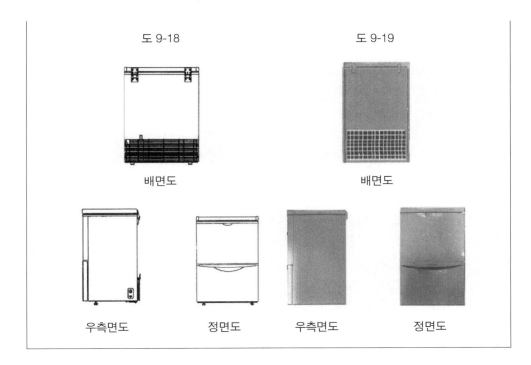

도 9-18

도 9-19

배면도

배면도

우측면도

정면도

우측면도

정면도

5) 전리법 제23조 제2항에 대한 심리

전리법 제23조 제2항은 "전리권을 수여받는 디자인은 종래디자인 또는 종래디자인의 특징[45]의 조합과 비교하여 명확한 차이가 있어야 한다."라고 규정한다. 여기에서 "명확한 차이"가 없다는 것은 아래의 경우를 의미한다.

① 등록디자인이 동일하거나 유사한 물품의 종래디자인과 비교하여 명확한 차이점이 없는 경우

② 등록디자인이 종래디자인을 전용하여 얻은 경우 양자 간 디자인특징이 동일하거나 미세한 차이만 있고 상기 구체적인 전용 방법이 동일 또는 유사 물품의 종래디자인으로부터 시사를 받을 수 있는 경우

③ 등록디자인이 종래디자인 또는 종래디자인의 특징의 조합으로 이루어졌는데, 종래디자인과 등록디자인의 대응되는 디자인 부분이 동일하거나 미세한 차이만 존재하고, 그 구체적인 조합 방식이 동일 또는 유사 물품의 종래디자인에 의해 계시된 경우.

---

45) 종래디자인의 특징이란, 종래디자인의 일부 디자인요소 또는 이들 요소의 결합(예: 종래디자인의 형상, 도안 및 색채 또는 이들의 결합)을 의미하거나, 종래디자인의 어느 구성부분의 디자인(예: 전체 디자인물품 중 부품의 디자인)을 의미한다.

등록디자인이 종래디자인을 전용, 조합하여 얻은 경우, 위 ②, ③에 따라 종합적으로 판단하나, 전용 또는 조합을 거쳐 독특한 시각 효과가 생긴 경우는 예외이다.

한편, 등록디자인을 그 동일 또는 유사 물품의 종래디자인과 비교하여 명확한 구별 특징이 있는지 판단할 때, 아래 요인들을 종합적으로 고려해야 한다.

(1) 1건의 인용디자인과의 비교

등록디자인과 한 건의 인용디자인을 비교하여 명백한 차이점이 있는지 판단할 때, 우선 단독대비 원칙46)에 따라 양자 간 공통점과 차이점을 찾은 후, 일반 소비자의 입장에서 다음 원칙을 고려하여 판단한다. 이 판단 과정은 합의심리, 구두심리 및 결정서 작성의 모든 과정에 적용된다.

ㄱ) 사용 시 눈에 잘 띄지 않는 부위의 디자인

등록디자인과 인용디자인을 비교할 때, 물품 사용 시 눈에 잘 띄는 부위의 디자인의 차이가 눈에 잘 띄지 않는 부위의 차이에 비해 물품 전체의 시각 효과에 현저한 영향을 미치는 것이 일반적이다.

ㄴ) 일반적인 주의력으로 쉽게 감지되지 않는 국부의 미세한 차이

등록디자인과 인용디자인을 비교할 때, 일반적인 주의력으로 쉽게 감지되지 않는 국부의 미세한 차이는 물품 전체의 시각 효과에 현저한 영향을 미치지 않는 것이 일반적이다.

ㄷ) 종래디자인의 상황

등록디자인을 인용디자인과 단독 비교할 때, 전술한 ㄱ)와 ㄴ)에서 물품의 전체적 시각 효과에 현저한 영향을 미치지 않는 디자인 특징을 배제한 다음, 만약 등록디자인과 인용디자인의 비교 결과 물품 전체의 시각 효과에 현저한 영향을 미칠 수 있는 동일한 디자인 특징과 상이한 디자인 특징을 동시에 갖는 경우, 동일한 디자인 특징과 상이한 디자인 특징이 물품 전체의 시각 효과에서 차지하는 비중을 종합적으로 판단하여, 이를 기초로 명확한 차이점이 존재하는지에 대한 결론을 도출할 필요가 있다.

전술한 '비중'은 물품의 종래디자인 상황를 근거로 하여 일반 소비자의 입장에서 확정되어야 한다. 어떠한 동일한 디자인 특징 또는 상이한 디자인 특징에 대해, 만약 종래디자인에 그와 동일하거나 실질적으로 동일한 디자인이 이미 상당수 존재한다면, 그

---

46) 단독비교: 하나의 인용디자인을 등록디자인과 단독으로 비교한다. 등록디자인이 독립적인 사용 가치를 갖는 다수의 물품에 대한 디자인을 포함하는 경우(예: 한벌 물품의 디자인 도는 동일한 물품의 2 이상의 유사디자인), 서로 다른 인용디자인을 대응되는 각각의 디자인과 단독비교할 수 있다. 등록디자인이 조립되어 사용되는 2 이상의 구성품으로 이루어진 물품의 디자인인 경우, 그 조립품의 수와 대응하며 명백하게 조립관계가 있는 구성품들을 결합하여 하나의 인용디자인으로 등록디자인과 비교할 수 있다. 2010년 전리심사지침 제4부 제5장 5.2.1절.

동일한 디자인 특징 또는 상이한 디자인 특징은 일반 소비자에 대한 시각적 흡인력이 적은 것이 일반적이며, 결국 물품의 전체적 시각 효과에 미치는 비중도 적다. 이에 반하여, 종래디자인에 그와 동일하거나 실질적으로 동일한 디자인이 존재하지 않거나 출현 빈도가 적은 경우, 그 동일한 디자인 특징 또는 상이한 디자인 특징은 일반 소비자에 대한 시각적 흡인력이 크며, 물품의 전체적 시각 효과에 미치는 비중도 크다.[47]

ㄹ) 설계 자유도

물품의 기능, 사용환경 및 물품을 제조하는 공정조건 등 기술적 개선은 발명이나 실용신안의 보호 대상이 되지만, 이로 인해 물품 외관에 대한 설계 자유도에도 제약이 생긴다면, 이러한 제약은 디자인의 명확한 차이점 판단 시 고려해야 한다.

물품에서 제약을 크게 받는 부위는 그 설계 자유도가 작아, 새로운 디자인을 형성하기가 어렵다. 따라서 그 부위에 대한 디자인 변화는 명확한 차이점의 존재 여부 판단 시 고려되어야 한다. 다만, 그러한 디자인 변화가 전술한 제약조건에 적응하기 위한 설계조정에 불과한 경우는 예외이다.

고려 대상이 될 수 있는 디자인 변화가 물품 사용 시 눈에 잘 띄지 않는 부위 또는 일반적인 주의력으로는 쉽게 감지되지 않는 국부의 미세한 차이에 해당하지 않는다면, 그 디자인 변화는 물품 전체의 시각 효과에 현저한 영향을 갖는 것으로 판단할 수 있다.[48]

전술한 네 가지 원칙은 디자인의 명백한 차이점 판단 시 반드시 종합적으로 고려해야 한다. 이에 따른 합의부의 판단 순서는 다음과 같다.

① 등록디자인과 인용디자인을 단독비교하여, 동일한 디자인 특징과 상이한 디자인 특징을 뽑아낸다.

② ㄹ)에 따라 상이한 디자인 특징에 대해 판단하여, 고려대상에서 제외되어야 할 상이한 디자인 특징을 배제한다.

③ ②에서 배제되고 남은 상이한 디자인 특징과 모든 동일한 디자인 특징에 대해 ㄱ)과 ㄴ)에 따라 물품 전체의 시각 효과에 현저한 영향이 없는 상이한 디자인 특징을

---

47) 전리심사지침 제4부 제5장 6.1절의 (2)에서 "어떤 디자인이 그 물품의 관용디자인(예: 캔 제품의 원주형 디자인)임이 입증되면, 그 외 다른 디자인의 변화는 전체적인 시각 효과에 더 현저한 영향을 미치는 것이 일반적이다"라고 규정한다. 종래 디자인에 상당수 존재하는 관용디자인은 디자인에 명확한 차이점이 있는지 여부를 종합적으로 판단할 때 차지하는 비중이 적다는 점을 규정한 것이다.

48) 전리심사지침 제4부 제5장 6.1절의 (3)에서 "물품의 기능으로 유일하게 한정되는 특정 형상은 전체적인 시각 효과에 현저한 영향을 미치지 않는다"라고 규정한다. 물품의 기능이 미치는 제약으로 인해 그 디자인에 어떠한 설계 자유도 없이 유일성을 띤다면, 그 디자인 물품의 전체적 시각 효과에 현저한 영향을 미치지 못함을 규정한 것이다.

배제한다.

④ ㄱ), ㄴ) 및 ㄹ)에 따라 등록디자인과 인용디자인의 상이한 디자인 특징이 모두 전체적 시각 효과에 미치는 영향이 현저하지 않는 것으로 판단된 경우, 양자는 명백한 차이점이 없다.

⑤ ④에서 등록디자인과 인용디자인에 물품 전체의 시각 효과에 현저한 영향을 미치는 동일한 디자인 특징과 상이한 디자인 특징이 동시에 존재하는 경우, ㄷ)에 따라 등록디자인과 동일 및 유사한 물품의 종래디자인 상황을 조사하여, 그 종래디자인 상황을 토대로 물품의 전체적 시각 효과에 현저한 영향을 미치는 동일한 디자인 특징 및 상이한 디자인 특징의 비중을 판단한 후, 양자에 명백한 차이점이 있는지에 대해 최종적으로 판단하여 결론을 도출한다.

한편, ㄷ)을 구체적으로 적용할 때, 일반 소비자의 종래디자인 상황에 대한 충분하고 총체적인 이해를 요하며, 여기에서의 종래디자인 상황은 당사자가 증거를 들어 입증하거나 심사관이 주도적으로 지득할 수 있다.

아래 도 9-20과 9-21에 도시된 자동차 관련 사례는 ㄹ) 설계 자유도에 대한 구체적 적용에 대한 것이다. 본 사례에서는 ㄷ)에 따른 판단은 다루어지지 않았다.

도 9-20 등록디자인　　　　　도 9-21 인용디자인

등록디자인과 인용디자인은 모두 자동차로서 용도가 같아 동일한 물품에 해당하므로 대비가 가능하다.

등록디자인과 인용디자인을 비교하면, 차체 앞부분의 윤곽선, 보닛, 흡입 그릴 및 안개등의 윤곽과 형상이 기본적으로 동일하다.

한편, 양자의 차이점은 다음과 같다: (1) 뒷문의 윤곽 형상이 다른데, 등록디자인의 뒷문은 연장되어 돌출된 부분이 낮고 타이어 휠에 가깝지만, 인용디자인에서의 뒷문은 연장되어 돌출된 부분이 높고 뒷창에 가깝다. (2) 뒷문 창에서 뒤쪽 차창 사이의 디자인이 다른데, 등록디자인은 전체가 유리로 이루어졌지만, 인용디자인은 뒷문 창에서 뒤쪽 차장 사이가 철골구조이다. (3) 차 뒤쪽 상부 윤곽선이 다른데, 인용디자인의 기울어진 각도가 크고 디자인이 보다 매끄럽다. (4) 전조등 디자인이 다르다.

차이점 (1)~(3)은 차체 윤곽구조의 디자인 변화로서, 자동차 자체의 윤곽선 디자인은 차량 등 장식적 요소가 가미되는 부분의 디자인보다 복잡하며, 자동차의 전체적 성능, 자동차 부속품의 배치 및 가공공정 등 요소들의 제약을 받기가 쉽다. 즉, 디자인의 설계 자유도가 작아 새로운 디자인을 설계하기가 어렵다. 따라서 등록디자인과 인용디자인 간의 차이점 (1)~(3)은 제약조건에 적응하기 위한 간단한 조정이라 할 수 없고, 이러한 설계로 인해 객실 후부가 전체적으로 개방적인 시각 효과를 갖게 되어, 반드시 고려되어야 할 설계변화를 구성한다. 차이점 (1)~(3)이 차체 표면의 눈에 띄기 쉬운 부위에 위치한다는 점, 일반적인 주의력으로 쉽게 지각되지 않는 국부적인 미세 변화에 해당하지 않는 점을 종합적으로 고려하면, 이들 차이점은 자동차의 전체적 시각효과에 현저한 영향을 미친다.

(2) 종래디자인의 전용

전용이란, 디자인을 다른 종류의 물품에 사용하는 것을 의미한다. 자연물, 자연 경관 및 물품을 매개체로 하지 않은 단순한 형상, 도안, 색채 또는 그 결합을 디자인에 이용하는 것도 전용에 해당한다.

아래에 열거된 전용은 전용방법의 계시가 명백히 존재하는 경우로서, 이로부터 얻은 디자인은 종래디자인과 비교하여 명백한 차이점이 없다. 다만, 독특한 시각 효과를 갖는 경우는 예외이다.

① 기본적인 기하학적 형상을 단순히 이용하거나 그 기본적인 기하학적 형상에 미세한 변화만 가했을 뿐인 디자인

② 자연물, 자연 경관의 기존 형태를 단순히 모방한 디자인

③ 유명한 건축물, 저명한 저작물의 전부 또는 일부 형상, 도안, 색채를 단순히 모방한 디자인

④ 다른 종류의 물품 디자인을 전용하여 얻은 장난감, 장식품, 식품류 물품의 디자인.

┃사 례┃

도 9-23은 디자인권으로 등록된 장식품으로서, 도 9-22의 인용디자인에 도시된 로댕의 작품을 전용한 것이다. 이와 같은 전용에 대한 계시는 증거로서 입증할 필요가 없이, 등록디

자인은 인용디자인과 비교하면 명백한 차이점이 없다.

도 9-22 인용디자인

도 9-23 등록디자인

　　전술한 네 가지 경우 외에, 종래디자인에서 전용된 다른 등록디자인이 그 종래디자인과 비교하여 현저한 차이점이 존재하는지 판단할 때, 전용 방법의 게시가 존재하는지 여부를 토대로 판단한다. 도 9-24, 도 9-25 및 도 9-26에서 도시하듯, 종래디자인에 이미 전구를 전용한 술 주전자 디자인이 존재한다. 즉, 조명용 전구를 물품을 저장하는 유리 용기로 전용하는 게시가 종래디자인에서 제시되었다. 따라서 등록디자인인 유리용기는 인용디자인 2(적외선 반코팅된 전구)과 비교하여 명백한 차이점이 존재하지 않는다.

도 9-24 인용디자인 1　　도 9-25 인용디자인 2　　도 9-26 등록디자인
전구 형상의 술 주전자　　적외선 반코팅된 전구　　유리 용기
(종래디자인 전용 게시)

(3) 종래디자인 및 디자인특징의 조합

조합은 단순 결합과 교체를 포함하며, 2 이상의 디자인 또는 디자인특징을 단순 결

합하여 하나의 디자인을 만들거나 하나의 디자인에서의 디자인특징을 다른 디자인특징으로 교체하는 것을 의미한다. 하나의 디자인 또는 디자인특징을 하나의 단위로 하여 중복 배열한 디자인은 조합 디자인에 해당한다. 여기의 조합에는 자연물, 자연 경관, 물품을 매개체로 하지 않은 단순한 형상, 모양, 색채 또는 그 결합을 이용한 단순 결합 또는 교체도 포함된다.

아래 열거된 조합은 조합방법이 명백히 계시된 경우에 해당하며, 이로부터 얻어진 디자인은 종래디자인 또는 종래디자인특징의 조합과 비교하여 명백한 차이점이 없는 디자인에 해당한다.

그러나 독특한 시각 효과를 내는 경우는 예외이다.

(1) 동일 또는 유사한 물품에 대한 다수의 종래디자인을 그대로 또는 미세하게 변경한 후 단순 결합한 디자인

(2) 물품 디자인의 디자인특징을 다른 하나의 동일하거나 유사한 물품의 디자인 특징 그대로 교체하거나 미세하게 변경한 후 교체한 디자인

(3) 물품의 종래의 형상디자인과 종래의 모양, 색채 또는 그 결합을 바로 단순 결합한 디자인 또는 종래디자인의 모양, 색채 또는 그 결합을 다른 종래디자인의 모양, 색채 또는 그 결합으로 대체한 디자인.

위 세 가지 경우는 종래디자인에 구체적인 조합 방법의 계시가 존재함을 증거로서 입증할 필요가 없다.

┃ 사 례 ┃

도 9-27 인용디자인 1
찻주전자(형상)

도 9-28 인용디자인 2
산타클로스(도안)

도 9-29 등록디자인
찻주전자(형상+도안)

도 9-29에 도시된 등록디자인은 도 9-27에 도시된 찻주전자의 형상 디자인에 도 9-28에 도시된 산타클로스 도안 디자인이 단순 결합된 것으로서, 등록디자인은 인용디자인 1과 인

용디자인 2의 조합과 비교하여 명백한 차이점이 없다.

전술한 세 가지 경우 이외에, 종래기술 및 그 디자인특징이 조합된 등록디자인과 인용디자인이 명백한 차이점이 존재하는지 판단할 때, 조합 방법에 대한 게시가 존재하는지에 따라 판단하는 것이 일반적이다.

▌사 례▐

등록디자인(도 9-33)는 알람시계를 구비한 콘센트이고, 인용디자인 1(도 9-30)은 콘센트, 인용디자인 2(도 9-31)는 알람시계, 인용디자인 3(도 9-32)은 온도계를 구비한 콘센트이다. 인용디자인 1과 등록디자인은 동일한 물품에 해당하고, 인용디자인 3은 온도계와 콘센트의 조합을 게시한다. 등록디자인은 이 게시를 기초로 하여 인용디자인 1의 콘센트에 미세한 변경을 가한 후, 인용문헌 2의 알람시계와 조합하고, 콘센트와 알람시계가 배치되는 위치를 변경했을 뿐으로서, 등록디자인은 인용디자인 1과 인용디자인 2의 조합과 비교하여 명백한 차이점이 없다.

도 9-30 인용디자인 1	도 9-31 인용디자인 2	도 9-32 인용디자인 3	도 9-33 등록디자인

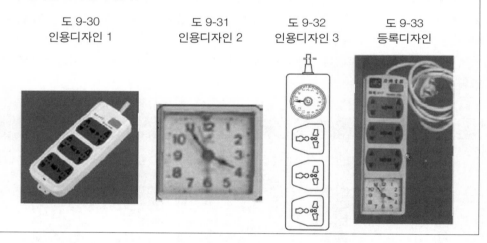

6) 조립식 물품 및 한벌 물품

(1) 조립식 물품

조립식 물품은 등록문헌에 기재된 도면의 명칭과 간단한 설명을 토대로 확정해야 하나, 도면의 명칭 및 간단한 설명이 명백히 잘못된 경우라면, 합의부는 전리심사지침 규정[49]에 따라 조립식 물품에 해당하는지 판단하여, 만약 그렇다면 조립식 물품으로

---

49) 전리심사지침 제4부 제5장 5.2.5.1절: 조립식 물품은 여러 개의 물품이 결합되어 구성된 하나의

보고 심리를 진행한다.

예를 들어, 도 9-34는 이어붙이기 완구로서, 도면의 명칭에서는 한벌품으로 표기되어 있으나, 이는 조립식 물품임이 명백하므로, 조립식 물품으로 심사한다.

도 9-34

한벌품 1~6 정면도   한벌품 7~12 정면도

조합상태 정면도

(2) 한벌 물품

한벌 물품은 등록문헌에 기재된 도면의 명칭과 간단한 설명을 토대로 확정해야 하나, 도면의 명칭 및 간단한 설명이 명백히 잘못된 경우라면, 합의부는 전리심사지침 규정50)에 따라 한벌 물품에 해당하는지 또는 단일성에 부합하지 않는 여러 개의 물품에 해당하는지를 판단하여 판단 결과에 따라 심리를 진행한다.

예를 들어, 도 9-35의 다기는 도면의 명칭이 조립품으로 표기되었으나, 한벌 물품에

물품이다. 조립관계가 단일한 조립물품, 예를 들어 주전자와 받침대로 이루어진 전열 주전자 조립물품에 있어서, 이러한 물품을 구매, 사용할 때 일반 소비자의 인상에 남는 것은 각 부품이 조립된 후의 전열 주전자 전체 디자인이다. 또한 주스컵, 빙수컵 및 받침대로 이루어진 주스/빙수기를 구매, 사용할 때 일반 소비자의 인상에 남는 것은 주스컵과 받침판을 조립한 후의 주스기 또는 빙수컵과 받침판을 조립한 후의 빙수기 전체 디자인이다. 따라서 전술한 바와 같이 조립된 상태의 전체 디자인을 대상으로 해야 하고, 개별 부품의 외관을 대상으로 판단해서는 안 된다.

조립관계가 유일하지 않은 조립물품, 예를 들어 조립모듈 완구를 구입하고 조립하는 과정에서 일반 소비자의 인상에 남는 것은 개별 부품의 외관이다. 따라서 조립모듈 완구의 모든 개별 부품의 외관을 대상으로 해야 하며, 조립된 전체 외관을 대상으로 판단하면 안 된다.

조립관계가 없는 조립물품, 예를 들어 트럼프, 장기알 등을 구입, 사용하는 과정에서 일반 소비자의 인상에 남는 것은 개별 부품의 외관이다. 따라서 모든 개별 부품의 외관을 대상으로 판단해야 한다.

50) 2010년 전리심사지침 제1부 제3장 제9절.

해당하는 것이 명백하므로, 한벌 물품으로 보고 심리를 진행한다.

도 9-35

조립품1 입체도　　　　조립품2 입체도　　　　조립품3 입체도

　한벌 물품일 수도 있고 조립식 물품일 수도 있는 경우에는, 등록문헌에 표기된 도면의 명칭 및 간단한 설명에 따라 확정한다. 만약 도면의 명칭과 간단한 설명에 명확하게 표시되지 않은 경우, 등록문헌에서의 도면 또는 사진에 표현된 물품 디자인을 토대로 확정한다.

　예를 들어, 도 9-36의 소파는 등록문헌의 사진에 3건의 단품 소파의 디자인과 한 건의 조합된 소파 디자인이 표현되었는데, 만약 등록문헌에 도면의 명칭과 간단한 설명에 이를 한벌 물품으로 표기한 경우 한벌 물품으로 심리하고, 조립식 물품으로 표기한 경우 조립식 물품에 따라 심리한다. 만약 한벌 물품인지 조립식 물품인지 표기하지 않은 경우, 본 디자인은 3건의 단품 소파 디자인을 청구한 것이고 또한 한 건의 조합된 소파 디자인을 청구한 것으로 판단하여, 합의부는 네 건의 디자인에 대해 심리를 진행한다.

도 9-36

(3) 변화상태의 물품
　사용 또는 판매 시 변화상태가 존재하는 물품에 대해, 합의부는 그 각종 변화상태와 한 건의 대비디자인의 상응하는 변화상태를 비교해야 하고, 대비디자인 중에서 한 가

지 상태에 대해서만 비교해서는 안 된다. 또한 변화상태 개수가 다르다는 이유만으로 등록 전리와 대비디자인이 다르다거나, 실질적으로 다르다거나, 명백한 차이점을 갖는 다는 결론을 내릴 수 없다.

예를 들어, 도 9-37에 도시된 휴대폰에서, 등록디자인과 대비디자인을 비교할 때 반 드시 한 건 디자인의 상이한 상태에서의 디자인과 등록디자인의 각 변화상태를 나타내 는 디자인을 비교해야 한다. 대비디자인 중에서 한 가지 상태에 대해서만 비교해서도 안 되고, 변화상태 개수가 다르다는 이유만으로 등록 전리와 대비디자인이 다르다거 나, 실질적으로 다르다거나, 명백한 차이점을 갖는다는 결론을 내릴 수도 없다.

도 9-37

7) 사용상태 참고도

전리심사지침[51])에서는 출원 시에 제출된 도면 또는 사진에 대해, "참고도는 보통 디 자인이 적용된 물품의 용도, 사용방법 또는 사용장소 등을 나타내는 데 이용된다"라고 규정한다. 하지만 이것이 디자인전리의 보호범위를 확정할 때 사용상태 참고도에 표 시된 디자인을 고려할 필요가 없음을 규정한 것은 아니다.

그러나 사용상태 참고도에 표현된 내용을 디자인전리의 보호범위 판단에 어떻게 반 영할 것인지에 대해서는, 사안의 실제 상황에 따라 구별할 필요가 있다. 만약 사용상태 참고도에 보호 대상 물품의 디자인과 무관한 내용이 포함된 경우, 그 디자인전리의 명 칭, 간단한 설명 및 기타 도면을 결합하여 종합적으로 판단하고, 사용상태 참고도에서 그 물품 디자인과 무관한 내용은 배제한다. 어떠한 경우에는 사용상태 참고도에 표현 된 디자인이 6면의 정투영도에 표현된 디자인과 다를 수도 있는데, 예를 들어, 참고도

---

51) 2010년 전리심사지침 제1부 제3장 4.2절. 이에 관련된 내용은 이 책 제6부의 3. 디자인 도면 또 는 사진에 대한 심사 5) 도면 또는 사진이 명확하게 물품을 표현한 디자인인지 여부 부분을 참고 할 수 있다.

에서의 물품이 6면의 도면에서의 물품보다 표면의 문양 장식이 많은 경우에는, 여전히 6면의 도면에 표현된 내용을 기준으로 해야 한다.

┃사 례┃

도 9-38에 도시된 소파는, 사용상태 참고도에서 소파가 변화상태 물품에 속함을 표현하였다. 이 사용상태 참고도는 디자인권의 보호범위 판단에 반영되어야 한다.

도 9-38

정면도

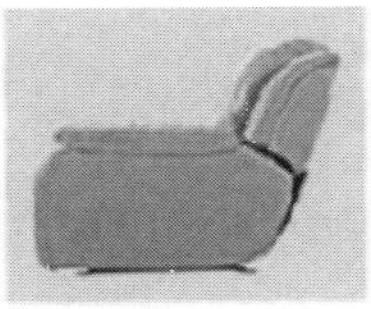

우측면도

평면도

입체도

사용상태참고도 1

사용상태참고도 2

사용상태참고도 3

사용상태참고도 4

---

8) 몇 가지 전형적 물품의 식별력 영향 판단

(1) 포장류 물품

포장류 물품에는 포장갑, 포장병, 포장봉지 등이 포함된다.

ㄱ) 포장류 물품의 형상이 해당 물품의 관용디자인인 경우, 그 도안, 색채 디자인이 전체적인 시각 효과에 보다 현저한 영향을 미치는 것이 일반적이다.

예를 들어, 도 9-39와 도 9-40의 포장 병의 형상은 관용디자인이고, 도안 디자인이 양자의 전체적 시각 효과에 보다 현저한 영향을 미친다.

도 9-39 (등록디자인)　　　　　도 9-40 (대비디자인)

ㄴ) 포장류 물품의 형상이 해당 물품의 관용디자인에 해당하지 않는 경우, 그 형상,
도안, 색채가 전체적인 시각 효과에 미치는 영향을 종합적으로 고려해야 한다.

예를 들어, 도 9-41과 9-42에 도시된 포장병의 형상은 해당 물품의 관용디자인에 해
당하지 않는다. 이 경우 양자의 형상, 도안 및 색채가 포장병 디자인의 전체적 시각 효
과에 미치는 영향을 종합적으로 고려해야 한다.

도 9-41 (등록디자인)　　　　　도 9-42 (대비디자인)

   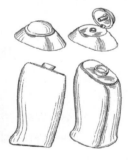

ㄷ) 입체 포장물품의 경우, 그 구체적인 디자인의 차이에 따라 사용상태에서 사용자
를 향하는 정면과 사용자가 주의를 기울이지 않는 기타면으로 나눌 수 있는 경우, 정면
디자인이 전체적인 시각 효과에 더 현저한 영향을 미친다. 만약 등록 디자인이 관용적
인 형상 디자인을 적용한 경우, 등록디자인과 대비디자인의 정면만 비교하여 양자에
명백한 차이가 존재하는지에 대한 결론을 도출할 수 있다.

예를 들어, 관용적인 형상 디자인을 적용한 도 9-43에 도시된 포장갑(등록디자인)은
정면도에 도시된 정면 디자인이 사용 시 소비자를 향하는 면이다. 도 9-44에 도시된 대

비디자인은 비록 정면 이외의 다른 면 디자인을 충분히 나타내지는 않았으나, 정면의 도안 디자인을 비교하여 서로 명백한 차이가 존재하는지에 대한 결론을 내릴 수 있다.

도 9-43 (등록디자인)   도 9-44 (대비디자인)

정면도   좌측면도   우측면도

평면도

배면도

(2) 형재(型材)류 물품

형재란 횡단면 형상이 길이방향을 따라 계속 연장되고, 길이방향상에는 다른 형상의 변화가 없는 물품을 의미한다. 형재 횡단면 형상은 일반적으로 전체적 시각 효과에 보다 현저한 영향을 갖는다.

등록디자인과 대비디자인에 명백한 차이가 있는지 판단할 때, 횡단면 주변 윤곽 및 그 내부 형상디자인을 종합적으로 고려해야 한다. 주변 윤곽은 사용 시 눈에 띄는 부분이 전체적 시각 효과에 보다 현저한 영향을 미친다. 형재의 횡단면 주변이 관용디자인인 경우, 주변 윤곽의 내부 형상변화가 전체적 시각 효과에 보다 현저한 영향을 미친다.

▌사례 1▐

도 9-45와 도 9-46에 도시된 형재는, 그 횡단면 주변 윤곽의 내부 형상변화가 전체적 시각 효과에 보다 현저한 영향을 미친다.

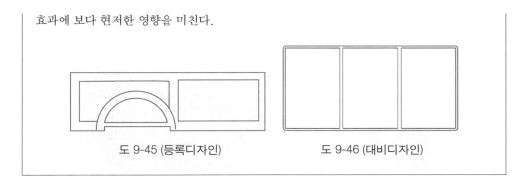

도 9-45 (등록디자인)   도 9-46 (대비디자인)

┃ 사례 2 ┃

도 9-47과 도 9-48에 도시된 형재는, 횡단면의 좌측상부, 우측상부, 상부 테두리에 표현된
외표면이 사용 시에 눈에 띄는 면으로서, 전체적 시각 효과에 보다 현저한 영향을 미친다.

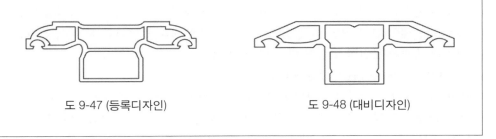

도 9-47 (등록디자인)   도 9-48 (대비디자인)

9) 기타 법률의 적용

(1) 동일한 발명창조에 대한 심리

디자인은 발명 또는 고안과 동일한 발명창조를 구성할 수 없다.

두 건 디자인이 동일한 발명창조에 해당하는지를 판단함에 있어서, 반드시 보호범위
를 기초로 하여 양 디자인을 전체적으로 비교해야 한다. 한 건의 등록 디자인이 여러 개
의 디자인에 대한 것이면 각 디자인을 별개로 비교해야 하고, 디자인이 여러 요소에 대
한 것이면 모든 요소를 비교해야 한다. 등록 디자인이 부품이고 대비디자인이 해당 부
품을 포함하는 완성품인 경우, 대비디자인의 완성품 디자인을 기준으로 비교해야 한
다.

예를 들어, 도 9-49는 등록 디자인인 자동차 전조등이고, 도 9-50은 대비디자인으로
서 자동차 전조등을 구비한 자동차이다. 등록 디자인과 대비디자인이 동일한 발명창
조를 구성하는지 판단할 때, 자동차와 자동차 전조등의 디자인을 대비해야 하고, 대비

디자인에서의 자동차 전조등을 등록 디자인인 자동차 전조등과 비교할 수 없다.

도 9-49 (등록디자인)   　　　　　　　　　　　도 9-50 (대비디자인)

(2) 전리법 제23조 제3항[52]에 대한 심리

디자인권과 권리가 서로 충돌한다는 무효심판청구에 대한 심리는, 일반적으로 선권리 보호의 원칙에 따라야 하고, 선권리가 인신권의 성격을 띠는 경우 신의성실의 원칙을 우선 적용해야 한다. 청구인은 선권리의 유효성에 대해 입증책임을 지고, 전리권자는 선권리 객체의 합법적 권원에 대한 입증책임을 진다.

ㄱ) 디자인권과 저작권의 충돌에 대한 판단

우선 선저작권의 합법성을 판단한 후, 권리의 충돌을 구성하는지 판단한다. 선저작권의 판단에는 객체의 합법성과 주체의 합법성이 포함된다. 선권리의 객체로서 저작권법이 보호하는 작품은 중국 저작권법 및 관련 법률, 법규를 만족해야 한다. 저자 및 그 외 법률규정에 따라 저작권을 향유할 수 있는 공민, 법인 및 기타 조직은 저작권의 주체이다. 반증이 없는 한, 작품상에 서명된 공민, 법인 또는 기타 조직은 저자로 간주된다. 효력이 발생된 판결문에서 당사자가 선저작권을 갖는다는 사실이 확정되었다면, 이를 번복할 충분한 반증이 없는 한, 그 확정된 사실대로 인정된다.

ㄴ) 디자인권과 상표권의 충돌에 대한 판단

디자인권과 상표권의 충돌이 있는 것으로 인정되려면 다음 요건들이 모두 만족되어야 한다: (1) 등록디자인의 물품과 선상표가 등록된 물품류가 동일하거나 유사한 종류에 속할 것. 한편, 저명상표의 경우 그 상표의 사용 상태에 따라 적절히 물품 종류의 범위를 완화할 수 있다. (2) 등록디자인에 선상표와 동일하거나 유사한 디자인을 포함할 것. 동일하거나 유사한 종류에 대한 판단 기준은 상표법의 관련규정을 적용하는 것이 원칙이다.

---

52) 전리법 제23조 제3항: 전리권을 수여받는 디자인은 타인이 출원일 전에 이미 취득한 합법적인 권리와 충돌해서는 안 된다.

ㄷ) 디자인권과 주지상품 특유의 명칭, 포장, 장식사용권의 충돌에 대한 판단

디자인권과 주지상품 특유의 명칭, 포장, 장식사용권과 충돌이 있는 것으로 인정되려면 다음 요건들이 모두 만족되어야 한다: (1) 관련상품이 주지상품일 것 (2) 그 내용이 해당 상품 특유의 명칭, 포장, 장식일 것. 이때 해당 명칭, 포장, 장식이 물품의 출처를 드러낼 수 있는지를 주로 고려한다 (3) 디자인의 관련 부분이 주지상품 특유의 명칭, 포장, 장식과 유사하여, 관련 공중의 오인 혼동을 일으킬 것.

ㄹ) 디자인권과 기업명칭권의 충돌에 대한 판단

우선 기업명칭권이 등록, 등기될 것을 전제로 한다. 디자인권과 선기업명칭권이 서로 충돌하는지 판단할 때, 등록 디자인의 물품과 기업이 제공하는 물품이 동일하거나 유사한 물품에 해당하는지를 고려하는 것이 원칙이며. 기업명칭의 독창성, 현저성 및 유명도 등을 종합적으로 고려한다.

ㅁ) 디자인권과 초상권의 충돌에 대한 판단

등록 디자인에 권리자의 허락 없이 전리권자 이외의 생존하는 자연인 초상과 동일하거나 유사한 초상이 포함되었는지 여부를 판단한다.

(3) 전리법 제25조 제1항 제(6)호에 대한 심리

이에 대한 판단 방법은 이 책 제6부의 8. 전리법 제25조 제1항 제6호에 따른 심사 부분의 내용을 참조한다.

(4) 전리법 제27조 제2항[53)에 대한 심리

디자인의 도면 또는 사진은 물품의 외관을 명확하게 표시하고, 간단한 설명의 내용과 결합하여 디자인권 보호범위의 한계를 명확히 해야 한다. 등록 디자인의 도면에 오류가 존재하여 각 도면 간에 대응되지 않거나 모순이 있고, 이로 인해 디자인권의 보호 대상이 불명확해진 경우, 전리법 제27조 제2항 규정에 반한다.

등록디자인의 도면 오류가 그 물품 외관의 명확한 표현에 영향을 미치는지 판단할 때, 도면 오류가 물품 전체에 미치는 영향을 고려해야 한다. 도면 오류가 명백한 오기, 국부적이고 사소한 흠결에 불과하거나 다른 도면으로 명백하게 보충 가능한 경우는 디자인의 보호범위 확정에 영향을 미친다고 볼 수 없으므로, 전리법 제27조 제2항 규정에 반하지 않는다.

아래 경우는 디자인이 그 보호범위를 명확하게 나타낼 수 없다고 볼 수 없는 경우이다.

ㄱ) 명백한 도면 명칭의 오류

---

53) 전리법 제27조 제2항: 출원인이 제출한 관련 도면 또는 사진은 청구하는 물품의 디자인을 명확하게 표시해야 한다.

ㄴ) 명백한 도면 방향의 오류

ㄷ) 디자인 도면에서의 물품 형상 제도선에 삭제되어야할 선이 포함된 경우(예: 음영선, 지시선, 중심선, 치수선, 쇄선, 컴퓨터 3D모델링 중에 생성된 불필요한 선 등).

김도현

1998.3.~2007.2.	서울대학교 전기공학부(학사)
2009.11.	제46회 변리사시험 합격
2009.12.~2012.5.	특허법인 가산 근무
2012.6.~2012.12.	대만정치대학교/북경대학교 어학연수
2013.1.~2017.1.	중국 베이징 밍슈어 특허사무소(北京铭硕知识产权代理有限公司) 근무
2015.9.~2018.7.	중국인민대학교 법학과 지적재산권법 전공(석사)
2017.1.~현재	특허법인 C&S 근무

블로그: https://blog.naver.com/cnpatent

이메일: cnpatent@naver.com

중국 특허 실무

–

초판 인쇄 2018년 3월 15일
초판 발행 2018년 3월 30일

–

저 자 김도현

–

펴낸이 이방원
펴낸곳 세창출판사
신고번호 제300-1990-63호
주소 03735 서울시 서대문구 경기대로 88 냉천빌딩 4층
전화 723-8660 팩스 720-4579
이메일 edit@sechangpub.co.kr   홈페이지 www.sechangpub.co.kr

–

값 50,000원

ISBN 978-89-8411-746-4 93360